ISLA DISEMINADA

.

Justo Planas, Reynaldo Lastre,
Alex Werner & Jorge Alvis (eds.)

ISLA DISEMINADA

Ensayos sobre Cuba

De la presente edición, 2022:

© Justo Planas
© Reynaldo Lastre
© Alex Werner
© Jorge Alvis
© Editorial Hypermedia

Editorial Hypermedia
www.editorialhypermedia.com
www.hypermediamagazine.com
hypermedia@editorialhypermedia.com

Edición: Royma Cañas y Ladislao Aguado
Imagen de portada: Rubén Lombida
Diseño de colección y portada: Herman Vega Vogeler
Corrección y maquetación: Editorial Hypermedia

ISBN: 978-1-948517-99-7

NOTA DE LOS COORDINADORES

Esta obra consiste en una compilación tanto de ensayos (en el sentido hispanoamericano) como de *papers* (en la tradición académica anglosajona) escritos por doctorandos o jóvenes doctores de diferentes academias, zonas del mundo y nacionalidades. Los textos cubren diversas áreas de la cultura cubana, desde la literatura y la antropología hasta la música y la arquitectura; y se mueven a su vez por diferentes períodos de la historia nacional. Esta compilación se postuló como un espacio alternativo de publicación para autores en diversas etapas de su carrera. Por ende, se encuentran primeras articulaciones de investigación hasta resultados finales, incluso partes de tesis de doctorado.

El hecho de que la obra esté enteramente en español no es casual. Nuestro compromiso fue conectar horizontes del diálogo dentro de los estudios cubanos, diferentes en cuanto a tradición académica, región del mundo y lengua, para llevarlos al lector hispanohablante, y al cubano en particular. Varios de los ensayistas de esta obra tienen el inglés como primera lengua y, aunque los trabajos aparecen en español, nos preocupamos por que no perdieran parte de su anglicismo original.

Uno de los propósitos de la compilación era establecer redes de colaboración entre académicos que se encuentran trabajando en sus primeras obras y aquellos con una extensa carrera en los estudios sobre Cuba, dentro y fuera de la Isla. Pedimos a los autores que sugirieran especialistas cuyas opiniones podrían profundizar sus trabajos. En este sentido, más que una participación tradicional como par lector o doble ciego, nos interesaba más bien que las lecturas y comentarios de académicos establecidos enriquecieran las investigaciones, sugiriendo fuentes o nuevos ángulos de interpretación. Queríamos un diálogo de ideas. Como es de esperar, no fue una tarea sencilla. Sin embargo, nos sorprendió gratamente la generosidad de los revisores, dado que esta labor se desarrolló mientras la Covid-19 hacía estragos en el mundo, incluido el académico.

La idea de este libro surgió de la conferencia «Cuba después del 59» (1 de noviembre de 2019, The Graduate Center, CUNY), realizada en el marco de muchas otras que se dieron ese año en ocasión de las seis décadas de la Revolución cubana y el 500 aniversario de La Habana. La conferencia buscó que se respetaran las diferencias de ideas y que hubiese diálogo a través del desacuerdo. Es en ese mismo espíritu de diálogo que queríamos que se manifestara este libro. Aunque las diversas opiniones expresadas en la presente compilación no sean necesariamente las nuestras, consideramos de forma unánime que todas integran, en su diversidad, divergencia o abierto antagonismo, lo que hoy llamamos Cuba.

Extendemos nuestros agradecimientos a quienes contribuyeron como lectores e interlocutores de los textos de *Isla diseminada*: Jossianna Arroyo-Martínez, Anke Birkenmaier, Jorge Camacho, Ariel Camejo, Jerry Carlson, Odette Casamayor-Cisneros, Sonia Chao, Antonio Córdoba, Mabel Cuesta, Daylet Domínguez, Walfrido Dorta, Moira Fradinger, Elena González, Monika Kaup, Jacqueline Loss, Emily Maguire, Adriana Méndez Rodenas, Ernesto Menéndez-Conde, Julio Ramos, Carlos Riobó, Masha Salazkina, Anne-Marie Stock y Esther Whitfield.

Nuestro libro, además, cuenta con un prólogo de Odette Casamayor-Cisneros, con quien quedamos agradecidos por su apoyo para que este proyecto se volviera realidad.

Motivados desde el comienzo por la idea de una geografía desdibujada de los estudios cubanos, una compilación que diseminara las fronteras entre disciplinas, objetos de análisis y cronologías, decidimos también respetar esta aspiración en el orden de los ensayos. Si bien el índice sugiere un diálogo posible entre los trabajos, que nos resulta sugestivo, invitamos al lector a construir también su propio itinerario.

PRÓLOGO

Brisa, ensoñación y posibilidad, «tema escrito en lo invisible», describía así lo cubano José Lezama Lima (R. González, 1988:135); mientras, para su complemento y rival, Virgilio Piñera, era esta una isla cargada de la más agobiante indefinición, insoportable desasosiego. «Hay que morder, hay que gritar, hay que arañar», anunciaba en los versos de *La isla en peso* (2000:38), vaticinando el advenimiento de las criaturas que, décadas más tarde, habrían de desesperar en absoluto desarraigo: aquella imagen conjurada por Reinaldo Arenas en las páginas de *El color del verano*, donde los habitantes de la isla terminaban por cortar sus amarras, lanzándola a la deriva para finalmente hundirse en las aguas, tal era el irreprimible caos que la dominaba. Pues Cuba, si tomamos prestada la definición que de ella hiciera en *im promptu* de filósofo aturdido, Códac, uno de los tres tristes tigres de Guillermo Cabrera Infante, no es más que «una isla de equívocos dichos por un tartamudo borracho que siempre significan lo mismo» (1994:136).

Y así es como ese gran caos que es Cuba acaba por dominar a muchos que se afanan en aplacar tal cúmulo de contradicciones insolubles. El empeño ordenador de una forma u otra termina por abortar; lo absurdo royéndolo todo. No hay cartografía definitiva y quienes se acercan a la Isla con ánimo de estudiarla han de adaptarse a su caos. Por eso —¡enhorabuena!— no se cierra nunca la esfera de los estudios cubanos. Siempre cambiando, tan inquietos como los monstruos saltando sobre la isla areniana o los tristes tigres deambulando por la Habana de Cabrera Infante, incesantes se renuevan los estudios sobre Cuba, demostrando con ello que gozan de muy buena salud.

Este volumen viene a demostrarlo, al traernos veintiún textos producidos por jóvenes estudiantes de doctorado o recientemente graduados de estudios superiores en universidades de América Latina, Estados Unidos y Europa, nacidos dentro y fuera de la Isla, de múltiples nacionalidades. Solo Cuba, como objeto de sus desvelos investigativos, es el elemento común que posibilita su confluencia en este libro.

La intensa heterogeneidad de perspectivas sobre el caótico material de estudio que es Cuba en todos sus tiempos define entonces este proyecto, lanzado por Jorge Alvis, Reynaldo Lastre, Justo Planas y Alex Werner. Siendo ellos también estudiantes de doctorado, no puede más que celebrarse la fresca e irreverente mirada al seleccionar los ensayos, que escapan de la suerte a rígidas categorías académicas o jerarquías canónicas.

Agradezco a ellos la invitación a escribir este prólogo, que me ha dado la oportunidad de acercarme a la nueva ensayística sobre Cuba. El agradecimiento lleva además su carga emotiva, pues leer cada capítulo me hizo recordar mi propio camino académico: de La Habana a Connecticut y luego a Philadelphia, pasando por París. Allí, l'École des Hautes Études en Sciences Sociales y en el número 105 del Boulevard Raspail, el anfiteatro siempre atestado en que Jacques Derrida dictaba sus seminarios, adonde regresé mentalmente mientras escribía este prólogo. *Isla diseminada*, la han titulado sus coordinadores. Es imposible entonces no recordar al Derrida que en *La Dissémination* exponía los principios de la deconstrucción, la posibilidad de pensar dentro de la explosión misma de todo significado único, la fértil dispersión de una infinitud de significados. Bien elegido entonces este título. Porque si algo rezuma inmediatamente de *Isla diseminada* es su lejanía de los proyectos esencialistas de la nación. En conjunto, sus ensayos apuntan hacia la precariedad de los conceptos, la inmanencia y espectralidad en la vida y el pensamiento de los cubanos de hoy y de ayer, en Cuba y en cualquier otro lugar.

Isla diseminada nos arrastra en continuo y ensimismado vaivén de adentro hacia afuera y de afuera hacia adentro de la Isla, desde el más actual presente cubano a la colonia; en un muy atinado desorden donde nadie, ninguna institución, poder o escuela, línea de pensamiento o ideología consigue retener el significado último de la experiencia cubana.

Se estudia, por ejemplo, en algunos capítulos, un nuevo urbanismo, un nuevo arte, nuevos cines, arquitectura, música, narrativa o poesía; pero se mantiene a la par la mirada tendida hacia los momentos más tempranos de la nación.

Así, al estudio de los imaginarios articulados sobre la isla de Cuba en textos coloniales de los siglos XV y XVI, centrándose en el análisis de las «marcas sensoriales», dedica su ensayo Isdany Morales Sosa; mientras son los debates ideológicos en torno a la fundación y definición de la nación abordados por Roseli Rojo. En un sugerente análisis de *La Havane*, recopilación de cartas enviadas en 1844 por la condesa de Merlin a familiares, amigos y personalidades de la vida política en Francia, Rojo revela cómo la condesa expresó su repudio a la anexión a Estados Unidos —y la adopción de un sistema democrático— a través del manifiesto rechazo al humo de los vapores, ferrocarriles y los ómnibus, para enfatizar el espíritu aristocrático prohispano en su preferencia por el velero y la volanta.

Por su parte, Justo Planas se lanza a indagar en el poco visitado terreno de la infancia y su interpretación como estado feliz, en relación con la composición de la narrativa nacionalista. Entendiéndose la construcción de la idea de la felicidad cubana como factor determinante posibilitador del amor patrio, experiencia espiritual coherente en torno la identificación nacional, Planas indaga en los «archivos de la infelicidad» cubana; rastreando las ideas que desde finales del siglo XVIII hicieron coincidir las nociones de felicidad, infancia y nación.

Al pensamiento fundacional añade lo mitológico Rubén Armando Lombida Balmaseda, en su capítulo dedicado a José Martí y la profecía del Gran Semí.

Estas preocupaciones en torno a la concepción de lo cubano se renuevan al entrar en el siglo XX, particularmente a través de la literatura, que en sus primeras décadas avanzaba ciertos proyectos de identidad nacional. Tropos provenientes de la era colonial son de tal suerte identificados por Alberto Sosa-Cabañas al examinar la representación de la inmigración haitiana en Cuba en obras de Alejo Carpentier, Lino Novás Calvo y Luis Felipe Rodríguez. Desde otra perspectiva, el trabajo interpretativo de la recitadora Eusebia Cosme es rescatado por Jadele McPherson, quien, como artista afrocubana, reconoce la inspiración que encuentra en el arte performático de Cosme. Además de la recitación poética, en su capítulo, McPherson analiza el espiritismo practicado por las mujeres negras cubanas en New York durante las décadas de 1930 y 1940. En la espiritualidad afrocaribeña encuentra una «filosofía viva» y «formas corpóreas de conocimiento».

A la producción cultural durante las primeras décadas tras el triunfo de la Revolución cubana son dedicados múltiples trabajos. Hamlet Fernández se concentra, por ejemplo, en el análisis de la peculiar representación de la violencia sociopolítica en las pinturas y grabados producidos por el pintor Umberto Peña entre 1966 y 1971. La producción audiovisual también durante esas décadas recibe la atención de varios investigadores. Nils Longueira Borrego ofrece un cuidadoso análisis de la rara vez discutida pieza de Nicolás Guillén Landrián, *Desde La Habana ¡1969! Recordar*. Con agudeza, Longueira examina el cuestionamiento que con sutileza estética en esta obra hace Landrián de la historiografía nacional promovida oficialmente. Similares son los tópicos sobre los que se extiende Raydel Araoz en su original estudio en torno a la religión y el culto a los héroes en los documentales producidos entre 1959 y 1971 —fechas no fortuitamente escogidas, en tanto enmarcan el período entre el triunfo revolucionario y la celebración del I Congreso de Educación y Cultura—. Por su parte, Gabriel Arce Riocabo explora el cosmopolitismo y el cine cubano revolucionario; mientras Reynado Lastre examina desde una perspectiva que imbrica raza, género y locura los cortometrajes animados *Macrotí, un Noé cubano* y *El Capitán Tareco*, del realizador Tulio Raggi, donde encuentra una relación entre eventos apocalípticos y la Crisis de los Misiles.

Hacia los estragos que a partir de los años 80 provocara la epidemia del VIH y las falsas teorías entonces esparcidas en torno a su trasmisión, van dirigidas las investigaciones de Huber Jaramillo Gil. Basándose en el análisis de la novela *Pájaros en la playa*, de Severo Sarduy, en este capítulo resulta central la representación que el autor hace del cuerpo, su degradación y final emancipación. También siguiendo una línea deconstructiva avanza el ensayo de Yasmín S. Portales-Machado, dedicado al análisis de la contranarrativa desplegada por la escritora Daína Chaviano en su novela de ciencia ficción, *Fábulas de una abuela extraterrestre,* frente a las bases heteropatriarcales que fundamentan el discurso nacionalista desde sus orígenes a la actualidad. Asimismo, son hipermasculinidad y racismo dos líneas de tensión fundamentales en la lectura que de la *Trilogía sucia de La Habana* hace Maikel Colón Pichardo. Importante reflexión esta que se extiende a otras expresiones culturales y conductas sociales de la Cuba contemporánea.

A las tribus urbanas asociadas al auge del rap cubano a partir de los años 90 dedica su capítulo Charlie D. Hankin; en tanto Eilyn Lombard se concentra en el análisis perspicaz del poeta Luis Eligio Pérez Meriño, una de las voces más destacadas del colectivo Omni Zona Franca, fundado en el reparto Alamar, en Habana del Este, también a finales de esa década, y en estrecha relación con el hip-hop desarrollado en esta área de la ciudad.

Y es La Habana protagonista en dos capítulos particularmente dirigidos al urbanismo, la arquitectura de la ciudad, así como algunas de sus más recientes recreaciones literarias. Son las nuevas propuestas creativas del grupo de arquitectos Inframundo, caracterizadas por la apuesta minimalista, abordadas por María A. Gutiérrez Bascón. De este colectivo resalta el rechazo a la espectacularidad prevaleciente en los proyectos arquitectónicos contemporáneos —regidos por la lógica comercial— en beneficio de cierta búsqueda de la desaparición: «el placer intelectual de no haber hecho nada», según expresan los jóvenes miembros de Inframundo. Por su parte, Katia Viera se pasea entre urbanismo y literatura en un texto que presenta a La Habana actual como enlace conectando, a un tiempo que se desconecta, con

16

el continente americano y las islas del Caribe. Utiliza fundamentalmente, para ilustrar esta difícil relación que involucra la isla, el mar, la tierra y la infraestructura urbana, la narrativa de Dazra Novak y Jorge Enrique Lage.

Se vuelve a otra obra de Jorge Enrique Lage, *Carbono 14. Una novela de culto,* cuando la junta Karla P. Aguilar V. a *La noria,* de Ahmel Echevarría, y a la película *Jirafas,* de Enrique Álvarez, para analizar lo que la autora llama «disidencia sexual» en la producción cultural cubana de la última década. Son también esos los años examinados por Ángel Pérez cuando dedica su estudio a la poesía femenina, enfocando su análisis en las poetisas Jamila Medina Ríos, Legna Rodríguez Iglesias y Lizabel Mónica.

Hay, incluso, un capítulo dedicado al «paquete semanal», cuyos criterios de selección y alcance son diseccionados por Mike Levine, particularmente su influencia en la promoción de la música popular.

La oferta es sin dudas diversa; la lectura, abrasiva. Así es que no pueden ser más que bienvenidos estos ensayos desafiantes de toda autoridad y control epistemológicos. Audaces, visceralmente interpelantes, las investigaciones reunidas en este libro no solo responden a la inevitable diseminación cubana; son expresión que alcanza al final aquella «intemperie del vasto espacio del mundo», avizorada, hace ya unos veinte años, por Iván de la Nuez como posible espacio para una vida cubana que lograse prescindir del «idilio doméstico de la Isla, la Identidad, la Patria Absoluta y Mayúscula» (2001:107).

Odette Casamayor Cisneros

17

1

DISEÑOS CONCEPTUALES DESDE LA HABANA: LA NUEVA ARQUITECTURA DE INFRAESTUDIO

(María A. Gutiérrez Bascón)

(Sevilla, 1985). Investigadora posdoctoral en el John Morton Center for North American Studies de la Universidad de Turku (Finlandia). Forma parte de un proyecto colectivo de investigación titulado «Cuba in Flux: Visualizing Urban Transformation in Havana». Recibió su doctorado en Estudios Hispánicos y Luso-Brasileños en el Departamento de Lenguas y Literaturas Romances de la Universidad de Chicago en 2018. Cuenta con una maestría en Enseñanza Bilingüe de la Universidad Pablo de Olavide (España) y con una licenciatura en Comunicación Audiovisual de la Universidad de Sevilla (España). Titulada «La Habana imaginada: Nostalgia, ruinas y utopía después de 1990», su tesis doctoral investigó los modos en los que la ciudad de La Habana ha sido imaginada desde la caída del bloque soviético, con particular énfasis en el cine documental, la literatura, la arquitectura y el urbanismo.

La Habana y sus vacíos

En mayo de 2015, en un derrumbe de los tantos que cualquier caminante pudiera encontrar al recorrer las calles de Centro Habana, se abre brevemente una suerte de museo temporal del vacío arquitectónico. Entre el polvo y los escombros de un lote yermo de la calle Neptuno (Fig. 1), los visitantes podían (no) ver, en grandes pancartas tamaño A1, algunos de los varios proyectos *no* realizados que los arquitectos cubanos han venido imaginando para Centro Habana en los últimos años. La peculiaridad de la muestra era que las pancartas estaban casi vacías: contenían tan solo el título, la ubicación y los autores de las obras, pero no sus materializaciones gráficas (Fig. 2). En otras palabras, los espectadores acudían a la improvisada galería a observar una ausencia.

Titulada *Aquí está el vacío*, la pieza fue ideada por los entonces estudiantes de arquitectura Anadis González (Matanzas, 1994) y Fernando Martirena (Santa Clara, 1992), en el marco de la XII Bienal de La Habana. En un interesante gesto deíctico, la obra intersecta dos vacíos. Por una parte, un vacío más literal, el edificio caído que da lugar al lote vacante donde se emplaza el «museo». Por otra, uno más figurado, el que atraviesa la arquitectura contemporánea en Cuba, que, a falta de materializaciones posibles, en muchas ocasiones sobrevive como mero ejercicio de la imaginación, o como *arquitectura de papel*. Si hay algo que comprueba el visitante del ruinoso «museo» es la irónica abundancia de proyectos —no realizados— para una ciudad llena de vacíos. «A través de las palabras, tú sabías que había algo que se estaba produciendo, que se estaba imaginando, que se estaba pensando, pero que no se estaba haciendo», dice Anadis González.[1]

---

[1] Entrevista personal con Martirena y González, 2 de agosto de 2019. El resto de las citas directas referidas a ellos provienen de la misma conversación.

Fig. 1. *Emplazamiento de* Aquí está el vacío *(cortesía de los artistas).*

Fig. 2. *Ejemplo de pancarta sin imagen en* Aquí está el vacío *(cortesía de los artistas).*

El historiador de la arquitectura Roberto Segre sugirió en alguna ocasión, de hecho, que el emblema arquitectónico más representativo de La Habana después de 1960 no fue un edificio o un monumento, sino un gran vacío: el espacio raso de la Plaza de la Revolución (2006:142).[2] Aunque la afirmación de Segre pudiera resultar un tanto hiperbólica, es cierto que una relativa parálisis constructiva aquejó a la Revolución desde sus inicios, al menos en lo que a La Habana se refiere. Receloso de la metrópolis que simbolizaba la corrupción y la especulación asociadas al período capitalista, el nuevo gobierno revolucionario pronto «abandonó» la capital para desarrollar el interior del país. Así, en la agenda socialista, el desarrollo del campo adquirió precedencia; por ejemplo, de las 100 000 viviendas que el gobierno cubano construyó entre 1959 y 1961, tan solo 6 000 se localizaron en La Habana (Scarpaci, 2000:724). El foco constructivo se desplazó, entonces, hacia espacios rurales y ciudades de provincia.

Más allá de este descentramiento de La Habana en la actividad constructiva, a partir de la década de los años 60 se producen otra serie de cambios fundamentales que trastocan el panorama arquitectónico, alterando desde

---

[2] La Plaza de la Revolución fue concebida con el nombre de Plaza Cívica por el plan Forestier, el primer plan director de la ciudad, elaborado entre 1925 y 1930. Los edificios gubernamentales de estilo monumental que se encuentran hoy en el vasto espacio que conforma la Plaza fueron erigidos en los años 50, antes del triunfo de la Revolución.

las formas de diseño y los métodos de construcción hasta la práctica de la profesión del arquitecto y su lugar en la sociedad. La nueva década es testigo de la introducción progresiva de elementos prefabricados en la construcción. Asociada a la idea de industrialización y desarrollo, la prefabricación de bajo costo es la vía constructiva que se propone para subsanar con celeridad las demandas del país, especialmente a partir de lo discutido en el VII Congreso de la Asociación Internacional de Arquitectos, celebrado en La Habana en 1963.[3] La Isla se puebla de conjuntos de viviendas, escuelas y hospitales realizados con distintos sistemas prefabricados que, aunque ofrecen rápida solución a los problemas más acuciantes del momento, terminaron conduciendo a una cierta uniformidad, rigidez tipológica y pobreza expresiva (Zardoya, 2018:22). El uso inapropiado de la prefabricación en los centros históricos provocó, asimismo, fuertes disonancias con el tejido urbano tradicional (íd.; Deupi, 2018:87). Por otra parte, la práctica privada de la arquitectura quedó prohibida de modo oficial en 1963, cuando también se cerró el Colegio de Arquitectos (Loomis, 2011:115). Los arquitectos se asociaron, a partir de ese momento, en grupos de proyectos, en su mayoría supeditados al control centralizado del Ministerio de Obras Públicas, reconvertido en Ministerio de la Construcción en 1963 (Zardoya, 2018:11). Las oportunidades para el diseño creativo se redujeron y solo un grupo selecto de renombre, como Antonio Quintana o Fernando Salinas, podrían llevar a cabo una obra propia (Deupi, 2018:86).[4] Los arquitectos pasaron a ser considerados, más que artistas, técnicos que engrosarían las filas de equipos compuestos por ingenieros y otros profesionales de la construcción (Loomis, 2011:115).[5] Según la concepción del momento, «los nuevos profesionales

---

3   María Victoria Zardoya matiza que en la década de 1960 conviven las nuevas soluciones prefabricadas con las técnicas tradicionales de construcción (2018:18). No será hasta los años 70 cuando la prefabricación se expanda de manera definitiva y masiva (ibíd.:22). Los sistemas prefabricados no marcan de manera uniforme, pues, todas las décadas de la arquitectura revolucionaria. Zardoya indica, además, que los años 80 anuncian el inicio del cuestionamiento de estos sistemas (ibíd.:25).

4   Esta idea de la restricción a la creatividad individual de los arquitectos en el nuevo período revolucionario fue cuestionada por Roberto Segre. Según él, los arquitectos consiguen imponerse a los obstáculos burocráticos y centralistas del Estado: «pese a las complejas dificultades que afrontó el país desde 1959, no se dobló la creatividad y originalidad de los profesionales quienes, luchando a contracorriente del pragmatismo hegemónico de los organismos centrales del Estado, [...] mant[uvieron] viva la tradición y la identidad cultural de la arquitectura —estrechamente vinculados a la vanguardia artística» (2007:25).

5   La reconversión de los arquitectos en profesionales técnicos se lleva también a cabo a través del reordenamiento de la enseñanza universitaria de la arquitectura, que queda

23

revolucionarios debían estar despojados de intereses personales» (Zardoya, 2018:18). Así, el esfuerzo colectivo cobra preeminencia, a partir de entonces, sobre la autoría individual de las obras.

Aún hoy, la práctica privada de la arquitectura sigue sin estar formalmente reconocida en Cuba. Entre las actividades por cuenta propia que el gobierno cubano permite no se encuentra aún la de arquitecto. Hasta hace poco más de una década, únicamente algunos arquitectos escogidos, como José Antonio Choy, pudieron sortear los obstáculos que limitan la práctica arquitectónica, que sigue restringida por principio a un ámbito estatal que no ofrece un excesivo margen para la experimentación funcional o estética. No obstante, a pesar del estrecho marco legal existente, la última década ha traído consigo la aparición de un buen número de estudios independientes de arquitectura, los cuales han decidido abrir sus puertas y operar, en muchos casos, con licencias de decoración o de albañilería, a falta de un permiso específico para la profesión. Concentrados en su mayoría en La Habana, los nuevos estudios están reavivando la práctica del diseño arquitectónico y cambiando, también, la faz de la ciudad. En este nuevo panorama, Infraestudio se sitúa entre las propuestas más audaces.

INFRAESTUDIO: UN ESTUDIO SINGULAR A ORILLAS DEL RÍO ALMENDARES

En 2016, poco después de su participación en la XII Bienal de La Habana con su intervención en torno a los vacíos que jalonan la producción arquitectónica en la isla, Anadis González y Fernando Martirena fundan un estudio de arquitectura propio: Infraestudio.[6] Emplazado en un antiguo astillero a orillas del río Almendares, convive con el proyecto del artista plástico Wilfredo Prieto, quien recuperó el inmueble industrial en desuso y lo transformó en su estudio bajo el nombre de Taller Chullima. Con Wilfredo Prieto, los jóvenes arquitectos comparten una apuesta por la radicalidad artística. «La relación con Wilfredo ha sido increíble», dice Fernando, «sobre

---

vinculada a los estudios de ingeniería con la creación del ISPJAE en 1964. La Facultad de Arquitectura pasa a formar parte, como departamento, de la Facultad de Construcciones del nuevo Instituto, afianzándose así, como explica Zardoya, «la visión de ver a la arquitectura más en alianza con la tecnología que con el mundo cultural» (2018:25). La creación, en 1982, de la UNAICC como nueva asociación gremial opera, de igual forma, ligando la arquitectura a la práctica constructiva antes que a la artística o cultural.

6   El equipo está compuesto además por el arquitecto David Medina. Adria Valdés Peyrellade es, asimismo, colaboradora del Estudio y encargada de la producción de Ediciones Infraleves, proyecto editorial de Infraestudio.

todo a nivel intelectual; nosotros siempre le presentamos todos nuestros proyectos y él es súper crítico, porque él cree lo mismo que nosotros, que tienes que ser tan radical como puedas». La curadora de arte Gabriela Rey ha dicho, en referencia al carácter rupturista del joven colectivo, que «en La Habana hay estudios de arquitectura, hay mucho de lo mismo en todas partes y está Infraestudio» (2021:14).

Las propuestas de González y Martirena sobresalen con respecto a las de otros grupos, en efecto, en su despliegue de una poética conceptual y en su creación de afinidades con las vanguardias y neovanguardias artísticas: el propio nombre del estudio alude, a un tiempo, a Duchamp y a la arquitectura radical italiana de los años 60 y 70. El prefijo latino «infra» es movilizado en su acepción más habitual —«por debajo de»— y, a su vez, en relación al concepto «infraleve» acuñado por Marcel Duchamp. Sobre la elección de su designación, Fernando explica: «Nos pusimos el nombre porque no teníamos ningún amparo legal, no teníamos ninguna experiencia y tampoco queríamos ser un estudio típico; queríamos hacer algo menos que un estudio, pero que al ser algo menos que un estudio te permitiera hacer otras cosas». Anadis confirma: «La idea de estudio de arquitectura nos parecía, y nos parece todavía, demasiado establecida». Para Fernando, el prefijo «infra» sintetiza el programa del colectivo, que tiene más que ver con una postura transformadora hacia la creación arquitectónica y con un repertorio de gestos artísticos, que con un estricto catálogo de formas: «Estábamos buscando un prefijo que pudiera cambiar todo lo que viniera después. Es decir, si el estudio tiene una actitud, entonces lo "infra" es algo que tú le puedes poner a todo. Un infra-teléfono, un infra-*mouse*… El mismo nombre define la *actitud* del grupo». La nómina posible de objetos que el colectivo se permitiría producir queda, así, dilatada —no solo edificios, entendidos como el «objeto natural» de la praxis arquitectónica, sino también libros de artista y acciones performáticas o, hipotéticamente, por qué no, objetos de uso cotidiano como un teléfono o un *mouse*— e hilada a través de una actitud particular.

Más allá de su significado usual, el prefijo «infra» resuena con el «infraleve» duchampiano, que González y Martirena invocan como referencia.[7]

---

[7]   Amanda Tigner ha calificado la relación de los teóricos e historiadores de la arquitectura contemporánea con Marcel Duchamp como una apasionada historia de amor. Tigner explica que las ideas de Duchamp comenzaron a tener una gran influencia a partir de 1975, además de en teóricos e historiadores de la arquitectura, en los propios arquitectos, que han incorporado los conceptos duchampianos del azar, la metáfora, el infraleve o lo efímero a su praxis arquitectónica. Como ejemplo, cita unas declaraciones de Frank

El concepto «infraleve» es uno de los neologismos acuñados por Duchamp que, según el propio artista, resiste todo intento de definición. Para aproximarse al «infraleve» solo pueden darse ejemplos: el calor de una silla de la que alguien acaba de levantarse, el intervalo entre la detonación de un arma y la aparición de la bala, la diferencia mínima que existe entre dos formas creadas con el mismo molde, el sonido que hacen los pantalones de terciopelo al caminar, o cuando la gente entra en el metro justo antes de que las puertas se cierren (Perloff, 2002:101).[8] Basándose en los ejemplos provistos por Duchamp, el historiador Sheldon Nodelman intenta una acotación del término: «el límite incalculablemente fino que separa o une cualidades o sustancias opuestas y que constituye un espacio indeterminado de posibilidad» (2003:60). La historiadora Dawn Ades, por su parte, enfatiza la «condición de liminalidad» del concepto duchampiano. Podría decirse que Infraestudio intenta moverse justo en ese espacio de liminalidad, entendida como la posición en la que acontecen las transformaciones (Thomassen, 2009:18). Y es que aunque los jóvenes arquitectos trabajan en un contexto marcado por limitaciones de diversa índole, Infraestudio desea abrir, con su práctica «infra», un nuevo horizonte de lo posible, en un espacio intersticial entre lo viejo y lo nuevo, entre el mercado y el arte puro. Asimismo, el prefijo le es muy idóneo al nuevo estudio en tanto que González y Martirena cultivan en su arquitectura conceptos «infra», en un sentido duchampiano: el contraste entre el afuera y el adentro, la distancia mínima que media entre lo que no existe y aquello que se imagina, o la sensualidad de dos espacios que casi se tocan.

Otra de las resonancias que el nombre de la agrupación evoca es la de Superstudio, colectivo fundado en Florencia en 1966 por los arquitectos Adolfo Natalini y Cristiano Toraldo di Francia,[9] y pieza clave del movimiento de la arquitectura radical de los años 60 y 70. Entre los pronunciamientos más críticos de Superstudio se encuentra el discurso que Natalini

---

Gehry, en las que el arquitecto estadounidense reclama el azar como forma de diseñar, en contraposición a los rígidos principios formales que guiaban a los modernistas. Asimismo, Tigner se aproxima al edificio *Blur*, de los arquitectos Diller + Scofidio, como una materialización del infraleve. Al estar hecho en parte de vapor, el edificio se sitúa en un umbral ambiguo entre lo material y lo inmaterial.

[8] Estos ejemplos, entre otros, aparecen en 46 notas sobre lo «infraleve», escritas en su mayoría a finales de los años 30 y aparecidas póstumamente en la edición bilingüe que Paul Matisse hace de las notas de Marcel Duchamp (Perloff, 2002:101).

[9] A Natalini y Toraldo di Francia se le unieron cuatro arquitectos más: Roberto Magris, Alessandro Poli, Alessandro Magris y Gian Piero Frassinelli (Chiesa, 2010:310).

dio ante la Architectural Association de Londres en 1971, en el que el arquitecto italiano manifestaba la urgencia de abandonar la práctica de la arquitectura hasta que esta dejara de constituir una vía de reproducción de las formas burguesas de la propiedad y el consumo.[10] Durante sus dieciséis años de existencia, Superstudio se negó, de hecho, a construir un solo edificio. En lugar de esto, el colectivo florentino produjo desde muebles hasta ilustraciones para revistas, pasando por polémicos ensayos e instalaciones multimedia para museos (Elfline, 2011:59), descentrando así la idea del edificio construido como resultado último de la arquitectura. Natalini situaba, de hecho, a la arquitectura en una relación de antagonismo con la construcción,[11] en un *ethos* muy diferente a aquel expresado en el lema «Revolución es construir», que marcaría a la arquitectura en Cuba por esos mismos años. En un proceso de desmaterialización gradual, Superstudio valoraría el potencial crítico de la arquitectura de papel (ibíd.:68).[12] Sus actividades de investigación teórica se prolongan hasta 1978 y, en 1982, esta suerte de contra-estudio se disuelve definitivamente (Chiesa, 2010:285).

Es curioso que ambas evocaciones —Duchamp y Superstudio—, más allá de trazar genealogías artísticas que rebasan una estricta tradición nacional, tienen que ver con gestos de fuga. Marcel Duchamp encarna este éxodo, literalmente, con su declarada retirada del arte a partir de 1923 para

---

[10] Dice Natalini: «Si el diseño es un mero incentivo al consumo, entonces debemos rechazar el diseño; si la arquitectura es únicamente la codificación de un modelo burgués de la propiedad y la sociedad, entonces debemos rechazar la arquitectura; si la arquitectura y el planeamiento urbano son simplemente la formalización de las injustas divisiones sociales existentes, entonces debemos rechazar el planeamiento urbano y sus ciudades… hasta que todas las actividades del diseño estén dirigidas a resolver las necesidades primarias. Hasta entonces, el diseño debe desaparecer. Podemos vivir sin la arquitectura» (Elfline, 2011:59).

[11] «Para nosotros, la arquitectura es siempre lo opuesto a la construcción» (ibíd.:60).

[12] Una de las reflexiones críticas más conocidas del colectivo florentino, vehiculada a través de esta arquitectura de papel, la constituye el llamado «Monumento Continuo», una suerte de megaestructura blanca, lineal, monótona, que aparece de manera invasiva en diferentes partes del globo, al menos, según lo imaginan una serie de ilustraciones y *collages* publicados por Superstudio en diversas revistas a partir de 1969. El «Monumento Continuo» toma las megaestructuras —tan en boga en una parte de la arquitectura radical de posguerra como el remedio a los problemas urbanos (por ejemplo, en Yona Friedman o en los metabolistas japoneses)— como blanco de su crítica, al tiempo que ofrece una crítica a la visión tecnocrática del arquitecto y a las soluciones urbanas impuestas desde arriba (ibíd.:64-66). Como explica Ross K. Elfline, a través de un despliegue hiperbólico y absurdo de la monumentalidad pura —materializada en este «Monumento Continuo»—, Superstudio parodia la propia búsqueda de la perfección y la pureza por parte del Movimiento Moderno (ibíd.:66).

dedicarse al ajedrez con casi total exclusividad. Esta ruptura con el mundo del arte se mantendría durante el resto de su vida, a excepción de intervenciones esporádicas (Kilroy, 2018:52). El punto de fuga en Duchamp es, también, aquel que lo distancia del «arte retiniano», es decir, el arte que apela exclusivamente al ojo a través de formas estéticas tradicionales. Por el contrario, Duchamp le da prioridad al placer intelectual que provoca un arte puesto al servicio de la mente, liberado de las constricciones de la belleza, el gusto, la armonía o la mímesis (Molderings, 2010:130). Por su parte, la huida de Supestudio se escenifica como un abandono de la práctica tradicional de la arquitectura entendida como construcción. La propia disolución del estudio en 1982 es, asimismo, congruente con esta poética y política de la fuga.

Algo de esta tentativa por la fuga recorre la práctica arquitectónica de Infraestudio. Aunque el colectivo cubano no impugna la dimensión constructiva de la arquitectura del modo radical en que Superstudio llegaría a hacerlo —muy al contrario, el joven equipo cuenta ya con varias obras en construcción—, González y Martirena sí han opuesto una cierta resistencia a las fuerzas productivas que impone el mercado o, al menos, no las han colocado como centro de gravedad de su actividad. Como todo estudio privado de arquitectura, son hasta cierto punto dependientes del mercado[13] pero, en su breve andadura como estudio, han rechazado múltiples ofertas. «Hemos dicho que no a muchas cosas, a muchísimas cosas», enfatiza Fernando, y aclara:

> De lo que nos hemos dado cuenta es de que estamos convencidos de lo que queremos… Nosotros hemos tomado un camino más relacionado con lo discursivo, con el arte. Tenemos mucha obra conceptual. No tenemos una pieza que significa algo, sino que tenemos una obra total hecha de fragmentos. Entonces, cada edificio te ayuda a entender otro; incluso cada obra de arte te ayuda a entender cada edificio, y cuando lo ves en conjunto

---

[13] Fernando Martirena sitúa, de hecho, el nacimiento de los nuevos estudios de arquitectura en un contexto de apertura hacia la iniciativa privada a partir de la llegada al poder de Raúl Castro en 2008. Más allá del amparo legal que de manera más o menos decidida se dé al cuentapropismo, considera que ha habido un cambio cultural con respecto a las actividades del sector no estatal: «[antes de la llegada de Raúl Castro] ya había cuentapropismo, pero era mal visto […] Con los lineamientos de Raúl […] [se] quita el miedo a la gente a tener un negocio privado y a ser mal visto». La ampliación del sector no estatal de la economía y de sus negocios (hostales, restaurantes, galerías, gimnasios, etc.) demanda que profesionales del diseño y la arquitectura acometan este tipo de proyectos. «Y ahí —explica Martirena—es donde comienzan los estudios privados».

es que entiendes que hay un discurso total, y eso es lo que nos interesa.
Entonces, si empiezas a venderte, pierdes el discurso.

Si lo más importante para Infraestudio es hacer una obra propia que esté articulada por una coherencia conceptual, la distancia que media entre la praxis del joven colectivo y la priorización nacional de la vertiente constructiva de la arquitectura, encapsulada históricamente en el lema «Revolución es construir» —que sigue presidiendo como inscripción, hasta el día de hoy, el edificio que alberga el Ministerio de la Construcción—, es evidente. Fernando Martirena identifica la desaparición de la arquitectura como práctica artística en Cuba, en particular, con la figura de Rodolfo Livingston, arquitecto argentino fundador del método de diseño que da soporte al programa del Arquitecto de la Comunidad, introducido en la Isla en los años 90.[14] Este tipo de aproximación, dice Martirena, «generó que se perdió la idea de autor y se perdió la idea de arquitectura». Reconoce, no obstante, aspectos positivos de la vivienda construida por esfuerzo propio y con elementos prefabricados: «la vivienda social en Cuba es cómoda, es grande, es casi de clase media; lo que ocurre es que la repetición acaba con las otras cosas que podría tener».

Ante todo, González y Martirena reivindican el deleite especulativo —en una reminiscencia duchampiana— por encima de la obligación material de construir. Anadis González explica: «Para nosotros, como audiencia de nuestra propia arquitectura, o de cualquier tipo de creación, el placer intelectual es lo que nos mueve». Ese goce artístico tiene que ver, más concretamente, con otro acto de fuga: proyectar un diseño mínimo que a veces interviene los espacios en una escala menor. Según Fernando Martirena, la de Infraestudio «no es una arquitectura contemporánea, en el sentido *flashy*, del *show*, sino es todo lo contrario; es una arquitectura que desaparece» y, en ello, «está el placer intelectual de no haber hecho nada». Los jóvenes sienten, no obstante, el peso material que acompaña a su ocupación, asumida como una profesión de acción. «Los arquitectos son personas que tienen que *hacer cosas*», asegura Anadis González. «Hasta que la gente no ve que tú eres capaz de construir edificios», corrobora Fernando Martirena, «no te toma en

---

[14] El programa del Arquitecto de la Comunidad se crea en 1994 con el objetivo de ofrecer asesoramiento técnico a la población que tiene necesidad de construir o reparar viviendas. Esta autoconstrucción o construcción por esfuerzo propio es guiada por profesionales que siguen un método de diseño participativo, por el cual los propios usuarios de la vivienda participan en el diseño, la gestión, el financiamiento y la ejecución del proyecto (Muñoz, 2018:138).

cuenta». Es por ello que en sus primeras presentaciones públicas, los miembros de Infraestudio deciden enfatizar las obras en construcción con las que cuentan, por contraposición a su obra de carácter más performático o artístico. Esto tiene que ver, también, con otra imposición material relacionada con un contexto marcado por graves carencias y por un ineludible peso de lo político. Para Anadis González, en Cuba «hay un escepticismo hacia la realidad de las cosas» que se explica por el estatus de Cuba como «país en desarrollo» y por «una sobresaturación de ideología, de pensamiento, de no acción, que crea mucha desconfianza, mucha desazón, mucha baja energía en la gente». Es por esto, piensa González, que una propuesta que se aventura a proponer actos de fuga y de placer intelectual, en un contexto de fuerte intensificación política y déficit material, pudiera no ser siempre apreciada.[15] Aun así, escapando a la lógica instrumental —de solución de problemas sociales a gran escala— a la que se pliega buena parte la creación arquitectónica de las últimas décadas en Cuba, pero también a la ostentación espectacular de ciertas formas de la arquitectura contemporánea fuera de la Isla, Infraestudio quiere «huirle al *show*», en palabras de Fernando Martirena; todo ello para caminar, como sugiere Anadis González, «hacia una arquitectura menor».[16]

---

[15] «Entonces, por eso», afirma Anadis González, «[exponer] que tú estás haciendo [una obra que busca] un placer intelectual […] mucha gente no te entiende, porque la base del comunismo es el materialismo y la base de la pobreza es también el materialismo».

[16] De acuerdo con Deleuze y Guattari, una literatura menor —así como una cultura menor— estaría caracterizada por estar afectada por un alto nivel de desterritorialización, por el hecho de que en ella todo es político y por no estar anclada a cánones o grandes maestros (Laurieb y Khana, 2017:3). Laurieb y Khana también se refieren al espacio de experimentación que la cultura menor ofrece (íd.), así como a sus posibilidades disruptivas (ibíd.:9). La obra de Infraestudio podría entenderse como arquitectura menor en tanto que construye genealogías heterodoxas que rompen con las tradiciones adscritas al territorio nacional o regional; en tanto que pretende alejarse de algunos de los cánones y maestros de la arquitectura nacional —por ejemplo, de la generación del 50—; y, también, en tanto que produce un cierto tipo de (a)politicidad —que es, en sí misma, una forma particular de política—, que pretende soslayar lo que pareciera un inescapable peso de lo político en Cuba. De la arquitectura de los años 50 en la Isla, dice Fernando Martirena, que «es supuestamente la mejor arquitectura, pero que está basada en el clima y la identidad, que son dos temas que a nosotros no nos interesan». En cuanto al posicionamiento político del arte, expresa un interés por los espacios de la apoliticidad: «Las ideas de derechas y de izquierdas muchas veces son circulares; hay una pieza de Wilfredo [Prieto] que a nosotros nos encanta, que se llama *Apolítico*… y habla sobre todo del apoliticismo, de cómo el arte puede ser muy apolítico y eso ni siquiera tiene que estar mal».

El primer encargo de Infraestudio llega en 2016, apenas un año después de la participación de González y Martirena en la XII Bienal de La Habana. Se trata de un nuevo centro de arte contemporáneo que tendrá su sede en una antigua casona situada en la calle Línea no. 508, en el elegante barrio de El Vedado. Intacto desde su creación, el grandioso inmueble data de 1888 (Fig. 3). El lote que la casa ocupa es inmenso (1 600 m²), con 600 m² construidos. La gran dificultad estribaba en aproximarse a una casa que, según González y Martirena, «parece completa». En este sentido, la propia casa, en su majestuosidad, rivalizaba con lo que los arquitectos pudieran proyectar. «La competencia estaba muy dura. Era imposible ganarle a la casa, y era muy fácil quedar en ridículo y hacer una arquitectura a lo Bilbao; la casa, sin decir nada, se iba a burlar de ti toda la vida», dice Fernando Martirena.

González y Martirena se deciden, entonces, por hacer una arquitectura mínima, sin *show*, como ellos dirían. Los 200 m² adicionales que el centro de arte necesitaba —que incluyen habitaciones y espacio de estudio para un programa de residencias artísticas— serían incorporados en dos nuevos volúmenes construidos fuera de la casa, en el patio trasero (Fig. 4). La casa queda, así, intacta, exclusivamente dedicada a espacio expositivo. Los nuevos volúmenes al fondo del espacio exterior se encuentran, además, escondidos detrás de muros y vegetación. Nadie diría, al salir al jardín, que ahí hay un edificio nuevo que alberga habitaciones y estudios. «Mucha gente va a entender», aclara Fernando, «que eso es simplemente el muro que separa [este lote] del otro lote». Las puertecitas por las que se entra están hechas del mismo material que el muro y quedan, también, disimuladas, al igual que las puertas de infraestructura ocultas en galerías y museos. Por su parte, el diseño interior de los nuevos volúmenes pretende emular la elegancia de la casona. «Intentamos continuar esa idea de elegancia; no continuarla como tal, sino estar a la altura», comenta Anadis González. El estuco de los interiores en los nuevos espacios comparte, así, un mismo color, materialidad y ausencia total de adornos con el interior de la casona (Fig. 5).

Para González, establecer una aproximación arquitectónica, más que diseñar un edificio, es lo que tomó prioridad en este proyecto: «la idea de que está la casa, está el vacío, y [que es posible] redefinir el vacío y retrabajar los bordes de la casa era una estrategia antes que un edificio; y planear la estrategia de cómo intervenir la casa era suficiente». La táctica de intervención que concibe Infraestudio se ve atravesada por los temas que ya habían aparecido en su primera obra artística pública, *Aquí está el vacío*; fundamentalmente la

Fig. 3. Casona de Línea 508 antes de la intervención de Infraestudio. © Natalie Quer.

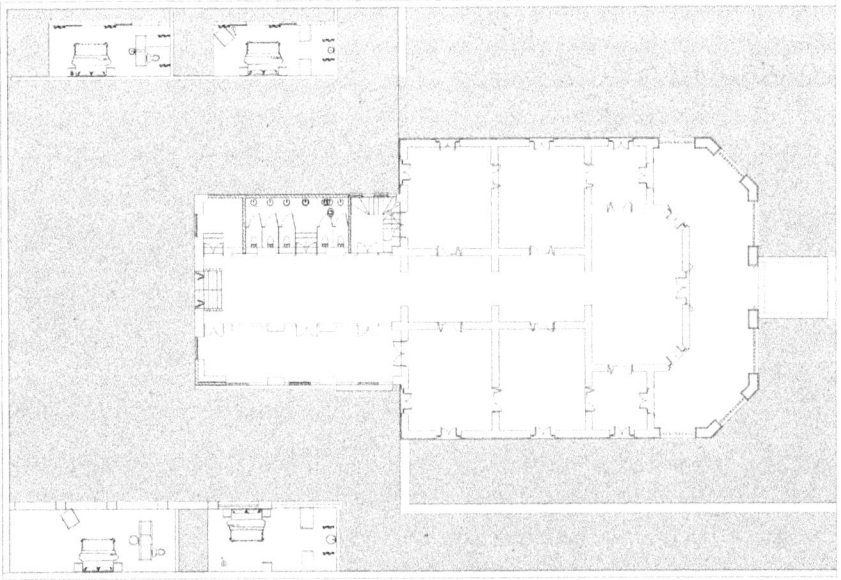

Fig. 4. Planta del proyecto de Infraestudio para Línea 508 (cortesía de los arquitectos).

Fig. 5. Interior de los nuevos volúmenes planificados por Infraestudio para el patio trasero de Línea 508 (cortesía de los arquitectos).

idea del vacío, del ocultamiento o borradura y de hacer gestos que pudieran parecer mínimos. Al respecto del proyecto para la casona de Línea 508, dice Martirena: «La idea de esconderse es una idea que nos gusta; es decir, [la idea de] mostrarse escondido». Finalmente, esta apuesta por hacer una arquitectura mínima, ocultada, para un primer proyecto, requiere de un cierto atrevimiento. «Para nosotros», expresa González, «es muy fácil tener esta posición ahora, pero en el momento en que tú vas a hacer algo y dices "lo que voy a hacer es no hacer", te cuesta un poco romper esa inercia».

CASA B, CASA C, CASA GRUTA: NUEVAS IDEAS DE (IN)COMODIDAD PARA UNA ARQUITECTURA DOMÉSTICA

En 2017, Infraestudio proyecta una casa para el litoral al oeste de La Habana, cuyo nombre será, simplemente, B. El proyecto consistía en diseñar una vivienda de fin de semana para una pareja de la capital. La nueva casa debía sustituir a la que ya se encontraba en el lote y, por estrictas regulaciones, debía respetar los elementos tipológicos básicos de la anterior y los límites del área construida. Los arquitectos se encontraban, entonces, con la limitación de tener que hacer una residencia de un solo nivel con un techo a dos aguas. Teniendo en cuenta que las regulaciones a nivel subterráneo son inexistentes, González y Martirena incorporaron un piso subterráneo iluminado por un largo y estrecho patio. Las funciones públicas quedaron integradas a la planta a nivel del suelo y el cuarto principal fue colocado en una suerte de caja que «cuelga» del techo, constituyendo una especie de tercer piso (Fig. 6).[17] Observada desde afuera, la casa sigue siendo, no obstante, de un solo piso con techo a dos aguas, respetando así las regulaciones constructivas (Fig. 7). Paradójicamente, dice Martinera al respecto: «no cambió nada de la [antigua] casa; sin embargo, cambió todo». Así, en Casa B, el cuarto principal se esconde en una caja no perceptible desde fuera. La casa puede, también, esconderse a sí misma con un cierre de tablas, que confieren a la edificación la impresión de estar hecha de un mismo material cuando no está habitada;[18] cuando lo está, se abre por completo al paisaje, al retirarse el recubrimiento de madera.

---

[17] La referencia para esto son las cabañas de Soroa, en Artemisa, que constituyen una tipología aborigen en las que el techo es a la vez la habitación, mientras que las funciones públicas suceden en la parte inferior, totalmente descubierta.

[18] La inspiración para esto son los secaderos de tabaco, cubiertos completamente con palma.

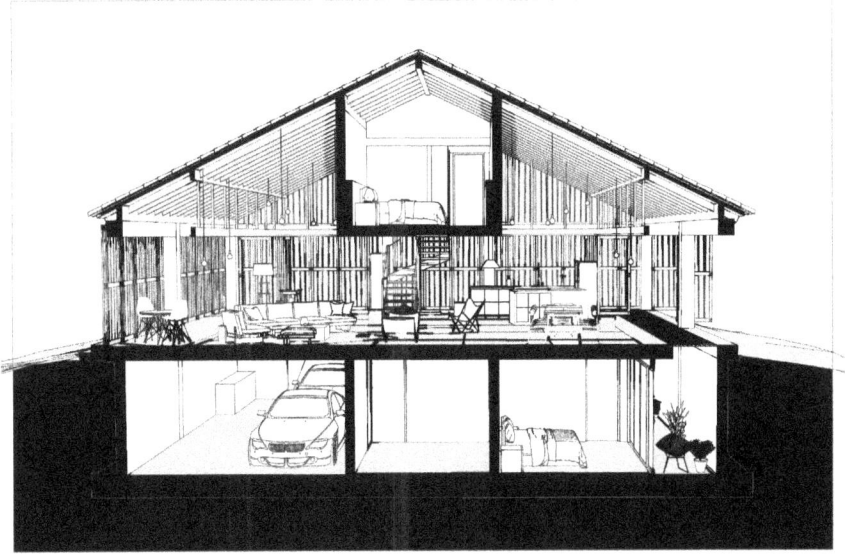

Fig. 6. Alzado de Casa B. Diseño de Infraestudio para una playa al oeste de La Habana (cortesía de los arquitectos).

Fig. 7. Casa B. © Infraestudio (2020).

Casa C, ubicada en el mismo terreno (Fig. 8), da continuidad a la misma estrategia del ocultamiento. Con una inusual forma de letra C, la casa se esconde detrás de un muro convexo de piedra, que pareciera la prolongación del muro que limita la parcela. El muro curvo es, en realidad, parte de la propia casa, que se abre en su forma cóncava —la opuesta— hacia el mar (Fig. 9). La casa queda, así, oculta al público gracias a la fachada curva sin ventanas, pero abierta al mar a través de la fachada de cristal, en una combinación de apertura y cierre que constituye una oposición conceptual clave para Infraestudio (Figs. 10 y 11). El concepto —y la forma[19] en que se materializa— prima aquí sobre la función de habitabilidad; es decir, sobre la relativa (in)comodidad que pudiera suponer vivir en una casa curva con esquinas de menos de 45°. Y es que para Infraestudio, redefinir la idea del confort es uno de los intereses de su proyecto: «cómo algo incómodo esconde nuevos potenciales de comodidad», según comenta Martirena. En cuanto a la relación entre Casa B y Casa C, González y Martirena usan una estrategia similar a la casona de Línea 508: establecer una clara relación figura-fondo, en la que Casa B fuera la figura central y Casa C pareciera una simple extensión del jardín.

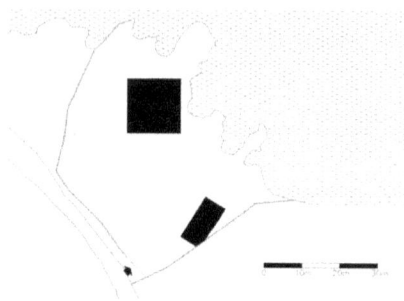

Fig. 8. *Parcela en el litoral al oeste de La Habana donde Infraestudio proyecta Casa B (cuadrado) y Casa C (rectángulo) (cortesía de los arquitectos).*

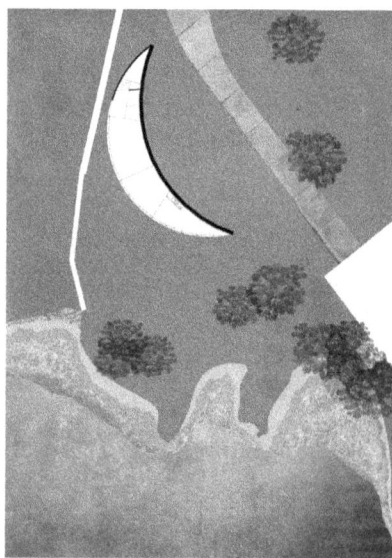

Fig. 9. *Planta de Casa C. El muro cóncavo se cierra completamente al viandante; la fachada convexa de cristal se abre al mar.* © *Infraestudio.*

---

[19] La forma de Casa C recuerda los muros ciegos del arquitecto mexicano Luis Barragán y la creación escultural del artista estadounidense Richard Serra sobre la experiencia de la curva.

Fig. 10. Casa C, vista desde el mar. © Infraestudio.

Fig. 11. A la derecha, Casa C, vista desde la entrada al jardín, se confunde con el muro que cierra la parcela. Al fondo, Casa B. © Infraestudio.

En 2018, González y Martirena recibieron un encargo para una tercera casa de parte de un cliente que, después de haber visto Casa C, quería una edificación con una calidad escultural y heterodoxa semejante. El lote sobre el que proyectar la nueva casa era de particular belleza, con vistas al mar y rodeado de bosque, en una reserva natural de una localidad perteneciente al municipio de La Habana del Este. La localización supuso un reto para Infraestudio y sus estrategias de ocultamiento: «Hasta ahora nos habíamos podido esconder con "no *show*", con la arquitectura que habíamos hecho, pero de pronto aquí teníamos el paisaje abierto completamente virgen», puntualiza Anadis González. La estrategia arquitectónica pasa entonces por imaginar una casa que juegue a ser piedra en medio de esa naturaleza apabullante. «Nos parecía obsceno hacer un edificio moderno de *show*», explica Fernando Martirena. Tomando como inspiración la pieza *Beso* (2012) de Wilfredo Prieto, en la que dos piedras esféricas apenas se tocan en un punto, diseñaron una casa-gruta dividida en dos volúmenes separados levemente por un vacío que funciona, a su vez, como entrada y como una suerte de patio interior (Fig. 12). Así, con su terminación rugosa, de hormigón, muy similar a la de la piedra, Casa Gruta simula ser una cavidad natural formada entre dos rocas contiguas (Fig. 13). Aunada por un solo material, con ese gris áspero que se asemeja a la roca, la casa expulsa casi todo rastro de humanidad de su fachada. Entre estas huellas de humanidad dejadas atrás se encuentra la propia puerta, que supondríamos clausura el inmueble. A la edificación no se accede por una puerta, sino por una apertura de 90 cm situada en uno de sus extremos. En el lado opuesto, el espacio abierto es de 15 cm y deja pasar solo la luz.

Los arquitectos imaginaron un proceso progresivo de transformación de la casa en paisaje, con hiedras que la abrazaran: «Por fuera [la casa tiene] una terminación rugosa para que la misma vegetación la fuera volviendo más paisaje… [para] que la casa se sintiera menos extraña dentro de esa naturaleza con el tiempo», dice González. Este esfuerzo de Casa Gruta por parecerse al paraje natural que la recibe no es tanto un intento real de simulacro como un gesto escenográfico consciente de su propio artificio. No se trata, entonces, de una copia literal de una gruta o de la forma exacta que pudiera adquirir una roca. El impulso no es mimético, o lo es solo en parte, pues la mímesis ha sido previamente tamizada por el filtro conceptual. «La idea era que todo fuera lo más abstracto posible; es como volver la arquitectura abstracta», aclara González.

En la fase de diseño, Infraestudio plantea al cliente la posibilidad de techar con cristal el vacío entre ambas «piedras» o áreas de la casa. Ya que la

Fig. 12. Casa Gruta, por Infraestudio (cortesía de los arquitectos).

Fig. 13. Casa Gruta en construcción (2020). © Laurian Ghinitoiu.

casa aúna su parte pública en uno de los volúmenes y su parte privada en el opuesto, esto supone que para transitar de un espacio a otro se hace necesario cruzar el patio interior descubierto que se forma entre ambas piezas. «Si está lloviendo, para pasar de la sala al cuarto te tienes que mojar», explica Anadis González. El cliente entiende, no obstante, que colocar un cristal entre los dos volúmenes «sería acabar con la idea de la gruta y que está bien mojarte si vas a tener una casa como esta». Para Fernando Martirena, Casa Gruta genera formas inéditas de confort, trastocando ideas asentadas en torno a la (in)comodidad doméstica: «Para [el cliente] es más cómodo ver el cielo sin tener un cristal y mojarse, que no mojarse y tener ese cristal».

BIPOLAR: EXTREMOS QUE SE ANULAN EN UN ESPACIO DE OCIO Y CONSUMO

En 2019, Infraestudio proyecta un restaurante para un antiguo almacén situado en avenida Paseo, en El Vedado. El antiguo espacio industrial dará cabida a dos restaurantes, uno «de izquierdas» y otro «de derechas», congregados bajo el nombre de Bipolar. El almacén quedará dividido por un muro en dos mitades exactamente simétricas, pero cada mitad será opuesta a la otra en su imagen. El restaurante de la derecha tendrá terminaciones lisas y finas, materiales lujosos y muebles de diseño. El de la izquierda, materiales rugosos y económicos, mobiliario reutilizado y objetos improvisados, con una estética *vintage* o *hipster*. Entrar a una u otra mitad del restaurante estará sujeto a la arbitrariedad de los lugares disponibles y no tanto a la identificación ideológica de los clientes —aunados, en cualquier caso, por una experiencia pospolítica del consumo—. El proyecto intenta pensar, según la aproximación (a)política de González y Martirena a la creación arquitectónica, la futilidad de las dualidades políticas duras. «Las ideas de derechas y de izquierdas muchas veces son circulares; […] la derecha usa estrategias de izquierda y la izquierda usa estrategias de derecha», dice Martirena. En Bipolar, según él, una cara cancelaría a la otra al concurrir en un mismo espacio: «[la idea es] enfrentar las dos para anular su capacidad mortífera». El proyecto parece querer reflexionar, asimismo, sobre las dimensiones políticas de la arquitectura, pero desde un distanciamiento irónico. Así, Bipolar satiriza, de acuerdo con Martirena, «los posicionamientos políticos» que se hacen desde la arquitectura. Los arquitectos recurren, de hecho, a lenguajes expresivos que no asumen como propios: «Realmente el tema *vintage* no nos gusta nada y del tema súper pulcro no somos tan *fans*, pero creíamos que, juntos, creaban un proyecto que sí era nuestro y que a la vez se burla de sí mismo», aclara.

En un encuentro en la galería Kurimanzutto de la Ciudad de México, el artista Wilfredo Prieto le preguntó al reputado arquitecto mexicano Alberto Kalach qué haría él para cambiar La Habana. Kalach le respondió que modificar los jardines, pues cambiándolos se puede transformar una ciudad. Tras esta conversación, Prieto lo invita a Taller Chullima para participar, con Infraestudio, en un proyecto en el marco de la XIII Bienal de La Habana en mayo de 2019. En preparación a la visita del arquitecto mexicano, Infraestudio creó un «Álbum de jardines que no existen», en el que exploran «temas que tuvieran que ver con el verde de la ciudad» a diferentes escalas, cuenta Anadis González: el parterre de las aceras, los parques fantasmas en los que aparecen un par de bancos tras caerse un edificio, o el bosque de La Habana, que se encuentra, según Infraestudio, completamente subutilizado. Este álbum de fotografías, dibujos y reflexiones poéticas se convierte en uno de los gérmenes de la colaboración con Kalach en La Habana: *Jardines que no existen,* que se materializará en un jardín en miniatura instalado en una mesa de 12 m de largo, cubierta de zeolita y alojada en Taller Chullima (Fig. 14). La idea de crear esta suerte de jardín japonés surge, por otra parte, de una recomendación de lectura de Kalach a Infraestudio: el *Sakuteiki*, el tratado de jardinería más antiguo del mundo, escrito en Japón en el siglo XI. De forma similar a los jardines zen, la obra creada por Infraestudio y Kalach en Taller Chullima no imita a la naturaleza en su apariencia real; no se trata de un jardín mimético, sino de uno conceptual que recoge «una colección de miradas al vacío», dice Anadis González. Los registros producidos para este álbum, los materiales elaborados en un taller organizado con estudiantes de arquitectura y algunas piedras recogidas por la ciudad se yuxtaponen para dar forma a este jardín en miniatura, que incluye

Fig. 14. Jardines que no existen, proyecto de Infraestudio y Alberto Kalach para la XIII Bienal de La Habana, mayo de 2019. © Ana Paula Tovar.

también pequeñas figuras humanas que fungen como dispositivo ficcional. «Lo que para nosotros es un dibujo, para ellos es una gran alfombra; lo que vemos como una piedra para ellos será un monumento», dice Infraestudio con respecto al proyecto *Jardines que no existen* en su libro autoeditado *El espacio del texto*. Y es que, para Infraestudio, «un jardín también puede estar hecho de ficciones» (González y Martirena, 2019:24).

POR UNA ARQUITECTURA (NO SOLO) NARRADA

En su breve período de existencia dentro del panorama de los estudios independientes de arquitectura en Cuba, Infraestudio no ha dejado de materializar sus diseños en la esfera constructiva. Su producción rebasa, no obstante, la realización de edificios, para incluir piezas artísticas, acciones performáticas,[20] edición de libros de artistas y curaduría, subvirtiendo así la idea de la edificación como modo último de la expresión arquitectónica. Es lo que la teórica cultural Mieke Bal ha llamado «arquitecturalidad»: aquella dimensión del pensamiento arquitectónico que puede ser movilizada en formas no estrictamente arquitectónicas (Pollock, 2014:90).

Entre los trabajos de curaduría de Infraestudio se encuentra una exposición en la Galería Taller Gorría (La Habana Vieja, 2019) que, titulada *¿Cómo te lleva la presión?*, reúne diseños de ocho estudios independientes de arquitectura. Para esta misma exposición, González y Martirena presentaron una pieza un tanto atípica: un libro de arquitectura narrada, sin imágenes. Titulado *El espacio del texto*, recoge 19 textos de autoría propia sobre las obras arquitectónicas, performances y piezas artísticas producidas o imaginadas por el estudio. En la introducción, González y Martirena advierten: «Algunos de estos proyectos y exposiciones ya han sido materializados, mientras otros nunca lo serán. Todos han sido tratados por igual». El gesto de *El espacio del texto* tiene que ver con un intento por producir una arquitectura narrada, independiente de su posible concreción constructiva. Anadis González explica la importancia de las palabras —y, con ello, de las ideas y los conceptos— para Infraestudio de la siguiente manera:

---

[20] Entre los performances ideados por Infraestudio se encuentra, por ejemplo, *Fatiga*, en la que un grupo de arquitectos cubanos corren una maratón por el Malecón habanero, en referencia a la extenuación que sufren los miembros de la profesión en Cuba ante los obstáculos de diverso tipo que afectan al colectivo. «Arquitectos cubanos corren y sudan en busca de reconocimiento. Una imagen hiperrealista del agotamiento colectivo», dice Infraestudio (González y Martirena, 2019:37).

Creo que para nosotros las palabras se volvieron muy fuertes. ¿Cuál es la arquitectura que sobrevive a las imágenes y sobrevive a la experiencia física de estar en un edificio? ¿Cuál es la arquitectura que nosotros podemos hacer que llega a otros sin que otros tengan que visitar nuestros edificios? Y es una arquitectura narrada.

En un contexto que impone sus acotaciones materiales, (im)productivas, ideológicas, reinventar la arquitectura a través de las palabras se figura como una vía posible para reclamarla como un acto conceptual, creativo, del pensamiento. No se trata de dejar a un lado la dimensión constructiva, pero sí de reactivarla artísticamente y de vincularla a otras materializaciones que no pasen exclusivamente por la piedra o el cemento, sino también por el papel y la tinta, la arena de un jardín zen o las pancartas vacías colocadas en un derrumbe. Infraestudio trae consigo, entonces, una arquitectura —no solo— narrada que pretende habitar los huecos reales de la ciudad, y también sus grietas simbólicas.

2

LA CONDESA EN VOLANTA.
TRANSPORTE Y NACIÓN EN *LA HAVANE* COLONIAL

(ROSELI ROJO)

(La Habana, 1989). Doctora en Literatura y Cultura latinoamericanas por la Universidad de Rutgers (2021). Profesora asistente de español y cultura latinoamericana en el Departamento de Historia y Lenguas Extranjeras de la Universidad Estatal de Jacksonville (Alabama). En 2020 fue becaria del Instituto de Estudios de la Mujer de la Universidad de Rutgers. En 2018 recibió la beca de la Fundación Goizueta del Cuban Heritage Collection y el Premio de Mérito del Executive Women of New Jersey. Sus artículos han sido publicados en *Hispanic Review, Decimonónica: Journal of Nineteenth Century Hispanic Cultural Production, LL Journal* y *Cine Cubano*. Es autora, además, de *Contar Abya Yala a los niños*, premio de ensayo Pinos Nuevos 2019.

La crítica literaria ha revisado en recurrentes oleadas la obra de la criolla María de las Mercedes Santa Cruz y Montalvo, la condesa de Merlin. *La Havane* (1844) ha devenido terreno para estudios feministas, raciales, de constitución de la nacionalidad, entre otros (Méndez, 1998; D. Domínguez, 2017; Bueno, 1977). Sin embargo, no ha sido pensada a la luz de los estudios del transporte y de urbanismo, a pesar de que la condesa enfatiza las diferencias entre los distintos tipos de embarcaciones, transporte terrestre y vida urbana con solapadas intenciones políticas en su regreso a La Habana, vía Londres y Estados Unidos. Con este acercamiento a *La Havane*, identifico que la preferencia de la condesa por el barco de vela y la volanta, y el concomitante rechazo al vapor, el vagón y los ómnibus, responden al plan latente de futuro que propone para la colonia. Demuestro que el uso metonímico del transporte figura como estrategia literaria que desmantela el proyecto anexionista impulsado por Domingo del Monte y José Antonio Saco, intelectuales rectores de los discursos fundacionales de la nación.

La Havane se compone de treinta y seis cartas dirigidas a personalidades de la vida política en Francia, amigos y familiares. Solamente se incluyeron diez de estas cartas en la edición madrileña *Viaje a la Habana* de 1844, las menos políticamente comprometidas.[1] Ninguna de ellas refiere su viaje por Estados Unidos. En los últimos años, se ha revisitado con algunos ensayos ese tránsito de Merlin por la nación norteña, previo a su llegada a Cuba (Torres-Pou, 2016; Campuzano, 2018). Estos estudios se concentran en entender los intereses ideológicos de las cartas en relación con sus destinatarios franceses. Además, analizan las razones por las que no fueron

---

[1] Las citas de *La Havane* se toman de la versión francesa de 1844 y se presentan todas en español desde mi propia traducción del texto. Para estudiar su visita a La Habana, cito la edición madrileña en español de *Viaje a la Habana*.

incluidas en la edición española de 1844, así como algunos de los móviles que impulsaron a la autora a concentrarse en estos paisajes. A diferencia de Torres-Pou (2016:69), en este ensayo sostengo que los capítulos dedicados a Estados Unidos sí están relacionados con el resto del libro y se incluyen antes de la llegada a La Habana para marcar el contraste entre los dos regímenes que cada espacio representa. La inclusión de las cartas sobre Estados Unidos en la versión francesa forma parte de la estrategia de Merlin para avalar su proyecto político sobre Cuba; un proyecto que estaba relacionado con las necesidades económicas que rigen su regreso a la Isla. Su exclusión de la versión en español, por otra parte, pudo haberse debido a la posición cautelosa de la autora frente a la censura que mantenía la metrópoli sobre Cuba. Desechar de esa nueva versión madrileña las resonancias políticas de los problemas del gobierno español, así como la valoración y consecuencias de anexarse a Estados Unidos —elementos contemplados en la versión francesa—, eran cuestiones fundamentales para lograr la difusión del libro y colaborar, de paso, con el proyecto de construcción de la nación. *Viaje a la Habana* edifica, entonces, una isla-edén, tierra fértil y amorosa, en un intento por invitar a sus lectores españoles a emigrar a esas tierras. Colaboraba así con el proyecto intelectual de «blanquear» la Isla (Saco, 2001b:218) para contrarrestar la desproporcionada mayoría de los grupos africanos y afrodescendientes que la habitaban.

Sin embargo, como demostraré en las páginas siguientes, *La Havane* no abraza el proyecto anexionista que en esta fecha tanto José Antonio Saco como Domingo del Monte barajaron para romper con la falta de libertades que causaba la metrópoli. Está dedicada a estos intelectuales para argumentar que su ciudad —como símbolo de la naciente nación— no podía formar parte de Estados Unidos.[2] A partir del rechazo de Merlin hacia los medios de transporte, de la vida citadina que esta nueva nación democrática proponía, y en contraste con el escenario habanero, la condesa presenta su solución personal al destino de la colonia.

---

[2] «Escribí estas cartas sin arte, sin pretensiones de autor, pensando solo en reproducir con fidelidad las impresiones, los sentimientos y las ideas que surgieron de mis viajes. No he disfrazado nada, ni la situación social que encontré en América del Norte, una situación amenazante para las repúblicas de Washington y para Europa, que quiere seguirla, ni de lo que nos falta, habaneros, para ser una de las naciones más poderosas y, sobre todo, más felices del mundo […] Solo deseo el honor de servirles a mis queridos compatriotas, en este camino de progreso que han comenzado y donde están destinados a tener la más brillante carrera» (Merlin, 1844a:2).

La relación simbólica de la condesa de Merlin con el barco de velas no surge por vez primera en *La Havane*. Antes bien, constituye un proyecto escritural que puede rastrearse desde su primer libro *Mes douze premières années* (1831). Para entender en su totalidad su defensa de este tipo de embarcación en *La Havane*, al tiempo que su relación con la intelectualidad criolla, debo referirme a ese momento iniciático de su escritura. *Mis doce primeros años* —como se tradujo al español— narra la salida de Mercedes en 1802 de la colonia, su viaje por el Atlántico, su llegada a Madrid para reencontrarse con su madre y hermanos; así como algunos de los sucesos más importantes de su adaptación a la vida metropolitana.[3] Con esta obra, Merlin se da a conocer en el espacio de la comunidad letrada criolla, que lideraba Domingo del Monte con sus tertulias en La Habana.[4] En este libro relata, además, su primer viaje en un barco de velas.

Mis doce primeros años establece las pautas del trayecto marítimo que se encontrarán con variaciones en *La Havane*. A pesar de la distancia temporal de escritura, ambos están en estrecha comunicación. Amén de los diferentes destinos y propósitos que guía cada libro, la travesía evoca la tristeza que implica la partida.[5] Al mismo tiempo, se configura como espacio de transformación en el que ya la Mercedes adolescente, ya la viuda Merlin —Merlin, su esposo, había muerto el año anterior— experimentan un reajuste de identidades. Durante el viaje marítimo a España, Mercedes da sus primeros pasos en la lengua francesa y la cultura del galanteo. En su retorno a la tierra natal en 1840, la condesa actúa como intérprete de una dama francesa moribunda —metáfora de su propio estado— para informarle al almirante estadounidense los últimos deseos de la enferma.

La comunicación es solo posible en español al ser la lengua común entre la escritora y el marinero. La condesa anticipa así su transformación en intérprete y transmisora para Estados Unidos y Francia de un saber

---

[3] Sus hermanos habían nacido en Madrid. Cfr. la biografía de Figarola-Caneda (1928) y el trabajo de Jorge Yviricu (2003) para tener noticias relevantes sobre la vida de Mercedes en Madrid y, sobre todo, luego de su casamiento con Merlin.

[4] Para un acercamiento a las diferentes etapas de recepción de la obra por el grupo delmontino, cfr. Méndez (1998).

[5] Adriana Méndez informa que su comunicación con Antoine Barbry, descendiente del conde de Merlin, le permitió obtener el documento que atestigua las razones económicas del viaje de regreso a La Habana en 1840, a tan solo un año de haber fallecido el conde de Merlin (2008:XI).

lingüístico y cultural al que solamente ella tiene acceso por su identidad multicultural.[6] Pero para lograr reapropiarse de su identidad criolla, de su lengua pasada, la aristócrata francesa, parece sugerir la autora, tiene antes que morir para renacer. La nueva identidad implica, por tanto, un enfrentamiento con el yo. Y ese acto de atentar contra su propio ser trae aparejado una purga física y espiritual en ambos libros: mareos, vómitos y ansiedad. La lucha interior se refleja, a su vez, en la propia batalla que el barco de velas entabla con el mar en *Mis doce primeros años*. En ese relato iniciático, el mar devuelve los vaivenes anímicos-identitarios de la adolescente, primero con tenues movimientos, luego con feroces y violentas olas producidas por una tormenta. El barco de velas, bajo el influjo del mar, «como una ligera pelota lanzada por una mano vigorosa, se elevaba a una prodigiosa altura y volvía a caer, sin dar bote en un profundo abismo» (Merlin, 1892:176).

La relación especular entre la autora, el mar y el barco se complejiza en este primer viaje con la introducción de la figura del almirante. Es el único capaz de entablar y ganar la lucha contra el mar, y procurar que el barco se mantenga a flote. La exaltación del almirante como fuerza omnipotente frente a la naturaleza cumple el propósito de legitimar la conquista como institución, un motivo que será retomado en *La Havane*. Reviste, además, la intención solapada de la condesa de autorrepresentarse como la principal protagonista de esa épica marina. Si bien la escritora sitúa al guía del barco en el centro de su aventura en el mar, sus acciones manifiestan una deferencia hacia ella: «empleaban todos los medios posibles para tributarme obsequios y para distraerme; me veía otra vez destinada a ser consentida» (ibíd.:115-116). Aun cuando el almirante hubiera sido capaz de «domar a los elementos» de la naturaleza (ibíd.:177), no pudo escapar a la muerte por el pesar ante la perfidia de una Circe moderna. El almirante degradado, simbólicamente a «general», muere como figura real en *La Havane*. Al personaje mítico, al almirante conquistador, lo encarna entonces en un vuelco metafórico la propia condesa que renacerá como fénix en Madrid y luego tras su éxodo de la metrópoli, en París, para convertirse en una de las mujeres más famosas e influyentes de la élite aristocrática parisién para el momento de la escritura de *La Havane*.[7]

---

[6]   Adriana Méndez Rodenas se refiere ampliamente al papel de la condesa como mediadora entre dos mundos (1998). Roberto Ignacio Díaz comenta precisamente que es esta identidad multilingüe la que conduce al olvido de la obra de Merlin en el canon de la literatura cubana (1996:245).

[7]   La casa de la condesa fue el punto de encuentro de varios miembros destacados de la vida política y cultural parisién; así como de exiliados cubanos refugiados en Europa (Bueno,

El relato de *Mis doce primeros años* llega en francés a los integrantes del círculo delmontino en Cuba. Adriana Méndez Rodenas ha analizado ampliamente cómo las variadas recepciones de esta primera obra anticipan la reacción de estas voces masculinas ante el proyecto escritural/nacional de la condesa. Su trabajo fue catalogado como «escritura de mujeres y para mujeres», una visión que permitía entrever también la resistencia de la comunidad letrada habanera a que las mujeres intervinieran en calidad de artistas y escritoras los discursos de fundación de la nación (1998:78). Sobre *Mis doce primeros años*, los intelectuales cubanos mencionaron su color local, su atractivo para los habaneros más que para un lector extranjero en aras de «socavar el valor de la escritura de Merlín y minimizar su contribución al discurso de la nación» (ibíd.:82). Hay que resaltar, no obstante, que estos intelectuales promovieron la difusión de su obra. Agustín de Palma, por ejemplo, se encargó desde Filadelfia de traducir y publicar en español *Mis doce primeros años* y parte del libro posterior *Souvenirs et Mémoires* (1836). Su hermano Ramón de Palma afirmó en la introducción de *Memorias y Recuerdos* que la traducción ponía el trabajo de Merlín a disposición de más lectores que unos pocos «curiosos». Al intentar ampliar el atractivo de las memorias de Merlín a un público más diverso, comenta Méndez Rodenas, Ramón de Palma reconocía la contribución de la condesa al discurso emergente del nacionalismo (ibíd.:83).

En la traducción de *Mis doce primeros años*, en particular, puede percibirse cómo desde 1838 comienza probablemente a gestarse en el seno de la intelectualidad habanera el interés por la obra de la autora como posible intercesora en favor de los criollos en Europa. En la versión francesa, Merlin se refiere al almirante como «L'amiral», excepto en la escena climática en la que el guía del barco se enfrenta a «los elementos» para salvar a la tripulación. En ese momento específico, en que deja de ser un hombre para convertirse en una figura sobrehumana, lo llama «L'amiral C.» (1831:185). En cambio, De Palma traduce «el almirante C….» (1892:119), con cuatro puntos —¿Colón?—, para enfatizar la posibilidad de la lectura en esa dirección: Merlin en camino a las cortes madrileñas guiada por el propio Colón. Es este el intento, tal vez, por connotar que la condesa legitimaba la conquista habanera en la metrópoli. Al respecto, Juan Pro ha sugerido que la condesa hereda en las cortes europeas el trabajo de «agente que el *lobby*

1977:20). Bueno resume además algunos de los datos recopilados por Figarola-Caneda en torno a la participación y el renombre que ella alcanzó en múltiples conciertos y eventos en Suiza, Alemania y Francia (1928).

azucarero cubano desplegó por todos los centros de poder de la época para proteger sus intereses» desde finales del siglo XVIII (2013:97).

La condesa, a treinta años de ocurrido su viaje a España anticipa —reimagina narrativamente— que la joven Mercedes conquistará ese antiguo mundo. Su relato contado en retrospectiva deviene entonces una gran reserva de imaginación, que toma al barco de velas —y por extensión a la flota española— como centro de su narrativa. En ese espacio heterotópico, espacio de libertad y de poder, reconstruye su regreso/reencuentro con la madre (la biológica) y la simbólica (España).

Salvador Bueno, en la introducción a la edición de *La Habana* de 1974, retoma algunos de los pasajes de la *Historia de las familias cubanas* del Conde de San Juan y Jaruco para enfatizar el origen de la condesa:

> *Sus padres pertenecían a la más rancia nobleza española establecida en la isla antillana. El apellido Santa Cruz remontaba sus orígenes a los primeros siglos de las guerras llamadas de reconquista contra los moros. Procedía de Soria y su estandarte tremoló en la batalla de las Navas de Tolosa en 1212. Un descendiente de la familia, don Juan Beltrán de Santa Cruz participó en la empresa de la conquista del Nuevo Mundo y la familia quedó instalada en Cuba desde los primeros tiempos de la colonización española (1977:11).*

Desde esta lógica genealógica, que no debió haber escapado a Merlin con su interés por formar parte y poseer documentos que legitimaran su ascendencia noble, su viaje a España más que un arribo, consistió en la reconquista de sus propias raíces. Sus antepasados habían viajado al Nuevo Mundo para escribir la relación entre metrópoli-colonia; de manera similar, ella regresa a sus orígenes para reescribir ese vínculo, para enfatizar la relación entre criollos y peninsulares.

La comparación con el almirante —en la que resuena la homologación con Colón— deviene, por tanto, una estrategia de autolegitimación. Constituye sobre todo la inscripción de un orden, según el cual Merlin se reconoce descendiente de cristianos-viejos y, por ende, parte de la flor innata de España. Además, le permite inscribir el vínculo indeleble entre la colonia y la metrópoli, que se catapultará en *La Havane*. De regreso en su ciudad natal, frente al sepulcro de Colón en la catedral de la Habana, comenta que más que un hombre, los cubanos albergan en la capital «los restos de un dios» (1848b:58). Sentencia, además, que «las cenizas de Colón deben permanecer en esta tierra que él descubrió, y a la cual llevó los beneficios de la civilización» (ibíd.:70). La condesa convierte a Colón en una figura mesiánica, expresión de la metrópoli toda. A partir del recurso metonímico, avala el nexo entre los criollos y España. Legitima la realidad colonial del país ya no como su pasado sino como un recurrente porvenir que garantizará la permanencia de la «civilización». Si en *Mis doce primeros años* Merlin configura su influencia en las cortes europeas, en *La Havane* insiste en su misión de garantizar para Cuba la «civilización» entendida en las normas monárquicas del imperio español.

Poesía de las velas y pesadilla del vapor

La Havane comprende tres viajes marítimos. El recorrido entre Londres y New York en el vapor inglés Great-Western; la travesía por varios ríos estadounidenses con destino al sur; y el viaje a La Habana en una embarcación llamada «Cristóbal Colón». Aunque la autora experimenta la purga identitaria desde el primero de los trayectos, el escenario y su relación con el barco serán notablemente distintos. La segunda carta de *La Havane*, dirigida a Madame Gentien de Dissay (Teresa, hija de la condesa), explicita las razones con la descripción del viaje en el vapor inglés *Great-Western*:

> *Nunca he estado en prisión; pero, según el relato de las personas honestas que experimentaron esta molestia, la cubierta de un barco de vapor de larga distancia debe parecerse mucho a una prisión. Encuentro el mismo desorden, un espacio reducido en el que hay que convivir con gente de todo tipo. Hay la misma monotonía de la regla, la misma servidumbre del espacio asignado, la imposibilidad de aislarse y, en consecuencia, el estar ocupado para no ser aplastado por la multitud; esa multitud que juega, que silba, que grita y bosteza. Y en el mar, como en la prisión, la continua molestia me ha terminado horrorizando. La impresión de todos los dolores que se sienten, de todas las dificultades sufridas, se confunden con una cara, con un trato, hasta que se vuelven antipáticos. Esta asociación injusta y cruel, pero involuntaria, se extiende a objetos inanimados; una mesa, un camastro, un plato, que se fijaron para siempre en mi memoria asociados con muchas caras y cabellos despeinados. Estos recuerdos por siempre me causarán una repulsión espiritual y física (Merlin, 1844a:26).*

El fragmento particulariza la pesadilla de viajar en vapor, en contraste con lo que simbolizaba el barco de velas. La autora contempla dos principales razones: el espacio limitado que le es asignado y las multitudes. Los tiempos del regreso de Merlin a La Habana ya no son los mismos que los de su primer viaje a Europa. Desde 1812 la industria inglesa de vapores había extendido y mejorado sus servicios hasta convertirse, en 1840, en el sistema de transporte marítimo más usado, emblema además de los tiempos modernos.

Esa nueva era impuso un cambio en la concepción del espacio y su uso, así como en los privilegios de viajar. Si a inicios de siglo XIX, solamente una élite rica podía surcar los mares con el derecho de poseer el espacio del barco de velas, a reinar sobre ese *topos* marino, con el barco de vapor se democratizaron el viaje y los espacios en su interior. Así lo resumen John Armstrong y David M. Williams en sus estudios sobre el vapor inglés y sus repercusiones en la economía mundial:

> En la sociedad premoderna, viajar era prerrogativa de los ricos, quienes solamente contaban con el tiempo y el dinero. Para todos los demás, los pies eran el principal medio de desplazamiento. El buque de vapor [posteriormente el ferrocarril] erosionó esta barrera de exclusividad al proporcionarle transporte barato a un segmento mucho más amplio de la población (2007:152).

La condesa siente repulsión entonces por la clase media con la que comparte ese espacio que el barco de velas le garantizaba por entero. El quiebre de esa barrera de exclusividad la atemoriza. Por ende, comienza a marcar su diferencia ya no a partir de cuestiones monetarias, sino de las costumbres y las fisionomías: «una multitud que juega, grita, silba, bosteza», de las modas y cuidado del cuerpo: «caras y cabellos despeinados». Para contrarrestar el evidente poder de esas multitudes, las criminaliza, las convierte en culpables de transformar el barco y el mar en una prisión.

Velocidad, predictibilidad y progreso ondearon como banderas en el ideal ilustrado desde mediados del siglo XVIII. Luego de la Revolución Industrial y el consecuente arribo de los tiempos modernos —con la mecanización de la producción, las operaciones a grandes escalas y la locomotora— se convierten en los fines para optimizar esa lucha sin fin al ascenso económico. El barco de vapor ocupó uno de los eslabones imprescindibles en la lista de esos factores modernizantes (ibíd.:60). Para la condesa de Merlin el vapor simbolizaba lo mercantil y el desarrollo de la ciencia. Sin embargo, la autora no acoge los cambios que propulsa con similar exaltación que otros utopistas entusiastas de la modernidad o incluso que otras mujeres escritoras y viajeras en la misma época. La ciencia, comentará la condesa, trae como consecuencia la pérdida de la independencia del hombre (1844a:20). Por ende, defiende y añora la travesía a vela, en la que encuentra que el hombre —tal como el almirante en *Mis doce primeros años*— tiene que luchar contra la naturaleza y dominarla para poder sobrevivir, en la que el ser humano hace gala de su voluntad e ingenio. En varias oportunidades comentará esta preferencia a la hija:

> *Ya conoces mi repugnancia hacia los barcos de vapor, repugnancia que se aumenta con la idea de la poesía de las velas. Por muy admirable que se muestre la inteligencia del hombre poniendo a contribución los elementos para aprovecharse del resultado de su hidra, a mí me parece más grande el hombre solo batallando con los elementos (íd.).*

Los ecos de *Mis doce primeros años* resuenan en este fragmento para construir una diatriba de la modernidad y erigir la remembranza del pasado preindustrial que entraña el privilegio de viajar, y ser además el centro de atención de todos. En las páginas de *La Havane* se enfatiza en múltiples ocasiones el rechazo al vapor. La condesa considera otros aspectos como el movimiento, el tiempo, la limpieza, para enfatizar la relevancia del barco y lo que denomina «la poesía de las velas».

Mientras el vapor se caracteriza por «un estremecimiento que causa el movimiento de las ruedas, la violencia y dura sacudida que prueba cuando hiende las olas agitadas» (ibíd.:18), el barco de velas tiene un movimiento suave y regular. El vapor es más veloz y es posible, como argumenta, saber de antemano el día de la llegada a su destino. Esta predictibilidad se opone, no obstante, a la incertidumbre aparejada a los barcos de vela, en los que navegar deviene, en sus propios términos, un placer, una fiesta sobre el mar.

Por último, en este juego de agregados semánticos, la condesa aúna el barco de vela con la «sala» y entrelaza el vapor con «la cocina» (íd.). Con estas asociaciones alegóricas imprime su percepción sobre los regímenes políticos —monarquía *vs.* república democrática— y sus efectos en la vida de la mujer. La defensa de la sala como lugar de recreo femenil y su aversión a la cocina al estar asociada con el humo, el ruido y lo nauseabundo, explicita el rol de la mujer aristócrata en el entendido de la criolla-francesa: en el primero de los regímenes, está destinada a ser la anfitriona del hogar —con esclavos que se ocupen de las labores—; en el segundo, a la servidumbre de lo doméstico —elemento que enmarcará en su reparo de la vida femenina en Estados Unidos.

Las reflexiones en torno al vapor ya habían ocupado un espacio en la literatura cubana desde fecha tan temprana como 1819. Manuel de Zequeira había cantado una oda a Robert Fulton por haber ingeniado una máquina «más ligera que el relámpago» (Sequeira y Caro, 1852:77).[8] En *A la nave de vapor*, el poeta cubano exalta el comienzo de una nueva era de abundancia para la humanidad protagonizada por hombres como el propio Fulton, Gutenberg, Blanchar y Montgolfier, Guillot y Franklin. Para Zequeira, un defensor del reloj como expresión del orden social, el invento de Fulton traería y distribuiría la abundancia desde el Canímar hasta el Almendares (ibíd.:78). Al amparo de esta era tecnológica, la Isla tendría las herramientas —ya el suelo, la caña de azúcar y la mano esclava las poseía— para abaratar los costos de producción de los cultivos y catapultar la producción.

Si como planteaba Zequeira, un entusiasta del desarrollo tecnológico y el avance científico modernos y voz representante de la élite de la sacarocracia desde finales del xviii, el vapor redundaría en una situación económica y logística ventajosa para la Isla, ¿a qué podría atribuirse la reacción de la condesa, esta hija de Cuba, como ella misma se autodenominaba, que también había dedicado páginas de su texto a pensar las relaciones de intercambio entre Cuba y Estados Unidos, para crear estrategias que le permitieran a la colonia tener un comercio libre en el área?[9] A través del barco de vapor, como recurso metonímico, erige una crítica velada a lo que podría significar para los criollos aristócratas que La Habana abrazara la divisa de modernidad amparada por Estados Unidos. En aras de demostrar los riesgos de ese proyecto, su análisis también se extiende a las significaciones del transporte terrestre.

Equivalentes terrestres del vapor: viajar en vagón y ómnibus

Ya en tierra estadounidense, y tras su primera experiencia en un ómnibus, la condesa escribe que su invención «ha sido adoptada aquí con gran entusiasmo. Una forma de correr siempre debe tener éxito en un país en el que la gente no se detiene jamás, en el que se va siempre con la multitud» (Merlin, 1844a:110). La sociedad estadounidense contravenía los tres aspectos en los que la condesa cifra una vida íntima plena: lo natural, la inde-

---

[8] Al enumerar los logros de la colonia al inicio del siglo xix, Emilio Cueto señala que «fuimos el cuarto país en tener navegación a vapor» (2010:16).

[9] En particular, la carta XXIV de *La Havane* —suprimida de la versión en español *Viaje a la Habana*— analiza cuáles deben ser las acciones de España para evitar que Cuba se anexe a Estados Unidos y mantenga un diálogo estrecho con la metrópoli al tiempo que restaura los derechos que la élite cubana tenía antes de la Constitución de 1812.

pendencia y la soledad (ibíd.:137), tres productos extintos del escenario de progreso que la autora encuentra a su paso por el país norteño. Los ómnibus, como el vapor, cooptan el espacio privilegiado en el que acostumbraba a viajar como aristócrata: «uno se ve obligado, lo quiera o no, a viajar en el mismo coche con sesenta u ochenta personas que mastican tabaco, escupen y huelen mal» (ibíd.:68).

Su rechazo hacia la multitud que le genera repulsión se magnifica tras su experiencia en el ferrocarril. Este medio de locomoción desatará sus críticas al sistema, la falta de valores y la corrupción a la que conlleva. Leamos el espectáculo que le ofrece su llegada al interior del vagón:

> El vagón estaba lleno de hombres que leían periódicos. Había sesenta y cinco viajeros. Cuando entré todos permanecieron impávidos. Ni un solo movimiento. Sin embargo, tenía derecho a un asiento, que había pagado al entrar. El conductor dirigió algunas palabras a uno de los ocupantes del asiento trasero, que contenía cuatro asientos y estaba ocupado solo por tres personas. El impasible viajero continuó su lectura, sin prestar la más mínima atención a lo que le dijo. —Segunda advertencia, —la misma insensibilidad—. Entonces el conductor lo empujó. Ante esta enérgica y tercera advertencia, cedió, pero sin levantar la cabeza del periódico, y como si se hubiera tratado de un movimiento brusco del tren. Este era el único viajero que usaba guantes (ibíd.:71-72).

En su escrutinio de esta sociedad, la condesa presta detenida atención a rastrear cuestiones como la fisonomía, para tipificar a la masa bajo rasgos específicos que denotan la carencia de escrúpulos y tendencia a la violencia. Su mirada, en buena medida, no dista mucho de las teorías fisionomistas de Johann Lavater, en boga en Francia desde inicios del siglo XIX. En este fragmento en particular resalta la movilidad en cuestiones de género que impulsa el vagón y que, paradójicamente, horroriza a la condesa. Ella puede compartir y reclamar un lugar dentro de ese entendido espacio «masculino» en la época. El conductor, como representante de la ley dentro del vagón, exige que se cumpla ese contrato por el que la condesa ha pagado. Un contrato que coloca a todos en el mismo plano: a los que usan «guantes» —como la propia condesa— y a los que no, pertenecientes a una clase inferior. El vagón del tren genera una movilidad social y de género de nuevo tipo.

El anhelo de la condesa por un mundo pasado y en agonía, un mundo preindustrial, disiente de la defensa que otras mujeres hacen del ferrocarril y la ciencia como motores democráticos justo en el período entre el viaje y la escritura de *La Havane*.[10] La aristócrata Malwida von Meysenbug, por ejemplo, relata *A Journey to Ostend*, una historia de viaje autobiográfica en la que describe su fascinación por el ferrocarril como metáfora de cambio revolucionario para la sociedad, en particular para las mujeres. La autora alemana alaba, precisamente, la movilidad social que impulsa el vagón al reformular las viejas prerrogativas espaciales, repensar la interacción entre los cuerpos, entre los géneros y las clases sociales. Meysenbug percibe con entusiasmo que el ferrocarril augure una época en que los viajeros no solo podrán ser los hombres, sino que las mujeres —y sin los acompañamientos que se imponían en la época como etiquetas de buenas costumbres— podrían también tener la libertad de recorrer el mundo. La condesa, por el contrario, rechazaba estos cambios porque implicaban también tener que sumarse a la vida laboral que la república democrática imponía, adaptarse y aceptar la movilidad social que suponían los nuevos medios de transporte y las evidentes transformaciones que implicaría para ella y la clase que representaba.[11]

Su viaje por la república norteña con destino a Cuba estará marcado por la repulsión al olor nauseabundo del humo que liberan las máquinas (ómnibus y vagones) que pueblan el escenario de un extremo al otro del país, a las que compara con volcanes. Sobre todo, resalta el temor que le genera el nuevo rol que se le ha destinado al ser humano, los animales, y la propia máquina en esa sociedad: «Los hombres y las máquinas que perecen son reemplazados cuando el gigante formidable, depositario de un gran futuro, marcha, avanza, con sus botas de siete leguas, a la meta de su misión: aplastar los débiles insectos que están bajo su talón» (ibíd.:76). La condesa

---

[10] Yviricu analiza las fluctuaciones políticas de la Merlin en Madrid y luego en Francia (2003).

[11] El arribo y la accesibilidad del ferrocarril y los barcos de vapor dieron al traste en Europa con la cultura del Grand Tour, que involucraba a los jóvenes de la nobleza cuando llegaban a los 21 años. En una especie de rito de paso, los jóvenes se embarcaban en un viaje por toda Europa en busca del conocimiento de la cultura renacentista. Cabría preguntarse si no se trató también del espacio y el tiempo —fuera de la casa y alejados de la familia— para convertirse en hombres en la acepción biológica también del término. Así como la luna de miel constituía la heterotopía y la heterocronía para que la mujer perdiera la virginidad, en ese mismo sentido el Grand Tour pudo haber sido una estrategia para proveerles a los jóvenes todas las experiencias que la cultura ilustrada-humanista comprendía bajo la categoría de «hombre». En todo caso, lo interesante es que esta costumbre de casi dos siglos entró en desuso con la pérdida del poder del «viajero» y la predominancia del llamado *tour-ist*, turista, que evocaba el desplazamiento masivo que los nuevos medios de locomoción permitían con el abaratamiento de los precios del pasaje. La literatura de finales del siglo XVIII y el XIX registra la imputación que se hace a estos turistas y, en consecuencia, la pérdida del poder y el privilegio del viajero-aristócrata. Para más detalles, Buzard (1993).

percibe en su primer encuentro con la cuna de la modernidad el carácter prescindible que los sujetos y objetos ocupan dentro de él.

Su rechazo a la democracia estadounidense se debe, en parte, a los riesgos que suponía para el tipo de vida que hasta el momento había experimentado en La Habana, Madrid y Francia.[12] El repudio del vagón y el ómnibus connota el carácter clasista de su rechazo y revela una comunicación explícita con la aristocracia francesa que Joan Torres-Pou resalta tras analizar las cartas concernientes al trayecto entre Inglaterra y Estados Unidos. Comenta Torres-Pou que el propósito de estas cartas suprimidas de la versión *Viaje a la Habana* era «advertir a los franceses de los peligros que puede traer un gobierno que enfatiza el comercio, el liberalismo, el desarrollo de la industria y el poder de la mayoría» (2016:78).

Más allá de estas evidentes connotaciones, la condesa pareciera cifrar otros motivos de orden político en relación directa con el destino de la colonia española. Máxime si se toma en consideración que el barco de vapor, los ómnibus y los vagones de estas cartas encuentran sus contrapartes en La Habana. Las comparaciones que se desprenden de los medios de transporte pueden ser entendidas como alegorías de los sujetos que les dan uso y la sociedad que los diseña. Brindan el espacio para entender otras dimensiones de la agenda política de la criolla.

La libertad viene en la volanta

Viaje a la Habana verifica la existencia de la ciudad idealizada de *Mis doce primeros años* con sus instituciones, las jerarquías de clase y raza, y el lujo del patriciado.[13] Merlin coteja y expande la representación de una urbe en orden, esa ciudad ideal que había sido pensada por los padres de la economía de plantación desde las más diversas esferas, incluso, la del transporte a finales del siglo XVIII. A su llegada a La Habana, el rechazo del ómnibus y el vagón como expresiones de un sistema social contrasta con la alegría que le causa uno de los primeros obsequios de su tío: «Mi tío ha tomado

---

12 En otro de los pasajes se refiere a la opresión de las masas sobre los de su clase social: «Compramos la libertad colectiva a un precio muy caro, la pagamos mediante la esclavitud individual. Aquí, el rico siempre es oprimido por los pobres y reprimido por los celos de las masas» (Merlin, 1844b:69).

13 Utilizo la traducción al español para analizar la imagen que presenta de la ciudad en esta versión reducida de su obra.

la galantería de destinar a mi servicio una volanta muy elegante y hecha expresamente para mí» (1844b:21).

Como apunta José María de la Torre, la volanta devino a finales del siglo XVIII el carruaje por excelencia de la clase noble y rica criolla que posteriormente lo reconocería como quitrín (1857:119).[14] En ese sentido, se comprende la exaltación de este carruaje y el entusiasmo que despierta en la condesa en varios fragmentos de la obra. A partir del símbolo de la volanta, la autora resalta que, en contraste con los medios de transporte de la sociedad estadounidense, los habaneros confieren a la clase alta una marcada distinción, tanto metafórica como material, debido a las exageradas medidas del vehículo que servían para aislar a sus usuarios del escenario citadino.[15] Desde las primeras páginas dedicadas al regreso a La Habana, Merlin remarca que el barco de velas y la volanta son expresiones de un orden en el que ella ocupa un eslabón preponderante, esa «civilización» que pretende garantizar para su isla natal.

Como también explica Antonio del Valle, a inicios del siglo XIX, cuando comenzaron a introducirse en la Isla como objeto de lujo,[16] la volanta era considerada índice de fortuna en La Habana. Estaban prohibidas, según las ordenanzas municipales, a la población negra «sin excusas ni pretextos» (1977:40), lo cual denotaba además su directa relación con la clase rica. En esos primeros años de apertura al mercado, será uno de los principales bienes de los más consumidos para ostentar la bonanza y competir con las clases aristócratas de otras ciudades a nivel mundial.[17] El censo de 1846 arrojó un total de 2 830 volantas en la capital (ibíd.:94). Además, según la propia condesa, «los primeros ahorros se emplean aquí siempre en la compra de un quitrín o de un piano» (Merlin, 1844b:26). Al describir la familia de su tío en 1840, resalta cómo hasta los más pequeños tenían la suya propia (ibíd.:21).

---

[14] La condesa utiliza los dos términos indistintamente.

[15] Apunta Ildefonso Estrada Zenea que las ruedas se hacían desmesuradamente grandes para comunicar impulso al carruaje (1880:13); tal vez para evitar también el contacto con la realidad de La Habana regida por grupos de africanos, sus descendientes y pardos libres, una realidad que las clases ricas querían evitar a toda costa.

[16] La ironía de la introducción de la volanta y la alabanza de la condesa reside en que, como apunta el propio José María de La Torre, estos carruajes fueron construidos e importados durante buen tiempo desde Inglaterra (1857:119).

[17] Estos mismos cambios económicos impulsaron la fundación del *Papel Periódico de La Habana* y la creación de otras instituciones como la Sociedad Patriótica de Amigos del País. Incluso la numeración de las calles y la preocupación creciente por la policía de la ciudad, entiéndase, la higienización y control racial de la ciudad.

Varias de las litografías de la primera mitad del siglo XIX de Frédéric Mialhe capturan los grandes ventanales de las casas habaneras que constituían casi una invitación a los transeúntes a husmear dentro de los hogares.[18] Así, por ejemplo, *El casero* y *Vista del teatro principal* demuestran que ese acto voyeurístico tenía como objeto a las jóvenes de la casa que, en ropas ligeras y con flores blancas en el cabello, constituían el centro de atención.[19] Las volantas invierten la situación de la mujer como objeto a contemplar, su condición de mercancía. Codifican una situación de relativa independencia para las féminas: de objeto mirado tras las rejas de los ventanales a sujeto que mira, que recorre la ciudad a la vista de todos, pero, de desearlo, sin ser percibida y en pleno corazón de La Habana.

La condesa narra en *Mis doce primeros años* cómo gracias a la volanta pudo sortear el castigo de sus familiares por contravenir ciertas reglas que le impusieron a la indomable adolescente. En uno de los pasajes, Mercedes se esconde en el vehículo y luego salta a unos arbustos sin que el calesero note nada de lo ocurrido. La altura y el diseño de la volanta le posibilitaron escapar del castigo. De igual modo, en *Viaje a la Habana*, el vehículo le permite

---

[18] Comenta Emilio Cueto que estas obras de Mialhe «habían conseguido captar no solo la imagen de la isla, sino el espíritu y el alma de su pueblo como nadie lo había logrado hasta entonces» (2010:22). En buena medida, estas litografías encierran escenas costumbristas que, más que reflejar la realidad colonial, construyen y proyectan una moral y deber social pensado desde la ciudad letrada que se agrupaba en torno a la Sociedad Económica de Amigos del País. La imagen de *El casero*, por ejemplo, construye una estampa jerarquizada en la que ocupa el lugar más alto la mujer blanca tras las rejas de una casona habanera. La escena ubica en el cuadrante izquierdo superior a la mujer como centro de la composición. Sin embargo, este encerramiento en el hogar, este deber ser que se pretende inscribir para las mujeres casaderas representantes de lo más autóctono criollo —mujer/madre encerrada en la casona patriarcal—, dista mucho de la realidad que critican Manuel de Zequeira, Agustín Caballero y Buenaventura Pascual Ferrer desde finales del siglo XVIII con la fundación del *Papel Periódico de La Havana* y el *Regañón de La Habana*. De hecho, uno de los principales problemas que enfrenta la élite criolla del momento y que retoma el grupo delmontino en la década del 30 es el apego de las mujeres criollas por las salidas, los bailes y la vida pública. Esa actitud ponía en riesgo, según estas voces masculinas, la crianza de la nueva generación encargada de prolongar el poder económico de la sacarocracia que quedará en manos de las nodrizas esclavas. Para un acercamiento al problema entorno a las nodrizas y el rol de la mujer en la primera mitad del siglo XIX, cfr. Jorge Camacho (2013b).

[19] Al respecto, la condesa advierte que «estas calles estrechas, de casas bajas, con balcones de madera y ventanas enrejadas toda abiertas; estas habitaciones tan aseadas, tan llenas de luz, tan alegres, donde se encuentra el Quitrín, carruaje del país; en la sala, en estas salas tan frescas y tan elegantes; luego la niña, como la llaman aquí, envuelta en su ropa aérea, con los brazos desnudos y enlazados a la reja, mirando con aire de curiosidad a la calle» (Merlin, 1844b:12-13).

agenciarse los momentos de privacidad que no había encontrado en su paso por Estados Unidos. En la carta X que cierra la edición de *Viaje...*, narra que las jóvenes, a las ocho de la noche, empezaban a correr por todas las estrechas calles de la ciudad intramuros sin un destino prefijado, guiadas por los caleseros (ibíd.:108). En el desconocimiento del destino final de ese viaje, la autora identifica la independencia de las isleñas.

En el uso de la volanta, como símbolo latente del régimen monárquico y del período más próspero de la colonia, la condesa encuentra la libertad que los vagones del ferrocarril y el ómnibus le negaron en Estados Unidos. La independencia que la autora recordaba de su niñez persiste casi cuarenta años después, al interior de la volanta, un espacio reducido, oculto a la vista de los transeúntes y elevado notablemente de la altura de la calle. Esta caja inmensa, que casi volaba por las calles estrechas de la ciudad, cumpliría la función de aislarla del contacto con las multitudes de La Habana colonial:

> Pero las negras, ¡oh! de ellas es solamente la calle; se las ve en gran número colocadas en los portales, con el cigarro en la boca, casi desnudas, con las espaldas redondas y lucientes como escudos de cobre, dejándose requebrar por los que pasan. Se ven en fin porción de negrillos por todas partes jugando a los mates y los guacalotes, en cueros como sus madres los echaron al mundo (ibíd.:26).

Si bien la volanta libraba a las jóvenes de la casa colonial, ese reducido espacio también enfatizaba las jerarquías clasistas, raciales y de género. Simplificaba, además, el contacto con la vida urbana. De hecho, debido a su recorrido en ella, la condesa tiene una visión restringida de La Habana. La velocidad, la altura y el movimiento codificaban una experiencia empobrecida en comparación con el acceso de los grupos pobres y trabajadores que sí transformaban y vivían la urbe. Pero, para ella, la libertad redunda en la posibilidad de diferenciarse de las clases pobres; ya sea a partir del lujo que provee la volanta, ya de las atenciones y del espacio que puede comprar en el barco de velas. No en balde había establecido la relación entre ambos vehículos desde su primer viaje marítimo en *Mis doce primeros años*: «En cuanto a mí, aunque novicia para el peligro, nada me intimidó y me embarqué lo mismo que si hubiera entrado en volanta» (Merlin, 1892:92). Este vínculo entre ambos medios de transporte sintetiza metafóricamente la predisposición de la autora por el sistema monárquico metropolitano y por el tipo de civilización que presupone. Ambos, volanta y barco de velas, se convierten en su escritura en epítomes de la poesía, de lo familiar y la seguridad.

Merlin destaca con la presencia de la volanta la estabilidad que la economía de plantación y el respaldo de la metrópoli le brindaron a la colonia durante cuarenta años. La ausencia del barco de velas y su reemplazo por el vapor exacerban, en cambio, los problemas y las transformaciones radicales que podrían sufrir los criollos de no contar con el apoyo español. La defensa del barco de velas y la volanta vendrían a resumir, en definitiva, la posición procolonial de la condesa; una opción para el destino de la Isla que, en palabras de Adriana Méndez Rodenas, le permitiría además legitimar su propia identidad como criolla: «En su intento por recuperar una identidad criolla perdida, Merlín enfatizó el vínculo cultural que unía la isla con la península, haciéndose eco de la creencia predominante de que los criollos constituían una raza híbrida de españoles-habaneros en Cuba» (1998:57).

Esto no explica en su totalidad, sin embargo, el rechazo de la autora hacia Estados Unidos —y de cierto modo también hacia Inglaterra—; una aversión que se singulariza cuando describe el modelo de hombre que prima en estas sociedades, opuesto al paradigma que ensalza con la figura de Colón y con las descripciones de los patricios criollos:[20]

> ¿Sabes lo que es un yanqui? El yanqui vive sin amigos, sin otro conocimiento que el de sus vecinos de la mesa, sin prejuicios y viviendo día a día [...] Sus obras, como sus creaciones, son frágiles; ellas no llegarán a la posteridad porque no están pensadas hacia el futuro; les falta la fuerza que proviene del pasado histórico, y el egoísmo estrecho del hombre no puede reemplazar la omnipotencia de la abnegación del tiempo (Merlin, 1844a:77).

En su viaje a La Habana, la condesa de Merlin recopiló varios materiales para la escritura de su libro, desde tratados sobre la situación política de la Isla hasta obras escritas por algunos de los intelectuales habaneros. Domingo del Monte le aconsejó en particular que tomara en consideración *Paralelo entre la Isla de Cuba y algunas colonias inglesas*, de José Antonio Saco (1911:76). Entre otros de los materiales consultados, se encontraban precisamente otras obras de Saco de 1837: *Mi primera pregunta* y *Examen*.[21]

---

[20] Carta que se sustrae de la edición en español, probablemente debido a que Saco estaba exiliado en 1844, justo cuando ocurre la Conspiración de la Escalera. Merlin estaba tratando de navegar con las aguas políticas impuestas por la metrópoli. Quizás con la eliminación de las cartas de *Viaje a la Habana* pretendía evadir la censura. Su interés por la nación norteña hubiera podido dar lugar a malinterpretaciones por parte de las autoridades españolas.

[21] Cfr. el análisis de Méndez Rodenas sobre la influencia de estas obras en la visión de la condesa sobre el tema de la trata y la esclavitud (1998).

Las dos primeras, como apunta la propia autora, sirvieron de base para la escritura de *Los esclavos en las colonias españolas* (1841). A pesar de que la condesa suscribe varias de las tesis de Saco sobre la necesidad de abolir la trata de los esclavos, desde este primer libro se comienza a perfilar una separación de intereses entre el intelectual cubano exiliado y la criolla con respecto al futuro de La Habana y su relación con la Metrópoli. En este trabajo se anticipaba el proyecto político que la autora luego desarrolla en *La Havane*. Para la escritora, el futuro de la Isla no solo radicaba en la opción procolonial, sino también en la desestimación de otra de las tendencias que pesaba en el imaginario de la comunidad letrada representada por Domingo del Monte y José Antonio Saco, la anexión a Estados Unidos.[22]

Examen analítico (1837), de José Antonio Saco, por ejemplo, ventila algunos de los contrastes que retomará la condesa en lo concerniente a los gobiernos de España, Gran Bretaña y Estados Unidos. Saco percibe que la crisis de la «malhadada España» se debe a la persecución del «talento y apagadas las luces durante tres siglos de un despotismo político y religioso, la nación se encuentra hoy en un estado de tanta postración y flaqueza» (1859:117). En cambio, Gran Bretaña surge en su texto como ejemplo de un pueblo que «cuanto mas libres y mas ilustrados tanto más se afanan en llamar a un centro común todos los intereses y partidos a fin de conciliarlos y ponerlos en armonía [*sic*]» (ibíd.:119). Toma, además, como ejemplo a

---

[22] En la historiografía cubana, José Antonio Saco ha sido considerado la figura paradigmática de la lucha contra la anexión en Cuba. Así lo demuestran, por ejemplo, los prólogos de las reediciones de sus obras completas por la Biblioteca Nacional de Cuba. Sin embargo, el movimiento anexionista tuvo su génesis en su *Paralelo* —al que me referiré más adelante—. El propio Saco reflexiona sobre las razones que condujeron a su crítica del movimiento anexionista en 1848, luego de haber valorado en 1837 la unión a Estados Unidos como la posibilidad para acabar con la situación de la colonia. En «Origen del movimiento anexionista en Cuba. Ideas de Saco sobre la anexión. Motivos de su posición a ella» proporciona el marco histórico de desarrollo del movimiento anexionista, así como las razones por las que se negó a colaborar con los cubanos que lo lideraban (1859:306-313). Merlin terminó de escribir *La Havane* en 1842. Incluso antes de su viaje a La Habana en 1840 ya mantenía comunicación en París con Saco, al parecer desde 1835 (2001b:146). El propio autor declara en varias de sus cartas a José Alfonso García que Merlin y él «estamos muy amigotes» (ibíd.:52). Cuenta, además, que le ha facilitado información y textos auxiliares a la condesa, aunque ha evitado por todos los medios leer la obra para no verse en el compromiso de opinar sobre las ideas de la autora (ibíd.:56). Habría que preguntarse si en ese período de diálogo con la condesa, Saco no le habría sugerido la opción de la anexión de Cuba a Estados Unidos. Incluso, habría que preguntarse si la propia obra de la condesa no influyó después en el cambio de parecer del propio Domingo del Monte que, luego de 1844, se exilia con su familia en Estados Unidos y, ya una vez en París, colabora con Saco en la lucha antianexionista.

«la nación más libre de la tierra, la gran República de los Estados Unidos del Norte-América [*sic*]» para percibir cómo su Congreso, «el más libre y el más democrático del orbe, es cabalmente uno de los que se compone de representantes *menos uniformes*» (ibíd.:120).

La condesa, por el contrario, percibirá a Inglaterra como la causante de todos los problemas de la sacarocracia cubana al haber inculcado en el patriciado la dependencia hacia la esclavitud como mano de obra durante la ocupación inglesa. Ahí encuentra, precisamente, la génesis de la paradoja de la sacarocracia habanera, el peligro y el miedo de que, de terminarse la esclavitud, su fortuna y esplendor sucumbieran con aquella. Inglaterra había hecho crecer la semilla roída en el seno de la élite criolla cubana. Estados Unidos, por otra parte, engendraba un nuevo destino aciago para La Habana. Al respecto, cuestiona en su carta XXIV, «¿por qué colocar a la isla en la pendiente deplorable?», cuando significaba anexarla a Estados Unidos (Merlin, 1844a:72). Explicará que «las repúblicas meridionales no representan para la isla ninguna esperanza eficaz de protección. El orgullo caballeresco por la sangre, nuestras costumbres aristócratas, el catolicismo invertebrado de la población nos alejan instintivamente de las repúblicas del Norte» (ibíd.:71). En esta línea definía el tipo de «civilidad» por la que abogaba: católica y aristócrata.

En su defensa de la monarquía española analiza entonces las estrategias para lograr afianzar sus lazos con la colonia, para solventar los problemas que Saco expuso elocuentemente en *Examen analítico*. A su juicio, el principal inconveniente en la relación España-Cuba reside en los poderes vitalicios de los capitanes generales y la falta de derechos de los criollos. España tendría que regresarles a los habaneros la representación que tuvieron antes del establecimiento de la Constitución de 1812. No obstante, asegura que:

> *En cuanto a nosotros, lo repito, somos profundamente Españoles. Ninguna de las diferencias que separaron la vieja Inglaterra de los puritanos Americanos, nos alejarán de la madre patria. El interés de España es el nuestro; nuestra prosperidad servirá a la prosperidad española [...] El resultado de la emancipación del continente es demasiado triste y sangrienta como para que tengamos ningún deseo de imitarla (ibíd.:74).*

El diálogo con Saco y la lectura de su obra propició que la condesa definiera cuál no debía ser el destino de La Habana. Sostenía, como Saco, la abolición de la trata y la necesidad de mejoras para la colonia.[23] Sin embargo,

---

23 Cfr. D. Domínguez (2017).

repudiaba y percibía como peligrosa la alabanza del criollo de Estados Unidos y Gran Bretaña, así como su anticolonialismo.[24] Estos peligros, probablemente, la hayan alejado del camino cifrado por el intelectual.

Si *Mis doce primeros años* preludia la importancia de la obra de Merlin para algunos miembros del grupo delmontino, *La Havane* pudo haber ocupado parte central de su proyecto.[25] La comunicación de Del Monte con el diplomático norteamericano A. H. Everett así lo patentiza.[26] El 19 de junio de 1844, Everett escribe a Del Monte tras su lectura de *La Havane* que «los capítulos sobre los Estados Unidos son sumamente ridículos. Algún amigo sensato debiera aconsejar a la autora que los omitiera del todo en futuras ediciones, y que comenzara esta por su salida de Nueva York» (Del Monte, 2002:279). Luego, el 12 de septiembre del mismo año, le insiste:

> *Me ha hecho mucha gracia su relato sobre la forma en que la Condesa de Merlín preparó su obra. La parte que trata de los Estados Unidos es una urdimbre de los más extraordinarios disparates. Estos «disparates» me hacen desconfiar marcadamente de su exposición sobre el tema central, que, por lo que puedo juzgar, es de índole distinta (ibíd.:47; énfasis de la autora).*

---

[24] En las comparaciones entre ambos gobiernos en torno a la esclavitud argumenta que «España con su gobierno absolutista es la única nación que se ha ocupado en suavizar la suerte del negro […] mientras los ingleses y americanos del Norte colman a sus negros de dolor y de disgustos con su mal trato y con su orgullo» (Merlin, 1844a:55).

[25] Susanna Regazzoni (2008) y Luisa Campuzano (2018) comparten la idea de que *La Havane* fue escrito en respuesta a la petición «encubierta» de Domingo del Monte y José Antonio Saco. En palabras de Campuzano: «sus compatriotas reformistas le habían encargado en secreto, ofreciéndole para ello todo tipo de ayuda, inclusive sus propios textos, la preparación de un libro sobre Cuba que, escrito por ella, que entonces era, sin duda alguna, la más conocida de las plumas de la Isla, encontraría en Europa la resonancia que sus pobres voces provinciales no podrían alcanzar» (2018:50-51). Lo que sí parece probable es la intención de utilizar la obra para atraer migración blanca europea a la isla y contrarrestar el problema demográfico racial urgente que los patricios enfrentaban. Creo que esa sería la intención que guardaría también la edición censurada de *Viaje a la Habana*, en la que el aliento costumbrista y de urbe ordenada y en control sobresale para captar el interés de los españoles de clase media que leyeran la obra. Téngase en cuenta que fue impresa en Madrid justo en el mismo año que la edición francesa y reducida a solo X cartas pintorescas de la vida frugal en la colonia.

[26] Fue nombrado en 1840 Agente Diplomático Especial de Estados Unidos. Bill J. Karras analiza la relación que existe entre los dos intelectuales desde 1840 con la visita de Everett a La Habana. Ahonda en los papeles rectores de ambos líderes para actualizar a los correspondientes grupos literarios de las actividades y sus visiones en pro de garantizar la protección de Cuba por Estados Unidos (1978).

Everett y Del Monte habían sostenido durante buen tiempo intercambios epistolares sobre la posible anexión de Cuba a Estados Unidos. En 1843, por ejemplo, Everett le confía al cubano que «todavía espero y creo que no está muy lejos el tiempo en que la predicción de tu amigo Saco se haga realidad, y la gran Antilla agregará otra estrella brillante a la bandera de nuestra Confederación» [27] (ibíd.:162). Este fragmento connota que ambos se habían percatado de que la obra de la criolla no comulgaba con los mismos derroteros ideológicos que ellos esperaban.

Un pasaje en particular de *Paralelo entre la Isla de Cuba y algunas colonias inglesas*, de Saco, al que se refiere Everett, arroja luces sobre la intencionalidad e intertextualidad de *La Havane*. Merlin tomó el consejo de Del Monte de estudiar el *Paralelo* al pie de la letra, pero no justamente para seguir los caminos que aquel le había previsto. En el último párrafo de *Paralelo*, Saco sentencia que

> *si arrastrada [la isla] por las circunstancias, tuviera que arrojarse en brazos extraños, en ninguno podría caer con más honor y con más gloria que en los de la gran Confederación Norte-Americana. En ellos encontraría paz y consuelo, fuerza y protección, justicia y libertad, y apoyándose sobre tan sólidas bases, en breve exhibiría al mundo el portentoso espectáculo de un pueblo que del más profundo abatimiento se levanta y pasa con la velocidad del relámpago al más alto punto de grandeza (1853:170).*

En ese viaje que la condesa emprendió en un barco de velas llamado *Cristóbal Colón* de regreso a La Habana como conquistadora de una identidad pasada y perdida, su misión principal fue cuestionar la anexión al gobierno estadounidense como opción para el destino de la Isla. Las cartas escritas sobre Estados Unidos se colocan en las antípodas de ese *topos* idílico imaginado por Saco en la última frase de su texto. El ofrecerse a esta

---

[27] Puede comprobarse en su epistolario su trabajo en aras de traducir al inglés *Paralelo* y distribuirlo al pueblo estadounidense —en carta que le dirige Francisco P. Coimbra el 30 de septiembre de 1840—: «Reservado.—Tengo yá al concluir la traduccion al Ingles del paralelo de nuestro Saco, hecha p.r una persona instruida, la cual con algunas notas y una sencilla, p.o enérgica, dedicatoria al Pueblo Americano, saldrá pronto á luz y veré como envio p.a V. un ejemplar. Ocúpome también en otras cosillas útiles á la querida Patria y no dude V. q. con un juicio, haré cuanto sea posible á mis debiles esfuerzos» [*sic*] (1930: 518). Luego, sin embargo, Coimbra le escribe el 21 de noviembre de ese mismo año: «Iba yá á dar á la prensa el Paralelo; p.o tan sesudo aviso parará mi proyecto y cuente V. conque nada haré. Oh! si viesemos a Saco! [*sic*]» (ibíd.:532).

república traería, según la autora, un cambio sociopolítico radical para la colonia. Implicaría la intrusión de otras costumbres, el asumir otros transportes, otros roles para su clase y género. Representaría, en definitiva, una nueva realidad en la que la Condesa ya no tendría el mismo estatus, tampoco la misma comprensión ni los alcances políticos e influencia. Merlin se presenta como intérprete de ese sistema y de sus potenciales peligros. Con ese propósito, rechaza el vapor y sus equivalentes terrestres, a la par que enaltece la poesía de las velas y la simbología de la volanta como recursos metafóricos para alcanzar ese punto más alto de grandeza. *La Havane* en efecto pretendía que la Isla se convirtiera «en una de las naciones más poderosas y felices del mundo» (Merlin, 1844a:2). Sin embargo, para Merlin, esa felicidad solo se alcanzaría si Cuba permanecía bajo el dominio español.

3

LA ALDEA: MARTÍ, MCLUHAN Y MARGINALIDAD EN EL HIP-HOP HABANERO

(Charlie D. Hankin)

(California, 1989). Doctor por la Universidad de Princeton y máster en Música (violín) por la Universidad de Oregon. Actualmente es profesor visitante en Colby College, Maine. Sus publicaciones, en *Atlantic Studies*, *Journal of Latin American Cultural Studies* y otras, examinan los cruces entre música y literatura en América Latina. El presente ensayo fue elaborado a partir del proyecto de libro *Break and Flow: Transatlantic Hip-Hop Poetics*, que demuestra cómo los artistas de hip-hop en Cuba, Brasil y Haití transforman el rap en una práctica comunitaria de la escritura para reconfigurar nociones de lugar e historia. El análisis de canciones y letras parte de varios años de trabajo de campo etnográfico y colaboraciones musicales.

A finales de los años 2000, el hip-hop habanero llegó a la altura de uno de sus eslóganes recurrentes: «es lo que hay». El grupo de rap Los Aldeanos, compuesto por Aldo (*El Aldeano*) Rodríguez Baquero y Bian (*El B*) Rodríguez Galá, ganó para el rap un público hasta entonces sin precedentes en la Isla. Hacía una década que el grupo Orishas había dirigido la atención internacional sobre el rap cubano con su álbum *A lo cubano* —lanzado en España en 1999 y en Estados Unidos en 2000—. Sin embargo, al igual que el álbum internacionalmente reconocido *Buena Vista Social Club* (1997), del estadounidense Ry Cooder, la música de Orishas fue consumida sobre todo por un público extranjero. José Quiroga explica, en este sentido, que «la narrativa de cómo el Estado, las industrias discográficas y los empresarios musicales crearon un *boom* para la música cubana en los años 1990 podría estar relacionada —o no— con lo que los cubanos "escuchaban" o bailaban en realidad durante esos años» (2005:149).[1]

Inspirados por el sonido *worldbeat* de Orishas y una serie de intercambios culturales organizados por el colectivo neoyorquino Black August (1998-2001), numerosos documentalistas, periodistas y antropólogos llegaban en masa a la Isla prohibida a documentar lo que sucedía con el hip-hop cubano. El influjo de extranjeros influyó el «movimiento hip-hop» de manera significativa (Baker, 2011:244–308). Los Aldeanos aparecieron en medios como el *New York Times* (2006) y *CNN International* (2009) y, hacia 2008, empezaron a colaborar con la antropóloga y productora Melisa (*Emetrece*) Rivière, quien estaba completando su trabajo de campo doctoral. En la misma época, la organización USAID se interesó y envió a un representante serbio con la intención de infiltrar el rap cubano y «romper con el bloqueo informático», buscando crear una red de cubanos que desearan «cambios sociales» (Weaver, 2014). La operación abrió varias oportunidades para Los

---

[1] Todas las traducciones son del autor.

Aldeanos de tocar en vivo, entre otros, con el trovador legendario Pablo Milanés (agosto de 2008), durante su primer espectáculo internacional en el Exit Festival en Serbia (julio de 2010) y como artistas principales del festival cubano de música independiente más importante del momento, Rotilla (agosto de 2010). El periodista estadounidense Matthew Weaver describe la intervención de USAID como una nueva iteración por parte del gobierno de Washington de «derrocar al gobierno comunista cubano». El acontecimiento dejó a Los Aldeanos «atrapados en un complot» —según la cita de Aldo que consta en el artículo— y sin duda tuvo un papel importante en su emigración a Florida (2014). Pero sea lo que fuera la influencia de la USAID, Los Aldeanos destacan entre otros grupos de rap cubano en la medida que lograron convocar a un público no solamente de aficionados al hip-hop, sino también de estudiantes universitarios, músicos, profesionales y consumidores de timba, rock y nueva trova (Borges-Triana, 2013). Varios años después de la emigración de Aldo y El B, en el verano de 2016, yo todavía escuchaba sus canciones a todo volumen en el apartamento contiguo al mío en El Vedado. Cualquier grupo de reguetón estaría contento con tal duración.

A pesar de la atención que han despertado en documentalistas, periodistas e investigadores (Baker, 2011; Zamora Montes, 2017; Torres, 2012; Borges-Triana, 2013),[2] hasta donde conozco, bastante poco se ha escrito sobre el hecho de que su nombre artístico y firma sonora «la aldea» invoca una palabra rara vez escuchada en el habla cotidiana habanera. «La aldea» suena atípico, particularmente a la luz del «discurso de lo cotidiano» y «muy fuerte sabor urbano» del hip-hop cubano (Borges-Triana, 2013). ¿De dónde surge esa idiosincrática figura neoarcadiana y qué temporalidades señala? ¿Cuáles son los pretextos y paratextos para la aldea en el rap cubano? ¿Cómo debemos escuchar la aldea con relación al discurso del hip-hop internacional sobre la marginalidad urbana?

Con este ensayo, busco explorar un conjunto de genealogías para lo que Jorge Enrique (*761*) Rodríguez llama el aldeanismo del rap cubano (2017). Me interesa no solo prestar atención a lo que dicen Aldo y El B sobre la aldea en sus letras y entrevistas, sino también a lo que omiten. Además del sugerente juego de palabras entre aldea y Aldo —y el juego de palabras es clave para el rap— quiero centrarme en dos intertextos para la aldea

---

[2] Los Aldeanos figuran en numerosos documentales hechos por extranjeros, entre ellos *Viva Cuba Libre: Rap is War* (Jesse Acevedo, 2013, EE.UU.) y *Esto es lo que hay: chronique d'une poésie cubaine* (Léa Rinaldi, 2015, Francia).

del rap cubano: primero, la noción de aldea de José Martí, filtrada por los discursos de Fidel Castro; y segundo, la frase «aldea global», en circulación desde que la acuñara el profesor de literatura inglesa Marshall McLuhan en 1964, de relevancia singular a principios del siglo XXI con el crecimiento de las redes digitales, inclusive en La Habana. Descubrir las genealogías del aldeanismo del hip-hop habanero revela un campo de fuerzas locales y globales —por ejemplo, la particular geografía urbana de La Habana—, que no necesariamente coinciden con las dinámicas espaciales del hip-hop mundial a pesar del perfil internacionalizado de Los Aldeanos. Para desenredar la polifonía de la aldea en el contexto del hip-hop habanero de la primera década de este nuevo milenio, exploro la paradoja aparente de un significante rural en el contexto urbano. ¿Cómo «la aldea» señala una lectura alternativa de la marginalidad urbana *vis-à-vis* el hip-hop mundial y la noción específica de periferia urbana en La Habana? ¿De qué manera el aldeanismo de Los Aldeanos responde a fuerzas locales, nacionales e internacionales? ¿Cómo cambió la noción de «aldea» con la emigración de Los Aldeanos a Estados Unidos?

«GUETOCENTRALIDAD» EN EL HIP-HOP MUNDIAL

La conexión entre el rap y lo que en Estados Unidos se ha llamado «el gueto», y en América Latina suele designarse «la periferia», ha sido bastante documentada. El hip-hop tiene su propio mito de origen en el barrio del Bronx de la ciudad de New York; barrio que había sido marginado por Robert Moses con la construcción de una autopista que lo atravesaba: «un nuevo sur global a tan solo una parada en el metro» (Chang, 2005:17). Incluso cuando la música rap se comercializó en los años 80 y 90, y algunos artistas se volvieron millonarios,[3] el hip-hop mantuvo su conexión —real o performática— con la vida «callejera», haciendo justicia a su mito fundacional (Alim, 2006:1). Cuando el rap se desplazó hacia el oeste y llegó Los Ángeles a finales de los años 80, por ejemplo, los raperos *gangsta* pintaban una vida pesadillesca del gueto en los bloques de apartamentos («proyectos»); un fenómeno que Robin D. G. Kelley acuñó como *ghettocentricity*, o guetocentralidad (1994:209). Cuando el hip-hop se volvió ubicuo en el sur de Estados Unidos, a principios de los años 2000, con el surgimiento

---

[3]   Según Forbes, Dr. Dre, Diddy, Kanye West y Drake son multimillonarios. Jay Z fue el primer artista de hip-hop en volverse billonario.

del subgénero trap, su guetocentralidad se intensificó, asociándose con las casas «trap» involucradas en la fabricación, la venta y el consumo de drogas ilegales (Burton, 2017; Mane y Martinez-Belkin, 2017; McCarthy, 2018). Mientras que algunos raperos estadounidenses reivindican el espacio del gueto, otros remplazan este significante peyorativo con el espacio discursivo del *hood* (barrio) —jerga para *neighborhood*— para revertir el estereotipo (Forman, 2002). Si bien perduran las referencias al gueto —casi siempre racializado como el «gueto de los negros»—, Murray Forman propone que la figura del *hood*

> emerge *como un término significante que se dirige, por un lado, al reconocimiento de las idiosincrasias sociales y culturales de los artistas del entorno inmediato y, por el otro, al reconocimiento de las diferencias (reales o percibidas) que identifican otros lugares, ya sean enclaves socioeconómicamente similares (i.e., otros hoods) o espacios externos en que figuran las esferas del confort de la clase media, la afluencia de la clase alta, o bien concentraciones más altas de «otros» raciales (ibíd.:66).*

De esta manera, el *hood* contrae, a la vez que expande, el significante «gueto» al señalar la relación vivida con el barrio, así como una equivalencia entre barrios distintos que, a la par, comparten rasgos comunes de marginalidad. Esta oscilación entre escalas diferentes —o presentación bifocal— ha llevado a la identificación del hip-hop en conjunto con «comunidades de estilo translocales» (Alim, 2009:104). En efecto, uno de los modos principales de la globalización del hip-hop ha sido un «sentido agudo de lo […] *extremo local*» (Forman, 2002:XVII).

Fuera de Estados Unidos, los artistas de hip-hop interpretan lo que Ali Coleen Neff ha llamado el «sampleo espacial»: «una práctica de ensamblaje, de hacer conexiones globales y trazar nuevas movilidades que ponen en cuestión la construcción de un modo sencillo de autenticidad hiphopera» (2015:21–22). En la ciudad de São Paulo, por ejemplo, los raperos brasileños articulan su propia forma de autenticidad «guetocéntrica», basada en la representación de la *periferia*, la *favela* o la *quebrada* o *quebra* (Pardue, 2008). En particular, el índice flexible de *periferia* se vuelve una especie de moneda para los artistas que participan en el hip-hop brasileño. Grupos de rap importantes como GOG y Racionais MC's transformaron el verso «periferia é periferia em qualquer lugar» (periferia es periferia en cualquier lugar) en una definición aforística de la construcción translocal del barrio marginal brasileño (GOG, 1994; Racionais MC's, 1997). Menos específicamente «brasileño» que *favela*, *periferia* invita la solidaridad no solo translocal, sino también transnacional de residentes de las periferias urbanas, o *hoods*, del mundo entero.

En La Habana, el modo de «sampleo espacial» fue distinto. Al comienzo, los raperos buscaban mimetizar el discurso espacial estadounidense, incorporando la reificada rivalidad norteña entre la Costa Este y la Costa Oeste para representar a «Costa Este» (Alamar y Bahía), «Costa Norte» (El Vedado) y «Costa Oeste» (Playa y Marianao) (Junco Duffay, 2017:115-16). Sin embargo, a pesar de este «mimetismo» —término utilizado por varios raperos cubanos, que incluía, además, la representación característica de «mi barrio»—, era notoriamente ausente cualquier índice de marginalidad o referencia a la formación de periferias. Mi hipótesis es que «la aldea» vino a ocupar este vacío, aunque quizá no fuera la opción más evidente.

Una primera explicación posible para la ausencia de «guetocentralidad» en el hip-hop habanero se halla en el desarrollo urbanístico de la ciudad. Si bien el Gobierno revolucionario invirtió la mayoría de sus recursos en reducir la división entre ciudad y campo —lo que llevó al deterioro relativo de la calidad de vivienda en La Habana—, Cuba evitó en gran parte la «explosión de *shantytowns*» (villas miserias, favelas, barrios precarios) que ocurrió en otras ciudades latinoamericanas (Hamberg, 2011:74). No es que la precariedad fuera eliminada en La Habana; en efecto, el Gobierno designa ciertos territorios «barrios insalubres» y la prensa suele denominarlos «marginales». Pero las estadísticas demográficas y el acceso a servicios básicos como educación y atención sanitaria eran relativamente estables en los diversos barrios habaneros (ibíd.:86). Durante los años 70, el Gobierno respondió a la escasez de vivienda y trabajo con el establecimiento de proyectos de autoayuda como las microbrigadas, que proveían recursos para que los obreros pudieran construir sus propias casas (ibíd.:94). El distrito de viviendas más grande de este nuevo proyecto fue Alamar, donde tuvieron lugar los primeros festivales de hip-hop cubano a mediados de los años 90. A pesar de su distancia de alrededor de 15 kilómetros del centro histórico (Habana Vieja) y comercial (El Vedado), Alamar generalmente no fue tratado por los raperos como una periferia o barrio marginal. Si servía de algo, la distancia de Alamar del centro de la ciudad tal vez implicaba una ventaja. Por tanto, cuando hablaban de marginalidad, los raperos cubanos articulaban una especie de «marginalidad cultural» (Baker, 2011:274), a diferencia de la marginalidad urbana característica del hip-hop contemporáneo estadounidense y brasileño.

Por otro lado, cabe mencionar que durante los años 80, cuando algunos seguidores de la música afronorteamericana se congregaban en bailes denominados moña, el Gobierno no consiguió alcanzar la demanda de viviendas y los patrones residenciales tradicionales —en las que se correlacionaban con raza, pobreza y marginalidad— empezaron a reemerger (De la Fuente, 2011:315-16). El colapso de la Unión Soviética a principios de los años 90 y la contracción de la economía cubana implicó para La Habana una infraestructura de transporte limitada. Se animaba —u obligaba— a los obreros a ir a sus trabajos en bicicleta (Hernandez-Reguant, 2009:3), lo que significaba una desventaja para los residentes de municipios y repartos lejanos. La apertura al turismo aumentó a su vez la desigualdad y las oportunidades de intercambio con extranjeros. Empezaron a surgir tribus urbanas que se congregaban en lugares públicos específicos de la capital, en particular en el parque de la calle G y el Malecón: rastas, emos, punks, repas o reparteros, miquis, vampiros, etc. (R. Rojas, 2011:129). Las nuevas tribus urbanas solían dividirse más que las generaciones anteriores de acuerdo con su clase económica y raza: por un lado, los nuevos ricos, la mayoría de piel más clara (miquis) y, por el otro, los residentes de municipios periféricos, la mayoría de piel más oscura (repas o reparteros) (Cano, 2014:140; Gámez Torres, 2002:248).

REPARTERISMO: RAZA, CLASE Y ESPACIO URBANO

En 2001, la revista de ciencias sociales *Temas* publicó un debate sobre la marginalidad que enfatizaba los factores de cultura y conducta en lugar de la creciente desigualdad económica (Gámez Torres, 2012:232). La música urbana ofrece una plataforma privilegiada para interpretar y evaluar la fragmentación emergente. Durante los años 90, los términos «repartero» y «repartera» se usaban para referirse a los bailadores de timba sin pareja (Vaughan, 2012:38). Una década más tarde, «repartero» se incorporó al léxico del reguetón, lo que solidificó el estereotipo peyorativo de un público de clase baja (Gámez Torres, 2012:248). En un artículo reciente sobre el cantante Cimafunk —para nada cantante de reguetón, pero que sí ha sido llamado repartero—, Víctor Fowler explica que el reparterismo

> *implica la existencia de una división tajante (clasista y territorial) que debe ser mantenida para conservar la salud del cuerpo social; esto se traduce en una organización del espacio urbano según la cual habría de existir un centro controlador que produce carga positiva, unas zonas neutras (susceptibles de ser «mejoradas») y ese enorme afuera de lo ignoto, lo monstruoso, lo salvaje negativo que corresponde a «los repartos.» De este afuera provienen*

tanto las no-músicas (de las cuales, hoy día, la figura privilegiada es la del «reguetón») como su doble invasivo: el uso del volumen máximo (2019:§ 2).

Esta caracterización del reparterismo recuerda la jerarquía tradicional del ambiente artificial entre el centro y la periferia, que yuxtapone la «civilización» del centro contra el exceso descontrolado de la periferia —distinción, por cierto, que no aplica a todas las ciudades latinoamericanas, donde los ricos a menudo se van al suburbio y el centro industrial hospeda a la clase obrera—. Los descriptores de monstruosidad y salvajismo aluden, además, a la descripción conocida de Domingo Faustino Sarmiento (1845) de América Latina a través de la antítesis civilización/barbarie, una rúbrica que se refería también a la división urbana entre centros y periferias.

En la ciudad de Río de Janeiro, por ejemplo, las primeras favela*s* se percibían según la división campo-ciudad. El antagonismo ya existente entre el «atraso» del *sertão* rural y la «civilización» de las ciudades litorales se trasladó al modelo periferia-centro (Valladares, 2005:23-26; Oliveira, 1985:10).[4] De esta manera, ambientes artificiales específicos comparten a menudo la misma asociación entre lo periférico y lo rural, apoyada por el hecho de que, durante períodos de rápida industrialización, los migrantes rurales suelen habitar en la periferia de la ciudad. En este sentido, el significante «aldea» no está del todo fuera de lugar en un contexto periférico urbano. Cabe destacar, sin embargo, que para los artistas de rap y reguetón, reparto y repartero no parecen indexar lo rural, lo que armoniza con la construcción de la «guetocentralidad» en el hip-hop estadounidense: «la autenticidad se relaciona con una circunstancia de pobreza que se separa principalmente, si no exclusivamente, de la ideología anterior del apego rural (pre-capitalista) al estado prelapsario de naturaleza» (Krims, 2013:66).

Los debates en torno a las tribus urbanas, sobre todo la crítica de los miquis, no eran ajenos al rap cubano y a Los Aldeanos; por ejemplo, en la canción *Mikyss* (2003). Pero Aldo y El B empleaban la palabra repartero solo esporádicamente. En una oda dirigida a La Habana, por ejemplo, Aldo apostrofa de manera afectuosa «Mi Habana repartera, miqui, retro, loca» (*Hermosa Habana*). En *H1N1*, universaliza el término repartero, lo que lo vacía de sentido: «repartero tú, repartero yo».[5] El rap cubano quizá se acerca

---

[4] De la misma manera, en Estados Unidos, la figura del delincuente de barrio marginal, central para el rap *gangsta*, proviene de la figura rural decimonónica del *baaadman* (Kelley, 1994:187).

[5] De alguna manera, la equivalencia universalizante de Aldo, donde tanto el sujeto y el objeto de la canción se vuelven *reparteros*, señala al *repartero* como un nuevo modelo para

aquí al eslogan brasileño de «periferia é periferia em qualquer lugar», pero el tono de Aldo es marcadamente más irónico y el verso menos aforístico. Es más, a diferencia de los raperos brasileños y estadounidenses que se reapropian de términos peyorativos y racializados (*favela*, *ghetto*, *nego*, *nigga*), los raperos cubanos demuestran una reticencia generalizada con respecto al reparterismo. Incluso, escuché una vez a un artista de hip-hop residente en un reparto referirse a un reguetonero de manera peyorativa como «repartero».[6] Por un lado, repartero es un epíteto racializado que suele asociarse al espacio del reparto. Por otro, es una identidad que se interpreta de manera performática: más que un lugar real, es un espacio discursivo.

En efecto, no fue el rap sino el reguetón cubano el que se acercó más a la autenticidad «guetocéntrica» del rap estadounidense al abrazar el reparterismo, apropiándose del término racializado que denominaba su público —aunque muchos de los reguetoneros, de hecho, eran de piel clara y simpatizaban más con el *habitus* miqui—. Hacia la década de 2010, los cantantes de reguetón habían asimilado por completo el término: repartero y reguetonero se volvieron casi sinónimos (Reilly, 2009:199). Por ejemplo, el cantante de reguetón Chocolate MC, de piel oscura, se presenta como «el rey de todos los reparteros» y se considera el fundador del subgénero de reguetón llamado reparto. De alguna manera, el género musical reparto puede oírse como una respuesta por parte de los artistas de piel más oscura a los miquis de piel más clara, aunque Chocolate no suele enfatizar la diferencia racial, sino que hace hincapié en la clase. En 2020, lanzó por Twitter un video en el que condena al cantante de reguetón de piel más clara El Taiger, por no ser un «repartero de verdad». En el video, enumera las cualificaciones para ser repartero o cantar reparto: «hacer la cola de la panadería, ir a la bodega, jugar bola en medio de la calle […] montarse en un P9, subirse en un camión de cinco pesos» (Cuba Trendings, 2018). Si bien Chocolate incluye algunas prácticas ilícitas («vender un taco de marijuana»), los contextos que describe son familiares para la gran mayoría de los residentes de La Habana, inclusive de los barrios más centrales. Más aún, ninguna de las categorías susodichas es, de por sí, racializada, aunque la piel más clara de El Taiger parece un motivo tácito para que Chocolate lo acusara de no ser «repartero de verdad». ¿Por qué Los Aldeanos evitaban el reparterismo cuando los reguetoneros lo abrazaban?

---

las «organizaciones sociales de masa» que constituyen la base para la ciudadanía cubana bajo la constitución socialista (R, Rojas, 2011:129-30).

[6] En un festival de hip-hop de Santiago de Cuba en mayo de 2019, los participantes asistieron a un taller intitulado «Cómo evitar el reparterismo».

Quizá evitan el debate en torno al reparterismo para invisibilizar la raza: si bien Chocolate se considera sin duda un «negro» en Cuba, Aldo es un «mulato claro» (Borges-Triana, 2013). O quizá dependa del espacio urbano: Aldo radica en Nuevo Vedado, un céntrico barrio residencial en el que constan tanto residencias afluentes como bloques de edificios: ni reparto ni barrio marginal. Es más, ha confesado no haber tenido que enfrentar la misma escasez y precariedad de vivienda que padecieron muchos habaneros durante el Período Especial (R. Reyes, 2009). Aún así, Aldo podría haberse presentado como repartero. En efecto, la fabricación de una identidad guetocéntrica, incluso cuando no se habita en el gueto, es común en el rap estadounidense y el reguetón caribeño. Si bien en sus letras y entrevistas Aldo y El B mantienen su vínculo con «la calle», su representación de la marginalidad se desplaza de la ciudad al espacio discursivo de lo rural. A esta idiosincrasia se dedica el resto del presente ensayo.

Los Aldeanos emplearon una y otra vez el significante «aldea» como metáfora de barrio, específicamente su barrio de Nuevo Vedado. El B vincula Nuevo Vedado con «la aldea» de manera explícita, representándose como «corresponsal lírico, el crítico de la aldea» de Nuevo Vedado (2006). De esta manera, la aldea contrastaría solo con significantes recurrentes de la marginalidad urbana en otros contextos del hip-hop como, por ejemplo, favela, periferia, *ghetto* o *hood*. Si todos estos términos funcionan como signos de marginalidad, los últimos cuatro provienen del habla común y están arraigados en el espacio urbano. La aldea, en cambio, no tiene ninguna relación directa con el barrio que representa.

Tal vez vale recordar la división tripartita de la producción del signo que hace Charles Sanders Peirce: semejanzas o íconos, índices y símbolos. En esta taxonomía, el ícono se refiere a las similitudes visualmente aparentes entre el significante y su significado. El índice describe una relación de influencia mutua o correspondencia. El símbolo, en cambio, traza una relación arbitraria con el objeto significado, lo que recurre a la interferencia (1992:§ 14). En el hip-hop, los significantes tradicionales de guetocentralidad operan como índices: retienen una correspondencia directa con el objeto que describen (el barrio periférico). La aldea, en cambio, simboliza a Nuevo Vedado y a la comunidad hiphopera de Los Aldeanos de manera arbitrara, si se considera el ambiente artificial del que se trata —aunque sí hay zonas de La Habana, como Guanabacoa, por ejemplo, que tienen más aspecto rural—. En un arte verbal como el rap, que se declara directo y expresa un escepticismo hacia la metáfora,[7] la aldea figura como una abstracción anómala, divorciada de la vida de «la calle» que Aldo y El B constantemente profesan representar.

---

[7] El B critica la metáfora de manera directa en su canción *Calles*.

En entrevista con *Rolling Stone*, Aldo define la aldea como un deseo de escaparse de los ritmos irregulares de la vida urbana: «Mi sueño es poder tener a salvo a mis hijos, donde nadie les pueda hacer daño. Me imagino en una montaña por allá, lejos, sembrando semillas y ordeñando vacas» (Valdés, 2019). Emplea el significante «aldea» de manera literal, también, en su canción del mismo nombre (2016): «Quiero una aldea alegre, sin hambre, sin frío // donde los críos vayan a bañarse al río. // Bailar todas las noches, dormir en mi bohío // y salir a pescar por las mañanas con los míos». En su análisis de Los Aldeanos, Geoffrey Baker evoca el conocido ensayo de Georg Simmel sobre el impacto de la metrópolis sobre la psicología humana, invitando la interpretación de «la aldea» como un llamado a la vida rural, una válvula de escape frente a la actitud *blasé* y capitalista del «individuo metropolitano» (Simmel, 2002:14). Simmel describe la forma racional e intelectual del residente metropolitano en «contraste profundo con el ritmo más despacio, más habitual y más fluido de la fase sensorial-mental de la existencia rural y pueblerina […] lo cual depende más de los sentidos y las relaciones emocionales» (ibíd.:12). Baker continúa que el aldeanismo de Los Aldeanos «se podría entender, entonces, como la promoción de valores de aldea, frente al efecto deshumanizante de la urbanización moderna, la cara anti-urbana de la música urbana. […] Los valores que apoyan son los de un período anterior, comprobado por su veneración de Martí, Che y Camilo Cienfuegos» (2001:222).

El paralelo con Simmel es sugerente, pero son estas genealogías locales (José Martí, Che Guevara, Camilo Cienfuegos, incluso Fidel Castro) las que invitan más reflexión, ya que Aldo y El B probablemente no encontraron el texto de Simmel en la escuela, pero sin duda leyeron a José Martí.

En una estrofa del primer álbum de Los Aldeanos, *Censurado* (2003), El B llama la atención sobre la genealogía cubana de la aldea:

> *Así que escucha, y tardaré un poco*
> *Realidades rimadas vividas por estos locos*
> *Aparte de aldeano, revolucionario, man*
> *Aparte de ser cubano, amo mi patria también* («Protestando»).

Los versos sugieren un silogismo entre aldeano, revolucionario y ciudadano, todos conectados por la locución preposicional «aparte de». En una curiosa doble afirmación de cubanía, El B sostiene que además —o a pesar— de ser cubano, ama su patria —también—. Evidentemente, tenía en los oídos el lema martiano con que Fidel Castro cerraba sus discursos: «Patria o muerte». Al reescribir —o samplear, en términos de hip-hop— un lema de las guerras de independencia decimonónicas, Castro presentaba la Revolución de 1959 como la realización de la de 1895 y las ideas de Martí. Al samplear a Castro, El B, por su parte, proyecta a Los Aldeanos como la nueva iteración de la Revolución de 1959. Tanto Martí como Castro constituyen pretextos inevitables para la aldea del rap cubano.

Martí escribió mucho sobre la vida urbana durante su exilio en New York (1880-1895); por ejemplo, en el famoso texto sobre «El Puente de Brooklyn». De manera significativa, fue allí donde escribió «*Nuestra América*». Crítico de la «fragmentación moderna» de la metrópolis (Ramos, 1989:10), Martí enmarca el primer párrafo de «*Nuestra América*» con la figura del aldeano:

> *Cree el aldeano vanidoso que el mundo entero es su aldea, y con tal que él quede de alcalde, o le mortifique al rival que le quitó la novia, o le crezcan en la alcancía los ahorros, ya da por bueno el orden universal, sin saber de los gigantes que llevan siete leguas en las botas y le pueden poner la bota encima, ni de la pelea de los cometas en el cielo, que van por el aire dormido engullendo mundos. Lo que quede de aldea en América ha de despertar (2005:30).*

La invocación martiana del aldeano se ha leído como una respuesta a Sarmiento (Sobrevilla, 1999:160), o bien del «hombre natural» del transcendentalismo estadounidense (Guadarrama González, 2013:98; Barbosa dos Santos, 2013:137). Tiene cierta resonancia, también, con el *buen salvaje* de Rousseau: al igual que la conocida figura rousseauniana, el aldeano martiano evoca de manera metafórica el estado prelapsario de inocencia natural —conjugado, claro está, con la barbarie sarmientina—. El imaginario pastoril de este primer párrafo intensifica el desplazamiento temporal de la aldea: en lugar de un espacio físico, la aldea martiana señala un estado o etapa revolucionaria que debe ser aprovechada y perfeccionada para que florezca América Latina.[8] Basada en un pasado idealizado, la aldea viene a

---

[8] Martí también emplea la «aldea» para significar una inocencia en su revista para niños *La edad de oro* (1889); por ejemplo, en «La exposición de París». Aunque no asistió a la Exposition Universelle parisina de ese año, utilizó la figura de la Exposición como sinécdoque de las culturas del mundo; describe una dialéctica entre las «aldeas negras» tradicionales del Sudán, las civilizaciones europeas y la «sangre nueva» de América Latina entre esos polos (2006:183-202).

significar un proyecto. Para Julio Ramos, el trasfondo rural en Martí surge de la «nostalgia de un sujeto que ve en el pasado el despliegue incesante de una catástrofe, e intenta rehacer —con la materia deshecha, arruinada, de la experiencia histórica— la solidez del fundamento, la estabilidad perdida» (1989:233). El «terror martiano a la fragmentación» (ibíd.:234) puede entenderse, por tanto, como una respuesta a la experiencia de vivir en New York: una especie de renaturalización para las nuevas repúblicas latinoamericanas *vis-à-vis* el disgusto de la vida moderna metropolitana.

En sus discursos y políticas, Fidel Castro mantuvo el compromiso rural martiano a través de agresivas campañas agrarias; especialmente la campaña para la producción de 10 millones de toneladas de azúcar en 1970 (Farber, 2011:56). Incluso cuando describía el desarrollo urbanístico, empleaba la palabra aldea, de nuevo, un vocablo poco corriente en el habla cotidiana. En 1974, por ejemplo, explicó que, con la construcción de un edificio de varias plantas, la ciudad de Matanzas «va a perder esa apariencia de aldea que tiene a veces». Aquí, aldea significa el estado anterior a la urbanización. Aunque Matanzas «va a perder» la «apariencia» de aldea, la verticalización urbana se justifica en términos agrarios: «La tierra hay que ahorrarla, porque la necesitamos para producir alimentos; hay que crecer hacia arriba y hacer edificios altos» (1974). Igualmente revelador es un momento de los famosos discursos en la Biblioteca Nacional, cuando Fidel invoca la aldea para describir el proyecto no realizado de crear un retiro para escritores y artistas progresistas: «proyecto que no tomó cuerpo pero que puede ser revivido para hacer un reparto o una aldea, un remanso de paz que invite a descansar, que invite a escribir [APLAUSOS]» (1961). El neoarcadianismo de Aldo se aproxima a esta descripción de un retiro artístico aldeano, y el patriotismo —casi paródico— de El B también resuena con Castro y Martí.

Por último, Los Aldeanos comparten con los líderes revolucionarios cubanos una ambivalencia con respecto al lugar de la aldea en la visión utópica del futuro:

> *No puedo callar lo que veo*
> *y mientras vea descaro en mi aldea*
> *no voy a decirte que estamos feliz*
> *hasta que feliz a mi gente no vea («Vereda Tropical»).*

La equivalencia entre «mi aldea» y «mi gente» articula, por un lado, el barrio físico de Nuevo Vedado y, por otro, la comunidad social y artística que Los Aldeanos buscaban crear. Es posible, incluso, que Aldo esté invocando su propia casa en Nuevo Vedado, donde él y sus colegas se congregaban para grabar proyectos colaborativos como el álbum *La Comisión Depuradora* (2007) (Baker, 2011:218). Al mismo tiempo, los adverbios temporales «mientras» y «hasta que» reproducen, de forma irónica o incluso paródica, la ambivalencia de aldea en Martí y Castro, expresada a través de figuras como el «aldeano vanidoso» o la «apariencia de aldea». Los Aldeanos se llaman aldeanos porque Cuba nunca dejó de ser una aldea. De esta manera, el nombre del grupo retoma tanto el sentido positivo de aldea —el *locus amoenus*— como el negativo —emblema del atraso y el provincialismo—, y critica implícitamente el fracaso de las utopías de progreso de la Revolución.

En el documental *Revolution* (2010), producido por el cubano Mayckell Pedrero, El B define la aldea de la siguiente manera: «vivimos en un país pequeño, vivimos en una ciudad pequeña, vivimos en un barrio pequeño, y para nosotros el principio de la aldea es esta: un lugar donde todas las personas, aunque parezca una utopía, colaboren entre sí, todas tiene un mismo objetivo». En la canción «América» (2006), una relectura de «Nuestra América» que comienza con una recitación quizá un poco *kitsch* de algunos versos de Pablo Neruda, El B extiende «la aldea» para englobar una conciencia planetaria: «Desde mi rincón del globo (El B, sí sí sí) // Para todo el planeta tierra (es la aldea) // a la conciencia del continente americano». ¿Puede operar la aldea, en otro nivel de abstracción, como significante regional, e incluso, global?

LA ALDEA GLOBAL

Aldo y El B formaron Los Aldeanos en 2003, una década después de que Francis Fukuyama declarara el «final de la historia». Las redes globales se integraban de un modo sin precedentes gracias a Internet, que permaneció restringido en Cuba hasta 2015. Alrededor del mundo, el uso del término «aldea global» aumentó rápidamente en los años 90, alcanzando su punto más alto en 1999, justo durante el *boom* internacional del hip-hop cubano. A pesar del acceso limitado a Internet en la Isla, profesores e investigadores de la Facultad de Comunicación de la Universidad de La Habana debatían el término; referencias a la «aldea global» aparecían en *Juventud Rebelde* y el *Caimán Barbudo*.[9] Es muy probable que Aldo y El B hubieran oído la frase.

---

[9] Por ejemplo, un artículo de *Juventud Rebelde* de 2011 describe un encuentro de antropólogos que tuvo lugar en La Habana para discutir «la manera de estructurar nuestra aldea global» (Cáceres, 2011).

McLuhan introduce el concepto para describir la transición de la imprenta a los medios electrónicos televisivos: la manera como la interconectividad eléctrica e instantánea del mundo altera la causalidad temporal. Plantea que, por primera vez en la historia humana, «la acción y la reacción ocurren al mismo tiempo» (1965:4). Desarrolla su teoría de la comunicación humana en torno a dos transformaciones dialécticas: la primera con la imprenta y la segunda con la invención de la electricidad, la cual cambió sobre todo la jerarquía centro-margen que la imprenta había fortalecido. En América Latina, por ejemplo, Ángel Rama describió la relación entre urbanización y tecnología letrada en la «ciudad letrada»: cómo los centros del poder y las periferias se dividían simbólicamente según su acceso a la alfabetización (1998). Para McLuhan, en términos casi místicos, la velocidad eléctrica sería tan rápida que la «civilización especialista y fragmentaria de la estructura centro-margen de repente experimenta la reagrupación instantánea de sus componentes en un todo orgánico […] la aldea global» (1965:93).

Si bien el aumento durante los años 90 del uso de «aldea global» en los mundos anglófonos e hispanoparlantes se debe al desarrollo de Internet, en la Isla la «aldea global» se experimentó de manera distinta. Cuba se unió oficialmente al internet satelital en 1996, pero el acceso era muy limitado para la mayoría y no se instaló ninguna red de fibra óptica (Grandinetti y Eszenyi, 2018:868–69). Hasta 2008, los cubanos no podían tener cuentas personales de internet o de teléfono celular (Pertierra, 2012:403), y las estadísticas del Gobierno señalan que hacia 2010, cuando Los Aldeanos llegaron a su auge, solo 15,9% de la población tenía acceso a Internet (Henken, 2017:431). Pasaron casi dos décadas para que hubiera cibercafés con acceso público (2013) y puntos públicos de WiFi (2015) (ibíd.:430).

Hasta entonces, y en gran medida, hasta el día de hoy, los cubanos han dependido de un «ecosistema de medios independiente» (íd.), caracterizado por el intercambio físico de aparatos «desenchufados», no conectados a la red (Pertierra, 2012:405). Durante los años 90, por ejemplo, las películas recientes de Hollywood, telenovelas latinoamericanas, espectáculos deportivos y música nacional e internacional circulaban a través de casetes y videocasetes en un contexto donde la grabación de un video era «simultáneamente ilegal y enteramente respetable» (Pertierra, 2009:113). Durante los años 2000, esta información se distribuía mediante la tecnología digital (CD, DVD, memorias USB) en «mercados "negros" (ilegales pero a veces tolerados) o "grises", los cuales pueden ser semilegales y abiertos» (Pertierra, «2012:402). Hacia 2013, cuando aumentó el acceso general a Internet, el intercambio de discos duros y USB se había convertido en una elaborada red de distribución con «el paquete semanal»: un disco duro físico de un terabyte, actualizado una vez por semana, que se podía comprar a un precio nominal.

Sin embargo, el aldeanismo del hip-hop cubano llegó unos diez años antes que el paquete. Aldo y El B circulaban y distribuían su música de manera gratuita a través de CD y memorias flash. Incluso yo llegué a escucharlos por primera vez cuando un colega me pasó su álbum más reciente, que llevaba en una memoria. A pesar de la naturaleza transaccional que estructura tantas relaciones entre extranjeros y cubanos en la Isla, el colega no me pidió nada a cambio. ¿Podría el reparto digital de la música —el intercambio físico de memorias flash en un país que nunca experimentó las plataformas en línea de red entre pares (*peer-to-peer* o *P2P*)—[10] producir otra lectura de la comunidad señalada por «la aldea»?

Jonathan Sterne observa que la distribución de archivos de MP3 por Internet se ha explicado a través de narrativas sobre el «Internet como una economía del regalo y su potencialidad radical de cambiar la manera como concebimos el intercambio» (2012:212). El problema es que, incluso en el estudio clásico de Marcel Mauss, en las grandes sociedades industriales el regalo ya forma parte de la economía capitalista (íd.). Pero Aldo y El B nacieron en una época en la que le economía aún era principalmente socialista; es lógico que la distribución de la música en Cuba lleve una marca del *ethos* colectivo revolucionario, incluso a la luz de la fragmentación en tribus urbanas y la desigualdad creciente de los años 2000. La distribución gratuita les dio a Los Aldeanos la posibilidad de dar forma a una comunidad real de oyentes, como señala Aldo en un cuasisampleo de los «Versos libres» de Martí: «quiero estar en todos lados, saber todo lo que piensan // Ser una sombra que atraviesa el pensamiento en sus cabezas» («Intro»). En otro momento, Aldo hace eco a la conocida oda de Silvio Rodríguez a la Revolución: «yo vengo a entregarte una canción // donde la esperanza entre palabras danza // y alcanza su máxima expresión» («Himno»). En su expresión más idealista, «la aldea» significaba una red física y material entre pares para el intercambio libre de información e ideas, lo que tenía todo que ver con el imaginario de la Revolución cubana.

Por otro lado, el reparto que hacen Los Aldeanos de su música podría explicarse como una estrategia de *marketing* y en este sentido, la circulación

---

[10] Mediante la plataforma en línea Napster (1999-2001), por ejemplo, los usuarios compartían e intercambiaban canciones comerciales de manera libre y gratuita. En 2001, la industria discográfica presentó una demanda contra Napster en torno a los derechos, cuyo resultado fue su cierre.

gratuita de los álbumes alcanza una función capitalista. La red de distribución que era «la aldea», más tarde incorporada al paquete, creó el público para sus peñas semanales en clubes comerciales como el Barbaram y Atelier, donde los dueños cobraban la entrada (Baker, 2011:197).[11] Ya que Los Aldeanos nunca pertenecieron a la Agencia Cubana de Rap —la organización responsable de patrocinar a los grupos de rap para que pudieran ganar un sueldo como músicos profesionales—, no recibieron remuneración para sus conciertos; o por lo menos así lo afirman (Pedrero, 2010). En cualquier caso, es innegable que en el extranjero había terceros anónimos que comercializaban su música (íd.). Así, la transformación de «la aldea» en mercancía ocurría a la vez a escala local en las peñas de Nuevo Vedado y a escala virtual en línea. Hacia 2013, Aldo y El B se aprovecharon de una serie de giras internacionales para instalarse de manera permanente en Florida. Se unieron a otros artistas latinoamericanos de hip-hop y realizaron numerosos conciertos —muchas veces con entradas agotadas— en toda América Latina (Valdés, 2019). «La aldea» se había vuelto global; pero, ¿qué quedó de aldea en el hip-hop cubano?

CODA

En «Tú no creciste», del álbum *La Aldea* (Estados Unidos, 2016), Aldo reflexiona de manera nostálgica sobre su juventud en Nuevo Vedado durante el Período Especial. El título de la canción lo toma del primer verso del coro, «tú no creciste donde yo crecí», pero sin el resto del verso. «Tú no creciste» evoca el país de Nunca Jamás. En esta nueva articulación de la aldea, Aldo contrasta su «crianza […] más arcaica» —en La Habana— con la omnipresencia insidiosa de la tecnología entre la juventud contemporánea —presuntamente en Estados Unidos—: «La vida solo era un sueño repleto de amor y paz, // cuando aquello no había Internet y nos comunicábamos más». Los versos evocan el concepto —quizá algo cliché— de que la conectividad en línea y la comunicación real se correlacionan de manera inversa. Si bien la construcción dialéctica entre el *entonces* («en mis tiempos, era puro sentimiento») y el *ahora* («si el niño está majadero, ponle el Xbox») armoniza con la construcción de la aldea, tal como la he analizado

---

[11] Las empresas mixtas pertenecían a cuentapropistas, quienes pagan impuestos altos y son reguladas estrictamente. Había, sin embargo, alrededor de 600 000 emprendedores no licenciados en Cuba en 2010 (Henken, 2015).

hasta aquí, quizá sorprenda que ahora «la aldea» ya no represente solamente una visión utópica, sino también un retorno nostálgico al pasado del propio Aldo. El «puro sentimiento» de la juventud pre-Internet evoca una nostalgia martiana por el mundo prefragmentario, anterior a la metrópolis moderna, lo que parece rechazar la comunidad utópica de hiperconectividad homogeneizante descrita por McLuhan. Tampoco se puede negar que «la aldea» resonaba en Cuba gracias a tecnologías de distribución que precedían a Internet: «Que yo me llevo todos los temas en un MP3 // Por si allá arriba las nubes tienen puerto USB después» (Al2 El Aldeano & Silvito El Libre).

En versos particularmente llamativos, Aldo reflexiona sobre el papel de la tecnología digital como archivo histórico —no es accidental que se usen las palabras *memoria* y *archivo* para describir el espacio virtual ocupado en un disco duro—:

> *Nunca imaginé que en un futuro*
> *en vez de recuerdos tendríamos información en un disco duro.*
> *Yo no tuve YouTube, yo tuve que brincar muros*
> *como un canguro cruzar pasadizos en un barrio oscuro* («Tú No Creciste»).

Los Aldeanos, claro está, les deben todo a los discos duros y las memorias flash que hacían circular su música. El juego de palabras que hace Aldo con los cuasihomófonos «YouTube» —pronunciado a lo cubano— y «yo tuve» funciona como una glosa retrospectiva para «la aldea»: por un lado, los muros físicos y metafóricos que Aldo y El B superaron para crear un público significativo para el rap en Cuba y, por otro, el aislamiento paradójico que produce la tecnología digital y la vida metropolitana (estadounidense): «Yo no tuve YouTube, yo tuve que brincar muros». En efecto, no fue a través de YouTube, sino que fue saltando muros y atravesando callejones de barrios oscuros —en otras palabras, a través del desplazamiento físico en la ciudad—, que cantaron y construyeron la aldea.

4

SENTIMIENTOS DE INFANCIA.
NIÑOS FELICES Y MATAPERROS BOCHORNOSOS
EN LA HABANA DURANTE EL CAMBIO DEL SIGLO XVIII AL XIX

(Justo Planas)

(La Habana, 1985). Doctor en Culturas Latinoamericanas, Ibéricas y Latinas en The Graduate Center, City University of New York. Investigador visitante en el Centro de Investigaciones Cubanas de la Universidad Internacional de la Florida. Recibió su maestría en Estudios Latinoamericanos por la Universidad Nacional Autónoma de México, UNAM, y su licenciatura en Periodismo por la Universidad de La Habana. Publicó en 2018 su libro *El cine latinoamericano del desencanto* (Ediciones ICAIC, La Habana). Sus ensayos aparecen en antologías como *Anatomía de una Isla. Jóvenes ensayistas cubanos* (Ediciones La Luz, Holguín), *Para verte mejor 2. Pasajes del cine cubano* (Ediciones ICAIC, La Habana), *Coordenadas del cine cubano 3* (Editorial Oriente, Santiago de Cuba), entre otras. Ha publicado, además, en revistas como *Hispanic Research Journal*, *Imagofagia*, *Revista de Antropología Visual* y *Cine Cubano*.

Diferentes variantes de la frase «los niños nacen para ser felices» resultan en la Cuba de hoy más que un juego de palabras. Tienen la capacidad de reactualizarse en la vida cotidiana de múltiples formas. Aparecen como epígrafe de un congreso de salud mental (Asociación Mundial de Psiquiatría). Es la idea que evoca una periodista, cada día, al pasar cerca de un círculo infantil (Sabat González, 2015). Da título al homenaje a un general (Lenin Rivas). Karen Dubinsky la atribuye a José Martí y constata que a los cubanos les encanta citarla (2010:15). Para Nicasio Silverio Sainz, la frase es un eslogan que el castro-comunismo «trata de clavar en el alma latinoamericana» y ostenta «la más alta jerarquía» porque viene de «la boca marxista de Fidel» (1967:88). En una compilación sobre niños marginados en América Latina, Beatriz Díaz abre el capítulo «Cuba: prevenir el fracaso escolar con solidaridad y amor» resumiendo que el nuestro es «un país donde se piensa que "los niños nacen para ser felices"» (1995:509).

Este breve mosaico, tomado de hablantes dispares, trasluce dos evidencias: primero, la incertidumbre del origen de la frase; segundo, su interdependencia con una idea de nación. Las palabras emergen indistintamente de José Martí, Fidel Castro, el país, los cubanos. En *La Edad de Oro*, Martí escribe: «Lo que queremos es que los niños sean felices, como los hermanitos de nuestro grabado» (1975:302). Sin embargo, no es el único cubano, ni el primero, en asociar felicidad e infancia. Su oración, además, no tiene el carácter prescriptivo de «los niños nacen para ser felices». Se trata más bien de un deseo privado, expresado en plural de modestia. Este querer viene acompañado de un símil que lo acota: Martí desea que los niños americanos se vean felices como los niños del óleo *Edad de la inocencia*, del pintor alemán Edward Magnus: niños con sus rulos dorados, pieles sonrosadas, telas vaporosas, flores y naturaleza.

A pesar de la incertidumbre de sus orígenes, la autoría de la frase es selectiva: José Martí y Fidel Castro no son cualquier padre, sino de la más alta jerarquía. Benedict Anderson prefiere abordar el nacionalismo en la misma categoría que el parentesco (1993:23). Las naciones se presentan, entonces, como fraternidades (ibíd.:25). La consanguinidad imaginaria se establece alrededor de artefactos culturales que provienen de una clase en particular. Este grupo dentro de la nación los engendra y los dota de una legitimidad emotiva profunda (ibíd.:21). La relación normativa entre infancia y felicidad es motivo de orgullo entre los cubanos (Dubinsky, 2010:15), irradia alegría (Sabat, 2015), se fragua por medio de la solidaridad y el amor (Díaz, 1995:509). Los niños felices nos hacen felices. Pensar esta asociación nos vuelve cubanos (íd.), fundamenta nuestro parentesco, es parte constitutiva de nuestro ser. Por medio de este artefacto cultural nos convertimos en una comunidad que se imagina indistintamente hija de cierta clase, de ciertos padres. Es una idea que confirma su alta jerarquía y los instala en la progenie de nuestro nacionalismo.

Me propongo cuestionar la evidencia de algunas de las ideas arriba presentadas como afirmaciones: ¿por qué la felicidad de la infancia es parte constitutiva de nuestro ser?, ¿qué significa que sea motivo de orgullo, amor, alegría? La historia de Cuba ha trabajado ampliamente la construcción y el devenir de algunos íconos de la nación como la bandera de Narciso López o el Himno de Bayamo. La mayoría de los cubanos puede contar la historia y explicar el significado de estos símbolos nacionales. En cambio, la «imaginación afectuosa» (Anderson, 1993:217) de lo cubano y sus objetos parecen carecer de espacio y tiempo, parecen haber existido siempre. Más que preguntarme por qué los niños nacieron para ser felices, creo que es importante fijar uno de los momentos en que surge en Cuba un sentimiento de la infancia, que, para Philippe Ariès, es el evento que despoja al niño de su anonimato y marca su existencia dentro de una sociedad (2001:8). Lejos de lo que podría hoy parecerles a muchos cubanos dentro y fuera de la Isla, no siempre todos los que nacían en el país eran niños ni mucho menos debían ser felices.

En ese origen imaginado de la nación, indagaré sobre la infancia feliz o que irradiaba felicidad, aquella que formó y forma parte de un archivo de la felicidad; es decir, un conjunto de pensamientos, narrativas, imágenes e impresiones del ser feliz (Ahmed, 2010:15). El archivo de la felicidad como instancia del archivo nacional tiene un contenido, una memoria y mecanismos de reproducción (Derrida, 1997:19) que podrían legitimar la idea de una comunidad orgánica, engranada. Para cuestionar la univocidad del archivo de lo cubano y su felicidad es necesario hurgar en sus afueras, en lo que ha sido descartado, expulsado de allí. Por esta razón, me propongo comprender, además, aquellos nacidos que no son niños porque obstruyen el tránsito de la felicidad, porque generan malos afectos. Los nacidos que ponen en crisis el parentesco de la nación, sus jerarquías, su organicidad. El pequeño que despierta rechazo, rencor, asco. Esos menores, que han tenido varios nombres y existencias en el devenir cubano, conforman lo que la filósofa australiana Sara Ahmed llama «archivos de la infelicidad» (2010:18) por como se articulan dentro de la historia de lo feliz.

¿Por qué algunos de los que nacen no son niños?, ¿qué afectos provocan? y ¿cuál es la razón? He decidido encontrar las respuestas en uno de los orígenes imaginados de la nación cubana: ese grupo de hombres letrados habaneros que, desde finales del siglo XVIII y durante la primera mitad del XIX, puso en circulación un conjunto de valores y sentimientos entre los que, como demostraré, se encuentra el niño como objeto de felicidad. La selección de este grupo, lugar y tiempo necesita dos precisiones. Primero, la comunidad imaginada cubana pudo concebir su génesis; por ejemplo, en los palenques de africanos fugitivos que desde el siglo XVI existieron en Cuba y formaron las primeras comunidades emancipadas del imperio español. O pudo incluso pensarse desde los patricios santiagueros del mismo período. Segundo, la nación cubana sí tiene otros orígenes que generan consenso: la República de Cuba en Armas (1869), la República (1902), la Revolución (1959). Cada uno de ellos cuenta con justificaciones plausibles y un resignificado sentimiento de infancia. Una nación, a fin de cuentas, puede imaginarse múltiples inicios.

Mi elección descansa en que a finales del XVIII un grupo de habaneros comienza a implementar una sociedad de normalización en el sentido moderno que carece de precedentes dentro de la Isla, asignando roles de género, raza y clase (Marqués, 2014:10, 29). El paso de una colonia de servicios a una economía de plantación dependió de transformaciones radicales dentro de la población de Cuba. El surgimiento del capitalismo industrial y la burguesía se sostuvo en la explotación de un número creciente de personas secuestradas en África y esclavizadas en Cuba. Su explotación permitió que un grupo de criollos blancos y europeos en la Isla ocupara el espacio de Haití en el mercado internacional de azúcar y café, y desarrollara el comercio con Estados Unidos. Una clase de hombre en la capital se benefició particularmente. Estos habaneros ilustres, con el apoyo del gobernador general Luis de las Casas, fundaron la Sociedad Económica de Amigos del País (1792), el *Papel Periódico de La Havana* (1790) —primero de su tipo en Cuba—, y se propusieron estimular el desarrollo de las ciencias y las artes. Con el apoyo de aquella institución, el médico Tomás Romay desarrolló la primera campaña de vacunación, que el propio obispo Juan José Díaz de Espada apoya con una carta pastoral. La alianza entre la ciencia y la Iglesia se verifica, además, en la fundación del Cementerio de Espada, que expulsa los cadáveres hacia la periferia de La Habana en nombre de la higiene.

Estas figuras asocian La Habana, cada vez con mayor nitidez, a una idea de patria; mientras que la Isla o Cuba responden de manera más ambigua a una identidad regional y España permanece ligada al concepto de nación. A lo largo del xix, estas definiciones comunitarias resultaron ser altamente movibles y problemáticas según la época. Por ejemplo, si títulos como *Papel Periódico de La Havana* o *El Habanero* (1824), de Félix Varela, denotan el autorreconocimiento de sus creadores y potenciales lectores con la capital, hacia 1831, como explica Jill Lane, ya José Antonio Saco y otros criollos prominentes deciden cambiar el nombre de su *Revista y repertorio bimestre de la isla de Cuba* a *Revista bimestre cubana* para enfatizar no solo su interés en Cuba sino también su perspectiva criolla (2005:26).

Dentro de este cambiante espectro de identidades locales, regionales y trasatlánticas, el niño es centro de diferentes procesos de institucionalización y se convierte en materia científica. Desde finales del siglo xviii, la Real Casa de Beneficencia para niñas y la de Religiosos Belemitas para varones se ocupan de la infancia huérfana como objeto de caridad. Estas dos últimas son además espacios educativos. La caridad infantil quedará ligada a la instrucción. El *Papel Periódico de La Havana* se ocupará de acotar al niño y figuras asociadas como la madre o la nodriza en términos morales y médicos en textos como «Discurso sobre la infancia» (1802), «Reglas que deben observar las nodrizas para mejor crianza de la infancia» (1802), entre otros. Se publican *Instrucciones morales y sociales para el uso de los niños...* (Alberto Parreño, 1824), y *Observaciones sobre los males que se experimentan en esta Isla de Cuba desde la infancia y consejos dados a las madres y al bello sexo* (Carlos Belot, 1828). La Sociedad Económica establece una Academia de Parteras (1828) en el Hospital de Paula. Y se llevan estadísticas de natalidad y mortalidad infantil diferenciando entre legítimos e ilegítimos, sexo y raza (Ramón de la Sagra, 1831). El obispo Espada fusiona a principios del xix distintos centros de caridad en una sola Casa de Beneficencia. Los hombres del gobierno, la Iglesia y la Sociedad Económica reclaman con tal interés la infancia como objeto en el cruce del siglo xviii al xix que parecería inconcebible que hasta algunas décadas atrás la existencia del niño, en especial del huérfano y el ilegítimo, tuviera escaso valor.

A continuación, después de un breve bosquejo de la infancia como objeto en Cuba hasta la primera mitad del siglo xix, me concentraré en la felicidad e infelicidad que las élites letradas asocian tanto a los niños como a los nacidos a los que se les niega este estatus. Con tal propósito, analizaré los textos «Sobre los bautizos» (1800), «Sobre representaciones escolares» (1800) y «Sobre beneficencia» (1801), publicados por Buenaventura Pascual Ferrer en *El Regañón de La Habana*; «El mataperros», de José Joaquín Hernández, compilado en *Los cubanos pintados por sí mismos* (1852); y *El libro de los niños de la Isla de Cuba* (1854), de José María de la Torre. Posteriormente, examinaré el artículo de Pascual Ferrer y el sentido del bochorno que provocan aquí los niños callejeros de La Habana, nombrados por él «mataperros», en contraste con otro tipo de infancia que es motivo de felicidad.

Las referencias al mataperros en estas tres narraciones costumbristas no resultan fortuitas. Como Jill Lane explica, el costumbrismo devino en América y particularmente en Cuba un «bisturí colonial» que los locales emplearon para distinguir su realidad de la foránea, construyendo formas de autodefinición (2005:28). Como se verá, la aparición del niño callejero como figura de costumbre fue muy problemática, razón que justifica su relativa ausencia en el discurso criollo de la primera mitad del siglo XIX.

La Habana antes y después de la infancia

A principios del siglo XVIII, el niño ajeno a la familia tradicional no cuenta con el interés religioso, legal ni científico que acaparará desde el XIX. La mera existencia de una infancia —entiéndase blanca— fuera del matrimonio queda suprimida en los términos más violentos. El mar devuelve cadáveres de niños recién nacidos cotidianamente. Otros son arrojados vivos a los pozos. Los más afortunados amanecen en la puerta de alguna casa a riesgo de que los perros los despedacen y se los coman (O. E. González, 2007:137). La suerte de ciertos hijos legítimos no debió ser muy distinta, pues el infanticidio durante las primeras etapas de la vida constituye una práctica de control de natalidad tolerada en Europa. Los bebés fallecían sofocados por el cuerpo de sus padres durante el sueño o sufrían otros accidentes (Ariès, 2001:18).

Aunque en la segunda mitad del siglo XVII el Obispo de Compostela solicita a la Corona española fondos para crear una institución que acoja los huérfanos en la Isla, sus aspiraciones solo llegan a consumarse póstumamente, en 1711, con la llamada Casa Cuna. Ubicada en el centro de la Villa de San Cristóbal de La Habana, cerca de la Plaza Nueva, la Casa Cuna devino la representación material del lugar que ocuparon los niños durante la centuria. En principio, solo admitía huérfanos de origen blanco, desechando los descendientes de mestizos y negros libres (O. E. González, 2007:141). La institución se hacía responsable de ellos hasta los 5 años. Llegada esta edad, debían resolver su entrada en alguna familia como sirvientes o vivir en la calle (ibíd.:138).

La Casa Cuna dependió de las labores del fundador, el obispo Jerónimo Valdés, para su supervivencia. Es decir, el huérfano blanco se mantuvo en el dominio de la Iglesia y asociado a otros sujetos de caridad como la viuda, el pobre o el enfermo. Los recién nacidos eran depositados en una suerte de buzón sobre el que aún hoy puede leerse: «Mi padre y mi madre me arrojaron de sí, la caridad divina me recoge aquí». El obispo les ofrecía su propio apellido, Valdés, que fue motivo de salvación para algunos y estigma para otros, dependiendo de la época, el estatus y la raza, hasta entrado el siglo xx.

Ni la élite política ni la económica compartieron el interés de algunos miembros del clero por los expósitos blancos durante buena parte de los siglos xvi-xvii. De hecho, debido a la falta de iniciativa privada para sostener la Casa Cuna, el Obispo apeló a los fondos del Gobierno de La Habana, sin mucho éxito tampoco (ibíd.:150). Incluso, durante algunos períodos, la propia Iglesia relajó su interés por estos huérfanos. El administrador de la Casa Cuna a mediados de siglo, Tomás Heredia, se vio en la necesidad de escribir al rey para que el obispo Juan Lasso de la Vega se ocupara de la institución, tarea «inherente a sus deberes pastorales» (íd.).

Los expósitos blancos tampoco parecen ser la principal motivación del obispo Valdés en sus disputas con el Gobernador, sino más bien otro campo de batalla por el control de la ciudad (ibíd.:155). Entre 1711 y 1752, de los casi mil niños abandonados en la Casa Cuna, solo 176 sobrevivieron hasta los 5 años (ibíd.:142).

Cinco décadas después, en 1800, Buenaventura Pascual Ferrer pide a sus «compatriotas amados» en *El Regañón de La Habana* que sostengan con sus recursos la Real Casa de Beneficencia fundada en 1794:

> *Perpetuad con vuestros socorros este establecimiento el más útil de la humanidad [...]; con eso gozaréis del placer más verdadero y sólido que es hacer el bien al verdadero indigente y los anales mismos de esta Isla [...] a describir por menor esta obra vuestra, cuya existencia llenará de honor siempre a nuestra patria, y sería muy afrentoso para nosotros el que quedase abandonada por falta de subsidios. Cualquiera pues que conozca el carácter generoso de los Habaneros convendrá conmigo en que es una paradoja ridícula el pensar que pudiese jamás suceder esto último (1965:99).*

En el lapso de medio siglo se lee un cambio de sensibilidad en relación con la infancia. La antes apática élite criolla se erige benefactora por excelencia de las niñas huérfanas. Para Pascual Ferrer, la caridad no solo deviene un acto de honor y patriotismo que genera el «placer más verdadero», sino que es consustancial al «carácter», la identidad habanera. Durante el cruce al XIX, la beneficencia se transforma en uno de los rasgos sobre los que se sostiene el «honor» de una nueva masculinidad.

La construcción de la identidad habanera en este período y los valores asociados giran en torno a un nuevo sujeto masculino que la modela a su semejanza. La ciencia y la religión proveerán sus herramientas para ejercitar diferentes estrategias de normativización (Marqués, 2014:15). La infancia blanca existirá en los confines de la escuela y el hogar. Los niños blancos que quedaban fuera de la familia nuclear; es decir, los huérfanos o los ilegítimos terminaban en los edificios de caridad antes mencionados. La mera existencia de los expósitos blancos significaba una afrenta al matrimonio como institución y, en la práctica, son tratados como espurios, sacrílegos y adúlteros por las élites (Twinam, 2007:173). Es de esperarse que los patricios habaneros intenten exorcizar su origen por medio de la educación y la religión.

La mujer, el afrodescendiente, el niño, los animales encontraban su espacio y su función social a partir del hombre blanco letrado como eje. Al analizar los rasgos del discurso esclavista de la Condesa de Merlín, Daylet Domínguez encuentra que su retórica y la antiesclavista comparten un imaginario común (2017:252). El debate sobre la raza transita por nociones de patria y familia, y tiene un carácter patriarcal (ibíd.:255). La representación del esclavo como sujeto en el mundo colonial no solo lo dota de un espacio jurídico, sino de expectativas de tipo afectivo en relación con el amo (ibíd.:259). La idea de esclavitud patriarcal implica, para Domínguez, que el padre de familia, blanco, letrado y dueño de bienes provea alimento, instrucción y cuidados de salud a sus esclavos (íd.); y, a su vez, este cumpla con su deber ser de esclavo dócil (ibíd.:252). Por supuesto, este tipo de relación es extensible a la esposa y al hijo del criollo, y al peninsular burgués. Y a medida que surge una conciencia de la Isla como región autónoma o independiente de España, la alianza simbólica entre criollos blancos y negros o mestizos estará marcada por esta forma de subordinación afectiva que permea a principios del XIX argumentos tanto a favor como en contra de la esclavitud. Desde finales del XVIII, el discurso científico, religioso y legal en La Habana transformó paulatinamente a la mujer en madre, al afrodescendiente en esclavo, al niño en hijo, a los animales en propiedad de esta clase de hombre. Así, Buenaventura Pascual Ferrer y sus semejantes gozan «del placer más verdadero» al reconocer la institucionalización del «verdadero indigente», es decir, al dotarlos de un lugar en la jerarquía social.

El costumbrismo constituyó uno de los géneros privilegiados para encauzar este placer de autorreconocimiento de criollo blanco, o lo que sería lo mismo, el placer de reconocerse dentro de una comunidad (Lane, 2005:24). Textos como el de Pascual Ferrer producen taxonomías sociales y raciales de la población con el propósito de naturalizar criterios de inclusión y exclusión en el cuerpo político (ibíd.:21). Como se verá, este placer del autorreconocimiento del costumbrismo no solo hizo comunidad por medio de afectos positivos sino también por medio del desprecio, el bochorno, la repugnancia. El hecho de que un grupo de hombres blancos coincidiera en estos sentimientos negativos hacia ciertas figuras, también produjo el placer de reconocerse en un imaginario compartido, «verdadero», de lo social.

La mención del indigente «verdadero» implica la existencia de otro tipo, «inventada», en palabras de Pascual Ferrer (1965:100). El crecimiento acelerado de la población y la urbanización misma produjeron «la muchedumbre de carruajes» (Saco, 2001:208), muchedumbres «de fábricas dispendiosas y mezquinas» (ibíd.:105), «de esclavos, amontonados por un tráfico sin límites» (ibíd.:118), «de negros y mulatos libres» (ibíd.:135). De esas muchedumbres de las que habla José Antonio Saco en su *Memoria sobre la vagancia en la Isla de Cuba* (1930), efecto contrario de la modernización, nació «la muchedumbre de huérfanos que yacen abandonados por toda la Isla», tan numerosa que es imposible recogerla en un asilo (ibíd.:285). En Cuba, estos niños callejeros recibieron el nombre de mataperros. Si los huérfanos institucionalizados despertaban el placer entre los patricios habaneros, los mataperros generaban un conjunto de afectos negativos cuyo sentido es necesario desentrañar pues desajustan el modelo de sociedad ordenada de las élites masculinas durante la primera mitad del siglo xix.

«UN PLACER TAN PURO Y TAN LISONJERO»

Buenaventura Pascual Ferrer, José Joaquín Hernández y José María de la Torre escribieron algunos de los escasos textos decimonónicos dedicados a los mataperros: «Sobre los bautizos» (1800), «El mataperros» (1852), y *El libro de los niños de la Isla de Cuba* (1854), respectivamente. Los tres autores no solo coinciden al calificar al niño callejero como «infeliz» (Pascual, 1965:337; Hernández, 1852:317; De la Torre, 1854:8), sino que además definen pormenorizadamente el carácter de la felicidad que a ellos se opone. A pesar de ejercitar distintos géneros literarios y pertenecer a formaciones diferentes, Pascual Ferrer, Hernández y De la Torre demuestran consenso al caracterizar tanto el archivo habanero de la felicidad como el de la infelicidad, su nomenclatura, sus sujetos, donde los menores ocupan un espacio medular. Esto último prueba que esta clase de hombres de la primera mitad del XIX estaba preocupada por construir un universo afectivo de la patria que acompañara su sistema institucional, legal, político y religioso.

Para las élites criollas de este período, la felicidad tiene un proveedor, un contenido y un objeto. Y las instituciones de beneficencia despiertan en Pascual Ferrer un «placer tan puro y lisonjero» porque verifican esta direccionalidad de los afectos positivos (1965:100). «Los padres de familia» son los «únicos» capaces de «sembrar en el corazón de sus hijos y sus criados las verdaderas máximas de la sociedad» (ibíd.:88-89). Solo son capaces de «grabar» en la infancia «las impresiones indelebles que han de ser la causa de su felicidad o de su desdicha» (ibíd.:89). Para Buenaventura Pascual Ferrer y José Joaquín Hernández: «sabido es que la educación es el principal elemento de la verdadera felicidad humana. […] El hombre que es feliz […], es indudable que en sus primeros años tuvo padres o allegados que se interesaron en hacerles poseer ese caudal inagotable de bienes que se adquiere en esa educación llamada doméstica» (J. J. Hernández, 1852:313, 314).

Pero la educación no solo suministra el contenido de la felicidad individual. Hay un proceso que conecta la felicidad que un padre obsequia a sus hijos con el servicio «a Dios, a la Patria y a la humanidad misma» (Pascual, 1965:100). La educación no es solo un deber paterno, es un deber patrio, cristiano, humano. José María de la Torre comienza *El libro de los niños* con la «advertencia»: «Habaneros: proteged a la humanidad, ilustrad a la patria» (1854:3). La felicidad de los hijos queda ligada así a la de la patria. Los habaneros, entendidos como un grupo exclusivo de hombres y sus instituciones, no solo pueden sino que deben ejercer a diferentes escalas su deber paterno. Al escribir, De la Torre se siente llamado a «cumplir nuestra parte de un precepto» (íd.). Si los padres incumplen, «se verá precisado el Gobierno a hacer un ejemplar castigo» sobre sus hijos y criados, y garantizar así el bienestar de la ciudad (Ferrer, 1965:89).

La administración de felicidad constituye un ejercicio que verifica las jerarquías sociales. No cualquiera puede cultivarla. José María de la Torre cuenta la historia de un joven «desgraciado» a causa de «una madre excelente, pero que, como muchas, creyó labrar la felicidad de su hijo […] impidiendo que su Padre le impusiese las correcciones prudentes y saludables» (1854:4-5). La mujer, madre con minúsculas, no debe proveer felicidad. De cumplir un rol para el que no está capacitada, generaría una infancia desgraciada. El padre es pensado en mayúsculas porque representa un tipo concreto de homosocialidad que viene de Dios, pasa por las instituciones coloniales y termina en la familia. El niño ejemplar en la narración de De la Torre recibe de su «padrino» un libro de regalo por haberse aprendido bien la lección, un libro que lo instruye en su deber de hijo (ibíd.:4). El padrino aquí se desdobla en padre por medio de los poderes reconocidos por la Iglesia y la sociedad. El libro cumple una función teleológica. El premio de una lección bien aprendida es otra lección, su contenido enseña el respeto al Padre; es decir, a su padre, su padrino, su patria como genitores de su existencia, su felicidad.

Los habaneros de José María de la Torre, a los que también se dirige Pascual Ferrer como «compatriotas amados», vuelven al niño en una instancia de homosocialidad que convierte a los jefes de familias en compadres y a todos ellos en ciudadanos por medio de la instrucción de la felicidad (1965:99). Según Philippe Ariès, la entrada en la modernidad y el surgimiento de sociedades industriales está marcado por la evolución de un sentimiento de la infancia (2001:12). La familia se organiza en torno al niño, a través del cual circulan los afectos entre esposos, padres e hijos. La cualidad de estos afectos se manifiesta por medio de la educación que se provee a la infancia. Para José Joaquín Hernández «el hombre más rudo, el más desprovisto de luces naturales, conoce instintivamente que debe educar bien a sus hijos» (1852:314).

En La Habana, este sentimiento de la infancia, que comienza a tomar forma a finales del siglo XVIII, coincide con el surgimiento de un amor a la patria, entendida dentro de los límites de la ciudad y en función de un tipo exclusivo de ciudadanía masculina y blanca. «El *amor patriae* no difiere […] de los otros afectos, en los que hay siempre un elemento de imaginación afectuosa», explica Benedict Anderson al pensarse su rol en la conformación de una comunidad imaginada (1993:217). Para los habaneros del XIX, este amor a la patria se expresa, entre otros, en un sentimiento de infancia, un deber-ser del padre hacia el hijo, que puede ser su descendiente, su criado, su esposa, cualquier sujeto no constitutivo de su homosocialidad. El vínculo entre felicidad e infancia deviene, entonces, condición del *ethos* local habanero. Ser feliz se convierte en una meta personal, familiar, social.

Pero, ¿qué es esta felicidad «que todos soñamos y que todos deseamos» (J. J. Hernández, 1852:313), «cuya existencia llenará de honor siempre a nuestra patria» (Pascual Ferrer, 1965:99)? ¿Cuál es su contenido? El sentido de la felicidad que interesa aquí coincide con el sentimiento de la infancia y el patriotismo que de ella deriva durante la primera mitad del xix. Son, en principio, afectos. Es decir, tienen un objeto: el niño, cuyo contacto afecta los sujetos de una forma particular (Ahmed, 2014:7). Sin embargo, los afectos no se encuentran en el objeto, ni en el sujeto, y existen ya antes del momento de contacto (ibíd.:6). Tienen una historia que precede este momento y revisten, por tanto, un carácter social (ibíd.:8). Buenaventura Pascual Ferrer, José Joaquín Hernández y José María de la Torre defienden la necesidad de construir en las nuevas generaciones, por medio de la educación, una afectividad que los «debe hacer felices por el resto de sus vidas» (Pascual, 1965:99). Esta clase de hombres se propone dotar a la ciudad de un conjunto de afectos compartidos, o lo que es lo mismo, que los individuos se afecten de manera similar ante los mismos objetos. Esta sociabilidad afectiva tiene al padre, al blanco letrado habanero, como genitor; y sus hijos con «el riego de saludables consejos y buenos ejemplos» están llamados a afectarse ante el mundo de la misma forma en que ellos lo hacen (J. J. Hernández, 1852:313). El padre, entendido en un sentido amplio, se reproduce a través de sus hijos por medio de las «máximas morales» que conducen a la felicidad (Pascual, 1965:89; De la Torre, 1854:5).

Sara Ahmed explica en su libro *The promise of happiness* que la felicidad ha sido consistentemente descrita como aquello que da sentido y orden a la vida humana (2010:1). El discurso de la felicidad, es decir, su asociación con determinados objetos, da coherencia al mundo (ibíd.:2), reescribe las normas sociales como bienes sociales. Para Pascual Ferrer, instruir al hijo: al otro, en «las verdaderas máximas que lo han de hacer feliz» significa dotarlo de «un verdadero conocimiento de lo bueno y lo malo» (1965:89). Los sujetos buenos no deben encontrar placer en los objetos malos (Ahmed, 2010:37). Antonio María, el niño modelo en la historia de José María de la Torre, le pide a su padre empinar un papalote, pero este inmediatamente lo disuade: «son una diversión muy expuesta» y «está prohibido por el gobierno» (1854:4). A los niños «infelices» de la narración, por el contrario, «solo les gustaba pasar el tiempo en juegos frívolos» (ibíd.:21) o «viciosos» (ibíd.:16).

Ser feliz es aprender a ser afectado por los objetos de la manera correcta (Ahmed, 2010:36). Pascual Ferrer llama a «desterrar de la juventud los juegos pesados», «indiferentes», y promover los de «más grande moderación»: «un ligero recreo», por ejemplo (ibíd.:89). La ciencia —en particular la medicina— ejercida por miembros de la burguesía habanera proveen un marco de control de los cuerpos que permite representar los «principios de la religión y la moral», o sea, lo bueno, como «saludable» (De la Torre, 1854:2). Los niños solo deben sacar placer de juegos y ejercicios que convengan a su «desarrollo físico» (ibíd.:7).

La felicidad de los niños radica entonces en encontrar placer en el deseo de los padres, un objeto que no es propio sino instruido. Los hijos saludables en *El libro de los niños*, mientras escuchan la historia que su padre les cuenta, una historia educativa, realizan otras actividades: «yo copiaré el dibujo que a V. tanto gusta, papá». De alguna forma, ser feliz significa reemplazar el objeto del placer propio —empinar un papalote, en este caso—, e instalar en su ausencia el gusto del padre. Significa «marchar rectamente» hacia este buen gusto (J. J. Hernández, 1852:313). La felicidad proviene entonces del acto de seguir más que de encontrar (Ahmed, 2010:32). Un niño feliz conjuga su «aplicación» a la «docilidad de carácter», y aprende a encontrar en «los elogios» del padre «su mayor recompensa» (De la Torre, 1854:8). La moderación de los juegos enseña la contención del impulso hacia ciertos objetos, educa el cuerpo de los niños a la docilidad.

Ser dócil al padre significa ser feliz. La felicidad del padre constituye el objeto de la felicidad del hijo, su recompensa mayor. Esta suerte de espejeo entre el padre y el hijo y sus significados permite desentrañar el contenido de la felicidad que intenta educarse. El sentimiento de la infancia (del hijo) se traduce en el amor a la patria (al padre) en tanto la felicidad del primero obedezca a la del segundo. El niño como objeto de afectos en La Habana decimonónica no solo remite al padre como proveedor, sino como contenido, y en último término como objeto en sí de la felicidad. La infancia de ese sentimiento que surge a finales del XVIII puede ser un criado (Pascual Ferrer, 1965:89), una madre (De la Torre, 1854:10), un pobre (J. J. Hernández, 1852:315). El hijo es una figura ambigua, el padre no. Su nombre es propio, lleva mayúsculas, es el «Habanero» (Pascual Ferrer, 1965:99), el «Padrino» (De la Torre, 1854:4). Es este, o Él, el contenido último de la lección a los hijos: «el respeto que se les infunde hacia la religión y a sus mayores, debe en algún tiempo proporcionarles consideraciones y bienestar» (J. J. Hernández, 1852:314).

La educación, por supuesto, no es el único método de aprendizaje de esta lección. Pascual Ferrer llama a los padres de familia a «castigar» a los hijos o criados que «se separasen» de «las verdaderas máximas de la sociedad» (1965:89). José María de la Torre las llama «correcciones prudentes y saludables» (1854:5). Son estas las formas que garantizan la circulación de los buenos afectos en la nueva sociedad habanera del cruce del siglo XVIII al XIX. Al verlas operar en su perfecto engranaje durante las representaciones escolares, Buenaventura Pascual Ferrer siente «el placer más puro de la naturaleza», un placer que tiene al niño como objeto directo, pero solo en la medida en que termine remitiéndose a él y sus compatriotas amados (1965:99).

En contraste con los hijos de la familia tradicional habanera o los asilados de la beneficencia, los niños callejeros ponían en crisis el ideal de sociedad de estos hombres, donde cada individuo respondía de alguna forma a ellos. Los mataperros carecían de parientes o provenían de un núcleo disfuncional. Su naturaleza infantil los mantenía a salvo del peso de la ley hasta los 16 años, edad en que se podía encarcelarlos. Incluso durante el gobierno de Miguel de Tacón en la segunda mitad de la década de 1830, caracterizado por sus férreas medidas de control contra el vago y el marginal, resultaron incapturables. Si incurrían en alguna falta, los comisarios de barrio y capitanes debían enviarlos a sus familias o a la Beneficencia (Borrego, 2017:61). Pero en la práctica, era un recurso inaplicable por el alto número de niños sin hogar. En las siguientes décadas, los niños callejeros mayores de 10 años fueron obligados a trabajar en la agricultura, recluidos en correccionales de vagos, o enviados a prisión, donde recibían el trato de un convicto común. La Real Sociedad Económica creó para ellos una Junta de Aprendizaje en 1839 que se transformó en el Asilo de San José en 1857, presidido por el Gobernador Político. Ambas instituciones debían instruir a los niños huérfanos en algún oficio, pero su labor pedagógica resultó ser una «farsa». Como afirma Borrego Moreno, «la entrada de menores en estos talleres incrementó la disponibilidad de una fuerza de trabajo barata, sometida durante largos años a "duros castigos físicos" y una estricta disciplina» (ibíd.:65).

En cualquier caso, ni la Junta ni el Asilo resultaron suficientes para suprimir al mataperros. Si el niño feliz aparece recluido en el hogar, en la escuela o en la beneficencia por medio del recurso de la educación, el callejero emergerá en el discurso de los patricios habaneros justo en las antípodas de este modelo. Para José Joaquín Hernández, el mataperros es «enemigo acérrimo» de la escuela y «de todo cuanto pueda ponerle barreras» (1852:315). Buenaventura Pascual Ferrer reconoce en ellos la causa de «un cúmulo de maldades» (1954:89). El hecho de que puedan salir libremente con otros de su misma edad (íd.) despierta en los patricios habaneros un conjunto de afectos negativos, pues no solo retan las estructuras de reclusión del otro en diferentes instituciones (los barracones, la casa, el manicomio, el museo, etc.), sino que además los mataperros construyen formas de sociabilidad alternativas a la homosocialidad feliz.

En una ciudad regida por la supremacía blanca sobre el mestizo y el negro, los mataperros, para sobrevivir, conformaron una comunidad de «negritos, mulaticos y aún blanquitos» (Pascual, 1965:88). Esta convivencia resultaba además atractiva a los hijos de la élite, los depositarios de las máximas de la felicidad habanera. José María de la Torre cuenta cómo Periquillo, miembro blanco de la familia tradicional, se asocia con esta «clase degradada (1854:19-20). En lo adelante, somete el cuerpo del personaje a una serie de castigos de enconada violencia, entre otros: ser devorado por un tiburón, como «le había pronosticado su padre […]. Cogido el monstruo a poco rato, encontrósele en el estómago el destrozado cadáver del hijo mimado de doña Beningna». Si la felicidad proviene del padre, la infelicidad proviene de la educación ilegítima del otro: la madre, el afrodescendiente, el vagabundo.

Así como el sentimiento feliz de la infancia se traduce en alegría, amor y gozo, la interacción con niños callejeros no se puede «mirar con indiferencia», «no puede ser dispensada ni aun por el hombre más insensible» (Pascual, 1965:87), despierta un conjunto de afectos negativos entre los padres de familia cuyo sentido exploro a continuación. Aunque se trata de una red de emociones, sentimientos y malos afectos que se evocan casi siempre a la par como un archivo de la infelicidad, me adentraré en el sentido y significación del bochorno en el texto «Sobre los bautizos», de Buenaventura Pascual Ferrer. Mi elección se justifica en dos circunstancias. Por una parte, este artículo antecede a los de José María de la Torre y José Joaquín Hernández, y establece las bases de representaciones posteriores de mataperros. Por otra, el bochorno ha sido escasamente trabajado por los teóricos de los afectos, que han prestado mayor atención a la vergüenza, con la cual el primero ha sido frecuentemente comparado. Considero que en el caso del mataperros, y de manera general, de la imaginación afectuosa cubana, el bochorno resulta un artefacto cultural clave.

«LOS MAYORES BOCHORNOS»

En la Cuba del siglo XIX, la palabra «bochorno» se emplea con dos propósitos esenciales: para describir un fenómeno meteorológico y para expresar un tipo particular de afecto. Esteban Pichardo habla en su *Geografía de la Isla de Cuba* de estados climatológicos cuya «calma» es «bochornosa»: «cualquier airecillo refresca» (1854:243). Los meses de junio son particularmente «bochornosos»: «se busca el aire con ansia» (ibíd.:249). En agosto de 1854, en La Habana, «estamos sufriendo un bochorno como nunca» (ibíd.:262). Es decir, el bochorno como estado del tiempo se traduce fisiológicamente. La calma del clima encuentra su antítesis en el cuerpo que sufre, que se agita y busca con ansias refrescarse.

En *La Cartelera Cubana*, periódico mensual de literatura y ciencia, encontramos una representación del bochorno como afecto en el relato costumbrista «Mariano o la educación» (1840). Allí, los personajes discuten el bochorno de Mariano: «Cuando un hombre penetra de que su conducta le expone al escarnio y a la reprobación de los demás, no le queda callejuela a su amor propio para evadirse del terrible convencimiento de que ha sido a su vez un tonto y un pícaro» (Castro, 1840:39). Los personajes intentan «irritar su amor propio» burlándose de él, «para curarle de ciertas extravagancias». El bochorno provoca en Mariano «su arrepentimiento» (íd.).

El bochorno en tanto afecto, como la vergüenza, requiere la presencia de un tercero: «los demás», que reprueban cierta conducta del sujeto (Leys, 2007:11). Mariano intenta esconderse en sí mismo de la burla de sus semejantes (Ahmed, 2014:103). Pero dentro de sí también encuentra una reprobación tal que desarma su amor propio. La mirada de los demás coincide con la mirada de sí mismo: la mirada de un otro internalizado (Montes, 2015:188), un otro idealizado (Ahmed, 2014:106). El bochorno de Mariano irrita su amor propio, es decir, lo pone en cuestión. Por esta razón, los otros personajes se valen de él como una forma de «cura», para que se arrepienta de ciertas extravagancias.

Alba Montes menciona varias diferencias entre vergüenza (*shame*) y bochorno (*embarassment*). El bochorno está anclado al tiempo y espacio específico en que se experimenta la situación bochornosa; mientras que la vergüenza puede emerger *a posteriori*, por medio de un recuerdo, y no requiere la manifestación material del rechazo de los demás, sino la posibilidad de este rechazo, expresada por el otro internalizado (2015:183). Lo que nos abochorna públicamente no nos avergüenza de modo necesario cuando estamos solos (íd.). La vergüenza pone en cuestión la identidad propia a causa de cierta actitud o conducta nuestra (Leys, 2007:11); mientras que el bochorno surge al manifestarnos torpemente (*awkwardly*) frente a los demás: no estar a la altura de las circunstancias (Montes, 2015:183).

El bochorno, tanto en su acepción meteorológica como afectiva en la Cuba del XIX, confirma esta cualidad *in situ* que lo distingue de la vergüenza y que se expresa fisiológicamente de una forma determinada: «encendimiento o vapor» en «la cabeza», «alteración» (RAE, 1817:134), «soflama»: «ardor que suele subir al rostro» (ibíd.:809). Su circunstancialidad, sin embargo, no implica, como concluye Montes (2015:183), que el bochorno sea menos serio que la vergüenza, irrelevante (*inconsequential*), carente de consecuencias. Es cierto que en el bochorno el otro idealizado en nuestro interior no necesariamente nos lleva a avergonzarnos de nosotros mismos, sino de nuestro estado en la circunstancia bochornosa, de nuestra asociación involuntaria con algo o alguien en ese contexto. Ese algo podemos ser nosotros: Mariano, por ejemplo, se condujo como un tonto y un pícaro en un momento dado. Pero también puede ser alguien más, alguien que no es aquel público que nos reprueba y nos es semejante, sino algo o alguien diferente, ajeno, o inapropiado para ese lugar y tiempo. Por ejemplo, ciertas actividades fisiológicas podrían ser causa de bochorno si se ejecutan fuera de su espacio, frente a un público. La asociación con el excremento, esa figura del cuerpo que se hace ajena, que se expulsa, despierta bochorno si un ojo captura el acto de separación, *in fraganti*. A diferencia de la vergüenza, el objeto de bochorno es proteico, puede tener diferentes orígenes en un contexto dado. Pero, en cualquier caso, el sujeto se agita ante la relación involuntaria con la materia que afecta de una manera visible y específica su cuerpo.

El tema que mueve el artículo «Sobre los bautizos», de Buenaventura Pascual Ferrer, no aparece enunciado en el título. Desde el mismo comienzo, el autor establece determinadas estrategias para distanciarse de su objeto, que presenta, además, de forma ambigua: «lo que sucede en los bautismos con los muchachos» (1965:87). Va develando poco a poco el asunto de su texto a través de una cuidadosa nomenclatura, como si su aparición abrupta lo contaminara. En una cuartilla posterior, explica que los muchachos son los «mataperros» (ibíd.:88), palabra que solo menciona una vez. Poco antes habrá descrito lo que sucede en los bautismos: «las importunidades de tanto perdulario». Para llegar allí, ha tenido que convencerse a sí mismo y al «señor público» de su columna en *El Regañón de La Habana* que no pueden mirarse «con indiferencia más de cuatro cosas que suceden en esta Ciudad». Las acciones de los mataperros «no pueden ser dispensadas ni aún por el hombre más insensible» (ibíd.:87).

Para enumerar «la insolencia» de los niños callejeros, Pascual Ferrer se desdobla en otro personaje: «el padrino» del bautizo, con el cual se identifica moral y afectivamente. Según explica, «no se puede ser padrino en la Habana sin exponerse a los mayores bochornos». El paso de la primera a la tercera persona es otra de las estrategias de distanciamiento. Al finalizar la ceremonia, el padrino se ve acometido por los mataperros «y aún hombres de todos colores» que le piden limosna. El contacto involuntario con esta «turba de perillanes tan deforme» es el origen del bochorno, que obliga al padrino a «reprimir» su «cólera» «por respeto sin duda al Santuario», a renunciar a las distancias que le permiten su color, clase y género, y ceder a los deseos de un grupo inferior y multiétnico «contentándolos a todos» (íd.).

Pascual Ferrer se asigna en esta escena el rol de un tercero, un espectador semejante al padrino, cuya presencia hace efectivo el bochorno. El autor ni siquiera ha asistido al bautizo sino a un entierro que tiene lugar en la misma parroquia. Se esfuerza por presentarse ante los lectores como un observador desinteresado: «quise tener la humorada de disfrutar esta escena» (ibíd.:88). Sin embargo, su carácter terciario, lejos de mantenerlo a salvo del bochorno que emana de lidiar con los mataperros, lo termina conduciendo por terrenos oscuros e identificándolo con diferentes personajes de la escena, en ocasiones de forma insospechada.

El bochorno como afecto puede manifestarse como «vergüenza ajena» (Anders), es decir, observar al sujeto en una situación bochornosa puede ser origen de bochorno en sí mismo. Pascual Ferrer (ibíd.:87) confiesa su «dolor de presenciar un acto de estos», su «indignación al ver lo que pasó». Aquí, a pesar del aparente desinterés y «humorada» ante la escena, el autor se pone en lugar del padrino, experimentando, por mediación de este, los afectos que provoca el contacto con los mataperros. El bochorno como vergüenza ajena no solo pone al espectador en el lugar del sujeto, sino que indica la presencia virtual o real de otro público ante el cual tanto el padrino como el propio autor, equiparados en su condición de habaneros, quedan en evidencia por el solo hecho de estar allí, en la escena. Si la felicidad funciona como una instancia de homosocialidad que conecta a estos individuos con Dios, la Patria y la humanidad misma (ibíd.:100), el bochorno los aliena de esta comunidad. Ese desprendimiento está en la raíz del dolor y la indignación del autor.

El otro idealizado por el sujeto, cuya mirada para Ahmed (2014:106) es el origen de la vergüenza, cumple un propósito diferente en el caso del bochorno. La conducta del padrino y el autor por debajo de sus propios estándares morales no es lo que se juzga en este caso. El cuestionamiento de su identidad como miembros de una sociedad civilizada, su emulación con ideales europeos no queda en entredicho a causa de su comportamiento. Es la presencia de los mataperros, el intercambio *in situ* con estos, lo que pone en crisis esta identidad, revelando la inconsistencia de la comunidad imaginada por este grupo de hombres, sus jerarquías felices, frente a la ciudad real, su caos, su mestizaje. El autor intenta mostrarse «indiferente» a la convivencia de su civilización patriarcal con la urbanidad mataperra, pero no puede evitar «presenciar», «ver», «ceder» a su «insolencia» (Pascual, 1965:87).

En las antípodas del «verdadero indigente» (ibíd.:99), los mataperros delatan no correspondencias entre la ciudad ideal patricia y la realidad habanera. Son cuerpos infelices, no ya alteridades, sino «abyecciones» (Kristeva, 2006) en tanto el ego del sujeto masculino criollo blanco no alcanza a confirmarse. Pascual Ferrer llama a la «Niñas» de beneficencia «vírgenes escapadas del precipicio»(1965:100). Ese precipicio es precisamente el espacio abyecto de los mataperros, un espacio que no es homogéneo, ni totalizable, sino más bien catastrófico (Kristeva, 2006:16).

El escritor le niega a los mataperros la cualidad de niños, porque han sido expulsados más allá del sentimiento de infancia que sus semejantes intentan construir. El contacto con ellos es el caos, es innominable. Es bochornoso pasar de un bautizo, que ratifica el *statu quo* de la burguesía colonial, hacia tal precipicio. Cualquier potencial padre, en estos casos, se manifestaría torpemente (Montes, 2015:183) en esa relación abyecta, pues «las verdaderas máximas de la sociedad» (Pascual, 1965:88-89) pierden allí su verdad, carecen de sentido. El padrino huye en volante de los mataperros, pero estos lo alcanzan, se multiplican, rompen su carruaje, le lanzan piedras y lo obligan a esconderse en una casa (ibíd.:88).

En la situación de contacto, el objeto bochornoso amenaza con contagiar al sujeto, esto aplica a las condiciones del tiempo y a las sociales. Después de todo, la comunidad imaginada existe dentro y no fuera de la realidad, de la misma forma que los cuerpos viven en cierto clima. Los mataperros toman posesión del padrino, de alguna forma, cuando este «cede» a sus «importunidades», «contentándolos» (ibíd.:87).

Kristeva habla de la repulsión y la atracción que genera lo abyecto (2006:7). A diferencia del padrino, que alcanza a esconderse, repudiando la escena; el autor de «Sobre los bautizos», en su condición de tercero, queda atrapado en aquella «cosa» «soez y bárbara» (Pascual, 1965:88). Algo de su distancia fúnebre se pierde para coincidir no ya con el que escapa en «volante», sino con los que lo persiguen a pie dándose «estrujones, patadas y porrazos», cantando con ellos «Higos me llamo yo» o «Carabalí papá», «Jejele» (íd.). Y cuando el padrino se refugia en una casa, el cronista espera fuera por él «hasta la noche» probablemente junto a otros mataperros. La mezcla, encarnada en los mataperros y sus ritmos «carabalís», seducen a Pascual Ferrer, que no escatima en reproducir extensamente sus cantos dentro de su propio texto, y en burlarse como ellos del padrino.

Durante la segunda parte del artículo, Buenaventura Pascual Ferrer intentará exorcizar su propia conducta invocando «las verdaderas máximas de la sociedad que lo han de hacer feliz» y sus herramientas; es decir: la corrección, el ejemplar castigo, la educación, la moderación (ibíd.:89). El ego del cronista busca un interlocutor apropiado para el discurso: «los padres de familia» (ibíd.:88). En ellos su palabra se reconoce. Pascual Ferrer se ve obligado a desdibujar la figura de los mataperros para sacarlos del «precipicio» de la «mendicidad» (ibíd.:335) que los deja en territorio de nadie. Los convierte en los «hijos», «sirvientes» y «esclavos» del «padre de familia» (ibíd.:89), asimilándolos a un orden que les resulta ajeno. Este encubrimiento simbólico no suprime la angustia ante la abyección de los mataperros, pero sí le permite lidiar con ellos por medio de un sustituto ilusorio. De esta forma, los somete a la educación y el castigo. Los mataperros, que al comienzo se distinguían borrosamente del niño bautismal, terminan coincidiendo con él en las conclusiones. El autor los convierte en sus ahijados.

La transformación del mataperros en hijo constituye un ejercicio retórico que es en sí mismo bochornoso porque revela las costuras del archivo de la felicidad, puro ejercicio retórico, intraducible a todos los individuos que cohabitan en la ciudad. También explica por qué hombres como Pascual Ferrer, José Joaquín Hernández y José María de la Torre defendieron tan vívidamente un sentimiento de infancia ligado a la felicidad de los pequeños como de la patria toda. Al explorar los afectos negativos que despiertan ciertos cuerpos, la red de símbolos y sensibilidades que conforman una comunidad revelan no solo su carácter normativo sino también los intereses del grupo social que la promueve. En el caso de la Cuba del cruce del siglo XVIII al siglo XIX, el surgimiento de un sentimiento de infancia coexistió con la construcción de una idea de patria.

En una sociedad dominada por el patriarcado esclavista, la felicidad está basada en la subordinación político-sentimental de la mujer, del esclavo (D. Domínguez, 2017:253), y del niño; mientras que la infelicidad conlleva a la ruptura de esta desigual alianza: el cimarrón, la prostituta, el loco, el mataperros y otras existencias resultan altamente problemáticas por esta razón. El emplazamiento del Asilo, en 1860, en las instalaciones del antiguo manicomio de La Habana (Borrego, 2017:65), y su vecindad con el Hospital de Higiene para prostitutas en la década de 1890 (Marqués, 2014:42) constituye una evidencia del lugar que ocupa la infancia recogida —antes callejera— en el imaginario criollo decimonónico. Desde 1857, San José también albergará los negros libertos y cimarrones del Depósito Judicial. Este sector afrocubano vivirá en comunidad con los niños hasta 1874, cuando un nuevo reglamento dicta que se mantengan en absoluta incomunicación. La prostituta, el mataperros, el loco y el cimarrón, si por un lado quedan conectados entre ellos, aparecen, por el otro, alienados de la idea de mujer, niño, hombre (blancos) o afrodescendientes.

Desde finales del XVIII hasta hoy, el patriarcado blanco letrado ha sufrido rearticulaciones simbólicas, pero sobrevive como elemento constitutivo de las relaciones sociales en la Isla. Su preeminencia explica por qué en la Cuba de hoy la felicidad de los niños constituye un motivo de orgullo y un elemento de identidad que nos distingue de otros países. La educación como fuente de felicidad en Cuba cuenta con una genealogía que comienza en estos habaneros de finales de siglo xviii. José de la Luz y Caballero vuelve a un miembro ilustre de este grupo, a Félix Varela, para describirlo como «el que nos enseñó primero en pensar» (1950:567). José Martí ratifica esta idea al describirlo como el «que empezó a emancipar nuestro pensamiento»(1975:417). Diferentes hombres a lo largo de la historia han elaborado una consanguinidad imaginaria del liderazgo de la nación por medio de la pedagogía. Según Jorge Mañach, intelectual y profesor él mismo durante la República, a José Martí sus contemporáneos le llaman sin reserva «El Maestro» (2015:207). Este linaje de varones enseñantes adquirió en el siglo xx la categoría de culto, se ha reactualizado en monumentos y tiene un espacio en el discurso legal. Por ejemplo, desde las primeras décadas de la República, una ley instruía que los niños en las escuelas rindieran tributo a Martí el día de su nacimiento (Guerra, 2006:34); mientras que a inicios del siglo xxi, la estatua de un Martí, padre, con su hijo en brazos, legitima en la Tribuna Antimperialista los principios de la Revolución (Bejel, 2012:65).

Como hemos intentado demostrar, la figura del padre y la educación organizan una forma de homosocialidad que se justifica en el amor a la patria y la felicidad de la infancia. Hemos explorado cómo en el cruce del siglo xviii al xix la élite masculina habanera devino el proveedor, el contenido y el objeto último de los afectos positivos del niño. La construcción de un archivo feliz sirvió para asignar roles de género, raza y clase a los diferentes miembros de la sociedad; también asoció determinados afectos negativos con esos cuerpos que de alguna manera retaban el *statu quo*. La presencia bochornosa de los niños callejeros, los mataperros, en ese momento originario de lo nacional devela una historia de la patria otra, ajena, abyecta, que podría rastrearse hasta el presente por los afectos negativos que generan. Su convivencia deshonrosa con la casta de padres pedagogos pone en cuestión la idea de que en Cuba los niños nacen para ser felices.

5

LA HABANA: *SKYLINE*, JERGA PERSONAL

(Katia Viera)

(La Habana, 1989). Licenciada en Letras por la Facultad de Artes y Letras de la Universidad de La Habana. Profesora de Literatura en el Colegio Universitario San Gerónimo de La Habana (2012-2016). Actualmente realiza su doctorado en Letras en la Universidad Nacional de Córdoba, Argentina (UNC); becaria del CONICET. Estudia, de modo particular, la obra de los narradores cubanos: Dazra Novak, Ahmel Echevarría y Jorge Enrique Lage. Miembro del proyecto de investigación «Territorios y cuerpos en las escrituras latinoamericanas contemporáneas (1990-2019)»; integra el programa de investigación «Escrituras latinoamericanas. Literatura, teoría y crítica en debate». Profesora adscrita de Literatura Latinoamericana I y de Teoría y Metodología de la Investigación Literaria II en la carrera de Letras Modernas de la UNC.

En el año 2018, la historiadora cubana Lohania Aruca se preguntaba en un breve texto si La Habana era o no una ciudad caribeña. Esta interpelación es, ante todo, la puesta en claro de la complejidad que entraña «describir» un espacio, también complejo desde su fundación. Allí, la investigadora tomaba nota de la dualidad que marca a La Habana en relación con su pertenencia geográfica, puesto que su primera fundación ocurrió al sur, en el límite con la Cuenca del Mar de Las Antillas y luego, en 1519, fue refundada en lo que es hoy el puerto de La Habana,[1] zona que limita con el sur de las aguas del Golfo de México. Si para responder a la pregunta de Aruca solo se tuvieran en cuenta las nociones geográficas e históricas que presenta, podría decirse que desde el siglo xvi La Habana es esa zona liminal que «nos separa y, al propio tiempo, nos une con dos prominentes países de América del Norte, los actuales Estados Unidos de América y los Estados Unidos de México» (2018).

De esta imagen que propone Aruca quisiera rescatar la idea de La Habana como enlace, como puente, quizás como autopista —imagen que ha sido recreada por el narrador cubano Jorge Enrique Lage, en *La autopista: the movie* (2014)— que (se) conecta y (se) desconecta con el continente americano y sus islas del Caribe. Esta figuración doble en la «pertenencia», continental y caribeña, que conecta y desconecta, que es mar y tierra, implica que desde la propia Habana se mire a ambos espacios culturales y que su estudio promueva, en un contexto cultural amplio, un abordaje que tome en consideración los despliegues epistemológicos de esta suerte de espacio que es autopista hacia América y hacia el Caribe. El marco temporal que he escogido para pensar La Habana en diálogo con otras ciudades del resto de Latinoamérica y el Caribe va desde los años 90 a la actualidad, puesto que advierto en esta etapa algunas preocupaciones comunes y desfasajes temáticos que emergen de las ficciones literarias de estos años.

---

[1] Entre la primera fundación y la última ocurrió una intermedia «en la dirección del río Casiguaguas (Chorrera o Almendares)» (Aruca, 2018:1).

Luego del derrumbe del Muro de Berlín y de la presentación de las diez medidas económicas de John Williamson, conocidas más tarde como «el consenso de Washington», en la mayor parte de los países de América Latina comenzó a implementarse sistemáticamente un modelo de desarrollo apremiante, que parecía dar la espalda a las especificidades de la región y de sus carencias previas. Este modelo que, como bien apunta Jorge Locane, ya había sido puesto en marcha de manera experimental en el Chile de Pinochet, incorporaba de golpe a la región en la dinámica económica y cultural de una nueva etapa de «modernización neoliberal» (2016). La aplicación de este modelo profundizó en la mayoría de las ciudades latinoamericanas la desigualdad social y urbana; descrito certeramente por William Robinson al señalar que la globalización capitalista en América Latina resultó en una rápida polarización social en la que fue visible un empobrecimiento masivo, a la par de un surgimiento de nuevos sectores de alto consumo que abarrotaron los centros comerciales de lujo, que comenzaban a verse por aquellos años en muchas ciudades latinoamericanas (ibíd.:228).

En medio de este espacio globalizado y neoliberal se potencian, problematizando nuestra relación humana con ellas, las redes de conexión al interior de los países y fuera de sus fronteras: las autopistas, los aeropuertos, las redes de (in)comunicación a través de Internet. La apertura de las ciudades hacia una economía brutal de consumo creó grandes supermercados en los que, como ya apuntaba William Robinson, había —y hay— una masa de personas consumiendo, al lado de otras que van a mirar u otras que ni siquiera pasan el umbral de las puertas de entrada. Casi todas las ciudades de América Latina cuentan por un lado con un significativo aeropuerto internacional (Ciudad de México, Buenos Aires, São Paulo, Lima, Santiago, Ciudad de Panamá) que las conecta con múltiples destinos y, por otro, con extensas autopistas que tienen ese mismo fin de interconexión, en medio del acelerado crecimiento de aquellas hacia sus bordes. El conjunto de estos «no-lugares», como los reconozco con Augé (2000),[3] forman parte también

---

[2] Tomo esta referencia del libro homónimo del investigador cubano Fernando Martínez Heredia, pues «el horno» de los años 90 cubanos me sirve como metáfora teórica para dar cuenta de lo abrasador —y candente— de un período marcado por complejas transformaciones sociales, políticas y económicas que traspasan la frontera nacional cubana y adquiere relevancia en otros contextos nacionales (continentales).

[3] No sin problematizar que los no-lugares de Augé pueden ser reconocidos como «lugares» —antropológicamente hablando— por algunos sujetos (2000).

de ese flujo incesante de las comunicaciones urbanas, sus desplazamientos y extensiones en el entorno de un mundo que da la idea de ser transterritorial.

Teniendo como marco lo anterior, en el discurso urbano de América Latina y el Caribe comienzan a insertarse algunas nociones como las de ciudad global, informacional o de los flujos, que han sido términos pensados, de modo general, para algunas ciudades de Europa, Estados Unidos y Asia.[4] Al margen de las intensas y muy atinadas discusiones recientes alrededor de si las ciudades latinoamericanas son globales o no, tal y como las entiende Saskia Sassen (1991), o si en algunas de ellas lo que se presentan son porciones de ciudad global, informacional o de los flujos,[5] estos conceptos aúnan, de modo general, la idea de que en el mundo actual ha ocurrido una descomposición del orden tradicional que solía poseer un centro desde donde se irradiaba el poder político, religioso y económico, y que producía una cierta homogenización en zonas de influencia (Locane, 2016:58). En medio de la internacionalización económica y el proceso de globalización neoliberal, lo fragmentario, las exclusiones sociales, los altos índices de pobreza o la profunda desigualdad en la distribución de las riquezas[6] son algunos de los aspectos que caracterizan a las ciudades latinoamericanas y caribeñas en las que hoy suelen abundar las rejas y los muros; las alarmas y las cercas; los barrios protegidos y los cerrados, y al frente —atrás o al costado— de todos ellos, la violencia, la inseguridad, la precariedad de otros espacios que se nos presentan en forma de villas miseria, favelas, islas urbanas, etcétera.

Al poner a dialogar este escueto panorama que he descrito con el espacio físico y social de La Habana, si bien advierto ciertas regularidades —en di-

---

[4] Cfr. los textos de Jorge Locane (2016) y Blanca Ramírez (2010), pues estos trabajos ofrecen un panorama más amplio de las diferentes críticas que se han realizado de estos términos en el marco de las ciudades latinoamericanas que no comparten las realidades socioculturales y económicas de otras ciudades europeas y norteamericanas de donde se despliegan las ideas de Sassen (1991).

[5] Un análisis de los efectos de la globalización en ciudades latinoamericanas puede consultarse en Bryan Roberts, que se acerca a las fuerzas que estructuran las economías urbanas y la organización espacial, la globalización «desde arriba», y de lo que Appadurai llama globalización «desde abajo» (2005:121). En este sentido, su ensayo demuestra que las variaciones en los sistemas urbanos de América Latina ayudan a explicar las diferencias dentro de —y entre— los países latinoamericanos en la naturaleza de sus dependencias y sus perspectivas de desarrollo .

[6] Como reconoce Roberts, «El impacto de la globalización en las ciudades latinoamericanas es ambiguo y contradictorio [...] El impacto de la globalización económica en los mercados laborales y en la configuración del espacio urbano acentúa la inseguridad económica y las desigualdades urbanas» (íd.).

ferentes escalas— entre ella y el conjunto de las ciudades latinoamericanas y caribeñas (creciente desigualdad social,[7] paulatina o drástica segregación urbana, alta densidad demográfica), brotan del análisis algunas particularidades que, desde mi punto de vista, están relacionadas, en lo fundamental, con el tipo de modelo político, económico y social que sostiene Cuba desde hace sesenta y tres años. En 2006, el arquitecto, investigador y diseñador urbano Mario Coyula advertía que La Habana actual era

> *una ciudad preservada por omisión, baja, densa, compacta y a la vez dispersa, con una intensa animación humana que no se corresponde con su precaria y confusa base económica; y donde se aprecian ya elementos de cambio en la forma urbana derivados de la circulación de dos monedas y la búsqueda desesperada de la subsistencia a expensas muchas veces de valores éticos tradicionales (2006:52).*

De este fragmento me interesa destacar dos cuestiones fundamentales: La Habana como ciudad de edificios bajos y como contenedora de una precaria base económica. Esta última idea relacionada con la precarización económica en la que se encuentra La Habana de 2006 —y que no es drásticamente diferente casi quince años después— obliga a pensar en un suceso que insertó al país en una profunda complejidad económica, política y social.

Aquel derrumbe del Muro de Berlín y con él la caída de los grandes relatos socialistas —unido al consenso de Washington— que había reinsertado de golpe a muchos países latinoamericanos y caribeños en el mercado capitalista neoliberal, sumió a Cuba y a La Habana —«ciudad epicentro desde el que se piensa, se formula y se dispone el relato de lo nacional-cubano, los proyectos de la identidad y de la ciudadanía» (Camejo, 2017:44)— en una etapa de acentuación de desigualdades, de profundas carencias económicas

---

[7] Es válido acotar que, «aun cuando los estudiosos de las materias de pobreza y desigualdad social siempre insisten en el hecho cierto de que los perfiles propios de la pobreza en Cuba son considerablemente diferentes a los de América Latina y otras áreas del mundo periférico —en el sentido de que pobreza no se identifica en nuestra Isla con exclusión y desamparo, dada la existencia en el país de una red pública de servicios sociales universales, que garantizan acceso masivo a los bienes y servicios más importantes para la vida y la dignidad humana—, no es menos cierto que ello significa que una buena parte de nuestra población se ve impedida de desarrollar una vida cotidiana familiar adecuada, lo que algunos han dado en llamar la cotidianidad difícil» (Sarduy, 2016). En este mismo sentido, para ampliar el panorama sobre desigualdad social en La Habana, sugiero consultar también a Jill Hamberg (2011).

y habitacionales que aún hoy siguen «siendo notables en la concentración de ciudadelas, focos y barrios insalubres» (Sarduy, 2016).[8]

Bruscamente, La Habana experimentó una situación muy particular que ha descrito de manera muy certera el profesor cubano Ariel Camejo y que me permito citar aquí *in extenso*:

> *La ciudad se vio enfrentada no solo a la ingravidez sociopolítica que representaba el colapso del «socialismo efectivo», sino también a la dificultad que implicaba exponer su ingenua corporeidad histórica (aún militante de los ideales modernistas y el utopismo social) en el mapa difuso de la posnación: un régimen fronterizo disuelto por las migraciones y la tecnología; un territorio multiplicado infinitamente en las nuevas superficies de circulación del pensamiento, el arte o la economía; una población nómada cada vez más desligada de la identidad concebida como emplazamiento geográfico;[9] la vivencia de un estado de cruce permanente, de una exposición del cuerpo a los sistemas de límites tradicionalmente aislados por los comportamientos regulares de lo nacional (códigos lingüísticos, sistemas de prohibición, esquemas ciudadanos, inscripciones legales), entre otros tantos elementos que configuran esa suerte de «estado de umbral» en el que viven la sociedad y la cultura cubanas durante la década de los noventa (2017:45).*

Esta crisis estructural en Cuba, que implicó, entre otras muchas medidas, abrirse al turismo, flexibilizar la economía y establecer «relaciones creativas con el mercado» (Espina, 2008), produjo un quiebre en la ciudadanía, un proceso de reestratificación social que invirtió parcialmente los avances en materia de equidad logrados en las décadas anteriores, una vez triunfada la Revolución. Este panorama social aparece configurado en una buena parte de las obras literarias y artísticas de estos años. En este sentido, Aurelio Alonso ha destacado que esta crisis irrumpió en la sociedad cubana no solo en forma económica, sino que trascendió a una dimensión espiritual, que implicó —con algunas secuelas importantes en la actualidad— «una crisis de paradigma, de incertidumbre, de poder prever o no poder prever el futuro —ni en el plano existencial ni en el político—, de no saber con certeza

---

8   Para obtener una referencia a un contexto más complejo, recomiendo la «Introducción» de Anke Birkenmair y Esther Whitfield a *Havana Beyond the Ruins. Cultural Mappings after 1989*, pues allí se mencionan algunos datos que permiten entender La Habana de los años 80 y 90.

9   Apuntaría, además, que ese régimen fronterizo disuelto por las migraciones se aplica selectivamente, sobre todo a artistas, escritores, músicos, cineastas.

si continuaríamos viviendo en una sociedad capaz de plantearse metas y de orientarse hacia ellas, de cumplirlas o de incumplirlas, y de rectificar rumbos» (2011:1). Los artistas e intelectuales tematizaron, expusieron, discutieron —y muchos lo hacen todavía hoy— las consecuencias de la crisis en sus obras y destinos individuales. Nuevas temáticas, motivaciones y dinámicas se instalaron en la producción cultural. Con una mayor sistematicidad se trataron asuntos como la emigración, la prostitución, la corrupción, la doble moral, las innegables diferencias socioeconómicas entre los que poseían los dólares o monedas fuertes y los que no lo hacían. El fracaso, la depresión, la soledad, la muerte, las drogas, la homosexualidad, la violencia doméstica, las terribles relaciones entre padres e hijos y entre estos y sus padres, aparecen en los textos como temas y preocupaciones de época (Álvarez Pitaluga, 2010:83)[10] y se desarrollan fundamentalmente en el espacio de La Habana.

En este período se dio un fenómeno muy particular que enriqueció los vínculos culturales de algunos artistas e intelectuales con el exterior. Estos, a falta de subvención estatal, quedaron más «libres» para encontrar espacios para sus producciones y modos de expresión, que ya no solo tenían lugar dentro, sino también fuera de Cuba. Este momento marcó un éxodo notable de intelectuales y artistas que se radicaron en el exterior y que formarían parte de una tercera generación de emigrantes; hecho que trajo consigo el aumento de un fenómeno denominado «gigantismo cultural» o «cultura extrainsular» (íd.), que se refiere a las amplias y probadas capacidades de producción cultural de la nación, las cuales desbordaban sus fronteras y le daban una connotación de suceso internacional.[11]

---

[10] Varias obras tratan ese cambio en el imaginario de La Habana de los años 90, entre ellas: *Los nuevos paradigmas. Prólogo narrativo al siglo XXI* (Letras Cubanas, 2006), de Jorge Fornet; *Cuban Currency. The dollar and Special Period Fiction* (University of Minnesota Press, 2008), de Esther Whitfield; *Havana beyond the Ruins. Cultural Mappings after 1989* (Duke University Press, 2011), compilado por Anke Birkenmaier y Esther Whitfield; *Utopía, distopía e ingravidez: reconfiguraciones cosmológicas en la narrativa postsoviética cubana* (Iberoamericana-Vervuert, 2013), de Odette Casamayor Cisneros; *Community and Culture in Post-Soviet Cuba*, (Routledge, 2014), de Guillermina de Ferrari; *Invento, luego resisto: El Período Especial en Cuba como experiencia y metáfora (1990-2015)* (Cuarto Propio, 2016), de Elzbieta Sklodowska.

[11] En relación con este fenómeno de los años 90 el crítico y curador cubano Iván de la Nuez señala: «a la cultura cubana le ha explotado una bomba. Se ha astillado en múltiples fragmentos, convertida en eso que Antonio Vera León ha identificado como una «Cuba cubista». Este *Big Bang* tiene detonantes globales que podemos situar en la caída del Muro de Berlín, así como en las inundaciones que a un lado y otro del mundo se han sucedido después de 1989. Pero lo que hoy llamamos diáspora cubana tiene su particular punto de partida en 1991, año en el que un número importante de artistas y escritores que nacieron con la Revolución pasaron al exilio, esta vez dispersado en ciudades como México D. F., Nueva York, Madrid,

A la par que sucedía esto en el ambiente literario y cultural de La Habana y en los modos de leer la literatura producida por aquellos años,[12] desde muchas de las ciudades de América Latina se experimentaban búsquedas estéticas asociadas, entre otras, con la memoria de las dictaduras o con las nuevas formas de narrar la historia, o con los códigos transnacionales, transterritoriales, el mundo pop y la ciudad global, que daban cuenta de los vínculos de las ciudades no solo con la economía y política neoliberal, sino también con la cultura que estos sucesos traían consigo. La aparición de McOndo (Chile) y el Crack (México) en 1996 era un signo de que, para una parte de la intelectualidad:

> *las raíces de la América Latina de ese momento ya no estaban en los paisajes desbordados de la selva o en los dictadores inmortales que se pudren sin remedio, sino en los rascacielos de un mundo urbano y globalizado económica, política y culturalmente, poblado de autopistas y centros comerciales, inundado de televisión por cable, contaminado y sobrepoblado, saturado de medios masivos de comunicación y cultura pop. La narrativa previa ya no concordaba con la nueva realidad de una América Latina integrada cabalmente al capitalismo multinacional (Galdman, 2016:360).*

La Habana: *skyline*[13]

La Habana, en su realidad física, no ha experimentado las transformaciones en la imagen urbana de una buena parte de las ciudades latinoamericanas y caribeñas, donde cada vez hay más autopistas, grandes supermercados, edificios altos o estructuras de vidrio. Coyula señala que, de no haber estado

---

Barcelona, Moscú, Caracas o París» (2020:110). Y concluye: «La diáspora desata la posibilidad de la extrañeza, la multiplicidad y las salidas alternativas a los fundamentalismos cubanos» (ibíd.:115). Igualmente, es posible poner a dialogar la idea de «gigantismo cultural» con la noción del *boom* de la literatura cubana de los 90, explicada por Esther Whitfield en *Cuban Currency...* (agradezco a Anke Birkenmaier por llamar la atención sobre esta relación).

[12] Por ejemplo: *Pasado perfecto* (1991), *Vientos de cuaresma* (1994), *Máscaras* (1997), *Paisaje de otoño* (1998), de Leonardo Padura; *Polizón a bordo* (1990), *Trilogía sucia de La Habana* (1998), *El Rey de La Habana* (1999), de Pedro Juan Gutiérrez; *El pájaro: pincel y tinta china* (1999), de Ena Lucía Portela; *Travelling* (1995), de Reina María Rodríguez; *La nada cotidiana* (1995), *Te di la vida entera* (1996), de Zoé Valdés, *Un seguidor de Montaigne mira La Habana* (1995), *Asiento en las ruinas* (1997), de Antonio José Ponte; *Tuyo es el reino* (1997), de Abilio Estévez; *Perversiones en el Prado* (1999), de Miguel Mejides; o *Retrato de A. Hooper y su esposa* (1995) y *Das Kapital* (1997), de Carlos Aguilera.

[13] La imagen de La Habana como *skyline* es una reapropiación que hago de *Skyline* (Lage, 2011).

en pie el modelo de corte socialista que se implementó con la Revolución de 1959, La Habana podría haber sido —o podrá ser, digo yo— una ciudad

no muy diferente a cómo la proyectaba el plan maestro de Sert en 1956- 1958: una gran capital de cuatro millones de habitantes, definitivamente distanciada de las otras ciudades cubanas; dominada por el auto privado, con un Malecón bloqueado por una pared casi continua de edificios altos y una isla artificial al frente, y un centro terciarizado y seguramente elitizado, donde el patrimonio histórico hubiera quedado reducido a unos cuantos edificios antiguos singulares. Esa ciudad sería todavía más norteamericana que en los años 50: por un lado torres anónimas de oficinas, grandes corporaciones y cadenas comerciales transnacionales. Los condominios de lujo en las mejores ubicaciones, y los repartos elegantes cada vez más alejados, segregados y dispersos se habrían extendido enormemente a lo largo del litoral, aumentando la diferencia con la ciudad del Sur. La mala salud congénita de ese tipo de ciudad dual quedaría probablemente oculta bajo una cara esplendorosa: anuncios lumínicos, teatros, restaurantes, casinos y hoteles de lujo. La Habana estaría inundada por turistas estadounidenses; con un cinturón indefinido de barrios insalubres adonde irían a parar los excluidos de antes y de siempre, y los desplazados de los barrios centrales. En resumen, [...] se parecería más a cualquier otra gran ciudad (2006:49-55).

De esta suma de características de lo que podría haber sido —o podrá ser— La Habana hay algunas que, con el paso de estos años desde la escritura del texto de Coyula, se han convertido en un hecho, unas que están a pasos de serlo y otras que no han sido.[14] Hoy, la imagen de La Habana cambia: al lado de innumerables edificaciones que forman parte del patrimonio histórico de la ciudad (colonial y republicana), se construyen hoteles de lujo;[15] se empieza

---

[14] Para un entendimiento cabal de la obra urbanística de La Habana desde los años 60, pasando por lo que significó el Quinquenio Gris para arquitectos y urbanistas —y para la ciudad misma— hasta llegar al siglo XXI, puede consultarse el pormenorizado texto «El trinquenio amargo y la ciudad distópica: autopsia de una utopía», de Mario Coyula, en el que su autor reconoce que La Habana es «cada vez más distópica, con su *topos* dañado, incómodo y disfuncional en la medida en que se pierde el sentido del lugar. Nos vemos cada día reflejados en un espejo cruel que devuelve un rostro desgastado, tiempo atrás animado por la *u-topía* que nos convocó en su no lugar ideal» (2007:55).

[15] Tal es el caso del Gran Hotel Manzana Kempinski, 5 estrellas plus, en el que se observan casas de marcas costosas como Mango, Versace o Giorgio; o el Gran Hotel Packcard, o el Hotel Paseo del Prado, o las extravagancias que se están proyectando en Playa y en el Vedado, frente a malecón —como decía Coyula—, o el alardoso hotel proyectado para calle 25 y K,

120

a observar remodelaciones de altas torres de oficinas (Lonja del Comercio); se comienza a ver, parcialmente, un centro histórico en vías de terciarización o elitizado (Alemán, 2019); existe desde inicio del siglo xx un despliegue de repartos elegantes alejados y enclavados a lo largo del litoral, lo cual aumenta la diferencia con la ciudad del Sur (Miramar, Siboney *vs.* San Miguel del Padrón o Luyanó); hay muy moderados anuncios lumínicos; se observan barrios insalubres adonde van a parar los excluidos de antes y de siempre (los «llega y pon»[16] de Casa Blanca o San Miguel del Padrón). Siguen estando ausente de esta imagen urbana los cuatro millones de habitantes que Coyula imaginaba, por lo cual, aunque La Habana sigue siendo una ciudad hacinada, que crece hacia adentro,[17] hacia el interior de las casas, sigue sin ostentar la categoría de megaciudad.[18] Al propio tiempo, el Malecón continúa siendo un frente costero de edificios, por lo general bajos; no hay isla flotante al frente; el deficiente transporte estatal y los almendrones siguen dominando las avenidas —construidas antes de 1959—; no hay grandes autopistas que conecten los distintos puntos del país o a Cuba con otras islas o espacios del área continental —solo aparece esto como gesto estético-ficcional en la narrativa de Lage, por ejemplo, como ya he mencionado anteriormente—. En la gran y desigual red de ciudades informacionales, conectadas al flujo transnacional de la comunicación y los negocios, La Habana sigue siendo un caso atípico: en 2015, la única empresa de telecomunicaciones nacional (ETECSA) activó[19] puntos inalámbricos mediante WiFi en espacios públicos (fundamentalmente plazas)

---

en el Vedado —un edificio de 42 pisos y 156 metros de altura, que ha sido muy criticado por arquitectos cubanos pero que aún así se comienza a realizar—. Cfr. para un mayor desarrollo de este asunto el artículo de Eric Caraballoso, aparecido en *OnCuba* en mayo de 2019.

[16] Los «llega y pon» son barrios caracterizados por ubicarse en los márgenes de las principales ciudades del país, con viviendas improvisadas; sus habitantes, la mayoría inmigrantes internos, no cuentan con algunos —o todos— los servicios básicos de alcantarillado, abasto de agua y electricidad. Cfr. en este mismo sentido el libro *Los marginales de las Alturas del Mirador. Un estudio de caso*, del investigador cubano Pablo Rodríguez Ruiz (2011). Este constituye un trabajo de corte etnográfico de un «llega y pon», ubicado en el habanero municipio de San Miguel del Padrón. Sugiero consultar, igualmente, el texto «The 'slums' of Havana», de Jill Hamberg (2011).

[17] Imagen que aparece configurada en los relatos del escritor cubano Antonio José Ponte, especialmente en su cuento *Un arte de hacer ruinas* (2006).

[18] No ostenta tal categoría porque no lo es. Del panorama descrito por Coyula, lo que ha surgido es el contraste entre la tremenda inversión en megaestructuras hoteleras de lujo y los barrios pobres periféricos en crecimiento.

[19] Antes, estaba prohibido el acceso desde las casas. Solo podían tener Internet algunos periodistas, académicos, miembros del Buró Político y empresarios estatales, así como extranjeros residentes en Cuba (M. González, 2018).

y entre diciembre de 2016 y febrero de 2017 comenzaron a realizar pruebas para instalar Internet en las casas, recursos que siguen siendo muy costosos comparados con los salarios de los cubanos y que dificultan el acceso abierto.

Entonces, en una ciudad que, por una parte, experimenta a nivel urbano y social algunas de las problemáticas propias de otras de América Latina y el Caribe, y que, por otra, ha mantenido notables diferencias con la imagen urbana característica de ciudades que han entrado en el mundo capitalista neoliberal; una ciudad donde la conectividad a Internet, a los flujos de información transnacionales y a la conexión «mundial» se dan de modos insospechados, mediante el paquete semanal, por ejemplo;[20] donde existen deprimidas autopistas, aeropuertos de una sola pista o supermercados desabastecidos... En medio de esta cartografía, cómo estudiar La Habana desde la complejidad conceptual, ya no de la ciudad global propuesta por Saskia Sassen (1991), sino desde lo que esta categoría aporta a las ciudades del continente latinoamericano y caribeño, especialmente cubano. ¿Cómo pensar La Habana como ciudad de los flujos, de lo informacional, tal y como puede hacerse —en diferentes niveles— con otras ciudades del continente y del Caribe, si experimenta estas conexiones desde un lugar periférico, desde la periferia de una periferia (Latinoamérica)?

En el «entre-lugar», en una parada de autopista entre un punto A y uno B, a medio camino entre un continente y unas islas, La Habana vive aún en una dimensión en la que el Estado marca todavía el orden tradicional que centraliza el poder político, económico y cultural. En una ciudad que si bien hace tiempo diluye sus fronteras culturales y extiende sus marcos y su comunicabilidad, pero donde el Estado orienta las políticas culturales, fija los símbolos urbanos, y hasta las decisiones editoriales (Haug, 2018), pensar en términos como los de ciudad global, globalidad y flujos sigue siendo un inmenso desafío. Aún mayor cuando de una parte de las ficciones literarias cubanas se desprenden tales categorías, que no son nuevas para el campo literario latinoamericano, como ya demostraron MacOndo y el Crack, pero que aparecen sistematizadas en el caso cubano casi diez años más tarde .

En medio de las particularidades de La Habana, ¿cómo conecta hoy la experiencia estética de los jóvenes narradores cubanos que siguen signados por la insularidad —de siempre—, por el (a)islamiento y al mismo tiempo

---

[20] Sus orígenes se sitúan alrededor del año 2008 y constituye una selección de 1 TB de información extraída de Internet que incluye, entre otros materiales: películas, *reality shows*, telenovelas, juegos, actualización de antivirus, revistas, libros, discos, dibujos animados o aplicaciones para celulares y computadoras.

la conexión alternativa —de siempre—, con la creación de autopistas, el enfrentamiento a los muros o La Habana como no-lugar?

La Habana: jerga personal[21]

La Habana que hoy vemos y nos ve —cambiada y cambiante—, esa que ha comenzado a configurarse física y simbólicamente a partir de los años 2000, es también La Habana explorada por las recientes ficciones de un grupo de escritores cubanos[22] que, nacidos en los años 70, llegaron durante su adolescencia o temprana juventud al contexto de una ciudad atravesada por el desmantelamiento físico y social de un proyecto político.[23] La Habana a la que ellos llegan es aquella —aquel horno— de los años 90 cubanos, que esbocé más arriba. Lo anterior no constituye un dato menor cuando de los textos narrativos de muchos de esos autores se desprende un conjunto de ideas relacionadas con este período y que podemos cartografiar, con diferentes intensidades, en las tempranas escrituras de Dazra Novak (*Cuerpo reservado*, 2007; *Cuerpo público*, 2008) o en dos de las más recientes de Jorge Enrique Lage (*Carbono 14. Una novela de culto*, 2012; *La autopista: the movie*, 2014).

La Habana de los textos de Dazra Novak es «una ciudad de mucha historia, gente, guerra, victoria, silencio, muerte, sexo» (2007:47). La ciudad parece fotografiada «textualmente» al interior —a puertas adentro— de ella misma, al tiempo que carga sobre sus espaldas con la responsabilidad de rescatar su propia historia, su memoria y su gente, aunque ello implique quedarse en un tiempo muerto. Aquí, aparece una Habana-malecón, ciudad abandonada por el continente, ciudad basura, marcada por el alcohol, los carnavales, la mente en blanco, la gente que sonríe, una ciudad-mar «que quiere escupir y lanzar afuera» a su gente (ibíd.:40).

---

[21] La imagen de La Habana como *jerga personal* es una reapropiación que realizo de *Skyline* (Lage, 2011).

[22] Entre ellos: Ahmel Echevarría, Orlando Luis Pardo Lazo, Jorge Enrique Lage, Dazra Novak o Raúl Flores Iriarte.

[23] Para situar algunas características de la Generación Año Cero recomiendo los numerosos trabajos que se han venido publicando, tales como el monográfico «Literatura cubana contemporánea: lecturas sobre la Generación Cero», coordinado en 2017 por Mónica Simal y Walfrido Dorta; o el dossier «Literatura cubana hoy», coordinado por Walfrido Dorta para *Cuadernos hispanoamericanos,* en su edición de julio-agosto de 2019; o los textos de Jamila Medina, Orlando Luis Pardo Lazo, Lizabel M. Villares, Gilberto Padilla, Ángel Pérez y Javier L. Mora, Caridad Tamayo, Ariel Camejo, Rafael Rojas o Rachel Price, citados en la bibliografía de este artículo.

Uno de los personajes creados por Novak, en su primer libro publicado, se tatúa una golondrina, «un ave que se va pero regresa, que habita un poco en los dos lugares, que no es de aquí ni de allá» (ibíd.:11); lo cual en el entorno discursivo de esta narradora resulta altamente simbólico porque habla no solo de la nostalgia de una ciudad —un país—, sino también de la condición de sus ciudadanos de estar en el entre-lugar: entre ir y quedarse, entre estar y no estar, entre «volar» o morir. Una ciudad de medias tintas; una ciudad también repleta de matices, con sus infinitas combinaciones; una ciudad que escapa de los binarismos, que pone en crisis la noción de lugar o no-lugar y que nos sitúa en el entre-lugar del espacio citadino (La Habana y sus afueras) y en el entre-lugar del propio texto narrativo —que es a un tiempo imagen y narración—, parecen ser algunos de los atributos de La Habana de los textos de Novak. Sostienen la anterior sospecha la idea de un tiempo muerto en los relatos que nos instaura en esa temporalidad entre la espera y la velocidad; la mente en blanco de muchos de los personajes de las historias, mentes que no están aquí ni allá, mentes en estado de *standby*, en suspensión temporal; el aspecto de la gente que sonríe y que por tanto no está completamente riendo ni tampoco seria del todo; la indistinción entre el lugar y su frontera, que es visible en la imagen de La Habana-malecón; o la figuración de una ciudad —y un país— abandonada(os) por el continente —¿a la deriva?—, desarraigada, desterritorializada de un cuerpo continental compacto, fracturada de un todo; una ciudad —y un país— geográficamente separada(os) de un cuerpo mayor, ciudad basura (resto, ruina, deshecho del continente), ciudad-alcohol que hace bien y mal, que apacigua penas, que puede provocar la muerte.

La Habana de los textos de Dazra es, también, el lugar textual de la posibilidad: el lugar donde pueden convivir las configuraciones simbólicas de textos literarios anteriores con otras de textos más actuales. Sus relatos enlazan la tradición harto conocida de La Habana en ruinas de los años 90, con una Habana otra que es capaz de sostener, de llevar en peso su historicidad. *Ice World*, ese mundo congelado al que alude el título de uno de sus cuentos y que es al cabo la imagen estática de la ciudad habanera, permite establecer este vínculo. De un lado, pueden apreciarse semas asociados con la ruina y el desencanto, tales como la arquitectura derruida por completo, las calles viejas, el agua estancada, los carteles viejos, las viejas en la bodega,[24] «tanta gente, tantas voces y tanta muerte» (ibíd.:32); mientras que a la

---

[24] Para tener una idea de lo que culturalmente era y es una bodega en Cuba recomiendo los textos «Las bodegas»(2007) y «La bodega cubana por dentro» (R. Pérez, 2015), aparecidos en *Juventud Rebelde* y en *CiberCuba*, respectivamente.

par de este discurso que alude a la decadencia humana y citadina, se coloca otro, que establece una especie de reconciliación con la ciudad, la gente y uno mismo, en un canto que reza: «quiéreme mucho, dulce amor mío, [¿dulce ciudad mía?] que amante siempre te adoraré» (ibíd.:33).

En la mayoría de los relatos de Novak subyace una mordaz crítica a la ciudad, aunque de modo simultáneo aparece un canto apaciguado por ella; existe una instancia bisagra en sus textos que deja al lector estar en uno y otro lado, y también le posibilita concebir una imagen estática (fotográfica) de la ciudad al lado de otra, en movimiento, que permite (re)correr La Habana, tal y como lo hace la propia autora en su blog digital *Habanapordentro*. La experiencia estética de Dazra con La Habana está conectada y desconectada con la insularidad de siempre; lo cual es visible en el aislamiento de los amigos y de los afectos que podemos rastrear toda vez que sus textos hacen referencia a la migración. Marca esta experiencia, además, una noción de La Habana como entre-lugar, espacio intermedio entre la ciudad y su frontera: la ciudad y su muro de «hormigón desalmado comprimiendo La Habana y su realidad» (2007:8).

Al lado de otras poéticas cubanas contemporáneas, que intentan tachar o anular la ciudad —al menos como gesto, porque muchas veces no lo experimentan sistemáticamente en la textualidad—, la narrativa de Novak no exhibe la preocupación de La Habana como no-lugar, como espacio de negación de identidad, ni de desencanto a secas; tampoco parece mostrarse preocupada por las características de una «ciudad global» o por el trazado urbano de autopistas, aeropuertos ni supermercados. Sus textos, en todo caso, recurren, sin ánimo «realista», a una ciudad anclada a su imagen fáctica. Importa en Novak una Habana marcada por el desarraigo, el sexo, la homosexualidad, el amor, la responsabilidad social, la emigración, la marginalidad, en pos de presentar estética y ficcionalmente un relato perturbador, opresivo y oscuro del entorno urbano que, una y otra vez, revive cada uno de sus personajes.[25]

Aunque el foco de la mirada de la narradora no está puesto en la «realidad» de lo social —ya que sus textos parecen situarse en ese borde perdido entre la realidad y la ficción, en esa incomodidad con «lo real» (¿de lo social?), propia de las escrituras más contemporáneas que se construyen desde la autoficción, con un narrador en primera persona (álter ego) que se confunde con la voz del autor y crea ese espejismo entre lo real, lo biográfico y lo ficcional—, sus textos siguen apostando por la referencia al «lugar»,

---

[25] Cfr. en este sentido, la entrevista que le hiciera Carlos Manuel Álvarez a la narradora en 2013.

a la ciudad, a La Habana, en un intento por establecer una instancia bisagra, doble, de ida y vuelta, pero «ubicada» en el entre-lugar. Aquí, La Habana no es muro ni no-lugar, La Habana está en vías de…, a punto de…, en el entre-lugar que permite «pensar lo que uno realmente es, lo que uno desea ser» (Viera, 2019a:113).

Otra Habana —con otra emocionalidad— se configura en los textos de Jorge Enrique Lage. Dos de sus más recientes publicaciones (*Carbono 14… y La autopista…*) toman nota de los intentos por crear una ciudad otra y anclarla en un discurso marcado por las redes de información, de interconexión geográfica o el mundo global, en el que resuenan algunas ideas de las exploradas en el primer acápite de este trabajo (ciudad global, ciudad de los flujos, ciudad-autopista). El conjunto de su obra muestra una Habana que va desde lo grotesco, monstruoso e irreal de lo cotidiano (Lage, 2012); a otra, marcada por la fragmentación de una escritura «picoteada» por los *buitres de* y *sobre* la ciudad (2011); a otra, que se concibe desde la perturbación y el extrañamiento de un territorio minado por los vicios de la globalización, del lugar de paso (2014), hasta llegar a una Habana pop, espía-fantasma, vigilada-vigilante, represiva, transexual (2015).

Tal y como he apuntado en otras oportunidades (Viera, 2018, 2019b), al interior de la narrativa del escritor todos estos fragmentos «habaneros» parecen estarse pensando desde una instancia deslocalizada; puede ser La Habana, en la misma medida que es cualquier otra ciudad del mundo. La referencia al espacio citadino a veces es solo un dato, puesto que el discurso textual apuesta por violar un territorio que ahora parece estar altamente marcado por la globalización, por dinámicas propias de otras ciudades europeas o norteamericanas profundamente pop, cosmopolitas, ciudades de los no-lugares —a la manera que los concibe Marc Augé (2000): supermercados, aeropuertos, autopistas donde los seres humanos pierden su sentido antropológico de lugar—. Su primera novela, *Carbono 14. Una novela de culto*, puede ilustrarlo, puesto que es una historia que tiene como plataforma La Habana de cualquier año del siglo XXI. La Habana es, en este texto, una ciudad absurda, marcada por una atmósfera profundamente irreal. Evelyn y JE, sus protagonistas, son dos personajes que buscan un sentido que se ha perdido para siempre y es muy significativo que este sentido perdido esté vagando por La Habana más inmediata, que es la de ahora mismo, y la de unos años más, la de una Habana futura. El texto muestra la realidad de lo irreal en la cotidianidad «habanera», o en otro cualquier lugar. Contradictoriamente, la ciudad se desdibuja porque pasa a ser un territorio que no existe y apenas importa. Evelyn, «cae del cielo» en la historia, ha llegado al texto —y a La Habana, «una ciudad que vive el siglo xxi entre tecnología y sinsentido»—(Lage, 2012:84) sin saber cómo, viene de un planeta del que tiene muy poca memoria llamado Cuba, que todo parece indicar que se ha desintegrado.

En los textos de Lage subyace una relación conflictiva entre lo local y lo global, lo nacional y lo cosmopolita, de modo que La Habana es también New York, Madrid, Buenos Aires, espacios todos en los que pueden convivir naturalmente los buitres que vuelan sobre la ciudad habanera, con Jackson Pollock, Peter Handke, Kurt Cobain, Charles Darwin, Wendy Darling, Fidel Castro o el presidente de la Coca Cola. Sus textos dan la impresión de querer desencializar la idea de La Habana —como centro en el que se discuten los destinos de la nación— asociada con referentes de muy larga data a los que ha aludido de manera certera Catalina Quesada-Gómez (2016). La forma fragmentada y desarticulada de la mayoría de los libros de Lage hace pensar en una especie de relato esquizoide de la ciudad —y de la nación—, desde donde se establece una ruptura con los referentes identitarios de la ciudad —física— y se crean, en forma de deshechos, como mancha tóxica, significantes perturbadores que imposibilitan relacionarlos con la instancia fáctica de La Habana hoy.

La manera fragmentada, anotada y múltiple de la escritura que aquel concibe y los personajes al interior de esa pluralidad y fractura de perspectivas, junto a la ruptura de los realismos escriturales tan del gusto de las narrativas cubanas de los 90, son la marca estética de un intento consciente por subvertir los valores de la ficción cubana, enfocada en trabajar con el espacio habanero. Sus textos evidencian a nivel temático y estructural una forma desviada de afrontar la ficción, la literatura y por consiguiente la «propia» Habana. Tal y como plantea el investigador argentino Francisco Marguch a propósito de un texto sobre el espacio, el territorio estético y los modos de habitarlos, en Lage,

> allí donde pareciera que hay límites infranqueables, siempre hay contaminación con un afuera. Allí donde creemos que no hay cambios de estado, hay latencias insospechadas, vectores y fuerzas virtuales de animación. El espacio [sus múltiples Habanas] se nos presenta como algo dinámico, inmenso, inacabable e infinitamente divisible (2016:1).

Se está en presencia de una ciudad donde nadie sabe dónde está parado y en la que se ha perdido el sentido antropológico de lugar; una ciudad marcada por la compresión espacio-temporal y en la que todo está íntimamente conectado, en la que los colores de la Pepsi (cola) son los mismos que los de la bandera cubana, en la que Fidel —como símbolo insigne de lo local— establece conexión con la Coca Cola —como símbolo de lo global— y se unen por extraños diálogos que los traspasan. La ciudad que aquí se presenta es una urbe desterritorializada (Ortiz) en la se han borrado las restricciones —realistas— que impone el medio físico, en la que se han difuminado los límites, las fronteras que la propia autopista que ensaya en uno de sus libros conecta.

Que en la experiencia estética de Lage La Habana aparezca como dato anecdótico, como urbe cosmopolita y globalizada, es quizás un gesto de hacer esta literatura transnacional, cosmopolita, universal. Es en el diálogo en negativo con los referentes cubanos que se actualizan los textos de este narrador, lo cual implica un traspaso de los límites del imaginario citadino —y nacional—, para dialogar con él, y a un tiempo, «superarlo» y ensancharlo. La ciudad en Lage, como he comentado en otras oportunidades, queda al margen de contenidos esencialistas, para ser un «plan B» o, si se quiere una metáfora más literaria, una Ítaca cuya fuerza atractiva consiste en estar siempre lejana, en ser siempre un lugar efímero, imaginado» (Luiselli, 2010:15), una «ciudad a lo lejos» (Nancy, 2013:9).

Puede leerse en el conjunto de su obra la anticipación de un estado físico, económico, social y cultural en el que la ciudad «real» aún no está, pero en el que estéticamente está en realidad. La Habana de Lage es configurada desde la heterotopía, instancia que para Foucault es la posibilidad estética; donde el estilo, esa nueva forma de vida, permite al sujeto cierta práctica de su libertad, y una posible transgresión a los sistemas de nominación, exclusión, identificación y procesos de subjetivación. Para pensarlo con Foucault (1984), en sus textos Lage practica una heterotopología —ciencia que describe los espacios otros— para materializar una ciudad otra en la escritura. Todo ello permite leer La Habana de Lage como la expresión posible de otro territorio, ahora global, transnacional, comprimido temporal y espacialmente, perdido de toda identidad fija posible.

Leer La Habana a partir del conjunto de las escrituras de Dazra Novak y Jorge Enrique Lage —como desde las obras de otros escritores generacionalmente cercanos a ellos— implica un compromiso, del tipo que este sea, con una parte de la suma de textos que complejizan el abierto y problemático perfil de la literatura que se escribe actualmente en Cuba y, de modo especial, con aquella que configura el espacio de La Habana. La(s) Habana(s) que aflora(n) de estas escrituras cubanas recientes no está(n) del todo sujeta(s) a las imágenes *heroicas, irónicas* (Álvarez-Tabío, 2001; Camejo, 2012, 2017), *locus amoenus, locus decadentis* (Padilla, 2014) de la discursividad de la ciudad desde la época colonial, republicana y revolucionaria, ni solo experimenta las imágenes, posibilidades y preocupaciones de una economía y un diseño urbano de corte global (neoliberal). Esta Habana dialoga en negativo, en blanco y negro, como «mancha tóxica» (Haug, 2018) con el capital simbólico e imaginario de la discursividad nacional. Las recientes escrituras de la ciudad intentan llevar al soporte estético preocupaciones venidas y construidas desde esta historicidad nacional —como podemos leer en los textos de Dazra Novak—, combinadas con otras que provienen del marco latinoamericano y caribeño de la ciudad neoliberal, de los espacios de la sobremodernidad: los «no-lugares», de Marc Augé (2000), que se desprenden de algunos textos de Lage.

La disolución de la utopía de los años 90 en Cuba ha marcado la estética de los escritores de esta generación y sus modos de configurar la ciudad en la que viven y de la que intentan por todos los medios apartarse, mediante un discurso que aspira a la tachadura de la habaneridad —la cubanidad— (Padilla, 2014; Camejo, 2012, 2017), pero en el que terminan siempre envueltos para ponerlo a dialogar con otras intensidades y emociones. La Habana es habitada, anulada y reinventada, liberada, subjetivada y convertida en una nueva ciudad del mundo por las recientes narrativas que se producen en Cuba. Lo anterior nos permite leer y entregarnos a un pacto con «la realidad y lo real» de La Habana en el que lo vital de esa ciudad no solo se juega en nuestra experiencia con su paisaje «efectivo», sino en los bordes de las escrituras, en los márgenes de los textos reescritos, repensados, cuestionados por quienes actualmente la narran y la leemos.

6

SUEÑOS, ESPÍRITUS Y MEMORIA EN LA POESÍA NEGRA DE EUSEBIA COSME

(Jadele McPherson)

(New York). Artista y antropóloga que estudia la conexión entre el sonido y la curación, la ayuda mutua y el performance en la Florida, Haití y Cuba. Máster en Artes por la universidad de Chicago. Profesora becaria del Mellon Seminar for Collaborative Research and Engagement, donde investiga cómo la estética del sonido de los géneros afrocubanos afecta el clima y el ambiente sostenible. El año pasado ganó la beca Arturo Schomburg y fue parte del Mellon Humanities Alliance en CUNY. Como fundadora de Lukumi Arts, produjo la obra *La Sirene: Rutas de Azúcar,* que se estrenó en JACK y en el teatro Rites & Reason en Brown University (2017). En 2021 produjo la serie de tertulia *Mind, Body & Soul* y empezó a producir una película que investiga la vida artística de la declamadora Eusebia Cosme. Sus espectáculos más recientes incluyen *Yoruba Soy*; con el percusionista Pedrito Martinez, en Carnegie Hall; *Rebirthing Yemaya*, con la bailarina-coreógrafa Beatrice Capote, en el Battery Dance Park Festival; y *!Despierta!*, una llamada a liberación con la artista plástica Abigail Deville, en el Hirshhorn Museum.

Algunos recuerdos son imágenes borrosas en nuestra mente, donde podemos ver caras familiares; pero, a menos que los mantengamos vivos en nuestras memorias, como una fotografía conservada durante años, empiezan a desvanecerse con el tiempo. Cuando hay mucho en juego, puede incluso ser emocionalmente más agotador recordar. Al nacer, entramos en un mundo de memorias ancestrales, algunas muy celebradas y otras resguardadas por labios bien apretados. Aunque mis historias familiares de misas espirituales son susurros, puedo sentir las palmas suaves y gentiles de las mujeres que me guían. Siento el olor de sus perfumes y las esencias de yerbas frescas que limpian el espacio, vendidas en pregones: «hierbas frescas traigo, abrecaminos, palo yaya y vencedor». Saboreo el cálido congrí que sale de una olla empleada una y otra vez en el sagrado acto de cocinar el pasado.

Este ensayo trata sobre la memoria sonora en el trabajo interpretativo de Eusebia Cosme como recitadora de poesía afroantillana y en las prácticas de espiritismo celebradas por mujeres en New York durante las décadas de 1930 y 1940. La memoria sonora es una práctica donde el sonido en vivo accede al pasado, a los reinos ancestrales y sobrenaturales. Las mujeres afrocubano-americanas intervienen en lo político por medio de actos diarios desde lo espiritual hasta lo creativo. En estos espacios, públicos y privados, conducen rituales y hacen arte que operan en una temporalidad alterna. Me inspira el recuerdo de Michel Rolph Trouillot, que en su infancia vio literalmente a «la historia sentarse a la mesa» (1995:XVII). Nos urge considerar la variedad de sitios donde producir historia. La vida cotidiana de las mujeres tiene relevancia dentro de la historia política afrolatina y, sin embargo, sus historias y sus conexiones en espacios políticos, espirituales y artísticos han sido poco estudiadas por la academia o por las narraciones populares.[1] El trabajo artístico de

---

[1]   En el *AfroLatin@ Reader,* los editores Miriam Jiménez Román y Juan Flores describen un concepto importante: «En adición a las fundaciones históricas profundas, un entendimiento

Cosme encarnó la espiritualidad afroantillana no solo como práctica, sino también como una filosofía viva, que curó con cuidado en sus repertorios. Su poesía vivida en las narraciones y las misas creó formas corpóreas de conocimiento.

Geografías negras en la poesía recitada de Cosme

Las vidas de mujeres negras producen un espacio discursivo único y una geografía negra. Como afirma Katherine McKittrick, la dominación y sometimiento de las mujeres negras también crea espacios donde la experiencia de las afrolatinas diverge del pasado anglófono (2006:XIV). Los pioneros de la antropología en Brasil y Cuba describieron los sistemas raciales de sus naciones como democracias raciales, argumentando que el mestizaje era menos polémico que la regla de la gota de sangre [one-drop rule] en Estados Unidos.[2] El mestizaje produce un marco antinegro cuyo propósito es borrar. Esto también impactó el activismo artístico como vehículo de cambio social entre las mujeres afrolatinoamericanas.

Los estudios de Christopher Loperena (2016) y Paul Joseph López Oro (2012) sobre los garífuna abrieron importantes críticas al mestizaje que se intersectan con la tensión entre las identidades nacionales y la negritud compartida entre los caribeños afrohispánicos. Los garífunas, un grupo afroindígena de Honduras, Belice, Guatemala y Nicaragua, construyeron sus identidades históricas y espirituales sin un pasado esclavista. Según López Oro: «El relato de los Garífuna como descendientes de esclavos náufragos es ampliamente aceptado en la memoria colectiva entre los Gaínagu como una experiencia anclada en el cimarrojane y la resistencia a la esclavitud» (2012:62). Además, el Estado hondureño crea tensiones entre las comunidades mestizas y negras al invertir en el desarrollo del turismo ecológico de sus tierras (Loperena, 2016:185). Los garífunas acceden a la memoria social mediante el performance sagrado para honrar a sus ancestros y pedirles que el Estado reconozca sus territorios comunitarios (ibíd.:190).

---

de la experiencia afrolatina debe ser guiado por una apreciación clara del discurso transnacional o campo de identidad que vincula negros latinoamericanos y latin@s a través de las fronteras nacionales y regionales» (2010:11). Este ensayo emplea esa definición para el análisis de la vida afrolatina en New York.

[2] La regla de la gota de sangre estipulaba que una gota de origen africano hacía a la persona negra racialmente en Estados Unidos. En Latinoamérica y el Caribe, el mestizaje definió a las personas de múltiples razas en términos de su cercanía con la blanquitud.

Son formas cimarronas de la memoria social que influencian el activismo político contemporáneo al referirse a la violencia de Estado, así como a lo que Loperena llama «la expropiación racial» de tierras en Honduras. Las identidades cimarronas y las historias de personas de color libres son también valiosas para las concepciones caribeñas de la negritud. Las diásporas de los garífunas y los afrocaribeños hispanohablantes utilizan el performance para invocar la memoria de un pasado nacional que difiere del pasado africano anglófono y afroestadounidense (López de Oro, 2012:68). Los afrolatinos que viven en Florida y New York definen su negritud de acuerdo con categorías raciales de sus propias naciones e historias.

En su arte, Eusebia Cosme se centró en expresiones culturales negras y trabajó en varios espacios de ayuda mutua para participar en un más extenso discurso antirracista. Sus espectáculos no enfatizaron la historia de la esclavitud en las Américas, sino la memoria social y la identidad afroantillana. Así que sus interpretaciones de poesía negra o afroantillana en el espacio de la diáspora, recitadas en español para públicos multirraciales, fueron también una forma de activismo artístico original. Por medio del género, el performance afrocubano reorienta los pasados y las geografías del África occidental, donde el yorubá en Cuba deviene lucumí, lo que puede producir narrativas históricas polémicas. Durante la esclavitud en Cuba, que duró hasta 1886, los africanos y las personas libres de color presidieron espacios religiosos desarrollados en cabildos, organizaciones de ayuda mutua que representan espacios autónomos (Berry, 2016:13). La participación de Cosme en este tipo de organizaciones en Estados Unidos demuestra la importancia de este legado para los cubanos de color.[3] El performance nos urge a pensar críticamente sobre cómo las prácticas artísticas disrumpen geografías de violencia y antinegritud en los contextos nacionales. En este sentido, el trabajo artístico de Cosme es una geografía negra en sí misma.

«De Alto Cedro voy para Marcané, llego a Cueto y voy para Mayarí» es el coro del son de *Chan Chan*, que viaja por pueblos rurales fuera de Santiago de Cuba.[4] En estos mapeos espaciales podemos transportarnos hasta las regiones montañosas que rodean el pueblo minero de El Cobre, donde solo se escucha en la mañana el canto de los gallos al amanecer. El pueblo es el hogar de la santa patrona de Cuba, la Sagrada Virgen de la Caridad, representada

---

[3] De color se refiere a negros y mulatos y también reconoce que los afrodescendientes tienen diversas formas de identificarse.

[4] El músico y sonero Compay Segundo compuso la canción *Chan Chan*, internacionalmente conocida después de que Buena Vista Social Club grabara una versión en 1997.

como la madre *mulata* que salva a los tres Juanes, la representación de una nación multirracial. La iglesia observa desde lo alto el río Toa, donde los pescadores taínos lanzaban sus redes cuando Colón vio por primera vez a Baracoa en 1512. Estas historias adquieren vida condimentadas con el sonido del son, de los pasos, con el sonido de los cascos de caballos que se mueven por el tiempo.

Eusebia Cosme nació en 1908 en Santiago de Cuba; su madre, Leocadia Almanza, trabajó como cocinera para los Marcanes, una familia de clase alta blanca que costeó la educación de Cosme en el conservatorio local después de la muerte de sus padres. Su padre, Germán Cosme, había luchado en el ejército de liberación mambí durante las guerras revolucionarias de independencia. La masacre del Partido Independiente de Color, en 1912, tuvo lugar, además, durante su infancia. Su carrera artística fue excepcional, dada su condición de *negrita* de familia humilde, y sus primeros mentores reconocieron su talento y potencial. Aunque las categorías raciales de Cuba y Estados Unidos difieren, Cosme vivió como mujer negra esas identidades fluctuantes entre negra y mulata mientras viajaba por el mundo. Su identidad de cubana, específicamente oriental, también le dio forma a su trabajo artístico como poeta en New York. Mientras vivía en Santiago de Cuba, un número creciente de inmigrantes antillanos y haitianos venían a trabajar a Cuba en el cultivo de caña de azúcar (Queeley, 2015:42).[5] Esta herencia antillana también marcó la formación de instituciones culturales únicas.[6] Así, debió haber estado expuesta a este rico mosaico de prácticas espirituales y géneros performáticos desde su temprana infancia, con solo caminar por la ciudad o viajar a los pueblos cercanos.

Cosme aprovechó su entrenamiento en la Escuela Municipal de Música, un conservatorio musical en Santiago de Cuba, para conjugar lo poético con lo teatral y el performance en un género conocido como «poesía negra» o «poesía antillana». Ella describe su estilo de recitación como «[U]n poco de baile, algo de canción, a ratos un instrumental negro diluido, subordinado al más noble arte de la declamación. En realidad, diría que son sugerencias complementarias» (A. López, 2012:83). Fue la única mujer negra que inter-

---

[5] Las migraciones al interior del Caribe datan desde la Revolución haitiana, entre 1791 y 1804, cuando los colonos franceses se asentaron en Santiago de Cuba con sus esclavos africanos.

[6] Por ejemplo, la tumba francesa haitiano-cubana es tanto un género performativo como un grupo de ayuda mutua en Santiago de Cuba, Guantánamo y Holguín, también conocido como «sociedades». En la tumba francesa, los intérpretes imitan a los colonos franceses y el ritual se mueve en ciclos a golpes de tambor, canto y bailadores que siguen el ritmo.

pretó la declamación, un género de la poesía teatral griega con escenario y vestuarios (Brunson, 2017:395). Pronto, su carrera como recitadora la llevó a La Habana en 1933 y, en 1936, hizo un recorrido por Puerto Rico, Haití, República Dominicana y Venezuela, espacios notablemente afrodescendientes en Latinoamérica. Su repertorio incluyó el poema *Sensemayá: canto para matar una culebra*, escrito por Nicolás Guillén (A. López, 2012:88); quien formó parte de un grupo de escritores antillanos que escribió poesía en el género específicamente para Cosme. En *Sensemayá...*, su interpretación se basa en la memoria sonora a través de la espiritualidad congolesa. El coro «Mayombe-bombe-mayombé» se repite tres veces, donde mayombe es una rama o linaje del Palo Monte, así como un saludo ritual (ibíd.:111). «Mambe, yo, sala malekum, malekum sala, tres personas distintas, un solo Dios verdadero», son frases repetitivas de llamado y respuesta en Palo. Cuando Cosme recitaba los versos interpretaba un ritual cantando estas frases, con ritmos para persuadir a la culebra en lugar atacarla con violencia, como estrategia para enfrentar la desigualdad. El sonido de la voz, la repetición de los coros y la interpretación estilística llevan a la serpiente, lentamente, hacia su muerte.

Aquí, vida y muerte dependen de los mundos supernaturales y naturales que forman su propia ecología en los rituales de Palo. Los sonidos vivos de la música y el teatro se basan en tradiciones negras, performativas y sagradas, y se diferencian de las grabaciones producidas en estudio. Las interpretaciones en vivo tienen un increíble poder de transformar a los públicos por medio de una experiencia colectiva que es difícil de registrar en un archivo.[7] Aunque *Sensemayá...* es solo un ejemplo, Cosme interpretó muchos poemas de Guillén donde exploró temas similares sobre la muerte, los espíritus y lo sobrenatural. Ambos expandieron lo sagrado, pues trabajaron en comunidades de artistas en Harlem interesados en las prácticas de la diáspora cultural afro. Al recitar poesía negra, se expresaban ideas codificadas que el público blanco estadounidenses podía no entender, pero que comunicaban rutas sagradas de conocimiento para las comunidades de la diáspora africana.[8]

---

[7] Antonio López teoriza la recitación de Cosme dentro de la trayectoria del performance de «la vocalidad femenina en la diáspora africana» (2012:109), que reconoce que hay una forma estética actuada de las mujeres negras. Este detalle abre un discurso interdisciplinario fértil sobre el silencio alrededor del análisis del sonido en los estudios antropológicos; además, reconoce que el performance y el sonido son parte de la producción intelectual de mujeres negras.

[8] Los académicos estadounidenses tienden a definir la espiritualidad afrocubana como religiones yorubá o de palo, si bien la creencia es más compleja y más diversa que la iniciación

Aprendí el valor familiar de la discreción en las prácticas espirituales afrocubano-americanas que dieron forma a mi niñez en New York. Escuché las historias de viejos parientes que vinieron durante las primeras olas migratorias como pescadores, estibadores de puerto, tabaqueros y sastres. Durante las décadas de 1930 y 1940, las mujeres negras migrantes del Caribe y el sur de Estados Unidos realizaron trabajos que iban desde lavanderas a poetas, y trabajaron largas horas por escasos beneficios que no incluían el cuidado de sus hijos. Mi familia vivió en la zona Mott Haven del South Bronx, a unas cuadras del salón del CCI, donde las mujeres se ayudaban entre ellas a criar a los niños, compartían su comida con los vecinos y jugaban buenas partidas de dominó.

Muchos años después, sus historias melódicas aún me conmueven y su amor me empuja a comprometerme críticamente con los silencios históricos alrededor de las mujeres cubanas negras y su labor espiritual e intelectual. Escuché historias sobre la «elegancia de las novias» y el cofre de objetos que las mujeres de la familia guardaban para su día de bodas; a pesar de las penurias económicas que las llevaron a depender de la ayuda pública, de la enfermedad, de que ahorraban dinero para traer a sus familiares a Estados Unidos.

La narración de testimonios, como James Baldwin lo describe en las memorias de su familia en Harlem y del sur estadounidense (1998:172), es un acto político poderoso para los afrodescendientes. Narrar y ser testigo es un método para entender las prácticas de memoria en la diáspora africana en New York.[9] Por medio de historias en vivo, sonidos tales como suspiros, exclamaciones, gritos, risas y palmadas sirven de puente a las palabras y resucitan las memorias para las generaciones que nacieron en la diáspora. Las mujeres migrantes caribeñas también trajeron consigo, según su nación, diferentes versiones del espiritismo.[10] La misa espiritual era un espacio femenino que contrastaba con

---

en un sistema religioso. La espiritualidad es una dimensión de la subjetividad de un artista que es comunicada en performances como *Sensemayá...* Por tanto, las geografías negras amplían los análisis académicos que definen de manera tan estrecha el performance sagrado afrocubano.

[9] En una entrevista en 1984, Baldwin responde a Julius Lester sobre el poder de ser testigo en la experiencia afroamericana: «Yo nunca me he visto como un representante. Yo soy un testigo. En la iglesia donde crecí uno era obligado a ser testigo de la verdad» (Williams, 1987).

[10] El espiritismo es una práctica espiritual que se enfoca en la mediumnidad como modo de comunicación con los antepasados e incorpora elementos católicos y afroindígenas que existen en diversas formas en las Américas y que varían en los contextos anglófono, francófono e hispano. En Cuba, como en Brasil, el kardecismo confluye con las prácticas africanas, yorubás y congas, en el siglo XIX. Su práctica cambia según la región de Cuba;

los de la música masculina y del club social. Aún así, las espiritistas fueron discretas con sus misas y las mantuvieron en secreto.

En las misas espirituales de generaciones pasadas, los espíritus comunicaban mensajes clarividentes que ayudaron a las familias a sobrevivir y enfrentar la discriminación. Cuando un espíritu se manifiesta desde «el más allá» hacia el aquí y el ahora, un nuevo sentido de temporalidad colapsa todo lentamente. En las misas, dos o tres espiritistas que lideran abren la mesa blanca con rezos católicos y oraciones de la *Colección de Oraciones Espiritistas*, de Alan Kardec. Los rezos y canciones se dan como llamada y respuesta, una característica común entre los performances sagrados de la diáspora africana. Entonces, los espiritistas cantan la invocación, mientras los presentes se limpian con agua perfumada de flores y esencias para quitar las energías negativas. La limpia o despojo abre el camino para que los espíritus se manifiesten físicamente a través del médium, quien se ofrece a traer la evidencia o el consejo.

En el espiritismo, el canto guía la ceremonia de la mesa blanca que llama espíritus de diversos orígenes étnicos. Los espíritus son parte de las geografías negras que conectan a las personas con el mundo natural y los ancestros. La conexión entre naturaleza y persona era importante para las comunidades migrantes transnacionales como medio de supervivencia. Los recursos naturales de la Tierra, los ríos, las montañas y océanos también se encadenan con las energías femeninas o la fluidez de las canciones de la misa. «Siento una voz que me llama, de lo profundo del mar, es la voz de una misionera que ahora viene a laborar». Una espiritista puede cantar esta canción, invocando voces ancestrales desde las profundidades del océano; donde invocar significa un llamado a la acción. En la canción, por encima de la voz líder, las espiritistas pueden improvisar en la medida en que interpretan para varios espíritus: un misionario, doctor o congo. Cantar es una práctica comunal dirigida por las ancianas y las personas al frente de la mesa blanca. Los coros cantan respuestas que suenan claras y llenas de emoción a medida que los espíritus se dirigen a la Tierra. Cuando estos llegan, gritan, hablan; a veces llegan cantando y regalan consejos, advertencias, reflexiones, así como prescripciones espirituales para influir en el resultado de las cosas. Las espiritistas identifican los espíritus por los patrones de sonido y habla que se mezclan con las melodías de canciones y prácticas corporales de mediumnidad,

---

en Oriente, por ejemplo, se manifiestan los espiritismo de cordón y cruzado, que incorporan elementos del vudú haitiano. Aquí me refiero a un espiritismo kardeciano muy relacionado con las religiones afrocubanas, desarrollado en los barrios marginales de los centros urbanos, que llegan a la Florida y a New York a través de las migraciones transnacionales (Palmié, 2002:2).

dando forma a la misa espiritual. Sí, es el sonido el que manifiesta al muerto entre los vivos, donde «el muerto pare al santo».

La práctica de las misas espirituales, donde los sujetos coloniales y los ancestros se manifiestan, es, por tanto, una increíble manera de transmitir la memoria. Los espíritus viajan y acompañan a cualquiera que les dé luz, lo cual incluye tanto relaciones de sangre como no familiares. Un espíritu que viene a través de un médium no tiene que lucir fenotípicamente como la espiritista que se monta con su energía. Incluso más fascinante es que estos espíritus existan fuera de las definiciones estadounidenses de raza y etnicidad, y se basen en arquetipos coloniales de Cuba y Puerto Rico que forman las cortes espirituales de gitanos, indios, negros lucumí o monjas. El lenguaje y los gestos de los espíritus negros y multirraciales están marcados por sus pasados coloniales.

Las misas no tenían lugar cada día ni, incluso, cada semana; si bien las espiritistas visitaban de manera activa a sus guías espirituales. Cuando algún ancestro cercano o de muerte reciente aparecía en estas, venía emocionalmente cargado. El espacio y el tiempo colapsan por medio del espíritu hasta la vida presente, que trae los parientes fallecidos de vuelta al hogar familiar. Uno podía conversar de modo abierto con parientes que nunca habían venido a Estados Unidos. Los espacios sagrados unían familias separadas por la distancia, formando un parentesco espiritual. Era un espacio donde el hogar se conectaba con múltiples lugares de los migrantes caribeños y cubanos en el Bronx. Hacer misas con las familias creó geografías de la memoria. Su espacio sagrado tuvo lugar en la intimidad de sus casas, que además conectó a comunidades más grandes; aunque muchos se apartaron de la espiritualidad caribeña para proteger a sus familias de la persecución legal y social. Eran espacios negros, femeninos y sagrados antes de que la religiones afrocubanas constituyeran una práctica frecuente en New York.

Memoria y ayuda mutua

Los primeros estudios de religiones afrocubanas en antropología se concentraron en los lazos entre la práctica religiosa y la criminalidad.[11] Estos estig-

---

[11] En su estudio seminal *Los negros brujos*, Fernando Ortiz, considerado por muchos años el padre de la antropología cubana, investiga la relación entre crimen y el ñañiguismo (2005). Es importante mencionar que la Abakuá se convierte, en 1836, en la primera religión africana que se institucionaliza en Cuba. Rómulo Lachatañeré, fotógrafo y etnólogo discípulo de Ortiz, criticó ciertos conceptos, como el uso del término «brujería», utiliza-

mas significaron que la religiosidad afrocubana entrara en conflicto con las ideas de clase y progreso racial de la mediana burguesía cubana de color.[12] En Tampa, las organizaciones afrodescendientes de ayuda mutua fomentaron esta política de respeto. En la programación del club social La Sociedad Unión Martí-Maceo, los cubanos se distanciaban de África y sus prácticas culturales. Los cubano-americanos que trabajaban en fábricas de cigarro ganaban buenos salarios y fueron activos en las políticas electorales locales durante la década de 1880. A medida que la industria azucarera se expandía, las tensiones políticas durante las luchas por la independencia en Cuba contra España se intensificaban. La música, las cartas privadas, los discursos, las lecturas, los periódicos y revistas hacían circular ideas revolucionarias. La mayoría de los hombres cubanos, blancos y negros, trabajaron con italianos, españoles y antillanos en la industria tabacalera desde 1890 hasta 1920. Antes de este período, Ybor City era un área, única en Estados Unidos, que no practicaba estrictamente la segregación racial. Una vez que las guerras terminaron en 1898 y la pujante industria del tabaco en Florida comenzó a declinar, las realidades de vivir bajo Jim Crow estrechó las relaciones entre las comunidades afrocubanas y afroamericanas en Tampa (Greenbaum, 2010:58).

En 1900, las leyes de segregación de Jim Crow prohibieron que El Círculo Cubano continuara teniendo miembros negros y multirraciales; quienes se fueron y, en 1904, se unieron diferentes grupos de tabacaleros en la Sociedad Unión Martí-Maceo, el primer club afrocubano de ayuda mutua en Tampa (Mirabal, 2017:138). La Sociedad lleva el nombre del poeta, ensayista y político José Martí, y del general Antonio Maceo, «El Titán de Bronce», líderes históricos de las guerras de independencia contra España. Este gesto demuestra que los primeros fundadores soñaron con una identidad nacional cubana que incluyera a blancos y a negros, que resistiera la discriminación que los había llevado a hacer un club aparte. Estas tensiones raciales en una economía en crisis obligaron a los cubanos negros a desplazarse hacia el

---

dos por Ortiz (Palmié, 2002:162; Castellanos, 2003:165). El antropólogo Stephan Palmié avanza esos debates, desarrollando el trabajo de Sidney Mintz y Richard Price sobre los estudios afroamericanos en la disciplina, en *Wizards and Scientists* (2002). Allí establece que las religiones afrocubanas nacen del mismo proceso histórico de la modernidad con su raíz en la plantación azucarera y la esclavitud. Por su parte, el filósofo y músico Alfredo Triff escribió «Fernando Ortiz y el refugio más elevado del racismo en Cuba» (2019), acerca del legado de Ortiz en los estudios afrocubanos en antropología.

[12] El catolicismo era la religión oficial en Cuba, a pesar de que personas de cualquier práctica religiosa podían ejercer el espiritismo; las prácticas afrocubanas tardaron más en extenderse (Palmié, 2002:192).

norte, junto con los afroamericanos, durante la Gran Migración Afroamericana, cuando se formaron nuevas organizaciones.

El 7 de septiembre de 1945, algunos miembros fundadores del CCI acordaron que organizarían una conmemoración para honrar a Antonio Maceo (Mirabal, 2010:124).[13] El 7 de septiembre se celebra la Virgen de Regla (Yemayá);[14] la ironía era que este grupo había sido excluido de la celebración de la Virgen de la Caridad del Cobre organizada por el club Ateneo Cubano de New York (Mirabal, 2017:190). Igual al legado de Martí y Maceo, tanto para la Unión como para el CCI, la Virgen de Regla-Yemayá simbolizó una historia cubana común que enlazaba a los fundadores con varias religiones de la Isla. Este legado femenino y espiritual es parte del Club, junto con los dos patriarcas históricos que inspiraron su nacimiento.

Eusebia Cosme interpretó poesía afroantillana en vivo para clubes cubanos blancos y negros en New York (C. Abreu, 2015:62). En la historia temprana del CCI, trabajó estrechamente con otros orientales, como la antigua presidenta del Club Melba Alvarado, de Mayarí; el flautista y compositor Alberto Socarrás, nacido en Manzanillo; y el etnógrafo-fotógrafo Rómulo Lachatañeré, de Santiago de Cuba —de quienes también fue amiga.

Juntos produjeron eventos para recaudar fondos, celebraron fechas memorables de Cuba y organizaron actos culturales. En 1947, Cosme recitó en un evento cultural del Club y fue la única artista femenina que apareció junto al compositor y músico Arsenio Rodríguez (ibíd.:89). En ese entonces estaba viviendo en una comunidad transnacional de cubanos de Tampa, las Antillas y afroamericanos, cuyos miembros participaban todos en el CCI y vivían mayormente en «la colonia hispana» en Harlem y en el Bronx (ibíd.:73). El interés del Club en la ayuda mutua y las relaciones sociales desalentó los debates políticos y religiosos entre los miembros. Varios de sus fundadores pertenecían a familias que habían vivido en Tampa, como Ernesto Knowles y su hija Cristina, quienes nacieron allá. Las familias originarias de la Florida y la Unión Martí-Maceo ayudaron a establecer el CCI y sus relaciones interculturales.

---

[13] Nancy Raquel Mirabal trata el encuentro del 7 de septiembre, la fecha de fundación del club, y establece que, aunque estaba prohibido discutir sobre religión o política, la membresía era activa en varios espacios políticos. El CCI empieza a honrar a la Virgen de la Caridad del Cobre con una misa anual que aún sigue hoy; así que los líderes del Club desarrollaron actividades que incluían símbolos sincréticos (2017:139).

[14] Como una madona negra, se halla en la iglesia de la Virgen de Regla, en el municipio habanero del mismo nombre; una geografía específica de negritud, puerto y esclavitud. Los fundadores debieron encontrar una conexión con la madre de los mares y los peces que guió espiritualmente sus travesías por el Atlántico y rumbo a New York.

«Asistentes al programa cultural en honor a la declamadora cubana Eusebia Cosme (cuarta desde la izquierda, primera fila), con Alberto Socarrás (de pie a la izquierda de Cosme), y otros invitados» (1958). Fuente: Photographs and Prints Division, Schomburg Center for Research in Black Culture, The New York Public Library, Astor, Lenox and Tilden Foundations.

Marcos Llerena nació en La Habana en 1904 y se casó con Carmen Ayala, una afrocubana nacida en Cayo Hueso en 1909 de padres cubanos (NARA, 2012). Llerena estuvo entre los primeros migrantes tabacaleros cubanos en ir a Ybor City. Él y su familia habían sido miembros activos de la Unión Martí-Maceo en Tampa antes de venir a New York y fundadores de El Club Cubano (Berry, 2016:51). Llerena se mantuvo como un miembro dedicado y estuvo entre los líderes masculinos que apoyaron a Melba Alvarado en su campaña para presidenta, quien vino de Cuba a New York con su madre y hermanos en 1936.[15] Cuando fue electa presidenta del Club, en 1957, Marcos Llerena participó en la celebración (Mirabal, 2017:215). En una foto en el Club, puede verse a Llerena (en la extrema izquierda) y a Alvarado (al centro), con otros fundadores como Pedro Millet, José León and Luis Alvarado.

---

[15] Su certificado de ciudadanía está en los archivos de club en el Schomburg Center for Research in Black Culture, The New York Public Library, New York City, NY.

«A tribute to Melba Alvarado» (1958). Photographs and Prints Division, Schomburg Center for Research in Black Culture, The New York Public Library, Astor, Lenox, and Tilden Foundations.

La familia Llerena Ayala también utilizó su pasado en la Florida para apoyar y formar un tejido estrecho de relaciones con varias familias del Bronx. Su presencia, tanto en la Unión como en el CCI, demuestra el gran nivel de compromiso de esta primera generación. Otro miembro fundador en esta comunidad fue Rómulo Lachatañeré, cuyo abuelo, Flor Crombet, había sido un importante general en el ejército mambí (Castellanos, 2003:153). Rómulo fue uno de los pocos etnógrafos negros que investigó las religiones afrocubanas en su tiempo. Publicó varios libros y artículos sobre religión lucumí (entre ellos, *Mitos afrocubanos: Yemayá y otros orishas,* Manzanillo) y se mudó a New York en 1938 (ibíd.:154). Las familias Lachatañeré, Llerena y Knowles fueron las que, junto a Cosme, crearon una comunidad en el Club durante una era floreciente para las artes, cuando el performance era parte de la vida diaria.[16] La música y las artes crearon un

---

[16] La hija de Rómulo, Diana L. Lachatañeré documentó la historia familiar en el Centro Schomburg para la Investigación de la Cultura Negra, donde sirvió durante décadas como la bibliotecaria y curadora a cargo (A. López, 2012:79).

calendario de eventos desarrollados por varios comités. La espiritualidad afrocubana circuló en grupos populares como la orquesta del músico y director Mario Bauzá, y Machito y sus afrocubanos, que tocaron en eventos del Club, aunque las prácticas espirituales se mantuvieron estigmatizadas en las comunidades caribeñas y afrodescendientes.

La carrera de recitación de Cosme existió como parte de una amplia esfera de mujeres que hacían performances en vivo en New York. Asimismo, en las misas, las mujeres conformaron sus propios espacios sociales, donde se sentían seguras, a través del Club y en el mundo de los artistas profesionales. Hay una foto muy llamativa de la poeta Eusebia Cosme con la cantante Celia Cruz y Melba Alvarado, de pie, juntas, en una cena en el CCI en honor a Celia Cruz.[17] Alvarado, amiga de ambas, fue una de las primeras mujeres en hacer curaduría musical en la ciudad por más de cincuenta años, hasta su muerte en 2019 (Mirabal, 2010:120). Celia Cruz y Cosme realizaron sus performances en eventos del Club con músicos cubanos reconocidos y se encuentran entre las pocas artistas cubanas negras en actuar en instituciones prestigiosas de arte neoyorquinas.

En mayo de 1946, poco después de la fundación del Club, Cosme colaboró con la coreógrafa y antropóloga afro y nativo-americana, Katherine Dunham, quien nació un año después de Cosme, en 1909, en los suburbios de Chicago (Dee Das, 2017:13). Dunham administró una de las primeras compañías de danza negra en el país, donde desarrolló su interés en las formas sagradas caribeñas y se introdujo en el vudú haitiano, mientras desarrollaba una investigación etnográfica en Puerto Príncipe a principios de los años 30. Más tarde, creó un show después de curar performances interdisciplinarios por una década. «A Cuban Night», de Dunham, rinde tributo a la poesía de Nicolás Guillén; en el mismo año coreografió *La comparsa* y *Ñáñigo*, a partir de composiciones de Ernesto Lecuona (Brunson, 2017:397). Langston Hughes y Cosme aparecen como poetas junto a los percusionistas cubanos Cándido Camero, Alberto Peraza y Francisco Aguabella. Debió ser una noche fabulosa que seguro contrastó con el trabajo de Cosme en los ámbitos artísticos de élite.

Como los shows que Cosme realizó con músicos en el Club Cubano Interamericano, este evento fue parte de un significativo espacio de «descarga» entre artistas negros de Cuba y Estados Unidos. En los ensayos y *shows* hay espacios críticos para la narración, cuando los cubanos recuerdan sus casas y calles, y comparten memorias. Los ensayos artísticos de «A Cuban

---

[17] Club Cubano Inter-Americano Collection, Schomburg Center for Research in Black Culture, New York Public Library, New York City, NY.

Night» también tuvieron lugar con músicos que fueron los primeros percusionistas en tocar ritmos yorubás sagrados, jazz popular y salsa.[18] Los tambores son otro lazo entre la memoria sonora en los espacios sagrados y públicos de la diáspora africana y su performance.

Tanto Cosme como Dunham entendieron el pasado espiritual de las historias intelectuales que compartían por medio del arte. Compartieron ese conocimiento con diversos públicos que hicieron de su trabajo artístico una parte importante del discurso político y social de sus comunidades.

La temprana historia del trabajo de Cosme como recitadora fortaleció sus actuaciones en el cine y la televisión mexicanos, donde interpretó a Mamá Dolores en la telenovela *El derecho de nacer* (1966), una versión de la popular radionovela de Félix B. Caignet (Jiménez Román, 2010:320). Aunque estos primeros personajes de mujeres negras eran limitados por su posición racial y de género, su interpretación fue históricamente innovadora para una mujer negra que trabajaba en el teatro, la radio, el cine y la televisión latinoamericanos. Queda como una presencia ilustre en la historia de las artes escénicas y audiovisuales en Cuba, Estados Unidos y América Latina.

Conclusiones

Las colaboraciones artísticas de Eusebia Cosme y sus performances expresan una perspectiva cultural de la diáspora negra en New York. Sus interpretaciones poéticas incorporaron referencias espirituales que politizaron los espacios privado público para los afrocubanos que vivían en comunidades transnacionales. Sus performances en clubes sociales, blancos y negros, también crearon geografías ligadas al pasado cubano y a los sueños de los primeros migrantes afro que querían reimaginar sus vidas y posibilidades económicas y políticas en New York. Durante los años 40, en la medida en que Cosme armó colaboraciones entre artistas e intelectuales afroamericanos, creó estratégicamente su propio activismo artístico. Su conocimiento subjetivo de los performances públicos y sagrados implica otra capa de archivo y texto en su obra. Como pionera de la poesía hablada, la obra de Cosme es significativa tanto para la historia como para los espacios cubanos y de la diáspora africana.

---

[18] Por ejemplo, Francisco Aguabella, intérprete de percusión y batá, nacido en Matanzas, fundador de la religión lucumí y los tambores en New York y Los Ángeles.

7

«*FUCK* EL PAQUETE»: REPRESENTACIONES LOCALES Y FLUJOS TRANSNACIONALES EN LA COMUNIDAD MUSICAL REPARTO

(Mike Levine)

(New Jersey, 1980). Candidato a doctor en Musicología por la Universidad de Carolina del Norte. Su disertación investiga el llamado el paquete semanal en Cuba y su relación con la piratería de medios y la producción musical. Utiliza una metodología doble en etnografía y humanidades digitales para examinar asuntos de crítica racial, equidad de acceso a Internet y el impacto de las circulaciones informales de música en redes digitales subterráneas. Ha escrito para la publicación *on-line* semanal *Sounding Out!* y la revista académica *Cuban Studies*. Toca Ableton Live y el bajo en la banda de rock y punk Ghost Guns, de Brooklyn.

Era el verano de 2018 y el popular artista afrocubano de «reparto» Yosvanis Arismin Sierra Hernández —más conocido como Chocolate MC— estaba a mitad de su primera gira alrededor por Estados Unidos. La gira de conciertos en sí marchaba bien, pero recién había descubierto que su música había sido eliminada de la última entrega del paquete semanal, la red cubana semiclandestina de productos digitales. Chocolate MC estaba furioso. Llevando su enojo por la situación directamente a los fanáticos, el artista transmitió un video a través de Facebook Live (Beltrán, 2018). En la transmisión, critica repetidamente la jerarquía de los distribuidores responsables de eliminar su música. El autodenominado «Rey de los Reparteros» emplea frases con doble sentido para expresar sus sentimientos de traición, mediante la siguiente proclamación altisonante: «*Fuck you* el paquete semanal! *Fuck censorship*! *Fuck everyone for all of this*! *Fuck all of these people*! *Fuck you* el paquete semanal!».

UN INTERNET INALÁMBRICO

Dejando a un lado el lenguaje fuerte, Chocolate MC tenía buenas razones para expresar alarma sobre la inesperada eliminación de su música de la plataforma. Según un estudio realizado en 2018 por la Association for Computing Machinery, el paquete semanal es «el medio principal por el cual los cubanos reciben e interactúan con los medios locales e internacionales, noticias y entretenimiento» (Dye *et al.*, 2018:1). Esta plataforma de información y comunicaciones de alcance nacional se distribuye aproximadamente desde 2008 por medio de un sistema analógico de entregas en dispositivos de USB *zapanet*;[1] y sirve como

---

[1] Un sistema de entrega de medios digitales de mano a mano que se encuentra comúnmente en todo el Sur Global. El musicólogo Gavin Steingo (2015) se refiere a este sistema como un *sneakernet* (en inglés) y el latinoamericanista Jorge Alvis (en comunicación

una alternativa viable a Internet, una red mundial demasiado costosa y de difícil acceso para la mayoría de los cubanos.

La música de Chocolate MC llega al resto del mundo a través de YouTube, Instagram, Spotify y una serie de otros servicios de transmisión conectados a la web. En Cuba, las opciones de Internet son mucho más limitadas. *Freedom House* publicó un informe en 2017 que indica que la Isla se encuentra entre los entornos más represivos y menos conectados del mundo a las tecnologías de la información y la comunicación («Perfil de país de Cuba»). Aunque la tecnología inalámbrica 3G se estableció en toda la isla en diciembre de 2018 —a través del proveedor estatal de servicios de telecomunicaciones Etecsa—, las tarjetas WiFi y los planes de teléfonos celulares siguen siendo prohibitivamente costosos, muchos sitios web están censurados —cuando están disponibles—, la infraestructura es deficiente y el discurso en las redes sociales está muy monitoreado. En resumen: el acceso al contenido digital en línea y las plataformas de comunicaciones abiertas en Cuba es un privilegio que la mayoría de la población no puede permitirse. Según el etnomusicólogo Johnny Frias, los cubanos negros o de piel oscura —una población históricamente marginada— tienen incluso menos probabilidad de disfrutar de acceso a Internet (2019:280).

El paquete semanal llena este vacío de medios digitales. La red ofrece una alternativa viable que permite a los residentes cubanos contar con el modelo de distribución informal más grande en la historia de la nación posterior a 1959. A medida que los cubanos usan más las tecnologías digitales, la red de medios del paquete semanal se ha convertido en un ecosistema indispensable para obtener información, participar en actividades comerciales y dialogar fuera de los canales de medios estatales, altamente censurados y monitoreados.[2] Su modelo no debe ser imaginado como una alternativa socialista al modelo estadounidense de derechos de autor y li-

---

personal) se refiere a él como un *zapanet* (en español). El término destaca el calzado requerido para tal operación.

[2] Estas estrategias empresariales reflejan el giro significativo hacia el capitalismo tomado por el Estado cubano en los últimos años y los pasos dramáticos que los ciudadanos deben dar cada vez más para tener éxito en medio de este entorno competitivo. El giro de Cuba hacia el capitalismo neoliberal, según el sociólogo Marc D. Perry (2015) y la antropóloga Maya Berry (2015), amplía las brechas sociales, las cuales se hacen visibles racialmente. Entre otros ejemplos, las mayores oportunidades de servir en las lucrativas industrias turísticas del país, por lo general, van a los cubanos blancos y las muy necesarias remesas enviadas por familiares que viven en el extranjero se envían, principalmente, a miembros de familias blancas que viven en Cuba. Cada vez más, los artistas afrocubanos consideran que las estrategias digitales son su mejor oportunidad para ganar dinero

cencias. Si bien los paqueteros (distribuidores del paquete semanal) y las matrices (productoras de contenido en el paquete semanal) se involucran en un sistema jerárquico de piratería de medios para adquirir productos creativos tomados de todo el mundo, los artistas nacionales confían en un modelo capitalista de emprendimiento para obtener ganancias de la distribución de medios de producción propia en toda Cuba.[3] En este sentido, el modelo del paquete semanal refleja las prioridades económicas cambiantes del Estado, posicionadas entre el capitalismo y el socialismo.

La red de medios se ha convertido en un espacio clave para que los reparteros (artistas de reparto) participen en una economía impulsada cada vez más por las fuerzas del mercado. El comercio de música a través del paquete genera ingresos sustanciales. Según un paquetero con quien he hablado —que se refiere a sí mismo por el seudónimo «Leo Paquetero»— (2018), el reparto ocupa más espacio en la red que cualquier otro estilo. La importancia que tiene el paquete semanal para el público de un artista puede verificarse en el precio que pagan por colocar sus canciones en la red: para los músicos debutantes que desean agregar sus obras, a menudo superan los $30 CUC[4] por canción, una tarifa enorme equivalente a más de un mes de salario para la mayoría de los ciudadanos cubanos. Para los músicos populares, el modelo se invierte. Las matrices a menudo les pagan a los artistas para ser las primeras en estrenar nuevos lanzamientos en su versión del paquete semanal. La ubicación exclusiva del nuevo material de un artista popular también agrega valor a una variante particular del paquete, alimentando la reputación de las matrices como creadoras de tendencias y reguladoras culturales. Según fuentes que he consultado y que prefieren el anonimato, para estar entre las primeras en distribuir la música de los

---

y una visibilidad que, de lo contrario, se les niega. La música, las letras y las representaciones visuales reflejan esta prioridad.

[3] La producción del paquete semanal comienza con matrices (Omega, Crazyboy y Deltavision) que descargan 1 TB de música, videos, aplicaciones telefónicas y otros contenidos de todo el mundo web semanal a través de una combinación de recursos de Internet, obtenidos a través de conexiones gubernamentales, académicas y hoteleras, o de antenas satelitales conectadas digitalmente y ocultas en los tejados de edificios. Las matrices funcionan como el equivalente de los programadores de redes de medios. Deciden qué contenido se descarga y cómo se organiza y almacena en los nuevos lanzamientos del paquete semanal. Los medios se organizan y clasifican por submatrices, que a su vez organizan archivos y carpetas para que el contenido represente mejor las demandas de los segmentos más pequeños y más localizados de suscriptores que residen en un vecindario particular o *patch*». Luego, se entrega a los suscriptores a través de los distribuidores o paqueteros, que se desplazan a pie.

[4] Los precios referidos son antes de la eliminación del CUC en 2021. (*N. del E.*)

reparteros populares, las matrices llegan incluso a pagar derechos de exclusividad de distribución por un período determinado. Del mismo modo, los reparteros se benefician de la exposición pública que reciben a través de su inclusión en la popular plataforma.

A través de este complejo sistema, una colección sorprendentemente grande de contenido digital se transporta a los suscriptores en toda Cuba —alrededor de 1 TB en total— por el equivalente a unos 2 USD. Aunque los CD y DVD se han comercializado de modo ilícito durante varios años, estas plataformas contienen mucho menos contenido que el paquete semanal y cuestan mucho más.[5] El paquete semanal lleva muchos más medios a los suscriptores y se distribuye casi por completo a través de discos externos y memorias USB. La imagen 1 muestra un ejemplo de cómo se ven los metadatos en una PC.

Sin embargo, los fabricantes del paquete semanal deben proceder con cuidado al elegir qué contenido agregar para evitar un escrutinio no deseado por parte de las autoridades. Aunque esta red de medios es oficialmente ilegal, está permitida de manera implícita bajo una política estatal de tolerancia, o «frecuencia reducida»; término acuñado por el musicólogo Robin Moore (2006) para describir cómo las autoridades cubanas ignoran el comercio ilegal siempre que el contenido que se comercializa se ajuste a —más bien ambiguas— líneas de aceptabilidad. La regla de oro de la red de medios, según el sociólogo y latinoamericanista Ted Henken, es «sin política, sin pornografía» (2017:3).[6] La disposición a seguir estas pautas permite una amplia distribución del paquete en toda la Isla.

Operando dentro de estos parámetros, los curadores y distribuidores practican la autocensura para evitar atraer atención no deseada. La cadena subterránea permite a los cubanos acceder a contenido previamente inaccesible, pero nunca se encontrarían en la plataforma artistas controvertidos como la anticastrista banda de punk rock Porno para Ricardo. Otras

---

[5]   La diferencia entre los dos tipos de medios es similar a comprar una sola temporada de *Game of Thrones* en lugar de suscribirse directamente a todo el contenido con licencia a través de HBO.

[6]   Aunque es más bien raro, hay una serie de ejemplos de contenido político disidente que llega a la plataforma del paquete; por ejemplo, contenido subversivo publicado a través de las versiones en PDF de la revista *Vistar* e incluso la música del controvertido salsero Willy Chirino. Sin embargo, hay un número igual de ejemplos de productos culturales que se eliminan semanalmente. Estos incluyen la música de Chocolate MC y episodios de la popular telenovela mexicana *El Señor de los Cielos,* que presentan contenido crítico al gobierno cubano (Leo Paquetero, 2018).

[16-12-2019]	G ▸ [16-12-2019]		
!!Premios 2019	Name	◊ Size	◊ Modified ◊
! Teletón [2019]	!!Premios 2019	5.45 GB	10/01/2017 2:06:21
!Sección Cristiana	! Teletón [2019]	1.56 GB	16/12/2019 12:04:38
!Sección Cuba	!Sección Cristiana	2.53 G9	09/03/2016 1:08:12
Actualizaciones Antivirus	!Sección Cuba	4.88 GB	13/09/2017 5:19:15
Animados	!Sitios de Anuncios Clasificados	10.42 GB	10/01/2017 5:11:47
Aplicaciones Móviles [IOS-..	Actualizaciones Antivirus	6.28 GB	06/07/2017 11:22:56
Aplicaciones PC [Windows..	Animados	29.47 GB	16/12/2019 12:21:32
Combos [Filmes Estrenos..	Aplicaciones Móviles [IOS-Android]	3.62 GB	16/12/2019 12:21:32
Concursos de participación	Aplicaciones PC [Windows]	3.96 GB	05/02/2016 1:17:34
Deportes	Combos [Filmes Estrenos, Clásicos]	4.31 GB	16/12/2019 18:21:32
Documentales	Concursos de participación	42.00 GB	16/12/2019 12:42:43
Doramas [TX]	Deportes	67.58 GB	16/12/2019 12:21:32
Doramas [TX] [Temporad..	Documentales	49.93 GB	16/12/2019 12:21:32
Filmes [Estrenos HD]	Doramas [TX]	12.96 GB	08/03/2016 1:09:08
Filmes [Sagas]	Doramas [TX] [Temporada Completa]	1.13 GB	16/12/2019 1:09:11
Filmes Alta Calidad [AVI-M	Filmes [Estrenos HD]	78.84 GB	09/03/2016 1:09:22
Filmes Recomendados [AV	Filmes [Sagas]	3.23 GB	27/10/2018 2:58:20
Games	Filmes Alta Calidad [AVI-MKV-MP4 y Copias de Cine]	28.00 GB	16/12/2019 12:06:54
Humor	Filmes Recomendados [AVI-MKV-MP4]	48.60 GB	16/12/2019 12:21:32
Interesantes Variados	Games	7.47 GB	16/12/2019 12:21:32
Miniseries	Humor	6.06 GB	16/12/2019 12:21:32
Música Actualizada	Interesantes Variados	20.00 GB	16/12/2019 12:21:32
Musicales Actualizados [Vi..	Miniseries	7.60 GB	09/03/2016 1:10:45
Novelas en Transmisión [C	Música Actualizada	8.75 GB	16/12/2019 12:21:32
Novelas en Transmisión [E			
Programas TV [Americana			

Ejemplo de cómo se ven los metadatos en una PC. Versión del paquete de Crazyboy, distribuida la semana del 16 de diciembre de 2019.

producciones dentro de la Isla, como las revistas diarias de chismes o de farándula, los videos de entrevistas a «gente de la calle» e incluso clasificados locales como *Revolico,* por ejemplo, se consideran formas de interés o entretenimiento no controversiales.[7] Estas se han vuelto populares para los usuarios que navegan semana tras semana a través de las cientos de carpetas copiadas al paquete y evidencian que no solo es una plataforma de obras internacionales, sino que también proporciona a los ciudadanos de Cuba un espacio para comerciar en privado con los medios de comunicación y dirigirse localmente a sus comunidades. Sin embargo, las limitaciones políticas coartan en demasía cualquier debate en la plataforma.[8]

En cambio, las características particulares de la red ofrecen un punto medio ideológico que les da a los consumidores la oportunidad de encontrar

---

[7] Un término que se usa a menudo en el paquete para esos archivos es «farándula», generalmente para describir los chismes y la cultura de los fanáticos que rodean la vida de los músicos populares. Para reparteros populares como Chocolate MC, Manu Manu y El Kokito, sus vidas privadas se informan continuamente en videos y en publicaciones impresas.

[8] Esto es diferente al «paketiko,» cuya plataforma contiene artículos políticos controvertidos, desde artículos y revistas hasta música y películas. En esta plataforma, la inclusión de los medios está diseñada a propósito para provocar la disidencia contra el Estado. El modelo del paquete semanal también es contrario al diseño de «Mi Mochila,» una red de medios basada en USB distribuida por el Estado cubano que ofrece una gran cantidad de materiales educativos ideológicamente dirigidos a los estudiantes. El programa Mi Mochila es en gran medida impopular, mientras que el paketiko es demasiado controvertido para gozar de una distribución generalizada (Henken, 2019).

materiales fuera de la rígida estructura ideológica del Estado cubano sin preocuparse por que su participación los comprometa políticamente. Su papel liminal —que opera entre los binarismos políticos de Cuba— también hace que el paquete semanal sea un método de distribución ideal para el trabajo de los reparteros. Aunque el reparto no es directamente político, a menudo las autoridades lo consideran vulgar y desagradable (Torres, 2012; Baker, 2010, 2011; Fairley, 2009) y casi ninguno de los artistas de este estilo se transmite por los medios estatales. Además, las nuevas leyes dificultan que los fanáticos vean a sus artistas en vivo en alguno de los muchos clubes ubicados en La Habana. Sin embargo, casi siempre se permite que la música circule a través del paquete porque su mensaje tampoco es explícitamente anticastrista. Aunque los reparteros no reciben la misma aceptación que otros artistas o agrupaciones reconocidos a nivel nacional, como Los Van Van o Silvio Rodríguez —creadores que a lo largo de la historia han celebrado el liderazgo político de la Revolución—, sus letras y música no resultan por lo general tan controvertidas como las bandas de punk rock o hip-hop.[9] Podría decirse que los reparteros presentan una visión alternativa de la sociedad cubana cuya agenda —ni pro ni anticastrista— se encuentra fuera de los binarismos que han definido el devenir revolucionario durante las últimas seis décadas.

Las letras casi siempre se interesan por espacios locales, métodos informales de hacer dinero y el drama inherente a las relaciones interpersonales. Estos temas podrían parecer inocuos, pero tienen un gran impacto político. Desde la popular canción de Wildey y Harryson, *Tribuna Piragua*, hasta *El Malecón* de El Kamel, los reparteros desafían las narraciones convencionales de la historia nacional cubana. Las letras a menudo narran la recuperación del espacio público por comunidades muy poco representadas, escenas donde los jóvenes disfrutan de la vida en medio de circunstancias difíciles. Estas imágenes a menudo se refuerzan a través de representaciones visuales: videos musicales y publicaciones en redes sociales. Los videoclips *Normalmente* (Wildey), *El que esté que tumbe* (Crazy Duany) y

---

9   Cantantes de los Van Van han interpretado para los presidentes cubanos Raúl Castro y Miguel Díaz-Canel en el pasado. Estas acciones han generado una controversia considerable, especialmente en la comunidad de inmigrantes cubanos de Miami. Del mismo modo, Silvio Rodríguez, aunque no siempre se suscribe a la agenda del Estado cubano, es generalmente reconocido como un portavoz representativo de los valores cubanos de la era de Castro. Por otro lado, grupos de hip-hop como Los Aldeanos y Las Krudas han generado una gran controversia y, según paqueteros con los que he hablado (Leo Paquetero, 2018), no se encuentran en los lanzamientos del paquete semanal.

Date tu lugarcito ft. Portusclan El Tigre (El Kamel), por ejemplo, contienen letras de empoderamiento personal, mientras los artistas bailan en canchas de baloncesto despintadas o en una autopista cubierta de grafitis, o cantan sonrientes desde callejones urbanos deteriorados. Incluso mientras discuten circunstancias personales en medio de dramas domésticos, las letras retratan a los protagonistas superando situaciones difíciles a través del acceso a fondos ilimitados, la capacidad de viajar y de vestir bien (*No me afecta*, de Yomil y el Dany; *Pakumba*, de Chocolate MC; *Money Money*, de El Yonki). Estos mensajes están muy alejados de los ideales utópicos expresados tanto por la Nueva Trova como por la retórica anticastrista encontrada en la música de salsa política de Willie Colón. Las letras y las presentaciones visuales del reparto están más estrechamente relacionadas con el estilo y la retórica de tradiciones musicales afrocubanas como la rumba, la timba, el reguetón y el hip-hop.

Un punto medio ideológico

Se permite que estos mensajes y las voces afrocubanas responsables de ellos circulen a través del paquete semanal no a pesar de, sino gracias a esta esfera pública pluralista y virtualmente mediada por la red. El contenido canalizado viaja por medio de un proceso complejo que es, a la vez, descentralizado y jerárquico, lo que refleja la doble relación del paquete como producto del capitalismo y la piratería mediática. Si bien la difusión está muy organizada, su enfoque descentralizado significa que los materiales se eliminan y se agregan a discreción de cualquier miembro de la red en cualquier momento debido a una amplia cantidad de factores.

En efecto, la plataforma es responsable de generar lo que el sociólogo Manuel Castells teoriza como una sociedad red (2008). La conciencia, la adaptabilidad y la innovación a nivel individual y comunitario compiten por el espacio en las sociedades red, una organización pluralista que no se compromete con ningún manifiesto o programa político ideológicamente fijo. En las sociedades red comunes en todo el Norte Global —donde casi siempre el concepto se aplica—, la conectividad digital a través de la red mundial permite que se formen relaciones complejas fuera de las fronteras de los Estados nacionales. Las sociedades red aparecen en diferentes formas y tamaños en muchos destinos latinoamericanos, pero de manera similar permiten flujos transnacionales de comunicación virtual. Según Cristina Venegas, el Internet en Cuba es responsable de organizar «comunidades en torno a los anhelos territoriales de los exiliados, opiniones políticas impugnadas y nuevas formas de ciudadanía» (2010:33). Este Internet, debido a los muchos desafíos de infraestructura de la Isla, a menudo toma la forma de una *zapanet*, como es el caso con el paquete semanal.

El estudio de los efectos del paquete semanal permite actualizar la obra *Cuba Represent!* (2006) de la socióloga Sujatha Fernandes para incluir el impacto de los dispositivos digitales en la esfera pública. Fernandes teoriza la participación de múltiples formas de arte cubano contemporáneo centradas en las esferas públicas artísticas. Los artistas en las esferas públicas se involucran con expresiones alternativas de la sociedad junto —aunque no necesariamente opuestas— a las posiciones oficiales del Estado cubano sobre las artes y la cultura. Los músicos y públicos que interactúan con el reparto a través del paquete semanal se alejan asimismo del poder centralizado del Estado. La música no es explícitamente política, pero establece una representación alternativa de la sociedad cubana. La diferencia está en el método de entrega. La popularidad —y la subsecuente controversia— del estilo musical constituye un resultado directo de su distribución generalizada a través de una esfera pública virtual alojada en dispositivos de almacenamiento USB.

El reparto en contexto histórico

El éxito y la controversia que está disfrutando actualmente el reparto no se pueden sobrestimar. Aunque la música es popular entre los cubanos más jóvenes, muchos ciudadanos cubanos mayores con quienes he hablado consideran el género de baja calidad y mal gusto. Además de este desafío intergeneracional, casi todos los reparteros tienen prohibido transmitir por los canales de radio y televisión estatales de Cuba. Estas actitudes provienen de una larga línea de condenas relacionadas con los estilos musicales afrocubanos del pasado, de los cuales el reparto es solo la última expresión musical. El género encarna varios de los elementos contradictorios que hicieron que los estilos anteriores de música afrocubana fueran simultáneamente populares y marginados. Al igual que la rumba, la timba y el reguetón, el reparto sirve como un símbolo de orgullo, que hace de Cuba una fuente continua de invención musical creativa y, a la vez, un recordatorio de la marginación que los artistas afrocubanos enfrentan a menudo bajo las políticas oficiales de «armonía racial» (De la Fuente, 2001). La diferencia, por supuesto, es que se permite que el reparto circule en direcciones que los géneros afrocubanos del pasado no pudieron.

El reparto se reconoce por varias características: las letras toman prestadas expresiones idiomáticas que se hablan casi exclusivamente en los barrios o repartos de bajos ingresos; sobre todo, afrocubanos de La Habana y Matanzas: Los ritmos toman del guaguancó —un subgénero de la rumba que combina danzas de carácter erótico con cierta historia que se narra— y las voces principales casi siempre aparecen modificadas por una cantidad generosa de *autotune* —efecto aplicado de forma digital para cambiar drásticamente el tono y el timbre de la voz de un cantante, y que, según la etnomusicóloga Catherine Provenzano (2018), se asocia con la música negra—. El periodista Abel González explica el estilo en la revista *Vistar* —publicación semanal digital que se comercializa solo en PDF a través el paquete semanal—. Según lo define, el reparto contiene «la lógica implacable de los barrios, el reguetón callejero» (2018).

El reparto también incorpora muchos de los estereotipos y controversias contra los que las tradiciones musicales afrocubanas del pasado han tenido que luchar. En el capítulo «Caminando», por ejemplo, la socióloga Lisa Maya Knauer afirma que la rumba está históricamente asociada con el «alboroto, el desorden civil y la sexualidad desenfrenada, mientras que simultáneamente se celebra como un ícono de identidad nacional» (2008:131). Knauer explica que no era raro que la policía interrumpiera una rumba que se realizaba en las calles o en la casa de alguien a lo largo de los siglos XIX y XX «por ser demasiado perjudicial» (ibíd.:153).

Muchos de estos estereotipos persistieron hasta finales del siglo XX. Los artistas que hacen timba —un derivado cubano de la salsa latina que ganó popularidad en los años 90— también han sido acusados de hacer música que socava los valores asociados con la Cuba revolucionaria. El género, según la socióloga Nora Gámez Torres, comparte una historia de debates racializados que preceden —y predicen— muchos de los argumentos que luego desplegó el Estado contra los reguetoneros. Como dice el antropólogo Umi Vaughan, una «relación de amor y odio con la música negra y las personas negras ha ayudado a dar forma a la timba, que, como cualquier buen hijo del son, ha crecido y reclamado su espacio a pesar del rechazo inicial» (2010:238). Los productores de reparto con quienes he conversado hablan del sonido distintivo del pedal de la timba como la misma base rítmica que alimenta la percusión en los patrones de tambor del reparto (Bolaños).[10]

La timba se comercializó principalmente en CD durante los años 90 y finalmente ganó un público internacional que permitió a sus artistas disfrutar

---

[10] En la timba, ese sección incluye un kit de batería que realiza el rítmico de la clave. En el reparto, este sonido se reproduce a través de un *software*.

de un nivel más o menos cómodo de éxito material alcanzado de forma independiente. La antropóloga Ariana Hernández-Reguant escribe sobre la contranarrativa de la raza que ganó fuerza a través de la popularidad de los músicos afrocubanos de timba: «Aunque vistos con aprensión por los funcionarios del Estado, se convirtieron en héroes para sus seguidores locales y populares, a quienes permanecieron fieles, tocando gratis en sus barrios y defendiendo la cultura y estilo de vida afrocubano como clave tanto de la pertenencia nacional como de la oportunidad transnacional» (2006:261). Esta declaración podría aplicarse asimismo a las opciones de carrera y la sensibilidad de los reparteros.

El reguetón, sin embargo, tiene más en común con el reparto. Se deriva de un arreglo específico del dancehall jamaiquino y de las letras en español que los artistas panameños reunieron durante la década de 1970. El estilo se hizo internacionalmente popular cuando los artistas puertorriqueños comenzaron a utilizar el fondo de *dembow* —la base rítmica que subyace en las canciones populares de reguetón— en canciones lanzadas durante la década de 1990 y principios de la década de 2000. El reguetón se arraigó en la vecina Cuba durante el mismo período, cuando el género se importó en CD de contrabando desde Santiago de Cuba, al oriente de la isla (Marshall, 2008; Baker, 2010).

El estilo musical es un antecedente cercano del reparto. Varios periodistas y artistas con los que he hablado se refieren a los dos estilos juntos como reguetón cubano, o con el término general cubatón.[11] El reparto contiene las marcas conocidas del reguetón. Se pueden escuchar fácilmente el familiar «boom-chick-boom-chick» del dembow —con claves rítmicas adicionales superpuestas—, el fraseo lírico rapeado y cantado y la expresión de identidad latinoamericana, que hacen eco de la retórica de pasados éxitos cubanos de reguetón de artistas como Osmani García o Elvis Manuel —considerados antecedentes de las marcas estilísticas actuales del reparto).[12] Debido a estas

---

[11] La palabra «cubatón» identifica varias cepas de estilos musicales populares contemporáneos exportados desde la isla y transmitidos desde estaciones de radio como Ritmo 95.7 de Miami; pero el término se usa con mayor frecuencia en referencia a obras inspiradas en el reguetón de artistas populares contemporáneos de herencia cubana, específicamente los artistas de música bailable. Varios autores y artistas no enfatizan una distinción entre reguetón y reparto, pero prefiero mantener designaciones separadas para estos estilos musicales para resaltar las variaciones en sus marcos rítmicos y convenciones estilísticas, y para reflejar los sentimientos de los artistas y productores con quienes he hablado.

[12] Según el etnomusicólogo Wayne Marshall (2008), en «Dem Bow, Dembow, Dembo: Translations and Transnation in Reggaeton», *dembow* «ahora se refiere simplemente, al menos en Puerto Rico, al distintivo boom-ch-boom-chick de reggaetón, un marco rít-

características compartidas, el género se archiva regularmente bajo «reguetón» en el paquete semanal, YouTube y otras plataformas de transmisión digital y se subcategoriza como reparto —aunque a menudo también se lo denomina «morfa» o «rastamemba».

Además de las características musicales compartidas, la prohibición estatal a casi todas las presentaciones públicas de reparto proviene de una larga historia de cuestionamientos de base racial sostenidos por el Estado cubano contra el valor artístico del reguetón. Los reguetoneros de principios del siglo XXI han competido con —y han ganado una inmensa popularidad a pesar de— los prejuicios oficiales —y racialmente codificados—. *Juventud Rebelde*, el diario de la UJC, el ala juvenil del PCC, se refirió al reguetón en 2005 como «anticultural, banal, vulgar y basura». Ese mismo año, Orlando Vistel Columbie, presidente del Instituto Cubano de la Música del Ministerio de Cultura, prohibió el reguetón casi por completo en la radio y la televisión, declarando que «ni la vulgaridad ni la mediocridad podrán empañar la riqueza de la música cubana». Recientemente, el Gobierno dio otro paso más.

En diciembre de 2018 se promulgó la política cultural draconiana del Decreto-Ley 349. Con su aprobación, el Estado cubano ahora requiere que todos los músicos profesionalicen los servicios artísticos antes de darles permiso para actuar en espacios públicos. El incumplimiento de estas reglas resulta en multas, amenazas y posible arresto. Muchos músicos consideran que la ley es un ataque directo contra los artistas del reguetón y el reparto. Según un informe del medio de comunicación digital independiente *14ymedio*, el nombre de Chocolate MC apareció dieciséis veces en debates públicos entre artistas y funcionarios gubernamentales en los que la ley fue debatida el año pasado como un ejemplo del tipo de artista del que se intenta proteger al público. Las fuentes afirman que el Decreto 349 ya ha reducido la capacidad de los artistas para actuar en público (Pieró, 2019; Ríos, 2019).

Estas prohibiciones dificultan que los reparteros difundan su música en la Isla. Para los reguetoneros, este es un problema familiar. Como DJ Unic, productor de música urbana y reparto con sede en La Habana, expresó en el documental *Reggaetón Revolución*: «Cuando tienes el apoyo de la televisión,

---

mico derivado del *dancehall* reggae y específicamente de *"riddims"* muy usados como el Dem Bow, que durante mucho tiempo se ha localizado como un producto puertorriqueño y, en particular, como un ritmo asociado con el cortejo, la coquetería y el sexo» (2008:148-149).

lógicamente obtienes más promoción, es la forma de medios más rápida que existe. Pero ahora mismo [el reggaetón] tiene mala reputación» (Chu, 2016).

Teniendo en cuenta la preocupación histórica de Fidel Castro por el mensaje verbal de la música y la poesía (Baker, 2010:169), el reparto, con su énfasis en el baile y sus letras que celebran el poder y el dinero, está lo más lejos posible de los ideales propuestos por la vieja retórica política. Es por esta razón que el reguetón y el reparto son aún más controvertidos en Cuba que el hip-hop. El musicólogo Geoff Baker argumenta que el reguetón presenta un desafío mucho mayor a los valores del Estado cubano que los artistas de este estilo musical:

> Dadas las alianzas entre el hip-hop y el Estado, tanto ideológicas como prácticas, puede ser en la esfera del reggaetón, sorprendentemente, donde lo underground conlleva una mayor carga contestataria, incluso si (paradójicamente) se enmarca en términos decididamente apolíticos. El reggaetón underground, con su amplio enfoque en el hedonismo y el materialismo, ocupa una posición claramente más antagónica que el rap con respecto a las ideologías socialistas oficiales (ibíd.:21).

El reparto revela más explícitamente las prácticas diaspóricas afrocubanas asociadas con el Caribe. Estos objetivos están en desacuerdo con el proyecto nacionalista cubano, como explica la socióloga Tanya L. Saunders: «Dado que la Revolución cubana es anticapitalista, anticolonialista, antirracista y antimperialista, el discurso de la contracultura negra es ampliamente compatible con el del Estado. Sin embargo, este último se distancia de sus cosmovisiones africanas» (2012:45).

Este discurso significa que muchos artistas no tienen más remedio que seguir caminos alternativos de circulación al margen de las limitadas opciones de los medios oficiales de Cuba. Para estos artistas, el paquete semanal ofrece una solución legítima. A diferencia de anteriores géneros populares afrocubanos (rumba, timba, reguetón y hip-hop), el reparto ha encontrado un público dedicado y amplio gracias a su representación en el primer modelo de medios no estatales distribuido a nivel nacional en la historia de Cuba.

«SOY NEGRO, SOY FEO»

Pero la participación no siempre está garantizada. La eliminación de la música de Chocolate MC del paquete semanal en 2018 es el ejemplo de una creación que cruza la línea de aceptabilidad. El paquetero que se hace llamar Michel Boutic justificó su decisión de eliminar el contenido del artista en un video publicado en Facebook Live —y luego publicado en YouTube— (Cuba Urbano Noticias, 2018). En la publicación ampliamente compartida, Boutic se queja de que el trabajo de Sierra Hernández contiene «desde referencias inapropiadas hasta malas palabras, consumo de drogas y armas». Las letras de Chocolate MC dan alguna indicación de lo que Boutic encontró tan controvertido. En su publicación de Facebook Live, menciona la popular canción de 2017 de Chocolate MC, *El Palón Divino*. En ella, las referencias repetidas al sexo, la religión y la identidad afrocubanas se entrelazan con expresiones personales codificadas. El título de la canción abarca los estereotipos de la destreza sexual masculina negra, aludiendo a la religión afrocubana con un doble sentido humorístico. Líneas como «Soy negro, soy feo, pero soy tu asesino» del coro de la canción también vuelven central la identidad negra mientras que desafían estereotipos de raza. Estas letras, según el latinoamericanista Justo Planas, desafían lo que se considera lenguaje apropiado para los espacios públicos de Cuba y son consideradas pornográficas por las autoridades cubanas (2019).

La letra codificada de *Bajanda*, de Chocolate MC, posiblemente uno de sus lanzamientos más populares, están cargadas de un gran significado político, sobre todo considerando su uso en el espacio público. En mis propios viajes por las calles de varios municipios de La Habana, a menudo escuché a los jóvenes gritar frases de la canción como «¡los ratones guarachean!» y «¡super asfixiao!». Los versos de la canción se centran en la vida de ratones flacos y ratas de alcantarilla que se divierten cuando comienzan los carnavales («comienzan los carnavales y la compañía»). La vida no es fácil para estas criaturas, pero todavía insisten en disfrutar su tiempo juntos («los ratones guarachean»). Estas acciones se alternan con las de gatos poderosos que se proponen barrer a los molestos ratones. Existen diferencias cruciales en el poder de las dos partes beligerantes. Los gatos poseen el poder de la palabra: «Gato dice: miau, miau, miau». Y esto es diferente a los ratones, que demuestran su poder solo a través del baile.

A lo largo de la canción, según Justo Planas, los protagonistas de Chocolate MC suplican a través de sus expresiones corporales a aquellos en el poder que le permitan a su comunidad la capacidad de compartir espacio dentro de los límites geográficos y culturales de los barrios marginales de La Habana (íd.). El video oficial de la canción se hace eco de esta dinámica. Representa a mujeres bailando con la ropa usada durante los eventos que Chocolate MC menciona en la primera línea de la canción: «los carnavales y la comparsa». Los colores de sus reveladores vestidos están compuestos por las banderas de varias naciones caribeñas. A lo largo del video, los gestos sexualizados de baile muestran el rol tradicionalmente asignado a las mujeres, que a menudo se encuentran en los videos de reguetón, mientras que sus ropas conectan la música con las tradiciones panafrocaribeñas.

Estas expresiones líricas son todo lo críticas en lo político que el reparto cubano puede ser. Los mensajes fuertes —aunque codificados— reafirman una subjetividad afrocubana históricamente marginada, mientras ponen a prueba los límites políticos del paquete semanal. Aunque eliminada de varias versiones durante gran parte de 2018, la canción regresó poco a poco al paquete a finales de año y desde entonces se ha convertido en una de las más conocidas de Chocolate MC. Además de su popularidad en toda La Habana, también lo es en Miami, donde se transmite con frecuencia en la estación local de radio de cubatón Ritmo 95.7; en todo acaso, el incidente tal vez hizo que el artista creciera en popularidad. A través de la circulación de contenido controvertido, el paquete semanal ha actuado como un reflejo y un desafío del espacio público, y desempeña un papel igual de poderoso en las prácticas de consumo de los seguidores de reparto.

INTERMEDIALIDAD Y ESFERA PÚBLICA DIGITAL

En 2018, me hice amigo de Pascal Valdespino, un joven afrocubano que vive en La Habana y es seguidor de reparto. A través de reuniones en persona y —más a menudo— a través de las comunicaciones de WhatsApp, ha compartido conmigo cómo el uso continuo del paquete semanal le permite mantenerse al día con nuevas películas de todo el mundo, las aplicaciones telefónicas de Silicon Valley en EE.UU. y los artistas que producen reparto de La Habana. Él le compra a un paquetero local que visita su casa semanalmente para llevarle el contenido más reciente. Según Valdespino, las opciones de medios que recibe a través del paquete semanal nunca antes habían existido para él o su familia en un solo dispositivo. Creo que tener esta cantidad de música disponible también está modificando sus prácticas de consumo musical de Valdespino.

Contar con una gran cantidad de archivos de música almacenados en una sola unidad USB le permite a Valdespino mezclar cientos de materiales de nuevas canciones de reparteros y descubrir artistas a los que nunca hubiera estado expuesto. También le ofrece contacto virtual con el resto del mundo a través de un conocimiento compartido de los lanzamientos recientes en los medios de la cultura pop. En resumen: el compromiso semanal con una red de medios distribuidos fuera de los estrechos canales de los medios estatales cubanos desafía los tipos de representaciones a través de las cuales Pascal escucha, comparte y se identifica musicalmente.

Esta breve anécdota destaca algunos de los cambios en las interacciones musicales posibles desde la introducción del paquete semanal. Si bien los géneros musicales afrocubanos anteriores fueron controvertidos, su distribución fue monitoreada y controlada en gran medida por instituciones nacionales descomunales que contenían y ajustaban mensajes líricos inconvenientes en empaques políticamente convenientes. Hoy, la música reparto se distribuye fuera de la jurisdicción del Estado como archivos digitales en el paquete semanal. Si bien se han estudiado en detalle las interacciones de las grandes redes sociales como Spotify, Facebook e Instagram en las comunidades de música (Oliver 2018; Eriksson, 2019; Harper, 2019); el papel del paquete semanal y otras *zapanets* conectadas por USB han recibido menos atención en la circulación de la música de los marginados en comunidades ubicadas en el Sur Global.

Sostengo que la intermediación del reparto a través del paquete semanal tiene un impacto tan grande en el espacio público cubano como el que tienen en otros lugares las grandes redes de acceso transnacional. La intermedialidad, concebida menos como una teoría y más como un modo de investigación, examina las conexiones entrelazadas entre productos artísticos, los contenedores donde se almacenan estos productos y los lugares donde circulan. La metodología se aplica a sujetos latinoamericanos (A. M. López, 2014; Ochoa Guatier, 2006) para dar cuenta de las interacciones con dispositivos digitales de comunicación que a menudo se descuidan en las teorizaciones de Internet. Históricamente, la teoría de Internet ha abordado sobre todo su uso en el Norte Global. El trabajo de la estudiosa de cine Ana López sobre la intermedialidad, por otro lado, relaciona los espacios intermediales «entre y dentro de los medios» con los espacios intermediados por las fronteras transnacionales en toda América Latina. Según López, la intermedialidad se refiere a «vínculos y cruces entre los medios y las prácticas artísticas, pero también apunta a la intensificación de estas relaciones con las nuevas prácticas de los medios digitales» (2014:136). A medida que los productos se convierten en formatos digitales más pequeños y portátiles, también lo hace la capacidad de sus contenidos para viajar a través de las fronteras nacionales.

El espacio público en América Latina se debate cada vez más dentro de estos flujos transnacionales y el sonido modificado digitalmente es a menudo el área donde tiene lugar este debate. La etnomusicóloga Anna María Ochoa Gautier explica en su contribución a *The Sound Studies Reader* que «La intermedialidad de la esfera sonora, desde la comunicación cara a cara hasta la radio, el cine y la televisión, hasta la autoproducción de grabaciones para Internet y hasta la comunicación por teléfonos celulares se convierte en un sitio cada vez más privilegiado de constitución de una esfera pública (en disputa)» (2012:392). En el pasaje, esboza brevemente el camino de los medios de difusión a través de una larga historia. La tecnología en América Latina se ha desarrollado a lo largo de un amplio conjunto de trayectorias históricas, pero sus efectos comparten una tendencia común: el acceso a los medios, ahora más que nunca, determina la capacidad de uno para participar en la esfera pública. En Cuba, el marco de la intermediación permite considerar cómo la red de medios USB del paquete semanal desafía el espacio histórico de la música afrocubana en una esfera pública creciente y cada vez más mediada por lo digital.

Las opciones de los medios son importantes para los artistas. Como relata Nora Gámez Torres: «los músicos [cubanos], especialmente los que vienen del reggaetón *underground* y las escenas de rap, ganan poco a través de la música comprada a través de iTunes u otras tiendas en línea» (2013:356). Sin embargo, la red basada en memorias y discos USB del paquete semanal contiene varias características que permiten la máxima distribución de música, a la vez que desafían las prácticas de escucha. Debido a la naturaleza plana de la estructura de archivos del dispositivo, es probable que el público descubra tanto a un artista como a cualquier otro. En lugar de archivos de música ordenados por artista y categoría, estos se enumeran alfabéticamente como cadenas de texto en las que se puede hacer clic.

La falta de imágenes sexualizadas asociadas con los CD y DVD de reguetón comercializados en décadas anteriores iguala aún más la experiencia de navegación. Lo que los usuarios encuentran en el paquete mientras navegan por el contenido son carpetas y nombres de archivos. Esto disipa las preocupaciones éticas que la portada gráfica podría despertar en los consumidores. Además, el paquete permite la navegación *mixtape* o de acceso aleatorio que alienta a los consumidores a descubrir música al subir canciones a un iPod u otro dispositivo de reproducción digital, mezclando el contenido en una lista de reproducción. La práctica es tan común en Cuba como en Estados Unidos y tiene un impacto igual de significativo en los hábitos de escucha (Fields, 2011).

También debe tenerse en cuenta que estas prácticas de consumo invitan a los oyentes a funcionar como participantes activos para decidir qué

Metadatos de la carpeta «Nacional» en el paquete de Crazyboy, distribuida la semana del 2 de marzo de 2020.

música se promueve dentro de la red —y qué música se elimina—. El popular modelo del paquete les da voz a los suscriptores en la decisión de qué música se distribuye. Las opiniones sobre artistas y canciones escuchadas en una semana alteran las decisiones de las matrices y los paqueteros sobre qué contenido se agrega a los lanzamientos posteriores del paquete. Luego se circula nueva música y el proceso se repite.

El paquete semanal es también altamente portátil, cabe muy fácil dentro de los bolsillos de los suscriptores mientras caminan hacia casa de sus amigos. En estos entornos privados, es una práctica social común entre amigos y familiares intercambiar materiales, multiplicando el impacto inmediato del paquete semanal en innumerables direcciones. Estas ventajas tecnológicas particulares crean efectos poderosos al transformar las nociones de espacio público y privado para los participantes. Los suscriptores también suelen cargar material en dispositivos de almacenamiento USB privados, donde luego se comercializa una cantidad aún mayor de contenido. Según Valdespino, Zapya es una de las aplicaciones más populares utilizadas para intercambiar contenido de forma privada entre amigos. La aplicación es popular entre los ciudadanos cubanos más jóvenes por su capacidad de construir con facilidad una red privada de usuarios con la tecnología *bluetooth* y sin requerir datos móviles o WiFi. Su diseño también admite el intercambio de archivos entre teléfonos de diferentes fabricantes y sistemas operativos. Valdespino cita el uso frecuente de la aplicación para multiplicar la cantidad de archivos de música a los que puede acceder.

Estos procesos se magnifican aún más cuando se combinan con el comercio internacional de los paquetes hacia ciudades como Miami, que multiplica su influencia sobre comunidades distantes. La capacidad de los productos para cruzar las fronteras políticas es de importancia central para los artistas cubanos. Los músicos utilizan cada vez más el paquete semanal para dirigirse a los públicos por fuera de su país de origen, en especial a la gran diáspora cubana en la vecina Miami. Los reparteros utilizan la unidad USB discretamente pequeña y muy portátil para cruzar con seguridad las fronteras políticas y sociales. Este proceso recíproco de circulación transnacional se relaciona con la conceptualización de la antropóloga Jennifer Cearns del «circuito mula». Para Cearns, los «circuitos de flujo de material transnacionales reflejan y forman activamente las formulaciones de la identidad cubana» (2019). El paquete semanal no solo distribuye contenido a residentes en Cuba y cubanos que viven en el exterior, sino que también transforma las ideas de «cubanidad» a través de su empaque único de contenidos para una audiencia nativa. A través de las circulaciones transnacionales del paquete semanal, la propia «cubanidad» —como fuente de identidad cultural y política— se performativiza, se negocia y se reformula a medida que su red —y la música que contiene— viaja a través de aguas políticamente disputadas.

CRUZANDO FRONTERAS

La distribución del reparto en la red de medios marca un comercio viable ubicado fuera de la anglosfera y permite posiblemente una participación local mayor que los modelos de acceso a Internet en todo el Norte Global, basados en aplicaciones cada vez más ubicuas. También permite a los artistas y empresarios locales acceder a una audiencia nacional sin requerir el permiso del Estado cubano o de los guardianes que controlan el acceso a las aplicaciones protegidas cada vez más necesarias para participar en la red mundial —un sistema dirigido cada vez más por un puñado de poderosas empresas tecnológicas de Silicon Valley.

Sin cables ni enrutadores, este sistema de almacenamiento USB interconectado transporta ideas poderosas de persona a persona, tanto local como transnacionalmente. Cada participante en la red está involucrado en el flujo circular de materiales propiciado por el paquete semanal. Para los distribuidores, es una red subterránea que proporciona un ingreso muy necesario. Al público le permite la transmisión de música censurada a través de teléfonos celulares privados y sistemas de sonido públicos. Sus posibilidades particulares ofrecen a los ciudadanos cubanos un espacio para intercambiar productos extranjeros con amigos y vecinos sin pagar sumas enormes por derechos de autor: los programas de televisión, *software* y películas son piratas. Para el Estado cubano, el paquete calma las tensiones que surgen de un público frustrado por la incapacidad de conectarse de modo directo a la red mundial. Para los subrepresentados artistas afrocubanos, es una oportunidad para ganar dinero, expresar su cultura y, para algunos, alcanzar cierto nivel de popularidad. A través de su inclusión en el paquete, los artistas rompen fronteras políticas y redefinen el impacto de la nación en sus vidas cotidianas y sus medios de subsistencia, a la vez que discuten sus preocupaciones en presentaciones políticamente codificadas. Todas estas partes crean en conjunto la singularidad del paquete semanal como sociedad red basada en USB. Una red construida desde abajo y distribuida por una comunidad juvenil, cuyo alcance local y transnacional es mayor que el de cualquier reclamo de un individuo en solitario.

8

UN DISEÑO QUE TRIUNFA.
LA POESÍA ESCRITA POR MUJERES EN LOS AÑOS CERO[1]

(Ángel Pérez)

---

[1] Una versión de este artículo aparece publicada en *Las malas palabras. Acercamientos a la poesía cubana de los Años Cero* (Editorial Casa Vacía, 2020).

(Holguín, 1991). Crítico y ensayista. Textos suyos aparecen en libros, antologías y publicaciones periódicas nacionales e internacionales. Compiló y prologó con Javier L. Mora, *Long Playing Poetry. Cuba: Generación Años Cero* (Editorial Casa Vacía, 2017); y con Jamila Medina, *Pasaporte. Cuba: poesía de los Años Cero* (Editorial Catafixia, 2019). Como autor, tiene publicado *Las malas palabras. Acercamientos a la poesía cubana de los Años Cero* (Editorial Casa Vacía, 2020) y en proceso editorial «Burlar el cerco. Conflictos estéticos y negociaciones históricas en el cine cubano» (Premio Pinos Nuevos de Ensayo, 2020). Ha obtenido los Premio Caracol de crítica y ensayo cinematográficos de la UNEAC (2017 y 2019), el Premio Internacional de Ensayo de la revista *Temas* (2019) y la Beca de Creación Dador (2018). Programador del Festival Internacional del Nuevo Cine Latinoamericano. Integra el *staff* de *Rialta Magazine*.

El paisaje literario cubano es un campo en el que tácitamente se libran disímiles batallas. Como toda contingencia de escritura, en él se enfrentan, además de concepciones estéticas, múltiples posturas éticas y una intrincada red de axialidades; o sea, determinados cuerpos de valores ligados al sexo, la raza, la religión, el género, la política… Siempre los mecanismos de representación literaria han constituido un escenario idóneo para quebrar los ordenamientos sociales y patrones de civilidad que operan sobre la construcción de un modelo privilegiado —único— de sujeto.

Aunque sus circunstancias de vida y condiciones de interacción social continúan sumidas en un entramado de dominación donde el hombre presume del poder, las mujeres han encontrado estrategias para visibilizar su patrimonio racional, emocional y corporal. Han logrado colocar su voz en el espacio público y asumir una postura política en relación a las problemáticas concernientes al género. Con expresiones más o menos visibles en la superficie misma de los textos, la literatura cubana contemporánea erige sustanciales discursos enfocados en desplegar los atributos de las identidades femeninas, mofar la perpetua autoridad del falo e instalar los múltiples perfiles de la subjetividad de las mujeres.

Específicamente las poetas que pertenecen a esa multiplicidad agrupada por la crítica bajo el rótulo de «Generación Años Cero», lucen —con significativo potencial estético— un interés por exhibir su voz, socializar su repertorio de valores y exponer los distintivos de su sexualidad.[2] Estas autoras

---

[2] En el prólogo que escribí con Javier L. Mora para *Long Playing Poetry…*, antología que se propuso mapear la producción poética de la Generación Años Cero, intentamos modificar ligeramente el término original con el propósito de «delimitar los rasgos caracterizadores de esta producción poética», valorar sus dominantes estéticas y advertir su «ruptura con el período anterior». Según el criterio común, fue Orlando Luis Pardo Lazo quien por primera vez utilizó el rótulo «Generación Cero» para identificar a un grupo de narradores que comienzan a publicar a inicios del milenio. La clasificación «devino

movilizan una sensibilidad en constante vínculo con las raíces históricas de la nación, inmersas en un magma violento donde las sexualidades giran en torno a un eje dominado por una masculinidad heteronormativa. Sus obras, en conjunto, elaboran una narración en donde la identidad de su género busca integrarse al ámbito de los intercambios de nuestra cultura, en la que la tradición religiosa, machista e ideológica ha mitificado —incluso llegado a sublimar— una idea de moralidad y de sujeto. Ciertamente, en la actualidad, las coordenadas en que se mueven las mujeres experimentan una considerable apertura a la exposición del deseo, del cuerpo, del placer y del sexo. El sujeto femenino vive, hace unos cuantos años, una redefinición de su identidad, que busca escapar a la universalidad de la economía simbólica que, hasta hoy, rige la sexualidad, a esa técnica masculina dentro de la cual se ha estructurado lo femenino. Y justo de todo ello da cuenta la poesía escrita por estas mujeres que irrumpen en el panorama editorial cubano entrados los años 2000.

La semiosis de la diferencia «mujer» está favoreciendo el alcance lingüístico y estructural del texto poético. Puesto que, como recuerda Umberto Eco (2017), la expresión formal del poema —más o menos convencionalizada— impone parámetros al lenguaje, en tanto responsable de la representación social de la mujer y depositario de la ideología que la modela para sí misma y para los otros, la intencionalidad temática se enriquece bajo los propósitos de la composición. Por tanto, si es patente una disposición a insertar en la escritura poética la división femenino/masculino, para revalorizar un universo emocional y racional que el devenir histórico ha circunscrito a las mujeres, entonces la poesía deviene idónea para problematizar los discursos socioculturales en que las féminas están inscritas.

---

un comodín retórico para advertir, simplemente, la aparición de un conjunto de escritores que comienzan a publicar en la década inicial del siglo en curso». En *Long Playing Poetry...*, intentamos explicar que los autores agrupados en dicha rúbrica consumen una «respuesta "en bloque" al espíritu de una época y un tiempo precisos. En este caso, a la experiencia de haber vivido, en la niñez y la adolescencia, el mediano esplendor económico de los ochenta y las ventajas de pertenencia al CAME [Consejo de Ayuda Mutua Económica]; la abrupta caída del Bloque del Este a partir de 1989 y la desaparición dos años más tarde de la URSS; y ya en la juventud, con el Período Especial, la depauperación ético-material de los noventa, al tiempo que el uso de razón aparecía en estos jóvenes instrumentalizado por un desarraigo (histórico, político, identitario, ideológico, cultural...) cada vez más explícito en la vida diaria». Para un escrutinio más extenso del término y de los autores, véase «La desmemoria: lenguaje y posnostalgia en un *selfi* hecho de prisa ante el *foyer* del salón de los Años Cero (prólogo para una antología definitiva)» (Mora y Pérez, 2017:9-39). Se pueden consultar, además, Medina Ríos (2017:245-274; 2011:12-14), Padilla (2015:365-379), Y. Cabrera (2017:275-294) y Dorta (2017:347-367).

No todas las autoras activas en el panorama reciente de la poesía cubana —dentro y fuera de la Isla— asumen una postura militante en relación con su sexualidad. Sin embargo, la gran mayoría, desde estilos bastante diversos, edifican sus discursos a partir de experiencias propias de su Yo genérico.[3] Una de las obsesiones temáticas que circula y condiciona las expresiones más notables de estos momentos es la necesidad de explorar los desplazamientos del sujeto y su axialidad en las circunstancias de un país atenazado, una y otra vez, por el peso de su historia política y económica. Esto, desde luego, engendra voces obsesionadas con revisar los perfiles de su identidad y el horizonte de su subjetividad. En cualquier antología que reúna creadoras publicadas después de los años 2000, se advierte de inmediato que en ellas resuenan, como motivos estructurantes del poema, los ecos de su sexualidad.[4]

Veamos, por ejemplo, el poema «Ovación» de Jamila Medina Ríos, incluido en *Nocaute: 6 poetas/ Cuba/ hoje* (2017) y perteneciente a su libro *Del corazón de la col y otras mentiras* (2013), el cual ilustra con marcado énfasis las ideas que he manejado antes:

Entro en el submundo de los veedores del fútbol
como en las arcas del Infierno —por supuesto—
hay risas gritos humo de cerveza
y ese olor tan característico...
hay torneos:
los veedores se piden las cabezas
se amenaza con violar al cabecilla

---

[3] Con la expresión «experiencias propias de su Yo genérico» me refiero, específicamente, al registro de las constituciones históricas del sujeto femenino. O sea, las singularidades desplegadas en torno a su sexualidad; las cualidades físicas, racionales y emocionales de las mujeres modeladas por el aprendizaje cultural, que ha condicionado los emplazamientos normativos de sus voces y las transgresiones de las funciones sociales a que han sido confinadas. Dicho de otro modo, los poemas, a través de operaciones particulares de manifestación del lenguaje, aprehenden un devenir del ser del sujeto «femenino», modos de hacer, formas de vida, comportamientos...

[4] Algunas de las antologías que han repasado este período son: *La Isla en versos. Cien poetas cubanos* (2011), *Dejar atrás el agua. Nueve nuevos poetas cubanos* (2011), *Distintos modos de evitar a un poeta: poesía cubana del siglo XXI* (2012), *La calle de Rimbaud. Nuevos poetas cubanos* (2013), *Las ondulaciones permanentes: última poesía cubana* (2013), *El árbol en la cumbre* (2014), *15 de un golpe* (2015), *The Cuban Team. Los once poetas cubanos* (2015), *Long Playing Poetry* (2017), *Nocaute/ seis poetas/ Cuba* (2017), *Once jóvenes poetas cubanos* (2017), *Pasaporte (Cuba, poesía de los Años Cero)* (2018), entre otras.

o a la novia del cabecilla
de cada bando contrario.

Tiemblo
me pregunto quién será el cabecilla de nuestro bando
sé que a esta hora
ningún striptease los sacará de quicio
los meterá en cintura
con el ojo en el gol

pero también sé que si perdiéramos
si fueras tú el cabecilla
olvidado de ti
me violarán 1-2-3 mil vencedores
no mirando mi carne
sino la portería.

Maldito cuerpo de mujer
con esta forma de falsa valla
red encubierta
que no tiene el valor de la penetración en público.

A fin de cuentas
qué es un gol sino una violación
cien mil veces aclamada
—bajo el cielo—
en la garganta abierta del estadio (2017:37).

Aquí estamos ante una conducta —la del sujeto lírico— que opera a consciencia con un dominio del imaginario social en el que es discernible con absoluta facilidad la oposición entre los géneros y la autoridad categórica de la testosterona. El material poético se extrae —o sea, el campo referencial con el que se cimienta el discurso— de una práctica privilegiadamente masculina: el fútbol y las costumbres arraigadas entre sus fanáticos consumidores. Cuando el sujeto lírico nos dice en la arrancada misma: «Entro en el submundo de los veedores del fútbol // como en las arcas del Infierno —por supuesto—», está reconociendo en ese espacio de sociabilidad un circuito del que la mujer es excluida y donde su presencia es más bien invasora. No puede sino penetrar con miedo, sintiéndose, de ante mano, amenazada. La comparación con «las arcas del Infierno» advierte de la percepción extrema que tiene el sujeto femenino sobre esta cofradía de hombres. En ese enfrentamiento de equipos contrarios, la revancha bien puede ser violar «a la novia del cabecilla // de cada bando contrario»; tal vez por eso, en el primer verso de la estrofa segunda, la voz enunciadora apunta: «Tiemblo». Además de describir un comportamiento «típico» entre los individuos «más tradicionalmente machistas» que por lo regular participan de esta actividad —un medio de socialización masculino—, en realidad lo que parece ser su mayor preocupación es la violencia directa y simbólica que sobre el ser femenino ellos ejercen, al entenderlo como un mero objeto cosificado del deseo.

El acto de la posesión sexual —la rigidez misma del falo y su penetración en el cuerpo femenino— reviste simbólicamente una relación de poder, en donde las mujeres ocupan la posición subordinada. Siendo así, la sed por meter la pelota en la portería durante el juego puede ser equiparable a ese deseo devorador por poseer un cuerpo femenino, despojando a la mujer de toda racionalidad al concebirla como un trofeo a conquistar. Todavía Medina Ríos precisa: «pero también sé que si perdiéramos // si fueras tú el cabecilla // olvidado de ti // me violarán 1-2-3 mil vencedores // no mirando mi carne // sino la portería». El reconocimiento de un saber previo, remarcado en ese primer verso de la estrofa citada, indica el dominio con que el sujeto se proyecta hacia sus circunstancias. Ahora, ese «tú» al que habla, suponemos que su pareja, acaba por modelar la masculinidad que el poema quiere denunciar: este permitirá, olvidado de sí, que —en caso de perder— los machos la violen repetidas veces, fijos en la portería y no en su carne. Mas no es al novio o la relación que ellos mantienen lo que se denuncia, sino la masculinidad y su praxis en el medio deportivo. En caso de perder, él, en su condición de pareja, es víctima de su contrato social como macho; dicha praxis lo enajena de su compromiso, que es su trofeo entregado. El acto de la violación es la conquista de su trofeo; ella deja de ser incluso objeto. Esos matices puntualizados deslindan una mentalidad primaria en el hombre, su entrega al juego y su conducta como respuesta a la mirada del otro hombre. La mujer queda totalmente cosificada en el juego, victimizada por la violencia de una socialización masculina que la asume como trofeo. De ese modo, «Ovación» denuncia cierto lugar que sojuzga a las mujeres en el entramado social; acusa determinadas convenciones de socialización sexual. Las dos últimas estrofas, al certificar lo antes dicho y sellar la imputación que el texto busca concretar, hacen del poema un provechoso registro de pulsión femenina, lo que significa una imposición ante la articulación feminidad-masculinidad reconocible en la dinámica cotidiana.

Se localiza en la postura del sujeto lírico de «Ovación» el reconocimiento de la identidad femenina como una condición discursiva: un constructo cultural dinámico inserto en amplias combinaciones de sentidos. Lo cual, diseminado por todo el mapa literario reciente, hace particularmente atendibles a las prácticas poéticas referidas. La creación contemporánea observa los conflictos de identidad y representación hasta devenir un dispositivo que disputa con el «orden simbólico», capaz de interceder en las codificaciones culturales, el pensamiento sociomasculino y contribuir a barrer las imposiciones que coartan la libertad física, moral y cívica de las mujeres. Como se ha visto en el caso de Medina Ríos, al emplazar-deconstruir el imaginario machista, las poetas orquestan una brecha —digamos que textual— para el vencimiento de la norma; para pensar el uso y manipulación de los atributos impuestos al sujeto femenino.

Legna Rodríguez Iglesias, pongamos por ejemplo —uno de singularísimo relieve—, ha estructurado una representación en la que las marcas de género y la figura de la mujer aparecen también problematizadas. Aun cuando los poemas no emplazan temáticas que se ocupan de lo femenino en directo, su voz aparece indiscutiblemente sexuada. En «Labios», no solo resalta el trabajo lingüístico —que descansa en un desparpajo léxico idóneo para trasuntar el carácter del Yo poético— y el disfrute del sexo como hecho físico, sino que se afirma el deseo y se celebra el goce de una relación sexual entre dos mujeres, con todo lo que ello implica para una mentalidad social como la cubana:

> Que a una mujer
> le chupen las tetas
> pezones, aureola y borde
> significa que pierda el camino
> y lo recupere
> mientras le siguen chupando
> pezones, aureola
> pero que una mujer
> le chupe las tetas a otra
> significa que pierda todo
> y lo recupere
> y pierda todo
> y lo recupere
> y cuando lo recupere
> se dé cuenta de que todo

no era nada
comparado con el resto (2015a:38).

Las propiedades y códigos vinculados a la identidad sexual femenina juegan un rol determinante en la definición del Yo hablante, pues intervienen en la organización semántica —quiero decir en el trazado del discurso— propuesta en la escritura. Desde un lenguaje lúbrico-somático, que procura transgredir el cuerpo como depositario de una cadena de significados socialmente regulados, el poema desliza una alusión a la plenitud del placer que puede generar una mujer en otra. La expresión léxica desafiante de Rodríguez Iglesias socializa aquellas manifestaciones naturales del sexo que la norma repudia. Pero, ¿de qué forma la escritura generada por esta autora nos habla de lo femenino? En su voluntad de hacer de la escritura un acto performativo que explora-trasciende los acuerdos o convenciones que nombran esa feminidad. Y en tal sentido, sus poemas resuman la ética de un sujeto —plenamente visible en «Labios»— que se concibe liberado de cualquier atadura, que objeta las costuras, preocupaciones e inquietudes que se instalan en el sujeto lesbiano. Primero sabremos que el sexo, específicamente el acto de chupar las tetas, es una fuente de placer incomparable; escape de la realidad, fuga del mundo. Sin embargo, la hablante de «Labios» apunta que es incomparable el alcance de ese goce cuando es generado por una mujer a otra mujer. En el entramado que el texto traza, con absoluta militancia, se advierte sobre la inconmensurabilidad del deseo en el caso de una fémina erotizar a otra: nótese la contraposición entre «significa que pierda el camino // y lo recupere» cuando el acto sexual es ejercido por un hombre y «significa que pierda todo // y lo recupere // y pierda todo // y lo recupere» cuando es ejercido por otra mujer. Luego, para cerrar el texto con un guiño rotundo, se llama la atención sobre ese detalle de que lo anterior no es nada «comparado con el resto», que es llegar a la zona de la vulva. Tenemos aquí un terreno ganado: el espacio erótico sexual entre dos mujeres legitimizado, visto como catalizador de la libertad. Es esta una voz emancipada, desafiante, complacida con sus instintos, con las coordenadas de su identidad. Como en ningún otro poeta insular, en Rodríguez Iglesias la vulva encuentra una centralidad que reta cualquier diseño proveniente del pensamiento fálico.
Atravesado por una subjetividad femenina en plena rebelión, «Bajo la luna de virgo» plantea:

Mi pareja tiene fiebre.
Mi pareja se metió en un restaurante.

Mi pareja salió del restaurante
con una lombriz solitaria en la barriga.
Mi pareja está solitaria.
Se necesita un bollo bien grande
para salir adelante en la vida.
Si no se sale adelante en la vida
el ser humano se convierte en lombriz.
Con un poco de suerte
se sale adelante en la vida.
Un bollo bien grande
es sinónimo de valor (ibíd.:15).

En estos dos últimos versos, como en los dos que rezan «Se necesita un bollo bien grande // para salir adelante en la vida», se condensa toda una declaración de principios, que, en el caso de Rodríguez Iglesias, destaca además por cuanto desnuda al máximo el lenguaje y violenta el imaginario receptivo. O sea, no hay temor a ser vulgar o prosaica, en tanto la vulgaridad —lo obsceno— permite una identificación e impone un control sobre la representación. La declaración de principios es la de una afirmación de lo femenino en términos de heroicidad y una voluntad de vencer cualquier condición de subordinación.[5] El gesto introducido por esos versos manipula, además, con una locuaz ironía, ciertas expresiones del imaginario ma-

---

[5] Otro elemento que rige, por lo común, la configuración del poema en esta escritora es el humor. El mismo «Bajo la luna de virgo» es ilustrativo al respecto: las acciones descritas (la anécdota) y las disposiciones del lenguaje están articulados de forma tal que accionan «incongruencias», lo que significa —según el desarrollo del concepto como explicación del humor— que se produce una desarticulación, la introducción de ideas sin conexión directa o causal, así como la presentación de comportamientos y actitudes inesperadas que rompen con el marco de expectativas de recepción. Eso es lo que advertimos cuando leemos versos como los siguientes: «Mi pareja salió del Restaurante // con una lombriz solitaria en la barriga», «Si no se sale adelante en la vida // el ser humano se convierte en lombriz», o «Se necesita un bollo bien grande // para salir adelante en la vida». De este modo, el humor invita a participar de la «operación» que el poema es, evidenciando su ir más allá de las presentaciones corrientes del mundo. El humor es una de las envolturas que asume la naturaleza rebelde y el carácter de protesta propio de la escritura de Rodríguez Iglesias, un típico instrumento contra los prejuicios, que pulveriza los valores que enaltecen como superior lo tenido por espiritual. La inducción de la risa adquiere por tanto múltiples fines además del placer, por ejemplo, la denuncia, como sucede en este caso. En la poética de esta autora, la exageración, el grotesco, la sátira, lo abyecto son presentaciones que contribuyen a la gestión del humor, al tiempo que rompen con el orden de autoridad y jerarquía.

chista que suelen asociar el tamaño del pene con su grado de hombría, su capacidad para el ritual erótico. El macho cubano suele ostentar del tamaño del pene y de la virilidad como índice de prestigio social: esto los enorgullece, apuntala su confianza en el éxito, incluso lo garantiza. Rodríguez Iglesias cambia el vector de ese hablar sexualizado, reproduce el performance léxico del macho, para denotar la voluntad de proyección de las féminas y su resistencia a ese ámbito.[6]

Tanto en este poema como en el anterior, la descripción de una relación lésbica es indicativa de esas nuevas posiciones del sujeto femenino apuntadas arriba: en el primer caso, asistimos a una alusión a la acrobacia erótica del encuentro de los cuerpos y al placer de la carne; en el segundo, se trasciende lo sexual para referir la normalización de una vida de pareja, una relación donde están implícitos sentimientos más elaborados. La autora reconoce la legitimidad del encuentro amoroso entre individuos de un mismo sexo. Si bien el sexo lésbico ha quedado instituido como una fantasía estándar del imaginario machista —que cosifica y asume a la mujer como un mero objeto para la satisfacción carnal—, esta mirada que expone sin cortapisas el teatro erótico, el amor y los sentimientos homo de las féminas, ejecuta una reafirmación de la toma de posesión de sus cuerpos y un acceso al control de su propia representación. Ese desembarazo con que se afirma aquí la experiencia lésbica —de pespuntes promiscuos por más señas— confirma la asunción de una subjetividad, de una conducta humana, emancipada. Ya el texto no es territorio para encubrir una pulsión sexual, una identidad o un ansia de independencia genérica frente a la potestad cultural del hombre, sino zona de desvelo y empoderamiento.

Si conectamos la ideología que sustenta los versos anteriores con la de la novela *Las analfabetas* (Rodríguez Iglesias, 2015b), donde —en un gesto de absoluta rebeldía desacralizadora y de reescritura de la Historia—, los

---

[6] Ya he llamado la atención sobre la función de lo abyecto en la escritura de Rodríguez Iglesias, una zona de suma productividad en su trabajo. Ya es un rasgo de estilo que esta autora escenifique, sin marca de pudor alguno, el universo de lo sexual y de lo corporal, por medio de un lenguaje visceral, orgánico, escatológico, como cuando apunta «Yo jamás había visto un hilo en una vagina // colgando de la vagina como un moco de catarro» (2015a:9), o «y se tiró sobre mí // y eyaculé las monilias que tenía almacenadas» (ibíd.:17). Rodríguez Iglesias despliega una escritura «periférica» que busca desestabilizar toda apariencia normativa del individuo femenino, todo discurso que quiera confinarlo a un espacio de vigilancia y prohibiciones. Todo eso que es reducido al silencio y condenado por la moral cívica es exhibido aquí por medio de un lenguaje desbordado que, como pedía Foucault, procura restituir el placer, garantiza trasgredir esas economías del saber que condicionan la identidad del sujeto.

héroes de la nación son denominados en femenino, se reafirmará el intento de Rodríguez Iglesias por enfrentar el poder que coloca el modelo hete-rosexual masculino como paradigma de la nación sexuada —al cual, sin dudas, vence en/por la escritura misma—. Siguiendo esas premisas, en su poesía se constata una espectacularización[7] del sexo (del género, el cuerpo y la acrobacia erótica) en función de romper con cualquier norma opresiva que limite el ejercicio pleno de la libertad de las mujeres. Su escritura es un espacio en el que habitar abiertamente la identidad, sin concesiones al pu-dor ni a nada. Es un intento de socialización en el que subyace un quiebre a las sujeciones de la contingencia.

Insisto en la homosexualidad porque, si bien a lo largo de la historia literaria cubana, el sexo y el amor lésbico han encontrado espacio para su realización, en el paisaje poético contemporáneo todavía es raro encontrar un libro donde se elabore una narración abierta de la subjetividad lésbica. Entre los autores tenidos como Generación Años Cero no se publicó un volumen donde dicha opción sexual alcanzara el protagonismo que reviste ahora en *Días de hormigas,* de Martha Luisa Hernández Cárdenas. El ima-ginario que sirve de base a este cuaderno es el de una identidad explícita-mente homo. Pero no se persigue apuntalar una orientación sexo-erótica ni escenificar las coordenadas de un medio social hostil, incapaz de com-prender la entrega entre dos sensibilidades de un mismo sexo. Al contrario —y quizás ahí resida el mayor valor del libro en relación al tema—, el Yo regulado en el texto se sabe pleno en su identidad, por lo que, en una mira-da sobre sí, repasa pasajes de su memoria en la que ocupa un lugar central su amor por «la muchacha». Por *Días de hormigas* no transitan prejuicios, ni subordinaciones sexuales, ni puniciones morales; lo que late aquí inten-samente es el mapa emocional de un individuo femenino que escenifica su relación con el mundo, mediada, desde luego, por su orientación sexual. Y esa inmersión que la escritura soporta en su ser interior, empieza por develar la experiencia amorosa: «Así la muchacha y yo nos conocimos, // conocerse realmente, quiero decir, como amigas. // Ella con sus piernas nunca antes descubiertas // a la vista de todos, // pintó sus labios, dio un salto, hizo un gesto» (2018:9).

---

[7] Aquí «espectacularización» es un anudamiento entre el sentido acontecimental que la in-dustria del entretenimiento, los medios de comunicación y la cultura de masas proyectan para conquistar la visibilidad pública —implicados el carácter ceremonial y teatral que esta actividad convoca—, y la «puesta en escena» de aspectos emocionales, cognitivos, lingüísticos, pertenecientes a la exploración del sujeto, con la consiguiente representa-ción de intrigas y conflictos propios.

En torno a esa joven designada como «la muchacha» circula la vida toda del sujeto lírico: el encuentro con su identidad —su realización personal—, además de a la madre y a la abuela, le debe mucho, casi todo, al descubrimiento del deseo y la pasión amorosa. La forma en que la historia personal de la voz autoral pasa al texto está filtrada por su involucramiento con «la muchacha»:

> *Y vuelvo a casa, camino a casa pienso en el amor, quisiera saber qué piensa la muchacha sobre el amor, y la muchacha me mira como mi abuela, sin decir casi nada, diciéndome casi todo sobre mí (ibíd.:14).*

> *y la muchacha quería decirme algo,*
> *pero no hablaba,*
> *no hablaba,*
> *y me miró asustada.*
> *Hasta entonces ella no me había querido de ningún modo,*
> *y ahora quería situar su nariz en mis labios,*
> *y ahora quería situar su nariz en mi nuca,*
> *y ahora quería servirme su nariz en la mesa,*
> *y ahora quería proponer su nariz*
> *para cumplir todas mis fantasías,*
> *y ahora quería atravesar mi ombligo con su nariz (ibíd.:23).*

Estos fragmentos son evidencia suficiente de la plenitud que el sujeto lírico halla en el espacio de la pareja, en la posibilidad del amor con la chica. No estamos ante el mundo de la sexualidad, como se ha visto, sino frente a la recuperación de un cosmos emocional. Estos textos comunican con toda dignidad, sin que por un minuto importe la contingencia social, los sentimientos, la felicidad, el involucramiento de una mujer consigo misma; la revelación del deseo dentro de sí. En *Días de hormigas* —una suerte de biografía de la autora: la foto de la madre embarazada colocada en la cubierta y las imágenes familiares instaladas como colofón del volumen así lo demuestran—, la homosexualidad es signo de plenitud e identificación del Yo.[8]

Diseminados al interior de nuestro entramado cultural, esos textos poéticos en que se sustantivan la sexualidad y el género femeninos —sea

---

[8] *Días de hormigas* deviene una suerte de biografía, una muy particular, en la medida en que los poemas repasan instantes, recogen memorias, despliegan pasajes afectivos y recuerdos de un sujeto que, de texto a texto, se va exponiendo. Luego, la foto de su madre embarazada que coloca la autora en la cubierta, más otras instantáneas familiares instaladas como colofón, imprimen una dimensión autoficcional al volumen.

desde la fruición erótica o desde el imaginario social—, estructuran una polifónica praxis de la subjetividad que reacciona contra las imposiciones del aprendizaje cultural. Al respecto, «forma de las cosas que vendrán», poema de Anisley Negrín, es una muestra más que puede ilustrar la franca militancia con que las autoras pretenden contrarrestar los mecanismos de violencia y dominación socioculturales. El hablante lírico se perfila en ese poema a partir de una negación de aquellos atributos históricos que han participado en las demarcaciones de la diferencia genérico-sexual:

> la historia de una mujer está en sus cosas —pienso—, las cosas hacen de una mujer, una historia. [...] la historia de las cosas de una mujer es simple —pienso. la simplicidad de una mujer está en su historia. sus labios pintados por primera vez. sus zapatos de tacón recién estrenados. su blúmer de encaje aún con la etiqueta. solo estrena lencería quien quiere que alguien se la quite en la noche, es el significado de ese blúmer. solo se pinta los labios quien quiere que alguien le arranque la pintura, es el significado de ese creyón. solo se sube en tacones quien quiere que alguien la vea caminar, es el significado de esos zapatos. [...] la historia de esta mujer es simple: nacer, crecer, cumplir dieciocho, desear a alguien, arreglarse para él, abrirse para él, amarlo, no importarle a alguien más que en la noche de sus dieciocho, maldecirlo, desear su muerte, seguirlo amando por un tiempo, por toda la vida, por gusto. yo aún no tengo nada. soy una mujer compleja (2016:68).

Existe aquí el propósito de motivar una reflexión alrededor de la imagen de la mujer y una necesidad de rectificación de la identidad femenina vista desde un ángulo otro. Es esta la construcción de un sujeto independiente, que en el espacio de la escritura es regente de su razón y de su cuerpo. Todo el texto ensaya una negación de la estereotipia social en la que se halla inscrito el Yo femenino, entendido por una tradición masculina que espera recibir de la mujer una estampa que él mismo ha creado. El epígrafe de Luis Rogelio Nogueras que sirve de umbral al poema: «Cae la noche y siguen en pie, // porque no duermen», enuncia desde afuera esa voluntad de rebeldía y emprendimiento, de jactancia del género. Pero el cuerpo central del poema increpa más ese estrecho vínculo dado entre sexualidad y género socialmente construidos. En él se reconoce el comportamiento femenino vinculado a una serie de proyecciones ordenadas en un sistema de roles impuestos al sujeto mujer como marcas de identidad. «Forma de las cosas que vendrán» se opone a participar de esa ficción discursiva que, por tomarse como natural, coacciona la libertad del individuo y lo someten.

Cuando el sujeto lírico niega aquellos elementos y acciones que conforman la historia de la mujer —una abstracción que nos hace reparar en el carácter fabricado de lo que se entiende por femenino— está cuestionando las hegemonías patriarcales, toda vez que rechaza *de facto* el programa social que obliga a la mujer a limitarse a ciertos patrones de conducta. Cuando la voz hablante comenta «yo aún no tengo nada», reconoce irónicamente que no participa —no quiere, se niega a participar— de esa historia que se reduce a «nacer, crecer, cumplir dieciocho, desear a alguien, arreglarse para él, abrirse para él, amarlo, no importarle a alguien más que en la noche de sus dieciocho, maldecirlo, desear su muerte, seguirlo amando por un tiempo, por toda la vida, por gusto». Al mismo tiempo, traza una renuncia absoluta a una tradición de opresión, soslayo y confinamiento al deseo del macho; de reclusión a lo íntimo y lo familiar. Abdica una lógica social resuelta en arreglo a criterios masculinos que pactan los términos en que las mujeres deben ser —para ellos.

Anisley Negrín ha escrito además un poema titulado «Orlando» (ibíd.:30), donde parodia todo conservadurismo moral mediante un desdoblamiento de la identidad que barre con cualquier domesticación de lo femenino. La pieza en cuestión se vale de un juego intertextual con la novela homónima de Virginia Woolf (1966) que queda resuelto ya en el epígrafe que introduce el poema: «La preocupación del sexo, a cuál pertenecía y qué significaba, se acalló; ahora pensaba solamente en la gloria poética [...]». Aquí podemos constatar una manifiesta superación de la diferenciación sexual, puesto que la narración de la cual procede cuenta la sorprendente historia de un sujeto que, de hombre, pasa a ser mujer, sin que dicho cambio implique más que una extraordinaria solución para problematizar el rol de las féminas en la sociedad y la fragilidad de los distingos entre los sexos. A lo que se debe sumar la postura abiertamente feminista que mantuvo Virginia Woolf, un eje que atravesó toda su escritura, que la llevó a pronunciar las célebres conferencias que luego se recogieron en *Una habitación propia* (1995). La elección del epígrafe es una declaración de fe. No resulta ociosa la escogencia, pues connota toda la construcción del discurso.

«Orlando» es la voz de un sujeto hermafrodita, quien discursa sobre el proceso de descubrimiento, la subjetivación, de su particular condición sexual. Antes de revelarnos dicho estado, la voz hablante comenta, por ejemplo: «he probado con pepinos // he probado con cabos de cepillos para el pelo // he probado con utensilios de cocina // excepto con cuchillos // me dan miedo // he probado con penes de hombres negros y también // con dedos de mujeres blancas // con todo eso he probado y todavía sigo virgen».

183

Y más adelante, confiesa: «como mismo tengo una membrana blindada // tengo un pene // poco más debajo de mi ombligo // poco más arriba de mi himen // con el que alcanzo erecciones de noventa grados // de ciento ochenta grados // y hasta de trescientos sesenta grados // con mi pene soy capaz de verlo todo // en las noches lo llamo mi tercer ojo». No es difícil reparar en que ambos instantes refieren, en un tono bastante lúdicro, rutinas que el medio social espera de las mujeres y los hombres respectivamente. La impudicia crítica del poema reside en su irónica observación al dictado de esa «agenda» conductual. Himen y pene son medios para la desfloración, el coito múltiple, la masturbación, la apetencia erótica, la potencia viril, el alarde de la prolongación eréctil… El individuo caracterizado —su cuerpo— está cercado en un territorio donde lo sexual resulta determinante. La satisfacción erótica de Orlando —que no llega nunca para su costado femenino, aun tras probar todas las vías posibles; no así para el masculino, pues con su pene es capaz de verlo todo— tiene lugar cuando «muestro la cabeza de mi pene a mi Himen // y puedo ver en mi interior. // para mi sorpresa // mi interior no está vacío». Desembocar en su mundo interior termina con la anterior batalla que libra el cuerpo. Es solo al final que se revela para el propio sujeto lírico otro ser de sí mismo, ahora dimensionado; una personalidad suficiente que trasciende la economía de su sexualidad.

Respecto a la verticalidad del sexo supuestamente corriente, el hermafroditismo es un factor que perturba cualquier mecanismo esencialista de entendimiento del ser biológico. Dado que aquí la escritura implica meditación, dominio de las ideas y capacidad para estetizar la experiencia, el Yo construido en el poema —al cabo, resuelto en el goce de su condición sexual—, incita a replantearnos todo montaje rígido entre lo masculino y lo femenino; como también a repasar las propiedades ligadas al sexo, las cuales, evidentemente, sobrepasan las determinaciones de lo biológico. Este poema deviene un texto subversivo en relación con cualquier noción de identidad unitaria recortada sobre lo natural o lo metafísico, representada en lo fundamental por una mentalidad moral conservadora. Anisley Negrín encuentra una estrategia certera para parodiar la feminización, como cuando se bufa de la cosmética femenina en «forma de las cosas que vendrán». Puesto que quien escribe es una mujer, su gesto estético se vuelve un atentado contra cualquier imaginería que entienda lo femenino y la identidad sexual como un patrón modélico prestablecido.

Reparemos ahora en Maylan Álvarez, quien publicó *Otras lecturas del cuerpo,* título en el que se propone un intenso cruce de miradas sobre la mujer y sus circunstancias. El sujeto lírico del cuaderno me interesa en lo particular por la seguridad con que proyecta una erótica de sí, un control de sus pulsiones carnales y sus deseos. Sorprende en realidad la satisfacción de su condición genérica, su carácter resuelto y su dominio tanto en el entorno social y familiar como en el acto sexual. La frase «pude escoger pero no me dejaron» informa del coherente diálogo entablado por las autoras que dibujan el mapa poético contemporáneo, tanto como capta el registro de la feminidad en este caso particular. Veamos un fragmento en el que la iconoclastia da cuenta del alcance de la voz femenina:

> Mi vagina es un ser independiente,
> con leyes independientes,
> con unas ganas que a veces, y no pocas,
> le permiten ir por esos mundos buscando miedo,
> ambicionando imponerse entre próstatas,
> vasos y apéndices estranguladas.
> Mi vagina es un ser feliz (2016:35).

Más que por la experiencia interior del ser —tópico por lo general asociado al imaginario femenino—, esta poeta se ocupa de exhibir su experiencia o hablar desde su cuerpo para desestabilizar cualquier lectura conservadora del signo «mujer». Sin pudor alguno, la vagina —en una suerte de sinécdoque— codifica aquí toda la identidad del sujeto; viene a ser un heterónimo u otro Yo inscrito en el mismo cuerpo. La independencia pasa como un gesto de desafío que da cuenta del potente empoderamiento con que se proyectan las féminas. De cierto modo, el cinismo de Maylan Álvarez al personificar su vagina como resultado de una presión de la subsconsciencia machista —los últimos dos versos rezan: «Yo pude escoger otro argumento para este poema // pero aquí ya saben quién manda»— subraya la propensión de una escritura de mujer enfocada en burlar la mecánica masculina y deseosa de gozar en el texto su identidad. De hecho, el poema con que arranca este libro, tras exponer con ironía los deseos del Yo hablante de que alguien controlara desde dentro su cabeza, dice: «Lo terrible es que mi cabeza no es cuadrada. // No es un *ring* de boxeo. Pero las ideas se disputan unas con otras, // jamás abandonan el entrenamiento/ y yo no tengo vocación de árbitro» (ibíd.:11). Queda perfectamente clara la intención de remarcar como propiedad de lo femenino el dominio de la razón. El sujeto está siempre pensando, generando ideas, reflexionando; es una condición propia, no un propósito. Lo que manifiesta esta autora es una profunda conciencia de su personalidad. Orgullosa de su estatus de mujer, despliega con transparencia los principios de su relación con el mundo y consigo misma.

Encauzadas en pluralizar los vectores de sentido que circunscriben el sujeto femenino a un estrecho marco genérico, estas voces están dinamitando
las relaciones entre identidad, sexo y representación. Judith Butler (2002,
2007) ha enfatizado en cómo la experiencia depositada en el lenguaje se supe-
dita a un orden semántico que organiza la comunicabilidad de la vida social.
Nuestro pensamiento y nuestra visión del mundo responden mayormente
a sistemas de representación. La poesía, en tanto representa con el lenguaje,
constituye un terreno ideal para impugnar cualquier esencialismo sobre la
mujer. ¿Por qué? Porque los artificios que pone en acción conjuran una diferencia en la lengua. Lo cual significa que su objetividad —el modo en que
el poema se presenta— impone leyes al lenguaje hasta que el contenido in-
manente de las palabras y las expresiones deviene reorientado. Posiblemente,
la autora que mejor ha meditado al respecto sea Lizabel Mónica.[9] Una zona
considerable de su escritura avisa sobre la necesidad de que las féminas co-
bren conciencia de su condición genérica: convida a practicar una incisión,
imponer una voz, asumir la sexualidad libre de las construcciones hegemó-
nicas. Desde una postura intelectual, acentuadamente reflexiva, una zona
notable de esta autora delinea una poesía encaminada a desmontar esa falsa
noción de la feminidad como resultado de la palabra masculina. La maniobra
en cuestión consiste en interpelar la hegemonía del falo y articular un vector
propio, una narrativa que anude, desde el espacio mismo de la diferencia, las
auténticas sensibilidades de las mujeres; tejer una práctica discursiva capaz
de entender que lo femenino se determina a partir de la construcción de subjetividades en contingencias sociales y de discurso particulares.

«Hay palabras vulvas», poema con que abre el cuaderno *Nudos,* es suficiente para constatar la agudeza y profundidad intelectiva con que Lizabel

---

[9] Residente en Estados Unidos, los varios libros escritos por Lizabel Mónica continúan inéditos. De cualquier forma, esta autora tiene una de las empresas creativas más sugestivas
del panorama reciente. No obstante, han circulado algunos textos en antologías, revistas
y selecciones de variada naturaleza; la publicación impresa no parece figurar entre los intereses de esta escritora, comprometida en trabajar en directo con soportes digitales, los
cuales, en estos momentos, procura incorporar a la naturaleza misma de la construcción
poética. Lizabel Mónica —quien se autodenomina artista multidisciplinaria— produce
bajo el rótulo de lo que podríamos catalogar como poesía experimental, en la medida
en que renuncia a las estructuras tradicionales y apuesta por la transgresión de cánones,
normativas o paradigmas estéticos al uso por la mayoría de los que se mueven en la esfera
pública. Mas su poesía no acaba en el descentramiento de la forma, el forcejeo con el lenguaje, la visualidad del texto y la reflexión sobre la escritura; esto son catalizadores —una
coartada perfecta— para reconsiderar topos urgentes del entramado cívico, entre los que
cuenta aquellos atados al universo de la sexualidad, la identidad y el erotismo femeninos.

Mónica aborda el asunto. Cuando ella coloca esta oración como título del texto está, de entrada, reclamando una enunciación que ponga en escena significantes de estricta relación con lo femenino, que insertos en las tensiones que enfrentan a la mujer con el hombre, apuesten por librarla de su posición subordinada. El segmento inicial del poema comienza del siguiente modo:

> *Hay palabras vulva. Se esconden y se arrastran por los agujeros.*
> *De hilo a hilo no va nada, solo nudos. Amarres productos, amarres dimensionales, amarres bala.*
> *La aguja adquiere la relevancia de su paso por los agujeros.*
> *La aguja es su paso por los agujeros.*
> *La aguja es una historia potencial. Aún antes de horadar espacio alguno.*
> *La aguja no es, sino los agujeros (Mora y Pérez, 2017:295).*

No es obra del azar un título como «Hay palabras vulva». Siendo esta una autora de alta concentración intelectual, la escogencia del título responde a un claro propósito: fijar un sentido, asentar una ideología. En torno a ese sintagma, luego reiterado en el primer verso, se construye una cadena de significados que intersecan todo el enunciado posterior. La expresión «Hay palabras vulva» supone un concepto en extensión y ratifica una convención ética. La oración es intensamente efectiva: al declarar esta cualidad determinada del lenguaje —sin necesidad de definir desde lo sexual el sujeto lírico que enuncia el discurso—, se libra la identidad, en tanto constructo cultural o ideología, de la hegemonía del lenguaje. Esa voz que enuncia no necesita explicitar ninguna marca genérica, solo declarar que existen palabras vulvas. De ese modo, el poema se inscribe al interior de una de las problemáticas que han ocupado y ocupan al pensamiento occidental: si el lenguaje modula al sujeto, lo determina, domina la conformación de su identidad, pues constituye el espacio de simbolización cultural que establece la construcción social del género; si el lenguaje es regido por una mentalidad esencialmente masculina y heterosexual, entonces la sentencia «Hay palabras vulva» inscribe «una diferencia» legítima, necesaria, en la cadena comunicacional —de significados— que da cuerpo a eso que reconocemos como realidad del hombre y de la mujer. Más adelante este gesto inicial cobra mayor resonancia, sobre todo en momentos como este:

> *Es nuestro cuerpo, nuestra experiencia, quien se coloca en tela de juicio.*
> *Simone habla (de) Simone desde Sartre. Sartre habla (de) Simone desde Sartre. Simone utiliza la referencia para autoenunciarse desde el otro. Hay*

un juego de máscaras, pero en definitiva, un zurcido. Hay un incidir sobre
lo propio con la frialdad aparente y siempre extraña de una tercera mirada.
[...]
Simone horada el cuerpo femenino de Simone desde la boca (de) Sartre.
Y no sabemos bien —¿acaso Simone podía / quería saber?— cuál es la
naturaleza de la visita (296).

Lizabel Mónica discute la imposición de que la mujer tenga que enunciarse desde el hombre. Es así como el verso «Hay palabras vulva» a la vez que reconoce el género como una construcción lingüística, resemantiza la lengua, (des)totaliza y descentra el discurso falocéntrico y propone una voz femenina, un habla y una escritura «mujer».

El poema, en rigor, establece un paralelo entre sexo y costura; entre costura y lenguaje. Y ahí mismo sobreviene la primera transgresión a tener en cuenta: Lizabel Mónica manipula a su favor ese estereotipo que afilia la costura con lo femenino, de larga data en la historia cultural —Penélope y el mito de Aracne son solo dos ejemplos—. Reparemos en que la aguja —sustantivo femenino— es colocada en el lugar del pene y el agujero —sustantivo masculino— abierto durante la penetración es situado en el lugar de la vulva. Si ambas figuras canalizan metáforas de los roles genéricos atribuidos a los hombres y las mujeres, esa simple transposición, a efectos de la significación, resulta un desafío a las determinaciones del lenguaje. Pero el acto de la aguja-falo que penetra durante la costura, cuando alude al comercio o la práctica entre los roles sexuales asumidos por hombres y mujeres, se cuida de acusar el mapa ideológico en que se ha insertado: «El recorrido. A través de los agujeros. Es lo que irá describiendo direcciones o no, pero que dejará defunciones y/o nacimientos a su paso. A la manera en que cualquier forma de vida describe una trayectoria»[10](íd.). Mas la costura repercute como símbolo de la dominación ejercida por el varón —una alegoría de lo que la mujer ha tenido que ser— solo en la trama de la historia. La costura es «el encuentro», su problema es los arreglos conceptuales, las estructuras simbólicas por medios de las que se le ha querido otorgar una identidad estática:

Como un antifaz tras el antifaz tras el antifaz, la persistencia de la costura,
su obstinación, consiste en salir del encasillamiento de superficie poniendo

---

[10] Aunque, aclaro a tiempo, Lizabel Mónica se cuida de remarcar un sujeto en el juego de oposiciones que introduce en el poema. No hay costurera o sastre, solo la aguja que pasa por los agujeros, todo lo cual viene a ser, podría ser, el sujeto conformado, su historia…

en práctica la polisemia del encasillamiento. La costura es invisible para el que no ha hecho uso de la aguja sobre las vestiduras. Quedan entre las manos, en el tejido de la piel que hizo contacto con la pequeñísima herramienta metálica, las historias del cosido, las hilaciones abortadas, las rupturas, el entrecruzarse, el azar descrito por los nudos (ibíd.:298).

También el sexo es una metáfora de la dominación masculina: la penetración del pene en la vagina que lo recibe es una parábola ampliamente extendida en el imaginario psicoanalítico de la posición de poder, posesión, conquista del macho. Ahora, tanto el acto sexual como la costura —en una trabada organicidad— son equiparados por la autora con el lenguaje como medio de fundación de la feminidad, para desde ahí ensayar un contundente ejercicio de deconstrucción.

Leemos que «La aguja es su paso por los agujeros. // La aguja es una historia potencial. Aún antes de horadar espacio alguno». Y antes: «De hilo a hilo no va nada, solo nudos. Amarres productos, amarres dimensionales, amarres bala». ¿Se nos dice acaso que el hombre es tal solo en relación a la posición que ocupa respecto a la mujer? En cualquier caso, la masculinidad es solo una historia en potencia, una «construcción ideal» basada en una red de nociones y categorías culturalmente articuladas. El poema libera incluso al hombre de los esencialismos. Este no es suficiente por sí mismo, pues no es hasta pasar por la vulva. O sea, no se es hombre o mujer sino en el momento de la cópula. Pero cuando se anota «La aguja no es, sino los agujeros», igualmente pudiera estar refiriendo que el hombre siempre ha sido de su acción, de su horadar ; sin embargo, queda claro que no es la mujer resultado de la acción de la aguja, sino que la aguja es, depende, del agujero, un agujero que existe incluso antes. Los nudos son justo esas morfologías creadas en torno a los géneros, que pretenden establecer como natural esos roles binarios practicados entre los sexos. Así, lo que se quiere desnaturalizar en «Hay palabras vulva» es la performance —como la denominó Judith Butler (2002; 2007)— mediante la que se ha querido oponer a hombres y mujeres; y al llamar la atención sobre tal carácter performativo, quebrar los ordenamientos que han supeditado un sexo al otro, quebrar cualquier artificialidad que funde la diferencia. Es un romper con esos equilibrios que norman patrones y soportan argumentos, los cuales son culpables del lugar dado a la mujer en una historia pautada por muy precisas regulaciones:

Había un agujero antes de dispararse bala alguna.
Hay un agujero. No mata la bala.

189

(No mata el agujero o la bala.)
No existe el agujero receptor. El agujero fluye, es una zona cóncava, plana o elástica a conveniencia. No a conveniencia del portador de agujero —un portador de agujero es siempre y antes un portador de aguja(s)—; no a conveniencia del canalizador de bala(s)... A conveniencia de una confluencia dada tal vez del encuentro acontecido en otra parte (no en el cuerpo del portador de agujero, no en el cuerpo bala), no se sabe bien dónde —no se sabe dónde por lo general—, porque la sustancia del encuentro es siempre el elemento —¿la baraja?— menos visible.
No mata el agujero o la bala.
Entonces, pues, lo que mata es la visita (ibíd.:295).

La idea del hilo —o para el caso, «la sustancia del encuentro»— es sumamente elocuente: ¿qué es lo que nos une? El hilo puede asumir muchas formas, pero en realidad el hilo no existe. Para quienes han pretendido esencializar las relaciones de género a partir de una diferencia dada en la conexión social y biológica de hombres y mujeres, Lizabel Mónica apunta: «Horadar a través de la aguja // realizar la tensión del hueco produciendo otro hueco: el hilo no es un puente ni es nada. El hilo es la sustancia finita que aparenta sostener la ausencia. // El hilo una excusa. // Una vestidura para engañar al ojo» (ibíd.:296). Con toda evidencia, el fragmento niega la supuesta naturalización establecida entre los géneros, refutar cualquier lazo invariable entre ellos. Más que nada, a Lizabel le interesa apuntalar una postura ante el feminismo; instar una mirada particular sobre lo femenino. De ahí que diga: «El recorrido. A través de los agujeros. Es lo que irá describiendo direcciones o no, pero que dejará defunciones y/o nacimientos a su paso. A la manera en que cualquier forma de vida describe una trayectoria. // Habría que ocuparse, pues, de los sucesos, no de la sucesión. Habría que particularizar en los agujeros» (íd.). Esto es esencial siempre que la autora está convencida de que «hay palabras vulva. Diseminadas. Por doquier. // Tienen la intuición y la condición del agujero»; mas «El agujero fluye, es una zona cóncava, plana o elástica a conveniencia» (ibíd.:295). Cada una de estas citas remiten a la necesidad de excavar un resquicio desde donde reconocer lo femenino fuera de las hegemonías patriarcales que convencionalmente lo han modulado. Lizabel Mónica insiste en pensar la diferencia, en registrar una escritura que movilice la experiencia propia de las mujeres. Hacia el final, dice:

Como un antifaz tras el antifaz tras el antifaz, la persistencia de la costura, su obstinación, consiste en salir del encasillamiento de superficie poniendo en práctica la polisemia del encasillamiento. La costura es invisible para el que no ha hecho uso de la aguja sobre las vestiduras. Quedan entre las manos, en el tejido de la piel que hizo contacto con la pequeñísima herramienta metálica, las historias del cosido, las hilaciones abortadas, las rupturas, el entrecruzarse, el azar descrito por los nudos. La aguja calla más que dice. La aguja juega a ocultar. Y sobre todo juega a que desconoce el agujero y sus entradas (ibíd.:298).

La costura es el tejido del lenguaje y la historia. La aguja —la palabra falo, innominada pues no necesita ser pronunciada— extiende su costura en el cuerpo femenino; nombra a la mujer y al nombrar la funda. La costura es una metafísica que organiza la experiencia femenina y la aguja —que traza, urde la costura— juega a ocultar esas relaciones culturales que dispone, bajo una falsa naturalidad, la articulación —el tejido— de los signos «mujer» y «hombre». Con «Hay palabras vulva» Lizabel Mónica ha escrito uno de los poemas más resueltos respecto a la urgencia de una concientización femenina; logra impugnar esa ideología organizada por el lenguaje que oculta «Como un antifaz tras el antifaz tras el antifaz» el imaginario y la sensibilidad femeninos.

La toma de palabra que consuman estas autoras, tal como pide Lizabel Mónica —desde una postura que asimila los estatutos de su cuerpo femenino y el trazo simbólico impuesto al género—, les permite forzar los paradigmas y valores sociomasculinos que imperan en los imaginarios de recepción más comúnmente extendidos. Articular tales escrituras que afirman la voz del «ser mujer» ejecuta una acción directa sobre un lenguaje mediado por una historia de homogeneización, en la que, no caben dudas al respecto, el hombre ha sido ya por demasiado tiempo el polo dominante. Cada texto introduce un sello diferenciador que procura hacer circular una sensorialidad y una vivencia que no da brecha al enunciado del sujeto masculino.

La actividad creativa aquí patente concierta lecturas que incitan a reformular cualquier determinación de sentido desde el que interpretar al sujeto femenino. Todas ellas dan cuenta de la particular complejidad con que el imaginario y la experiencia de las mujeres se articulan en la ideología cultural de nuestra época.

Tenemos ahora en la poesía una operación, una captura del mundo, que blande el lenguaje para fijar en él un pensamiento. Cada poema es la constitución de un habla que se pronuncia sobre una presencia: la mujer. Cada poema es un movimiento, una constelación en la que debemos entrar para conocer su acción, que es también su verdad.

Quizás el distintivo estético fundamental sea la ganancia de un lenguaje, obtenido de la introducción de una potencia sobre la lengua. Nos enfrentamos, por tanto, a una escritura desnuda, que busca, en lo fundamental, un control sobre la representación de sus identidades de mujer. Los poemas ejecutan adentramientos en el cuerpo, se desplazan al terreno de lo imaginario y lo subjetivo, y se abren al campo de lo social, en la conformación de un arco de ahondamientos en la mujer. Facetada y anudada en cada poema, en tanto el poema compone una universalidad, la voz que adviene sostiene una política y, con ella, una ética: es en sí misma un acto de rebeldía, la conquista de la libertad, la apertura de una potencia que hace irrumpir un sujeto en plenitud.

9

PERFORMANCE(S) DE RESTAURACIÓN DE LA VIDA EN ESTADOS DE MUERTE. ANÁLISIS DE *ESTADOS DE GUERRA*, DE LUIS ELIGIO PÉREZ MERIÑO

(Eilyn Lombard)

(Cienfuegos, 1978). Estudiante de doctorado en la sección de español del Departamento de Literaturas, Culturas y Lenguajes, por el cual ha sido galardonada con la Beca de Estudiantes Graduados. Actualmente trabaja en su disertación sobre el tema de la poesía escrita bajo sistemas autoritarios en América Latina y el Caribe hispano. Sus principales campos de estudio son poesía, estudios urbanos, espacio, performance y autoritarismo. Ha publicado tres libros de poesía: *Las tierras rojas* (2019), *Todas las diosas fatigadas* (2011) y *Suelen ser frágiles las muchachas sobre el puente* (2005); además, tiene en preparación la antología «Lo que no tenemos que decir. Poesía y performance en Cuba contemporánea», que reúne la poesía cubana contemporánea que subvierte los espacios tradicionales de representación. Sus traducciones y artículos han aparecido en *The Brooklyn Rail, La Gaceta de Cuba, Yzur, Inti* y *The Quiet Corner Interdisciptionary Journal*.

El libro *Estados de guerra*, de Luis Eligio Pérez Meriño, fue publicado en 2012 por Enforis Producciones y Omni Zona Franca, y distribuido a través de Amazon u otras variantes personales. Su autor forma parte de la comunidad poética Omni Zona Franca, fundada en el reparto Alamar, en La Habana. El plan Alamar surgió en 1971, destinado a la urbanización de una zona litoral de la región de Guanabacoa. Según Marie Laure Geoffray: «Esta ciudad había sido objeto de experimentos políticos y sociales específicos al comienzo de la Revolución: había sido imaginada y construida como la ciudad del "Hombre Nuevo"» (2007b:1). El «hombre nuevo», según Ernesto Guevara, debía cultivarse desde la juventud, se vería en el siglo xxi, y era imprescindible para «construir el comunismo» (ibíd.:11). Sería este, además, un hombre para quien el arte y la cultura no iban a funcionar, como en el artista burgués del capitalismo, como una suerte de fuga (ibíd:17).

Ese proyecto de hombre nuevo enunciado por Guevara asumiría los sucesos internacionales de finales de los años 80 y sus consecuencias,[1] como parte de la renovación propuesta. Sin embargo, esto no sucede exactamente así. Alamar viene a ser entonces un espacio desde el cual las consecuencias de la crisis conocida como Período Especial en Tiempos de Paz (Castro Ruz, 1990) pueden estudiarse atentamente, una vez que fue una especie de «capital de la contracultura» (Geoffray, 2007b:1).

---

[1] Me refiero a «la secuencia de hechos asociados a la Perestroika y la glásnost emprendidas por Mijaíl Gorbachov a partir de 1985, la caída del muro Berlín en 1989 y la desintegración de la URSS en 1991. El gobierno cubano se enfrentó a esa secuencia de eventos en medio de presiones domésticas e internacionales como la última y crítica etapa de la guerra en Angola, entre 1987 y 1989, y el estallido ese último año de la crisis interna provocada por los juicios contra el general de las Fuerzas Armadas Revolucionarias Arnaldo Ochoa, jefe de las campañas africanas, y los hermanos Patricio y Antonio de la Guardia, oficiales del Ministerio del Interior, acusados de contrabando, corrupción y narcotráfico» (R, Rojas, 2015:184).

La crisis provocó una efervescencia intelectual y artística. Según explica Geoffray, a las estrategias del gobierno cubano para impulsar la cultura, encaminada a «crear una "masificación" de la cultura, es decir, promover formas de arte cubano "auténticas", contra la importación de culturas extranjeras» (2014:10), la producción intelectual no queda inmune. Para esta autora, «la oposición fue erradicada casi por completo durante los primeros treinta años de gobierno socialista y luego resurgió después de la caída del Muro de Berlín» (ibíd.:3). Como las directivas políticas evidenciaban cada vez más su insuficiencia en materia de responsabilidad intelectual, esa emergencia social y cultural originada en Alamar prefirió seguir la pauta de «colectivos políticos polémicos: Paideia, Hacer, la Campana, Arte Calle, Criterio Alternativo o Tercera Opción […] que discutieron alternativas políticas y culturales al régimen socialista cubano» (ibíd.:6). Todos estos grupos, con diferencias estéticas y políticas, apostaban por un arte cuestionador y subversivo. De acuerdo con Geoffray, la emergencia de «actores han creado dinámicas de protesta, especialmente a través de la creación artística, que cuestionan la matriz totalizadora de la experiencia revolucionaria» (2007a:2).

Es en ese contexto que se aglutinan poetas y artistas plásticos para crear Omni Zona Franca, a cuya producción e intervenciones dentro y fuera del espacio de Alamar se integraron otros colectivos de esa parte de la ciudad. La propuesta incluía «poesía, slam, performances, hip-hop y otras manifestaciones culturales de carácter abierto o colectivo» (Martín, 2014:74). Su obrar dentro de Alamar se caracterizó por el impacto en la comunidad, potenciando la inclusión, y la realización de acciones artísticas escandalosas y efímeras, «que constituye otra apropiación del espacio, a través de la pintura efímera, el cuerpo y la voz» (Geoffray, 2007b:9), y de prácticas espirituales diversas, compartidas o no, desde las particularidades de cada integrante o visitante.

Omni fue un proyecto esencial de contracultura. La localización geográfica de Alamar, en los márgenes de La Habana, y la composición afrodescendiente de buena parte de sus integrantes, les permitió elaborar un discurso alternativo contra el recelo político y cultural de las instituciones, y que se estableció a la vez como espacio de encuentro y producción artística y espiritual. En palabras de Zoya Kocur, Omni «ha incursionado en la creación de un nuevo espacio público, lo cual implica una contribución importante al surgimiento de la sociedad civil en Cuba» (2013:265).

Estados de guerra se escribió durante el período en que el autor participó en múltiples intervenciones urbanas. Sin embargo, no se publicó hasta casi diez años después; según él mismo comenta, se reescribió muchas veces antes de conformar un libro.[2] Sin embargo, la crítica literaria apenas lo reconoce o ha estudiado. Lo anterior puede deberse, en primer lugar, a los circuitos de distribución y promoción; pero, sobre todo, al hecho de que los académicos han fijado su atención principalmente en Omni como colectivo y enfocado los estudios en su proyección performática. Las únicas aproximaciones críticas a *Estados de guerra* que he podido localizar son unas notas de Reina María Rodríguez publicadas en la nota de contracubierta, con la alusión a que aparecen en *La Habana Elegante*; y las palabras de Efraín Rodríguez Santana, que aparecen en el libro como suerte de prólogo/carta amistosa y crítica. Por otra parte, Alberto Abreu, al sugerir ciertos debates teóricos sobre la subalternidad en Cuba, analiza certeramente uno de los textos, que él conoce solo como instalación performática.

El libro funciona como una suerte de testimonio material de un proceso individual dentro de una comunidad de creación y búsquedas espirituales diversas, en el contexto marginal de Alamar, bajo condiciones adversas de diferente tipo. En ese sentido, se sitúa simultáneamente en las categorías de archivo y repertorio, tal como las define Diana Taylor. Para esta autora, «el archivo [incluye] materiales supuestamente duraderos (es decir, textos, documentos, edificios, huesos) y el llamado repertorio efímero de práctica / conocimiento incorporado (es decir, lenguaje hablado, danza, deportes, rituales» (2003:19). De ahí que *Estados de guerra* apele a un performance que es acto de recuperación: de calles, sonidos, nombres, autores; y también de corporización de proyectos que posibilitan el intercambio con el otro, así como resistir las miserias y el silencio. A la vez, utiliza todos los recursos a su alcance para decir, ser oído, y visto.

Amaury Pacheco, uno de los integrantes y fundador de Omni, explicó a Kocur:

> *El performance es para nosotros una actitud que conduce a la manifestación constante del estado creativo, pero también es la manifestación artística que mejor nos caracteriza y a través de la cual podemos combinar todas nuestras posibilidades creativas. A través de él asumimos / aceptamos / adoptamos elementos del cuerpo, de la oralidad, la poesía, la escritura en su aspecto visual, el teatro de baile, la música, la canción y todo el arte visual, que proyectamos enfáticamente en espacios urbanos, aunque también en teatros y galerías (2013:165).*

---

[2]   «Este libro me llevó diez años poder decir que estaba listo, pero después siete años más corrigiéndolo» (Luis Eligio Pérez, en conversaciones vía Messenger).

El origen de la vinculación de performance y política proviene de los ritos comunitarios de las sociedades primitivas, lo cual permite entender cómo «continúan formando una cadena viva de memoria y contestación» (Taylor, 2003:50). Me interesa pensar el performance como la respuesta que emerge a partir de la comprensión de la memoria y la realidad social en la que el artista construye nuevos espacios, identificable con esa *actitud* a la que se refiere Pacheco, vinculada fuertemente al cuerpo, como vehículo, pero también como fin, como arte. En este sentido, convengo con Taylor cuando explica que «[D]ebido a que el performance siempre participa en los sistemas sociales, este dilucida las relaciones de poder» (ibíd.:272). De ahí que mi análisis se mueva hacia la comprensión del performance como un espacio de entrecruzamientos, donde lo personal y político se intercambian todo el tiempo. En Cuba, donde el Estado totaliza todos los espacios, participar de las relaciones de poder desde la marginalidad, como es el caso del colectivo Omni, no solo constituye un performance en el sentido de «comportamiento reiterado, re-actuado, re-vivido» (Taylor, 2012:22), sino que también aparece asumido como actitud (Pacheco). Se trata de un performance que subvierte el espacio público al ocuparlo, sobre todo si, como Kocur explica, entendemos que el espacio es siempre del Estado: «En Cuba no hay un verdadero espacio "público"; más bien, todo el espacio nominalmente público está dominado por el Estado. Incluso el espacio "privado" está sujeto a la vigilancia y control del Estado» (2013:273). El espacio público, intervenido, deviene laboratorio donde se diseminan las relaciones sociales y proceso donde las transmutaciones, «actos vitales de transferencias» (Taylor, 2012:25), constituyen una especie de atentado contra la ley.

Estados de guerra documenta la crisis vivida por Cuba en los años 90 y después, pero es sobre todo un ejercicio del lenguaje que desestabiliza los formatos establecidos. En este sentido, se apropia de las herramientas que el sistema de la lengua española provee y las subvierte. De la misma manera, entiende el lenguaje como acto, pero un acto que el individuo puede modificar e intervenir. Los textos que aparecen en el libro no solo fueron representados/expresados en las calles. Más allá de esto, la propia concepción del libro y de la poesía constituye un performance donde las imbricaciones personales y políticas desatan el hecho artístico. La primera parte de mi análisis se enfoca en el título de la obra y sus implicaciones semánticas para establecer una estructura/arquitectura a partir de las temporalidades diversas y (des)ordenadas, y la consiguiente subversión de la historia nacional, entendidas como actos de violencia. En la segunda parte analizo la elección de la *flânerie* como un performance de representación de la multiplicidad de movimientos que pueden conformar el espacio y restaurar otras de sus percepciones.

El título anuncia intersecciones contextuales. «Estados» remite, en primer lugar, al estado como «situación o modo de estar». Sin embargo, el plural indica una coexistencia de esos modos y en esa pluralidad aparecen signos de subversión. La instauración de lo plural derroca una propuesta autoritarista, decreta la multiplicidad como símbolo de la nación y se opone al Estado, uno y con mayúscula. Al mismo tiempo, el hecho de que los estados a que se hará referencia en el libro sean «de guerra», permite articular este concepto dentro de un espectro de posibilidades, que van desde la violencia —implícita en el acto de usar el lenguaje para nombrar y la acción específica que atenta contra las normas de civilidad— hasta el silencio, como ofrenda de paz.

Los sucesos que se describen en el libro suceden en la calle y literalmente se representan allí; pero, al mismo tiempo, tienen lugar en la subjetividad del poeta y en las de quienes lo acompañan en el acto de decir la poesía en espacios abiertos, lo que consigue un escenario múltiple desde su propia concepción. Este escenario constituye un lugar en estado de excepción, entendido, con Agamben, como «un espacio de vacío de derecho, una zona de anomia en la cual todas las determinaciones jurídicas —y sobre todo la distinción misma entre público y privado— son desactivadas» (2005:99). En *Estados de guerra* se condensan el derecho y deber del ciudadano de resistir «cuando los poderes públicos violan las libertades fundamentales» (ibíd.:38), y se potencia como estrategia de producción y restauración para que los seres humanos puedan dialogar, reconocerse y crear juntos.

En primer lugar, el poemario está compuesto por tres libros y organizado en sentido inverso: el primero de ellos es el «Libro tercero» y el último, el «Libro primero». Este hecho permite concebir el cuaderno como un proceso de acumulación. Pretende transgredir el orden de la lectura, forzando al lector a comenzar por los últimos textos escritos. El libro, al ser concebido en orden inverso, también reproduce ese flujo. Además, como los textos han sido representados en la calle antes de estar impresos, reproducen ese espacio en papel y acarrean con la experiencia semántica de todo ese tránsito y las consiguientes incorporaciones de voces, referencias, sucesos. En segundo lugar, es importante referirse a las marcas de temporalidad de cada portadilla de lo que podemos leer en el primero en el orden de aparición. La inicial se titula «Intemporal» y las siguientes portadillas: «Pasado Presente», «Presente Rojo», «Ruptura Presente», «Final» y «Fuera», desajustan una concepción lineal y hegemónica del tiempo, y acentúan las multiplicidades y diferencias implícitas en el título del poemario. Al mismo tiempo, refuerzan la proyección performática del libro, no solo como objeto, sino también como proyecto de vida, como actitud. En tercer lugar, las historias de este libro transitan por diferentes momentos de la historia de Cuba. Algunos textos suceden en 1897: fin de las guerras de independencia de España; 1953: ataque al cuartel Moncada y la escena de la tortura donde le arrancan los ojos a Abel Santamaría; 1999: consecuencias para un veterano de la guerra de Etiopía y el suplicio de tener que tomar medicinas «para los nervios», entender sus riesgos, aprender a ser precavido, además de lidiar con las implicaciones físicas y espirituales que se derivan de los recuerdos y el silencio obligatorio acerca de aquellas experiencias.

Resulta significativo pensar cómo y por qué, a pesar de las superposiciones o temporalidades adyacentes, los poemas prestan especial atención a la permanencia. En los versos «Miro largo tiempo el mar», «aquí // respiro el infinito», o «solo fango y moscas y nuestros // huesos como espinas // quedan // en calma tragar // mirándonos // ... amargo tan... // dulce...» (ibíd.:15-16) se puede entender el espacio como una zona de estatismo. El hecho de *mirar* por *largo tiempo* reproduce un estado habitual y constante, reforzado con otros lexemas como *aquí*, *quedar*, *calma*, e incluso *tragar*, asociado con la idea de aceptación. El estatismo constituye una representación del sistema y el Estado en tanto excepcionales, o como ha dicho Duanel Díaz para explicar la imagen de Cuba luego de la caída del Muro de Berlín, «no ya como avanzadilla del futuro, sino como un lugar fuera del tiempo, o más bien congelado en el tiempo» (2014:204). Esta detención en el tiempo se ejemplifica en el libro mediante muestras concretas de inmovilidad. Las menciones en el poema a un individuo que mira a «los huesos en calma» constituyen en ese contexto resultados y atributos de un sistema que se ha instituido como ruina.

La permanencia también se conjuga con el movimiento: «Las olas pican contra // los arrecifes: se mueven // gentes, autos, pájaros, // un animal; el concreto de/ los edificios como árboles, // y el humo negro: // nubes» (Agamben, 2005:17). Esta coexistencia de lexemas que marcan rapidez y vitalidad se observa en niveles superpuestos. Por una parte, se presenta un sujeto inmóvil, que mira largo tiempo el mar, rodeado del mar, donde las olas se mueven con furia. Por otra parte, el texto habla de esos «huesos [...] en calma» (ibíd.:15-16) del sujeto que mira, rodeado de otros en movimiento así como de animales y autos. Las construcciones donde el ritmo y la inmovilidad se contrastan encuentran su explicación en: «Todo esto que se mueve está. // Lo más vivo yace» (ibíd.:17). El autor prepara estos espacios de subversión como zonas donde hay una aparente quietud e invisibilidad, pero que fermentan silenciosamente.

En las imbricaciones de los «estados» como sustrato inamovible, los indicios de rebeldía, auguran posibilidades de subversión. De cierta manera, este concepto deviene un postulado ético y político importante en el libro. Las referencias al movimiento cíclico e inútil de las almas y los cuerpos, la coexistencia de civilidad y de falta de costumbres también pueden encontrarse en versos como «Un Animal Civil marcado en la piel del alma, // digo, estar fuera de lo que "gira y gira"» (ibíd.:37). En ellos se revela la conformación de un tipo de individuo que atraviesa varios estados del cuerpo, y del espíritu, bajo la mirada vigilante del Estado. La civilidad de este animal que es el nuevo tipo de individuo, permite reflexionar sobre un sujeto inmerso en ciclos de aceptación/rebeldía traducido en la contraposición de estatismo y movilidad. El giro constante, repetido en «gira y gira», apunta a la constatación de un centro que puede ser identificado con el poder. El autor/sujeto poético/Animal Civil, sin embargo, insiste en situarse fuera de ese núcleo hegemónico donde se perpetúan giros vacíos.

Por otra parte, el ritmo que se desata en los siguientes versos:

> *Caliente/ baja/ caliente/ baja*
> *caliente/ baja_ando_sube/*
> *la sangre-perreo/ en la*
> *esquina/ prende/ de perros*
> *estos/ que mueven/ mueven*
> *sin llave o retén-freno/ (ibíd.:47),*

reforzado con la superposición acelerada de palabras, acusa un baile desenfrenado. El uso de barras, guiones cortos y guiones bajos, introduce una gama de significados. La barra carga connotaciones varias, según la Real Academia de la Lengua Española (RAE), como relacionar conceptos que pueden ser afines o excluyentes, marcar la alternancia de singulares y plurales, o dividir, como en las matemáticas (2014). En los versos anteriores, sin embargo, la elección parece responder a otro concepto. En todo caso, en el primero indica la brusquedad en las transiciones, el paso de un atributo (caliente) a una acción (bajar) y, sobre todo, la repetición de ese proceso. En el segundo, el uso de guiones bajos para separar palabras en el bloque que conforma la estrofa añade un ritmo mucho más sosegado a la lectura. Las acciones *bajar \ andar_subir /*, si se tradujeran por medio del dibujo, conformarían una especie de trapezoide sin base e invertido. Las barras funcionan como separadores de acciones que van cayendo en la medida en que son descritas para ubicar lugares, personajes, complementos. Por otra parte, el guion corto utilizado en la muestra, así como otros que pueden encontrarse en este poema, intentan sutilmente construir una nueva palabra añadiendo otras que clarifican o refuerzan aún más el significado de la primera. Es el caso de «retén-freno», que se convierte en una suerte de palabra compuesta en transición, donde el concepto transita de un objeto o noción que puede reducir el movimiento a uno que lo corta en seco.

El poema anterior describe una escena de baile. Al aludir a un baile popular, como es el perreo, al ritmo de reguetón, el autor no presenta este género musical con el sentido peyorativo que la cultura institucional le otorga.[3] El texto, además, se inserta dentro de un proceso de recuperación de la tradición africana, sobre todo del aporte jamaiquino al surgimiento del reguetón, conectando con sus ritmos y resiliencia. Con ello responde también a una falsa o ineficiente corrección de las diferencias raciales operada en la Revolución, que «silenció cualquier discurso sobre estas diferencias, enfatizando permanentemente la dimensión política de la identidad frente a otras dimensiones posibles, como el género o la etnicidad» (Martín, 2014:73). Responder desde el arte (poema, baile, performance) resemantiza costumbres y tradiciones que forman parte de esos silencios o memorias mal construidas durante el período revolucionario. Las búsquedas de Pérez Meriño, tanto personales como desde dentro de la comunidad de Omni, pretenden recuperar conexiones con las raíces en pro del crecimiento espiritual. De ahí que la conjugación de un baile que tiene sus orígenes en música hecha por afrodescendientes y la pelea que se sugiere en el poema, acudan a resignificar el carácter guerrero del baile (F. Ortiz, 1906:74). El propio poema alude a las «masas moldeables» (Pérez Meriño, 2012:47) que en la batalla-baile, al igual que los primeros esclavos reunidos en cabildos (F. Ortiz, 1906:87), encuentran su libertad. Esta es incentivada con el grito «prende» que da fin al poema. Al mismo tiempo, se refiere a una pelea de perros callejeros. Asimismo, alude a «tener un prende», modismo que se utiliza en algunos círculos sociales para indicar un estado de euforia o excitación provocado por el consumo de marihuana, entre otras. Poner el baile (perreo) y los bailarines (¿perros?) en el goce y la guerra a la vez constituye una subversión radical de conceptos contemporáneos falsamente «cultos» en cuanto al baile, al mismo tiempo que un rescate

---

[3] Aunque el libro es muy anterior al Decreto 349 (2018), este resume legislaciones anteriores (Decreto 226, 1997) que declaran como contravenciones un grupo de manifestaciones de amplio espectro y compleja identificación, que incluye «pornografía, violencia, lenguaje sexista, vulgar y obsceno». El reguetón y la manera de bailar esta música, conocida como «perreo», serán para la cultura institucional algunas de las materializaciones de lo que penaliza ese decreto de 1997.

y homenaje tanto a las raíces como a la cultura contemporánea marginada debido a su institucionalización en un Estado totalitario.

En los *estados* o zonas donde se asienta el poemario, hay tres guerras fundamentales: la guerra para independizarse de la Corona española; la guerra librada en los años 1950 para derrocar las dictaduras en la República al amparo del gobierno estadounidense; y todas las otras guerras que marcan al pueblo cubano en los años en que el libro es escrito/vivido. Esta tercera incluye la presencia de la Isla en las contiendas bélicas de varios países del continente africano[4] y presenta las consecuencias sicológicas y materiales que tuvieron en los veteranos y sus familias. Además, incluye la lucha cotidiana y despiadada por la supervivencia[5] que libraron los cubanos durante la etapa conocida como Período Especial.[6]

Las luchas por la independencia en el siglo XIX aparecen relatadas en el libro como una fuente de dolor, al mismo tiempo que de ciertos afectos regeneradores como la solidaridad. En el poema «*After the ball is over*», el sujeto poético describe cómo «El jefe herido. Herido el soldado al llevar al jefe // sobre sus hombros. Jefe herido // en esfuerzo sobrenatural // se echa // al soldado sobre sí» (Agamben, 2005:25). En ese relato se intuyen ciclos de dolor y protección que proponen un acto de sacrificio y cuidado del otro. La guerra, entonces, deviene un estado —modo de estar— impuesto por otros, en el que el ser humano, sin embargo, encuentra no solo maneras de supervivencia, sino incentivos de crecimiento personal. En ese contexto, validar estas luchas apela a reconocer la tradición libertaria del pueblo cubano.

Por otra parte, el poema «Hunde en mí tu hoja más dura (Abel. 1953)», que relata la tortura de Abel Santamaría, luego del asalto al cuartel Moncada, muestra

---

[4] Rafael Rojas explica en su libro *Historia mínima de la Revolución cubana* que «el gobierno de Fidel Castro mantuvo su respaldo a los movimientos de liberación nacional en África, que había iniciado desde los años 60, en Argelia, Zaire, el Congo, Guinea-Bissau y otros países. Los proyectos africanos de La Habana incluyeron grandes desplazamientos militares a Angola y, en menor medida, a Etiopía que, de acuerdo con el historiador Piero Gleijeses, alcanzaron la cifra de 55 000 soldados cubanos en el continente africano entre los años 70 y 80, se inscribieron en la crisis final del colonialismo portugués y, en el caso etíope, en el conflicto entre Somalia y Etiopía por el territorio de Ogaden» (2015:185).

[5] Elzbieta Sklodowska en su libro *Invento, luego resisto: el Período Especial en Cuba como experiencia y metáfora (1990-2015)*, relata y reflexiona sobre las vicisitudes y ejercicios de supervivencia que se vivieron en la Cuba de esos años.

[6] El Período Especial fue declarado en Cuba en el año 1989 (Castro), como consecuencia de la disolución del campo socialista. Fidel Castro advirtió que el país enfrentaría nuevas dificultades y que ya no podrían contar con las ayudas que se recibían del CAME, organización formada en torno a la URSS por diversos países socialistas y que constituía una alternativa para el intercambio y la recuperación de sus economías.

un desenlace en el que se cuestionan los significados (libertad, patria, morir por la patria) del discurso nacional. Este poema tiene tres partes; sin embargo, la tercera no tiene palabras ni signos ni dibujos. Después del número 3, que señala esa parte del poema, se intercala un espacio en blanco hasta el fin de la página. La representación visual de silencio remarca un proceso de desilusión que equivale a un discurso vacío. El autor acude una vez más a la experimentación con la estructura y los convencionalismos lingüísticos y formales para reforzar los conceptos que presenta en su texto. El quiebre de la normativa visual de la estructura del poema apunta a una ilusión de suspenso, que permite pensar en posibles significados para esta materialización del silencio. Abel Santamaría resultó prisionero en una lucha que tenía como objetivo el derrocamiento de la dictadura y la instauración de un nuevo sistema social. La violencia que encierran el acto de tortura y la lucha revolucionaria se condensan en un después de «logros» no alcanzados, que el espacio en blanco representa bien.

La otra guerra a la que el autor hace referencia en este libro tiene lugar simultáneamente en las calles y cuerpos de los veteranos de las misiones internacionalistas en diferentes países de África. Acusa, al mismo tiempo, la invisibilización de las consecuencias y el trauma de la guerra; la falta de atención a las personas afectadas por la experiencia. Por tanto, interpreta y da voz a los que sufren en silencio. En uno de los textos, un veterano de Etiopía dice: «la guerra // y los recuerdos nos tienen hipertensos. // Andamos…» (ibíd.:27). La enfermedad aparece como consecuencia de la manipulación y del ejercicio del poder que decide una participación no voluntaria.

Por otra parte, está implícito lo que en lenguaje popular se conoce como «lucha», que consiste en los esfuerzos por conseguir salubridad, medicinas —como aparece en el poema anterior—, alimentos, por sostener la ciudad y el cuerpo. Versos como «ASEDIAR AL ENEMIGO // NO DENGUE // NO AIRE» o «al menos la especie no falta…» (ibíd.:32) indican un estado de tensión y constante necesidad de buscar alternativas de supervivencia. Este texto es una suerte de palimpsesto que contiene versos marcados de Pacheco y fragmentos de una acción poética en la que Amaury conversa con Alberto, el cojo de Obispo, una persona de la vida real que usualmente podía encontrarse vendiendo hortalizas en esa concurrida calle, en la Habana Vieja. Una nota al pie reconstruye ese hecho y cuenta brevemente quiénes son los implicados y dónde se desarrolló.[7] Además, el texto consigue corpo-

---

[7] El libro usa varias de estas notas para complementar las experiencias del sujeto poético. Dentro del contexto de este libro, las notas al pie refuerzan la performatividad del poemario, de sus muchas voces, y permiten al lector vivir una experiencia de diálogo múltiple.

rizar otras voces que forman parte del escenario descrito. La reutilización de esos versos dichos en la calle no solo constituye un ejercicio performativo, al poner el acto en el texto, sino también, por medio de la superposición de situaciones, temporalidades, espacios y personajes, manifiesta una pluralidad de estados y consigue mostrar un espectro de alternativas que justifica múltiples posibilidades para la subversión, al tiempo que permite restaurar las realidades.

Del análisis de la palabra «guerra» en el título se desprende también una revisión sobre la noción de violencia presente en el libro. Al reconocer y denunciar el ejercicio violento en guerras y, sobre todo, por parte de un Estado que domina, el autor emplea una suerte de *contraviolencia*. Con este recurso puede reconocer y contrariar el sistema, ejemplificado en el lenguaje, ya que, «la escritura, obliteración de lo propio clasificado en el juego de la diferencia, es la violencia originaria misma» (Derrida, 1986:144). Al entender el lenguaje, en cuanto acto de nombrar, como portador de una violencia intrínseca, el autor la ejerce sobre la propia estructura del libro, de la página, de la literatura.

Las palabras fragmentadas, rotas para conformar otras palabras, atentan contra la normatividad de la lengua y pretenden deshegemonizar la gramática tradicional. En los siguientes versos de «Libro Tercero. Canción para Centro Habana», el lexema queda suspendido y luego aparecen cuatro o cinco versos con posibles morfemas y significados diferentes:

Es conciencia
pero igual
puedo convertirme/ en ingeniero
de embarcaciones rústicas
titularme de Marinero
 Mari:

-nero: quemador de archivos, navegante;
-con: junto, sexual-contrario;
-do: nota musical, cónyuge, macho;
-cela: loca, puta, abierta a celo;
-no: negativa, aventurero, emigrante (Pérez Meriño, 2012:113).

El poema resulta una crónica sobre «la crisis migratoria de 1994, cuando 36 900 cubanos emigraron por vía irregular desde Cuba hacia Estados Unidos» (Aja, 2000:3). Por vía irregular, el historiador se refiere a los individuos conocidos como balseros, que construyeron embarcaciones para lanzarse al mar huyendo de la crisis económica, social y política existente. El propio Pérez Meriño, en una nota al final del «Libro primero», explica que «35 000 cubanos ingenieros mari sobrevivieron al lanzarse al mar en busca de otras posibilidades y modos de vida, en los años 90» (2012:117).

El primer elemento que enuncia el poema es, pues, la conversión radical de un grupo de individuos en marineros e ingenieros constructores de barcos rústicos, los cuales asumieron este rol sin preparación alguna. A esa provisionalidad de un oficio tan específico, el autor añade otras posibilidades de conjugar el morfema |mari-|, como consecuencia de la precariedad de una sociedad a causa de una crisis del sistema. Al presentar esa gama de interpretaciones posibles, pretende reflexionar sobre la pluralidad, más que nada cuando esta también está en manos del poder dominante. Todas las opciones, sin embargo, están cargadas de implicaciones negativas, al menos de acuerdo con un sistema de valores morales imperante en la sociedad. En los versos citados, resulta particularmente curioso el método lingüístico mediante el cual se traduce un proceso político. Me refiero a la degradación construida por el discurso oficial y asumida por parte de la opinión pública internacional para aludir a las personas que decidieron abandonar la Isla por los medios más dramáticos posibles.

Otro recurso utilizado por Pérez Meriño para mostrar la violencia ejercida sobre el sistema (lingüístico), desde los bordes, es la introducción de oraciones que empiezan por punto:

.Casa de putas con 30 lesbianas
.Negrito que se faja con dos perros
.Un loco con bandera
.El mérito está aquí
.Comprar un poco de yerba o «esa casa de crack en Centro Habana»
.Nos quitaron los negocios: firman pintores, firman taxistas, cuentapropistas.
Nulidad pa'
todo. Todo pa'trás
.Los músicos callan: carros, buses, martillos, calles rotas, discurso polit…
plazas vacías…
perros
.El mérito está aquí (ibíd.:94)

Comenzar los versos después del punto, sin dejar el espacio que sigue a este signo en la construcción normativa de oraciones, muestra de manera elemental la idea de subvertir y restaurar que he apuntado como uno de los performances fundamentales en el libro. Introduce también una reflexión sobre todo lo que puede ser dicho una vez que los discursos oficiales cierran la oración (discurso/sistema). Ofrece, entonces, parte de una realidad oculta detrás de poses edulcoradas o falsamente patrióticas. Constituye, en todo caso, ese sustrato de voces olvidadas que son constantemente borradas por los mecanismos de poder.

Merecen mención en este sentido los signos de puntuación elegidos para muchos de los versos finales, como «Alguien ripia o rapea:» (ibíd.:110) o «cayendo pesado sobre la página central:» (ibíd.:98), «la realidad *es*/» (ibíd.:93), «cumplir con el traf.../» (ibíd.:52), en los cuales se puede reconocer, primero, la intención de expresar que ni siquiera en términos formales un final es igual a otro. Según la RAE, los dos puntos se utilizan, principalmente, para dar paso a una enumeración de carácter explicativo, o a la reproducción de citas y palabras textuales (2014); separar una ejemplificación del resto de la oración; preceder un efecto, luego de haber señalado la causa, o expresar división en las matemáticas. Si los dos puntos en los poemas de Pérez Meriño expresan el final del poema, podemos leer de otra manera ese silencio final. Al moverse entre posibilidades de vacío y muerte, o multiplicidad que no puede ser descrita y esperanza, el autor juega con la subjetividad del lector, aventurando un performance no solo de participación colectiva, sino de interpretaciones variadas y subversivas.

En este libro hay poemas y fragmentos de poemas que están en recuadros. También, el autor utiliza la negrita y diferentes tipografías, interviniendo en el proceso de lectura de su texto. Además, coquetea con el caligrama, con la poesía visual, creando espirales, casas, olas y otras formas en el texto (Pérez Meriño, 2012:91-92, 95-103, 110-114, 116). Su performance no solo presenta y aboga por la ruptura del libro en cuanto sistema, sino que es un acto contra funciones sociales, como la figura del editor. El autor asume la función del editor del libro, también en el sentido de que provee al lector de numerosas notas paraliterarias donde aclara motivos, referencias a autores y circunstancias, describe elementos de su realidad, etc. El performance como acto e intervención se expresa de manera directa en uno de los últimos poemas por medio del intertexto del programa Microsoft Word que dice «*Your text here*» (ibíd.:108-109), con el propósito de invitar al lector a sumarse a la autoría del poema.

El siguiente performance en el libro al que quiero referirme es ese «*behaviour*» o actitud del sujeto poético/autor como *flâneur*. Dentro de la incipiente sociedad industrial y mercantilizada del siglo XIX, Walter Benjamin llama la atención sobre el *flâneur* como la figura de la modernidad en que los tiempos y lugares remotos interpenetran el paisaje y el momento presente (1999:419). Me interesa en particular la mirada de James Clifford, para quien el *flâneur*, además, está «involucrado e implicado con los espacios habitados de la ciudad» (2019:328). Como expliqué, el sujeto poético del libro reproduce esta actuación al recorrer la ciudad e intervenir en ella. Desde esta perspectiva, asume una vocación cívica, principalmente establecida en el hecho de tomar conciencia sobre el espacio que se recorre para incidir sobre él.

El *flâneur*, en tanto categoría de estudio, se ha utilizado básicamente «como una alegoría de la mercantilización de la sociedad capitalista: los intelectuales venden su pensamiento en la cultura de masas —se igualan a las mercancías— y los ciudadanos se convierten en sus consumidores» (Curdavic, 2012:64). Sin embargo, es posible problematizar esta idea que limita la acción del *flâneur* a la del intelectual que convierte su producción en mercancía. Considero que el Pérez Meriño asume la *flânerie* como performance y usa esta herramienta para la representación de una ciudad en crisis. Con ello, no mercantiliza los espacios, sino que los resignifica. Desde esta posición, subvierte los mecanismos represores del poder que involucran la movilidad del individuo y de la sociedad. Así, el performance implica una actitud vital en la que se funden el arte-vida y el posicionamiento ante el poder como actitud política. La obra de Pérez Meriño muestra cómo caminar reflexivamente sobre la ciudad constituye una actitud que permite analizar y comprender el espacio, al tiempo que incidir sobre él y modificarlo.

Por medio de ese performance hemisférico (Taylor, 2012:275), el individuo puede salir de un lugar (un cuerpo) para situarse en otro, usando unos espacios para entender otros. La noción de interseccionalidad o, como la llama Taylor, entrecruzamientos (íd.), es esencial para comprender la subversión del cuerpo (del sujeto poético, de los personajes, de la lengua, del libro) como una expresión extendida que desarticula las estructuras y permite al autor trabajar en la restauración de afectos y realidades. En el poema *Escena 1 ¿CISMA?*, Pérez Meriño señala la transformación del cuerpo que se mueve por la ciudad, como *flâneur*, como una posibilidad para reflexionar sobre lo múltiple. En los versos

> *Alguien*
> *denuncia en nombre del CUERPO.*
>
> *La escoba. ¿Soy–*
> *–, soy un*
> *cuerpo dentro del CUERPO?*

Si... y no hay otra forma
de la palabra?, somos el eunuco.* Con la escoba, pero el eunuco (2012:41).

la escoba, instrumento de limpieza, aparece como ese «alguien» que «denuncia en nombre del cuerpo» (íd.). El objeto adquiere cualidades humanas, como la posibilidad de tomar conciencia de sucesos, analizar y, finalmente, elegir una actitud como es el caso de la denuncia. Limpiar, de cierta manera, equivale a nombrar y expulsar lo que está mal. También presenta una imagen del cuerpo que barre (el barrendero) como eunuco. Por una parte, puede mirarse al barrendero como una figura que recorre la ciudad regularmente y está determinado por el sistema para cumplir cabalmente un objetivo. Sin embargo, en este texto, ese sujeto indaga sobre su identidad y la cuestiona. Otro elemento importante es que se reconoce plural: «somos». El nosotros anunciado en el reconocimiento de un cuerpo dentro de otro, se redondea en la declaración «somos el eunuco». Resulta interesante la elección de esta figura que de acuerdo con la RAE es «1. hombre castrado.; 2. m. hombre poco viril, afeminado; 3. m. hombre castrado que se destinaba en los serrallos a la custodia de las mujeres; y 4. m. en la historia antigua y oriental, hombre castrado que desempeñaba cargos de ministro o empleado favorito de un rey». Cualquiera de las acepciones anteriores remite a un individuo que se asume como incompleto y sometido por otros. La capacidad de limpiar o denunciar, ejecutada por medio de la escoba en el poema, es contradictoria, pues quien limpia es un ser sometido y menospreciado. El barrendero-*flâneur* mira, y desde su opresión, trabaja en la reconstitución de la comunidad.

El libro en sí mismo está construido como una especie de recorrido simultáneo por las calles de La Habana y por la historia de Cuba desde las guerras de independencia. Ese proceso de *flânerie* como intervención de la geografía y la historia posibilita meditar sobre ambas y entenderlas desde la pluralidad. Al ocupar el cuerpo de un personaje diferente cada vez, o de colectividades, puede reflexionar sobre sí mismo, sobre diferentes momentos de la historia de Cuba y sobre las particularidades sociales de una ciudad como La Habana, con múltiples estratos culturales, económicos, etc… En ese sentido logra ofrecer una visión antihegemónica de la ciudad y del país, ambos construidos por el discurso oficial que Pérez Meriño desenmascara desde la multiplicidad discursiva y conceptual de sus textos.

El sujeto poético que recorre los espacios es generalmente un ser colectivo (o plural): «unos», «otros», «habitantes de la casa del miedo», «nos», «tanta gente», «somos», «cuántos miran», «los heridos», «todos los ciudadanos», «nosotros», «el país», «los que sirven al Poder», «caminamos», «¿Qué hago qué haces qué hacemos aquí…», «rostros dormidos» (ibíd.:15, 27, 32, 41, 42, 43, 48, 50, 52, 59, 67, 91), entre otros. La *flânerie* es asumida en el libro como actitud individual y colectiva, aunque resalta el carácter de los individuos dentro de la sociedad y su proceso de caminar por las calles para producir juicios de valor. Este sujeto poético colectivo puede ser en ocasiones la masa amorfa de individuos que responden a las disposiciones del poder o grupos de individuos diferentes que aportan su multiplicidad a la vida comunitaria. En ese sentido, el libro reclama el derecho y deber del ciudadano de resistir «cuando los poderes públicos violan las libertades fundamentales» (Agamben, 2005:38) y produce espacios donde los seres humanos pueden dialogar, reconocerse y crear juntos.

Otro momento importante donde hay un sujeto colectivo en el espacio público es en el poema «Círculo», donde la *flânerie* fluctúa entre el caminar como acto ambiguo y la huida. Por ejemplo, «…tanta gente confusa // en las aceras. // Vienen cerrando la ciudad: // Humo» (Pérez Meriño, 2012:32), intenta escapar del humo de la fumigación y, con ello, de la contaminación, la enfermedad, y el miedo. El movimiento por las calles, a pesar de la confusión, le permite reconocer que los espacios están siendo cerrados —dominados— por otras figuras en el poder y, al mismo tiempo, entender las herramientas mediante las cuales esto sucede. En ese acto de conocimiento de la realidad, sin embargo, la huida como elección consciente es también un paso hacia la resistencia.

En sus diversos recorridos, este *flâneur* encuentra otras figuras que forman parte de la masa y que se encuentran en las calles, una vez que en el libro se admite que estas son el único espacio posible para el conocimiento y la subversión. En «Los heridos* sangran una calle; una testa; el muelle como acabado de lavar; un parque; un muerto» (ibíd.:43), podemos analizar también la *flânerie* de estos personajes, heridos (por la realidad, la miseria, la enfermedad, el miedo). Al mismo tiempo, Pérez establece una relación entre caminar y sangrar reflexionando sobre las implicaciones de asumir un camino que conlleva el sufrimiento y/o la muerte.

En otros textos se alude a la homogeneización a que el poder ha llevado a los individuos, que cada vez más se asumen como parte de una colectividad, «que marcha // tras // de masas moldeables // suben bajan // suben // bajan // con impulso-motor-ideológico // presillando // chac // presillando chac // sube el poema // poema-libertad // con presillas // esto:» (ibíd.:47). El uso de los dos puntos al final de un verso pretende subvertir ese modelo de las masas moldeables y abrir el espectro de posibilidades que refieren a un camino de libertad que puede hallarse en el porvenir. En el poema, Pérez Meriño alude a la libertad entendida como un nuevo camino o posibilidad.

Sin embargo, a pesar de muchas marcas de esperanza, las calles que el *flâneur* recorre dejan ver paisajes desoladores. «Este par de ojos // vieron // la muerte // vieron // la muerte // la muerte» (ibíd.:26) y al mismo tiempo, «cuántos sobre el contén // miran desteñirse el bloque: // es la vida con temor para… // esperar» (ibíd.:42), conjugan el sentimiento de terror ante la muerte, la decadencia y una sombra de esperanza, en algo indefinido, pero que por fuerza debe ser mejor. De cualquier manera, aunque siempre se describen las ausencias y fragilidades, el cuaderno puede ser percibido como el propio acto de caminar, con todas sus implicaciones. A pesar de que «Hay un amigo de cuando la // guerra; la guerra y los // recuerdos nos tienen // hipertensos. Andamos…» (ibíd.:32), el autor insiste en la necesidad de «andar». En el libro, la *flânerie* parece ser la única opción posible para unos seres descritos como si estuvieran al borde de la muerte.

El *flâneur* se desliza reflexionando y activando mecanismos que cuestionan la historia del país. El autor la presenta como una superficie que puede ser caminada, como espacio intervenible desde el lenguaje. Por medio de esta herramienta que termina siendo en el libro la transmutación de cuerpos, la calle también adquiere la condición de un espacio y de un ser autónomo y subversivo.

Estados de guerra —el libro en cuanto objeto, al igual que los textos que lo integran, cada uno en sí mismo— se articula como un comportamiento del cuerpo (individual y múltiple) en respuesta al cuerpo dominante que es el Estado. Por otra parte, saber que los textos se han representado/vivido, y que pueden serlo siempre otra vez, apela al performance como subversión de sistemas cerrados. El autor presenta el espacio como una multiplicidad de estados en los que, a partir de un contexto de confrontaciones en diferentes órdenes, puede analizar diacrónicamente oposiciones entre el poder y los sometidos, al mismo tiempo que le permite crear espacios otros, alternativas donde el poder no oprime, sino que puede ser interpelado. Además, al crear la analogía entre el libro como acto, el performance como poesía y, finalmente, el poema como cuerpo capaz de moverse y actuar, Pérez Meriño conforma una propuesta ideoestética que rebasa los límites y establece nuevos espacios. *Estados de guerra* permite repensar posibilidades de entender la sociedad cubana desde la poesía y la vida, y se sostiene como acto de subversión y resistencia.

10

LA HISTORIA FUERA DE CUADRO: *DESDE LA HABANA ¡1969! RECORDAR*[1]

(Nils Longueira Borrego)

[1] La primera versión de este ensayo fue leída en el coloquio «Cuba después del 59», que tuvo lugar el 1 de noviembre de 2019 en el Graduate Center de la City University of New York. Agradezco a Justo Planas Cabrejas, Jorge Alvis y Alex Werner la invitación a participar en el coloquio y a todos los presentes ese día de noviembre que contribuyeron ya fuera con ponencias o preguntas a que este proyecto tomara forma. En especial, a Jacqueline Loss por su presencia y por su pregunta, que fue de gran ayuda mientras escribía este ensayo. Asimismo, a todos los que leyeron borradores y me brindaron valiosos consejos y sugerencias; en particular a Moira Fradinger, sin cuya minuciosa lectura y comentarios este texto no sería lo que es. De igual modo, mi agradecimiento a Yelsy Hernández Zamora por la revisión de este trabajo con el cuidado, agudeza e inteligencia que la caracterizan. Cualquier falla que aún pueda persistir es mi entera responsabilidad y en modo alguno refleja el esfuerzo y dedicación de los lectores antes mencionados.

(La Habana, 1990). Candidato a doctor en el programa combinado de Estudios de Cine y Medios y Español y Portugués en la Universidad de Yale. Obtuvo su licenciatura en Historia del Arte en la Universidad de La Habana. Su disertación, «La totalidad imposible: el mundo del trabajo y la formación de identidades colectivas en la producción cultural sudamericana, aborda la relación entre el surgimiento de identidades colectivas argentinas y los movimientos obreros en la literatura y el cine de Argentina y Brasil entre 1910 y 1950. Ha recibido la Beca del Seminario de Roma (2020), de la Universidad de Notre Dame, por su proyecto de investigación sobre la presencia de cineastas latinoamericanos en Roma. En 2017 y 2018 fue director asistente del Latino and Iberian Film Festival, Universidad de Yale. Fue invitado como crítico de cine al Talents Press Guadalajara (FICG30-Berlinal Talents, Festival Internacional de Cine de Berlín y FIPRESCI, 2015). Sus intereses de investigación son sstudios sobre documental, cine latinoamericano, Tercer Cine, cine y populismo, cine político, realismo socialista global, literatura social latinoamericana y arte y disidencias.

En 1968, a casi una década del triunfo de la Revolución cubana, se organizó en la Isla un extenso programa por la conmemoración del inicio de las luchas independentistas contra el dominio colonial español en 1868. El Gobierno promovió las conmemoraciones bajo el eslogan «Cien años de lucha». La estrategia política desplegada adquirió la forma de celebración del presente con el objetivo fundamental de acentuar el sentido de continuidad del proyecto de nación como una línea incesante, una espiral ascendente cuyo comienzo se situó en los esfuerzos independentistas de mediados del siglo xix. El punto culminante de esa línea se ubicó en el derrocamiento del gobierno dictatorial de Fulgencio Batista, alcanzado por el triunfo revolucionario de 1959. Los dos extremos del intervalo impusieron una noción teleológica de la historia, cuya razón última residía en la existencia misma de la Revolución como fin, como punto de llegada absoluto que dotaba de sentido, retrospectivamente, a todos los procesos históricos vividos en Cuba en los siglos xix y xx.

La política institucional, movida por esta estrategia, produjo una cultura visual cuya perdurabilidad en el imaginario cubano continúa organizando la historia oficial de la nación y los criterios de selección de aquellos acontecimientos que la conforman, así como la producción del relato normativo que los articula. En la avalancha de imágenes, textos, y filmes generados como parte de la producción de una narrativa de los «Cien años de lucha», uno de los procedimientos retóricos más populares fue la superposición de figuras históricas de diferentes épocas en el mismo espacio visual. Entre estas figuras, la convivencia de los retratos de Carlos Manuel de Céspedes[2] y Ernesto Guevara en diferentes imágenes que fueron distribuidas de forma

---

[2] Carlos Manuel de Céspedes (1819-1874) fue el primer presidente de la República de Cuba en Armas y una de las figuras fundamentales en el inicio de las luchas independistas en la Isla contra el gobierno colonial español. El 10 de octubre de 1868, en su ingenio La Demajagua, liberó a su dotación de esclavos y dio el primer paso del conflicto armado que sería conocido como la Guerra de los Diez Años.

215

masiva en el país. Basta recordar, por ejemplo, dos afiches producidos en medio de esta campaña. En el primero, promovido por la UNEAC, la mitad del rostro de Guevara —una reproducción de la famosa fotografía que le tomara Alberto Korda durante la Crisis de los Misiles— se une a la mitad complementaria del rostro de Céspedes. El segundo afiche, también de gran circulación, recoge los retratos frontales de ambos, reproducidos como una serie, enmarcando el eslogan «Cien años de lucha».

De igual forma, la Empresa de Grabaciones y Ediciones Musicales produjo para esta conmemoración un disco en el que la célebre soprano cubana Esther Borja interpretaba *La Bayamesa*, parte fundamental del repertorio musical asociado a las luchas independentistas decimonónicas. Este disco incluyó, además, grabaciones del *Himno Nacional* y el *Himno Invasor*. La imagen de portada del disco es un *collage* en el que se reúnen en el mismo espacio visual varias de las figuras más importantes de las diferentes causas independentistas revolucionarias dentro de esos cien años. Sin embargo, la composición apunta a la noción de historia que la Revolución necesitaba implantar en función de su propia legitimidad. La escala de las figuras de Guevara y Camilo Cienfuegos,[3] los dos líderes que corresponden al polo 1968, es muy superior a la de las figuras independentistas del siglo XIX, las cuales aparecen en segundo plano y en menor dimensión.

En el caso del cine, el ICAIC también promovió varias obras dentro de este marco conmemorativo. En 1968 se estrenó *La odisea del general José*, de Jorge Fraga, inspirada en el desembarco del mayor general del Ejército Libertador José Maceo por el Oriente de Cuba. Michael Chanan se ha referido a este filme como

> *one of the first of a group of films around the theme of the hundred-years' struggle for independence, which also included* Lucía *and* La primera carga al machete, *the short fiction* El desertor [...] *by Manuel Pérez, and two documentaries, Saderman's* Hombres del mal tiempo *and* 1868-1968 *by Bernabé Hernández*[4] *(2004:273).*

---

[3] Camilo Cienfuegos Gorriarián (1932-1959). Comandante de la Revolución y una de sus principales figuras luego del triunfo. Desaparecido en el mismo año 1959 en circunstancias aún no esclarecidas.

[4] «[...] uno de los primeros filmes de un grupo organizado alrededor del tema de los cien años de lucha por la independencia; un grupo que también incluyó *Lucía* y *La primera carga al machete*, el corto *El desertor* de Manuel Pérez, y dos documentales: *Hombres de mal tiempo* de [Alejandro] Saderman y *1868-1968* de Bernabé Hernández». (Todas las traducciones son del autor, excepto se señale lo contrario.)

Sin embargo, en esta lista de filmes que abordaron los «Cien años de lucha» no aparece una película única y fundamental realizada por Nicolás Guillén Landrián en 1970, el mismo año del estreno de *1868-1968*: *Desde La Habana ¡1969! Recordar*. Su omisión en este contexto no sorprende. En primer lugar, porque la obra de Landrián fue borrada y perseguida por el ICAIC y el gobierno cubano hasta finales de los años 90. En segundo lugar, porque *Desde La Habana ¡1969! Recordar* complejiza y cuestiona la naturaleza misma de la organización de la historiografía que proponía la celebración de los «Cien años de lucha». La simple operación de censura realizada por el gobierno cubano se concibe como la eliminación de un ruido, de una incomodidad en la plácida causalidad de la historia de Cuba que se pretendía promover.

Esa causalidad estaba sostenida en una perspectiva específica, un punto de vista que encuadraba y organizaba el pasado en función del presente. El cuestionamiento de ese encuadre de la historia será impulso inicial de la obra de Nicolás Guillén Landrián. No obstante, antes de profundizar en la obra de este realizador, sería provechoso, por una parte, definir qué se entiende por encuadre en términos cinematográficos y cómo este mismo concepto resulta útil para analizar un tipo específico de estructura temporal que la Revolución desplegó desde muy temprano, en la década de años los 60, y que operó, precisamente, como una forma de organizar y enmarcar la historia de Cuba.

Para Jacques Aumont, «la palabra encuadre y el verbo *encuadrar* aparecieron con el cine para designar ese proceso mental y material, presente ya en la imagen pictórica y fotográfica, y por el cual se llega a una imagen que contiene un cierto campo visto desde un cierto ángulo, con cierto límites precisos» (2002:162). De este modo, el encuadre establece los límites de la imagen, fijando la perspectiva de «un ojo ficticio» (ibíd.:164), una pirámide visual en función de la cual se dispone la composición de la imagen. Este proceso de fijar el mundo, o más bien, la percepción del mundo según una pirámide visual, que a su vez corresponde a un único punto de vista, coincide tanto con el punto de vista —que presume un plano subjetivo— propuesto por los filmes y afiches antes mencionados, como inevitablemente con el discurso homogeneizador y excluyente que impuso la Revolución al apoderarse del discurso de la historia nacional y transformarlo en su particular proyecto trascendental y mesiánico.

La línea recta que va desde 1868 a 1968 posee una estructura central, un régimen de verdad construido a partir de la identificación incuestionada entre José Martí y Fidel Castro, al proclamarse este último como el ejecutor del ideal martiano de república. Nicolás Guillén, tío de Nicolás Guillén Landrián, nombrado Poeta Nacional y poeta oficial de la Revolución, en su famoso poema «Se acabó,» escrito en 1960 y recogido en su libro *Tengo* (1964), afirmaba a solo un año del triunfo revolucionario:

> *Te lo prometió Martí*
> *y Fidel te lo cumplió;*
> *ay, Cuba, ya se acabó,*
> *se acabó por siempre aquí,*
> *se acabó,*
> *ay, Cuba, que sí, que sí,*
> *se acabó*
> *el cuero de manatí*
> *con que el yanqui te pegó.*
> *Se acabó.*
> *Te lo prometió Martí*
> *y Fidel te lo cumplió.*
> *Se acabó.*

La equiparación de Fidel Castro con Martí, en tanto el primero adquiere la forma de «hacedor» de una proeza imposible para el propio Martí, no solo acentúa la legitimidad de Castro y su protagonismo por encima de cualquier otro legado proveniente del pasado, sino que funciona precisamente como el encuadre de la narrativa de la historia de Cuba que se proponía desde la oficialidad. Los dos límites, Martí/siglo xix-Castro/siglo xx, enmarcan una secuencia de imágenes tomadas desde el punto de vista de la Revolución. Esta secuencia, compuesta por los diferentes planos elegidos y editados en función de una narrativa mesiánica de Castro y de la resolución de los conflictos de la nación con la llegada de la Revolución de 1959, supone una cámara fija, un punto de vista estable y la creación de «centros visuales, de equilibrio entre diversos centros, bajo la batuta de un "centro absoluto", el vértice de la pirámide, el Ojo» (Aumont, 2002:164). Así, por una parte, la búsqueda de balance de centros supone la borradura y desplazamiento de cualquier eje potencial que comporte un «ruido» para el encuadre que se propone. Por otra, el centro absoluto, el Ojo que observa, se asume como único ángulo posible, como entidad que dota de sentido la selección y el encuadre.[5] Ojo y encuadre aquí convergen, puesto que la secuencia visual que

---

[5] Para profundizar en este aspecto de la imagen resultan imprescindibles, entre muchos otros, los ya clásicos estudios «Ideological Effects of the Basic Cinematographic Apparatus» (Baudry y Williams, 1974); «The Apparatus» (Baudry, 1976); «Cinema/Ideology/

es la construcción oficial de la historia se *filma* y se *proyecta* desde el vértice de tres pirámides visuales que coinciden —aquella que va del proyector a la pantalla, de la cámara a lo filmado, que se fusiona con la pirámide que comienza en el espectador único que se presume, encarnado por la mirada de la Revolución—. Este tipo de encuadre de la historia constituyó la estrategia fundamental de la campaña de los «Cien años de lucha».

Desde La Habana ¡1969! Recordar se inserta en este contexto con una concepción de la historia que escapa a la instrumentalización de la temporalidad que imponía el discurso oficial cubano. Siguiendo a Pierre Nora, si comprendemos la historia como la forma en la que nuestras «*hopelessly forgetful modern societies, propelled by change, organize the past*»[6] (1989:8) y, más aún, como «*the reconstruction, always problematic and incomplete, of what is no longer*»,[7] entonces sería inevitable analizar el concepto de memoria. Para el mismo Nora, la confrontación entre historia y memoria resulta fundamental en las sociedades modernas, como resultado de que la memoria «*takes root in the concrete, in spaces, gestures, images, and objects; [and] history binds itself strictly to temporal continuities, to progressions and to relations between things*»[8] (ibíd.:9). De este modo, mientras que el discurso oficial promovido por el gobierno cubano incansablemente intentaba producir una historia nueva y restrictiva y una, también nueva, historiografía sobre sí misma; Guillén Landrián se posiciona del lado de la memoria, resistiendo el embate de la historia fijada en temporalidades mensurables que garantizan la ilusión de continuidad generada por la selección oportuna de aquellos momentos, hechos y figuras que mejor sirven a esa ilusión. La inserción en el título del verbo «recordar» intenta preservar el ejercicio de la memoria en un contexto cada vez más polarizado y polarizante, reduccionista y violento en muchos aspectos, ya a las puertas de la triste época de persecuciones y censura que fue el denominado Quinquenio Gris.[9] Landrián se opone a

---

Criticism» (Comolly y Narboni, 1990); y *Peinture et société* y *Espace génétique, espace plastique* (Francastel, 1965a y 1965b). Cfr., además, *Narrative Apparatus, Ideology: A fFilm Theory Reader* (1986)

[6] «[...] [nuestras] sociedades modernas, irremediablemente olvidadizas, impulsadas por el cambio, organizan el pasado».

[7] «[...] la construcción, siempre problemática e incompleta, de lo que ya no está».

[8] «[...] [a memoria] tiene sus raíces en lo concreto, en espacios, gestos, imágenes y objetos, [y] la historia está estrictamente unida a continuidades temporales, a progresiones, y a relaciones entre cosas».

[9] Término acuñado por Ambrosio Fornet para denominar los años de férrea censura y represión que se desató en las instituciones culturales cubanas a finales de la década de 1960

la supresión y a la generación mecánica de exclusiones como estrategia de afirmación nacional, puesto que «*history's goal and ambition is not to exalt but to annihilate what has in reality taken place*»[10] (íd.). Así, en *Desde La Habana...* el director resiste el impulso jerarquizador de la «nueva» historiografía y la campaña por homogeneizar el lugar de la memoria a partir de un dispositivo[11] de producción de temporalidades lineales y sintéticas que centralizan el discurso en función de una superación del pasado. Si la gran mayoría de los filmes producidos por el ICAIC se afilian al encuadre de la historia desde el punto de vista del ojo absoluto de la Revolución, el filme de Landrián opera un desencuadre de la noción de historia, buscando una temporalidad distinta, aquella de la memoria, que no se presenta cerrada ni consumada. *Desde La Habana...* no pretende revisitar la historia nacional ni articular un discurso definido sobre ella, sino que se lanza a un ejercicio experimental en el que se somete la institucionalidad de la historia y su historiografía a la experiencia vital, visual y sonora.

Guillén Landrián construye un juego entre pasado-presente que inicia con el filme mismo. La secuencia inicial comienza la imagen de uno de los hongos producidos por las bombas atómicas lanzadas por los Estados Unidos en Japón, acompañado por la canción de The Beatles *Mother Nature's Son*. Luego se insertan imágenes de cadáveres en la Segunda Guerra Mundial y se muestra la estadística de los muertos en esta guerra. Seguidamente, una serie de preguntas invaden la pantalla: «¿Y en Girón? », «¿Y en Vietnam?». Paulatinamente, en el plano sonoro, se distinguen grabaciones de noticias radiales sobre la llegada a la Luna de los astronautas estadounidenses, seguidas de imágenes documentales de este momento. De inmediato, con un ritmo de edición acelerado, se nos muestran una serie de fotos fijas de sujetos de raza negra en espacios marginales y empobrecidos, y, de inmediato,

---

y durante la mayor parte de la siguiente. Aunque el término ha sido objeto de reelaboraciones y nuevas aportaciones, sigue prevaleciendo como la forma más extendida para referirse a este período en lo que toca a la política cultural de la época. Para profundizar tanto en el término como en los debates que este momento de la historia de la Cuba posrevolucionaria, consúltese la compilación de conferencias realizadas a propósito del Quinquenio Gris y su impacto en la cultura cubana titulada *La política cultural del período revolucionario: memoria y reflexión* y editada por Eduardo Heras León y Desiderio Navarro.

[10] «[...] la meta y la ambición de la historia no es exaltar sino aniquilar lo que en realidad ha tenido lugar».

[11] Por dispositivo entendemos tanto las determinaciones sociales como «los medios y técnicas de producción de las imágenes, su modo de circulación y, eventualmente, de reproducción, los lugares en los que ellas son accesibles, los soportes que sirven para difundirlas» (Aumont, 2002:143).

escenas de violencia contra ellos. La yuxtaposición del *desarrollo* tecnológico —la llegada a la Luna— con racismo crudo y la violencia social ejercida sobre estos sujetos abre el primer cuestionamiento al discurso positivista y desarrollista de la cultura occidental. Finalmente, se invoca a Cristóbal Colón, al que denomina con ironía como «descubridor», para luego iniciar una transición en el plano sonoro hacia la voz de Fidel Castro en un discurso que alude a la realización del llamado cordón de La Habana. En estos escasos segundos ya se vislumbra la ruptura de Landrián con la teleología revolucionaria. Por una parte, el marco temporal se abre y los límites del encuadre se expanden con la inserción de Colón; por otra, el localismo cubano, asociado a los límites innegociables del Estado-nación-isla, se rompe y se insertan otros espacios como las referencias a Estados Unidos, Japón, la Segunda Guerra Mundial, las luchas contra el racismo y la «conquista» de la Luna, todo acompañado por la entonces controversial música de The Beatles. A partir de aquí, el filme se moverá entre pasado y presente, y entre el adentro y el afuera de la Isla, en un collage vertiginoso de imágenes y sonidos que desterritorializan el discurso y desarman la distinción temporal-espacial que define la separación entre antes y después, entre adentro y afuera. La historia nacional se teje con las historias de los sujetos comunes, con las emisoras de radio, las propagandas comerciales, la música popular, los discursos de los líderes y el documental didáctico, y todo convive en una visualidad y sonoridad que expone su materialidad. El grano de la imagen, el ruido de los micrófonos, las pantallas en negro, la repetición de motivos que abolen la noción de progresión y los movimientos en diferentes tiempos y espacios no jerarquizados, evitan todo tipo de sutura y cierre del filme sobre sí mismo.

Esta estrategia de desterritorialización rompe con la historia narrada desde una posición fija, desde un punto de vista inmóvil y anclado a un espacio determinado y determinante. Asimismo, el montaje no lineal libera al filme de la causalidad y genera una superposición de temporalidades, un flujo de momentos que se fusionan e interactúan fuera de la temporalidad impuesta por la Revolución. A la superposición que Landrián maneja en las secuencias iniciales se van a añadir más adelante referencias locales. Entrelazados sin distinción ni jerarquías, durante el curso del filme, se conjugan la Guerra de 1912,[12] la muerte de Julio Antonio Mella y la Revolución del 30, los gobiernos de Batista, el asalto al Palacio Presidencial, el testimonio de una mujer que recuerda la exclusión de la población negra de la educación,

---

[12] Alzamiento protagonizado por el PIC en 1912 para exigir igualdad y mejor trato para la población negra.

la historia íntima de una desconocida, Milagros, y su deseo de ser modelo, y las citas persistentes a la publicidad y a la propaganda comercial típicas de los años anteriores a la Revolución. Landrián elabora una historia alternativa y contingente en la que incorpora la historia oral y la memoria colectiva, y propone así un nuevo tipo de encuadre, o mejor aún, de desencuadre de la historia de Cuba.

Jacques Aumont, siguiendo a Pascal Bonitzer, define el *décadrage* (desencuadre) como un «encuadre desviado, señalado como tal y destinado a separar el encuadre de la equivalencia automática a una mirada» (2002:167). Al disociar encuadre y punto de vista se pone en crisis la sensación de estabilidad y se depone la unicidad entre lo filmado, lo proyectado y el ojo como centro absoluto. La obra de Landrián libera al punto de vista de la fijeza y presenta una imagen que se resiste a centrar su composición. En *Desde La Habana…* las figuras humanas y las máquinas, que potencialmente podrían ser el centro de la composición, son tomadas casi siempre en movimiento, entrando o saliendo del plano, efecto que es reforzado por la velocidad del montaje. El tiempo para fijar las imágenes es reducido por la edición, pero los planos que se toman eluden el estatismo e impiden la identificación con cualquier centro posible, evitando así el surgimiento de personajes o conflictos y, en consecuencia, la reducción a una imagen centrada.

Desde La Habana… opera un desplazamiento notable en el tratamiento de la figura de Fidel Castro, centro constante, directo o indirecto, de la vida de la Isla en este momento. La voz de Castro entra y sale del plano sonoro, se mezcla con toda clase de sonidos —incluyendo sus propios discursos—, en una heterogeneidad desjerarquizadora donde los discursos se indefinen y se superponen, lo que quiebra la producción verbal de sentido, aspecto fundamental en el culto y mitificación de Castro. Las veces que este último ocupa la pantalla, lo hace en tomas de archivo de actos públicos, pero nunca desde la cercanía apologética que se propusieron otros documentales de la primera década de la Revolución como *Sexto Aniversario* (Julio García Espinosa, 1959), *Muerte al invasor, Ciclón* y *11x0* (Santiago Álvarez, 1961, 1963 y 1970), *Historia de una batalla* (Manuel Octavio Gómez, 1962), o el ya mencionado *1868-1968*, por solo mencionar algunos.

En *Desde La Habana…* se fuerza al líder a compartir un espacio democratizado por la desarticulación de la narrativa teleológica de la historiografía a partir de la inserción de secuencias y planos que subvierten la representación clásica del documental cubano de los años 60. Por ejemplo, la primera vez que Fidel Castro aparece en pantalla, el plano *corta* la mitad del rostro del líder y solo muestra su parte inferior, un pedazo del torso y la mano. Los únicos atributos reconocibles de Castro son la barba y el uniforme militar, en el que se alcanzan a distinguir los grados de comandante en jefe. El plano se encuentra desencuadrado, lo que fragmenta a la figura de Castro hasta que un *zoom out* devuelve la totalidad a la imagen del líder.

A la par, en el plano sonoro, entra la voz asincrónica del propio Castro en pleno discurso sobre la cosecha de caña de azúcar, mientras el corte da paso a otro plano levemente descentrado en el cual Fidel baja de un camión en el campo de caña. Sin embargo, el primer plano de la imagen está ocupado por el sombrero de un campesino que le da la espalda a la cámara y que ocupa una parte considerable del campo visual y desplaza la figura del líder. La magnitud de un objeto aparentemente ordinario como un sombrero, saturado en blanco por la luz del sol, atrae la mirada del espectador y genera un centro de atención visual que compite con la figura reconocible del dirigente, mucho más pequeña y difuminada en la oscuridad del segundo plano.

Las dos tomas siguientes están dedicadas a maquinarias en el acto de cortar la caña, para luego regresar a un plano general en el que Castro avanza al frente de un grupo de personas hacia la cámara fija. Su figura vuelve a aparecer desencuadrada, con una porción del rostro cercenada por el borde superior del plano cuyo borde inferior, a su vez, presenta *demasiado* espacio entre el límite del cuadro y las imágenes que lo ocupan. Después del corte, Castro se monta en otro vehículo, en un plano que parece seguir su movimiento, pero en el que una persona irreconocible pasa rápidamente por delante de la cámara en el momento justo en el que aquel va a abordar el automóvil. Justo después, la pantalla va a blanco y se alcanzan a apreciar las marcas —números y letras— que señalan el final de un rollo de película acompañadas por el sonido mecánico de un proyector deteniéndose.

A pesar de que estas interrupciones, ruidos, accidentes y planos «mal» encuadrados podrían haber sido erradicados con facilidad como parte de la edición, el director los mantiene y explota al máximo su valor expresivo para generar su particular forma de distribución del espacio en la composición y, al interior de esta, la desjerarquización de las figuras a partir de una inestabilidad latente, una irrupción siempre posible de un centro visual alternativo. Más aún, a partir de este tipo de encuadre, del montaje rápido y de la inclusión de imágenes y sonidos, como las del final de la cinta al término de la secuencia descrita, destinados a permanecer ocultos al espectador, el filme llama la atención sobre la presencia de la cámara, del proyector y de las circunstancias de la percepción; es decir, sobre su propia estructura y composición.

De este modo, *Desde La Habana...* descentra la articulación de la historia en retrospectiva como dispositivo que se esconde a sí mismo en una narrativa organizada desde el punto de vista de la Revolución y de Fidel Castro como voz omnipresente de la misma. En el filme se pluraliza la significación de las imágenes y eventos históricos, rompiéndose así la transmisión vertical de los significados que constituía la mayor parte de la producción documental de la época. Para Aumont, el desencuadre opera «desplazando las zonas significativas de la imagen —a menudo los personajes— lejos del centro, acentúa correlativamente los bordes de la imagen» y, en consecuencia, revela la presencia del dispositivo (íd.). Al proponer un desplazamiento del centro gravitacional de la historiografía hacia una multiplicidad de impulsos con diferentes variaciones e intensidades, Landrián lleva sus imágenes hacia los bordes del evento cinematográfico a la vez que muestra su hechura, revela el *truco* y resiste la identificación *natural* entre encuadre y punto de vista. En el filme, el dispositivo se exhibe no solo a través del desencuadre de los planos y en el montaje, sino también mediante una serie de recursos como la complejidad del sonido, que atenta contra el realismo; la ausencia del narrador tan ampliamente usado en los documentales cubanos de la época;[13] la pérdida de una temporalidad de fácil aprehensión; la materialidad de la imagen, expuesta en los granos del celuloide o en el efecto visual que repite la fragmentación y desaparición del celuloide mismo; la persistencia de la pantalla en negro; y la incorporación y repetición de fragmentos de otros filmes, como la secuencia de los créditos de *Memorias del subdesarrollo* (Tomás Gutiérrez Alea, 1968).

Precisamente, esta última secuencia introduce uno de los segmentos más pertinentes de *Desde La Habana...* en cuanto a la exposición del dispositivo. De las imágenes de una manifestación en la Plaza de la Revolución, en la que abundan vehículos militares, multitudes y gigantografías de consignas y líderes políticas como Camilo Cienfuegos y V. I. Lenin, y cuyo plano sonoro es el eterno discurso de Castro, se realiza un corte brusco a la escena extraída de *Memorias...* con su sonido, el mozambique *¿Dónde está Teresa?*, del músico cubano Pello el Afrokán, insertado por segunda vez en el filme. La ruptura visual y sonora abre paso a una secuencia en la que veremos la alternancia de imágenes abstractas donde predominan la mancha y la materialidad del celuloide, expuesto en su descomposición

---

[13] En este sentido, podemos añadir a los filmes mencionado como característicos del documental cubano en los años 60, *Por qué nació el Ejército Rebelde* (José Massip, 1960), *Cuba 2 de enero* (Santiago Álvarez, 1965) o *El llamado de la hora* (Manuel Pérez Paredes, 1969).

como recurso visual. La composición material revelada, su deterioro como resultado de su propia condición de existencia (exposición a los elementos, desgaste por la proyección), apunta obsesivamente a la disolución misma del medio. En esta secuencia, la pantalla en negro aparecerá con mayor insistencia y duración, adquiriendo protagonismo, como resultado final de la generalización de la mancha, que se apodera del campo visual y consuma así la descomposición de toda imagen. Del mismo modo, el plano sonoro se independiza del visual y alterna sonidos mecánicos, ruidos propios de la radio, comerciales y testimonios que no guardan ninguna relación con lo que se encuentra en el campo visual. Incluso en un momento, un texto sobre la pantalla en negro informa al espectador acerca de la procedencia del efecto sonoro utilizado: «Explosión obtenida de la banda de sonido de un film sobre la represa de Assuan [*sic*]». Además, se repiten imágenes que son mostradas en varios momentos del documental y cuya persistencia apunta al quiebre de la noción de tiempo como sucesión de eventos concatenados. Entre los planos que más se reciclan a lo largo de *Desde La Habana…* se encuentran, junto a las de *Memorias…*, las relativas al aterrizaje de astronautas estadounidenses en la Luna, las de la bomba nuclear o una serie de rostros de mujeres tomados de revistas de belleza.

La exposición del dispositivo, unido a que el «desencuadre es un operador teórico» (ibíd.:179), inaugura en el cine cubano una nueva imagen, aquella que Gilles Deleuze llamaría posteriormente la imagen-tiempo; caracterizada por «una conciencia-cámara que ya no se definiría por los movimientos que es capaz de seguir o de cumplir, sino por las relaciones mentales en las que es capaz de entrar» (2016:39). El cine de Landrián no necesita distinguir entre sujeto y objeto, entre ficción y realidad, más bien valoriza su «indiscernibilidad» que es lo que «va a dotar a la cámara de un rico conjunto de funciones, engendrando una nueva concepción del cuadro y de los reencuadres» (íd.). Mejor aún, para completar la tesis de Deleuze, podríamos añadir el uso del desencuadre como rasgo fundamental de esta nueva manera de pensar el cine. Al abordar la secuencia fílmica de la historia nacional, Landrián desplaza el encuadre de la inmovilidad al dinamismo, de la línea del tiempo único a la relación de diferentes impulsos y diferentes tiempos, de la teleología de la historia a la historia del evento, de la historia del hecho consumado y sacralizado a la historia de la energía que fluye, de la historia *mayor* a la historia *menor*.

El cine, al convertirse en función del pensamiento, se abre a un deseo de existir como tal, de entrar en la realidad —no de representarla—, y explotar desde dentro la ilusión narrativa de la organización mensurable de la experiencia humana. Landrián opera un cambio fundamental en la noción de historia oficial puesto que inserta en ella lo casual, la asociación libre, desplazando la necesidad de una perspectiva-causa definida y centrada. El desencuadre del discurso de la historia como secuencia apunta a su abolición como sucesión de imágenes estables, encuadradas desde un punto de vista absoluto y fijo.

Otra de las características de lo que Deleuze denominó imagen-tiempo es la debilidad de los enlaces entre imágenes, planos, y los niveles visual y sonoro. En *Desde La Habana…* no son débiles sino virtualmente inexistentes, por lo que imágenes y sonidos adquieren una autonomía que favorece la función del cine como pensamiento, como impulso a la producción de relaciones, de cuestionamientos. Landrián teje alternancias de imágenes y sonidos no relacionados entre sí que se amalgaman en la experiencia del filme. Así, en una secuencia memorable, Fidel Castro anuncia en una tribuna los logros de la Revolución y decreta que el nombre del nuevo año será, en homenaje a Ernesto Guevara, el año del «Guerrillero Heroico». Mientras la voz de Fidel continúa en el nivel sonoro, en el plano visual se inserta un homenaje a Camilo Cienfuegos. La marcha de las coronas de flores dedicadas a Cienfuegos se repite de modo obsesivo en pantalla, mientras la voz de Castro elogia a Guevara. De igual forma, Camilo regresa en el breve recuento del triunfo de 1959 que realiza Landrián bajo la forma de la célebre frase que Castro pronunciara en su primer discurso en La Habana: «¿Voy bien, Camilo?» Luego, retornan a pantalla las ofrendas florales dedicadas al Comandante desaparecido en el mar, esta vez acompañadas por *Suite exótica de las Américas*, obra del compositor brasileño Heitor Villalobos y versionada por Dámaso Pérez Prado. Se trata de la misma pieza musical utilizada por Santiago Álvarez para el documental *Hasta la victoria siempre* (1967), producido para ser mostrado en la Plaza de la Revolución al anunciarse la muerte de Guevara. Desde ese momento, en el imaginario de la Isla, esta pieza musical se instituyó como una marca sonora para Guevara, que Landrián disloca aquí intencionalmente al asociarla con otra figura.

La mezcla de héroes, los discursos que se repiten y las imágenes que regresan sobre sí mismas erradican la unicidad de los líderes, los confunde en la noción histórica de un proceso que, para Landrián, debe incluir todos los nombres a la vez, de forma no jerarquizada. Esto resulta evidente en la secuencia final, donde Nicolás Guillén declama su poema *Elegía a Jesús Menéndez*[14] mientras domina la pantalla el sol, filmado directamente por la

---

[14] Jesús Menéndez Larrondo (1911-1948), líder negro del sindicato azucarero y una de las figuras más importantes en las luchas obreras en la primera mitad del siglo xx en Cuba,

cámara. A la voz de Guillén se superponen los ruidos de las máquinas, varios discursos de Castro que se fusionan, la voz de Guevara, la pantalla en negro, textos con fragmentos de las últimas entradas que este escribiera en su diario antes de ser capturado en Bolivia, todo formando un conjunto vertiginoso y fragmentado. Esta secuencia consiste en una experiencia sensorial despojada de toda instrumentalización narrativa, que ya no necesita ser justificada por la imposición de un sentido exterior desde la historiografía. Más aún, la reflexión constante sobre los problemas de racismo en Cuba y Estados Unidos (Guerra de 1912, testimonios sobre la exclusión en los colegios, asesinatos de líderes negros, alusiones constantes a los abusos y la violencia en Estados Unidos contra las comunidades afroamericanas) descentra la también dominante noción racial, centrada y encuadrada desde la perspectiva del privilegio racial blanco y masculino, que ha monopolizado el discurso político y la esfera pública, tanto en la Isla como a nivel global.

Por último, Landrián juega con los clichés de la época, desde la música popular cubana y anglófona, las revistas de moda, los comerciales de radio anteriores a la Revolución, hasta los propios clichés de la política cubana en los discursos de Castro reiterados una y otra vez sobre sí mismos. En el documental se cuestiona el sobreheroísmo desmesurado y redundante, encarnado por la omnipresencia de la voz de Castro, a partir de la repetición constante de sus palabras, de las consignas, de los lugares comunes que ya iba fundando el líder en su praxis política como el nombramiento de los años, el uso indiscriminado de formas verbales en futuro, el establecimiento de un enemigo nítido, etcétera.

En el plano sonoro, el juego con los clichés se logra a partir de la inserción de ruidos, sonidos de máquinas, de transmisiones radiales y discursos grabados. Como afirma Dylon Robbins, los sonidos en este filme «emergen y tropiezan, desafiando los principios organizativos del documental expositivo, y, con él, el discurso revolucionario, que era su análogo histórico» (2019:239). Igualmente, y siguiendo a Paul Schaeffer, Robbins detecta cómo el uso del sonido en *Desde La Habana...* es acusmático (ibíd.:236). Los sonidos acusmáticos se caracterizan por ser eventos que no poseen una fuente emisora visible y determinable. De este modo, casi la totalidad del

---

sobre todo por lograr representar a los obreros azucareros en las negociaciones realizadas entre Cuba y Estados Unidos relativas al precio del azúcar, garantizando así que los obreros recibieran el denominado «diferencial azucarero». Fue electo miembro de la Cámara de Representantes de la República de Cuba por el PSP. Como resultado de su actividad política fue asesinado en un tren en Manzanillo en 1948 por el capitán de la policía Joaquín Casillas, quien fue condenado, aunque puesto en libertad poco tiempo después.

espectro acústico del filme de Landrián se define como una aglomeración de sonidos acusmáticos. El uso del plano sonoro en él desdibuja todas las posibles definiciones espacio-temporales que el uso tradicional del sonido aporta al cine y contribuye al proceso de descentramiento del discurso histórico al diluir las oposiciones entre pasado y presente, lo real y lo imaginario, etc. En este documental se hace palpable que «*no matter how precisely a sound source can be identified, the sound in itself is, by definition a phenomenon that tends to spread out, like a gas, into whatever space there is*»[15] (Chion, 2019:79). En *Desde La Habana…* esta propagación del sonido no ocupa el espacio solamente, sino también la temporalidad de la historia como sucesión de acontecimientos, lo que genera lo que podríamos llamar una onda expansiva que se dispersa hacia todas las direcciones a la vez, descartando la posibilidad de un marco espacial estable.

Como resultado, la inclusión del sonido acusmático propone un cambio epistemológico en cuanto a la forma de experimentar el mundo y los estímulos que recibimos en la interacción con lo que nos rodea. Frente a la estructura guiada, vectorial, que presentaba la revolución como concepción de la historia, y en la que la noción causa-efecto resultaba vital para la configuración del discurso, la aglomeración de sonidos acusmáticos que Landrián emplea magistralmente en este documental quiebra el régimen de verdad causal al erradicar las causas, o instancias emisoras, de todos los sonidos. Un nuevo tipo de experiencia, ramificada, caótica, desjerarquizada, hipersensible, emerge en este filme como producto del diálogo entre sonido e imagen y del enriquecimiento mutuo entre ambos. Esta nueva experiencia constituye también un nuevo tipo de conocimiento al que el uso del sonido acusmático contribuye en no poca medida, puesto que «*the experience of acousmatic sound is epistemological in character, articulated in terms of knowledge, certainty, and uncertainty*»[16] (Kane, 2014:224). En el documental, el proceso de subversión y desjerarquización del discurso oficial hegemónico de la Revolución es el resultado de la puesta en marcha de un proceso de producción de sentido que no depende de vínculos causales normativos, ni de un reajuste del discurso de la historia en función de un nuevo discurso dominante.

---

[15] «[…] no importa cuán precisamente la fuente de un sonido se pueda identificar, el sonido en sí mismo es, por definición, un fenómeno que tiende a expandirse, como un gas, hacia cualquier espacio que exista».

[16] «[…] la experiencia del sonido acusmático es epistemológica en su carácter, articulada en términos de conocimiento, certeza e incertidumbre».

Hacia el final de *Desde La Habana…*, la pantalla en negro se vuelve protagonista y, con la disolución de la imagen, también se anuncia el fin de todo encuadre posible. La última secuencia se compone por las palabras «Patria o Muerte», consigna *par excellence* de Fidel Castro, ocupando todo el espacio de la pantalla; luego la frase desaparece y la pantalla se mantiene en negro por aproximadamente diez segundos hasta que aparece la palabra «Fin».

Los segundos en los que nos enfrentamos a la pantalla en negro apuntan a la experiencia de la muerte, al grado cero del cine mismo y exponen los límites del propio discurso del «Patria o Muerte», lanzando la pregunta del después, fuera de la dicotomía reduccionista. Para Deleuze y Guattari, «la muerte es lo sentido en todo sentimiento, *lo que no cesa y no acaba de llegar* en todo devenir —en el devenir-otro sexo, el devenir-raza, el devenir-dios, etc.—» (1985:341). Frente a la idea de la Revolución como cierre histórico de un devenir concluido, Landrián propone la historia de aquello que no cesa y no acaba de llegar, la historia de lo sentido en el sentimiento de todo devenir. La violencia del cuadro en negro desarma el falso vitalismo teleológico de una Revolución asumida por sí misma como consumada, que excluye la posibilidad de un flujo no restringido por su temporalidad y que se resiste a su propia renovación; una Revolución que niega que toda «intensidad lleva en su propia vida la experiencia de la muerte y la envuelve. Y sin duda toda intensidad se apaga al final, ¡todo devenir deviene él mismo un devenir-muerte!» (íd.). Frente al triunfalismo de la historia local, encuadrada y teleológica que la Revolución cubana proponía en la celebración de los «Cien años de lucha», Landrián recupera la experiencia de la muerte como parte fundamental de todo devenir, histórico o no. La recurrencia de la pantalla en negro y los efectos de deterioro de la materialidad del celuloide diluyen el centro absoluto y, con él, la posibilidad del encuadre mismo. La disolución del medio supone la incorporación del cine al plano del pensamiento como factor provocador de cuestionamiento, de teoría y de una nueva práctica histórica no anclada a una imagen fija, sino a una experiencia fílmica insertada en el flujo de la vida, afuera de un cuadro, de un límite, que ya no existe.

11

PADRE NUESTRO QUE ESTÁS EN LOS CIELOS, MOYUBA A CAMILO CIENFUEGOS Y A JOSÉ MARTÍ. EL CULTO AL MUERTO Y A LOS HÉROES EN EL DOCUMENTAL CUBANO (1959-1971)

(Raydel Araoz)

(La Habana, 1974). Graduado de Guion por la Escuela Internacional de Cine y Televisión de San Antonio de los Baños. Bachiller en Teología del Instituto Superior de Estudios Bíblicos y Teológicos. Máster en Historia del Arte por la Universidad de La Habana. Premio nacional de ensayo Alejo Carpentier (2015) con el libro *Las praderas sumergidas. Un recorrido a través de las rupturas*. Ha publicado, además, *Casa de citas* (Letras Cubanas, 2014), *Las praderas sumergidas. Un recorrido a través de las rupturas* (Letras Cubanas, 2015), *Imagen de lo sagrado. La religiosidad en el cine cubano de la República (1902-1959)* (ICAIC, 2017), *Paraninfos. Muestrario, ensayo, historización y augurio de las rupturas líricas a través de un siglo y cuarto de poesía* (coautor con Mercedes Melo Pereira, Capiro, 2017), *De la rumba al coito. Cinco ensayos panópticos sobre el cine cubano* (Extramuros, 2018).

Aunque el triunfo de la Revolución ocurre en 1959, el cine de ese año no se diferencia estéticamente del que se había producido en la década que termina. Sin embargo, esta es una fecha vital para el cine que vendrá porque coincide con la fundación del ICAIC —institución que a la postre conducirá no solo todos los aspectos económicos y políticos, sino también los ideológicos, estéticos y filosóficos, antropológicos y axiológicos de la producción y distribución cinematográfica en Cuba— y se dictan las primeras leyes que lo regirán en lo adelante. El gobierno revolucionario coloca al cine en el centro de sus intereses culturales, lo que también establece una forma de producción cinematográfica de la cual habrá de emanar una estética diferente. El año 1959 sienta las bases para el cambio de paradigma que ocurrirá a inicios de los 60. Este cambio, que pudiéramos enunciar como el paso del cine romántico al social, modificó entre otros aspectos las formas de representación cinematográfica del fenómeno religioso.

La ola reformista que parte de la negación de los modelos y modos de representación del cine prerrevolucionario encuentra un dique, su muro de contención, en el Congreso de Educación y Cultura (1971). Allí, queda definido como un medio de propaganda y educación política, y se les exige a los productores el «incremento de películas y documentales cubanos de carácter histórico» («Declaración del Primer Congreso», 1971:13).

La mirada hacia la religión dentro del Congreso estará marcada por el fortalecimiento de la postura ateísta, como se puede apreciar en sus lineamientos (ibíd.:11), los cuales tienen implicaciones estéticas y temáticas en el tratamiento del fenómeno religioso en el celuloide, que lo diferencian del enfoque seguido en la década anterior.

Este ensayo toma el Congreso de Educación y Cultura como un punto de inflexión dentro del cine cubano y como cota temporal de su objeto de estudio: el documental cubano de esa primera etapa (1959-1971) en la Revolución. Dicho período está marcado por la impronta neovanguardista, lo cual obliga a examinar no solo los documentales clásicos, sino aquellos que llevan hasta su límite la noción tradicional del género. Es por eso que la definición utilizada[1] permite contemplar un rango extenso de filmes que se interesan por el trabajo con lo real. Dentro de esta gama se ha incluido el documental híbrido, que es aquel donde lo documental está mezclado con la ficción, de manera que se hace muy difícil definirlos dentro de un género u otro, aunque su referencialidad con respecto a la realidad le deja un alto componente de la estética y de la ética del documental. Visto así, filmes como *Páginas del diario de José Martí* (José Massip, 1971), pensados tradicionalmente como filmes de ficción por la crítica, son considerados en este ensayo como documentales híbridos.

El estudio de la religiosidad en el documental cubano me lleva entre otros caminos a intentar conceptualizar qué entiendo por religiosidad, para luego descubrirla en el filme. Siguiendo al esteta polaco Stefan Morawski, «la religiosidad está basada en lo *sacrum*, en el culto de una fuerza misteriosa, trascendente, existente desde tiempos inmemoriales» (s.a.:199). La religiosidad que aquí interesa, la que es objeto de este estudio, es la que habita en los documentales producidos en Cuba entre 1959 y 1971. Lo sagrado, lo *sacrum*, es aquello por lo que un individuo o una comunidad siente devoción y deviene objeto de fe. La religiosidad es la manera en que ese individuo o esa comunidad se relaciona con lo sagrado. Detrás de las palabras de Morawski y las nuestras está la influencia del sociólogo francés Émile Durkheim, quien colocó en lo sagrado la conducta moral y las relaciones sociales como piedra angular de la concepción religiosa: «Una religión es un sistema solidario de creencias y prácticas relativas a cosas sagradas, es decir, separadas, prohibidas, creencias y prácticas que unen en una misma comunidad moral, llamada Iglesia, a todos los que se adhieren a ellas» (1993:98).

El vínculo entre la religiosidad y la religión se basa en que la primera es la forma más general y menos formal de la segunda, ya que, a diferencia de la religión, la religiosidad no necesita —como condición *sine qua non*— de un cuerpo dogmático y estructurado que regule la interacción con lo sagrado. Para nuestro análisis de un cine donde lo político es el elemento estructurador dominante del lenguaje cinematográfico, resulta interesante leer la religión en los términos que declara el ensayista Mendieta, influido por Foucault:

---

[1] Partiendo de las tesis de Nichols es posible decir que el documental es aquel audiovisual que representa, razona o argumenta acerca de los mundos reales, narrando o describiendo lo que ocurrió o lo que ocurre a través de un discurso construido con axiomas y proposiciones verdaderas (1997:51). Este discurso se presenta como realidad e intenta acortar o invisibilizar las distancias entre el mundo de los hechos y su representación.

La religión es una tecnología política que condiciona tanto el horizonte de lo social como el horizonte de la subjetividad [...]. Cuando se habla de lo político, se habla precisamente de esos hábitos de comportamiento y estructuras sociales que condicionan lo que se puede y no se puede hacer. Una técnica, una tecnología es siempre un hecho, un evento político. No solo porque siempre se requiere de cierta fuerza que circula como poder para que se constituyan y den forma y permanencia a ciertas formas de convivir y habitar, pero principalmente porque toda tecnología se convierte en el vehículo, en el medio conductor, que transmite la fuerza como poder. (s.a.:4)

De manera que «la religión es siempre un conglomerado de instituciones, de objetos y verdades, y de discursos. Todos estos, en su sincronía y diacronía sinergéstica, producen un mundo en el cual solo ciertas verdades son admisibles, y otras ni siquiera concebibles» (ibíd.:5).

En el cine cubano la expresión de lo religioso se ofrece, habitualmente, como la codificación iconográfica del ritual, una de las formas tangibles más importantes del acto religioso. Este «mal», que reduce lo religioso a su ropaje externo, ha señoreado en la configuración de una narrativa audiovisual de lo sagrado y de la religiosidad que abarca desde las películas silentes de principios del siglo xx hasta las formas actuales del videoclip nacional.

El traslado de la religiosidad, como forma viva de la actividad y la fe religiosas, a su representación en la pantalla se encarna a través de formas de encuadre, iluminación, sonido, relaciones entre planos y a través de una coherencia de sentido conceptual, dramática, etc. Dicho otra forma, mediante un acto audiovisual que registra y organiza la religiosidad en un discurso sonoro-visual. Cuando estas formas cinematográficas se repiten en distintos filmes, se convierten en modelos eficaces para trasmitir determinados contenidos y dar una imagen de la religiosidad. Una zona del presente estudio se enfoca en la búsqueda y el análisis de los modelos de representación de la religiosidad dentro del género documental. En el cine cubano destacan, al menos, tres modelos de representación. El primero está basado en una cristalización de algunos personajes modélicos que conforman estereotipos. El segundo es un modelo espacial relacionado con la presencia de determinados estereotipos, al cual llamamos estereotopo (Araoz, 2017:64). El estereotopo es el resultado de un proceso de idealización y estandarización de un *topos* real, que funge como un microcosmos, y bajo cuyos límites los personajes tienen modos conductuales predeterminados. El tercero está vinculado a la fijación de estructuras narrativas, cada una de las cuales funciona como una unidad de sentido sobre la que se teje la estructura del filme. Un modelo de representación estructura imágenes instituyentes de manera que se puedan reproducir. Si «un imaginario se construye o compone de imágenes instituyentes» (Santana, 2019), es posible entender que un modelo de representación es también parte de un imaginario. En este estudio entenderé por imaginario

> *[...] aquellas tipificaciones que parten de un modo habitualizado de la experiencia [...] que ordenan y controlan el comportamiento humano [...] El poder instituyente de una imagen dada resulta de su capacidad para administrar el comportamiento individual y de las relaciones humanas socializadas según ideas estructurantes. El poder instituyente se da en la palabra y la acción vinculada a esa palabra. El lenguaje [...] (Santana, 2019).*

Santana elabora su idea de imaginario e imagen instituyente a partir de Castoriadis, quien estudia el concepto desde el punto de vista social e histórico. Para él, «toda sociedad construye sus propios imaginarios a través de comportamientos que se expresan en instituciones y significaciones». Entre los conceptos que maneja Castoriadis, son especialmente significativos para este estudio las nociones de «imaginario», «social», «imaginario social» y «*phantasma* histórico-social». Según sus propias palabras: «Imaginario: creación inmotivada, que solo es en y gracias al acto de poner imágenes. Social: inconcebible como obra o producto de un individuo o de una multitud de individuos (el individuo es institución social), inderivable a partir de la psiquis como tal y en sí misma» (Castoriadis, 1993:137). «Lo imaginario social es, primordialmente, creación de significaciones y creación de imágenes o figuras que son su soporte. La relación entre la significación y sus soportes (imágenes o figuras) es el único sentido preciso que se puede atribuir al término "simbólico"» (ibíd.:122). También toma de Aristóteles el concepto de *phantasma* como «lo sensible sin materia» (ibíd.:136) y propone el concepto de «*phantasma* histórico-social, la "representación social" (representación para nadie y para todos, todos indefinidos) de la palabra y de tal palabra en su existencia material-abstracta y completamente independiente de su relación con la significación» (ibíd.:137).

La religiosidad posee al menos un área *phantasmal* que se expresa como imaginario social y que puede encontrarse dentro del cine, entendido como institución social, de modo latente —como *phantasma* histórico-social— y/o de modo patente[2] —como actos, acciones físicas o palabras, ritualiza-

---

2 En su libro *¿Cómo se comenta una obra de teatro?*, José Luis García Barrientos, para referirse a la estructura espacial del drama —«el "encaje" de lugares argumentales en el espa-

236

dos—, pero en cualquier caso mediante un acto audiovisual que lo concreta como lenguaje fílmico. El hecho de que una sociedad se construya —se autofabrique— dando existencia a un magma de «significaciones imaginarias sociales» (ibíd.:172) y genere sus propias significaciones e imágenes instituyentes hace que la sociedad se relea y se reescriba. En este proceso, las formas tradicionales se rediseñan en «el magma de significaciones». Es de interés en este ensayo encontrar algunos de los modos latentes en que se reescribió la religiosidad popular en función de un proyecto político. Entiéndase: la manera en que el cine político de la época reescribe el imaginario popular en función del imaginario emergente de la Revolución. Los modos patentes son las más susceptibles de convertirse en modelos de representación; en cambio, las formas latentes, por su carácter *phantasmagórico*, parecen gravitar sobre imágenes instituyentes o modelos de doble significación simbólica. En ese otro significado, que se vuelve una segunda naturaleza, habita solapada la connotación religiosa.

HÉROES DE CULTO. CULTO AL MUERTO Y A LOS HÉROES

Una de las bases del pensamiento mágico-religioso cubano está en el culto al muerto, sobre el cual se han asentado no solo distintos estratos culturales, sino también una identidad nacional y un pensamiento nacionalista. El culto al muerto, tal como se manifiesta en Cuba, tiene al menos una raíz en las religiones de origen africano, especialmente en la Regla Muertera o Palo Monte,[3] y otra en el espiritismo y el catolicismo. Para el pensamiento mágico-religioso existe una relación entre el muerto y el espíritu que pudiera sintetizarse al decir que «todo espíritu antes de ser espíritu fue muerto». El camino de todo muerto, según esta concepción, será abandonar su apego a lo terrenal, a la materia, y alcanzar mediante el perfeccionamiento o conocimiento, la purificación, «para convertirse en espíritu puro, habitando en el espacio de las fuerzas transcendentales creadoras» (James, 2012:118). El cristianismo que tiene como salvador no a un muerto, sino a un resurrecto

---

cio escénico» (2015:118)—, utiliza los términos de «espacio patente» y «espacio latente» (ibíd.:125-128). Los modos patente y latente que aquí uso son una reinterpretación de sus tesis dramatológicas.

[3] El Palo Monte consiste en el culto a Inzambi (James, 2006:9). Para Joel James se trata de una religión monoteísta que llega a Cuba con los esclavos traídos del Congo y de Angola, y consta al menos de las siguientes variantes: las Regla Mayombe, Briyumba, de Malongo y Kimbisa o del Santo Cristo del Buen Viaje.

—porque, según el dogma, después de la muerte resucita y se convierte en Dios vivo—, en su variante católica presenta además un grupo de espíritus puros —con diferentes jerarquías, la Virgen María y los Santos de la Iglesia Católica— que interceden por los creyentes ante Dios.

En el pensamiento mágico-religioso de la religiosidad popular cubana, la idea del espíritu atraviesa las tres concepciones intercomunicadas pero bien diferenciables. Por una parte, en el Palo Monte, el «trabajo con el muerto» se entiende como toda la liturgia relacionada con espíritus apegados a la materia. Por otra, el espiritismo establece formas de asociación y comunicación con los espíritus con el objetivo de contribuir al «progreso» de su purificación, a su «elevación». Finalmente, el catolicismo ruega por la intercesión de los espíritus puros ante Dios. En todas ellas hay alguna forma de «trabajo con el muerto», ya bien con el recuerdo de lo que fue el espíritu en vida mediante sus imágenes o la memoria de sus allegados; ya bien con los restos materiales o atributos de los fallecidos, como los huesos, en el caso del Palo Monte y sus ngangas, o bien en el catolicismo con la veneración de las reliquias.[4]

Sobre esta forma del pensamiento popular también se asienta el culto al héroe, que ha sido una parte importante de la formación de la nacionalidad y del sentimiento nacionalista. De cierta manera, este culto no solo ha mantenido una memoria colectiva de los líderes y mártires de la lucha revolucionaria, sino que también ha convertido esta memoria en una expresión cultural. El documental de la primera mitad de la década de 1960 encontró ocasionalmente esta comunión entre el culto a los muertos y a los héroes en la religiosidad popular. Por ejemplo, en el documental *En un barrio viejo* (Nicolás Guillén Landrián, 1963), después de recorrer un barrio citadino: la diversidad de sus habitantes (hombres, niños, mujeres, chinos, negros, blancos), los distintos oficios —pajarero, barbero, proyeccionista de cine, carretillero, costurero—, la cámara desemboca en un toque de palo, anunciado a lo largo del documental por el toque de los tambores que constantemente irrumpe en la armonía de la banda sonora. Allí, en la casa donde se realiza el ritual, negros y blancos bailan al compás del tambor, cargan

---

[4] «La expresión "reliquias de los Santos" indica ante todo el cuerpo —o partes notables del mismo— de aquellos que, viviendo ya en la patria celestial, fueron en esta tierra, por la santidad heroica de su vida, miembros insignes del Cuerpo místico de Cristo y templos vivos del Espíritu Santo (cfr. 1 Cor. 3.16; 6.19; 2 Cor 6.16). En segundo lugar, objetos que pertenecieron a los Santos: utensilios, vestidos, manuscritos y objetos que han estado en contacto con sus cuerpos o con sus sepulcros, como estampas, telas de lino, y también imágenes veneradas» (Vaticano, 2020:236).

En un barrio viejo (1963). Ceremonia de Palo Monte. Imágenes de dos planos continuos en el documental.

una cruz con Jesucristo, una copa con un crucifijo adentro, bailan con sus collares pasando por debajo de un cocodrilo que un hombre sujeta por la cola y la boca, y en los altares los vasos de agua acompañan las imágenes de los héroes y dirigentes de la Revolución (Camilo Cienfuegos, Fidel Castro) junto a banderas cubanas y del Movimiento 26 de Julio. Los danzantes siguen la nganga llevada en procesión por una mujer blanca. Estas imágenes son planos de excepción en el cine cubano, en el cual pocas veces aparecen en modo patente de representación ceremonias de Palo Monte, donde los creyentes no suelen mostrar sus ngangas y a los cineastas no les interesa recrearlas, y mucho menos se muestran mujeres manipulando al muerto. Los símbolos de dos religiones (las copas de agua y los altares del espiritismo cruzado, y el Cristo crucificado del catolicismo) acompañan el ritual del Palo Monte con la nganga, junto a la iconografía de la Revolución: Camilo Cienfuegos —un héroe muerto— y la imagen del líder Fidel, que representa el proceso revolucionario. Aquí el conflicto religión *versus* Revolución no existe para los creyentes que saludan a Sarabanda, a Siete Rayos y ofician en medio de las imágenes de los líderes políticos. Es común encontrar, aún hoy, en las bóvedas espirituales donde se ponen las fotos de los familiares muertos, los retratos de los héroes populares, como Camilo, Ernesto «Che» Guevara, o Celia Sánchez, ya que se consideran espíritus (*eggún*) con poder, que pueden ayudar a los consultantes a limpiarse de lo malo (enfermedad, malos espíritus).

No solo en el documental *En un barrio viejo* las imágenes de los héroes y líderes comparten un espacio religioso, en *Guantánamo* (Manuel Octavio Gómez, 1964) la religiosidad popular cristiana y el espiritismo se han fusionado con los íconos y el discurso político de la Revolución. El sacerdote de este «neocristianismo», que respira una sensibilidad *new age* cubanizada, es nombrado como un filósofo aunque parezca más un líder religioso. La escena se inicia con un intertítulo que dice: «la historia de un filósofo». En la imagen siguiente, un hombre vestido de blanco lleva una cruz en el gorro y otra en la camisa. A su lado, en un cartel escrito a mano, resalta una frase: «Última noticia de la luna y otras noticias». En los planos que describen el sitio donde se encuentra «el filósofo» se puede ver una mesa con varias copas y algunos rosarios, unos libros de tapa oscura con la cruz —tal vez biblias— y un cuadro del Sagrado Corazón de Jesús inserto en un texto abigarrado de frases y pensamientos de orden religioso. En una pared hay un mural con pequeñas banderitas cubanas e imágenes de Fidel Castro, Antonio Maceo y otros. El filósofo tiene un discurso que mezcla información científico-técnica con términos del discurso marxista de la época. Sus palabras se integran a la banda sonora, están puestas más para generar un ambiente entre seudocientífico y místico que para expresar un discurso lógico. Una segunda escena, anunciada también por un inter-título, muestra una pequeña pieza teatral creada y dirigida por «el filósofo» con vecinos del poblado de San Justo. Este *sketch* —una obra moral con un sustrato teológico cristiano— ejemplifica los males del adulterio al colocar a la mujer en el centro del pecado. La escenografía está tapizada por una iconografía revolucionaria: la estrella con la hoz y el martillo de la revolu-ción soviética, fotos de Fidel, imágenes de José Martí y Antonio Maceo, de manera que el *kitsch* escenográfico y la moralina cristiana retratan aquel momento intermedio donde el sistema de valores de la Revolución convi-vía en los sectores populares con otros, que luego, en el discurso oficial al menos, serían excluyentes.

Es posible observar, tras el culto a los héroes de la Revolución en las ins-tituciones estatales, las maneras del martirologio cristiano. Esta tradición eclesial no solo preservó en la comunidad la memoria de los asesinados por defender la causa cristiana, sino también creó un vínculo entre los fieles y la institución. La Revolución, justo por ascender al poder tras una guerra civil que luego se prolongó durante los años 60, tuvo un gran número de mártires que las instituciones y los medios de comunicación preservaron como memoria y vínculo con el proceso revolucionario. Los rituales de luto y celebración en torno a los héroes y mártires, el estudio de la vida y la obra de cada uno de aquellos cubanos que se sacrificaron por la patria; su evocación e invocación mediante juramentos y compromisos éticos, mora-les o productivos; la propaganda política vinculada a la imagen del héroe, entre otras operaciones, ayudaron a sostener el culto a héroes y mártires en los mismos términos con que la cultura popular practicaba ya el culto a los muertos y a los santos de la Iglesia Católica. Coincidentemente, la Revolución cubana tuvo también líderes carismáticos que contaron con el apoyo popular, en un momento en que la prédica religiosa cristiana se inspira en el carisma y florece como un movimiento en el sector protestante.

Aunque el culto a los mártires en la Revolución se asienta sobre formas culturales como el culto a los muertos y el martirologio cristiano, el discurso histórico tendió a omitir la vida religiosa de los héroes y la participación de la comunidad religiosa en el proceso revolucionario. Es por eso que aún hoy *David* (Enrique Pineda Barnet, 1967) es una de esas excepciones donde se muestra la religiosidad de un mártir revolucionario. Al documentar la vida y muerte de Frank País, Pineda Barnet introduce, desde el paradigma de la violencia justificada, un nuevo matiz: un héroe revolucionario que es, a la vez, un destacado líder de la Iglesia bautista. A través de entrevistas y escenificaciones, desarrolla dos líneas temáticas: la vida devocional de Frank —como continuador de la tradición bautista de la familia y como líder de su iglesia— y su activismo armado contra el gobierno de Batista. Esas dos líneas conflictuales, según la ideología vigente en la época de la realización del documental —amor cristiano *versus* violencia revolucionaria—, confluyen en el discurso en favor de la justicia social, donde la violencia se justifica en aras del bien común. El contrapunteo entre estos enfoques aparece en modo más patente cuando se alternan los testimonios de Alcibíades Poveda, Adela Muriot y Haydée Santamaría. Adela Muriot, que representa el lado religioso —su entrevista es en una iglesia—, describe a Frank como incapaz de matar y se enfoca en la ternura del héroe; en cambio, Alcibíades Poveda y Haydée Santamaría muestran el Frank guerrero, que opta por la violencia necesaria. Estos discursos encontrados construyen la imagen de un héroe venerado en su comunidad religiosa y en su vida laica. Su muerte, ocurrida de forma violenta, tiene una doble lectura: la del sacrificio, según Muriot, que entronca con el pensamiento cristiano del martirologio, y la del asesinato político, que compete a su condición de héroe. En la película pesa más el tema de la militancia política, mientras el discurso religioso se bate contra un ateísmo que lo socava. Cuando se escucha la voz en *off* de Alcibíades Poveda hablando del Frank religioso, de su crítica a los pastores que apoyaban a los adinerados y de su decisión por la lucha armada, se visualiza su imagen en un aula, impartiendo una clase. En la pizarra está escrito un texto de las *Tesis sobre Feuerbach* de Carlos Marx, el fragmento dice que Ludwig Feuerbach «no ve, por tanto, que el sentimiento religioso es también un producto social». Este texto, apenas perceptible por su duración, devela la clave con que el filme considera la religiosidad de Frank y su aceptación de la violencia. Las condiciones sociales han impulsado al héroe a modificar su conciencia religiosa. Las tesis de Marx sobre Feuerbach se inician justamente con una crítica al pensamiento cristiano, que parecería tomarse en el filme como argumento para explicar la negación cristiana a la violencia revolucionaria. «Por eso, en *La esencia del cristianismo* solo considera la actitud teórica como la auténticamente humana, mientras que concibe y fija la práctica solo en su forma suciamente judaica de manifestarse. Por tanto, no comprende la importancia de la actuación "revolucionaria", "práctico-crítica"» (Marx, 2019).

El conflicto del líder religioso cristiano con relación a la práctica o no de la violencia tomará un nuevo matiz al desviarse hacia la participación o no de este en la lucha armada revolucionaria. Este dilema cinematográfico es también reflejo epocal de una discusión teológica en el seno de la comunidad religiosa cristiana latinoamericana que, influida por el marxismo, desarrolla la teología de la liberación y gana adeptos y detractores. Desde un enfoque marxista como el que tuvo en Cuba, la discusión se traduce en si el sacerdote cristiano debe apoyar o no la lucha de clases y si la iglesia debe comprometerse o no con las clases históricamente oprimidas. En el cine cubano, donde la participación en la lucha de clases es un deber moral y social, el sacerdote tiene que abandonar cualquier precepto que involucre la no violencia, ya bien renunciando a su sacerdocio (*En otra Isla*, Sara Gómez, 1968) o bien integrándose a la lucha armada contra el imperialismo (*Golpeando en la selva*, Santiago Álvarez, 1967).

El documental de Sara Gómez, *En otra Isla*, refleja esta primera opción en la entrevista de Lázaro, el exseminarista que entonces había dejado los hábitos para sumarse a las tareas de la Revolución. En la entrevista queda claro, por las palabras del exseminarista, la tesis de la necesidad de la violencia y su incompatibilidad con el cristianismo. Existe así una violencia justificada que parte como reacción ante el asesinato y debe acudirse a ella en aras de un objetivo superior: la felicidad del hombre. La violencia está vista como mecanismo de justicia social, de defensa, y lo religioso como impedimento a esta actividad de autodefensa legitimada por el contexto social. Lázaro representa la nueva juventud, la nueva conciencia que se forma liberándose del pasado, que se desprende de la atadura de Dios, por el compromiso social con la Revolución. Esta forma de conceptualizar la violencia establece en el documental una tesis que justifica lo que ocurre en la sociedad cubana de entonces, la lucha por defender la Revolución de la violencia enemiga y su apoyo a los ejércitos de liberación nacional en otros países; sin embargo, silencia la violencia personal que puede ejercer

242

un proceso social sobre los individuos cuando el fin justifica los medios. El carácter sociológico del documental y su interés en dar un retrato del cambio de conciencia de la juventud no se detiene en la lucha íntima de Lázaro con su fe, tampoco en develar todos los motivos políticos y sociales por los cuales se reunieron esos jóvenes, durante esos años, en la antigua Isla de Pinos, renombrada como Isla de la Juventud[5].

La imagen del sacerdote en la escena internacional que construyó el documental está marcada por la impronta de Santiago Álvarez y la producción del *Noticiero ICAIC Latinoamericano*, por eso no es casual que el sacerdote guerrillero sea recogido tempranamente por Santiago Álvarez en el número 299 en 1966 y luego en *Golpeando en la selva*. En este último, Álvarez inicia el tema de la guerrilla mostrando una cita de la revista *Suceso*: «El ex-capellán de la Universidad Nacional decía: "La revolución no es solamente permitida sino obligatoria para todo cristiano que ve en ella la única manera eficaz y amplia de realizar el amor para todos"».

El texto ofrece un argumento oral y cívico que legitima el nacimiento de una revolución, pero también es un armisticio donde se dan la mano la revolución y el amor para todos; es decir, el amor de Cristo según el cristianismo. La imagen del sacerdote guerrillero no fue la única que vinculó el sacerdocio a la lucha social; el noticiero latinoamericano trabajó con la imagen de líderes religiosos que en esos años lucharon en Estados Unidos por los derechos civiles de los negros, como fue el caso de Martin Luther King, pastor de la Iglesia bautista, y Malcolm X, líder musulmán. En el documental *LBJ* (Santiago Álvarez, 1969) estas figuras se toman como el ejemplo de la violencia del gobierno estadounidense sobre los defensores de los derechos civiles de los negros. El collage visual explota la imagen de estos líderes y activistas religiosos en su condición de mártires; en especial la figura de Luther King, cuyo asesinato era entonces reciente. Desde su condición de mártires devienen

---

[5] Debido a su separación geográfica de Cuba y a la influencia estadounidense, la Isla de Pinos mantuvo hasta 1959 condiciones que la diferenciaban del resto del país, como el considerable por ciento de angloparlantes en su población, el predominio de las denominaciones protestantes en la dirección de los centros docentes y la existencia de una población de origen caimanero que se mantenía como una minoría no integrada («La comunidad caimanera»). El plan de desarrollo para «La Isla de Pinos» puesto en marcha a partir de 1965 no solo cambiaría de nombre a la isla, sino que modificaría su composición demográfica en aras de una mayor integración social al proyecto revolucionario. Las brigadas de trabajo de jóvenes, en su mayoría varones solteros, son parte de este proceso de transformacióna. En los años en que Sara Gómez realiza su documental, el tema de la ya llamada Isla de la Juventud es interés no solo del cine, sino también de la antropología, como se ve en los números 6 y 8 de la *Revista Etnología y Folklore*, de 1968 y 1969.

símbolos que el documental proyecta como ejemplo para continuar el activismo político (Luther King) y armado (Malcolm X) contra la discriminación racial del gobierno estadounidense.

Esta defensa de la violencia necesaria late en los documentales de la época y es una tendencia ideológica del naciente Estado cubano que defiende el concepto de violencia como procedimiento político; concepto que tiene un destacado antecedente en el sentimiento nacionalista e independentista del siglo XIX, durante la etapa de lucha por la fundación de un Estado-nación. Martí sería el mayor ideólogo de ese concepto.

La guerra es un procedimiento político, y este procedimiento de la guerra es conveniente en Cuba, porque con ella se resolverá definitivamente una situación que mantiene y continuará manteniendo perturbada [sic] el temor de ella; porque por la guerra, en el conflicto de los propietarios del país, ya pobres y desacreditados entre los suyos, con los hijos del país, amigos naturales de la libertad, triunfará la libertad indispensable al logro y disfrute del bienestar legítimo; porque la guerra rematará la amistad y fusión de las comarcas y entidades sociales sin cuyo trato cercano y cordial hubiera sido la misma independencia un semillero de graves discordias; porque la guerra dará ocasión a los españoles laboriosos de hacer olvidar, con su neutralidad o con su ayuda, la crueldad y ceguera con que en la lucha pasada sofocaron la virtud de sus hijos; porque por la guerra se obtendrá un estado de felicidad superior a los esfuerzos que se han de hacer por ella (Martí, 1963: 317).

El investigador Martín López Ávalos vislumbra en el pensamiento martiano la fuente del nacimiento del relato histórico para construir la nación, al decir:

Es el primero en entender la necesidad política de formar una tradición cívica como exaltación nacionalista vinculada a la insurrección del 10 de octubre de 1868 y sus diez años de lucha en su primer embrión. Al declararse heredero de la revolución de Yara, como se conoce el alzamiento de Céspedes, asume la vía insurreccional como la única opción posible para destrabar el problema político fundamental de Cuba, su independencia (2016:190).

Según López Ávalos, la Revolución hereda esta legitimación de la violencia necesaria y la recuperación de la memoria insurreccional de la nación como pedagogía cívica (ibíd.:191).

La violencia se encuentra articulada a partir de la apropiación de los símbolos nacionales y su instrumentación como un valor político positivo en una relación dialéctica de negación del pasado para justificar el cambio del presente de manera teleológica. Así, por ejemplo, 1952 marca el inicio de la ruptura con ese pasado poscolonial negado y no el cincuentenario de la fundación del Estado en 1902; por el contrario, 1953 está simbolizado por el centenario del natalicio de José Martí y su propia inmolación como pedagogía ritual para el ciudadano cubano del futuro, que el asalto al cuartel Moncada se encargará de celebrar como su propio rito iniciático de inmolación para dar luz al nuevo mundo por venir (ibíd.:187).

El culto a los héroes y su sacralización no nace con la Revolución, sino que es parte de la formación de la nación cubana y del establecimiento de su cultura. Al estudiar la poesía religiosa del siglo XIX, el ensayista Leonardo Sarría encuentra que con José María Heredia se inicia una «tendencia sacralizadora de los actores políticos que habría de legar a la República un panteón repleto de mártires y proseguiría ensanchándose incluso desde posturas de militancia marxista y aún después de 1959» (2012:46). Para denominar este legado, ya formalizado, Sarría inaugura el término «cielo cívico» y lo define como «el principio religiosamente ético de la lucha revolucionaria, garante de la inmortalidad de sus héroes y raíz de la pasión inextinguible que alentaría sucesivos apostolados» (ibíd.:46-47). El cine social del ICAIC, en su interés por dejar una memoria colectiva de los líderes y mártires de la lucha revolucionaria, hereda el cielo cívico de la nación donde los héroes de la guerra colonial ocupan los escaños más altos, encabezados por José Martí. A diferencia de otros próceres de las guerras de independencia, Martí se convirtió en un líder cultural y cívico, y tanto en su obra literaria y en su oratoria como en su accionar político encarnó un mesianismo con profundo arraigo religioso en la imagen de Cristo. En la literatura de la República, tal como observa Sarría:

Si en torno a Martí aparecerán más tarde un sinnúmero de poemas sacralizadores —«A José Martí», de Francisco Sixto Piedra; «Martí», de Agustín Acosta; «Rapsodia patria», de Rafael García Bárcena; «Décimas por el júbilo martiano …», de Emilio Ballagas; «Versos patrios a Martí», de Ángel Gaztelu; «Padre nuestro», de Manuel Navarro Luna—, que agotarán las equivalencias entre él y Cristo, entre Dos Ríos y el Calvario, esos poemas no son sino prolongaciones del pathos *religioso que ya estaba en el escritor (2012:120).*

245

Patria, 9 de julio de 1982. Esta imagen, si bien no complació a Martí, se hizo popular entre sus simpatizantes.

Esta deificación de Martí no es privativa de la poesía: en la literatura histórica un libro como *Martí, El Apóstol* (Jorge Mañach, 1933) acuña, para referirse a él, el término «apóstol», que le acompaña hasta hoy. Este discurso configuró la imagen sobria, de un Martí serio, de pie, con traje oscuro y bigote que aparece en algunas fotografías, como los retratos tomados por W. F. Bowers (New York, 1885), Andrés I. Estévez (Cayo Hueso, 1891) o Juan Bautista Valdés (Jamaica, 1892), aunque no en todas las imágenes tomadas durante su vida —ya sean fotografías, zincografías, etc.— tenía esa apariencia. Sin embargo, la imagen del Martí sufrido de sus últimos años quedó como modelo visual[6] que luego recrearían la plástica y el cine.

Ese canon martiano queda ya formalizado desde el cine de los años 50 en *La rosa blanca, momentos de la vida de Martí* (Emilio Fernández, 1954), filme que lo retrata como un ser con vocación para el sacrificio y el sufrimiento, dispuesto a llevar la patria a cuestas como su cruz, por encima de todo interés personal. El final de la película se puede leer en los códigos del sacrificio, la crucifixión y la ascensión. En la batalla de Dos Ríos, Martí prácticamente se inmola en una cabalgata solitaria hacia el enemigo; los planos del entierro están marcados por la presencia en primer plano de la cruz y al final del filme su rostro está superpuesto —mediante una disolvencia— en el cielo, como si desde allí mirara el nacimiento de la nación con el cambio de la bandera española por la cubana.

El «cielo cívico» de la República sufre un reacomodo en el cine de la Revolución; el discurso historicista inicia la tarea de anclar el antiguo panteón a un nuevo objeto de culto, la Revolución. La patria idealizada, la que

---

6   En su obra *Hierro*, Carlos Celdrán reconfigura en muchos sentidos el imaginario martiano. Curiosamente, más que el develamiento de nuevas perspectivas acerca de su vida íntima, a algunos puristas les inquietó la elección de un actor de elevada estatura, cuyos rasgos faciales no recordaban a Martí: es la reacción ante una imagen que no repite el molde establecido.

los héroes libertadores representan, por tanto utópica, frustrada debido a la República, termina corporizándose en la Revolución.[7] Cuando comienza a verse como un continuo que nos lleva a un estadio superior, abstracto, a otra promesa de sociedad mejorada, nace una nueva utopía y el cielo cívico se renueva con la incorporación de los mártires de la última gesta. Por el camino que José Massip traza desde *Los tiempos del joven Martí* (1960) hasta *Páginas del diario de José Martí* (1971) cursa la ruta de esta renovación. Ambos filmes reconstruyen la vida del Apóstol desde una mirada histórica, pero el primero se apega más al materialismo histórico. De esta manera, la vida de Martí está inserta en el contexto socioeconómico, el énfasis está en el proceso social, quedan excluidos los referentes sentimentales y melodramáticos del cine de los años 50 —excepto el amor a la patria—, así como los paralelos entre Martí y Cristo. El corto documental *Los tiempos del joven Martí* construido con dibujos, pinturas y grabados de la colonia, muestra la presencia de la Iglesia, mediante la imagen del sacerdote en los momentos postreros como en el caso de los condenados a muerte. Esta presencia no representa un acompañamiento al que sufre sino una alianza entre la Iglesia y el poder. Una maniobra de desacralización acompaña también la presentación, siempre lateral, de los cultos afrocubanos, a través de una mirada folclórica donde, mediante las pinturas de tipos y costumbres coloniales, se representan las fiestas relacionadas con tales cultos, como los iremes pintados por Víctor Patricio Landaluze.

Cuando Massip vuelve a realizar otro filme sobre Martí, el «cielo cívico» de la nación se está restaurando, el cine histórico está en auge, la imagen de los mambises simboliza el ideal revolucionario y el cineasta ha madurado su estilo y emprende un filme híbrido para reconstruir el diario de Martí. Esta hibridez entre documental y ficción permite vincular dos tiempos. En el presente de la diégesis encontramos la ENA, una institución donde se forma al nuevo intelectual revolucionario, y Playitas, el lugar del desembarco de José Martí, con un testigo de aquel acontecimiento histórico. En el pasado está la reconstrucción del viaje de los expedicionarios de Playitas a Dos Ríos y el inicio de la última guerra contra el colonialismo español. La película comienza con un prólogo que reescribe la experiencia del antiguo documental, *Los tiempos del joven Martí*, solo que ahora los grabados y dibujos de la

---

[7]   En su discurso en La Demajagua, el 10 de octubre de 1968, el Comandante en Jefe Fidel Castro declaró explícitamente los nexos entre las guerras contra el colonialismo español y la guerra contra Batista, enunciados como una sola guerra iniciada en la colonia española y terminada con el triunfo de la Revolución.

época colonial se mezclan con escenas de danza contemporánea, pequeñas representaciones y planos de distintos espacios. El prólogo está minado de elementos religiosos: imágenes de iglesias, cruces, escenas en las iglesias como la del hombre que entra al templo cargando un niño como un San Cristóbal, o cantos en forma de plegaria. El discurso historicista no sucumbe del todo ante al materialismo histórico, como en *Los tiempos del joven Martí*, aquí la obra martiana se completa con el triunfo revolucionario de 1959, y de esta forma Massip integra al discurso historicista la oratoria de Fidel Castro, donde Martí, el autor intelectual del Moncada, es una presencia espiritual que enlaza el pasado y el presente («Resumen de la velada conmemorativa»).

Terminado el prólogo, el filme recrea el *Diario de campaña* de José Martí. Los fragmentos del diario, como voz en *off*, conservan el estilo poético de la escritura martiana. Esa voz gravita sobre el paisaje como un ente, a veces representa a Martí, otras a Máximo Gómez, a partir de los apuntes de Martí de sus diálogos con Gómez. También se han introducido y recreado fragmentos del diario de Máximo Gómez para completar una imagen del inicio de la guerra. Martí y Gómez, aunque están representados, apenas hablan, sus voces, siempre en *off*, los elevan a una condición extradiegética. En cambio, los otros personajes del pueblo —mujeres, hombres, mercenarios, traidores, campesinos— sí participan en el diálogo, son seres carnales que habitan la tierra, a diferencia de Martí y Gómez, marcados por la condición inmortal de aquellos que viven para siempre en la historia de la patria, que, plasmada en documentos como los diarios, es la que preserva el sentido de la nación. La excepción del uso del *off* es la voz del campesino que testimonia sobre la llegada de Martí a su casa cuando tenía 12 años. Esta voz en *off*, al igual que las páginas de los diarios, es una documentación histórica.

Si comparamos el tratamiento de la historia en el filme *La rosa blanca* con el de *Páginas del diario de José Martí* encontraremos que la concepción romántica de la primera considera la historia en relación con Dios, impregnada de valores trascendentales, mientras que la segunda considera históricos tanto la realidad como el conocimiento. El discurso historicista de *Páginas del diario de José Martí* despoja a Martí de la vestimenta cristiana con que lo había revestido el pensamiento republicano y le agrega un nuevo ropaje teleológico, aunque conserva la imagen y la iconografía ya entonces tradicionales de su imagen. La muerte cambia su interpretación al perder el paradigma cristiano. Si en *La Rosa Blanca* es por inmolación, en *Páginas del diario…* es por desobediencia e inexperiencia. La película trata de «terrenalizar» a Martí, al sacarlo del mito religioso y conducirlo hacia la realidad histórica. En este proceso se realiza una puesta en escena donde los combates tienen mucho más peso que en el diario, pues como bien destaca Ezequiel Martínez Estrada, en su prólogo al *Diario de Campaña*, Martí suprimió «lo que todos los diarios de esta clase contienen: lo militar, táctico, topográfico, toponímico […] falta, pues, lo que es común encontrar en las biografías de héroes y en los boletines de la acción guerrera» (1962:8).

Inserta en los cánones de la épica revolucionaria, la película agrega escenas que no están en el diario, prioriza el enfrentamiento bélico a contrapelo de otros discursos como el de la naturaleza, que aparece como ilustración, sin el carácter deslumbrante, casi romántico, que tiene para Martí. El paisaje del filme está altamente codificado, recreado alrededor de la palma como símbolo de la cubanidad, con el monte como la zona hostil, la naturaleza no domesticada. Los palmares son espacios de descanso, donde los campesinos construyen sus casas, donde montan el campamento y Martí o Máximo Gómez escriben o leen, donde la caballería cubana puede cargar contra la infantería española. El monte, en cambio, es el lugar difícil de atravesar, donde se agazapan los peligros de la traición y asedia el enemigo. La religiosidad queda entre los campesinos y los que habitan en el monte, en la gente pobre y menos culta. En las casas de los campesinos se encuentran los atributos religiosos: crucifijos, imágenes de santos (San Lázaro), también los contraguerrilleros llevan crucifijos. Esta marca religiosa no está en el diario, la descripción de Martí está más centrada en la naturaleza, la comida, los sucesos cotidianos o las desavenencias políticas. La historia del fusilamiento de Masabó está referida primero por la voz en *off* y luego escenificada. Así, la voz en *off* funciona como una prolepsis y luego la escenificación de la misma historia produce una sensación de bucle o *déjà vu*, que recrea la escritura del diario de Martí. Este procedimiento forma parte de la estructura narrativa del filme y funciona como una glosa, que amplía los pocos acontecimientos que sintéticamente enuncia la voz *off*.

La escena de Masabó termina en un momento en que se escucha, en el *off*: «Dicen que el general Paquito Borrero, para rematar a Masabó trató de descargar su revólver, sin que hiciera fuego una sola bala porque según los supersticiosos Masabó tenía un resguardo del gran poder, entonces el general Borrero tuvo que hacer uso de su rifle para ultimar». Aunque sobria, la voz trata el hecho como una casualidad, interpretada como mágica por los supersticiosos. La puesta en escena acentúa la explicación mágico-religiosa, ya que mientras se escucha el *off* se representa el asombro del general Paquito Borrero cuando ve que su revólver no dispara. El arma apunta a la cámara, por tanto al público, que ahora tiene la subjetiva del muerto o moribundo. El texto en *off* no está en el diario de Martí, ni en el de Máximo Gómez; es

Páginas del Diario de José Martí (1971). Tiro de gracia a Masabó.

un agregado apócrifo que simula ser parte de ellos. Esta intención de recrear la religiosidad de la región montañosa del oriente cubano subyace en el filme como si se ocultara en el mismo monte. En algunos pasajes, como el de Masabó, se hace más evidente: el personaje es presentado durante el juicio, sin camisa, con una cadena de la que al parecer colgaba una medalla de la Virgen. Aunque apenas pueda distinguirse lo que el personaje lleva al cuello, es tan común en la cultura popular llevar una medalla de la Virgen como devoción y para estar protegido, que la imagen nos remite a esta creencia. Luego, cuando el *off* menciona que «Masabó tenía un resguardo del gran poder» la palabra «resguardo»,[8] ese signo verbal remite al universo de las creencias mágico-religiosas de la cultura afrocubana y a su vez crea una imagen instituyente que, a través de un acto performativo del habla[9] resignifica y contextualiza la escena en los marcos del imaginario religioso afro, y abre un «magma de significaciones»[10] a la muerte de Masabó. Dicha muerte ya no será solo el

---

[8] Es una protección del creyente contra algo que le va hacer mal. Esta protección es generalmente un objeto físico que posee el poder de un eggún o una la esencia de un orisha.

[9] Es una acción que se realiza en el habla y no tiene que tener una acción física (Santana, 2019).

[10] Parafraseando a Castoriadis, que llama «el magma de las significaciones imaginario sociales», a «la red de significaciones que atraviesan, orientan y dirigen toda la vida de una sociedad, y a los individuos concretos que la constituyen realmente». Esta red de significaciones «son llevadas por la sociedad e incorporadas a ella y, por así decirlo, la animan» (2019:4).

cumplimiento de una sentencia, sino que adquiere connotaciones religiosas —que no están en el diario martiano— y se integra a la discusión epocal entre ateísmo[11] y religión. A pesar de la atmósfera enigmática de la escena con el tiro de gracia, Masabó muere; es decir, el resguardo no funcionó, no importa lo que piensen los «supersticiosos». El pensamiento mágico-religioso se enfrenta a la racionalidad ateísta y pierde la batalla.

Esta escena pudiera parecer un hecho aislado y casual: la estética de un director. Sin embargo, cinco años después tendríamos una secuencia similar en el filme de ficción *La tierra y el cielo* (Manuel Octavio Gómez, 1974). Allí, otro personaje, Aristón —en este caso un haitiano—, a quien fusilarán por indisciplina en tiempo de guerra, cree gracias a un vaticinio del *houngan*[12] que no morirá mientras su amigo Pedro Limón lo acompañe. El amigo es en este caso su resguardo. Aristón va a juicio y lo fusilan, de modo que el resguardo no funcionó, pero el amigo ve volar un pájaro y piensa que tal vez su amigo Aristón no ha muerto, sino que se ha convertido en ave. Con su visión ateísta, la película desarticula esa posible interpretación mágica: Pedro Limón, el narrador testigo, abandona las creencias mágicas y ratifica su compromiso con lo terrenal. Aunque *La tierra y el cielo* es un filme de 1976, está inspirado en el cuento de Antonio Benítez Rojo «El cielo y la tierra», publicado en 1968. Tanto el cuento como los dos filmes aceptan un estereotipo del religioso afrocubano; entre sus rasgos están: ser negro —o mestizo—, indisciplinado, violento, irracional y marginal —lumpen—. Este estereotipo tiene también en *La tierra y el cielo* su contrario, el negro aculturado, aquel que renuncia a su religión y se integra a las actividades de la Revolución. Curiosamente no renuncia a la violencia —sigue siendo un guerrero, un militar—, sino a la religión, con lo cual gana una racionalidad —visión materialista del mundo— y, si la historia trascurre en el presente cubano, se integra a un proceso productivo, alejándose de su condición de lumpen. El cine de la década de 1970, que tendrá tan presente la imagen del negro, llevará a las salas —su espacio de enunciación privilegiado— estos modelos raciales del negro en ese afán de modelar un hombre nuevo en una nueva sociedad.

---

[11] En uno de los libros ateístas que circularon a inicio de los años 70 se puede leer: «La única formación en que las raíces sociales de la religión se debilitan notablemente y después se destruyen por completo, es el comunismo. Ya en su fase inferior —el socialismo— los éxitos que se consiguen en todas las esferas de la vida, en la economía, la política, la ciencia y la cultura son tan grandes, que constituyen un golpe decisivo para la religión» (Sujov, 1972:103).

[12] Sacerdote en la religión vodú.

12

JOSÉ MARTÍ Y LA PROFECÍA DEL GRAN SEMÍ. RESONANCIAS FACTUALES Y POTENCIALES INTERPRETATIVOS DE LA ENTIDAD DISEMINADORA EN LA OBRA MARTIANA

(Rubén Armando Lombida Balmaseda)

(Holguín, 1971). Licenciado en Educación Musical por el Instituto Superior Pedagógico Enrique José Varona, La Habana; máster en Historia del Arte, en la especialidad Arte Indígena de América, por la Universidad Nacional Autónoma de México (UNAM). Sus áreas de interés son el arte indígena americano, con foco en el arte antillano precolombino; la imagen del amerindio y sus producciones artísticas en las pinturas etnográficas, la literatura y el arte moderno y contemporáneo; las relaciones afroindígenas y la antropología del arte. Ha publicado «Cuentas, espejos y mucho más: resistencia transcultural en un cemí taíno» (*Casa de las Américas*); «Transmutaciones corpóreas y resonancias factuales en la pintura de Richard Brent Malone» (*Nierika. Revista de Estudios de Arte*, Universidad Iberoamericana, 2018); «El ojo visionario en el arte indígena de la Antillas Mayores: el ícono ocular como índice de la experiencia chamánica en las culturas taínas» (tesis de maestría, UNAM, 2019) y «Cemíismo y paganismo: la otrificación de la imagen taína (1494-1730)» (*Entre Caníbales–Revista de Literatura*, 2019).

¡Porque ya suena el himno unánime; la generación real lleva a cuestas, por
el camino abonado por los padres sublimes, la América trabajadora; del
Bravo a Magallanes, sentado en el lomo del cóndor, regó el Gran Semí, por
las naciones románticas del continente y por las islas dolorosas del mar, la
semilla de la América nueva! (Martí, 1992i:23)

Han pasado casi cuatro décadas desde que Cintio Vitier, en su artículo
«Una fuente venezolana de José Martí», diera por resuelto lo que llamó «el
enigma del Gran Semí del final de "Nuestra América"» (1982:106), Allí, al
abordar la relación personal, intelectual y de militancia revolucionaria entre el Apóstol y el venezolano Arístides Rojas (1826-1894), Vitier explora
hermenéuticamente la cuestión de cómo el Gran Semí martiano proviene
seguramente de la mitología orinoco-amazónica de los indios tamanacos,
tratada por el intelectual caraqueño en sus *Estudios Indígenas* (1878) y *Estudios Históricos* (1891). Dos décadas después, en su edición crítica del ensayo martiano, Vitier compendia sus conclusiones al respecto:

> *La imagen del Gran Semí (o Grande Espíritu) procede sin duda de la*
> *figuración mítica del Padre Amalivaca, propia de los indios tamanacos,*
> *sobre el cual da preciosas informaciones, seguramente conocidas por Martí,*
> *su amigo venezolano Arístides Rojas en* Estudios indígenas *(1878). Allí*
> *leemos [...] que, una vez aplacado el diluvio que destruyó la primera raza*
> *humana, los dos únicos sobrevivientes, Amalivaca y su mujer, "comenzaron*
> *a arrojar, por sobre sus cabezas y hacia atrás, los frutos de la palma*
> *moriche, y que de las semillas de estas salieron los hombres y mujeres que*
> *actualmente pueblan la tierra" (2005:29).*

A lo largo de su argumentación, Vitier va definiendo la identidad, naturaleza y agencia del Gran Semí martiano en términos de «Gran Espíritu»,

«sentimiento de unidad», con carácter telúrico y «condición de energía sembradora de una humanidad nueva», que representa al genio americano (1982:141). No obstante, al identificar enfáticamente a este Gran Semí montado en un cóndor con Amalivaca y con uno de los padres míticos tamanacos de la Guyana venezolana, Vitier no observa que la función de lo progenitores sublimizados en la coda nuestroamericana no es sembrar o diseminar semillas, sino abonar el camino. Por otra parte, no procura una explicación para el propio nombre de este símbolo diseminador martiano: Amalivaca, el héroe orinoco-amazónico, no aparece nominado como Gran Semí en ninguna de las fuentes etnográficas y bibliográficas mencionadas por Arístides Rojas, ni es este nombre parte de la mitología de los tamanacos. Y, más importante aún, a pesar de ser definido por Vitier como «Gran Espíritu», Amalivaca carece de este carácter abstracto en los escritos de Rojas, quien insiste en su naturaleza antropomorfa e histórica (1878:28-29).

Otros autores, reparando en que Martí incluye en el sobrevuelo del Gran Semí a «las dolorosas islas del mar» antillano utilizando un concepto taíno, "Semí", con igual énfasis concluyen que antillana es la fuente indígena para esta entidad sembradora. Como tal, establecen que el Gran Semí nuestroamericano procede del panteón taíno (López-Baralt, 2005:269), siendo posiblemente Yucahuguamá, la figura mayor de su mitología, un ídolo representante de las fuerzas de la Naturaleza (Martí, 2005:31), y deidad agrícola que con frecuencia tiene forma tricorne (Meehan, 2009:43-44). La intuición de una fuente antillana para el Gran Semí martiano, aunque plausible, no cuenta con una fundamentación tan sólida como la venezolana propuesta por Vitier. Sin embargo, ambas proveniencias, la taína y la de los indios tamanacos, conviven en la bibliografía. Así, el Gran Semí es explicado como representante de las fuerzas de la naturaleza y figura central del culto aborigen taíno, aludiendo luego a la interpretación venezolana de Vitier (Esteban, 2013:160). Un paso más allá da Roberto Fernández Retamar, quien lo define en términos de una fusión que Martí habría hecho de ambos orígenes míticos (2018:250). Otro autor lo explica como un homenaje de Martí a Amavilaca, haciéndolo trascender mítica, heroica y continentalmente en la imagen del Gran Semí, espíritu ancestral caribeño propiciador y positivo (Carucci, 2017:60-61). Ben A. Heller destaca el aspecto tricorne y fálico, y la esencia vegetal y fértil del Semí Yucahuguamá, además de su imagen fundacional caribeña (Heller, 1996:35).

No obstante, esta misma autora señala que los Amalivacas respectivos de Rojas y Martí son diferentes debido a que cada cual introdujo adaptaciones interpretativas a sus propias fuentes. Martí habría operado la mayor transformación cambiando el nombre de Amalivaca a Semí, desplazándolo sutilmente para alcanzar al Caribe e incluirlo en su visión latinoamericanista. Vitier, por su parte, sin advertir cómo Martí se aleja de y recontextualiza sus fuentes, y sin notar sus alteraciones previas, enfatizaría el carácter sembrador tanto del Amalivaca como del Gran Semí martiano. A su vez, esta función sembradora excedería lo que se sabe de Yucahuguamá, cuya naturaleza, esencia y agencia es propiamente fertilizadora (ibíd.:36-40). Como ya se ha señalado, la función fertilizadora en la coda nuestroamericana es desempeñada por los «padres sublimes», mientras que el Gran Semí es quien riega las semillas de la Nueva América.

Examinando las anteriores interpretaciones, es visible que permanece sin esclarecer por qué el Gran Semí de Martí posee un nombre ajeno al contexto cultural indígena venezolano. Por otra parte, quienes total o parcialmente aceptan su procedencia antillana, no procuran una fundamentación en la obra martiana y motivaciones más allá de incluir al Caribe en su ensayo, además de atribuir a Martí conocimientos ajenos a su época, tales como la naturaleza tricorne y fertilizadora de Yucahuguamá. Todas estas aproximaciones se basan en los estudios de José Juan Arrom, quien en los años 70 del pasado siglo organizó la dispersa colección arqueológica taína, por entonces de una abundancia que no poseía en tiempos martianos, cotejándola con los cronistas de Indias. En estas colecciones, mayormente de ídolos-cemí, destacan los de piedra con tres puntas, cúspides, conos o cuernos, llamados hoy "trigonolitos", los cuales Arrom estableció como representaciones del Ser Supremo: «Yucahu Guamá o Yucahu Bagua Maorocoti», el «Espíritu de la Yuca y del Mar», «Ser sin Antecesor Masculino» y «Señor Yucador» (1971:181-200; 1989:17-30). Arrom, estudioso de la obra martiana, habló del Ser supremo taíno sin definirlo como Gran Semí ni escribir sobre su uso simbólico por parte de Martí. Todo este conocimiento, naturalmente, excede los que Martí pudo haber accedido, además de estar por completo ausentes de su Gran Semí, de cuya procedencia y connotación antillana solo podemos deducir el nombre.

A fin de abordar estas problemáticas se impone profundizar en el conocimiento de Martí acerca de la cultura taína, así como las fuentes que inspiraron su elección del nombre «Gran Semí» y motivaron su inserción al final del ensayo. Martí pudo haber tenido acceso a información etnohistórica y arqueológica para configurarlo como una entidad taína; así como haberse inspirado, para su uso simbólico y metafórico, en obras de la literatura indigenista decimonónica. Detectando resonancias factuales[1] en su vida y

---

[1] Defino como «resonancia factual» la detección de paralelismos, confluencias, convergencias y coincidencias en la vida, obra, entorno social y contexto histórico que permitan hacer

obra, se intentará encontrar estas fuentes antillanas y posibles motivaciones martianas. Finalmente, se intentará caracterizar «Nuestra América» como una profecía martiana condensada simbólicamente en el Gran Semí.

Al buscar fuentes donde Martí pudo conocer acerca de los aborígenes antillanos y sus cemíes, salta a la vista un contemporáneo y compatriota suyo: Antonio Bachiller y Morales (1812-1889) y su obra *Cuba primitiva. Origen, lenguas, tradiciones e historia de los Indios de las Antillas Mayores y las Lucayas* (1883). Dos semanas después de la muerte de Bachiller y dos años antes de escribir «Nuestra América», Martí le dedicó un ensayo donde alude a sus investigaciones sobre las antigüedades antillanas (1992f:143-145). En *Cuba Primitiva*, Bachiller se refiere muchas veces a los cemíes, de los que hace una apretada definición en el vocabulario que acompaña a la obra (1888:242-243). Allí y en otras referencias a lo largo de su libro, establece que el término «cemí» en sus diferentes grafías (Cemi, Semi, Chemin, Zemi), define a los «ídolos» que los taínos reverenciaban como a divinidades principales y subalternas, imaginados como dioses, ángeles o genios por los europeos. Estos ídolos, además de funcionar como amuletos y objetos de adoración, eran «recursos de las grandes necesidades» y se comunicaban oracularmente con behiques (sacerdotes) y caciques (jefes). Podían ser de piedra, madera, barro, algodón y adoptar la forma de múltiples seres. Además, Bachiller menciona en varios momentos a Yucahu Bagua Maorocoti / Yucahuguamá como el «Dios único conocido por los haitianos» y como a «un gran señor que creen vive en el cielo» (ibíd.:67, 182, 278, 283, 352). En estas definiciones, compendia lo escrito siglos antes por los cronistas de Indias, tales como Gonzalo Fernández de Oviedo, el fraile Bartolomé de Las Casas y, en especial, Fray Ramón Pané, cuya *Relación acerca de las Antigüedades de los Indios* incluye y comenta en su obra.[2] Es

---

inferencias acerca de posibles vivencias, conocimientos, influencias e intenciones de autores y artistas, allí donde los datos concretos no permitan establecer afirmaciones más certeras sobre su obra. La resonancia de hechos (factual) aparentemente aislados, pero en sí comprobables, producen evidencias circunstanciales que permiten hipótesis susceptibles de confirmación mediante el cotejo de datos que aporten a la verificación de posibilidades (Lombida, 2018:62-83).

[2] Bachiller fue el primero en traducir al español la *Relación acerca de las Antigüedades de los indios* del fraile catalán Ramón Pané, así como el primero en intentar corregir las deformaciones sufridas por las voces taínas (Pané, 1990:138-139).

posible que Martí también haya tenido acceso de primera mano a las obras del padre Las Casas, así como a las de González de Oviedo, de cuya oposición con respecto a su visión de los indios habla en *La Edad de Oro* al decir del fraile dominico: «Si el cronista Oviedo, el de la "Natural Historia de las Indias", había escrito de los americanos las falsedades que los que tenían las encomiendas le mandaban poner, le decía a Oviedo mentiroso» (Martí, 1975a:444). Uno de los puntos del desencuentro fue justamente sus opiniones sobre la «idolatría» de los taínos hacia sus cemíes, de cuya apariencia y funciones Las Casas y Oviedo fueron testigos, o comentaron lo relatado por Pané. Las Casas ofrece su testimonio directo de la relación oracular de los indios con sus estatuas cemíes mediante la absorción nasal de unos polvos a los que llamaban cohoba (1990:444-448).

Los conceptos del cemí y del «Dios único» taíno pudieron haber sido de interés para Martí, cuya lectura y dominio de *Cuba Primitiva* fueron de profunda minuciosidad, como demuestran los temas específicos que alude en su reseña.[3] En ella destaca el interés de Bachiller por las antigüedades antillanas tales como las pictografías, el origen no maya de las lenguas indoantillanas, «la relación del pobre lego Ramón Pane», los nombres antillanos del *aje* (camote, boniato), un asiento ceremonial taíno (dujo) con incrustaciones de oro; las metamorfosis del cacique mítico Guaganiona (Guahayona); y el areíto del cacique histórico Bohequio (Martí, 1992f:144-150). Es de especial interés el momento en que sutilmente cita la expresión «mitigando el entusiasmo», con la que Bachiller introduce el treceavo capítulo de su libro y que titula «Restos materiales de la época primitiva de Cuba y las demás Antillas y Lucayas». El entusiasmo a mitigar por parte de Bachiller es el «excesivo amor patrio» con el que el escritor haitiano Edgar La Selve idealiza a los aborígenes antillanos. A continuación, cita algunos de los datos ofrecidos por La Selve en su artículo «Haití ántes de Colón» y con los que Bachiller inicia este apartado de su obra. Uno de estos primeros datos se refiere justamente a los cemíes, con una descripción casi iconográfica de su imagen y un apunte por parte de Bachiller acerca de la grafía del término: «Entre esas esculturas sus semis (escribe *zemis*) se ven aún con los ojos azorados; teniendo una azagaya en una mano en actitud de lanzarla y haciendo señas con la otra» (ibíd.:147).

---

[3] Desde 1886 a 1889 Martí da muestras de solicitar y poseer en préstamo un ejemplar de *Cuba Primitiva* (1992z:337, 342), en comunicaciones con su amigo Néstor Ponce de León, yerno de Bachiller, quien le facilita la consulta de libros en su biblioteca cubana de New York, donde conoce *Cuba Primitiva* (Cairo, 1991: 61).

De todo lo anterior puede deducirse que José Martí, poco tiempo antes de escribir «Nuestra América», leyó con detenimiento *Cuba Primitiva* y, para su ensayo sobre Bachiller, extrajo directamente o apuntó de modo indirecto a momentos en su obra en que aborda a los cemíes. Martí habría obtenido de esta lectura una idea de los taínos bastante actualizada con datos arqueológicos y con las últimas discusiones del momento, además de posible información visual de ídolos antillanos, a partir de las fuentes gráficas que cita Bachiller.[4] La imagen que se pudo hacer de los cemíes, las nociones acerca de su naturaleza como ídolos; su funcionalidad fertilizadora; su confección en diversos materiales; su apariencia y representación animal o humana, pudieran estar contenidas en el simbólico Gran Semí. Un aspecto que pudo llamar la atención de Martí es la naturaleza oracular, predictiva o profética que podía tener la comunicación con un cemí. Bachiller se hace eco de lo reportado por Pané y otros cronistas sobre la profecía de un antiguo cacique acerca de la llegada europea a las Antillas:

> *Los dias [sic] de la conquista fueron vaticinados en Haití, según sus tradiciones, por dos casiques llamados Guamanacoel y Gasiuael, padre éste de Guarionex. Llamóse el segundo también Caiziuel y después de una abstinencia ó ayuno de tres dias [sic], recibió la revelación que fue materia de uno de los areitos [sic] más célebres. Según esa revelación, después de su muerte vendrían gentes vestidas que los matarían [sic] de hambre y subyugarían [sic]: al principio creyeron que serian [sic] los caribes, pero luego conocieron que se referia [sic] á los españoles con cuyas señales y el ser vestidos, coincidían en el vaticinio (1883:278) [énfasis en el original].*

Más adelante, en el glosario de términos, menciona a Yocahuguama como «el semí que anunció la venida de los españoles a Haití» (Bachiller, 1888:352). Aunque este ser superior no es referido en ningún momento

---

[4] Bachiller fue sin duda la fuente más directa y actualizada donde Martí pudo saber acerca de los taínos. No obstante, como apunta Jorge Camacho, también estaba muy al corriente de los congresos americanistas europeos en la época en que el propio término «americanismo» estaba siendo incluido en el diccionario de la Real Academia Española. El americanista Rafael María Merchán, cubano radicado en Colombia, da una relación actualizada y comentada de los novedosos trabajos de americanistas hispanoamericanos, en contraparte con los europeos, en un artículo dedicado al colombiano Liborio Zerda y a Bachiller (Camacho, 2013:153). Este artículo, titulado «Zerda y Bachiller, americanistas», fue comentado por Martí en 1887 (1992e:115). Una de las actualizaciones importantes, realizada por Bachiller y destacada por Merchán, es la de llamar «taínos» y no «siboneyes» a los indios de las Antillas Mayores (1886:241).

como Gran Semí, ni hay un énfasis en su apariencia y materialidad en la obra de Bachiller, Martí sí pudo haber deducido e imaginado su condición de ídolo, además de su dimensión profética.

MARTÍ Y LAS ANTIGÜEDADES TAÍNAS: ÍDOLOS, HACHAS Y CRÁNEOS

Es muy posible que la lectura de *Cuba Primitiva* resuene con los varios instantes de su vida y obra donde Martí presta atención a las antigüedades taínas, en especial las indocubanas. Tan temprano como 1867, en uno de sus apuntes, pregunta al intelectual caraqueño Arístides Rojas, años antes de conocerlo personalmente en Venezuela, acerca de los indios cubanos y sus artefactos a los que hacía mención en la revista venezolana *La Vargasia*.[5] Martí se refería al acta de una conferencia que Arístides Rojas impartiera ese año, donde además mostró dibujos de ídolos venezolanos.[6] Aquí no solo se observa una atención general hacia los objetos taínos, sino también un interés especial por información acerca de su apariencia, devenir arqueológico y posible origen indocubano. El hecho de que Rojas acompañase sus datos con dibujos de ídolos venezolanos resuena con el futuro interés de un Martí dibujante por bocetar un «ídolo cubano», hoy posiblemente desaparecido.[7]

No hay datación ni contexto para comprobar si Martí estaba dibujando a partir de una pieza original, una ilustración impresa, de memoria o solo imaginándola, pero es factible suponer que sus ideas acerca de un ídolo indocubano, así como el interés en dibujarlo, tengan relación con sus lecturas de *Cuba Primitiva*. Allí Bachiller habla sobre «el ídolo más notable en Cuba» (ibíd.:256), entre los pocos de la época, al mencionar los restos óseos y objetos localizados por el considerado como el padre de la arqueología cubana, el naturalista español Miguel Rodríguez Ferrer (1815-1889). Entre estos sobresale el llamado «Ídolo de Bayamo», una escultura pétrea,

---

[5]   «¿Diría algo de indios cubanos Arístides Rojas el 30 de marzo, cuando habló sobre un collar, ídolos de piedra y cobre, y varias hachas, de indios de Venezuela y las Antillas? (Martí, 1992w:328).

[6]   «Rocas porfíricas talladas en diversas formas por los indios de Venezuela y de las Antillas. (Un collar, ídolos de piedra y uno de cobre, varias hachas, etc.). También dio dibujos de varios ídolos hallados en Venezuela (estado Trujillo)» (M. P. González, 1969:74-75).

[7]   El apunte «ídolo cubano» aparece con el número 379 junto al de otros artefactos agrupados con la nota: «Notas correspondientes a dibujos a lápiz, hechos por Martí» (1992x:257). Fina García Marruz se preguntaba por el paradero de ese y otros dibujos de Martí, lamentando su no aparición en las publicaciones (1987:89).

antropomorfa y sedente (1873:188). El dibujo de esta pieza, muy conocida en los círculos de estudiosos, aparece en varias obras de este y otros autores, y posiblemente estuvo al alcance de Martí para quien, como se ha visto, una representación de un ídolo cubano era de interés. El Ídolo de Bayamo, siendo una voluminosa pieza con 35 cm de alto, podría ser candidato para el «ídolo cubano» de su dibujo y su posición sedente permitiría suponerlo como prototipo de su ulterior Gran Semí sentado sobre un cóndor. Sin embargo, la información que de esta pieza se ofrece en las obras mencionadas es imprecisa y negativa. Para Rodríguez Ferrer, los indocubanos eran muy primitivos, incapaces de confeccionar piezas con la hechura y pulimento del Cemí de Bayamo, considerándolo de proveniencia maya y como representación demoníaca. A pesar de ser un ídolo, no es caracterizado como cemí, los cuales para Rodríguez Ferrer solo eran los objetos pequeños de culto doméstico (ibíd.:146-168).

Otro dibujo martiano con el nombre de «piedra de rayo y centella», también sin localización, refiere directamente a uno de esos «recuerdos cubanos» por los que se preguntaba Martí, en particular la llamada por los arqueólogos «hacha petaloide», de las cuales poseyó una en su penúltimo cumpleaños, regalada por su amigo Fermín Valdés Domínguez (1852-1910) (Centeno, 2017:53-54). También a partir de Fermín, en ese entonces arqueólogo aficionado, pudo profundizar en el conocimiento acerca de otro tópico de interés central para Bachiller y Rodríguez Ferrer: los cráneos antillanos. Tres años después de la publicación de «Nuestra América», lo describe como «explorador enérgico en lo más hondo y viejo de nuestro país, que con ojos de hermano compasivo descubrió en las cuevas elocuentes, como si hablasen desde sus cuencas desdentadas, los cráneos de nuestra raza primitiva, que revive en sus restos leales y hermosos, y será fuerza y poesía de la patria venidera» (Martí, 1992b:470). Esta «elocuencia de los cráneos» refleja las aspiraciones nacionalistas decimonónicas de Martí quien, politizándolos, ve al indígena, sus restos y ruinas como levadura para la nación (Camacho, 2013:170-171). Sin embargo, este interés martiano también puede deberse a una peculiaridad, de importancia más antropológica que política, en esos cráneos desenterrados por Fermín: su deformación.

Junto con el Cemí de Bayamo y otras piezas, Rodríguez Ferrer había realizado el significativo y primer hallazgo, en Cuba y en las Antillas, de estos cráneos deformados artificialmente, propios de los taínos, aunque también los consideró como mayas. De estos hallazgos y consideraciones al respecto se hace eco Bachiller. Pero ya en 1879, años antes de que se publicara *Cuba Primitiva*, Martí apuntaba: «en el país de los aruacas brota la tierra abovedados cráneos, como si al coronar al hombre primitivo con su aguda bóveda, hubiera querido revelarle cómo han de llevarle perpetuamente su pensamiento al amor y conquista de lo alto» (1992u:442-443). Esto, a su vez, resuena con el modo en que, en su ensayo sobre el padre Las Casas (1889), describiera a los taínos como aquellos hombres bellos y amables que «tenían el pensamiento azul como el cielo, y claro como el arroyo» (1992s:442).

Todas estas antigüedades indocubanas, en especial los ídolos, podrían haber servido como precursoras del cúmulo de simbolismos inferibles en la imagen del Gran Semí, sobre todo por el hecho de haber dibujado algunos de estos objetos. Considerar este particular es pertinente, ya que son sabidas las profundas implicaciones que podía tener para Martí una pieza prehispánica dibujada por él mismo. Conocida es la identificación que mostró con otro «ídolo», la escultura yucateca del Chac Mol, cuando en una caricatura se representa en la forma de esta estatua (Bermúdez, 2006:29-31, 43). No obstante, estas relaciones de Martí con la cultura taína y sus objetos pudieran no ser las únicas y suficientes fuentes de inspiración y motivación para el uso literario del símbolo antillano. Un elemento clave sigue siendo que la expresión «Gran Semí» no es propia de estas fuentes etnohistóricas y arqueológicas accesibles a Martí, ni es sabido sea un título que los taínos dieran a sus imágenes divinas.

José Martí y la literatura indianista decimonónica

A lo largo de su vida y obra Martí tuvo relación con exponentes de la literatura indigenista antillana del siglo XIX. Algunos de ellos fueron sus amigos de lucha revolucionaria, con los que mantuvo contacto intenso, cercano o remoto; y sus recreaciones literarias de la cultura indoantillana y las referencias que hicieron a los cemíes pudieron sentar precedentes para su Gran Semí.[8] En el ámbito cubano, se cuentan los exponentes del siboneyismo, de

---

[8]   Uno de los candidatos es el puertorriqueño Ramón Emeterio Betances (1827-1898), con su novela *Les Deux Indiens: Épisode de la conquéte de Borinquen* (1853*)*, publicada bajo el seudónimo de Louis Raymond durante su exilio en Francia. En ella aparece una estatua de madera a la que llaman «Gran Cemí». Sin embargo, no existe prueba alguna que relacione a Martí con esta obra de quien fuera unos de sus futuros compañeros de lucha por la libertad y la unión antillana, relación de la que solo hay registros posteriores a 1891, excepto una carta de Martí a Betances en 1880. *Les Deux Indiens* es a su vez una respuesta de Betances a *La palma del cacique* (1852) del compatriota Alejandro Tapia (1826-1886),

los cuales algunos aparecen mencionados en sus escritos. No obstante, en las obras típicamente indigenistas de estos autores no hay referencias a los ídolos indocubanos.[9] Fuera de este movimiento, solo uno de sus contemporáneos antillanistas ofrece una posibilidad de inspiración directa.

En el mismo año y ciudad (New York, 1891) en que Martí publicara «Nuestra América», su compatriota, amigo y cofundador del PRC, «Pancho», Francisco Sellén (1836-1907), publica *Hatuey. Poema dramático en cinco actos*, pensado para criticar al régimen colonial español en Cuba (Camacho, 2013:244). Este poema, al que consideró escrito con «singular lucidez y fuerza dramática» (Martí, 1992g: 194), le fue de gran importancia; no solo solicitó directamente a Sellén un ejemplar, sino que también propuso su lectura en reuniones y conferencias. Este interés se explica más allá de la relación amistosa y militante con Sellén, y la estimación y deleite que tuvo por el que llamó «poeta esencial y absoluto», con «visión de la espiritualidad superior» (Sellén, 1891:185), y a cuyo quehacer poético dedicó dos extensos ensayos críticos en el mismo año. La figura de Hatuey debió serle resonante a Martí quien, al igual que otros independentistas, tenía al héroe antillano como prototipo del revolucionario anticolonial (Camacho, 2018:2). En su propio poema dramático, *Patria y Libertad (Drama Indio)*, escrito en 1877, Martí había representado a Hatuey, a quien describe corriendo por toda América alado y envuelto en llamas, dejando atrás un bosque resplandeciente donde las astillas rojas y luminosas de la hoguera

---

novela en la que figura un ídolo cemí. Tampoco hay relación registrable, personal o bibliográfica entre Tapia y Martí. En 1882, aparece una novela indigenista con la que Martí tendría una comprobada relación: *Enriquillo, leyenda histórica dominicana (1503-1533)*, del dominicano Manuel de Jesús Galván (1834-1910). Dos años después, Martí escribió un ensayo donde elogia la figura histórica de Enriquillo (Guarocuya) devenida en personaje de la novela de Galván, cuyos méritos celebra (1992l:299). En esta novela no hay referencia alguna a los cemíes y a su culto por parte de los taínos, excepto por una alusión breve a las «pepitas de oro nativo, ídolos de piedra de los indígenas y otros objetos raros de Bainoa y la Maguana» (Galván, 1882:152). Esta alusión, aunque casi anecdótica, es parte de toda la reconstrucción histórica de treinta años de conquista española en Santo Domingo, la mayor y más fundamentada que leyó Martí y con la cual seguramente profundizó sus conocimientos sobre los taínos.

9 Entre los autores siboneyistas en los textos martianos se encuentran José Fornaris (1827-1890), Juan Clemente Zenea (1823-1871), Ignacio Valdés Machuca (Desval) (1792-1851), José Jacinto Milanés (1814-1863), Gabriel de la Concepción Valdés (Plácido) (1809-1844). Otro destacado siboneyista, del cual no hay evidencia en la obra martiana, es Cristóbal Nápoles Fajardo (El Cucalambé) (1829-1962), y es el único que hace varias referencias a los cemíes en los poemas «El behique de Yarigua», «Bartolomé de Las Casas», «Mi hamaca» y «Caonaba», contenidos en su poemario *Rumores del Hórmigo* (1856).

de su suplicio se convirtieron en germinantes semillas (Martí, 1992r:164-165). Ahora su amigo Sellén le presentaba al héroe, cuyo nombre fue significativo en la vida del Apóstol,[10] no como mera figura simbólica, sino en toda su presencia humana e históricamente recreada. El poema dramático de Sellén comienza justo con una escena de veneración solicitada por Hatuey y convocada por un *behique* (sacerdote taíno):

Naitanos y naboríes
De Maisí, donde la ley
Nos rije del fuerte Hatuey,
Que protejen *[sic] los Semíes:*
Él, nuestra luz y esperanza,
Nos ordena que ensalcemos
Al Semí grande, *y le honremos*
Conforme á la antigua usanza:
Con batos y procesiones,
Con tambores y con guamos,
Guirnaldas, ofrendas, ramos,
Y con danzas y canciones.
Girad, girad en redor
De la imagen venerada,
Mano con mano enlazada (Sellén, 1891:10; énfasis del autor).

Hatuey, protegido de los cemíes y recién llegado a Cuba desde Quisqueya, pide honrar a una imagen del «Semí grande» y para eso convoca procesiones,

---

[10] Además de aparecer Hatuey en su propia obra (*Drama Indio*), Martí se relacionó nominalmente con el mártir indoantillano en varias maneras y momentos de su vida: el mismo Francisco Sellén fue capitán del fallido batallón Cazadores de Hatuey, cuyo fracaso fue antecedente causal para su posterior encuentro con Martí en New York. En Miami City, en 1892, realizó un bautizo simbólico cargado de performatividad religiosa a un niño llamado Hatuey Morales y Rodríguez (Morán, 2014:670). En 1895 tuvo contacto epistolar con la tesorera del Club revolucionario femenino Hijas de Hatuey. Póstumamente, Hatuey fue el nombre del regimiento conformado por los Indios de Yateras, quienes anteriormente combatieron a los mambises junto a los españoles. Estos indígenas, a los que Martí en su diario se refiere como «los indios de Garrido» y cuya conducta traidora y el temor acerca de su inminente ataque menciona (1992t:221, 223), fueron reclutados por el ejército mambí, cosa que eventualmente sucedió cuando una líder indígena obtuvo el consentimiento de caciques antepasados durante un trance. Bajo el mando de Antonio Maceo el Regimiento Hatuey ganó varias batallas contra los españoles, siendo la más importante la Batalla de Sao del Indio, el 31 de agosto de 1895 (Barreiro, 2020:1-5).

juegos de pelota y un areíto. Más adelante y respondiendo al saludo de los indios cubanos, Hatuey menciona al mismo ídolo llamándolo «Gran Semí»: *«¡Salud á mi Behique y mis naitanos! // ¡Salud oh naboríes! Ya resuenan // En las alturas los cantares santos. // Y pues al gran Semí ya habéis pedido // Que aleje de este suelo todo daño»* (ibíd.:12, énfasis del autor). A lo largo de todo el poema dramático, los cemíes estarán presentes, descritos como imagen divina, material y concreta («Semí grande» o «gran Semí»), o como seres-fuerzas que protegen a los taínos del *Tuirá* (el Diablo y los españoles) y de sus enemigos caribes mediante mortíferos rayos y huracanes. Potente cemí es el Dios cristiano, al que Hatuey llama «Semí de iniquidad» y de malvados, y también el oro, el «Semí del español». En determinado momento Hatuey bendice al padre Las Casas, defensor de los indios, deseándole larga vida y la guía de los semíes. Aparte de estas acciones y contextos que protagonizan los semíes y el «Gran Semí / Semi Grande», Sellén anota al final de su poema dramático una definición del Semí como «Divinidad ó ídolo de los indios de Cuba y Haití» (1891:147). En nota anterior, habla de la profecía taína de la conquista española en términos similares a los de Bachiller, aunque cambiando el nombre del cacique vaticinador y poniendo en boca de Hatuey el reconocimiento de que ya se está cumpliendo: *«¡Ah! del cacique Guaronéx el sueño, // La predicción ya se realiza!»* (ibíd.:143).[11]

Esta reconstrucción poética de un momento de la sociedad, religión y circunstancias taínas causaron un profundo impacto en Martí. El gusto por esta obra de su amigo podemos inferirlo si lo imaginamos «con el poema de Sellén en la mano» (Martí, 1992h:350), leyendo *Hatuey* en las tertulias, declamando cada diálogo, repitiendo cada coro, cada invocación a los semíes, encarnando cada personaje del poético drama. Como se ha visto, la expresión «Gran Semí» no es propia de las fuentes etnohistóricas accesibles a Martí, no aparece en la *Cuba Primitiva* de Bachiller, ni es un título que los taínos dieran a sus imágenes divina. Es inevitable la pregunta: ¿El «Semí Grande / Gran Semí» de Sellén inspiró al Gran Semí de «Nuestra América»? Una revisión de los hechos en busca de resonancias factuales puede ayudar a responder esta cuestión, precisando datos y llegando a evidencias circunstanciales.

Una primera impresión apuntaría a una respuesta negativa: Francisco Sellén publicó su *Hatuey* en julio de 1891, cinco meses después de que apareciera el

---

[11] «Los indios de Haití contaron al Almirante Cristóbal Colón que un Semí del padre del cacique Guaronéx, que también se llamaba Guaronéx, había predicho su llegada, y que después de la muerte del cacique sucederían grandes acontecimientos; que vendrían unos hombres barbudos y vestidos que destruirían los Semíes, que cautivarían á los indios, y se harían dueños del país. Á esto se refiere Hatuey» (Sellén, 1891:143).

ensayo nuestroamericano. Martí ese año estaría pidiéndole epistolarmente a su amigo Pancho que le enviara de regalo una copia del impreso.[12] Los momentos en que hizo o propuso lecturas del poema se suponen posteriores a la publicación de «Nuestra América»: uno en una reunión neoyorquina, en 1891,[13] y otro en una propuesta de conferencia, en 1892.[14] Pareciera que, pese a tantas coincidencias, los Gran Semí de los respectivos autores no tienen nada en común.

Martí y el Gran Semí

Sin embargo, otros varios datos indican la posibilidad de que Martí haya leído *Hatuey* aún antes de su publicación, como evidencian los dos ensayos dedicados a su autor durante los últimos meses de 1890, justo antes de publicarse «Nuestra América». En ellos, Martí diserta sobre la trayectoria poética de Sellén y sus valores literarios, patrióticos y humanos, enfocándose en su libro *Poesías* (1890). En el segundo de esos ensayos, mientras se refiere a la madurez poética de Sellén, evidencia haber leído su poema dramático al decir: «De su pasión por los griegos sacó, severa como una estatua, *La muerte de Demóstenes. Con singular lucidez y fuerza dramática intensa, escribió su poema Hatuey*» (1992g:194, énfasis del autor). Todo parece indicar que, en efecto, Martí tuvo acceso al poema dramático de Sellén antes de su publicación en 1891, así como a una versión inédita de *La muerte de Demóstenes*.[15] Algo similar sucede en el ensayo que tres meses antes,

---

[12] «Mi querido Pancho: Se debe callar mientras no se puede poner algo más de bello al mundo, o alegrar a un amigo. Ahí le va esa carta. *Envíeme -regalado por supuesto- un ejemplar de Hatuey*» (García Pascual, 1991:10, énfasis del autor). Siguiendo a Luis García Pascual, el Centro de Estudios Martianos dice sobre esta carta: «Suponemos escritas estas líneas en 1891, por ser el año en que Sellén publica su poema dramático Hatuey, al que se hace referencia» (íd.).

[13] Según la cronología de Martí, el 23 de junio de 1891 «Lee el poema dramático "Hatuey", de Francisco Sellén, en reunión en casa de Benjamín Guerra y habla sobre la poetisa cubana Mercedes Matamoros» (García Pascual, 1971:280).

[14] «En casa se ha sabido con aplausos, por lo nuevo y oportuno, el proyecto de los Clubs del Cayo; de dar conferencias sobre los títulos de los Clubs, que por allá son tantos y de nombre tan feliz, que ir a todas las conferencias será como aprender la historia entera de Cuba. *De Hatuey, con el poema de Sellén en la mano* ¡qué no se podrá decir, hasta que resucita por la «Luz de Yara»! Y la conferencia de la «Luz de Yara» puede ser muy hermosa, con la pintura de los pocos grandes» (Martí, 1992h:350, énfasis del autor).

[15] A pesar de estar anunciada como «próxima publicación» al final del *Hatuey*, la tragedia *La muerte de Demóstenes* de Francisco Sellén fue prologada en 1916, nueve años después

en septiembre de 1890, dedicó a Sellén (1992ae:181-193), donde, aunque no hay alusión al *Hatuey*, sí pueden encontrarse claras evidencias de su lectura. Allí intercala un comentario que indirectamente alude a un pasaje del poema dramático de Sellén: «Si canta al amor pagano, es pagano él; y es india joven, cuando canta el areíto de la india» (ibíd.:188). La primera parte de esta cita se refiere, sin especificarlo, al poema «Amor Pagano» de Sellén, tal vez inédito en aquella época.[16] En la segunda parte, Martí visualiza a Sellén encarnando la juventud y el «amor pagano» de Atabaiba, el personaje femenino que, en el poema, de manera involuntaria traiciona a Hatuey contribuyendo a su apresamiento. Esta alegre y fogosa joven taína seduce al conquistador Diego de Ordaz, a quien acaba de salvar de la muerte. Antes de pedirle resueltamente la cópula, Atabaiba se ofrece al español proponiéndose como amante amorosa y cariñosa, esposa eterna y esclava. Se presume con dulzura frutal de virginal desnudez, como experta cocinera, bailarina, tejedora y afirma que: «y si canto, // Mi areíto agrada tanto // Que es mío el primer lugar» (Sellén, 1891:78).

Atendiendo a estos hechos, es posible concluir que Martí tuvo conocimiento del poema dramático *Hatuey* inmediatamente antes de su publicación y de que apareciera «Nuestra América», haciendo pertinente la cuestión de si el «Gran Semí / Semi Grande» de Sellén inspiró al Gran Semí nuestroamericano. Si se tiene en cuenta la significancia del héroe indoantillano para Martí, así como su conocimiento previo de los cemíes taínos, no es aventurado suponer que su entidad sembradora integrara los sentidos del héroe y los del ídolo, resumiendo así la historia intelectual del Apóstol con estos símbolos. Recuérdese que él mismo ya había imaginado a un Hatuey flamígero corriendo alado por toda América dispersando semillas de luz. Ahora la misma carrera panamericana y diseminadora de simientes se desarrolla mediante el elevado vuelo de un cóndor. La conclusión a la que se podría arribar es que Martí, en el momento de preparar «Nuestra América», estaba justamente leyendo y comentando la obra poética de Sellén, de la cual pudieron resonar símbolos para él ya conocidos, que le inspiraron la compleja metáfora del Gran Semí sobre el cóndor. No está en discusión el que también contenga el sentido del padre sembrador

---

de morir su autor, por Max Henríquez Ureña, quien a modo de obituario anuncia su futura publicación (1916:321), que llegó en 1926.

[16] En 1894, escribía Rafael María Merchán: «[Francisco Sellén] Conserva inédito otro poema: *La muerte de Demóstenes* […] y acaso también *Amor pagano*, cuya temperatura de arco voltaico hizo fruncir el entrecejo á la *Revista Puertorriqueña*» (1894:560).

Amalivaca, tal como proponen Cintio Vitier y otros autores. Lo que se procura es definir la fuente antillana para el nombre mismo de esa entidad y la posible apariencia y funciones que tendría para Martí. Ha sido posible concebir una compleja integración simbólica que activa resonancias factuales y potenciales interpretativos dignos de explorar. Cotejando fechas y atendiendo a pasajes específicos de la obra martiana se evidenció una posible inspiración antillana para su inserción única de la entidad sembradora al final de su ensayo nuestroamericano, muy coincidente con los términos «Gran Semí / Semí grande» que solo aparecen una vez cada uno en la obra de Sellén. El hecho de que Martí estuviera actualizado con información científica reciente acerca de los taínos y sus ídolos, su comprobable conocimiento de las fuentes etnohistóricas que los describieron y la probable inspiración que pudo haber tenido de la obra de Sellén confirman suposiciones acerca de su intención de otorgarle nombre y carácter taíno a la entidad que disemina la semilla de la nueva América en una tierra abonada por padres sublimes.

Sin embargo, aun aceptando las anteriores inferencias, es de notar el modo «des-idolizado» y casi anicónico en que aparece el Gran Semí, siendo su corporeidad apenas deducible por el hecho de estar «sentado» sobre un cóndor. También es notable la manera abrupta en que Martí lo inserta en su ensayo. Sobre este último hecho se ha dicho que «La imagen de El Gran Semí destaca por su enorme plasticidad teatral, que tanto en lo temático como en lo visual recuerda el recurso de la tragedia griega *deus ex machina*. Dicho recurso se encarga de resolver el conflicto trágico mediante la abrupta intervención de una divinidad» (Bautista, 2012:32-34). No sabemos si el Gran Semí es solo una idea abstracta para una poderosa entidad sembradora o si tiene la apariencia de un ídolo fértil y protector, al igual que para los taínos. Por otra parte, otro aspecto de los cemíes, que no precisa imagen icónica específica, pudiera estar combinado con la función diseminadora en la coda nuestroamericana. Esta sería la ya mencionada dimensión oracular y profética de estas entidades espirituales taínas. ¿Está dicha facultad contenida de algún modo en «Nuestra América»? A pesar de no mencionar en su obra la profecía taína en la que se anuncia la fatal conquista de esa América que intenta liberar, pudo tener un significativo y velado impacto para él y su ensayo nuestroamericano. Esto nos lleva a profundizar en abordajes previos acerca del propio Martí como profeta. Podrá demostrarse que su madurez profética coincidió con el conocimiento sobre los taínos y con la escritura de «Nuestra América», donde un Gran Semí vuela encima de un cóndor.

Mucho se ha escrito acerca de las capacidades visionarias de Martí, el carácter vaticinador de su escritura y de su «don profético y adivinatorio» que lo facultaba para «intuir y presagiar lo venidero» con alcances «mediúmnicos y délficos» (M. P. González, 1969:105), al punto de ser considerada su literatura como una «gran obra profética» hispanoamericana por él mismo anunciada (Retamar, 1991:153-154). Así, se ha constatado la calidad no metafórica de su visión, la cual abarcaría la percepción de anomalías ajenas a nuestra realidad y la reinterpretación de los fenómenos cotidianos en términos de profecía «bíblica» (Rama, 1953:51) orientada al futuro. Su «ancha previsión» y «entendimiento sagaz y profético de la realidad americana y universal» no quedaría invalidada por las limitaciones de sus propios «enfoques idealistas y aun místicos» (Marinello, 1978:8), y su «meditación profética» es susceptible de ser encarnada (ibíd.:10). La facultad previsora martiana abarcaría desde el destino de los pueblos hasta el propio; incluidos su vida íntima, su muerte y la futura trascendencia de su pensamiento. El espectro de temporalidades que recorre su escritura lo hacen ser «un hombre de todos los tiempos».

Desde su convicción de que «prever es ver antes que los demás», aleccionaba a los gobiernos sobre la necesidad de la previsión (Guerrero y Gómez, 2006:1-7). Entre sus más famosas predicciones se encuentran las hechas a los pueblos hispanoamericanos acerca de las ambiciones imperiales de su «enemigo histórico» estadounidense (ibíd.:2), en especial con respecto a Cuba (García Pascual, 1971:48); la muerte de la nación estadounidense (Morán, 2014:393); y los potenciales fracasos del socialismo, de cuyas políticas se distanciaría (R. Rojas, 2008:19). Con respecto a su propia existencia habría predicho su cortedad (Morán, 2014:64) e inmediatez (Rodríguez-Viamonte, 2006:1-2). Mención especial merecen sus «chispas proféticas» sobre los pueblos indígenas, tales como prever la masacre norteamericana contra los nativos americanos en Wounded Knee, en 1890; y la importancia de los «tratados quebrados» por Estados Unidos para los futuros movimientos de reivindicación de los indígenas norteamericanos. También concibió la hoy visible identidad del indígena americano a nivel hemisférico y el reconocimiento de la «inteligencia en el penacho indígena». Sorprende su «profética visión museológica», con la que anticipa en más de un siglo al movimiento indígena que reclama la repatriación a sus comunidades de restos óseos, objetos sagrados, piezas de representación cosmológica y objetos ceremoniales hoy en museos foráneos (Barreiro, 2009:1-5). Estas chispas proféticas de Martí con respecto a los indoamericanos tienen una profunda y abarcadora matriz en su ensayo, donde asegura que Nuestra América «ha de salvarse con sus indios»; condenando a los «desertores que piden fusil en los ejércitos de la América del Norte, que ahoga en sangre a sus indios»; expresando el orgullo exclusivo de tener patria en «nuestras repúblicas dolorosas de América, levantadas entre las masas mudas de indios». A esto suma su preocupación por desestancar «la sangre cuajada de la raza india» y por enseñar la historia americana «de los Incas a acá» (1992i:16-18). También se ha caracterizado al propio «Nuestra América» como un ensayo profético en sí mismo, sobre todo en su último tercio,[17] y en su última frase,[18] donde hace su aparición el Gran Semí.

Esta vocación profética se ha explicado considerando que Martí, al igual que otros, utiliza un lenguaje que «asume la altura moral de los antiguos profetas con el objetivo de influir en la política», aspecto inherente a su educación romántica «que pone énfasis en la figura del vate, del genio y del profeta» (Camacho, 2013:218-219). Asimismo, varios autores ven estas facultades, en lo que respecta a los acontecimientos sociales y políticos, como producto natural de sus capacidades de analista social. Esto se cumple en especial con sus llamadas «profecías antimperialistas»: «Diagnosticar una enfermedad en su inicio no es profecía», decía Vitier, para quien las previsiones antimperialistas de Martí eran producto de su sagacidad política observadora de hechos reales y concretos ya sucediendo, de modo que llamarlas profecías era exagerado (1981:120-121). Por otra parte, se ha señalado el hecho de «que algunos críticos carguen la mano en la visión profética de Martí» consensuando lo no equívoco, irreprochable e incuestionable de sus ideas (Morán, 2014:562-563), así como participar del doble rasero en considerar que «Martí tiene todas las claves de nuestro presente, pasado y futuro, y al mismo tiempo permaneció a la zaga, junto a sus contemporáneos» (ibíd.:407-408).

Sin embargo, poco se han explorado las propias nociones que tenía Martí acerca de la vivencia vaticinadora, sus alusiones acerca del desempeño profético propio y ajeno, cómo lo experimentaba personalmente y las fuentes

---

[17] Según David Lagmanovich, «Nuestra América» se estructura externamente en tres partes: anuncio, desarrollo problemático y conclusión profética. A su vez, el ensayo tiene una estructura interna simbólica, donde imágenes en oposición confluyen en un sistema de transmutaciones que «se resuelven en un gran símbolo trascendente, en donde cobran valor de presente y de futuro las intuiciones martianas sobre el destino del Continente» (1987:245).

[18] «Ahora, en la última oración del ensayo, el Martí médico de la sociedad deja asomar al Martí vidente, vate profético, que escucha ya los acordes de un "himno unánime" que señalaría la fundación de una comunidad y una identidad latinoamericanas» (Heller, 1996:34).

donde pudo conocer sobre la facultad de previsión. Un breve recorrido cronológico por la trayectoria de sus ideas sobre la profecía, los profetas y el profetizar evidencia dos corrientes uniéndose en un proceso de maduración que alcanza su cumbre al momento de escribir «Nuestra América». La primera abarca sus reflexiones y comentarios acerca de la posibilidad de vaticinar y de cómo experimentar esa facultad, así como sus propias predicciones y las de otros. La otra corriente tiene que ver con sus esporádicas pero muy significativas aproximaciones a las tradiciones proféticas de la antigüedad.

En 1869, con 16 años, escribe a su madre: «Bastantes lecciones me ha dado para mi vida, que auguro que ha de ser corta, y no las dejaré de aprovechar» (1992a:40). En 1875, le toca leer y traducir en la novela *Mis Hijos*, de Víctor Hugo, acerca de la mezcla entre el pensador y el profeta que «tiene delante de los ojos un tumulto, que es el porvenir» (ibíd.:32). En 1881 dice del intelectual venezolano Cecilio Acosta que «pensaba como profeta» y que, siendo «a la par historiador y apóstol», templaba «el fuego de la profecía con la tibieza de la historia», resultando en un «profeta nuevo» que vivía en todas las épocas (1992m:153-161). En 1882 hace en Estados Unidos su «prematura profecía» acerca de «las leyes nuevas que han de gobernar al hombre que hace la labor y al que con ella mercadea» (1992p:277). Ese mismo año habla de una época confusa, tumultuosa y dolorosa para los magnos poetas, a causa de los ruidos bélicos que «apagan las melodiosas profecías de la buena ventura de tiempos venideros» (1992j:225). En el prólogo a los *Versos Libres* habla de su propio carácter visionario y asume la responsabilidad por «la extrañeza, singularidad, prisa, amontonamiento, arrebato» de esas visiones que asegura haber tenido fugazmente (1992af:130-132). También en ese año y en el mismo tono escribe sobre el *Ismaelillo* diciendo: «Mi mente ha sido escenario, y en él han sido actores todas esas visiones», que lo persiguen y lo rodean en todas partes, teniendo delante suyo «un gran espacio oscuro, en que volaran grandes aves blancas» (1992k:271). A principios de 1883, agasaja epistolarmente a su hermana Amelia con una detallada y por él mismo denominada «profecía de bodas», asegurándole dicha marital a causa de sus virtudes (1992v:308). Ese año tiene contacto con tradiciones proféticas provenientes de tres culturas diferentes. Traduce las *Antigüedades Griegas*, de J. P. Mahaffy, donde acomoda su traducción para enaltecer el desempeño profético de los sacerdotes délficos, apartándose de lo que literalmente está escrito en el original.[19] Algo similar hace

---

[19] Traduce la corta expresión «y otros actos adivinatorios» por la más elaborada «y todos los varios modos de la vieja ciencia de la profecía». En otro pasaje sustituye la peyorativa ex-

en otra traducción, *Antigüedades Romanas,* de A. S. Wilkins, traduciendo sobre la diferencia entre augures y arúspices en cuanto a la minuciosidad y profundidad de sus vaticinios (1992ad:202). A mediados de ese año escribe sobre antigüedades mexicanas, aludiendo a «las veneradas profecías de aquel moisíaco apóstol que fue como el Confucio de los yucatecos, Chilam Balam, anciano y virtuoso» (1992n:327). Ya iniciado 1884, vuelve a escribir sobre Chilam Balam, al contemplarlo en su reseña de «Autores Americanos Aborígenes», de Daniel G. Brinton, y hablando de sus profecías «más reposadas y profundas» (1992o:337).

Las dos corrientes de lo profético en Martí confluyen en un punto de inflexión en su pensamiento. Esto acontece en 1887 cuando, al hablar acerca del Juggernaut, el festival hindú dedicado a Krishna, hace declaraciones iconoclastas, deslindando la facultad profética «desde Delfos hasta América», de sus referentes idolátricos, oraculares y fatales, haciéndola madurar en «una final religión poética» de la razón y el albedrío propios (1992q:242-243). Este se ve reflejado más adelante cuando, en dos celebraciones consecutivas del 10 de octubre de 1868 a finales de esa década, empieza a hablar de la «profecía del 10 de octubre», en 1888; y termina sentenciando, en 1889, que «ya están cumplidas nuestras profecías» (1992c:239; 1992d:241). Ese mismo año Martí ha estado escribiendo sobre Bachiller y las antigüedades antillanas, leyendo en *Cuba Primitiva* acerca de la profecía de los taínos, algo que vuelve a encontrar en el *Hatuey* de Sellén al año siguiente, junto con la sugerente imagen del «Semí Grande / Gran Semí». Iniciando 1891, en pleno auge de esta escalada visionaria, escribe «Nuestra América», donde su intención profética está patente. En determinados momentos de este ensayo Martí escribe lo que se está desplegando ante sus ojos, como observando ya en escenarios presentes el futuro preconizado y en términos más optimistas y benévolos. Luego de convocar al deshielo de «la América coagulada» con fuego del corazón y a hacer hervir y rebotar por las venas «la sangre natural del país», Martí contempla en tiempo presente[20] la anhelada solución futura de los problemas hispanoamericanos:

---

presión «vapores sulfurosos, que enloquecían al sacerdote» por la de «vapores sulfurosos, que transportaban al sacerdote» (Mahaffy, 1885:83, 87; Martí, 1992ad:83, 86).

[20] Sobre esta manera de dar por hecho lo que aún es solo posibilidad, comenta Cintio Vitier: «A propósito de ese *deber ser* o futuridad que incesantemente se proyecta en estas y otras muchas páginas afines, observo que Martí, como hacían los profetas hebreos, suele dar por hecho lo que en realidad es una plenitud inalcanzada. Es como si lo que debe ser, lo más justo y hermoso, precisamente por serlo, estuviera inscrito en el presente espiritual de la visión, o en el pasado sin caducidad de la consumación (1991:169; cursivas en el original).

En pie, con los ojos alegres de los trabajadores, se saludan, de un pueblo a otro, los hombres nuevos americanos. Surgen los estadistas naturales del estudio directo de la naturaleza. Leen para aplicar, pero no para copiar. Los economistas estudian la dificultad en sus orígenes. Los oradores empiezan a ser sobrios. Los dramaturgos traen los caracteres nativos a la escena. Las academias discuten temas viables. La poesía se corta la melena zorrillesca y cuelga del árbol glorioso el chaleco colorado. La prosa, centelleante y cernida, va cargada de ideas. Los gobernadores, en las repúblicas de indios, aprenden indio (1992i:21).[21]

Al final del ensayo, cuando introduce a su Gran Semí, lo ve volar encima de un cóndor desde un futuro que ya es pasado, como una predicción en cumplimiento que es el opuesto de la distópica profecía taína: «¡Porque ya suena el himno unánime; la generación real lleva a cuestas, por el camino abonado por los padres sublimes, la América trabajadora; del Bravo a Magallanes, sentado en el lomo del cóndor, regó el Gran Semí, por las naciones románticas del continente y por las islas dolorosas del mar, la semilla de la América nueva!» (ibíd.:23). A finales de ese año, en otra celebración del 10 de octubre, José Martí casi se jacta de su empoderamiento profético: «Ni sueño pueril, ni evocación retórica, es lo que tengo ahora delante de mis ojos, sino visión de lo que ha de ser, y escena de verdadera profecía» (1992d:264).

En este resumen de la trayectoria profética de Martí se pueden apreciar sus propias ideas acerca del acto de profetizar, así como las de otros autores. Poco a poco se va colocando como sujeto de la experiencia profética, atribuyéndose el vaticinio como facultad, así como sus productos potenciales y cumplidos; además de describir casi fenomenológicamente

---

[21] Las aspiraciones de Martí en su ensayo nuestroamericano y el lenguaje profético en que lo expresa no están libres de problemas ni apunta solo a situaciones positivas. Como señala Jorge Camacho, Martí tenía dos grandes preocupaciones y temores con respecto al futuro de las repúblicas americanas. El primero era el enemigo externo: la invasión de Estados Unidos, que eventualmente sucedió con la posesión de Cuba y Puerto Rico en 1898. El segundo era interno: el desastre que podría ocasionar el descontento de las masas étnicas hispanoamericanas desatendidas y maltratadas por los gobiernos liberales y modernistas cuyas políticas, tales como la asimilación del indígena y el repartimiento de sus tierras, Martí apoyó en su momento. Asegura Camacho que «el enfrentamiento que temía se hizo realidad en México y luego en Cuba pocos años después, primero en la Revolución mexicana de 1910 y luego en la llamada "guerrita" de 1912 cuando el Gobierno liberal de José Miguel Gómez rechazó las exigencias del Partido Independiente de Color y estos se alzaron para reclamarlas por la fuerza. Como es sabido, la "guerrita del 12" terminó con la masacre de miles de negros en el oriente de Cuba» (2013:220).

su vivencia del instante profético. Es de notar cómo es posible dar cuenta del conocimiento martiano acerca de las tradiciones proféticas del Viejo Mundo clásico y de las americanas prehispánicas, tales como la maya y la taína. En especial destaca la coincidencia de su autoconciencia profética madura con los tiempos en que escribe «Nuestra América» y lee acerca de la profecía taína en las obras de Bachiller y Sellén.

No es descabellado concebir que para José Martí el Gran Semí pudo constituir una integración de símbolos condensadores de su propia capacidad profética, la cual se haría eco de la de los taínos en contacto con sus cemíes, a pesar de no haber una sola mención acerca de este particular en la obra martiana. La abrupta y única aparición de esta entidad diseminadora de procedencia caribeña insular, sin más contexto indoantillano que su propio nombre y con apariencia desconocida y casi anicónica, pudiera ser el modo en que Martí veladamente sella la impronta profética de su ensayo nuestroamericano. El Gran Semí, como concentrado profético, tendría el poder y la misión de diseminar por Hispanoamérica continental e insular la semilla de su propia renovación. Esta entidad sería una abstracción poética y profética de todos los anhelos martianos de emancipación que, sin embargo, vuela resueltamente sobre un cóndor biológico, de carne, hueso y plumas concretos, portando la promesa panamericana de su simiente: el propio pensamiento martiano cargado de vaticinios por cumplir.

13

RESISTIR EN MEDIO DEL ESPECTÁCULO: COMPLEJIDADES DE LA DISIDENCIA SEXUAL EN TRES PRODUCCIONES CUBANAS CONTEMPORÁNEAS

(Karla P. Aguilar)

(Barranquilla, 1997). Estudiante del doctorado Hispanic Studies de Washington University en Saint Louis y copresidenta de la Association of Gender Minority and Women Graduate Students. Sus áreas de interés incluyen narrativas del Período Especial, literatura cubana contemporánea y formas de disidencia sexual latinoamericanas. Ha publicado el artículo «Márgenes de la ciudad como márgenes de la nación, en *La cola de la serpiente*, de Leonardo Padura», en la *Revista Perífrasis* (2015) y el capítulo «El reconocimiento de los otros: la paz como revisión de la historia, en *La cola de la serpiente*, de Leonardo Padura», en el libro *Justicia y paz en la novela de crímenes* (2016). Actualmente trabaja con producciones de la Generación Cero; algunos de cuyos análisis han sido presentados en la CSA Conference y en Lasa (2020), en el panel «¿Qué significa sobrevivir en la Cuba contemporánea?».

En medio del debate sobre el lugar del *pueblo* en la nueva política revolucionaria, el CNC propuso en 1963 como uno de sus objetivos principales: «Despojar las expresiones folklóricas del campo y de la ciudad y las manifestaciones populares de nuestra cultura, de las mistificaciones de los elementos ajenos a su propia esencia, creando las condiciones necesarias para que puedan expresarse en toda su pureza» (Pogolotti, 2006:191). Como parte de estos *elementos ajenos*, históricamente se ha consolidado un espacio de ataque contra el Otro foráneo, representado tanto en la figura del estadounidense imperialista como en la del exiliado. Sin embargo, lo *ajeno* también incluía manifestaciones populares al interior del país como ceremonias religiosas de carácter afro y, por supuesto, cualquier expresión de una sexualidad disidente.[1] Poco importaban las contradicciones en su prohibición: mientras que las prácticas culturales afro eran consideradas premodernas, la persecución a la subjetividad gay, por el contrario, respondía a su inclusión como parte de una modernidad burguesa individualista. La militancia socialista se erigió como la principal cualidad de la sociedad civil y el horizonte de valores que debía resumir las demás marcas de identificación social.

La proclama contra cualquier comportamiento *homosexual* y considerado *afeminado* fue ratificada en los distintos Congresos Nacionales de Educación y Cultura de los años 70 y dio inicio a uno de los principales focos críticos en contra de la institucionalidad cubana. Sin embargo, ante la alternativa de la transgresión y la denuncia, ejemplificada de forma representativa en Reinaldo Arenas, esa misma institucionalidad ha aplacado sus

---

[1] Con el término disidencia sexual me alineo con perspectivas teóricas latinoamericanas que desafían la homogeneización de la *identidad queer* y destacan el carácter anticapitalista y antimperialista de distintos usos del cuerpo que incluyen subjetividades poco estudiadas como lxs travestis, las locas, lxs monstruas, etc. Para más información, véase la antología *Queer & cuir. Políticas de lo irreal* (Universidad Autónoma de Querétaro, 2015).

críticas más vehementes, y desde organismos como el CENESEX y figuras políticas como Mariela Castro, se plantea la posibilidad de una «convivencia gay revolucionaria», aunque, como la misma expresión indica, esta tienda más a la asimilación que al respeto de una esfera diferenciada de la sociedad. Según Abel Sierra Madero, «Mariela Castro se opone firmemente a la idea de un grupo de derechos para los homosexuales en Cuba y aboga por la aceptación e integración en la sociedad en general en lugar de la diferenciación y la posibilidad de autorganización»[2] (Morad, 2016:5). Parece entonces que las dinámicas de la disidencia sexual en Cuba están regidas por una participación en la vida pública que se mueve entre la complicidad y la traición, entre el *participar con* y el *participar contra*. La búsqueda de una Cuba diversa se enfrenta a la presión por adoptar una vida social común y a la demonización de la esfera privada que, en el caso de comunidades disidentes, muchas veces, representa el espacio de sus revoluciones íntimas.

Las producciones cubanas contemporáneas participan en este debate al cuestionar la importancia que los espacios tienen para definir la identidad nacional. En los nuevos textos, habitar Cuba desde una sexualidad disidente implica redefinir qué significa ocupar un espacio. La tensión entre las fronteras de lo nacional y lo internacional, característica del colectivo de escritores que es analizado con la etiqueta Generación Cero, tiene consecuencias directas sobre las divisiones entre lo individual y lo colectivo. Para representar el *estar afuera* (del closet, del país, del sistema), los nuevos escritores construyen un cosmopolitismo virtual en donde, a través de técnicas estilísticas cercanas a la experimentación formal vanguardista, Cuba se convierte en un espacio global, tecnificado y abundante de productos culturales extranjeros, sin necesidad de incluir en esa representación una constante movilidad de bienes y personas. Lo *virtual* radica tanto en la ausencia de elementos definitorios del cosmopolitismo, el viaje y las transacciones económicas, como en la condición fluida e inestable con la que se describen los lugares en las novelas. El objetivo de este artículo es analizar las relaciones entre cosmopolitismo, entendido como fluidez de valores globales, y las sexualidades disidentes en un contexto nacional regido por el autoritarismo y un aparente aislamiento internacional. La virtualidad expresa la existencia ya presente de condiciones políticas y sociales de las cuales pueden surgir nuevos espacios de socialización y vivencia cotidiana. La imposibilidad de su solidificación radica en las distintas formas de

---

[2] Todas las traducciones son del autor a menos que se indique lo contrario.

coaptación[3] y evolución del poder central que administra la sensibilidad urbana, limitando, en vez de simplemente prohibiendo, resistencias y transgresiones. Por último, el marco de la virtualidad plantea un desafío a la predominancia de la geografía para definir lo global y lo local. Con el *cosmopolitismo virtual,* una de las interrogantes a las que intenta responder el presente artístico cubano es cómo se puede salir de Cuba sin salir de Cuba y, en ese sentido, qué interacciones posibilitan que distintos espacios se ubiquen paradójicamente dentro y fuera de la esfera pública.

En este marco planteo el análisis de dos novelas cubanas contemporáneas y la transgresión sexual que sus personajes ejercen: *Carbono 14. Una novela de culto* (2010, Jorge Enrique Lage) y *La noria* (2013, Ahmel Echevarría). El cine cubano contemporáneo conforma otra esfera de producción en la que se revisita la predominancia de las ruinas y el atraso socioeconómico como aspectos definitorios de lo cubano en el mercado global. La última de las obras que analizo es la película *Jirafas* (2015), primer filme independiente del director Enrique Álvarez.

El primer aspecto común de estos productos es que el *ambiente*[4] de La Habana no aparece en ninguno de ellos. El espacio expresivo de la sexualidad se da separado de una comunidad y se escenifica principalmente en los límites de una casa. Desde aquí, son varias las reflexiones que plantean las novelas: ¿puede haber transgresión al orden sin socialización?, ¿es la calle el espacio natural de las revoluciones y cambios al sistema?, y principalmente, ¿bajo qué procedimientos el Gobierno se moviliza de la esfera pública a la esfera íntima? En la primera parte de este trabajo explico la relación resistencia-coaptación que caracteriza la trama de las novelas. Frente a la censura, la vigilancia y la imposición de un consumo neoliberal de identidades, el aporte de estas novelas a los estudios cuir[5] latinoamericanos es la representación de formas de resistencia que no implican oposición o destrucción.

---

[3] Con el término coaptación destaco la naturaleza estratégica de las apropiaciones que el Estado o centros hegemónicos de poder hacen de las resistencias planteadas en las novelas. Me separo entonces del carácter violento y punitivo que tienen expresiones como *coacción.* Cfr. Jerónimo Betegón (1996:355-366).

[4] El *ambiente* o la *escena gay* está asociado con zonas específicas de ciudades en donde es común la interacción entre miembros de la comunidad cuir. Para referencias específicas sobre el caso cubano, véase la introducción del libro *Fiesta de diez pesos: Music and gay identity in Special Period Cuba* (Morad, 2015).

[5] Son muchas las deformaciones que se han hecho a la expresión *queer* para mostrar su contraparte latinoamericana. Refiero al artículo «Diga "queer" con la lengua afuera: Sobre las confusiones del debate latinoamericano», de Felipe Rivas, para una historiografía del término «cuir».

Con esto, las obras deslegitiman el enfrentamiento como la única forma de llevar a cabo la disidencia sexual. El segundo aspecto común entre las novelas y la película es que el despliegue sexual de sus personajes no busca tolerancia, reconocimiento o inclusión. Ninguno de ellos demanda derechos específicos asociados a su sexualidad. Al contrario, están más preocupados por su supervivencia cotidiana que por cualquier especie de reivindicación. Su lucha ya no es solo con un gobierno que los persigue, sino también con todo el grueso de la sociedad. En la última parte de este texto describo las formas de violencia horizontal necesarias para el mantenimiento del control revolucionario. A través de la figura del espectáculo o del consumo masivo de violencia, la noción de pueblo es desromantizada y se problematiza la sociedad civil como espacio de libertad.

Coaptar la exclusión

¿Poder otro?, ¿poder alternativo?, ¿afuera del poder? A pesar del aparente cruce de fuerzas entre centros de resistencia y centros de dominación, los estudios sobre la disidencia social intentan proponer una nueva dinámica que supere la idea de oposición. Resistir no es solo reformar, destruir, liberar, sino también negociar, interactuar con la dominación, apropiarse de sus lógicas ¿Qué pasa, sin embargo, cuando esta convivencia anula cualquier posibilidad real de cambio en los órdenes institucionales? ¿Es posible ejercer resistencia desde los espacios que las instituciones dominantes determinan para ella? Precisamente porque su trama combina el autoritarismo cultural y las luchas por la visibilidad de la diferencia, *La noria*, de Ahmel Echevarría, constituye un escenario propicio para analizar el significado de resistir. En ella, la intimidad y la transgresión desde el cuerpo son coaptadas y puestas en servicio de la vigilancia del Estado. Igualmente, la socialización y la obligación a la convivencia pública cambian su signo represivo para convertirse en esfuerzos por no olvidar el dolor y el trauma de la persecución política.

La novela presenta la historia de El Maestro, un escritor homosexual cubano condenado por su obra literaria durante la década de 1970 a siete años de trabajo forzado en un cementerio. Después de catorce años sin escribir, El Maestro regresa a su oficio para intentar darle sentido a una nueva situación ominosa que experimenta, esta vez desde su cotidianidad. Tras desviarse de su recorrido habitual por La Habana en uno de los pocos sábados al mes en los que se anima a dejar el encierro de su casa, el escritor almuerza en un nuevo restaurante gallego, que le anima a pensar que todavía existe la sorpresa y la innovación en Cuba. Sin embargo, en su segunda visita a la *Taberna Sanxenxo*, El Maestro descubre que el restaurante ha desaparecido y que en su lugar se encuentra una cafetería con «el peor tabaco nacional» (Echevarría, 2013:81). Desde entonces, la obra explora varios temas: la posible locura del escritor, la descripción del afuera como un espacio inseguro e inestable, la capacidad de la escritura para ordenar y cuestionar, la imposibilidad de compartir públicamente entendimientos alternativos de la realidad y ante todo la explicación del confuso presente como una consecuencia de la continuidad de las violencias que ocurrieron en los años 70.

La condena de El Maestro fue producto de violar pactos culturales propios de la década de 1970 descritos por Bacallao-Pino como «la subordinación de lo individual a lo colectivo y la instrumentalización política de lo intelectual» (ibíd.:61). En ese contexto, popularmente referido con el término de Ambrosio Fornet, Quinquenio Gris, la vuelta a la escritura de El Maestro podría considerarse un acto de resistencia, siguiendo una lógica de oposición. Así, la recuperación de tecnologías individualizantes —que como la escritura le permiten ubicarse en los márgenes de la disciplina del sistema— podría ayudar a rearticular la dimensión perdida de lo personal. Sin embargo, tanto la incapacidad de la escritura para generar un espacio de afirmación de la identidad[6] como la aparición y desaparición repentina de espacios de evasión de *lo local* apelan a una misma realidad desorientada, donde el poder definitivo del orden revolucionario se manifiesta en su intervención sobre los límites de lo cotidiano y el sentido común. Por esta intervención, la literatura es despojada de su potencia cuestionadora. La Revolución ya no es revolucionaria —¿qué es lo revolucionario?— porque se ha convertido en norma y los demás valores sociales entran también en cuestión bajo el nuevo criterio de «lo permitido».

Adoptar la lectura de la oposición dentro de la novela —resistencia como transgresión directa— es igualmente ignorar el carácter plural de las

---

[6] A la hora de escribir, El Maestro «[s]e sabía en un rapto de emoción y dejaba atrás su propia identidad; tal como hoy, deviene otra persona frente a la máquina de escribir» (Echevarría, 2013:10). Crear no es solo habitar otras voces que dentro de la novela serán otros escritores y cantantes. Principalmente, es habitar otros cuerpos. Esta posibilidad de «vivir más vidas» al momento de escribir no tiene repercusiones, sin embargo, en el ser individual. De El Maestro no conocemos ni siquiera su nombre. El apodo que lo define es dado por David en su primer encuentro. Sus opciones son ser nadie, ser todos, pero nunca ser él mismo. Su condena es la pérdida irreparable de la literatura como espacio de lo propio.

relaciones de poder, por las que ciertas comunidades no solo deben enfrentarse a imposiciones verticales del Estado, sino también a críticas y cuestionamientos dentro de la misma sociedad civil. Así, el fracaso ya explicado de la labor creativa de El Maestro radica también en su imposibilidad de comunicarse con los demás. No es simplemente el cómo escribir, sino también el cómo ser entendido: «Mientras se rasca la barba se pregunta si alguien en pleno siglo XXI tendría paciencia para leer un relato en donde se experimenta con el lenguaje. ¿Puro fuego de artificio?» (ibíd.:9). ¿Puede considerarse entonces la relación sexual con David el principal espacio de resistencia en medio de este régimen?

David es el único personaje con el que El Maestro mantiene una intimidad. Es su presencia la que actualiza los conflictos cotidianos de la calle, con los que El Maestro solo puede relacionarse mirando por su ventana. Más que una decisión personal, el aislamiento del personaje es la única alternativa a la que ha sido obligado para tener un margen de libertad. El encierro es la manifestación de un personaje fuera de ley, al que le han limitado sus participaciones públicas tanto en su escritura como en sus relaciones personales, pero la contraparte de esa primacía de lo privado es la pérdida de sentido frente a todo lo que está fuera de la casa. El libro configura en su ficción la dualidad entre espacios que, según Rafael Rojas, opera en la sociedad cubana desde la victoria revolucionaria: «Para leer la ciudad, para orientarse dentro de la misma, y, sobre todo, para ocupar un lugar en su escenario, el habitante de la isla tiene que socializar, de algún modo, la identidad socialista, es decir, tiene que dotar de sentido el acto de llamarse y ser llamado ciudadano de una república socialista» (2009:137). Paradójicamente, es el no pertenecer a la ciudad, no socializar bajo las nociones preestablecidas de ciudad, lo que le permite al Maestro descubrir los cambios extraños que ocurren con ella. La soledad de este descubrimiento y la naturalidad con la que la sociedad continúa a pesar de él, lo conducen a una obsesión por intentar explicar lo que le ocurre, que termina por alejarlo del presente y que al final determinará su muerte.

La entrada de David a la casa, como la entrada de un sujeto exterior, adquiere nuevas connotaciones cuando se insinúa al final del libro su participación en un aparato de vigilancia sobre El Maestro. Con David, es el mismo poder el que tiene la capacidad de reconvertirse y coaptar el deseo. Si no se articula en la novela una reflexión por la identidad sexual como expresión de lo personal, es porque, además de la idea de traición, se hace énfasis en la ritualidad de la compañía de David, es decir, en la conversión del placer en rutina. Su transgresión también se *normaliza*. Condenada al secreto, y luego a la muerte, sus resistencias se inscriben en lo que Alejandro Grimson analiza sobre las resistencias sociales: «El éxito de un proyecto hegemónico no se establece según su capacidad de anular la oposición o el conflicto, sino según su capacidad de instituir el lenguaje en el cual el conflicto (inevitable) deberá desarrollarse» (2011:91). *La noria* parece sugerir, por tanto, que la realidad social está tan controlada por los poderes gubernamentales que puede alterarse a sí misma y continuar su proceso de desfiguración para evitar, primero, que un viejo escritor readquiera su capacidad para explicar el mundo desde su escritura y, segundo, que dos amantes puedan hallar en sus encuentros la posibilidad de trascender los límites asignados.

Quiero retomar el término *sexilio* de Norma Mogrovejo para caracterizar la pertenencia local, identitaria y afectiva que caracteriza la existencia de El Maestro en la novela. Mogrovejo lo utiliza para marcar la dualidad entre deseo e integración social, en el sentido de que escoger la vivencia de la sexualidad significaría aceptar todas las trabas que la sociedad ejerce para evitar el desarrollo pleno de esos sujetos disidentes, coaptando incluso las formas de relacionarse con sus conocidos. *La noria* radicaliza esta división al demostrar cómo la vivencia propia de la sexualidad puede ser retomada por el poder. Cuando la exclusión —incluso la autoexclusión— y el secreto dejan de ser opciones reales de oposición, los sujetos disidentes deben elaborar sus propias narrativas y contrahegemonías en otras formas de habitar su sexualidad.

Coaptar la inclusión

En términos críticos, *Carbono 14…* y *La noria* se encuentran en extremos opuestos dentro de la Generación Cero. Por un lado, la novela de Lage se ubica en el centro de las reflexiones sobre la escritura distópica, cosmopolita y con deformaciones de la realidad de su grupo, y que Gilberto Padilla Cárdenas describe como una enfermedad sistémica donde las marcas de la cubanidad quedan reducidas a un *impedimento*: «si estos autores fueran de Chicago o de Roma, tendrían más traducciones que ahora lectores». Su historia revela el deambular simultáneo de Evelyn —una niña que aterriza en un planeta llamado LH y que se convierte en una aclamada actriz de televisión— y JE, un típico habitante del planeta que descubre un mecanismo C-14 que le permite averiguar qué tan antiguos son los dispositivos que le rodean. En medio de una ciudad vertiginosa, llena de clones, androides e incluso fantasmas, la obra incluye una reflexión desde lo bizarro y lo absurdo sobre el significado de pertenecer a un espacio y a un presente. Por su parte, *La noria* ha sido evaluada en términos de un realismo más convencional por su mención explícita de tiempos del pasado, la década de los años 70, y de formas de control gubernamental como la censura a través de juicios y la condena a trabajos forzados. Se ha leído principalmente a través del lente de la memoria: «Si la literatura tiene el poder de incidir en lo real, Echevarría intenta con *La noria* recuperar la historia de esos infames años grises y recordarla tal cual la vivieron sus protagonistas» (Simal, 2017:68).

A pesar de sus diferencias tanto en las estrategias de narración como en las instancias de recepción, la introducción de referentes culturales extranjeros en ambas novelas solo tiene sentido porque existen códigos de interpretación para decodificarlos. En *La noria*, la novedad del restaurante y su buen servicio sorprenden al protagonista y le hacen sentir que es posible conquistar nuevos lugares en La Habana. Su evaluación es reforzada por su experiencia con la comida española, producto de sus viajes, cuando contaba con todos los privilegios institucionales para hacerlo: «El helado de queso fue el mismo postre que saboreó en el Rotilio. Demasiadas coincidencias. Demasiadas articulaciones entre sucesos tan lejanos en el tiempo» (Echevarría, 2013:67). Cuando en su segunda visita a la Taberna aparece la cafetería cubana, el momento de novedad del presente queda subordinado no solo a un pasado, sino a un pasado inalcanzable. Viajar y comer en el desaparecido restaurante es imposible para el personaje y representa especialmente imposibilidades que solo él parece reconocer. A este personaje conocedor lo debe acompañar un público también conocedor. El segundo nivel narrativo de *La noria* incluye cartas de Cortázar a un personaje ficticio, Fernández de la Riva, líder de una revista cultural de La Habana. Estas cartas están llenas de referencias reales de la ruptura del campo cultural cubano en la década de 1970. En ella se incluyen desde la defensa revolucionaria de Roberto Fernández Retamar hasta la intromisión de *Mundo Nuevo* en las letras latinoamericanas. Solo entendiendo el desencanto como aspecto *reconocible* de la intelectualidad revolucionaria después de los años 70 se puede entender la novedad de *lo irreconocible*, el trauma que lleva a la muerte a El Maestro. Mi reflexión de lo irreconocible está relacionada con lo que Walfrido Dorta llama *política de la opacidad* o la voluntad de los nuevos autores de evitar ser aprehendidos por dispositivos críticos o institucionales o de «mostrar narrativas transparentes sobre lo cubano» (2017:352). Además del debate nacional con lo irreconocible, también hago referencia a violencias específicas y formas de resistencia que dentro del ámbito cubano no son percibidas como tales.

La normalización de la ausencia en *La noria*, lo que se perdió, lo que no fue, es contrastada en *Carbono 14...* con la normalidad de la presencia, el exceso de referentes, la multiplicidad de espacios. A pesar del poco tiempo vivido en LH y su condición como extranjera, «indocumentada», Evelyn asciende rápidamente por las estructuras sociales del nuevo hábitat (Lage, 2010:18). Así, el manejo de los códigos comunes no depende de los lugares de origen porque han alcanzado un nivel de normativización tan elevado que pueden aprenderse de forma muy rápida: «Evelyn se acostumbró a la agitación reinante. Al movimiento reiterado. A que todos los asistentes de todo, vestidos de diversas formas como hombres o como mujeres, tuvieran el rostro idéntico al Clon Juan» (ibíd.:30). Cuando Lage incluye en la obra la publicidad de grandes marcas como Calvin Klein, la construcción de un espacio popular para lo cuir con la mención de *The L world* y la masificación de la música en inglés expresada en el gusto de JE por Gorillaz, lo hace reconociendo en esta inclusión una norma y no una excepción: un público especializado que ya entiende lo extranjero como lo reconocible. La facilidad de entrada de lo extranjero reflejada en las novelas se opone a la idea de atraso y aislamiento cultural que, dentro del mercado cultural global, define a La Habana como una ciudad distorsionada «con patrones de conducta cada vez más primitivos —en una suerte de sálvese quien pueda— que parecen signados por el desarraigo, la crisis de valores que pensábamos eternos y la cultura del aguaje» (Coyula, 2008:2). Al contrario, el dominio de este conocimiento global destaca la capacidad de agencia cubana para interactuar con un exterior en acciones como el intercambio de *memorias flash*, la piratería (Ravelo García y Benavante Morales) y, en caso de la realización artística, la coproducción con compañías extranjeras (Castro Avelleyra, 2016).

Si la intimidad de la escritura y del placer no se posicionan como marco de resistencia al poder central en *La noria*, el consumo masivo en *Carbono 14...* tampoco implica una revisión de las formas políticas de la Isla. Al contrario, más que una imposición de un mercado global que con su intromisión interrumpe dinámicas locales, este nuevo espacio las continúa. Al igual que en *La noria*, donde una cafetería nacional pasó a ocupar el espacio del restaurante gallego, en la obra de Lage ocurre la misma concurrencia de espacios que invocan al mismo tiempo lo local y lo global:

>—*¿Ves la tienda de vídeos allá enfrente?*
>—*Sí.*
>—*Antes, por ahí estaba la entrada del cementerio.*

—¿Cuál cementerio?
—Un cementerio grande cuyo espacio se ha ido llenando de otras construcciones, como si se tratara de llenar una especie de vacío (2010:42).

La movilidad entre unidades nacionales se da dentro de los mismos límites geográficos. Los espacios son al mismo tiempo presencia y ausencia. Esta conceptualización fragmentada de los espacios es explicada por Doran Massey cuando establece que el carácter de un lugar es producto de las intersecciones entre las historias que se agrupan en él y la configuración de un marco social más amplio y, además de los desencuentros, de las desconexiones y de las relaciones no establecidas, de las exclusiones. En este caso, la modernidad de la tienda de video arrastra consigo la huella de las ruinas, el fin y los desechos humanos del cementerio. La posibilidad de acceso a un mercado global de productos culturales se sostiene en la acumulación de pasado. Aquí, de nuevo, no es una cuestión de destrucción —quitar lo nacional para introducir lo internacional— sino de continuidades. Por la entrada de estas novelas en la participación de un circuito de orden nacional y la multiplicidad de significados que activa, propongo que la presencia internacional en estas obras es una fachada, un performance espacial de lo nacional; es decir, una teatralización material de la misma normatividad, como explica Diana Taylor: «Los performances viajan, desafiando e influyéndose entre sí. Sin embargo, en cierto sentido, siempre están *in situ*: son inteligibles en el marco del entorno inmediato y las cuestiones que los rodean» (2003:3).

¿Cuál es la normatividad que se mantiene en el performance de transformación de los espacios? La aparición y desaparición de lugares en *La noria* o su proliferación masiva en *Carbono 14...* responden a estrategias de desorientación por las que no se puede construir una forma autónoma de habitar la ciudad. La extranjerización de Cuba es un simulacro que no termina de configurar un nuevo horizonte de valores. El cambio en el *sensorium* es producto del cambio de la medialidad:[7] la proliferación y la conversión de la violencia, ante todo la asociada con la sexualidad en *show*. No existe, sin embargo, lo que Jesús Montoya Juárez llama *agenciamiento de lo tecnológico*; es decir, la utilización de herramientas que posibiliten un espacio alternativo donde desarrollar la subjetividad (2011:919).

---

[7]   Derivado de los estudios culturales, el concepto de medialidad denota la especificidad de cada medio de comunicación para organizar narrativas. Es un término relacional, lo que indica que siempre apunta a la comparación entre medios y su énfasis está en las estrategias (el cómo) de organización de significados y no en su contenido. Cfr. Meister, Kindt y Schernus (2005); y Jäger, Linz y Schneider (2014).

288

En la obra de Lage, la ausencia de espacios autónomos de subjetividad se expresa en la materialidad del cuerpo. Los cuerpos pueden expandirse, mutar y clonarse, pero no pueden tener un espacio íntimo. Piénsese, por ejemplo, en la caminata de JE al interior de la vagina de la protagonista llamada Seis. Disociado de las sugerencias de placer, el relato enfatiza la monstruosidad de la situación: «Mis ojos se fueron adaptando, como en un cine. Gané equilibrio apoyando una mano en la pared. Paredes semilíquidas. Calientes. Parecía ser el túnel de una vagina muy larga. Por un momento pensé qué estoy haciendo aquí. Luego pensé: qué tienen de especial estos interiores» (Lage, 2010:82). La normalidad de esta violación del cuerpo en busca del C-14 que se ha perdido —de hecho los personajes mantienen una conversación adentro/afuera de la vagina— denota la resignación frente a la pérdida absoluta de fronteras. La Habana presenta una fachada urbana, pero no cuenta con los espacios de individuación de la ciudad moderna. La Habana multiplica su confluencia de registros culturales, pero eso no la hace nueva. En una conversación entre Evelyn y un reportero fantasma ellos concluyen:

> —*La ciudad es interminable, ¿no cree?*
> —*Primero que todo, yo no usaría más la palabra ciudad ni la palabra interminable pero entiendo lo que quieres decir (ibíd.:18).*

La preservación del orden aún en las actualizaciones tecnológicas y marcas de «progreso» se expresa principalmente en el consumo masivo de contenidos y prácticas sexuales como el sadomasoquismo, que, aunque masifica una sensibilidad de placer, se convierte rápidamente en un mercado de formas normativizadas de percepción. Es el asistente de Evelyn, un Clon Gay llamado Clon Juan, quien resume lo anterior:

> —*Cualquier cosa que hagas se está haciendo hace mucho tiempo, ya tiene un nombre, ya tiene revistas y películas, héroes y traidores, trivia y lugares comunes (ibíd.:29).*

El consumo les ofrece a los personajes disidentes de la novela una posibilidad de ciudadanía simbólica y una integración a *lo popular* que, sin embargo, vienen mediadas precisamente por lo que se puede ofrecer, o mejor, por lo que ya ha sido codificado como oferta. En esta última demostración de coaptación desde el mercado, *Carbono 14…* radicaliza las contradicciones propias del presente histórico cubano en donde la «venta» de La Habana como una ciudad nostálgicamente estancada en el tiempo rivaliza con todos los proyectos de modernización y desarrollo prometidos por la Revolución, donde, a pesar de que el consumismo imperialista se construyó como el horizonte de valores opuesto al ser revolucionario, la supervivencia económica del país depende muchas veces de la posibilidad de hacer de Cuba un lugar que se pueda consumir. De hecho, el extrañamiento que produce ver una Habana que incluye sujetos entre humanos-animales y humano-máquinas no es tanto como el de verla hipertecnificada, espectacularizada, llena de luces, con un consumo masivo de productos extranjeros. Al equiparar el presente con el futuro —porque, como se introduce en la primera página, «esta es una historia que acontece en cualquier año del siglo XXI»—, la obra no denota una descripción futurista de la cultura cubana. Al contrario, los aspectos bizarros, abstractos, son parte del presente precisamente por esa rápida asimilación a una cultura pop estadounidense que atenta en plenitud con los presupuestos que el oficialismo aún defiende de la subjetividad revolucionaria: «El hombre nuevo era austero, colectivista, solidario y patriota, a diferencia del migrante, que era consumista, individualista, egoísta y apátrida» (Dilla Alfonso, 2015:5).

A pesar de las diferentes condiciones de transnacionalización, no logra consolidarse una transgresión radical desde el cuerpo, que altere jerarquías y levante prohibiciones. Lo anterior demuestra que no existe un único responsable de la opresión. La propuesta ética de las novelas estudiadas plantea una crítica a un entendimiento de la violencia a través del dualismo pueblo-Estado, en donde el pueblo es víctima de la ley y las estructuras gubernamentales. La reflexión de las novelas, ya sea por la escritura o por la publicidad, revela cómo se construyen las narrativas que rigen lo real. Tanto el estancamiento en *La noria*, como la aceleración en *Carbono 14...*, son formas construidas de normalidad. Ellas necesitan lo que Diana Taylor llama *continuidad del conocimiento* (2003:5), la repetición sistemática de actos que en su producción originan un sentido común de lo normal. La normalidad como acto construido otorga responsabilidad a todos aquellos que activamente participan en su conservación. El principal conflicto de los protagonistas es la conciencia personal del extrañamiento de su sociedad y la ausencia de receptores de aquel descubrimiento. La soledad como alienación y no como espacio íntimo es una condena particular para ciertos sujetos: el escritor homosexual perseguido, la niña extranjera hipersexualizada y confundida por su falta de deseo hacia lo masculino, por ejemplo. Esta separación de la vida pública permite reflexionar sobre con qué formas de crisis la sociedad está cómoda e incluso interesada en perpetuar, y ante todo qué implicaciones tiene la vivencia de una crisis como parte de la vida cotidiana y no de un estado de excepción.

El término *slow death*, explicado por Lauren Berlant, permite entender cómo el biopoder organiza la reproducción de la vida de forma que las crisis políticas sean entendidas como condiciones de cuerpos específicos a los que se les exige una serie de sacrificios para pertenecer a los espacios hegemónicos. Berlant define esta muerte lenta como «el desgaste físico de una población de manera que su deterioro es la condición definitoria de su experiencia y existencia histórica» (2011:95). En otras palabras, para los sujetos sometidos a estas regulaciones, resistir, como sobrevivir, es la única forma de existencia política. El drama de El Maestro es sentir que no puede participar de lo que para él hace parte de lo normal: «Cómo envidia ese andar despreocupado o preocupado solo por detalles como llenar la despensa, conseguir dinero suficiente para ir los fines de semana a un *night club* o alquilar una casa en la playa» (Echevarría, 2013:151). El horror de Evelyn está en su entendimiento de que solo a ella parecen afectarle los *irrealitys*, dispositivos que persiguen a las personas y graban desde su perspectiva: «—No sé por qué te impresionaron tanto —le decía la Productora—. Nadie le encuentra nada de particular a esos objetos. Y por supuesto que son completamente inofensivos» (Lage, 2010:27).

El ejemplo de los *irrealitys* en *Carbono 14…* evidencia la pasividad con que los sujetos prestan su cuerpo, su visión, para servir como herramientas de control de sus alrededores: «—Bueno, no exactamente para grabarte a ti, sino para grabar a partir de ti, para grabar lo que aparece cuando estás tú. Aquello que no eres tú pero que tú señalas como si fueran direcciones. Los irrealitys conectan, asocian» (ibíd.:27). El motivo de la vigilancia, con todo su campo semántico que abarca desde el espía como personaje hasta la paranoia y posterior locura, reactiva en la novela una característica que para Pedro P. Porbén es propia de la identidad nacional cubana a lo largo de la historia del país: la internalización de formas de control y de castigo. Para este crítico, desde el momento colonial/imperial, el poder ha necesitado de la participación de los ciudadanos en mecanismos de vigilancia colectiva: «de tal modo que hace años que el Estado no precisa hacer visible al celador ni exhibir los mecanismos y engranajes de su totalitario y hegemónico poder; todo eso ha sido enmascarado en el vernáculo policía instalado en la silla turca del cráneo de cada sujeto, no importa ya dónde se encuentre» (Porbén, 2014:252).

El peligro de los *irrealitys* está en la indiferencia que generan y en su aceptación como sacrificio necesario para el progreso. En este sentido, la acentuación de la premisa revolucionaria de vigilar al otro no se presenta como incompatible en una sociedad hiperglobalizada y tecnificada.

En concordancia con los planteamientos éticos en contra de la idea de un pueblo victimizado, la última de las obras estudiadas en esta reflexión, la película *Jirafas*, recoge la propuesta alternativa del arte contemporáneo ante el poder y sus nuevos entendimientos sobre la disidencia sexual. A diferencia de las novelas, más que reflexionar sobre los límites del espacio privado, la película intenta responder cuáles son los condicionamientos de los espacios compartidos, cómo se crea lo común, cómo la vivencia específica de una comunidad resignifica los lugares. Esta obra representa un intento definitivo por disociar el esencialismo lugar-identidad, propuesto por el orden nacional de la Isla. La creación emocional de fronteras complejiza la noción homogénea tanto de lo que es una *casa* como de lo que es Cuba. Es desde esas fronteras donde los personajes pueden ejercer una resistencia contra la norma del cuerpo y de la historia. El resultado serán nuevos entendimientos de *propiedad* y *comunidad*.

El principal desafío para los realizadores de cine independiente en Cuba no es la censura, sino la precariedad. Reproduciendo un modelo centralizado de creación y distribución, el ICAIC se erigió en 1959 como el principal y único facilitador de políticas culturales de apoyo a los artistas. Los productores que no estén alineados a sus lógicas oficiales deben enfrentarse a muchas dificultades técnicas y de acceso a recursos. Sin embargo, como explica Diana Coryat: «Un grupo cada vez más diverso de creadores de medios de comunicación comenzó a empujar los límites de lo que era aceptable articular públicamente. Sus películas exploran frustraciones cotidianas que han sido en gran medida invisibles en los medios de comunicación estatales» (2015:25).

El *cine joven cubano*, nombre con el que se ha conceptualizado a estas producciones (ibíd.:19), aprovecha las dificultades de su quehacer artístico y las convierte en tópico de análisis. Por tanto, muchas de estas películas evidencian su articulación cinematográfica y hacen de las estrategias alternativas de montaje parte de su presentación estética.

La película *Jirafas*, primera obra independiente del director Enrique Álvarez, participa, desde su origen, de las dinámicas aquí explicadas. Grabado en la casa de Álvarez, el largometraje presenta la historia de Tania, una joven que regresa a su casa, herencia de su tío, y descubre que esta ha sido invadida por una pareja, Manuel y Lía, quienes se rehúsan a abandonarla, y con los cuales se ve forzada a establecer constantes disputas y negociaciones para resistir a fuerzas externas. Estas incluyen tanto a un inspector de vivienda, que quiere desalojarlos a los tres, como un huracán que amenaza con destruir la vieja construcción. La película participa de la configuración de una esfera pública donde una situación violenta da paso a nuevas formas de socialización y convivencia para el espacio compartido. Intervenir en los límites de *lo decible* y *lo representable* (Angenot, 2010), lo público y lo privado, el estar adentro o afuera implica rechazar las normas establecidas respecto a quién puede ocupar el campo artístico y quién puede ocupar una casa.

La primera noción que se cuestiona en la película es la idea de *afuera*. Con excepción de una secuencia donde se revelan las humillaciones de Lía en un restaurante chino, todas las escenas se desarrollan dentro de la casa. A pesar de que comparten el mismo estado de ilegalidad, porque incluso Tania, heredera legítima del apartamento, ha sido desalojada por no pagar el alquiler, el encierro de los personajes no es homogéneo, ni coherente. La casa no es un lugar prefijado y preorganizado al que llegan los tres, sino que su convivencia forzada los lleva a inventarla de nuevo. Esta constitución mutua del espacio se da a través de disputas y desencuentros. En el caso de la pareja, lo íntimo es lo relacional. Sus espacios, el cuarto principal y el baño, son los escenarios de sus encuentros sexuales, con los que intentan demostrarle a Tania, a través de un uso más convencional de lo privado, que ese es su lugar. Para Tania, lo íntimo es también relacional, pero en continuidad con el exterior, lo público. Su principal uso de la casa es como «oficina», lugar de trabajo donde confecciona ropa como sustento económico. Dentro de la casa, Tania constituye un contraste frente al ocio y la intensidad emocional de Lía y Manuel. Esta diferencia de estatus se demarca estéticamente. Tania se ubica en el entrepiso, donde antes había una biblioteca. Interpone una escalera como frontera material y legitima su posición elevada frente a la pareja cada vez que la cámara comprueba que se encuentra justo arriba del cuarto que le ha sido robado. Además de esta disposición, cuando los tres se encuentran en los pasillos o en el baño, las puertas y las ventanas, partes intrínsecas de la casa, pasan a ser también límites. Esta intersección de espacios privados dentro de lo privado se complementará con la creación de fronteras emocionales.

La importancia de las relaciones sociales en la construcción de los lugares se manifiesta en el terreno de lo erótico, solución temporal que escogen los protagonistas para resolver sus problemas; pero hace referencia también a debates en un nivel macrosocial donde opera la transformación de lo físico a lo sensorial. En su libro *Cuban cinema, screening the repeating island*, Dunja Fehimović plantea que, a pesar de sus distintas innovaciones, las películas cubanas del siglo XXI no han podido superar la ansiedad alrededor de la identidad nacional. De hecho, *Jirafas*, en su exploración lugar-identidad participa del clásico debate por la definición de lo cubano: «La noción de que la cubanía no solo permite sino que a menudo surge de una disyunción entre la ubicación física y el estado psicológico está presente durante toda la historia de Cuba» (Fehimović, 2018:5). Al igual que las fronteras de las casas son tanto reubicadas como reforzadas, Cuba como casa también es presentada en una compleja relación adentro-afuera.

El orgullo nacional aparece en la historia como parte de un pasado muerto en las banderas que cuelgan en toda la casa y que hacen parte de la antigua decoración del tío. En el presente, lo nacional es lo internacional, lo cual complica la idea de un espacio cultural coherente, fácilmente identificable. Las fronteras son atravesadas tanto dentro como fuera de la casa. Adentro, Manuel toca blues en inglés con su guitarra eléctrica y lee poesía en francés. Su decisión voluntaria de no trabajar y dejar que Lía sea el sostén económico de su relación agrega más significados a estos productos. Su única forma de participar en la sociedad es a través de ese consumo de lo extranjero. Si estas actividades pueden realizarse en un cuarto y contribuyen por tanto al encierro, al salir de la casa, en la única escena donde la cámara sigue a uno de los personajes, el recorrido de Lía continua las mismas dinámicas. Son tres los escenarios del afuera: una calle donde las personas son focalizadas de forma borrosa, indicando que no se puede definir ese espacio desde una idea de «pueblo» o de «gente»; un restaurante chino, el lugar de trabajo de la mujer, que activa referencias al pasado colonial cubano y también al presente del rebusque y la informalidad; y dentro del restaurante chino, un cuarto en el que Lía recibe dinero por complacer sexualmente a unos turistas, que le pagan en dólares. En ambos casos, desde Manuel y Lía, el performance de lo social en la película se describe con referentes que tradicionalmente no se asocian a Cuba. Sin embargo, ¿no hacen parte de la descripción de cualquier país los cruces entre artes, entre comercios, e incluso entre violencias? Sobre esta otra interseccionalidad, Massey añade: «La definición de un lugar no tiene que ser a través de una simple contraposición con el exterior; puede venir, en parte, precisamente a través de la particularidad de esa vinculación con el exterior» (2015:106). Ignorando el debate por la autenticidad, Kiki Álvarez focaliza la coalición entre una idea impuesta de lo nacional y lo nacional redefinido, revivido.

Si los espacios son socialmente significativos por las relaciones que se establecen en ellos, estas relaciones también son móviles y condicionadas de manera histórica. Cuando Tania empieza a considerar en serio la propuesta de Manuel de embarazarse para que no los desalojen, desciende de su cuarto improvisado y entra en el baño mientras este toma una ducha. La escena marca un cambio en la cadena de significados de la película. Ahora Tania desempeña el rol de quien invade el espacio privado, en especial un espacio resignificado como propio para Manuel y Lía. La nueva proximidad entre cuerpos resignifica y posibilita nuevas intersecciones en la casa. La reacción de Lía ante la sospecha del engaño termina por destruir las barreras físicas explicadas hasta aquí. En lugar de reproducir las relaciones establecidas con base en la propiedad, es decir, en lugar de preguntarse a quién le pertenece el placer, decide integrar a Tania a su relación. Este paso de la pareja al trío, de la competencia al compartir, consolida una idea de comunidad distinta a la oficial, donde los lazos impuestos se establecen en torno al placer y no en torno a la obligación o la necesidad. Igualmente, la casa como todo adquiere significaciones de resistencia porque ella no contiene una única, coherente unidad familiar, sino una forma de socialización e intimidad que necesita esconderse porque podría ser sometida a la vergüenza o al castigo público.

La temporalidad del espectáculo

En la última escena de la película, los tres protagonistas desnudos escuchan la llegada del inspector que los va a desalojar. La pasividad de su reacción contrasta con todas las estrategias utilizadas para resistirle anteriormente. En *La noria,* las últimas palabras de El Maestro, tirado en la acera, sintiendo un dolor inenarrable hacen eco de su deseo de ser entendido: «[q]uizá imaginar la muerte no es más que soñar que alguien muere en tu sueño cuando en realidad es uno mismo el que muere en el sueño de otra persona» (Echevarría, 2013:161). Perseguida por sus crímenes, Evelyn huye por la ciudad justo a mitad de *Carbono* 14…, cuando la narración gira hacia el lado de JE. La coaptación de la diferencia que había ocurrido en el espacio privado de las novelas, desde formas pasivas como la vigilancia secreta y la incorporación al mercado hasta la presencia directa de la fuerza policial en la película, se hace ahora una coaptación pública. Esta literal *salida a las calles* no solo es pública, sino masiva. La masificación del dolor, de la desesperación y, en definitiva, de la vulnerabilidad de los sujetos disidentes en estas obras termina por desarticular las distintas resistencias que estos personajes pudieron ejercer. Sin embargo, en lugar de mostrar la omnipotencia de un poder que sabe adaptarse a su oposición, el verdadero desafío que Echevarría, Lage y Álvarez proponen como nuevo horizonte de valores es un entendimiento radical de la historia que no marque ni imponga finales definitivos a la realidad de opresión de sus personajes. Ante la temporalidad efímera del espectáculo, las novelas y la película proponen una lectura resistente de la historia desde *el trauma*. Entiendo entonces al espectáculo como una interrupción temporal que permite articular un estado de excepcionalidad en la existencia. Lo que lo diferencia de los hechos naturales que también cambian el entorno es que el espectáculo debe ser definido como tal, es decir, necesita de un público que lo contemple y note su extrañeza. Los espectáculos en ese sentido responden a un disciplinamiento de la información, en cuanto pueden convertirse en aceptables y normalizados tras haberse reproducido o retransmitido hasta la saciedad. La percepción del espectáculo corresponde entonces a una celebración momentánea del presente, que, al poner énfasis en la sorpresa, pierde rápidamente relevancia social.

Para poder entender la oposición que la estética cubana contemporánea desarrolla frente al tiempo cronológico que transita rápidamente del presente al olvido, las obras invitan a construir un pasado común y una memoria imaginada que permita vivir el sufrimiento de individuos específicos como el sufrimiento de toda la sociedad. La *asociación*, como ordenamiento que contrarresta al poder central usando su misma vocación a una vida común, recupera la historia colectiva de los cuerpos para entender cómo una decisión sobre un individuo afecta a los demás, cómo el olvido sobre un cuerpo ayuda a la administración de los demás. Como explica Caruth, «la historia es precisamente la forma en que estamos implicados en los traumas de los demás» (1992:192).

La principal manifestación del *trauma colectivo* es la creación estética de un tiempo estancado. La extrañeza de restaurantes que desaparecen, de la llegada a planetas que no se conocen y del compartir inédito de una casa solo puede explicarse en el recuerdo de los personajes: en las distintas pérdidas que ocurrieron en el pasado. Es probablemente en *Jirafas* donde mejor se describe la subjetividad de sujetos que encuentran en el pasado explicaciones precisas de su alienación en el presente y del olvido social que sufren. En el momento de conversación más largo de la película, la información revelada vuelve a complejizar la aparente composición de un adentro-afuera estables. Cuando se reúnen en la sala, sin luz eléctrica, mientras pasa un huracán, es decir, cuando se han unido en oposición a una fuerza externa, eligen recordar su infancia. «¿Cuáles eran sus muñequitos rusos favoritos?», pregunta Tania. Con esta pregunta las memorias personales se desplazan en distintas direcciones, siguiendo las explicaciones de Michael Rothberg, para quien la memoria está sujeta a una «constante negociación, referencias cruzadas y préstamos interculturales» (2009:3). El viaje funciona así: de la casa invadida-heredada, robada-prestada y compartida se pasa a sus respectivas casas de la infancia, que son también las casas de los llamados «nacidos después de la Revolución» (Uxó, 2010), quienes a las seis de la tarde veían diariamente caricaturas producidas en la URSS, en la televisión nacional. Es un viaje a la época del fructífero intercambio cultural entre la Unión Soviética y Cuba, antes del colapso de ambos países por el final de la Guerra Fría y el Período Especial. Es un viaje entonces a la Guerra Fría y el intento por separarse de la animación estadounidense, y un viaje a distintos fracasos, el de la Unión Soviética de convertirse en potencia mundial y el de Cuba de consolidarse como una economía productiva en el cambio de siglo. De la campaña de educación cívica y homogeneización se pasa a tres jóvenes en medio de una tensión erótica, a punto de ser arrestados por ocupar una casa que no le pertenece a ninguno. El recuerdo de los muñequitos rusos es el recuerdo de muchas pérdidas.

¿Cómo se escenifica entonces la relación pasado-presente-casa para la película? Mary Douglas explica que: «Un hogar no es solo un espacio, sino que también tiene cierta estructura en el tiempo. Todo hogar tiene como mínimo una orientación aunque carezca de cualquier límite interior-exterior, de modo que los puntos cardinales no son meras coordenadas para la posición de la trama, sino direcciones de la existencia» (2012:52).

Los recuerdos en esta escena no son tan importantes como la forma de recordar. Rothberg añade que «la memoria es una forma de trabajo, actividad o acción» (2009:4) y en ese compartir nostálgico los personajes participan activamente de la destrucción del hogar. De los muñequitos rusos no concluyen ninguna crítica hacia el Gobierno, el país, o su precariedad, sino que debaten alrededor de las canciones del capítulo de *Los músicos de Bremen*, la personalidad de Bolek y Lolek, que para Manuel «eran unos pesados», y una muy seria discusión sobre si la gitana de estos dibujos animados era un hombre o una mujer. «Quizás era un travesti», concluye Tania. Esta carnavalización del contenido de las caricaturas, esta falta de orden dentro de la instancia que impone orden es lo que constituye la verdadera ausencia de la casa. Tanto legal, como física, emocional y cognitivamente, los protagonistas de *Jirafas* no tienen un hogar. Regresando a Douglas, no tienen dirección.

MÁS ALLÁ DE LA TRANSGRESIÓN

Coaptados los mecanismos de socialización y reducidos al aislamiento o la precariedad, distintas subjetividades que no se alinean a las prácticas sexuales oficiales, ni respetan los límites de lo privado y lo público ven limitadas sus posibilidades de resistencia. La denuncia de la normalidad, las violencias asociadas al consumo y el silencio alrededor de las mismas implica una redistribución de responsabilidades que supera la tensión pueblo-gobierno, pero implica también un entendimiento diferente de las formas de oposición que se generan en las relaciones cuir. El énfasis en la transgresión y el enfrentamiento como narrativas que caracterizan el excepcionalismo de sexualidades cuir da paso en las novelas a la búsqueda de estrategias más tradicionales de colectivización. Aquí de nuevo no tiene que ver con mecanismos de reconocimiento ni inclusión, como con la conciencia de que existen sujetos que sufren una doble violencia por pertenecer y a la vez no pertenecer a los parámetros de la nación. Entender su presencia activa en la constitución de lo común es un inicio para reconfigurar las nociones de *tiempos pasados, tiempos superados* y *presentes mejores* —todas categorías del oficialismo—[8] y explorar los traumas que aún persisten. Ante el abandono, la precarización, la persecución y la muerte como desenlace de experiencias personales, reales de dolor, no puede imponerse el paso del tiempo. Una de las estrategias para disciplinar los desafíos éticos que los disidentes sexuales imponen a las culturas nacionales es valorar su autenticidad: cómo y quién es más cuir. Las nuevas producciones culturales se oponen a esta discusión al revisitar el separatismo y la oposición radical a cualquier dimensión nacional. Los traumas nacionales también repercuten en los traumas de la comunidad cuir.

El retorno a otras formas de agrupación en las obras estudiadas, el hecho de que, por ejemplo, el primer lazo en común de los protagonistas de *Jirafas* sea su escasez material, revalúa el sentir de la libertad para estos sujetos. Si «la libertad individual se convierte en el barómetro de elección en la valoración y en definitiva regulación de lo queer» (Puar, 2018:23), los sujetos estudiados entienden que la libertad no es un objetivo sino un recurso, y como tal, puede ser medida en términos de acceso y no acceso. Ante lo que

---

[8] Ubicando a la Revolución como principal referente histórico, el gobierno cubano llamó a la década de 1980 Rectificación y a la de 1990 Reconstitución, marcando cómo a pesar de continuar en un mismo proyecto nacional, había momentos nacionales que debían ser superados o actualizados para avanzar en la teleología revolucionaria. Para más información, véase Rafael Rojas (2003).

Jasmine Puar llama «nociones normativas de transgresión» (ibíd.:24), es importante revisar entendimientos universales de resistencia y complicidad. La libertad sexual solo puede ser alcanzada a través de un acceso más amplio a otros beneficios sociales. No porque el final de las resistencias estudiadas no sea una celebración pueden invisibilizarse los esfuerzos de los protagonistas por sobrevivir en múltiples escenarios sociales. Este trabajo es entonces un intento por reivindicar narrativas y formas de representación de lo cuir que se alejan de los parámetros críticos convencionales en términos de actores y luchas definidas, para que, al aprovechar la multiplicidad de espacios que ofrece el arte cubano contemporáneo, también se repiense la multiplicidad de formas de pertenecer a comunidades y de combatir la opresión.

14

COSMOPOLÍTICA: OTROS COMPROMISOS Y VIAJES DEL CINE EN CUBA

(Gabriel Arce Riocabo)

(New York, 1984). Doctorando del departamento Latin American, Iberian and Latino Cultures del Graduate Center de City University of New York. Su tesis doctoral, «ICAIC at the Center of the World: Documentary Film and Cosmopolitanism in the Cuban 1960's», versa sobre profesionales de cine, tanto cubanos como extranjeros, que cultivaron visiones alternativas de la Revolución y que influyeron de insospechada manera en la visión hegemónica de Cuba. Antes de entrar al recinto académico trabajó como periodista, maestro y en la producción, distribución, y exhibición de cine. Ha sido investigador invitado en LIR (Departamento de Literatura, Historia de Ideas y Religión) de la Universidad de Gotemburgo, en Suecia.

Entre la certeza universalista del cosmopolita y la verdad innegociable del nacionalista, Bruce Robbins y Pheng Cheah buscaron en 1998, en el contexto del fin de la Guerra Fría, insertar la idea de la *cosmopolítica*, que parte del presunto agotamiento de la idea de «compromiso». El papel reivindicativo del intelectual, *l'intellectuel engagé* defendido por Jean-Paul Sartre, habría llegado entonces al final de su vida útil. En lugar de aquel ser partido en dos —por la mañana, escribe de Flaubert, por la tarde, reparte panfletos en contra de la guerra de Vietnam—, Robbins y Cheah desenfatizan el *posicionamiento* y destacan los momentos de «traducibilidad mutua» (*mutual translatability*). Sartre definía el compromiso como viaje unidireccional: «mis amigos cubanos me han dicho: cuando vuelvas a París, habla de la Revolución cubana» (1967). Robbins incita a resaltar ejemplos donde rige otra programática: «donde la movilidad necesaria a la observación y la comparación no esté monopolizada por un lado, donde la palabra "lugareño" ha perdido su fuerza de contraste» (1988:257).[1] En este contexto crítico, el papel de los intelectuales viajeros pasa de ser un testimonio de simpatías a constituir una evidencia privilegiada para la reconstrucción de las geografías intelectuales y sus significados.

En 1960, Edgar Morin definía al intelectual francés como todo escritor que tomaba posición sobre Argelia. Durante el «Global Sixties» (Zolov, 2014:350), término cada vez más extendido, «intelectual» vino a englobar todo aquel que opinaba de, hacía gira por, o se radicaba en, Cuba.[2] En Estados

---

[1] Las traducciones del inglés, francés, portugués y danés son siempre del autor salvo que se indique lo contrario.

[2] Morin resume así el problema: «El escritor que escribe una novela es escritor, pero si habla de la tortura en Argelia, es un intelectual» (1960:36). Nótese que la delineación entre escritor e intelectual aquí señalada es también una división entre escritura y habla. Lo político se vuelve así un subordinado, aun escrito, una forma de enunciación que no llega a ser propiamente «obra» del escritor.

Unidos, C. Wright Mills dedica su último *best-seller, Listen, Yankee!,* (1961) a explicar la Revolución como consecuencia de la indiferencia e incompetencia gringa. En Francia, lo político se lee como fenómeno cultural universal —y así apto a ser mediado por París—: el despertar de un nuevo *tiers-état* que acabará con la Europa «gorda y pálida» (Sartre, 1961b:8).[3] En Latinoamérica «nunca antes un hecho político ha dispuesto de tantas resonancias culturales» (Monsiváis, 2000:75) y la Revolución encandila un latinoamericanismo iluminado con ambiciones globales. El escritor argentino Ezequiel Martínez Estrada, que se muda a Cuba con la Revolución, resume el *enjeu*:

> *Fidel es la voz del pueblo,* vox Dei… *lanza la voz para que corra y rodee la tierra, y vuelva para girar otra vez. Lo que en ese momento está diciendo [en la Primera Declaración de La Habana] se reprodujo en cien idiomas y se leyó en cien naciones y millones y millones de seres lo comprendieron, pues el plebiscito no fue únicamente del medio millón de cubanos (1965:33).*[4]

La Isla se vuelve emblema y sede de articulación de la idea del Tercer Mundo que circuló como fuerza motriz de los cambios culturales y políticos en Occidente (Christiansen y Scarlett, 2015:32), y que viene a definir la época. En las muy citadas palabras de Fredric Jameson: «para muchos de nosotros [Cuba fue] el detonante decisivo —un nuevo Año 1». Y esto se debe a su condición «traducible»: «[Cuba] provocó un sentimiento de fraternidad que nunca podríamos tener con otros pueblos del tercer mundo, excepto en un sentido abstracto e intelectual» (1984:182).

La esperanza internacional suscitada por Cuba tuvo su contraparte en la excepcionalidad cultural, el carácter único del ICAIC, dentro del cine latinoamericano. En su gran panorama *Cine Documental en América Latina,*

---

[3] Esta cita viene del prólogo «Nouveau millénaire, défis libertaires» al libro *Les damnés de la terre* (*Los condenados de la tierra*), de Frantz Fanon. El ensayo contiene varias imprecisiones y menoscabos a Fanon, el doctor martiniqués y ciudadano francés que convierte en el vocero de un atavismo «nativo» y «africano»: «Lean Fanon: aprenderán cómo en el momento de su impotencia, el desenfrenado impulso al asesinato es la expresión del subconsciente colectivo del nativo» (1961:9). Igual de importante es la genealogía de «Tiers Monde» (Tercer Mundo) que se asocia con «le Tiers-État» (Tercer Estado) de la Revolución Francesa y el derrocamiento del orden establecido en el mundo francófono. La inversión implícita en el concepto divide el mundo en dos (pobres-ricos) y apunta hacia el esfuerzo de cierta intelectualidad europea de escapar la política de bloques. Irónicamente, poco después el concepto se usaría en inglés para dividir el mundo en tres y definir los países «no-alineados» como terrenos disputados para la captación de simpatías.

[4] EcuRed contradice esto al cifrar la asistencia en «más de un millón».

Paulo Antonio Paranaguá declara que solo se puede hablar de «escuelas» en el caso cubano y el brasileño, y que solo el cubano puso su imprimátur en otros cines nacionales (2003:16). El cine se nombra, aún en recuentos desencantados, como «lo mejor que había producido la Revolución en términos de arte» (Guillermoprieto, 2005:112). Cuba, como lugar central del intelectual comprometido, y el éxito del ICAIC, como emblema de cine-nacional y latinoamericano, son, de esta manera, obras paralelas. Una anécdota de la funcionalidad de esta idea se ve en el caso de *La hora de los hornos* (Octavio Getino y Fernando Solanas, 1968) que recibe «pasaporte» cubano para sortear el bloqueo del gobierno argentino a su exhibición en Italia (Guevara, 2009:180). La estética didáctica y militante del filme no deja de estar en sintonía con el cuño de cine revolucionario que lo «nacionaliza». Aunque también es instructivo que la larga toma final del cadáver del Che se censurará en Cuba por alentar el pesimismo (Mestman, 2006:62).

Precisamente porque la idea de Revolución se negocia entre tantas ilustres opiniones extranjeras, modelos críticos intermedios como el de la cosmopolítica son una necesidad y una creciente realidad.[5] En este ensayo retomo viajes cinematográficos que quedaron al margen de la historia oficial del cine cubano porque de alguna manera anticiparon y pusieron en práctica una política artística cosmopolítica.[6] Abordan cuestiones todavía mal apreciadas: ¿cómo construyó la Revolución «sus» intelectuales metropolitanos?, ¿cómo construyeron profesionales del cine extranjero la reputación del ICAIC?[7]

---

[5] Véase el reciente debate propiciado por Grenier sobre la periodización del término «Revolución». Que este sea tan ineludible, sobredeterminado, y a la vez indeciso, da pistas sobre lo minado del campo. Por mi parte, reafirmo la necesidad crítica de hablar de «Revolución», siempre teniendo en cuenta que ha implicado un *radical self-fashioning* donde lo articulado cuenta menos que la posición de aquel que articula.

[6] A veces esta marginación ha sido prueba de mala fe. Michael Chanan ningunea a Guillén Landrián en las dos ediciones de *Cuban Cinema* (2004, 2010), ratificando enjuiciamientos políticos que debe ser su tarea describir.

[7] El tema ha recibido amplio trato dentro del marco de comparaciones de la izquierda ingenua: Paul Hollander (*Political Pilgrims: Travel of Western Intellectuals to the Soviet Union, China, and Cuba 1928-1978*, 1981), Iván de la Nuez (*Fantasía Roja*, 2010); o desde la *naïveté* de los franceses en particular: Jeanine Verdès-Leroux (*La lune et le caudillo. Le rêve des intellectuels et le régime cubain (1959-1971)*, 1989), François Hourmant (*Au pays de l'avenir radieux : voyages des intellectuels français en URSS, à Cuba et en Chine populaire*, 2000). La productividad de la relación también ha sido objeto de estudio, independiente del color político de los investigadores, como en los casos de Rafael Rojas (*Fighting over Fidel: The New York Intellectuals and the Cuban Revolution*, 2016) y Kepa Artaraz (*Cuba and Western Intellectuals Since 1959*, 2009). Duanel Díaz analiza la necesidad de

Desde luego, Juan Antonio García Borrero (*Intrusos en el paraíso: los cineastas extranjeros en el cine cubano de los sesenta*, 2015) y Henry Eric Hernández (*Mártir, Líder y Pachanga: el cine de peregrinaje político*, 2017) enfatizan, desde barricadas opuestas, la visibilidad de películas extranjeras «de Cuba» del período. Sin embargo, desde mi punto de vista, no han podido transmitir la centralidad de estos proyectos a la historia del cine cubano, como tampoco su centralidad a la historia de la idea de «Cuba» en la esfera pública occidental. Si la coincidencia entre contestación y un espacio internacional en el cine se abordó ya con «Movimiento cubano de cine documental: Despeje, ruptura, meseta, discordancia y reciclaje», de Jorge Luis Sánchez (2010), Manuel Zayas pone el dedo en la llaga al señalar la relación directa entre tolerancia oficial y espacios nominalmente «internacionales» dentro de la Isla. Cuando Zayas preparaba un documental sobre Nicolás Guillén Landrián en la Escuela Internacional de Cine y TV, su entonces Director, Julio García Espinosa, «se mostró reacio... pero me dijo que no puede prohibirme porque esa era una escuela internacional» (Zayas, 2019:80).

El cine ensayo es un lugar especialmente propicio para explorar estos temas. Las normas del género ponen atención especial en las cuestiones de autorreflexividad, traducción y el carácter normativo de las redes intelectuales. Este énfasis «es transgresivo en estructura y concepto, se refleja y es autorreflexiva», según la definición de Nora Alter (1996:171). En este sentido el cine ensayo desarrolla el carácter procesual del ensayo, según la clásica definición de Lukács: «El ensayo es una valoración, pero lo esencial, lo que lo da valor, no es el veredicto, sino el proceso de valorar» (1978:18). Para Timothy Corrigan este proceso aleja el cine ensayo de la estetización: «busca devolver la película al mundo y a las ideas sobre el mundo... depende de la fuerza y la presión creada por la experiencia pública que presume... la *circulación pública* de una experiencia que perturba y comenta la experiencia estética» (2011:182-183). En contraste con la tendencia antipraxial —tendencia que Lukács intenta rechazar— del ensayo escrito, el cine ensayo es inevitablemente una práctica colectiva. Además, al objetivar el mundo evita el gran problema del ensayo de no poder contener en sí la

---

viajeros de demostrar el carácter cálido y particular del caso cubano en «*Hasta sus últimas consecuencias*» *Dialécticas de la Revolución Cubana* (2012), además de su importancia como remanente histórico que confirma este diagnóstico de singularidad. La necesidad de definir el caso cubano como un tercero en discordia, incluso en obras críticas como las de Hourmant y Hollander, demuestra la valencia simbólica universal con la cual circuló —y circula—, muy por encima de otras revoluciones particulares como Mozambique, Albania o Nicaragua.

totalidad de su objeto de estudio. Esta doble ventaja hace que el cine ensayo linda entre lo ideológico y la práctica social, efectuando en el mejor de los casos un intento (ensayo) de conmensuración entre ellos. No es casual que un pensador como Morin, preocupado por definir los contornos de la intelectualidad como fenómeno público, interviniera en un espacio más popular a través de colaborar en un cine ensayo (*Chronique d'un été*, 1960).

Si el cine ensayo no tiene por qué evitar *a priori* la grandilocuencia ideológica, sus condiciones lo acercan al proyecto más «modesto» abogado por Robbins: «el argumento a favor de un cosmopolitismo más modesto es un argumento por un cierto profesionalismo […] que sin presumir de la certeza absoluta y total, confía en su poder de generalización, abstracción, síntesis y representación a distancia […] que confía, se puede decir, en su obra» (1998:253).

De la misma manera, el cine de viaje incluye una serie de efectivos (equipamiento, logística, conocimiento técnico, capacidad de negociación, acceso, suerte, etc.) que dependen de «cierto profesionalismo». La obligación de colaborar, la demora sobre la actualidad inherente al cine y las nulas posibilidades comerciales de los cortos documentales también implican fe en su indispensabilidad. No es, en este sentido, meramente incidental que los reportajes de Sartre sobre Cuba en 1960 se publicaran en *France Soir,* el tabloide más leído de Francia.[8] La visibilidad es programática para su idea de la función del intelectual.[9] El cine de ensayo implica una tarea menos de diseminación que de reflexión.

Toda esta confluencia de circunstancias hace del cine ensayo de viaje un cine «cosmopolítico» *avant la lettre*. En *Salut les cubains!* (Agnès Varda, 1964) y *Havana* (Jana Bokova, 1990), la función de la movilidad intelectual y el papel del «intelectual viajero» se cuestionan desde una metacrítica perspicaz. En *Retornar a Baracoa* (1966) y *Nosotros en el Cuyaguateje* (1972), Nicolás Guillén Landrián emplea los mismos tropos, pero invierte sus presunciones,

---

[8]   Nicholas Hewitt da cuenta del matrimonio de circunstancias entre el periódico derechista y comercial y Sartre (2007). Iván de la Nuez señala la importancia desproporcionada que tiene el aval de Sartre dentro del espacio cultural cubano donde se colectan y editan de inmediato, tanto por «Ediciones R» como *Sartre visita a Cuba* (1960), como por el Ministerio de Relaciones Exteriores, con el título de *Huracán sobre el azúcar* (1961). Esta importancia se extendía hacia New York, donde una traducción se publica inmediatamente. En Francia no se editaría como libro hasta décadas después.

[9]   «No te dan el espacio si no eres primeramente un escritor de libros de renombre», dice a la pregunta de por qué afanarse en su tarea académica, que le formula Claude Lanzmann en el documental televisivo *Jean-Paul Sartre & Simone de Beauvoir*. Lanzmann le había ayudado a componer los reportajes sobre Cuba (Hewitt, 2007:68).

dejando claro los límites de lo visible en un cine de viaje. Paranaguá ha preguntado: «¿Es lo mismo América Latina filmada por sus cineastas o por documentalistas de paso?» (2003:15). Revisitamos estos documentalistas llamados «de paso», no como curiosidades pasajeras al margen de una historia ya conocida, sino como momentos de «esfuerzo genuino» (*genuine striving*) hacia la comprensión.[10] Sus ambigüedades quizá sean pistas de una nueva línea maestra, las «generalizaciones alternativas» que para Robbins son la esencia de cartografías más verídicas.

VIAJES ENTRE ILUSIONES

La lógica dominante dentro del documental del ICAIC fue la de fungir como «cronistas del tercer mundo», como se ha llamado a su más conocido exponente, Santiago Álvarez (Aray, 1983). Este proyecto consistía en relatar una particularidad —cubana o de otra parte— para así acceder a una universalidad. Particularidades de género aparte, el cine pedagógico de la *Enciclopedia Popular*, la actualidad del *Noticiero Latinoamericano*, o el arte de los cortos documentales estaban todos unidos por un común proyecto cartográfico. La cinematografía servía como extensión de saberes a múltiples niveles, todos vinculados a definir el presente como parte de una teleología de liberación.

En este panorama, la circulación fue pieza fundamental. Las cartas del director del ICAIC, Alfredo Guevara, recogidas en *¿Y si fuera una huella?* (2009) prueban un afán de colocar películas y encontrar colaboradores en un amplio espectro ideológico (España, Italia, Brasil, México, Checoslovaquia, Alemania del Este o la propia Unión Soviética). A pesar de los cambios de parámetros ideológicos que alega durante la década, lo que no varió fue el deseo de intercambio y de circulación de una idea de la «Cuba Revolucionaria» a través del cine. Bajo esta lógica, la sede de la institución en 23 y 12 era un lugar de privilegio para redefinir realidades propias y ajenas.[11]

---

[10] Por ejemplo, Ambrosio Fornet, escribiendo en este caso sobre el cine de ficción, relega las colaboraciones internacionales a un segundo plano como ejemplos de una incompleta «nacionalización» o falta de consolidación de una idea «propiamente cubana» del cine (2001).

[11] Los cortos más famosos salidos del trabajo del *Noticiero ICAIC Latinoamericano* y su longevo director, Santiago Álvarez, *Ciclón* (1963) y *Now!* (1965), son ejemplos perfectos de esta tendencia definitiva. Pero el trato a una ordinaria visita de políticos del Partido Comunista francés, «Diputados Franceses en Cuba» (18 de enero de 1965), donde las imágenes se acompañan de «Frère Jacques», indica cómo ilustrar una «comunidad de naciones» solía partir desde indicadores ya conocidos y estereotipados. El logro efectivo de este impulso de

Aquí quiero hablar de obras a contrapelo con esta sincronización de discursos, menos centradas en la ilusión de la historia, que en las historias de la ilusión. Todos parten del paradigma del viaje, pero se resisten a viajar de la forma autorizada. Los cortos y mediometrajes de Landrián, Varda y Bokova interrogan la capacidad del cine documental para crear una posición de enunciación fija seleccionando elementos de la realidad. Además siembran dudas sobre las condiciones de circulación y las deformaciones que estas pueden ocasionar. Así, se muestran inquietos ante dos elementos emblemáticos del género: constatación y circulación.[12]

Salut les cubains! parte de la alusión al cineasta Chris Marker para ponderar más ampliamente el papel del intelectual en crear la visión europea de Cuba.[13] Varda no busca la definición, sino que desde el título *se dirige a* Cuba. Su forma de acercarse reflexiona sobre la autocomplacencia cosmopolita, tanto de visitantes como de anfitriones. Hace una crítica sutil, pero premonitoria, del papel del mediador, donde las palabras de Fidel Castro se pierden en la traducción de los subtítulos. La gravedad de esta incomprensión se deja sobreentender. Cuando «los discursos son el gobierno mismo», como sentenció otro viajero simpatizante (C. M. Gutiérrez, 1967:72), interrumpir su transmisión pone en duda el proyecto de iluminación «letrada» que pretenden colmar.[14]

Los seudorreportajes de Landrián también emplean la forma del documental de viaje para desautorizar sus preceptos informativos y desarrollistas.[15]

---

catalogar es, en cierto modo, reafirmado por la decisión posterior de la UNESCO de archivar la colección entera como «Patrimonio de la Humanidad». Así se confirma una vocación histórica y monumental ajena a la idea de actualidad que se presume de un noticiero.

[12] Ya en los años 40 Humberto Maura buscaba potenciar el Instituto Nacional de Cinema Educativo en Brasil bajo los argumentos de que «la mejor película para intercambio será, indiscutiblemente, el documental» (Paranaguá, 2010:31). Maura razonó que el hecho de fijar una realidad local y particular hacía al documental insustituible por la producción extranjera.

[13] El artículo de Eduardo Manet en *Cine Cubano* que relata esta visita, «Marker Sí», cuenta que, al saber de la invasión de Cuba en 1961, Marker buscó inmediatamente apoyo de otros conocidos del cine francés y «dividió las personas en tres categorías: sus amigos (los que dijeron que sí), sus conocidos (los que titubeaban), y los que dejaba de conocer (los que dijeron que no)» (1962:53).

[14] Ángel Rama, precisamente una figura acusada por Reinaldo Arenas de reproducir acríticamente un panorama latinoamericano del exilio definido desde presupuestos habaneros, elaboró en *La ciudad letrada* (1984) la crítica definitiva a la continuidad —en su caso entre la colonia y las repúblicas— de la autoridad consumada en las palabras instruidas de los líderes.

[15] En el caso del género de reportaje, Ruth Goldberg ha explicado cómo Guillén Landrián «encarna sinceramente los métodos retóricos que se propone criticar» (2019:186) «El extraño caso de *Reportaje* (1966)». Aun coincidiendo con la idea de una «encarnación», la noción de «sinceridad» no da cuenta del fervor epidíctico y paródico de su obra.

Al tomar al pie de la letra el compromiso de la Revolución de «transformar el campo», hacen del reconocimiento del territorio un gesto de conciencia crítica y damnificación. Es importante recordar que este *cosmopolitismo insular*, el mirar más allá de El Vedado donde se hospedaban las delegaciones, era también parte de la justificación del proyecto de Estado que se pregonaba entre invitados, por lo menos desde que el ensayista Oscar Pino Santos instó a Sartre a mirar más allá del espejismo de la «ciudad de los americanos» para entender el subdesarrollo (1961a:34).[16]

El impulso venía de los dos lados del intercambio. Cesare Zavattini, guionista clave del neorrealismo italiano (*Ladri di biciclette*, 1948), puso hincapié en la mirada al territorio entero como obligación del nuevo cine en una carta al director Guevara desde el 2 de enero 1959 (2009:11). No obstante, la visión del campo de Landrián transforma la idea de beneficencia letrada implícita en un desplazamiento rural del intelectual. Frente a los «tours agronómicos», filmaba «viviendo en casa de los campesinos», compartiendo su «cayuca llena de puerco asado, arroz» , según su camarógrafo Livio Delgado (2019:215-216).[17] Sus películas «conviven» con la realidad del campo para evidenciar una superficialidad del proyecto revolucionario y del cine que propaga sus logros. Emplea retóricas legitimadas por la Revolución, cosmopolitismo interno y cine de propaganda, para hacer de *Retornar a Baracoa* una elocuente escenificación de la mudez. Aquí, Baracoa se compone del estruendo ensordecedor de una fábrica, caras silentes que miran directo a cámara y la omnipresencia radiofónica de Fidel.

---

[16] La extensión de esta lógica va desde documentos producidos para la CIA como *Battle for America: Cuba* (1960), que dedica una sección al «Tourist Alley», hasta libros de simpatizantes europeos. El sueco Björn Kumm, más tarde partícipe en el secuestro del embajador boliviano, relata en *Cuba sí* cómo sospechosos cicerones cubanos querían llevarlo hacia un turismo de «vicios americanos» (1963:12). La fuerza de la idea, más allá de su parcialidad, es lo que cuenta aquí. Por ejemplo, el Havana Hilton, lugar de acogida de muchos visitantes distinguidos, siempre se empleó como símbolo de desarrollo «a lo americano», aunque los costos de su construcción fueran sufragados por sindicatos cubanos.

[17] La noción del subdesarrollo interno, desigual, es pieza clave de la retórica de la institucionalidad cubana con los viajeros. Las 72 horas en el campo con Fidel que Wright Mills describe en *Listen, Yankee* se repetirán, sin presencia del jefe de Estado, con Huey Newton seis años después (Hollander, 1981:27). Un ejemplo de la captura de simpatías con cine se ve en *Fidel* (1968), donde Saul Landau acompaña al líder en una excursión por la Sierra Maestra que pese a su carácter oficialista recoge la intensidad de las críticas de los residentes al transcurso de la Revolución (Guerra, 2012:336). La película fue censurada en la gran mayoría de las cadenas públicas de Estados Unidos en donde estaba programada.

Dentro de la presunta «objetividad» liberal del telerreportaje, Bokova también trasciende los tópicos del género. En su concepción, trabajar con la BBC supone una posibilidad de ocupar críticamente los presuntos del periodismo televisivo: «la tele inglesa es única en el mundo por la relación privilegiada que mantiene con el cine» (1988:45). Esta intromisión genérica le da la posibilidad de no mirar como una viajera más, sino de intervenir en un terreno ya mitificado. Usando la ficción literaria de los años 60, el archivo cinematográfico y las imágenes de la cruda actualidad, crea una «documentación contagiada». El contagio pone en duda la legibilidad de lo «real» de la actualidad televisual. Tiempos y topos se sobreponen en *Havana* dentro del marco mitificador del cine. Esto crea un escenario en donde mediadores e iconografías olvidados se vuelven piezas ineludibles de un fiel retrato de la urbe. Aquí, treinta años después de su llegada, la Revolución no se captura haciendo mero balance de lo real, por ejemplo, entrevistando los campesinos que han emigrado y viven «ilegalmente» en los precarios solares de Centro Habana, como *Havana* también hace, sino en la yuxtaposición de estos testimonios con otras crónicas tachadas, proyectos sin consumar con los cuales conviven.

En tal contexto, la aparición dentro de la película de la oratoria de Fidel Castro tiene otra función. Ya ni se pierde en la traducción ni configura el espacio con su omnipresencia. Como en la película de Landrián, el líder no aparece en pantalla, pero la ausencia ha pasado de ominosa a irónica. Un discurso suyo se escucha contrapuesto a imágenes de gente vestida para carnaval y que corre buscando refugio de un aguacero. La extensión mediatizada de la plaza pública se ha convertido en paródica desconvocatoria. Promesas de «cuarenta mil caballerías de producción integral» lechera caen con la misma indiferencia que un fenómeno meteorológico. Aquí, la disyunción cinematográfica aludida por Varda y Landrián se ha consumado en la realidad.

Un viaje de moda entre pasos intelectuales, unos viajes a no-destinos interiores y el viaje al pasado de una ilusión: estos documentales trazan las zonas de ubicación intelectual frente a la palabra del Comandante en Jefe y de la realidad definida por ella. Se puede decir que todas esas son formas de reformular las famosas preguntas de Fidel sobre las armas: «¿cine cubano, para qué? ¿cine de Cuba, para quién?».

Esta postura interrogativa común las ha alejado de la canonización. En términos de cine extranjero en Cuba, *¡Cuba sí!, ¡Yankee No!* (Chris Marker, 1961) fue la obra estelar del momento, mientras que la coproducción cubano-rusa *Soy Cuba* (Mijaíl Kalatózov, 1964) solo adquirió su estatus emblemático al ser reinterpretado como testigo de un inevitable y «natural» desencuentro entre los países.[18] Como María Luisa Ortega detalla en «El descubrimiento de América Latina por documentalistas viajeros», *Cuba Sí* —truncamiento posterior de su título original— fue «la joya de este ejercicio de complicidad política y documental entre la Revolución liderada por Castro y los cineastas extranjeros» (2003:103). En el momento, Varda, quizá la cineasta de más renombre internacional en hacer una «película cubana», pasó casi desapercibida.[19] Quizá los elogios del embajador cubano en Bélgica, Gustavo Arcos Bergnes, que la llamó «obra de arte [y] de igual manera una ayuda preciosa a Cuba y su revolución, bajo la forma de la propaganda más sútil y amistosa» (Hourmant, 2015:157) era más tacha que aval, tanto por la «sutilidad», como por provenir de un próximamente encarcelado opositor.

En el caso de Guillén Landrián un largo proceso de recuperación empieza con el ensayo de José Antonio Évora en la colección francesa *Le cinéma cubain*. Évora rompe un largo silencio crítico sobre la suprimida *Coffea Arábiga* (1968), nombrándola «el mejor documental salido de los laboratorios del ICAIC» (1990:130), nada menos que en un ensayo sobre Santiago Álvarez. Las dos colecciones de Julio Ramos y Dylan Robbins, «Dossier: Especial Nicolás Guillén Landrián» publicada en la revista chilena *laFuga* (2015) y *Guillén Landrián: o el desconcierto fílmico* (2019), acompañan una revaloración del cineasta en Cuba.[20] Sin embargo, sus últimos cortometrajes, *Nosotros en el Cuyaguateje* (1972) y *Para construir una casa* (1972), han sido poco discutidos por la crítica, particularmente considerando que le valieron la expulsión definitiva del gremio.[21] Quizá esto se debe a su apa-

---

[18] El mecenazgo de Martin Scorsese para «rescatar» lo que J. Hoberman apodó «un mamut lanudo siberiano preservado debajo de las arenas de un cocotero» ha recibido una atención enorme. Considero que más allá de sus méritos como logro cinemático, esta atención se debe a que su fracaso y olvido confirman la misma «diferencia» cubana, su calidad inasimilable a la órbita soviética, que los viajeros de los años 60 se empeñaban en encontrar.

[19] Esto se debe, seguramente en parte, por el desfase, los cambios políticos entre su grabación y su estreno en 1964. Exceptuando a Ortega, que sí la elogia, en la bibliografía sobre cine cubano *Salut les cubains!* no ha merecido más que unas menciones pasajeras. El monográfico *Agnès Varda* (Alison Smith, 1998) cita la película como un fallido intento de compromiso político. Y aun en trabajos que destacan el obrar irónico de su mirada política, como *Agnès Varda: between Film, Photography and Art* (Rebecca DeRoo, 2018), no aparece.

[20] Aún admitiendo el *bon mot* de Roberto González Echevarría de que «el mayor premio en Cuba es el hostigamiento», resulta chocante la marginación de un cineasta con el talento para merecer un premio *ex aequo* con Ingmar Bergman (Espiga de Oro, Valladolid 1966 para *Ociel del Toa*).

[21] O su «no renova[ción] [d]el contrato de trabajo en la época en que, por esas fechas, recién se había celebrado el Primer Congreso de Educación y Cultura», como aclara con nimiedad evasiva García Borrero (2019:39).

rente falta de estridencia, política y técnica. En comparación, el tremendismo contrapuntal de *Coffea Arábiga* lo hace inscribible en un relato heroico nacional como la «estrella negra» del «annus mirabilis» del cine cubano (García Borrero, 2016).[22]

Los modelos que exaltan el cosmopolitismo o el cine nacional parecen oponerse, pero son hermanos gemelos.[23] Es así que un filme de Cuba, hecho por una checa en la televisión inglesa se escapa a la heroicidad implícita de los dos. *Havana*, como Lucía M. Suárez ha constatado, merece ser referido por «exponer, tempranamente, las serias contradicciones que aquejarían y definirían a Cuba en los 90» (2014:43). Así, *Havana* comparte con las otras dos películas la doble capacidad de prolepsis y retrospección que caracteriza el mejor cine ensayo. Además, su existencia recuerda el hecho de que la trayectoria cosmopolita casi siempre pasaba por Praga y de que el cine nacional cubano se alimentó de técnicos y equipamientos checos (Matuskova, 2017). *Havana,* hecha por Bokova, es entonces un comentario metatextual que contiene la ruta de Varda y los materiales de Guillén Landrián.

Saludando el cine llamado «de ensayo»

Para Godard, compañero de la *nouvelle vague* de Varda, la introspección es la calidad por excelencia del cine: «un movimiento de la cámara dio la impresión de que no era solo un movimiento de cámara, sino la exploración del secreto de este movimiento» (1986:115). Para el suizo, esta calidad contemplativa no es una esencia, sino el producto histórico de la incapacidad del cine de movilizarse ante el horror de la Segunda Guerra Mundial.[24] Esta fascinación impotente recuerda la definición de Theodor Adorno, escribiendo también en

---

[22] Guillén Landrián se vuelve la contrapartida «maldita» de un momento «único de iluminación fílmica colectiva» (García Borrero, 2019:251).

[23] «Moscow-Rome-Havana: A film theory road map», de Masha Salazkina, detalla que no es solo la formación técnica internacional, sino la posicionalidad en los debates internacionales que terminan por definir y consagrar las figuras nacionales. Añado que estos debates nunca se pueden entender como meramente idealistas, sino que son formas de posicionamiento dentro de una jerarquía cultural-burocrática nacional. Cada instituto fílmico, el soviético, (V)GIK, el Centro Sperimentale italiano, o el ICAIC, existía para servir intereses nacionales; por tanto, su retórica de excepcionalidad histórica o artística también servía a esos intereses.

[24] Aunque visitó Cuba y dio una charla en el ICAIC, nunca hubo colaboración. Formando parte así de un grupo nutrido de cineastas que «casi» hacen una película cubana en los años 60, como Pasolini, Francesco Rosi, Zavattini, Peter Kassowitz y Glauber Rocha.

la estela de la guerra, del ensayo como un irrealizable deseo de fijar. La constatación de la impotencia termina por potenciar las posibilidades del mundo que el ensayo es incapaz de resumir. Hace de flaqueza, fuerza:

> *El deseo* del ensayo *no es buscar y filtrar lo eterno de lo transitorio; al contrario,* quiere hacer lo transitorio eterno. *Su debilidad da testimonio de* la no-identidad que ha de transmitir, *como del exceso de intención sobre su objeto,* y por lo tanto apunta a la utopía bloqueada por la clasificación del mundo entre eterno y transitorio *(1984:159; énfasis del autor).*

La intuición cifrada en un gesto técnico de Godard, o la defensa de la «debilidad» de toda selección de imágenes como gesto utópicamente sugerente de Adorno, son las piezas que subyacen la definición de cine ensayo como «una especie de fragmentación que desestabiliza la subjetividad y la representación» (Corrigan, 2011:19).

Salut les cubains alude a esta fragmentación con nitidez modernista. Forma y fondo se compaginan, y Varda hace un documental de viaje compuesto casi enteramente de fotos fijas. Es decir, Varda, que viene de tener quizá el mayor éxito crítico de una cineasta francesa hasta ese momento (*Cleo de 5 à 7*, 1962), va a un país en revolución y vuelve con lo estático. En total, volvió con casi dos mil fotografías.[25] Solo la secuencia inicial de los títulos, lugar precisamente donde se suele prescindir de movimiento, es cine rodado. Llamada a fijar la imagen de un país, demuestra que lo hará de lejos, con la misma lejanía que padece el objetivo de la cámara.

El uso de instantáneas alude de forma metatextual a su encargo; no podemos olvidar que esta es la visión de un visitante. Sin embargo, lo estático de su retrato no disminuye la bulla revolucionaria. Al contrario, el ritmo diacrónico del corte la acrecienta. El uso de «meras» fotos turísticas es un sofisticado gesto teórico que anticipa la apreciación posterior de Gilles Deleuze sobre el intervalo: «Lo que cuenta es... el *intersticio* entre imágenes, entre dos imágenes; un espacio que hace que cada imagen se arranque del vacío para otra vez caer en él» (1984:179). Fotos fijas subrayan el intersticio. Visibilizan la *selección* de la imagen que se dará de Cuba. Desde el inicio de la narración se subraya que esta selección es un producto de conocimientos (superficiales) previos: «Cuba, Enero 1963. Para expresar unos lugares comunes: Cuba es una isla en forma de cigarro». Son conocimientos que

---

[25] Estas se encuentran hoy en la colección del Centro Pompidou y recientemente han sido revisitadas en el libro *Varda/Cuba* (2015).

sirven para situar a un espectador que probablemente los comparte. A pesar del título campechano, *Salut les cubains!* no es un retrato casual o al azar. A un entrevistador que quiso incluir su cámara entre los del *cinéma vérité,* Varda le respondió, anticipando la categoría de «cine memoria» de Deleuze elaborado en sus *Estudios sobre cine* (1984): «No, no, no, no, no, no es *cinéma vérité,* es cine memoria» («Le cinéma…», 1971).

Muchos años después Varda alegó la «inocencia» de motivos políticos, pero su procedimiento artístico demuestra una aguda conciencia del proceso de condicionamiento político (Moroz, 2015). Para ella, Cuba es el tabaco y es ¡*Cuba Sí!, Yankee No!* en igual medida.[26] Transforma el encargo del «embajador europeo» del ICAIC, Saúl Yelín, de «realizar un libro de fotografías» (Vignaux, 2015:147). Su uso de fotos fijas hace un guiño a su encargo, mientra evoca su reclutamiento por Marker para «solidarizarse» con Cuba, al emplear la misma técnica que *La Jetée* (1962).[27] Cuando la narración dice «Salut a ¡*Cuba Sí!, ¡Yankee No!*», el cineasta, notoriamente invisible, aparece en pantalla. Esta aparición es un guiño también doble, ya que alude a la invisibilidad de *Cuba sí…,* censurado en Francia, y embargado hasta para viajar al Festival de Leipzig (Moine, 2014:99).[28] ¡Para ver a Marker se ha de viajar a Cuba! Tales bromas gremiales también son parte de la ética cosmopolítica: «El discurso profesional […] no se puede purificar; solo se puede salvar con la ironía autoconsciente de su impureza» (B. Robbins, 1998a:257).

En el plano de la circulación, la visita también servirá para sacar la película como contrabando hacia Bélgica, para que los europeos la «saludaran» por primera vez. La importancia de su circulación se ve en el hecho de

---

[26] Este binomio le asemeja a una tradición viajera en Cuba encarnada, por ejemplo, en Federico García Lorca, que «[se iba] a Santiago con la rubia cabeza de Fonseca […] con el rosa de Romeo y Julieta», refiriéndose a dos sellos de puros cubanos en su poema «Iré a Santiago». El poeta andaluz también seguía los pasos de un amigo, el cubano José María Chacón y Calvo.

[27] El título oficial de Yelín era director de Relaciones del ICAIC, pero su dominio de varios idiomas y su gran red de contactos en Europa le dio una plenipotencia de embajador en términos de invitar cineastas a Cuba, según Mariana Villaça.

[28] La censura a la cual varias producciones extranjeras sobre Cuba padecieron tanto en Francia como Estados Unidos no deja de ser llamativa. En vez de usarla para establecer una equivalencia entre Cuba y los hipócritas países del «mundo libre», creo que debe ser visto como una perfecta ilustración de la *boutade* de Cabrera Infante de que en Cuba lo que «menos matan» son escritores. Primero matan «trabajadores, campesinos, miembros de la resistencia clandestina, testigos de Jehová, blancos y negros, todos. Pero lo que menos matan son escritores. Esos se callan o se asustan y se dejan comprar con una casa, un carro y unos cuantos viajes a Europa. No matan escritores. Matan a hombres sin imaginación como Gustavo Arcos. Matan a sus héroes» (1999).

que es precisamente esta, no una de los jóvenes directores cubanos, la que encarga la cinemateca danesa a otro cineasta viajero, Theodor Christensen, para comprar y traer a Copenhague (1962). Un buen cosmopolítico a veces es más cartero que vocero.[29] Y es el funcionamiento de esta circulación que *Salut les cubains!* interroga. ¿Qué elementos de una cultura se destacan cuando priman los reportes extranjeros? ¿Es solo una coincidencia que Marker repita la historia del secuestro del piloto de Fórmula 1, Juan Manuel Fangio, que relata Sartre? ¿O que los dos lo toman como parábola de la falsa mundanidad de la Cuba de los años 50, ahora con la Revolución, integrándose, «de verdad», en Latinoamérica?

Varda está atenta al condicionamiento que también es parte de cómo se encuadra una cultura. Y su mapa no se limita a demarcar un socialismo errante en lucha contra la censura. En la siguiente secuencia junta una serie de imágenes cubanas «que hacen pensar en el cine americano.» Así, con voz casi ensoñada, Varda cita *Nuestro hombre en La Habana, Johnny Guitar* y los *western*, elaborando casi un contraimaginario fílmico a la militancia antiamericana de Marker. Encuentra, a la manera de un Guillermo Cabrera Infante, lo hollywoodense en Cuba. Los congueros que cada viajero ha de encontrar en Cuba no faltan, pero en la película de Varda están tocando frente al Café Deux Magots en la *Rive Gauche*.[30] Aquí bailan franceses, personajes del mundo del cine parisino vinculados a Cuba, como Joris Ivens, Jacques Demy, Armand Gatti y William Klein. La escena se rodó en 1964 cuando el editor de *Revolución,* Carlos Franqui, organiza una exposición por los «10 años de Revolución» (Vignaux, 2015:148), reencuadrando el tiempo desde los presupuestos revolucionarios, desde el asalto al Moncada, y no desde 1959. Son los mediadores, los colaboradores que ayudan entonces a crear el escenario histórico: un momento bailable para el gremio de cine internacionalista. Ese «calor» que se espera de Cuba desde Francia, aquí se muestra como acontecimiento «francés». Mientras que la Cuba de Varda se llena de *cowboys*.

El propio Fidel es para ella un «Gary Cooper cubano».[31] A diferencia del filme de Marker, que cuenta con dos largas secuencias de entrevista,

---

[29] La propia invitación a Christensen para ir a Cuba se mandó con el escritor español Juan Goytisolo para sortear el retraso del correo desde Cuba.

[30] La única crítica fuerte a la película de Marker sería por haber orquestado una escena donde una parada militar callejera cambia de ritmo para tocar una rumba que pusiera a bailar, al parecer espontáneamente, a los desfilantes (Mardone, 1964).

[31] Esto cuadra con la visión romántica y aventurera de la Revolución, muy extendida entre jóvenes hombres norteamericanos en los años 50. Un hecho inextricable de la familiaridad cultural que se sentía hacia Cuba, mezcla de idolatría y estereotipos (Gosse, 1993).

Varda deja el único discurso del líder sin traducción.[32] Ingeniosamente, esconde esta laguna. Mientras se escucha a Fidel, la narración en *off* acelera, pareciendo estar obligado a mantener el ritmo del habla, pero en realidad la traducción sirve de comentario. Las palabras de la gran estrella del canto Beny Moré, en cambio, sí reciben fiel traducción. El mérito no es solo entrevistar a Moré «mostrando la misma atención al líder político, que al rey del mambo» (ibíd.:151), sino de darle a sus palabras una importancia pictográfica, estampando traducciones de sus coros en globitos estilo *pop art* dentro de la imagen. Esta mediación, que podría ser caricaturesca, eleva sus palabras, cuya comprensión es indispensable, en comparación con la no-traducción de Castro.

Asimismo, es significativo que Moré no figura como *adobe* tropical, «impregnado de jovialidad africana», representante del «pueblo del ritmo» como solían figurar los cubanos en la prensa francesa (Daniel, 1963). En vez de enseñarlo bailando al «natural», la foto-animación de Varda hace que parece estar acercándose en *stop-motion* al espectador. Esta técnica y el escenario fortuito de la cafetería del Hotel «Habana Libre» ironizan el retrato del *entertainer,* como un sujeto bailador a disposición de la mirada extranjera. Hay algo contemporáneo en este gesto que compagina con las reflexiones de Tina M. Campt sobre técnicas visuales capaces de dar cuenta de la inextricabilidad de cultura y vida social afroamericana:

> *Negarse a obligar una imagen a moverse, por un lado, y negarse a ralentizar una imagen hasta inmovilizarla, por el otro. Estas meditaciones distintas pero relacionadas sobre la intimidad afroamericana crean un retrato conmovedor de su cotidianidad. Juntas rechazan la oposición formal entre imágenes fijas y en movimiento, y en cambio afirman el poder efervescente de un equilibrio que vibra en su mismo lugar (2019:35).*

La antinaturalidad de fotos fijas que «bailan» juegan con el problema de objetivación en el retrato, dándola la calidez y cotidianidad recetado por Campt.[33] La narración recuerda que el cantante es tanto «El Bárbaro» como

---

[32] Las entrevistas que usa Marker recuperan el trabajo censurado en Francia de otros periodistas del programa de televisión *Faire Face* (Aguiar, 2016:53).

[33] Es interesante que uno de los primeros hitos de la canonización de Santiago Álvarez fue el noticiero en la muerte del artista, «Fragmentos del sepelio de Beny Moré» (1963), donde la cámara, el pueblo, el montaje y la banda sonora están en movimiento perpetuo. El *pathos* conjugado por cultura popular y martirio movilizan su figura como emblema de armonía racial y unanimidad popular.

«El Rey», aludiendo a una ambigüedad fundamental y problemática de su estatus en el tejido cultural cubano. Lo que Varda no sabe es que fue el propio Moré quien le puso el apodo de «caballo» al *cowboy* que ella ve en Fidel (Franqui, 1984:25). Franqui, figura clave de las invitaciones extranjeras, incluyendo la de Sartre, cuenta que esta versión «acriollada» —por la alusión al número uno de la bolita—, desagradaba al líder.[34] De todas maneras, los juicios cubanos y sus posibles deformaciones francesas están en primer plano, insertos en una compleja red de deseo y códigos culturales. Varda no viene solo a «descubrir» y descubrirle a su público el gran músico afrocubano. Al contrario, subraya un acercamiento a las categorías de la propia cultura cubana propio del encargo de «traducibilidad mutua» de Robbins.

Insólitas para una visión extranjera de Cuba son las imágenes de Fidel. Una foto muestra un fresco plagado de balazos donde ha quedado tuerto por el impacto de un proyectil. La maquinaria propagandística no es para Varda un signo limpio e incontestado. En otra toma se ve a Patrice Lumumba abatido, con el aviso «Cuba no es el Congo». Carlos Moore y Lillian Guerra han citado esta imagen como ejemplo del clima de paranoia y de racialización del espacio donde el declarado antirracismo de la Revolución titubea con un anti-antirracismo de chauvinismo criollo.[35] En la foto de Varda, la imagen de Lumumba se ve al lado de un desafiante soldado blanco fumando un puro, cristalización de la afirmación de Marker en *Cuba sí…* de que «existe una manera cubana de mirar al objetivo». La imagen es una ambigua constelación, donde abyección africana y custodio criollo, antimperialismo benefactor y la jactancia de no ser presa tan fácil, conviven. Esta ambigüedad y tensión es propio del cine ensayo: «en cine ensayo, la subversión de una subjetividad coherente dentro de la experiencia pública de lo cotidiano puede que no tenga un color político claro y descifrable. Su política, quizá siempre, es en el fondo una *inestabilidad ideológica*» (Corrigan, 2011:33). En cambio, las jóvenes milicianas portando metralletas en

---

[34] Esta alusión recuerda a un capítulo de la radionovela *La Tremenda Corte* de los años 50, donde el juez se insulta por el apodo «caballo» hasta que Tres Patines le explica que es por ser el «número uno de la charada china».

[35] Moore enfatiza las intenciones de instrumentalizar el antirracismo en la política exterior de Fidel Castro. Cuenta cómo en su famosa estancia en Harlem durante la visita a las Naciones Unidas en 1959 mandó traer al comandante revolucionario afrocubano Juan Almeida en un vuelo desde Santiago de Cuba antes de que saliera de su hotel para caminar con él por la calle 125. Guerra destaca el uso del campesinado blanco en imágenes que promovían los programas de alfabetización o contra la desnutrición. Esta visibilización externa e invisibilización interna obviamente tuvieron su sintonía.

la película de Marker, o su toma de Fidel sentado y explicando razonablemente sus posiciones con referencia a ejemplos de la Revolución Francesa, son imágenes netas de exposición y explicación. Varda elige la limpieza de la foto fija para complicar su significado en el montaje. Cuando Fidel finalmente aparece de cuerpo presente —antes solo se ha escuchado— está posado frente a una gárgola. Así posado parece, en palabras de la cineasta, «ángel con alas de piedra» (2016).

Salut les cubains! demuestra que la realidad vivida por los cubanos tampoco existe sin tales mediaciones, en la *naturalidad*. «El guaguancó es el ritmo favorito de los intelectuales cubanos» dice tras mostrar a Nicolás Guillén, Roberto Fernández Retamar, Alejo Carpentier y René Portocarrero. Entre su semejanza con estas figuras y su descripción de ellas, está quizá lo más discutible de la mirada de Varda. Si es cierto que «El etnógrafo miente sobre sus objetos culturales, presentándolos como más locales de lo que son, para asegurar su pertinencia en la cultura "local" de su profesión [de etnógrafo]» (B. Robbins, 1998a:258), ¿qué significa el deseo de pertenecer a la cultura de los mediadores locales? Varda narra que ella quisiera hacer una película en la antigua casa de Hemingway, pero que el ICAIC ya lo está haciendo.

Y es al equipo del ICAIC, que la *saludó* con la invitación, la colaboración, y la ayuda de Sara Gómez, a quien la película saluda por último. Presentada como «cineasta pedagógica», Gómez se ve en uniforme de miliciana demostrando un cha-cha-cha. La ilustración de «cultura local» —el cha-cha-cha de «El Cuini»— se sitúa como parte de una narración no pedagógica, sino «sobre» la pedagogía. Gómez no aparece como informante nativa, sino como cineasta encargada de entradas en la *Enciclopedia Popular*.[36] La ambivalencia de su saludo no reside en esencialismos coloniales irresueltos, sino en la puesta en escena de un hecho histórico: una mujer joven, negra, y autorizada a instruir, *a quien ella, la francesa ilustre e invitada, envidia*. «El mutante campo global de las fuerzas políticas, económicas y culturales cosmopolíticas» (Cheah, 1998:31) ha armado un escenario de crítica desde la cultura hacia la *politeia* en proceso de definición y al mundo que se informa de ella. Una escena de invitación y reportaje que se presumía de una sola dirección se hace mutua. La pedagogía, si la hay, se hace a Francia.

---

[36] El proyecto de difusión dirigido por José Limeres fue también el apartado en el cual Landrián dio sus comienzos en el ICAIC, aunque la mayoría de sus temas nunca se realizaron o desaparecieron en el archivo.

Varda habla de un «socialismo con cha-cha-chá». Irónicamente, lo hace poco después de que la teorización de «revolución con pachanga», la fórmula con la cual Walterio Carbonell había elogiado el carácter afrocubano de los movimientos liberatorios nacionales, se «desautorizó» desde las más altas instancias locales.[37] La desautorización, como forma de política cultural de la Revolución por excelencia, será el gran tema cifrado de la obra de Landrián.[38] Sus cortometrajes viajan por lugares recónditos del territorio nacional para también recorrer las últimas consecuencias de los delirios autoritarios. Si en palabras de Georges Didi-Huberman: «*toda historia política construye su escena*, su teatro de exposición» (1984:116; énfasis en el original), la de la Cuba revolucionaria es aquella de la continua cercenación de las posibilidades de exposición. Dado los problemas tempranos y continuos de Landrián con el ICAIC, su cine, visto hoy, escenifica esta imposibilidad. Es cine montado sin esperanza de proyección, «en rebelión contra la hegemonía del mediador intelectual autoritario del documental cubano» (D. L. Reyes, 2013). Este reconocimiento merecido ha venido con la ironía de que aquel «mediador autoritario» sigue siendo eludido.

Nosotros en el Cuyaguateje (1972) culmina una trayectoria con escalas precisas por el territorio. *En un barrio viejo* (1963), *Ociel del Toa* (1965), *Reportaje* (1966), *Retornar a Baracoa* (1966), *Taller de Línea y 18* (1971) son envíos desde lugares precisos. Su paso culmina con el irónico encargo *Para construir una casa* (1972), *how-to* en miniatura de un proyecto de Estado del cual el autor ha sido continuamente excluido. Y se remata con una última entrega, ya desde la vilipendiada segunda capital cubana, con el retrato sombrío de Miami *Inside Downtown* (2001).[39] En su afán de desplazamiento hacia otra Cuba, «una visión radial», según Raydel Araoz, pero que

---

[37] A pesar de su dedicación a «Fidel y a las nuevas generaciones», el libro *¿Cómo surgió la cultura nacional?* (1961) del comunista afrocubano se saca de circulación tras un veto personal de Fidel Castro (Pisani, 1992:8). En este caso, ni la relación personal con el líder, que según Norberto Fuentes fue su «compinche» en la Universidad, lo protege (2004:131).

[38] Que se desautorizan precisamente las voces más incisivas en cuanto a la relación entre cultura y política, en particular cuando son voces de afrocubanos, lo señala Roberto Zurbano, quien llama el libro de Carbonell «uno de los testimonios más singulares e inquietantes de la historia intelectual cubana de la segunda mitad del siglo xx» (2006:114).

[39] Robbins menciona la ciudad en el contexto del peligro de autorizar la voz de cualquier migrante: «Hay algunos ejemplos repugnantes como los cubano-americanos dedicados a la caída de Castro» (1998b:12).

es más bien de extrarradio, Landrián también es un intelectual viajero.[40] Pone en práctica la vocación cosmopolítica que el documentalista danés Christensen abogaba, precisamente en polémica institucional con el director Limeres, jefe de la *Enciclopedia Popular*: «Las historias de la actualidad no se pueden contar desde 23 y 12» («Situación Actual en el Departamento de Documentales 35mm»). Es justo el deseo de llegar a una actualidad alejada de las capitales del poder que diferencia a Landrián de las voces más canónicas en el cine cubano. Sus películas no escenifican una iluminación del campo por misioneros letrados, como *Por primera vez* (Octavio Cortázar Jiménez, 1968). Al contrario, proponen una reciprocidad que rompe el monopolio del observador etnográfico. El objeto, Ociel por ejemplo, en el epónimo corto sobre su vida como barquero del río Toa, interpela a los que lo miran: «sería bueno que esto se viera en La Habana».

Retornar a Baracoa une este deseo de reciprocidad con algunas de las técnicas del saber cinematográfico de otros viajeros. El tema del corto es la moción: por aire, tierra y mar; pero al igual que Varda, este se expone con fotos fijas. De hecho, se puede decir que el tema es la imposibilidad para el cineasta de animar una parábola de movilidad, tanto física como social. Sartre, buen cosmopólito a la antigua usanza, idealiza su destino. La Revolución venía envuelta en una singularidad mítica que baja de las «cimas de la Sierra Maestra […] oculta entre las nubes» (1961a:14). Una crítica cosmopolítica, en cambio, pone en duda este idealismo intelectual, esta tendencia a encontrar un ser mítico, arraigado casi heideggerianamente, en lo que desconoce. Cosmopolítica aterriza. En los primeros fotogramas de *Retornar a Baracoa* se ven caras alzadas ante la vista de un avión —escuchado— que se posa en una pista nueva por primera vez.[41]

Varda usa fotos para animar a Beny Moré. Landrián, más mordaz, aplica la misma técnica a una lisiada, que así echa «a andar». Este gesto confrontacional, reforzado por la mirada directa a cámara del sujeto, no desprecia a la mujer. Subraya que su humanidad no se presta a una sonriente ejemplificación de las dobles teleologías de desarrollo y representación verídica

---

[40] En términos personales el cineasta también se casó con colaboradoras extranjeras. Primero con una uruguaya, durante la fase de exaltación latinoamericanista de la Revolución; el segundo, durante la consolidación del mercado interno socialista, con una búlgara.

[41] El enfoque desmitificador hacia al desarrollo, la iniciación y el progreso como ideologías programáticas contrasta con *Por primera vez* (1968) y *Despegue a las 18:00* (1969) como ejemplos comprometidos, nacionalistas, y también canonizadas, de hacer circular los mismos terrenos cubanos en un imaginario internacional. Marker usa imágenes de *Despegue…* en *La Batalla de los Diez Millones* (1971).

propias a la Revolución y al ICAIC. Los repartos nuevos, de la cual ella es residente, y la nueva fábrica de chocolate no han cambiado la historia.[42] La claridad del papel de sus beneficiarios también se demuestra como ilusoria, ya que siguen interpretando su mejoría en función de la caridad. A los estáticos retratos de las mujeres beneficiadas, el montaje añade largas escenas rodadas, reforzando su efecto de realidad, con sentidísimos ritos religiosos, afrocubanos y católicos. Como buen «jodedor», la descripción del cámara Delgado, Landrián hace del caso de la lisiada una irónica parábola al estilo de Jesucristo, aludiendo al tema sensible de la religión y de la vocación mesiánica de la Revolución. *Sus milagros* se ven fragmentados, mientras que la religiosidad que pretende erradicar interrumpe en largas y emotivas secuencias de cine-duración.

Landrián emplea la yuxtaposición, el intervalo y la repetición para mostrar el lenguaje propagandístico en crisis. Por ejemplo, el intervalo entre los intertítulos «Baracoa tiene una nueva fábrica de chocolates» seguido de «Una fábrica de chocolates que aumenta considerablemente su producción» desnaturaliza el significado expositivo. Repetir el gesto después de enseñar las piezas pequeñas de la línea de fabricación es usar la demostración, la prueba visual, casi como gesto paródico. No crean, vean. La mirada directa a la cámara del joven trabajador negro en la foto que lo sigue parece preguntar: ¿chocolate, para qué? ¿chocolate, para quién? *Retornar a Baracoa* no podía estar así más alejada de la tendencia definitiva e instrumentalizada de la propaganda. Forzado a definir, el resumen solo puede ser devastador: «Baracoa es una cárcel con parque».[43]

Es difícil de sobrestimar el nivel de desafío de este resumen. Pero en vez de concebir a Guillén Landrián como un solitario «Mandelstam tropical», debemos recordar que Christensen, en su papel como director de la escuela de cine, también luchaba por un cine capaz de exponer los momentos «delicados» de la Revolución. Por ejemplo, un memorando interno suyo insistía a García Espinosa, entonces vicepresidente del ICAIC, sobre la necesidad de un documental sobre el caso Humboldt —donde Fidel hizo de fiscal para sentenciar a muerte a un acusado de soplón de tiempos de Batis-

---

[42] El uso no-autorizado de la historia para desmitificar las narrativas de progreso sigue siendo tema sensible. El documental televisivo, *Baracoa: 500 años después* (2012), del corresponsal español de *El País* Mauricio Vicent, también tematizado a través de la radio, le costó el retiro de la cédula de prensa y la expulsión de Cuba.

[43] Quizá lo tajante de esta conclusión sigue influyendo en su recepción en Cuba donde críticos que han celebrado a Landrián como Jorge Luis Sánchez lo tachan de «documental menor» (2019:155).

ta—: «Crees que un sujeto demasiado cercano a nosotros? [*sic*] Demasiado delicado. Yo no lo creo».[44] Esta afirmación atrevida podría ser el lema de casi toda obra de Landrián. El vínculo entre los dos fue más que estético. Según la viuda de Guillén Landrián, fue el propio Christensen quien logró sacar a Landrián de la cárcel cuando regresó a Cuba en 1967 (Alfonso y Ramos, 20019:27). Aquí la «cosmopolítica» es un arma de doble filo, donde el acercamiento —estéticamente— a un renombrado colaborador extranjero le mete «en problemas», pero donde esta cercanía personal también sirve de escudo.

El carácter «delicado» de *Retornar…* viene de sus contrapuntos intolerables. Por la radio se oye «hay que conservar el espíritu juvenil de la Revolución»; en la pantalla se ven viejos. Una voz incorpórea sale de las cornisas de los edificios. Omnipresente y ausente, el líder se representa como un zar precoz. Una ventanilla de «quejas y sugerencias» anima un deseo universal y frustrado de «poder hablar con Fidel» y otro ciudadano viene a resolver —a lo Che Guevara— «dos o tres problemas». Su voz aparece otra vez para cerrar la película tras un intertítulo en mayúsculas «¡OIGA!». Los aplausos al unísono, la pantalla negra y su enmarcamiento como cita con el intertítulo «Comandante Fidel Castro Ruz» dan cuenta de su función antidialogante y lapidaria. Landrián así también «ventriloquiza» la técnica empleada en la columna del ya «enterrado» periódico *Diario de la Marina,* «Palabras de Fidel», en la que largas citas sin comentario se imprimían para criticar su discrepancia con la nueva realidad.[45]

Nosotros en el Cuyaguateje aborda el tema de la supresión de ciertas realidades, de ciertos abordajes de temas delicados, de otra manera. En lugar del lenguaje heroico y desarrollista que Landrián ya había empleado a contrasentido, el breve corto adopta el murmullo quieto de la naturaleza. Araoz entiende este estilo como un retorno al «realismo lírico del cine de su primera etapa… [pero] ya contaminado» (2019:176). Esa «contaminación» no implica, sin embargo, un cambio de mirada hacia al «hombre dentro del proceso productivo» (ibíd.:177) sino, más bien, una sustitución de los alardes técnicos de obras como *Desde la Habana…* con un quieto lenguaje del *Unheimlich* donde la naturaleza misma parece cargarse de significado profético.

---

[44] La legalidad y las implicaciones de este modo de obrar se describen en «Marquitos, ¿inocente o culpable?».

[45] Franqui relata el jolgorio de la procesión que llevó enterrar el último número del diario en un féretro en el mar cuando se nacionalizó. Este tipo de «entierro», vuelto fiesta popular, se transformó en un rito oficial, un tipo de acto que el propio Landrián retrató con distancia y extrañeza en *Reportaje*, donde se celebra un entierro de «Don Ignorancia».

En sintonía con las reflexiones teóricas contemporáneas de Pier Paolo Pasolini que escribía de recobrar «el tiempo de la realidad como cine en estado natural» (2005:133), Landrián huye de la altisonancia técnica. La evolución de montaje analítico a documentación quieta del camagüeyano curiosamente va en paralelo al trayecto del italiano de *La rabbia* (1963) hasta *Le mura di Sana'a* (1971). Este cambio facilita la reintroducción de la alusión a lo invisible, a lo invisibilizado, en la mirada constatativa de lo real. Su versión de Pinar del Río es una zona de conflicto social, civil e incluso natural, todos inasumibles. Uno de estos conflictos «invisibles» se resume en el retiro de invitación a Pasolini por no querer traer a «La señora Pasolini» sino al «joven entusiasta» Ninetto Davoli como acompañante en viaje oficial (Canel, 2010). *Nosotros…* alude a invisibilizaciones que han recibido menos atención justo por no implicar hombres ilustres, mundialmente conocidos. En *Nosotros…* se cifra la guerra militar del Escambray y la guerra civil de la transformación del campo que implicó la estatización del campo de las reformas agrarias.

Nosotros… ya no se ocupa de readaptar para otros fines la metanarrativa del encuadre revolucionario. Presenta imágenes de pueblos abandonados, picos deshabitados, operadores de tractores y maestras rurales, imágenes netas donde esta metanarrativa es una presencia inescapable y completamente naturalizada. Mientras la narración loa el proceso de transformación del campo, este aparece en sus formas más esenciales e inmutables; a la par que la narración alaba la reagrupación social, las imágenes retratan individuos estoicos. Lejos de encarnar un trabajo modelo, todos miran implacablemente a la cámara, incluso mientras realizan sus faenas, interpelando al espectador y a la narración que pretendería insertarlos en un relato de progreso. La imagen se vuelve, a través de la no-aparición del conflicto, un lugar fantasmático, un contenedor de versiones invisibles de la patria. No es casual que la película documente un proyecto de presa. Este tipo de proyecto de *tabula rasa* utópico, proyecto de contención y de transformación monumental era el fondo irreducible de su dramaturgia. Las imágenes impávidas de *Nosotros…* son como la naturaleza que muestra, así de mudas, así de incluidas en el proyecto de transformación.

Unos de los pocos elementos que se conserva del cine más sonado de Guillén Landrián son los intertítulos. Lejos de la ironía patente de *Coffea Arábiga* que alude a trabajadores de los cafetales con los títulos («¿Los Negros? Sí, los negros»), aquí el proyecto de suministro de agua se presenta con intachable sencillez pedagógica. Un título «1_ La derivadora de aguas hacia las lagunas. 2_ En alturas de Pizarra nace. 3_ En el lugar donde se sumerge el río, Sumidero» y, seguido, imágenes de lo nombrado. Se presenta una localidad que parece compuesta de puras universalidades: agua que corre, picos majestuosos, iglesia abandonada. Pero esta sencillez es lentamente corroída por un presentimiento del mal. «4_ La caverna clara y la caverna oscura. 5_ Ahora trabajan agrupados en la asociación nacional de agricultores» continúan los títulos. El abrupto cambio de terreno a sujetos humanos sugiere una objetivización, una incorporación al paisaje en transformación.

El problema de la pedagogía implícita en una película por encargo se revela al hacer el ensayo, en tomar contacto con la realidad transformada. El desborde de una presa en la cual cigüeñas pescan en aguas revueltas, miradas inescrutables, pueblos en ruinas, son enigmas irrecuperables para una narrativa de progreso. Su orquestación es tan lúcida como el impacto es opaco. Landrián no solo expone, revela algo indescifrable en la exposición: «la no-identidad que ha de transmitir, como del exceso de intención sobre su objeto», como dice Adorno. La limpidez de los elementos naturales impregna todo de una melancolía desprovista de sentido propagandístico: «8_ Cerca de la presa que une cuatro lagunas… una escuela». Pero ¿una escuela para qué?, ¿una escuela para quién?

A diferencia de Varda, *Nosotros…* busca una localización no para engraciar a su gremio, sino para escenificar su exclusión. El director también es aquel hombre, haciendo trabajo forzoso, que *Nosotros…* captura en su escena laboral, es aquel hombre «9_ En la zona del Cuyaguateje, en tierras que fueron áridas». La comunidad reducida a un inventario incluye al que la retrata. Si para Didi-Huberman «*los gestos del pueblo*, sus imágenes del cuerpo, sus "fórmulas de *pathos*"» colindan las «preocupaciones estéticas del "pintor de la vida moderna"» (2014:118), mostrar su ausencia se vuelve una manera de demostrar una igual amputación estética. El cuerpo abatido de la película ya no se recompone en el frenesí de cortes, mezclas sonoras, o cuerpos bailadores, se limita a mostrarse registrando.

Como contraste a estos puntos suspensivos sobre la transformación de la naturaleza de Landrián, tenemos los noticieros de Santiago Álvarez que Marker remontó en *La batalla de los diez millones* (1971). Todo la puesta en escena de *La batalla…* es un homenaje a la prestidigitación, a la coreografía de la coartada. Marker, queriendo o no tocar lo «delicado», enseña la manifiesta organización del Estado como estado televisivo.[46] Los operadores, los gráfi-

---

[46] Su desencuentro con Alfredo Guevara a raíz de esta película demuestra que asumir los fracasos de la Revolución, un fenómeno que lo hacía excepcional según sus partidarios

cos y los *dollys* apuntalan un centro, el escritorio desde donde el líder explica lo sucedido. El inminente fracaso de la zafra fatídica desata una arenga contra «la falta de colaboración histórica» de la lluvia. El líder, meteorólogo, divide el mapa de Cuba con su puntero. Así el protagonismo se desplaza de las masas movilizadas, heroicas pero impotentes, hasta las manos explicativas de Fidel. «La revelación [televisiva] de 1959 según *Bohemia*» (Rivero, 2015:143) está al frente de un proceso encaminado hacia un «proceso productivo, no meramente natural o espontáneo en su forma, sino como una actividad que regula todas las fuerzas de la naturaleza» (Marx, 2005:612).

Esta orquestación de los tiempos, resumido en la noción de «100 años de lucha» —«y diez años de mentiras» añadirían los informantes de René Dumont en *Cuba est-il socialiste?*— que culmina en la zafra, ofrece una medida de la disidencia de Landrián en negarse a esa teleología. El Estado de Álvarez, transmitiendo la intimidad de los gestos nerviosos de Fidel, es contrapunteada por la lacónica inmovilidad de los sujetos de *Nosotros...* El ciclón llamado desarrollo no deja lugar a las intimidades personales de los gestos. *Nosotros...* muestra personas inexpresivas dentro de un territorio vaciado, el mismo territorio asolado, según el discurso oficial, por la naturaleza. Demuestra que en este contexto un contradiscurso se queda corto. Y por eso *Nosotros...* recurre a las iconografías como formas esenciales desde el cual se puede reconstruir la realidad. Recurre a lo que podríamos también llamar «belleza», a los signos universales. Unos ojos verdes, por ejemplo, que desmontan el tiempo de transformaciones con la fuerza de su presencia. Un arranque fugaz que desmonta el proyecto de eternidad para eternizar el momento de transición.

Este espíritu enigmático no podía ser más contrario al puntero de Fidel señalando y dividiendo el mapa de Cuba. Hecha con la casi total certeza de su no-proyección, da fe de ese «cierto profesionalismo» o ese «esfuerzo genuino» que Robbins define como esencia de la cosmopolítica.[47] Su imagen, en vez de ser una producción de estudio, una construcción para la instrucción, se vuelve una patria a reivindicar. Su pedagogía carece de datos sobre precipitación anómala por provincia, pero hace evidente que ese campo anonadado que pretende definir no se verá en La Habana, ni mucho menos en París.

---

extranjeros, era un privilegio reservado al que tenía el puntero. Como nota Carolina Aguiar, este desencuentro hizo que tanto el ICAIC como Marker vetaran su posterior proyección (2016:111).

47 Es interesante que esta no-proyección, cuyo eufemismo contemporáneo fue el de «archivar», ha dado lugar a la reaparición de un corpus como archivo, una historia invisibilizada cuya fuerza se debe en parte del hecho de haber sido invisibilizado.

Si la trayectoria de Landrián compone una constelación de lo que Julio Ramos califica como «las tensiones de la modernidad misma del cine revolucionario ante la fuerza integradora y centralizadora del Estado» (2013), así mismo compone otra forma de hacer cosmopolítica al habitar y ampliar el intervalo entre Estado-nación. Aparecen los espectros del Estado y su búsqueda violenta de una escenografía en donde reintegrarlos. *Havana* hace evidente la imposibilidad de este marco de reencuentro.

Un largometraje de 100 minutos empieza con el título «Havana» sobre un fondo pardo impreso como si fuera el de un envoltorio de tabaco. Cuba como tantos extranjeros la han querido retratar: puros, rumba y revolución a la manera que se verá en *Buena Vista Social Club* (1998) unos años después. Al igual que en la película de Wenders, Bokova incide desde sus primeras imágenes: la caravana a través de la isla de los rebeldes victoriosos en 1959, en que el carácter mítico del territorio se remonta al pasado. Fueras de foco y sobreexpuestas, estas imágenes de caravana se acompañan de la lectura en *off* de «Comienza el desfile» de Reinaldo Arenas. No se sabe aún que es un texto de un escritor censurado. Solo se siente la atmósfera, la emoción de júbilo popular. Estamos viendo el momento heroico. Es el momento que luego siempre se va a requerir sin fragmentar para «grabarlo para la historia». Es la imagen que será cuño de moneda nacional, momento fundacional de la historia escrita con mitos.

Cuando aparece el nombre de Arenas, para aquel que lo conoce, se siente ese deje de ironía que usaba Guillén Landrián; para quien no, la realización será más dramática.[48] Al final de la secuencia se ve a Fidel. Está muy joven, subido a un carro y estirando la mano hacia abajo como para tocar a los devotos. Hace los mismos ademanes grabados y vistos miles de veces desde entonces, pero acá se ven antes de que estos signifiquen su intimidad, antes de que sean inextricables de su persona. Al igual que en *La Batalla de los diez millones* estamos viendo la escenificación de los gestos, unos ademanes particulares y mitificados. Pero aquí no se ven para enfatizar la potencia explicativa del mito, sino para subrayar el proceso

---

[48] Recordamos que la película se hace en el espacio no-especializado de la televisión pública inglesa. Así ha de emplear una pedagogía que juega con los tópicos y las mitificaciones a las cuales tiene acceso un público amplio extranjero para el cual la imagen de la Cuba revolucionaria tendrá, en gran parte por su gran trabajo de publicitación extranjera, fuertes asociaciones.

de ilustración cinemática que los mitificó.[49] En la película de Bokova, los ademanes particulares se ven en todo color en 1959 y se entiende perfectamente la unanimidad que suscitaron. Sin embargo, acompañados del texto de Arenas, montan y desmontan el tiempo; retrotraen a la gloria del pasado y lo desmitifican. Las manos tocando a sus seguidores se vuelven *memento mori* de la ilusión.

Este *memento mori* anticipa la ruinología de los años 90 en La Habana. Si la secuencia inicial empieza con un desfile desde Oriente hasta la capital al son de: «Banderas y banderas, delante y detrás, arriba y abajo… Banderas, ¡banderas!», del cuento epónimo de Arenas, se cierra con imágenes de La Habana contemporánea, cayéndose, pero todavía allí. El Malecón como escenario de vida social (niños jugando) aparece como monumento a su propia decaída. «La ciudad de las columnas» se verá más tarde al son de «Termina el desfile» otra vez de Arenas: «Por entre establecimientos cerrados, mercados cerrados, cines cerrados, parques cerrados, cafeterías cerradas… cerrado, cerrado, cerrado, todo cerrado». Pero sin embargo, a pesar de toda esta monumentalidad en picada, de toda aquella actualidad clausurada, el texto sugiere que existe un nicho de la historia desde el cual se la puede abordar. Esta es la apuesta de Arenas, de la cual Bokova se hace eco. Una máquina de escribir, una rumba personal para contraponer al rumbo de la historia: «pasa las manos por su teclado y rápidamente todo se pone en marcha». El mediador que recompone estas realidades y estos sueños puede retomar las riendas y hacer que el desfile tenga otro sentido, otro cariz liberatorio, otra teleología a la que se le haya mandado ilustrar.

En contraste con la recuperación de *Soy Cuba* como obra transnacional y concreción estática y emblemática de un tiempo pasado, *Havana* pone en acción una versión infinitamente más elástica. El tiempo va y viene. Y lo hace a mano de la música del letrado: «el ta-ta, el tintineo, la música comienza poco a poco» y con ello «todo acude, toda llega, todos vienen. Los muros se ensanchan, el techo desaparece y naturalmente flotas, flotas… y por esa minúscula y constante cadencia, por esa música, por ese ta-ta incesante». El teclado aterrorizador de la pedagogía forzosa que atacaba al espectador en *Coffea Arábiga*, letras que volaban hacia la pantalla, se recupera para la liberación.

---

[49] Marker hace su propia decodificación en *Le fond de l'air est rouge* (*El Fondo del aire es rojo*, 1977), donde toma la inflexibilidad de unos micrófonos rusos ante el gesto idiosincrático de Fidel de perpetuamente ajustarlos, como metonímica de la relación política.

Arenas, campesino oriental, sirve a Bokova para enunciar un «*cosmopolitismo discrepante* […] [como] un concepto que no es ni una invención ni un privilegio de Occidente» (B. Robbins, 1998a:259). Con él, podemos regresar y tomar en serio la primera frase del relato de viaje de Sartre: «Esta vez, estuve a punto de no comprender nada» (1961a:3). Sartre que no vió pobreza en Cuba hasta que Pino Santos le explicó que se trataba de «retinosis pigmentaria»: la pérdida de visión lateral en el cual existía el subdesarrollo. Y así, subrayando que el «informante nativo» puso el concepto, y no su ejemplificación, empieza una crítica cosmopolítica, una crítica que mueve el sesgo de las visiones hacia Cuba al centro de nuestra cosmovisión de ella.

15

DEL DILUVIO UNIVERSAL A LAS ÓPERAS ESPACIALES. RAZA, GÉNERO Y LOCURA EN DOS CORTOS ANIMADOS CUBANOS DE LOS AÑOS 60[1]

(Reynaldo Lastre)

[1] Una primera versión de este ensayo fue escrita en diciembre de 2019. Agradezco a Jacqueline Loss, Lewis Gordon, Masha Salazkina, Justo Planas y Eilyn Lombard por cada uno de sus comentarios y sugerencias.

(Granma, 1985). Estudiante de doctorado del programa de Literatures, Cultures and Languages, en la Universidad de Connecticut, Storrs. Es uno de los coordinadores del Grupo de estudio Subversiones filosóficas, orientado a promover y discutir las relaciones entre teoría y cultura en el sur global. Publicó en 2014 la antología *Anatomía de una Isla. Jóvenes ensayistas cubanos* (Ediciones La Luz). Para su disertación, investiga las conexiones entre energía nuclear y producción cultural en el Caribe. Textos suyos han aparecido en *Hypermedia Magazine, El Toque, Rialta Magazine, AlterCine* y las revistas *Inti, Cine Cubano* y *Enfoco*, entre otras.

Varios historiadores concuerdan en considerar la Crisis de los Misiles, en octubre de 1962, como uno de los eventos más peligrosos para la humanidad (Munton, 2007:1). De no resolverse el desacuerdo entre Estados Unidos y la Unión Soviética, todo habría terminado en una catástrofe nuclear de consecuencias globales (Chamberlain, 2016:95). Fidel Castro aclaró su posición ante el conflicto en una comparecencia televisada.[2] Al final de la intervención, se dirigió a su audiencia de la siguiente manera: «y nuestra, de todos, de los revolucionarios y de los patriotas, será la misma suerte. Y de todos, será la victoria» (2017:88). Aunque el peligro parecía más real que en otras ocasiones, el mandatario calzaba su triunfalismo en la larga lista de hipotéticos ataques que conformaban la fisonomía de disuasión propia de la Guerra Fría (Gorry, 2013). Los alardes de Kennedy no irán mucho más allá de sus discursos, pensaba Castro. De lo contrario, si llegara a estallar una guerra nuclear, la aniquilación total impediría pensar en términos de triunfo o fracaso, puesto que no habría sobrevivientes a ambos lados del conflicto. Por tanto, nadie podía desdecir esa victoria que reclamaba para todo el pueblo cubano. Inmediatamente después de la frase, Castro terminó la intervención con la alocución habitual de «Patria o Muerte. Venceremos», ahora con un sentido literal, a diferencia de otras ocasiones.

Contemplar la destrucción o la muerte como otra posibilidad de victoria se ha transformado en una construcción retórica positiva en el marco de la Revolución cubana. Basta recordar un pasaje de *El socialismo y el hombre en Cuba* (1965), donde el Che Guevara anota que «[e]ncontrar la fórmula para perpetuar en la vida cotidiana esa actitud heroica, es una de nuestras tareas fundamentales desde el punto de vista ideológico» (2011:3). Tal vez por esas razones fue un desconcierto la forma en que terminó la

---

[2]   Esta intervención —donde Fidel Castro respondía al presidente Kennedy—, se convirtió en el referente del gobierno cubano sobre la Crisis de los Misiles en el espacio público.

Crisis de Octubre. El acuerdo que pondría fin a la crisis, firmado por Kruschev y Kennedy sin tomar en cuenta las demandas del Estado cubano (R. Rojas, 2015:136), se convirtió en el verdadero fracaso que debía encarar Fidel Castro. Tal vez por esa razón el hecho no tuvo grandes repercusiones en la producción cultural de esos años y ocupó apenas breves pasajes en documentales y ficciones durante la década.[3] Sin embargo, me quiero referir en este trabajo a los cortometrajes animados *Macrotí, un Noé cubano* y *El Capitán Tareco*, del realizador Tulio Raggi,[4] porque la relación que establecen con eventos apocalípticos dialoga de forma velada con la Crisis de los Misiles y el posible impacto que hubiese dejado un desenlace bélico a escala global.

En estos cortos se entrecruzan tres narrativas de relieve para la época. Primero, la que presenta una oposición entre sistemas políticos opuestos (socialismo *versus* capitalismo) exacerbada en el contexto de la Guerra Fría. Esta crisis de dimensiones globales se intensifica en Cuba —y afecta el tono y la perspectiva de su producción cultural— desde su alianza pública con la Unión Soviética. Segundo, la narrativa de supervivencia de fin del mundo y el nuevo contrato social que sigue a una posible reconstrucción de los sobrevivientes. Tercero, la relativa a una ficción nuclear, porque esta hecatombe no ha sido producto de un desastre natural, o un accidente químico o biológico desencadenado en un laboratorio. Tampoco ha resultado de una confrontación con seres de otro planeta, en los cuales pueda descansar una culpabilidad. Este apocalipsis es consecuencia de un conflicto armado donde se habrían usado armas de destrucción masiva.

En ese punto, queda recalcar que la actitud destructiva del poder nuclear es propia del ser humano y la aniquilación total es un gesto consciente. El resultado de fijar un eje de relaciones para estas tres narrativas me permite ver la forma en que los cortos generan un tipo particular de ansiedad que a su vez incluye conflictos existenciales y preocupaciones nacidas de

---

[3] Santiago Álvarez lo documentó en el *Noticiero ICAIC Latinoamericano* 125 de tan solo 9:59 minutos de duración, transmitido el 29 de septiembre de 1962. Además, un grupo de imágenes documentales de las movilizaciones militares en las calles de La Habana fueron incorporadas, junto al ataque de Playa Girón, como piezas fundamentales en la trama de *Memorias del subdesarrollo* (Tomás Gutiérrez Alea, 1968).

[4] Los primeros trabajos de animación de Tulio Raggi son pioneros de la ciencia ficción en la animación cubana. Junto a las preocupaciones posapocalípticas que desarrolla en sus dos cortos protagonizados por el capitán Tareco, le cabe el crédito de introducir la robótica en *El Capitán Bluff* (1964), su primer cortometraje. Para un acercamiento a otras preocupaciones en su obra, véase «Tulio Raggi: la noche, las flores, la música», de Justo Planas.

la propia gestión del nuevo estatus revolucionario de la Isla. ¿Es posible la existencia humana después de una guerra nuclear? ¿Cuáles reglas organizarían la vida en esa sociedad? Las ficciones posapocalípticas proporcionan una ventana a esa posibilidad imaginativa (Curtis, 2010:2), pero al pensarla desde la Cuba de los años 60 era imposible desligarse de aquella realidad revolucionaria. Los imaginarios posnucleares debían negociar con el proceso de reorganización de la vida que la Revolución cubana desarrollaba desde 1959. Esa visión de futuro iba a proyectar momentos de intersección entre ese mundo que trataba de rehacerse después de una destrucción masiva y el proyecto de Hombre Nuevo que, proclamado por el Che, iría tras la búsqueda de «la sociedad del hombre comunista» (2011:10). En este trabajo quiero analizar ese imaginario posnuclear para distinguir qué imaginación utópica (Curtis, 2010:2) se inserta en estas ficciones, en diálogo con el contexto en el que fueron realizadas. Pero quiero dirigir mi atención, sobre todo, a la forma en que esos imaginarios intervienen en la relación tensa entre la Revolución cubana y las categorías de raza, género y enfermedad mental, dado el carácter protagónico que adquieren en los cortometrajes. A través de una lectura de estos cortos, mi ensayo se propone revisar las estrategias discursivas del gobierno revolucionario para incorporar la cuestión racial, una nueva perspectiva de la siquiatría y el problema de la dominación masculina en una sociedad socialista.

Macrotí, un Noé cubano y *El Capitán Tareco* pertenecen a la producción temprana del departamento de animación del ICAIC.[5] Creado en 1959, el departamento de animación invirtió sus primeros años de trabajo en comentar la nueva realidad cubana, en sintonía con la efervescencia revolucionaria que caracterizó al resto de la producción cultural en esa década. Con tal propósito, exaltaban los logros del presente en franco contraste con los fracasos del pasado republicano. En cambio, los cortos que analizo adoptaron otra perspectiva, evitando la crónica, el elogio de la realidad inmediata o el comentario político, tal y como sucede con el gran por ciento de materiales

---

[5]   Hasta ahora no se ha publicado un estudio integral que reconstruya la historia de esos primeros años de los estudios de animación del ICAIC. Algunos de sus fundadores han brindado importantes testimonios en entrevistas, pero sin un afán sistematizador. El otro problema es que las investigaciones realizadas alrededor del tema aún permanecen inéditas, como es el caso de la tesis de graduación en Historia del Arte de Roberto Cobas o el libro que comenzó Willema Wong Tejeda cuando dirigía el proyecto de recuperación y conservación del patrimonio cinematográfico de los Estudios de Animación del ICAIC, del cual tenemos noticia gracias a la publicación de un fragmento en la desaparecida revista *Miradas*, de la EICTV.

que a partir de 1964 modificarían el departamento en general.[6] Además, tienen la particularidad de experimentar con el género de ciencia ficción, que ya desde la década anterior gozaba de cierto prestigio en el ámbito internacional, tanto en el cine como en la literatura (Booker, 2001:3).

En ambos cortos se produce una reelaboración total del espacio, dinamitando además la posible relación con la realidad inmediata. En busca de grandes catástrofes, los cortos se refugian en el mito, la historia o el futuro, generando diálogos tanto con las posibles consecuencias de la Crisis de Octubre como con el impacto de un evento de gran magnitud, tal cual lo fue la Revolución cubana. De esa forma, los conflictos se trasladan al espacio exterior, ejemplificado en *El Capitán Tareco*, o la época precolombina en el caso de *Macrotí...*

De las mitologías a los apocalipsis nucleares

La compleja experimentación narrativa de *Macrotí, un Noé cubano* dificulta su inscripción en el contexto de los imaginarios posnucleares. A diferencia de *El capitán Tareco*, plenamente inscrito en esa tradición, este corto puede leerse desde una perspectiva transitoria, en la cual todavía es posible una segunda oportunidad en la Tierra para el ser humano. Con ese propósito, el realizador acude al mito de Noé y el diluvio universal, enmarcándolo en el contexto de una leyenda aborigen. Me propongo en esta sección analizar el uso productivo del mito bíblico en el corto, que elabora un imaginario apocalíp-

---

[6]   Esas modificaciones se deben, en primer lugar, al esfuerzo creativo de Jesús de Armas, quien durante 1959 y 1967 dirigió el Departamento de Estudios de Animación. De acuerdo con la reconstrucción biográfica que ofrece Wong Tejeda, había entrado en contacto con técnicas de animación y semianimación poco antes del triunfo revolucionario en Cuba, durante los cuatro meses que vivió en Estados Unidos, «donde tuvo contacto personal con Stephen Bosustow, fundador y productor general de los estudios de la U.P.A. [United Productions of American], quien le expuso los métodos de trabajo basados por encima de todo en la libertad creativa y temática. De Armas trasladó esta experiencia a los creadores cubanos». Por otra parte, la visita del animador canadiense Norman McLaren en febrero de 1964 a La Habana, donde vio materiales e intercambió con realizadores, tuvo un efecto directo en las obras de la segunda mitad de la década. Finalmente, el propio De Armas, junto a Pepe Reyes, viaja ese mismo año a Checoslovaquia y Polonia, donde aprendió nuevos métodos de organización y producción de animados, además de entrar en contacto con dos escuelas que gozaban de gran prestigio por esos años. Maurice Horn referencia a Jiří Trnka, Hermína Týrlová y Karel Zeman, de Checoslovaquia, y a los polacos Kazimierz Urbański y Witold Giersz, como alguno de los nombres más renovadores del género fuera de Estados Unidos. Véase su *The World Encyclopedia of Cartoons* (1980).

tico en diálogo con la Crisis de los Misiles y la llegada de la Revolución cubana. Además, observaré la forma en que los intertextos que se entrecruzan en el relato confirman las jerarquías de raza y género existentes en la época.

Macrotí... —la historiografía lo sitúa en 1965, aunque su terminación data de 1963— fue el tercer animado de Tulio Raggi, con una duración de tan solo diez minutos. Como el resto de los trabajos de esa década, el corto adoptó el estilo de animación por calcos. El realizador elabora una trama y escoge un estilo más cercano a las fábulas para niños,[7] de acuerdo con el género cómico-fantástico que, desde los años 30, habían impuesto los estudios animados de Hollywood (Bordwell y Thompson, 2008:417). No obstante, el corto negocia este principio creativo sin renunciar al espíritu experimental que acompañó prácticamente todo el cine cubano de los 60. Por ejemplo, el uso de dos narradores, la sincronía de tiempos históricos y míticos, así como su amplia gama intertextual. Protagonizada por un anciano de piel blanca llamado Macrotí, la diégesis parece tener lugar en una Cuba precolombina, de acuerdo con la representación tropical del clima, la exuberante naturaleza rodeada por agua y sus habitantes aborígenes. Sin embargo, su identificación temporal es perturbada por la presencia de aves prehistóricas o por esporádicas apariciones de tecnologías del siglo xx, como un martillo eléctrico o un vehículo blindado de combate. A través de estas subversiones en la temporalidad del corto, emerge poco a poco la asociación de Macrotí con Noé, a pesar de las notables diferencias que lo separan del personaje bíblico.

El diluvio universal se ha pensado tanto desde su carácter histórico como desde la perspectiva de mito, pero también se ha interpretado en su forma literal y simbólica. Como hecho histórico, en varias tradiciones literarias se recoge la memoria de una inundación monumental que arrastró muerte y desgracias a su paso; en el contexto bíblico del Génesis, el diluvio irrumpe como una forma divina de castigar los pecados de la humanidad. Gracias a la justicia de sus acciones, Noé es elegido para materializar un plan divino que garantice un segundo comienzo para la humanidad.

De entre los diferentes acercamientos de este pasaje antiguo,[8] me centraré en la interpretación del diluvio como un mito masculino elaborada

---

[7] La realización de cortos para niños no era común en los años 60, como sí lo fue en la década posterior. Jesús de Armas insistió en una línea con aires experimentales y lejana del público infantil. El proyecto de este creador fue, sobre todo, generar un cine de arte capaz de competir en festivales internacionales, convirtiendo así el Departamento de Animación en un espacio de vanguardia.

[8] La antología *The flood myth* (1988) editada por Alan Dundes es una buena muestra de esa variedad.

337

por Alan Dundes. Cuando el historiador indaga sobre el contenido simbólico de los mitos sobre inundaciones, nota que en su mayoría involucran a dioses masculinos que utilizan su ira para destruir el mundo y terminan valiéndose de un sobreviviente masculino para repoblarlo. Su investigación pone en evidencia la poca o nula presencia de mujeres, ejemplificado con el anonimato de la esposa de Noé. Pero a la pregunta sobre la inundación, Dundes concluye que: «Eso se debe a que una inundación constituye una proyección cosmogónica del medio estándar por el cual cada mujer crea en edad fértil. Lo que anuncia el nacimiento de cada bebé recién nacido es el estallido del saco que libera el líquido amniótico» (1997:81).

De ahí a que su replanteo sicoanalítico del diluvio como una inundación de orina de origen masculino no suene tan descabellado (ibíd.:84). La embestida de líquido amniótico que acompaña la creación humana es (re)creada a través de una micción masculina. De esa forma, no solo se establece la relación tácita entre las respectivas creaciones del mundo y del ser humano, sino que además el hombre suplanta la agencia de la mujer en esa creatividad, o como lo explica Dundes, «la propuesta es que los mitos de las inundaciones son un ejemplo de hombres buscando imitar la creatividad femenina» (ibíd.:82). Por tanto, el mito «corrige» el origen de la creación, dejando al hombre como único responsable de la producción humana.

De cierta forma, puede extenderse la interpretación del mito masculino desarrollada por Dundes, porque Macrotí protagoniza la historia de un diluvio siguiendo los mismos patrones de su arquetipo. Al igual que Noé, Macrotí sueña con la llegada del diluvio universal; su ingenio y medida de justicia resaltan sobre los otros personajes de la historia y construye un arca donde aloja una porción significativa de la vida en la Tierra. Pero más allá de las semejanzas, es interesante señalar las diferencias que intercala el realizador en la biografía del personaje, porque ellas delatan los propósitos manifiestos o velados de la reactualización del mito bíblico.

Llama la atención el hecho de que Macrotí no tenga una familia que lo acompañe en la embarcación, por lo que una pareja de aborígenes del lugar va a llenar este vacío. En esa sustitución se concentran los significantes alrededor de sexo y raza que quiero discutir aquí. De acuerdo a Dundes, el diluvio posibilitó la (re)creación del mundo, pero otorgándole al hombre la capacidad creativa en ese proceso. Con este principio, quiero discutir el diluvio en esta obra como referente a dos acontecimientos centrales para la Isla, focalizando sus implicaciones en el plano del género y la raza: el momento de la conquista y la Revolución cubana. Tanto uno como otro arrastran esa significación mítica de «comenzar desde cero» contenida en

338

la historia bíblica de Noé. Ninguna de las dos referencias cobra una forma explícita en el corto, pero pueden leerse de forma lateral.

En el caso de la conquista, la perspectiva del «choque de civilizaciones» condiciona las interacciones entre Macrotí y los aborígenes. No es solo el hecho de que el primero protagonice el relato, sino también la forma en que contrastan las caracterizaciones. Macrotí es diestro tanto en el verbo como en las acciones, mientras los aborígenes no conocen lenguaje alguno y solo ocupan un lugar de espectadores; crea las pautas para que la historia avance y los aborígenes lo secundan sin anteponer cuestionamiento alguno a sus gestiones. Además, porta una barba blanca que corporiza su inteligencia, conoce la ciencia, incorpora herramientas del futuro a sus faenas, sin mencionar su capacidad para interactuar con los dioses. Por su parte, los aborígenes solo están ahí para agradecer los esfuerzos de Macrotí, o como sucede al final, para recibir el castigo divino.

Para Lewis Gordon, la elaboración de jerarquías raciales en múltiples contextos históricos no puede verse como hecho aislado, sino como parte activa de una matriz de dominación en la que intervienen otros presupuestos. Con ese propósito, elabora un par de oposiciones donde aparece por un lado el significante *caliente/activo/masculino/blanco,* y por otro *frío/pasivo/feminino/negro* (1997:74). Si expandimos el esquema de *Mundo Antinegro* desarrollado por Gordon al fenómeno de la Conquista, es posible reconocer los arquetipos de Macrotí y los aborígenes del corto. Esta perspectiva no solo permite ver el esquema al que obedece la racialización de sus cuerpos, sino la forma en que se oponen sus sexualidades. De esa forma, la barba de Macrotí no solo es reflejo de su inteligencia, sino de su masculinidad. En cambio, la ambigüedad sexual con que son dibujados los aborígenes opera como un signo de feminización. Aunque los diseños de los cuerpos obedecen a un patrón de simplicidad y todos los personajes parecen sacados del mismo molde, ¿era imposible crear una distinción entre aborígenes femeninos y masculinos, de la misma forma en que son claras las distinciones de raza entre estos y Macrotí? Tampoco es casual que los aborígenes no tengan nombre en el corto, tal y como sucede con la esposa de Noé en la leyenda bíblica. El aborigen/mujer debe ser marginalizado en los acontecimientos históricos, invisibilizado en el relato.

Ese paraíso donde viven los aborígenes se convierte entonces en la primera creación del mundo que corresponde al momento antediluviano. El castigo divino aparece para borrar las huellas de esa civilización maldita. No por gusto, en el inicio del filme uno de los narradores los llama «engendros del mal» y «engendros de satanás». Además, la voz de ese narrador que maldice tiene un marcado acento peninsular. A partir de la conquista, el mundo americano entra en su «segunda oportunidad», pero, esta vez, la (re)creación obedece a un contrato social impuesto desde Europa.

Si el corto permite pensar en Macrotí en términos de colonizador, también deja abierta la lectura de líder revolucionario. El monopolio de la agencia, su poder de convocatoria y el inmenso proyecto que emprende lo enmarcan en ese rol. Desde esa dualidad, la existencia de dos narradores cobra un nuevo significado que sobrepasa el carácter experimental que pudiera atribuírsele. Aunque no se corporizan, es sencillo asignarles personalidades y propósitos opuestos. El primero tiene voz de anciano y con su tono grave y pesimista le otorga todo el tiempo un significado religioso a las acciones de Macrotí. En contraposición, el segundo narrador adopta una postura jovial, comentando las acciones del personaje en términos de ciencia y optimismo. Mientras el primero representa el pasado y la historia, el segundo encarna el presente y el progreso. Si el pasado de la Isla pertenece a la colonización, el presente es revolucionario.

Esta multiplicidad de lecturas hace de Macrotí un sujeto transhistórico. Se identifica tanto con la leyenda bíblica, como con los eventos de la Conquista y colonización de América, o la Revolución cubana. En este último rol, su capacidad intertextual abarca tanto a Martí, a través de un ciframiento de su nombre Ma-c-r-o-tí, como también a Fidel Castro y los rebeldes, por el ícono de las barbas. Pero en un sentido general, su simbología desborda esa inscripción, produciendo una extraña simbiosis entre líder y pueblo. Incluso, en el corto presenciamos su muerte y resurrección. Desde esta otra perspectiva, debe morir como sujeto creyente, pesimista, prerrevolucionario, para renacer integrado al fervor de aquel presente de los años 60. La voz del primer narrador debe silenciarse por completo para darle total protagonismo al segundo y, para lograrlo, el personaje debe dejar de existir en tanto hombre «viejo» y renacer como ese «hombre nuevo» que reclama el discurso revolucionario. Con ese objetivo se agrega un epílogo al corto, donde el segundo narrador comenta este *renacer* de Macrotí en su condición de pueblo, a quien puede verse «trabajando, sudando la camisa», y, sobre todo, «sin dios que lo destruya». El corto cierra en una disolvencia en negro con una frase que interpela al primer narrador: «ese, amigo cura, fundó esta sociedad».

Si Macrotí es el sujeto que funda la nueva sociedad, el evento fundante es la propia Revolución. Es interesante la forma en que Duanel Díaz, al referirse a enero de 1959 como «Grado cero de la sociedad», le preste tanta atención a la crónica en que Virgilio Piñera plasmara su entusiasmo. El texto del poeta al que alude Díaz, donde aquel califica de «río desbordado» y «oportunidad del pueblo» al evento revolucionario, se titula precisamente «La inundación» (2014:23). La efervescencia provocada por la huida del dictador Batista abría la posibilidad de un nuevo comienzo y «el pueblo se lanzó a la calle» a celebrarlo. De aquí a que la relación del pasaje del Génesis y los sucesos protagonizados por Fidel Castro tengan sentido en este corto. Para la cristalización plena del Hombre Nuevo era necesario ante todo introducir cambios radicales que posibilitaran pensar en ese comenzar desde cero con resultados palpables. De esa manera, el carácter afirmativo del segundo narrador cobra un sentido particular hacia 1963, momento de terminación del corto.

Solamente desde el punto de vista de la raza y el rol de la mujer, la Revolución operó con acciones concretas, identificando al racismo y la discriminación femenina como dos problemas a resolver. Por ejemplo, Fidel Castro aludió al tema racial largamente en un temprano discurso en el Palacio Presidencial, el 22 de marzo de 1959 (De la Fuente, 2000:358). Además, el recién legalizado Partido Comunista posicionó el debate sobre la discriminación racial como una de «las tareas más apremiantes» de la nueva realidad, mientras que el movimiento obrero revolucionario enfatizó la necesidad de «la igualdad real» en el país (ibíd.:359). El 6 de febrero, frente a los trabajadores de la refinería Shell, vuelve Castro sobre la cuestión racial, pero esta vez unido a cuestiones de género: «Todo el mundo sabe la tragedia que confronta la mujer y la que confronta el negro. Nos encontramos con dos sectores discriminados» (ibíd.:361). Para el caso de la integración de la mujer, la Revolución tomó acciones concretas. Desde 1959 se crea la FMC y, para 1962, ya se habían afiliado unas 376 000 mujeres.

Sin embargo, la forma en que el epílogo del corto representa el proceso revolucionario centra su atención en Macrotí, dejando fuera a los aborígenes que, de alguna manera, hubieran sumado los factores de raza y género a ella. La única presencia de Macrotí como encarnación del pueblo hace pensar primero en el sentido de color y género que comenzaba a operar en el discurso revolucionario, y en el lugar instrumental que ocuparon las mujeres y los afrodescendientes —quienes desempeñan dentro del contexto revolucionario el lugar de subalterno de los aborígenes durante la conquista—. La frase «sudar la camisa» pronunciada por el segundo narrador como único dispositivo para caracterizar a ese Macrotí renacido permite identificar la categoría central en el nuevo imaginario del presente. Marifeli Pérez-Stable explica que «[l]os líderes no consideraban que el género fuera tan relevante para la [R]evolución como lo era la clase obrera» (1998:187).

341

En ese sentido, esa misma FMC que parecía un espacio para canalizar la emancipación femenina, funcionó como un vehículo para la incorporación de la mujer a los sectores laborales. Además, el carácter instrumental de la mujer en la nueva sociedad iba más allá de su incorporación al trabajo, como puede reconocerse en esta frase de Vilma Espín, fundadora y primera presidenta de la FMC: «El ideal de la mujer nueva es una mujer sana, madre futura de las generaciones que han de desarrollarse en el comunismo» (Pérez-Stable, 1998:187).

De igual forma, la sociedad socialista que emerge tras 1959 obstaculiza la integración de sujetos afrodescendientes, como testimonian los tempranos documentales de Sara Gómez y Nicolás Guillén Landrián. El diluvio revolucionario no solo se propuso borrar las huellas de la sociedad anterior, sino además las «marcas de identidad» de sus habitantes, pues ya en la nueva realidad «[n]o habría más cubanos negros o cubanos blancos, solo cubanos revolucionarios destinados a convertirse en hombres nuevos» (Casamayor-Cisneros, 2015:64).

La cercanía del corto con los sucesos de la Crisis de Octubre permite analizarlo en la estela de las narraciones apocalípticas. Su historia está atravesada por un suceso que divide al mundo en un antes y un después, análogo a ese otro que hubiese sucedido de haberse desatado el conflicto en 1962. Sin embargo, Raggi decide borrar del dibujo animado una relación abierta con el presente, enmarcándolo en una Cuba precolombina donde reconstruye el mito de Noé. Aunque no deja de ser interesante que, entre el cuadro de imagen donde aparece Macrotí junto a la leña apilada y el que presenta el arca completamente terminada, se intercala de forma anacrónica un buque de guerra.

El arca en la leyenda de Noé cumple dos roles. Por una parte, es el cobijo de humanos y animales que sobreviven a la gran tormenta; por otra, es el transporte donde navegan hacia tierra firme una vez finalizado el diluvio. La aparición de ese cuadro pone a los narradores en disputa. El primer narrador grita: «¡paganos, belicistas, ateos!», entre otras blasfemias, mientras el segundo llama a la calma y a la espera, ¿pero a la espera de qué? En respuesta a otra andanada de gritos del narrador identificado como cura católico, el otro pierde la calma y lo manda directo a callar. Este instante permite situar al primero de los dos en un enclave antibelicista, mientras el segundo apoya la guerra, o al menos, la tenencia de armas bélicas. No obstante, como ya he precisado aquí, el segundo narrador no solamente es el privilegiado por el punto de vista del cortometraje, sino que también es el que le da entrada al discurso de la Revolución en el poder. Por tanto, si nos circunscribimos al marco de las ansiedades generadas por la Crisis de los Misiles, habría que concluir que el corto imagina «un nuevo comienzo» para la isla una vez terminada la catástrofe. En esa segunda oportunidad, Cuba viene a ser una geografía sobreviviente, a la cual se encamina Macrotí al final del relato. Esa posibilidad de una Cuba más allá del apocalipsis debe ser leída como un impulso utópico.

De las divisiones de la institución siquiátrica al horror de la mujer emancipada

El caso de *El Capitán Tareco*, por el contrario, se inscribe dentro de las ficciones posapocalípticas porque cancela la posibilidad de renacimiento (Curtis, 2010:4). La mejor evidencia está en la desterritorialización de su argumento. En él no solo desaparece la geografía cubana, sino el planeta en su totalidad. Borrar toda la Tierra en el contexto de la Crisis de los Misiles señala directamente hacia el uso de las armas nucleares tras el desencadenamiento de una guerra global. El trasfondo religioso que sustentaba el argumento de *Macrotí* ya no está en este corto, lo que introduce un giro radical. La diferencia entre los dos tipos de relatos analizados aquí, de acuerdo a la demarcación establecida por Jacqueline Smetak, se entiende a partir de que:

> Las historias apocalípticas son religiosas; las del holocausto nuclear no lo son. Estas últimas comprenden una subcategoría separada, el apocalipsis secular. La principal diferencia entre las dos formas es que en un apocalipsis religioso habrá Revelación y una Segunda Venida. En un apocalipsis secular, no lo habrá (1990:46).

Los ideales de un nuevo mundo ya no tienen cabida en *El Capitán Tareco*. Ahora se trata de sobrevivir bajo el amparo o la opresión de un nuevo contrato social. El cordón que relaciona al ser humano con su espacio geográfico vital desaparece y, si alguna vez se evoca la existencia de ese mundo perdido, no es para proponer la idea de un regreso, porque en este tipo de historia la posibilidad de regresar desaparece por completo (ibíd.:44). Sin embargo, es curioso que la desaparición del mundo no anule un grupo de opresiones discursivas sobre el cuerpo de los sujetos, abriendo un puente entre la vida en ese futuro lejano que imagina el corto y la que impera en el presente revolucionario. Me propongo analizar la forma en que este nuevo corto dialoga con el discurso de la siquiatría puesto en práctica durante los primeros años de la Revolución cubana, como una forma de crear una división entre un sujeto útil a la sociedad y otro que debe recluirse, perseguirse y, de ser posible, hasta exterminarse. Además, analizaré la forma en que el corto encauza la ansiedad de los hombres revolucionarios letrados alrededor del dilema de la mujer emancipada.

El Capitán Tareco es un corto de 10 minutos de duración, realizado también por Tulio Raggi a tan solo un año de estrenar *Macrotí*. Se desarrolla en el espacio exterior, durante el siglo 500, lo que lo enmarca en el subgénero de la ópera espacial caracterizado por la presencia de naves espaciales y reinos inexplorados, donde los humanos confrontaban elementos misteriosos fuera de su zona de confort (Westfahl, 2003:197). Cabe señalar, además, que por esos años la Unión Soviética llevó a cabo las primeras expediciones espaciales, volviendo palpable lo que hasta ese entonces pertenecía por completo a los relatos de ciencia ficción. Por su parte, en octubre de 1963, la visita a Cuba del primer astronauta soviético, Yuri Gagarin (Loss y Prieto, 2012:17), trasladaba el entusiasmo de esa conquista al espacio público nacional.

El corto introduce la atmósfera de los vuelos espaciales por primera vez en el marco de los dibujos animados cubanos, elaborando una epopeya donde intervienen tanto humanos como seres desconocidos. Una banda de extraterrestres a los que llaman «ponzoñitos» ha escapado del manicomio donde estaban recluidos y se tiene información de que se desplazan hacia el satélite X38Pim, custodiado por un anciano con grados de capitán llamado Tareco. A este señor le es asignada la misión de capturarlos y regresarlos de vuelta al centro de reclusión, pero luego de una serie de fracasados intentos, se apoya en un ponzoñito de sexo femenino que mantenía escondido en una caja de alta seguridad. Este nuevo personaje derrota a los fugitivos en un solo combate. Tareco cumple su cometido de forma exitosa, aunque lo accidentado del proceso responde a la ineptitud e ingenuidad que moldean su caracterización. Sin embargo, es presentado por el narrador como «el más valiente, el más abnegado, el más celoso» de todos los «cadetes» sobre los que descansa «la paz en el cosmos», lo cual crea una contradicción entre palabras y acciones que, más allá de ser propia del modelo cómico-fantástico al que se adscribe, crean una desconfianza hacia el nuevo orden social.[9]

---

[9] La historia del anciano y los intentos de fuga de los ponzoñitos reaparecen en una saga el año siguiente, titulada *El capitán Tareco en el planeta misterioso*, realizada por el propio Raggi. En esta segunda parte, los personajes actúan exactamente igual al relato anterior, manteniendo el mismo grado de desconfianza sobre la estabilidad de ese régimen del

Para los propósitos de mi texto, quiero detenerme en dos de los aspectos que articulan el corto, que me permiten discutir lo relativo a género y discurso siquiátrico en el contexto de la década de 1960. Primero, crear un eje de relación en los tres estadios en que dividen los personajes: el bien y el mal; dominantes y dominados; sanos y enfermos; y finalmente, humanos y no humanos. Segundo, analizar lo femenino como dispositivo exterminador, tal y como es presentado en el relato.

La deriva comunista que fue tomando la Revolución cubana durante sus primeros años creó un abismo no solo entre las diferentes facciones que integraban el espacio de lo político, sino también en el marco de la sociedad civil. Por una parte, «el pueblo revolucionario y trabajador» fue elegido como representante del discurso estatal, mientras que:

> La Iglesia católica, pastores protestantes, Testigos de Jehová, las religiones afrocubanas, las asociaciones raciales, gremiales o espirituales del período republicano, los homosexuales y los propios sectores de clase media y alta que permanecieron en la isla luego de las grandes transformaciones entre 1959 y 1961, sufrieron distintos tipos de segregación social y represión política (R. Rojas, 2015:125).

La variedad de actores sociales quedó atrapada en el esquema de «buenos» y «malos» cubanos, posibilitando la estigmatización de los segundos. Una forma óptima de vehicular este programa fue la institución siquiátrica, encargada de producir un saber acerca de mentes sanas y enfermas. En el marco del gobierno revolucionario cubano, los expertos dejaron abierta la indistinción entre enfermedad y delito (Marqués de Armas, 2014:186), generando una especie de «salud sicopolítica» que permitía dividir a la población entre «pueblo trabajador» y «gusanos y lacras sociales» (ibíd.:173). El esfuerzo en la movilización de ese saber y en el perfeccionamiento de sus instalaciones permiten ubicarlo entre uno de los símbolos utópicos de esos primeros años de Revolución (Lambe, 2016:140). En ese sentido, el manicomio iba a ocupar un espacio fundamental en el nuevo contrato social, desde su carácter englobador de «los problemas sociales y siquiátricos que más golpeaban a la sociedad cubana» (Marqués de Armas, 2014:175).

El Capitán Tareco deja ver parte de ese contrato social cuando presenta el escape de los ponzoñitos como un evento que desestabiliza la «paz en el

---

futuro, y demostrando la perseverancia en el carácter protagónico del manicomio en el imaginario del autor.

mundo». El orden social es solo posible si algunos sujetos permanecen recluidos en el manicomio. No obstante, quiero detenerme en las anomalías que presenta la red genérica que se entrelaza en el corto, para que se transparenten las coincidencias entre el contrato social que presenta y el que establece el nuevo proceso revolucionario. En primera instancia, la epopeya espacial introduce una lógica de vida diferente a la vida en la Tierra, de acuerdo a la ausencia de oxígeno y fuerza de gravedad. Las repetidas veces que Tareco olvida estas nuevas reglas no solo se vuelve objeto de un efecto cómico en el relato, sino que permiten pensar en la difícil y dolorosa adaptación a ellas. Además, el *space opera* permite introducir seres extraterrestres, pero en el relato son objeto de persecución bajo la coartada de la institución siquiátrica que existe para el trato con humanos. Llegado este punto, podría pensarse que la equivalencia propuesta por la siquiatría entre seres humanos y extraterrestres responde a una similitud entre dos variantes de enfermedad mental, de manera que el tratamiento para unos pueda extenderse a otros. Sin embargo, los ponzoñitos no muestran señales de enfermedad; por el contrario, sus habilidades mentales les permiten desmantelar cualquier plan elaborado por Tareco para apresarlos, lo cual indica que su reclusión responde a una causa diferente a la de la enfermedad.

Por su parte, el cosmos del relato no solo tiene sus leyes físicas y su contrato social, sino que además deja ver una lógica de dominación donde los humanos se presentan como soberanos. Ellos administran el orden y, por tanto, también deciden las leyes del contrato en vigor. No importa que Tareco sea un incompetente, las leyes posibilitan su designación como «el más abnegado» entre todos los cadetes. Incluso, los actos anacrónicos del anciano, que usa armadura medieval en lugar de un traje espacial, o se vale de una herramienta propia de un inodoro para eliminar las obstrucciones en el escape de su nave aérea, subrayan este conflicto, develando la inoperatividad del contrato.

En el rango de equivalencias posibles entre el relato y el contexto, los ponzoñitos vienen a representar a esos *malos cubanos*, una parte de esos problemas sociales indagada por la salud sicopolítica de la Revolución. Su condición de no humanos coincide con la nueva nomenclatura que cataloga de *gusanos* o *piltrafa* a esa porción de la sociedad diferente del pueblo trabajador. Desde esta perspectiva, estos extraterrestres juegan el rol de ese pueblo enfermo que impide la «paz en el mundo», por lo cual debe ser recluido, perseguido y criminalizado, más allá de sus probadas habilidades mentales. Las evidencias criminales de los ponzoñitos responden a un atributo que no pueden esconder por su carácter fundamental: no son humanos, de la misma forma en que muchos intelectuales y artistas exhibían a inicios de los años 60 en Cuba el «pecado original» de no ser «auténticamente revolucionarios» (Guevara de la Serna, 2011:17). En el contrato social de ese cosmos donde el ser humano gobierna, el solo hecho de pertenecer a otra especie se convierte en delito.

Por otra parte, resulta curiosa la forma en que el género femenino es presentado. Cuando la captura de los ponzoñitos se vuelve imposible para Tareco, este acude a su última estrategia. Resguardada en su nave bajo extrema seguridad, una caja envuelta en papel de regalo esconde a uno de estos extraterrestres, pero que, a diferencia de aquellos, es de género femenino. El grado de expectación de los ponzoñitos alrededor del paquete visibiliza la importancia que esta aparición tendrá en el relato. De modo que este nuevo personaje viene a ser el arma letal que usa Tareco para reducir a los prófugos y concluir la misión que le fue asignada.

La creación de armas de alto contenido científico cuenta con un importante hito en el desarrollo de tecnología nuclear, pero su proliferación en la literatura y el cine se da a través de la ópera espacial (Westfahl, 2003:200). Sin embargo, en lugar de colocar una estructura material, el arma está encarnada literalmente en un cuerpo. A diferencia de los cuerpos amenazantes de *Invasions of the Body Snatchers* (Siegel, 1956), el dilema no es el reemplazo de los seres humanos, sino la sexualidad femenina. No obstante, el corto cubano puede interpretarse, al igual que el filme de Siegel, desde una dimensión simbólica de profundas implicaciones ideológicas. En *Invasions*, el trasfondo del anticomunismo en Estados Unidos aflora en una plaga alienígena, creando un perfecto equilibrio entre propaganda política y cine de ciencia ficción. Por una parte, la propaganda quedaba enmascarada con seres de otro planeta; por otra, el uso de armas supersónicas y platillos voladores era suplantada por un alien vegetal (Meeker y Szabari, 2012:32).

El análisis que presento de *El Capitán Tareco* tiene dimensiones nacionales y el terror anticomunista estadounidense es reemplazado por una ansiedad de los intelectuales cubanos ante la emancipación femenina. Sin embargo, esta ansiedad también opta por la representación simbólica de los extraterrestres, pero en lugar de plantas, coloca un cuerpo femenino. Lo interesante es que, si en *Invasions* esos cuerpos clonados son el enemigo, en el corto de Raggi el cuerpo femenino aparece para coartar a sus pares masculinos extraterrestres. En el conflicto entre bien y mal, humanos y no humanos, ese cuerpo femenino cae en una indistinción. ¿Cómo puede ayudar a sus enemigos humanos, sin reparar en que ella misma pertenece a la especie perseguida? Este punto le arroja al sujeto femenino una doble implicación: por un lado, su letalidad, por otra, su traición.

347

¿Por qué el sujeto femenino no es humano, sino de la especie extraterrestre? Ante esta pregunta, cabría suponer que, junto a la posibilidad de emancipar una mujer pensada en términos de docilidad y sanidad, «madre futura de las generaciones» en el comunismo tal y como lo planteó Vilma Espín, la Revolución puede darle luz larga a otro tipo de sujeto femenino no tan dócil, suerte de «cubana mala» que pretenda salirse del papel que la sociedad le asignó. Sin embargo, no hay que perder de vista que, en la guerra de estrategias que establece Tareco con los ponzoñitos, donde las operaciones mentales deciden las intervenciones, el sujeto femenino solo puede ofrecer su sexualidad. Pero aquí el sexo, visto como un aliado del mal en la mujer en el discurso conservador occidental que hereda la Revolución, es todo aquello que exceda «la responsabilidad que les cabría respecto de la salud de sus hijos, de la solidez de la institución familiar y de la salvación de la sociedad» (Foucault, 2014:177). De ahí se entiende que, fuera de su labor reproductiva y de su papel central en la familia, su interacción en la sociedad solo puede ser destructiva.

Por tanto, es lógico que la ambigua inserción del sujeto femenino en el relato sea un reflejo de la propia inserción de la mujer en la sociedad socialista cubana de los años 60. Si la Revolución privilegiaba el sector productivo, creando el imaginario obrero por encima de cualquier otro, no hay que olvidar que, como discutimos a propósito de la secuencia final de *Macrotí*, ese imaginario llevaba sexo masculino. El hecho de que la mayoría de las mujeres cubanas durante esa década eran amas de casa y no trabajadoras asalariadas (Nazzari, 1983:250) permite imaginar el amplio espectro de la dominación masculina en la sociedad. Por eso, la entrada masiva de la mujer al trabajo, que debía satisfacer una exigencia de la Revolución, constituía un conflicto para un poder en manos de los hombres y para una sociedad de amplios prejuicios machistas (ibíd.:247).

Esta dimensión problemática del sujeto femenino se soslaya en el corto, puesto que en el futuro que imagina va a ser encauzado en favor del «bien social». El relato parece indicar que esa liberación femenina es inevitable, pero propone una forma de darle un «uso productivo» en la sociedad. De esta forma, la mujer se representa más allá de su rol social, pero sin agencia. La ponzoñita es lo suficientemente vigorosa como para cooptar al enemigo, pero responde a los propósitos de Tareco y no a los suyos propios. Su heroicidad ni siquiera es digna de celebración, ni por parte de los humanos, que la utilizan con el objetivo de efectuar una misión peligrosa, pero que la abandonan a su suerte; ni por los extraterrestres, que siendo de su especie, se ven traicionados frente a sus ataques. Tareco termina como el héroe absoluto, devolviendo a los ponzoñitos al manicomio. La identificación sexual femenina, además, consolida la distinción entre sujetos sanos y enfermos, y posibilita la obtención de notoriedad de los primeros, y de opresión de los segundos.

Con el análisis de dos cortos del realizador cubano Tulio Raggi, he podido llegar a varias conclusiones. Primero, el alcance productivo de asociar sucesos apocalípticos, ya sea de orden mítico, histórico o que provengan de la ciencia ficción. La angustia generada por la Crisis de los Misiles propició en Raggi la evocación del fin del mundo y un nuevo comienzo para la humanidad, por mediación del mito del diluvio universal, en el caso de *Macrotí…* Además, entrelazó la perspectiva bíblica del castigo divino con el mito modernista de civilización del Nuevo Mundo, encarnado en el momento de la conquista y colonización de las Américas. Garantizó una lectura positiva de la Revolución, al equipararse con la idea de que el diluvio universal implicaba un «nuevo comienzo» para una humanidad pecadora, posibilitando su redención. Sin embargo, al analizar los conflictos de raza y género dentro del relato, es posible acceder a las contradicciones que esa ingeniería social revolucionaria presenta.

El análisis de la posición extrema en que son colocados los sujetos femeninos en ambos cortos posibilita entender los dilemas de la transformación social de aquellos años. Para el caso de *Macrotí…* como reescritura del mito de Noé, acudimos a la invisibilización del sujeto femenino en sus dos variantes. Por una parte, el análisis literal del argumento demostraba la tachadura del rol femenino en la leyenda, evitando incluso la mención de sus nombres; por otra, el análisis simbólico permitió entender el diluvio como una usurpación del rol creador de la mujer en el mundo, para convertirlo en creación masculina. En el otro extremo, *El Capitán Tareco* no invisibiliza a la mujer, sino que la sobreexpone. Pero esa sobreexposición la muestra como sujeto peligroso, incompatible con el proyecto de sociedad nueva. Además, la condición aniquiladora del sujeto femenino ni siquiera responde a su propia agenda, sino más bien a la de un hombre a quien debe obedecer.

Finalmente, tanto los dispositivos de género y raza como la institución siquiátrica, en el caso de *El Capitán Tareco*, aparecen como elementos fundamentales en el nuevo contrato social de los relatos que funcionan como un puente para reflexionar acerca de la sociedad socialista que se proyectaba durante los años 60.

16

SINTIENDO UNA ISLA: «MARCAS SENSORIALES» EN EL DISCURSO COLONIAL SOBRE CUBA EN LOS SIGLOS XV Y XVI

(Isdanny Morales Sosa)[1]

---

[1] Este ensayo es el resultado de una investigación realizada en 2018 para la maestría en Historia del Arte en la Universidad de La Habana.

(Matanzas, 1993). Doctora en Filosofía, mención Estética y Teoría del Arte en la Universidad de Chile. Becaria ANID Doctorado Nacional 2019. Licenciada en Historia del Arte por la Universidad de La Habana; donde fue profesora de Estética y Teoría de la Cultura Artística III entre 2016 y 2019. Editó el dossier «Insomnios posrevolucionarios: agotamientos, desvíos y reescrituras en el cine cubano contemporáneo» para la revista chilena *laFuga*. Organizó el panel «Reescrituras políticas: exploraciones al cine cubano» para el X Encuentro de Investigación sobre Cine Chileno y Latinoamericano de la Cineteca Nacional de Chile. Curó la muestra Imágenes a contrapelo, sobre cine de no-ficción cubano contemporáneo, para la edición IV del Festival Frontera Sur.

Comúnmente cuando se piensa o se discursa sobre el término «paisaje», ya sea urbano o rural, se hace en relación a descripciones que emanan solo de percepciones visuales, omitiendo referencias de tipo sonoro, gustativo, táctil y olfativo. Así lo pensamos casi siempre a través de imágenes del tipo «la inconmensurabilidad de la montaña» o «la ciudad en ruinas», todo lo cual se relaciona con la centralidad que ha tenido el sentido de la vista históricamente en Occidente. El trabajo del Centre for Sensory Studies de Concordia University dio cuenta de esta convención y señaló que las herramientas tradicionales de las ciencias sociales solo habían discursado en torno a *lo visual*, permaneciendo en territorio ignorado experiencias ligadas a los denominados «sentidos inferiores»; a saber, tacto, gusto y olfato (Bull y Howes, 2016). En las fronteras de los estudios sensoriales, la antropología y la historia de los sentidos, varias investigaciones han propuesto recientemente el concepto *paisaje sensorial* para pensar los paisajes, tomando en consideración también las sensaciones que involucran al resto del aparato perceptual. Lucci ubica el origen de este concepto en el de *paisaje sonoro*, que fuera articulado por el investigador y compositor canadiense Raymond Murray para referirse al estudio de los sonidos generados por la naturaleza y los ambientes en un espacio-tiempo determinado (2018).

Justamente, tanto los diarios de navegación, las crónicas de viaje como la correspondencia indiana fungen no solo como narraciones de hechos concretos, sino como registros de las percepciones del europeo tras su arribo a América. En estos textos son recurrentes descripciones —algunas más distendidas que otras— sobre lo que el invasor ve y también sobre lo que escucha, siente, degusta y huele. La flora, la fauna, los recursos naturales, las costumbres y los rituales de las poblaciones originarias son enjuiciados desde su aparato perceptivo, el cual carece de suficientes sustantivos, adjetivos y de lenguaje en sentido general capaz de nombrar y comprender todo lo desconocido que se le presenta. De esta manera los pasajes se encuentran marcados por la sorpresa, el distanciamiento y *la diferencia*, por el descubrimiento de un espacio *otro* que, interpelado desde las convenciones del invasor en tanto desevangelizado, *bárbaro* y mucho menos sofisticado tecnológicamente, se asumiría como inferior. Lucci sostiene la posibilidad de hablar sobre una conquista sensorial de América en tanto:

> *El agua, el aire, la tierra, la fauna y la flora locales, descritas a partir de la sensorialidad, dejan de ser meros registros impersonales para cobrar una dimensión cultural en la que las reminiscencias del Viejo Continente que los observadores habían dejado atrás se convierten en herramientas interesadas de individuos que se enfrentan por primera vez a espacios ajenos, a la interacción con nuevas realidades naturales —además de políticas y sociales— transoceánicas que conformarían paulatinamente un nuevo imaginario cultural (ibíd.:25-26).*

La mayoría de estas historias, como se conoce, se escriben en América para ser enviadas a Europa y construyen desde y a través de la percepción del colonizador los discursos que sobre estas tierras serían diseminados por el viejo continente. Pero habría que recordar también que muchos de los relatos puestos en circulación no siempre eran escritos por exploradores que viajaban directamente al Nuevo Mundo. Así, por ejemplo, en la *Historia general de las Indias* —publicada en Zaragoza en 1552— podemos encontrar pasajes referidos a Cuba, aunque su escritor, el cronista español Francisco López de Gómara nunca visitó ni la isla ni América. En estos casos, las crónicas se articulaban como una interpretación de otras cuyas veracidades ya se encontraban comprometidas y el mito deviene su rasgo fundamental. De este modo impreciso, utópico y colonialista desde la génesis de la conquista y colonización se irán configurando muchos de los imaginarios sensoriales que persisten aún hoy sobre Latinoamérica y el Caribe.

En el presente ensayo identificaremos algunas «marcas sensoriales» registradas en textos coloniales con data de finales del siglo xv y del xvi que nos permiten advertir los primeros imaginarios articulados sobre la isla de Cuba. Siguiendo las tesis del *giro sensorial* y aquella máxima de Mignolo cuando sugiere al lector poner toda su atención sobre *la enunciación que enuncia y la mano que dibuja la mano*, cuestionaremos en qué medida los imaginarios que emanan de las descripciones de los supuestos paisajes sensoriales de la Isla tienen como trasfondo códigos y tradiciones prescritas y, principalmente, juegos ideológicos y de poder (2009a).

Cuando empleamos el concepto «*marcas sensoriales*» lo hacemos a partir de la definición enunciada por Rodríguez para referir «las marcas visuales, auditivas, olfativas, gustativas y táctiles presentes en los textos, que identifican a las percepciones que guardan una especial significación para la trama sensorial de una cultura» (2018:100). En este sentido, hemos considerado centrales al análisis documentos de Cristóbal Colón (1964), Fray Bartolomé de las Casas (2011), Bernal Díaz del Castillo (2011), Gonzalo Fernández de Oviedo (1950) y Francisco López de Gómara (2015); nombres que, en tanto actores fundamentales de la época, sostienen testimonios imprescindibles para dilucidar la problemática que nos ocupa.

Reubicación del cielo, intemperancia e isla sierva

Con certeza, el diario de navegación más importante y conocido de este período es el del propio Cristóbal Colón, el cual recoge sus experiencias durante los cuatro viajes a América realizados indistintamente entre 1492 y 1502. Aun cuando en la mayoría de los textos analizados en este trabajo es posible advertir distintas «marcas sensoriales» mediante descripciones de ambientes, clima, alimentos y valoraciones de costumbres, como línea general predomina un «estilo» de escritura narrativo apegado al inventario concreto de acciones y acontecimientos; en el diario de Colón las descripciones transcurren de modo mucho más distendido, lo que Todorov encuentra muy ligado a su vocación de hermeneuta (1998).

La primera observación que debería tomarse en consideración es que el Almirante articula las descripciones de las islas desde sus bordes, pues aunque toca tierra y conoce a algunos de sus pobladores, así como la vegetación y la fauna, no penetra hacia el interior. Asevera Wood que:

> De esas primeras versiones colombinas de las islas —incluyen las referencias a la vegetación, la hidrología, el clima, la densidad humana y a las redes de comunicación de los pobladores que guían al Almirante y lo conducen en los recorridos por el mar Caribe—, se define una geopolítica del espacio antillano desde la cual se construyeron discursos simbólicos comunes al archipiélago, una narrativa genésica de la naturaleza insular, una apropiación a través de la palabra (2012:37).

Proveniente de una isla llamada Guanahaní, que según se cree pertenece al actual territorio de las Bahamas, las primeras referencias a Cuba en el

Diario comienzan el 23 de octubre, cuando el Almirante decide partir hacia su rumbo. Cuba, según su preconcepción, debería ser Cipango, nombre con el que Marco Polo llamaba a Japón en sus escritos. Esta tierra, como aseguraran los pobladores naturales, prometía estar henchida de riquezas, lo que se traducía básicamente en minas de oro, especias y mano de obra fácil. Hacia el 28 de octubre, ya en territorio cubano, Colón escribía:

> que nunca tan hermosa cosa vido, lleno de árboles, todo cercado el río, fermosos y verdes y diversos de los nuestros, con flores y con su fruto, cada uno de su manera. Aves muchas y pajaritos que cantaban muy dulcemente; había gran cantidad de palmas de otra manera que las de Guinea y de las nuestras, de una estatura mediana y los pies sin aquella camisa y las hojas muy grandes, con las cuales cobijan las casas; la tierra muy llana [...] llena de muy buenos puertos y ríos hondos, y la mar que parecía que nunca se debía de alzar porque la hierba de la playa llegaba hasta cuasi el agua, la cual no suele llegar donde la mar es brava. Hasta entonces no había experimentado en todas aquellas islas que la mar fuese brava. La isla dice que es llena de montañas muy hermosas, aunque no son muy grandes en longura, salvo altas, y toda la otra tierra es alta de la manera de Sicilia; llena es de muchas aguas (48).

Más adelante escribe que encontró frutas de un maravilloso sabor, un sonido de aves que los hombres nunca quisieran abandonar, grillos que cantaron durante toda la noche, aires sabrosos y dulces, grandes arboledas muy frescas y odoríferas, según lo cual no dudaba que también existiesen en este espacio plantas aromáticas. Así continúa su relación:

> Estas tierras son muy fértiles: ellos las tienen llenas de mames que son como zanahorias, que tienen sabor de castañas, y tienen faxones y fabas muy diversas de las nuestras, y mucho algodón, el cual no siembran, y nacen por los montes árboles grandes, y creo que en todo tiempo lo haya para coger [...] y otras mil maneras de frutas que no me es posible escribir; y todo debe ser cosa provechosa (ibíd.:54).

Colón insiste en los adjetivos (verde, tupida y hermosa) para describir la vegetación cubana. Queda atónito ante los olores que emanan de las frutas y los árboles. Su cuerpo agradece un clima nocturno que se encuentra en la justa medida entre lo frío y lo caliente. Destaca la pureza y transparencia de sus aguas y señala que no han causado ninguna enfermedad entre los miembros de su tripulación a diferencia de las pestilentes encontradas en Guinea. Al parecer, la isla deslumbra al Almirante por su vegetación, fauna y clima. Sus ojos, según su relato, no podían parar de apreciar tanta belleza, que le hacía creer que habría llegado al cielo mismo.

Gonzalo Fernández de Oviedo, primer cronista del Nuevo Mundo, en el *Sumario de la Natural Historia de las Indias* datado de 1526 y dirigido al rey Carlos I, dedica un breve pasaje a Cuba en el que asegura que la isla, así como San Juan y Jamaica, es muy rica en árboles, peces, minas de oro y cobre. Da cuenta de la presencia de un tipo de pequeñas perdices que, según sus comentarios, eran muy fáciles de cazar, domesticar y rápidamente cebar convirtiéndose en «un manjar muy delicado en el sabor» (1950:102). También encuentra admirable un valle que contiene piedras muy fuertes, principalmente pequeñas y redondas, que podrían ser empleadas en la artillería. Queda sorprendido ante la belleza de unas grandes aves de color negro y pecho blanco que se posan sobre las lagunas.

En un pasaje sobre Cuba, Francisco López de Gómara reitera en su *Historia general de las Indias* algunos de los motivos que escribieran tanto Colón como Fernández de Oviedo. En sus descripciones señala que es Cuba «una tierra áspera, alta, repleta de montes y rodeada de un mar blanco» (2015:75). Escribe que los ríos no son grandes pero, como sostenía el Almirante, poseen buenas aguas, ricas también en oro y peces. Asimismo insiste en las ideas del clima agradable por templado, la presencia de cobre y de un animal parecido a la liebre con una carne sabrosa. De hecho uno de los motivos más citados en los textos son los tipos de alimentos disponibles en la isla. En su obra *Verdadera Historia de la Conquista de La Nueva España*, Bernal Díaz del Castillo, quien participara directamente de la conquista y la colonización, entre grandes acciones y movimientos de invasores escribe episodios de este tipo: «otros seis recogieron de toda la isla, y los hizo proveer de bastimento, que era pan cazabe y tocinos, porque en aquella sazón no había en la isla de Cuba ganado vacuno ni carneros» (2011:63).

Si tomamos en consideración lo escrito por Colón en su diario podemos sostener varias conjeturas preliminares. La primera es que el encuentro con la isla deja sumergido al Almirante aparentemente en una experiencia estética, si entendemos la potencialidad de *lo estético* en una revisión ampliada de Morawski (2006). En este sentido, como portador de mensajes que seducen y activan el aparato sensorio-perceptual del individuo al quebrar la manera habitual de relacionarse con «la realidad» y generando, por tanto, experiencias inesperadas, sorprendentes y placenteras que lo ponen en un estado de estímulo sensorial. Colón escribe a los reyes el 14 de noviembre que sus palabras no alcanzaban a describir todo lo que encontraba en la isla, teniendo que recurrir constantemente a la comparación con lugares y experiencias ya codificadas y conocidas. Este gesto nos brinda uno de los primeros argumentos para afirmar que los imaginarios asociados a los paisajes sensoriales que circulaban en la época sobre Cuba se corresponden más bien con un trazado marcado por experiencias preconcebidas y construidas desde el afuera. A propósito, Todorov sostiene que en el diario del Almirante predomina una estrategia de interpretación finalista, consistente no en buscar la verdad en lo desconocido, «sino en encontrar confirmaciones para una verdad conocida de antemano (o, como se dice, en tomar sus deseos por realidades)» (1998:28).

El registro sensorial meticuloso que hace Colón de aguas, puertos, clima, árboles, frutos y animales de Cuba en términos positivos contiene la legitimación de cuanto allí encuentra para la explotación y beneficio de la corona española. En este sentido, el objetivo del diario es informar sobre una naturaleza virgen, próspera y prometedora. Pasando por alto a los pobladores nativos, son recurrentes los pasajes que dan por sentado la inminente colonización y dominio de la isla: «aquí, en la boca de dicho río, el mejor puerto que fasta hoy vi, […] buen lugar y asiento para hacer una villa e fuerte» (1964:59); «aquel puerto de Mares es de los mejores del mundo y mejores aires y más mansa gente, y porque tiene un cabo de peña altillo se puede hacer una fortaleza, para que si aquello saliese rico y cosa grande estarían allí los mercaderes seguros de cualquiera otras naciones» (ibíd.:55). González Herrera, quien en la metodología de sus investigaciones contrarresta las crónicas de Indias con el registro arqueológico y la etnografía comparada, nos recuerda que el diario de Colón es una fuente de obligada consulta, «siempre y cuando se tenga en cuenta que presenta numerosas contradicciones y una manipulación evidente de la información expuesta, en función de acaparar la atención de la corona española con relación a las potencialidades de todo tipo, que podría ofrecer el "Nuevo Mundo" para el desarrollo económico de la Península» (2015:14).

En el sentido de ejercer un llamado de atención al rey sobre las posibilidades de enriquecimiento que significaba la explotación del territorio insular, también podemos interpretar las observaciones que Gonzalo Fernández de Oviedo (1950) realiza sobre Cuba en el *Sumario…* y así mismo las de Francisco López de Gómara en su *Historia general de las Indias*. La motivación del primer texto aparece explícitamente enunciada hacia el final, cuando el cronista, a propósito de los temas abordados, escribe: «porque en verdad es una de las cosas muy dignas de ser sabidas y tener en gran veneración, por tan verdaderas y nuevas a los hombres de este primer mundo» (1950:274). Como lectores, deberíamos cuestionarnos la veracidad de sus glosas, pues, como también apunta: «he escrito en este breve sumario o relación lo que de aquesta natural historia he podido reducir a la memoria, y he dejado de hablar en otras cosas muchas de que enteramente no me acuerdo» (íd.). De hecho, los propios cronistas de la época dan cuenta de las contradicciones presentes en unos y otros textos. Así, por ejemplo, Bernal Díaz del Castillo en su *Historia verdadera…* se refiere a las crónicas de López de Gómara como incoherentes y plagadas de lisonjas y palabras viciosas (2011).

Colón enumera también en el diario una serie de descripciones sobre los habitantes de la isla que los inserta dentro del mito del *buen salvaje*. Una de ellas versa sobre su mansedumbre, lo cual sería reiterado en el pasaje que Fray Bartolomé de las Casas dedica a Cuba en la *Brevísima relación de la destrucción de las Indias*: «Una vez, saliéndonos a recibir con mantenimientos y regalos diez leguas de un gran pueblo y llegados allá nos dieron gran cantidad de pescado y pan y comida, con todo lo que más pudieron» (2011:39). A propósito de los primeros pobladores, sostiene el Almirante además que desconocen la guerra y ofrecen muchos regalos a cambio de poco, portan armas de defensa equiparables a las usadas en los juegos infantiles, pintan sus cuerpos, andan desnudos, ignoran la ley, no veneran a ningún dios y las mujeres besan los pies de los navegantes.

Todorov explica que, a través de la lectura de los diarios, cartas y documentos en general producidos por Colón durante sus cuatros viajes a América, puede constatarse cómo muta su apreciación sobre los pobladores del Nuevo Mundo en función de sus intereses y convicciones. Así, por ejemplo, el Almirante pretendía borrar toda información que diera constancia de la condición insular de Cuba, pues le urgía demostrar su pertenencia a tierra firme. Como los aborígenes de la isla se niegan a aceptar la convicción colombina, en un pasaje de su segundo viaje a América pretende desacreditarlos refiriéndose a ellos en los términos de «gente bestial», sin «letras ni memorias antiguas» y que solo se deleitan «en comer y en mugeres» (Todorov, 1998:30).

Francisco López de Gómara en la *Historia general de las Indias* (2015) advierte la semejanza de los nativos de la isla con los de La Española. En todo caso consideraría a la mujer originaria, según sus términos, como una figura de ascendencia diabólica. La nombra poco casta y aborrece la desnudez de su cuerpo en tanto incita al hombre europeo a cometer terribles actos pecaminosos. En uno de los pasajes de la *Historia verdadera…*, Díaz del Castillo también llama la atención en términos negativos sobre la desnudez de los nativos de Cuba y sostiene una comparación a propósito con los pobladores encontrados en Yucatán: «Y tuvímoslos por hombres de más razón que a los indios de Cuba, porque andaban los de Cuba con las vergüenzas afuera» (2011:11). La desnudez se interpretaría también como un signo de despojo de toda identidad cultural y sería directamente proporcional a la supuesta carencia de costumbres, ritos y religión (Todorov, 1998:44).

López de Gómara acusa a los pobladores originarios de sodomía, zoofilia, pereza, holgazanería y embriaguez. Sostiene que tanto mujeres como hombres bailan durante varios días con sus noches el areíto en alabanza a sus ídolos. Los incrimina de polígamos poniendo como ejemplo la treintena de mujeres que cada cacique posee como esposas y el hecho de que todos a su vez yazcan juntos. En este caso no es menor la comparación que establece el cronista entre esta práctica y una costumbre animal: *la de las gallinas de dormir junto al gallo*. También asegura que en las bodas ,«si el novio es cacique, todos los caciques convidados prueban la novia primero que no él; si mercader, los mercaderes; y si labrador, el señor o algún sacerdote» (2015:75).

Díaz del Castillo, en otro pasaje de la *Historia verdadera…*, se refiere a San Antón —Cabo de San Antonio actualmente— como la tierra de «los Guanatabeis, indios salvajes que no sirven a los españoles» (2011:686). Para referirse a este grupo poblacional, Diego Velázquez empleó el mismo adjetivo despectivo en una carta de relación de 1514 dirigida a la corona española, según destaca González Herrera: «Estos aborígenes vivían en cuevas, "a manera de *salvajes*", pues no disponían de casas, ni asentamientos, ni poblados» (2010:7). El propio González Herrera invita a recordar nuevamente las contradicciones que presentan los textos de los cronistas. Mientras Diego Velázquez, Fernández de Oviedo y Pedro Mártir de Anglería comparten criterios en relación a las supuestas características «salvajes» de los guanahatabeyes, Fray Bartolomé de las Casas las niega rotundamente (íd.). El fraile en la *Historia de las Indias* sostiene que los habitantes del extremo occidental de Cuba vivían en grandes poblados, donde se refugiaban de los ataques de los españoles (2011).

Todas estas apreciaciones, en primera instancia, se encuentran atravesadas por los intereses de quienes escriben. Desconocen e interpretan erróneamente los códigos y sistemas simbólicos de aquellos primeros pobladores que diferían de las convenciones de la mirada normativa occidental. Por ejemplo, Rodríguez aclara que los cuerpos pintados de los pobladores —a los que hiciera referencia Colón— no constituían un mero atavío estético, sino el modo de expresar su preparación para la guerra (2018). Como señala Mignolo:

si bien el nativo, andino o castellano, [y el insular también] no tiene privilegios en cuanto a la verdad de la historia, sí tiene una subjetividad y una localización geo-histórica (lenguas, tradiciones, mitos, leyendas, memorias) en las cuales se basa su manera de comprenderse a sí mismo, a los otros y al mundo. Y esta singularidad de experiencia y de vivencias no les puede ser negada ni a los unos ni a los otros (eran todos «hombres» en este contexto), aunque los castellanos asumían una universalidad que les era propia y que no pertenecía a ningún otro habitante del planeta que no fuera cristiano (2007:35).

En este sentido, el invasor pasó por alto la cultura de las poblaciones originarias creyendo la suya como universal. Taínos y guanahatabeyes tenían su propias tradiciones, una no de trinidades, eucaristías y grandes catedrales, sino de cemíes y bateyes; no de reyes o papas, sino de caciques y behíques.

La mano que dibuja la mano

En Occidente, en tanto los placeres derivados de la vista y el oído son interpretados como estéticos, aquellos relacionados con el tacto, el gusto y el olfato —justamente con los que el discurso colonial asocia en términos peyorativos a los primeros pobladores— son altamente represibles. La génesis de esta problemática se encuentra ya entre los escritos pitagóricos de la antigua Grecia que por esa vía llegarían a Platón (2003). Su concepción trascendental del universo desplegada en la Teoría de las Ideas supone un rechazo a lo sensible advirtiéndose en su pensamiento la expresión del *presentismo* occidental a través de la dualidad cuerpo-alma. Ambos términos se contraponen en un brutal enfrentamiento, donde el alma se articula como entidad central y hegemónica, mientras que las experiencias corporales quedan marginadas o asumidas como inferiores en su sistema filosófico, tal como puede leerse en *El Fedro* y *El banquete*, pero principalmente en *Fedón o del Alma*.

Las tesis platónicas de la supuesta escisión entre dos mundos, el uno material y el otro espiritual, el consecuente desprecio y mala reputación de lo sensible por mundano, carente o mortal en contraposición al Ideal serían recicladas por la reflexión estética cristiana de la Edad Media, otorgándole una nueva dimensión y significado. Lo que el heleno llamó Idea se convertía en Dios, fuente de conjunción de todos los universales. Y en este sentido lo verdaderamente bello no se presentaba de modo sensible, sino a través de una belleza trascendental ante la cual la hermosura de las cosas materiales se tornaba pequeña, insignificante y pasajera. En este contexto, la belleza del «Creador», eterna y absoluta, solo podía ser contemplada no por los sentidos, sino por el alma de los puros y los santos (Tatarkiewicz, 2007). Todo ello supone una condena definitiva del cuerpo y lo sensible elevando lo espiritual y lo ascético, valores que marcarían no solo el decursar de la estética medieval, sino el devenir mismo de la cultura occidental.

En el pensamiento aristotélico la experiencia estética se subordina a la moral. En *Ética eudemia*, Aristóteles reflexiona sobre qué placeres pueden ser considerados moderados y cuáles intemperantes, lo que se traduce desde una lectura contemporánea, aunque no emplea un término de este tipo, a la tesis sobre qué tipo de experiencias son susceptibles de ser pensadas como estéticas. Para el estagirita, el hombre es intemperante cuando se deja seducir y atrapar por los placeres que provienen del gusto y el tacto porque estos se encuentran más cerca de la *animalidad* que de lo humano en tanto incitan a la lujuria, la embriaguez, la gula o la relajación (1998). En guiño intertextual hacia las mismas Sagradas Escrituras, nos urge recordar cuántos de los siete supuestos pecados se originan en los deseos del cuerpo: la gula, la pereza y la lujuria, por ejemplo. En esta misma línea, Schiller, en sus consideraciones sobre la estética en el siglo XIX, sostiene que «mientras el hombre es todavía salvaje, disfruta más por medio de los sentidos táctiles […] que a través de los sentidos superiores de la vista y el oído» (1982:195).

Agamben recuerda que los griegos no tenían un término único para nombrar lo que nosotros conocemos con la palabra «vida» (1998). Así, empleaban indistintamente dos vocablos para referirse a lo mismo: *zoé*, que implicaba el mero hecho de estar vivos y era común a los hombres, los animales y los dioses, y *bíos*, según su consideración, referido a una manera ética de vivir el individuo o un grupo dentro de la *polis*. El *homo sacer* es el ente que concentra la *vida nuda* o *zoé* que, en tanto animal e incompatible con la convivencia de la *polis*, puede ser asesinado y exterminado con total impunidad.

Si bien en el diario de Colón y en los textos de Gonzalo Fernández de Oviedo se hacen alusiones a experiencias sensoriales del invasor en relación al tacto, el gusto y el olfato, es muy notable que la mayoría de las descripciones de sus percepciones se basen en estímulos visuales y sonoros. Entretanto, los habitantes de Cuba, como relatan el propio Colón, Francisco López de Gómara y Bernal Díaz del Castillo, se regodean en experiencias de lo que la tradición denominó como «sentidos inferiores». De tal suerte, en estos discursos quedan muy marcadas las diferencias entre supuestos placeres nobles como los que derivan de la contemplación y escucha de la naturaleza y los *intemperantes*, en términos aristotélicos, como los del tacto, el gusto y el olfato. El conflicto sería entre *lo sublime* y *lo ominoso*: lo primero, como la pasión del asombro ante lo nuevo y desconocido; lo segundo, como aquello abominable que debe ser reprimido.

El imaginario que circula en Europa sobre los habitantes de la Isla de la mano de las crónicas, los diarios, las cartas y las ilustraciones es aquel que los presenta como «seres» o, en términos de Agamben, *homo sacer*. En Cuba, desde las convenciones de lo que se autoerigiría entonces como *el centro* se desplegaba una vida sensorial incompatible a las «buenas costumbres». De ahí la justificación perfecta e incuestionada del poder invasor para intervenir, cristianizar o por último exterminar, en tanto los pobladores del «Nuevo Mundo» significaban un peligro moral para la Humanidad. Mignolo describe este discurso como «la retórica salvacionista» del siglo XVI (2009b). Así, Chicangana-Bayona sostiene que

> *estos comportamientos viciosos y salvajes de los aborígenes, desde la perspectiva occidental, solo reforzaban la idea de la superioridad del europeo cristiano y justificaba la guerra justa, sus derechos como conquistadores y colonizadores para evangelizar y controlar los nuevos territorios, en la medida en que se necesitaban nativos para la conversión y para mano de obra (2008:161).*

El impulso colonialista quedaba acentuado en el gesto de plantar una cruz en cada «nuevo lugar encontrado» y renombrar lugares ya nombrados por los pobladores originarios. Esos *no seres, no hombres*, en definitiva *homo sacer* que habitaban la Isla desde el relato invasor eran parte del propio paisaje porque se encontraban muy alejados del *deber ser* o del *bíos* hegemónico. En tanto naturaleza y *nuda vida*, las tierras, así como sus «habitantes», pasarían a formar parte de la naciente maquinaria civilizatoria del mundo occidental y funcionarían como territorios expoliados que harían posible en buena medida el advenimiento de la Modernidad.

En tan tempranas descripciones se comienzan a gestar los imaginarios de los supuestos paisajes sensoriales de Cuba. Una *isla puerto* que se toca, se toma como punto de referencia geográfico, donde se adquieren municiones y de la cual inmediatamente se zarpa, como sugieren los escritos de Cortés en el contexto del siglo XVI cuando aún La Española concentraba todo el interés de la explotación colonial (1866). Una tierra, en definitiva, sierva. Wood escribe:

> *A la velocidad de bergantines y carabelas, de las versiones e historias contadas desde lejos, se pergeñó la imagen de las tierras recién encontradas, que no solo circularon en documentos cartográficos, sino también y,*

fundamentalmente, en los textos de Colón y los primeros cronistas. Entonces, la escritura impuso sus reglas y la historia contada por los otros, se convirtió en la historia de nosotros (2012:37).

En este sentido, apunta García también que:

> No cabe duda de que fue el mundo europeo el que forjó la imagen que tenemos de Cuba, creando un imaginario que se construye y se consolida culturalmente a partir de símbolos, mitos, arquetipos e imágenes de todas clases. Constituido en un sistema simbólico termina legitimando un orden social, ya que la relación factual de los hechos comúnmente aceptados adquiere rasgos de documento. Esos sistemas se construyen, desde la otredad, magnificando aquello que se apetece o que se ha perdido en nuestro entorno: mundo fantástico, buen clima, vida agradable y pacífica, gentes acogedoras, sensualidad, exotismo, misterio, tipismo, naturaleza, «Perla de las Antillas, Albión de América, Llave del golfo», que jugó un papel decisivo en la idea que Europa se hizo del mundo americano (2011:47).

Los asuntos cubiertos tanto por la pintura como por el grabado realizados en Cuba durante todos los siglos coloniales también replicarían estos imaginarios. La primera, considerada como una de las Bellas Artes, solo entendería como dignos de representación los grandes temas de la academia, principalmente: los religiosos, los retratos de familias poderosas y en menor medida los paisajes románticos hacia el siglo XIX. Entretanto el grabado solventa algunas zonas de silencio de la pintura. Primero emergen los cartográficos de creadores anónimos, luego los paisajes rurales y urbanos, los costumbristas, los álbumes de los avances tecnológicos y las marquillas de cigarro y tabaco, firmados por autores como Pierre Charles Carnot, Thomas Morris, Eduardo Laplante, Federico Miahle o Víctor Patricio Landaluze. En todo caso, los grabados reproducen ahora en clave visual los imaginarios desplegados por las crónicas: las ideas de paraíso, el supuesto carácter *homo sacer* de los pobladores, su ligereza e intemperancia, la sensualidad de las mujeres… De esta Manera, «el descubrimiento del Nuevo Mundo trajo consigo cambios revolucionarios tanto en términos objetivos como en el campo más subjetivo de las percepciones. […] los sentidos contribuyeron a forjar las miradas de los otros, a partir de las cuales fue posible la interacción posterior» (G. Rodríguez, 2018:98).

Pero lo pecaminoso de estas actitudes se funda sobre mitos y convenciones culturales de una tradición, la occidental, «no en demostraciones racionales, sino en la fe y las convicciones —prescritas por una tradición cultural, por un sistema ideológico, religioso, etc.—» (Iuriévich Nekliúdov, 2011-2012:36). La condena al tacto, el olfato y el gusto pasa por el prisma de un mito que se recicla durante siglos y que ha sido construido culturalmente. Desde hace unas décadas el llamado *giro sensorial* sostiene que las percepciones corresponden al sistema de valores culturales de quien aprecia y no a datos objetivos de lo percibido (Howes, 2014). Cuestiona y *deconstruye* el «oculocentrismo» occidental que, entre otras expresiones, se ha manifestado durante siglos a través de la articulación de un discurso normativo y excluyente en relación a los modos de sentir e intercambiar vía sensorial de los múltiples *otros* culturales.

Si bien la tradición fundamentó sus tesis basándose en supuestos datos innatos, el *giro* ha propuesto que cada cultura posee un *sensorium* particular, siendo las percepciones sensoriales no solo capaces de recibir estímulos físicos, sino también información cultural (Le Breton, 2007); se encuentran atravesadas por las convenciones culturales y de esta manera los significados son transmitidos también a través de los sentidos. Así, el *giro sensorial* examina cómo se configuran los discursos a través de percepciones no solo visuales y auditivas, sino también olfativas, gustativas y táctiles. Como señala Constance Classen:

> *Una vez abandonado el prejuicio occidental según el cual el olfato, el gusto y el tacto son sentidos «animales», el hecho de que los serer nduts de Senegal tengan un vocabulario olfativo complejo [...] o que los tzoltziles de México describan el cosmos en términos térmicos [...] ya no se considera un indicio evidente de «salvajismo», sino más bien una elaboración cultural refinada de un ámbito sensorial particular (1997:406).*

Amparados en las tesis de la antropología de los sentidos y los estudios sensoriales (Classen, 1997; Howes, 2014; Bull y Howes, 2016), los discursos que emanan de los diarios, las cartas y las crónicas de viajes son susceptibles de ser *deconstruidos*. Si las novedosas investigaciones de este campo de estudios han demostrado que las percepciones son producto de convenciones culturales, entonces podemos afirmar que los juicios emitidos en relación con los supuestos paisajes sensoriales de la Isla nos brindan más información sobre la tradición europea que acerca de la naturaleza y los primeros pobladores de Cuba. En los textos analizados se construye un imaginario que pasa por el prisma de la percepción del colonizador, condicionada por cosmovisiones y sistemas de valores que no solo desconocían los de los pueblos originarios, sino que creyeron los suyos como universales. De esta manera se «muestran abiertamente sus parámetros de aceptación, de belleza, de rechazo, en resumen, sus propias estructuras de pensar y sentir. Estas estructuras actúan en la medida en que el choque cultural se hace más visible, es decir, donde las diferencias del protagonista con la cultura local se acrecientan y generan una actitud positiva o negativa frente a una situación concreta» (Müller, 2015:10).

Las tesis escritas sobre el paisaje sensorial de Cuba se articulan como enunciados que, aun convencidos de su validez universal, se cargan con el *presentismo* de la metafísica occidental y tienen en su génesis huellas de todo tipo: éticas, políticas, religiosas o ideológicas en sentido general. Expresan el interés colonial por legitimarse y hacerse de la hegemonía articulando un aparato expansivo tan efectivo que incluso pretende intervenir y dominar hasta la experiencia sensorial de los cuerpos.

Desde los primeros años de la conquista y la colonización, el invasor construyó un paisaje sensorial de América letra tras letra, texto tras texto, imagen tras imagen desde un imaginario de la diferencia, donde ser blanco, racional y cristiano eran los términos centrales. Los habitantes de Cuba, con una vida sensorial distinta a los principios de la fe, «las buenas costumbres» y la *bíos* europeas debían ser en primera instancia evangelizados o bien, en caso de resistencia, eliminados con total impunidad. Sus supuestos vicios sensoriales debían ser corregidos, higienizados y no podían contaminar el sistema de valores del mundo «civilizado».

El rechazo al tacto, el gusto y el olfato, y desde luego al cuerpo, significó un rechazo también a los muchos *otros* culturales, entre ellos el caribeño, cuyas prácticas y ritos involucraban los sentidos preteridos por la cultura occidental. La exclusión pasaba por el tamiz de los binarios cuerpo-alma o cuerpo-razón, donde el alma y la razón han sido los términos centrales en la tradición grecolatina. Mientras, el cuerpo se asumió como entidad marginal por ser «cárcel del alma», «fuente de placeres impíos», «origen de la intemperancia» o de «la delicadeza de la pasión», entre otras tantas censuras articuladas por la estética filosófica.[2] Una cultura en la que, como señaló Nietzsche, los impulsos apolíneos han dominado a los dionisíacos: la rectitud moral judeocristiana y el racionalismo sobre el éxtasis, las pasiones y el desenfreno (2012). Los imaginarios sensoriales puestos en circulación sobre la isla de Cuba en los textos del siglo XVI contienen un componente mitológico, otros de convención y otros tantos de oportuna incomprensión. En todo caso, muy convenientes al discurso colonial, pues en esencia se sumaban a la edificación del gran metarrelato de poder donde el mundo quedaba dividido en centro y periferia, civilización y barbarie, orden y caos, y donde era la propia Europa y no otra la que se colocaba en el centro.

---

[2] Las implicaciones entre ideas estéticas, ideología y política son desarrolladas por Eagleton (2006).

17

RESISTENCIA CUIR Y EXCESO BARROCO EN *PÁJAROS DE LA PLAYA* DE SEVERO SARDUY

HUBER DAVID JARAMILLO GIL

(Bogotá, 1990). Doctor en Culturas Latinoamericanas, Ibéricas y Latinas por la Universidad de New York (2020) con la tesis titulada «Queer Baroque: Sarduy, Perlongher, Lemebel», de cuya investigación forma parte este ensayo. Su línea investigativa gira en torno a los estudios de género y sexualidad, y el pensamiento social y político de los siglos xx y xxi. Tratando de continuar su formación en el campo de los estudios culturales, ha profundizado en temas de objetivación, patologización y exotización de las personas cuir y trans/travesti. Durante su formación en la Universidad de New York se ha desempeñado como becario en el Departamento de Iniciativas Digitales del Centro Graduado, administrador académico en el Departamento de Historia del Centro Graduado y profesor asociado en el Departamento de Lenguas Romances de Hunter College y en el Departamento de Lenguas y Literaturas Clásicas y Modernas de City College. Ha formado parte de comités académicos, proyectos de innovación docente, organización de conferencias, redacción de publicaciones, formalización de las humanidades digitales y la amplificación del alcance académico. Ha participado como ponente y coordinador de mesas, talleres y coloquios en múltiples congresos locales, nacionales e internacionales. Ha publicado «Trans Affirmation and Inclusion in Perlongher's Inner City» (*Ciberletras*, 2020) y «Seropositivo: Queer Solidarity and Survival in Severo Sarduy's Fiction» (*LL Journal*, 2019).

Los primeros años de la epidemia del VIH fueron definidos por ideas falsas sobre el virus y su transmisión. Originalmente considerada una enfermedad que afectaba solo a la comunidad LGBT+ y a aquellos que entraran en contacto con ella, el insuficiente apoyo financiero a programas de salud pública, la oposición a las políticas de prevención y barreras sociales tales como el estigma y la discriminación limitaron su cuidado y tratamiento alrededor del mundo. En la tierra natal de Severo Sarduy, donde sitúa su novela póstuma, *Pájaros de la playa* (1993), el gobierno de Castro pretendió mantener el orden al imponer, entre otras estrategias, acción policial contra grupos marginados. Por ende, minorías sexuales y de género fueron con frecuencia acosadas, arrestadas, encarceladas o forzadas a realizar trabajos penales. Con la aparición del VIH, para prevenir su transmisión, el Gobierno sometió a la población sexualmente activa a agresivas pruebas virales, enviando a los infectados a vivir en sanatorios bajo cuarentena. Es dentro de estos establecimientos donde Sarduy, enfermo de VIH, sitúa su novela.[1]

En *Pájaros…*, el lector presencia la degradación y desintegración del cuerpo, el cual, irremediable e inexplicablemente, envejece debido a *el mal*, una enfermedad misteriosa que afecta a todos los pacientes con excepción de una sola persona: Siempreviva. Antes bellos e intrépidos, los enfermos esperan con paciencia su inminente muerte. Macilentos, sus mentes vuelan, soñando despiertos, recapturando recuerdos. El cuerpo se despedaza, la piel se desgarra, su sufrimiento físico es absoluto. En su angustia, persiguen formas de escapar de sus cuerpos, en búsqueda de una nueva manera de vivir con plenitud. Al ensayar maneras de liberarse de los cuerpos degradados

---

[1] Sobre la nostalgia por su tierra natal, ver «"Espiral negra": una aproximación al asunto de la cubanidad en la poesía de Severo Sarduy» (Pedro Antonio Férez Mora, 2014) y «Mourning Becomes Kitsch: The Aesthetics of Loss in Severo Sarduy's *Cobra*» (Vilashini Cooppan, 2003).

que ahora habitan, Sarduy les ofrece una serie de estrategias con las cuales poder emanciparse, incluso de la inevitable muerte.

SIDA en Cuba

Bajo el gobierno autoritario, al enfrentar una epidemia viral, un estricto sistema fue concebido para monitorear y controlar a la población cubana. Los sanatorios, administrados por doctores militares y vigilados por soldados, son representativos del poder político, médico y militar que protegía la nación de entidades corruptas e infecciosas. Como Guillermina Ferrari señala elocuentemente,

> *Cuba ha sido el único país del mundo en implementar dicha medida. A pesar de sus consecuencias morales y motivaciones políticas, el plan ha funcionado al menos en beneficio de las estadísticas, ya que la nación cubana tiene un número sorprendentemente bajo de habitantes infectados en comparación con el resto del Caribe. Huelga decir que la política de prevención es a la misma vez una violación atroz de derechos humanos, políticamente justificada solamente por su atractivo al proteger las fronteras internas y externas de su propia sociedad utópica (2007:76-77).*

Bajo tal régimen de poder, muchas personas fueron hospitalizadas y aisladas a la fuerza, apartadas de la ciudadanía para morir y pudrirse sin infectar al pueblo sano: culturalmente ejemplar, políticamente manejable, económicamente provechoso, etc. En las vidas liberadas de los detenidos, como miembros de minorías sexuales y de género, se encuentra la fuente del contagio. Como resultado, la vida cuir fue, como nunca antes, estigmatizada, perseguida y suprimida de modo público.

Es importante tener en cuenta la experiencia del mismo Sarduy con la regulación y el castigo políticos. En 1960, viaja a París para estudiar en la École du Louvre. Poco después, con la publicación de su primera novela, *Gestos* (1963), se le considera contrarrevolucionario. Con el tiempo, se le prohíbe volver a su tierra natal y permanece exiliado en Francia. Desde la distancia, observa la política y la sociedad cubanas en compañía del grupo posestructuralista parisino; se vuelve amigo de Roland Barthes, Jacques Derrida, Phillipe Sollers y Julia Kristeva; y establece una relación sentimental con François Wahl. A través de los años, a diferencia de la mayoría de sus contemporáneos, Sarduy no se declara ni a favor ni en contra de la Revolución. En cambio, deja que su obra hable por sí misma, permitiéndole al lector encontrar en su escritura estrategias éticas y políticas que son innovadoras, experimentales y teóricamente comprometidas.

A lo largo de su obra, la exploración de la cultura y el deseo cuir que emprende Sarduy es incuestionable. Incluso en *Pájaros...*, donde ninguno de los personajes expresa de manera abierta su género o su sexualidad, encontramos una serie de intervenciones radicales que rechazan la normatividad, la asimilación y la marginalidad. Después de todo, como nos recuerda Eric Keenaghan, «dadas sus inclinaciones antihumanistas y antiexistencialistas, el rechazo [de Sarduy] a identificarse como políticamente gay y su resistencia a la idea de la homosexualidad como intrínsicamente transgresiva no han de sorprender» (2008:131). De hecho, lo que más le importa a Sarduy no son la sexualidad y el género como tales. Son, en cambio, las políticas subversivas y transgresivas que ambos ofrecen las que tienen valor para el lector —y para la sociedad—. Es decir, Sarduy está interesado en cómo los cuerpos cuir son capaces de liberarse de límites ideológicos, nacionalistas y moralistas. Son estas estrategias políticas y prácticas cuir sobre las que debemos aprender.

En este estudio, exploraré las creatividades y las potencialidades para combatir al estado que presenta Sarduy en su novela póstuma. En particular, observaré diversas formas en las que, desde una visión neobarroca, el farmacopoder y el cronopoder son reapropiados con el fin de afrontar regímenes necropolíticos y biopolíticos. Pese a los procesos de subyugación y las tecnologías gubernamentales que encontramos en el sanatorio, en *Pájaros...* la comunidad cuir lucha persistentemente por encontrar formas alternativas de supervivencia y prosperidad dentro del orden social existente. Para ello, participan en rearticulaciones del cuerpo y del yo, a la vez que nos motivan a idear posibilidades para cambiar y escapar al aparato estatal.

En Cuba, ante la vasta pobreza y la extensa discriminación, algunos encontraron en los sanatorios posibles lugares de refugio donde la vivienda y la atención médica se ofrecían gratuitamente. De los pocos sobrevivientes, algunos recordaron cómo estos espacios sirvieron de refugio para la población cuir, entre otros marginados sociales. En vez de la violencia y la discriminación que se experimentan a lo largo de la Isla, los sanatorios permitieron a la gente cuir expresarse con libertad —podían tener relaciones sexuales, organizar pasarelas de *drag*, crear comunidades *punk*—. Quizá para tranquilizar a los pacientes, al enfrentar muertes previsibles, la actitud cuirfóbica del orden totalitario se mitigó dentro de los muros del sanatorio. A cambio, a los enfermos se les prohibió vivir fuera de los muros de la prisión-hospital, no se les permitía ver a familiares y eran utilizados como sujetos experimentales. Con el tiempo, tras la caída de la Unión Soviética, el sistema de salud público no pudo ofrecer más refugio a los pacientes de VIH y los obligó a valerse por sí mismos dentro de una sociedad ampliamente homofóbica y transfóbica.[2]

Es poco probable que Sarduy se haya informado sobre las actividades que, aunque prohibidas en la Isla, encontraban lugar en los sanatorios. Aun así, imagina una serie de nuevas estrategias teóricas, filosóficas y prácticas que van más allá de la aceptación cuir circunstancial y de corto plazo, y que permiten contemplar de manera constante nuevas posibilidades políticas. Como microcosmos del régimen revolucionario, ve los sanatorios como posibles lugares en los cuales reafirmar nuestra agencia sociopolítica y poder redefinir cómo regulamos nuestros cuerpos e interactuamos con los cuerpos del Otro. Dicho de otra forma, aunque nuestras prácticas disciplinarias determinan la producción de cuerpos apropiados y aceptables, Sarduy nos pide que participemos en actos creativos que alteren la forma en la que percibimos estos mismos cuerpos. De este modo, podríamos explorar posibles reconceptualizaciones de nuestra posicionalidad sociopolítica y nuestra relación con los demás.

BARROCO CUIR

A lo largo de la novela, después de revelar las formas en las que entidades socio-médico-políticas controlan y eliminan cuerpos indeseables, Sarduy presenta posibles estrategias para escapar de los regímenes de poder, las cuales a menudo implican la reapropiación creativa del poder para redefinir nuestro propio lugar dentro de estos mismos regímenes. En su obra, se percibe frecuentemente la firme convicción de lograr el cambio radical por medio del ingenio, el dinamismo y el desplazamiento. Para dilucidar su enfoque artístico, presenta una serie de ensayos teóricos que tienen por objeto explorar los motivos y las inclinaciones de su escritura artística. En ellos, el pensamiento barroco comúnmente sobresale como fuerza impulsora, que le permite visualizar y reimaginar el orden jerárquico y la centralización del poder de manera distinta.

---

[2]   Sobre actitudes y políticas en torno a la diversidad de sexualidad y género en Cuba, ver *Machos, maricones, and gays* (Ian Lumsden, 1996), *Sexual Revolutions in Cuba* (Carrie Hamilton, 2012), *Oye Loca* (Susana Peña, 2013), *Cuba's Gay Revolution* (Emily Kirk, 2017) y *Sexual Politics in Cuba* (Marvin Leiner, 2019).

En *Barroco* (1974), Sarduy presenta una serie de estrategias y prácticas que permiten el desplazamiento del poder. Para ello, sus ensayos ofrecen mecánicas de retórica e ingenuidad visual —las cuales son examinadas de modo intricado y utilizadas de manera creativa en la literatura y el arte barrocos— para así conceptualizar una serie de actos transgresores y revolucionarios. De esta manera, inspirado por el espíritu innovador e inconformista del pensamiento barroco, Sarduy concibe una postura política subversiva que es imaginativa y poco convencional. Así, su enfoque hacia la vida y la política suele —más directa que indirectamente— reconocer las sensibilidades y realidades cuir, las cuales buscan el cambio y la liberación por medio de la desestabilización del orden imperante.

Para Sarduy, como para otros artistas e intelectuales, es en las disimilitudes y oposiciones donde el barroco encuentra oportunidades para la reinvención y la transformación. Sarduy insiste que cuando dos entidades opuestas interactúan (*coincidentia oppositorum*) surgen resultados involuntarios e inesperados (*retombée*). Generalmente, ambas entidades se transforman y, al hacerlo, su relación mutua cambia. Así, entre posibles actores y posibles interacciones, inequidades del poder pueden ser reequilibradas y reestructuradas, aliviando condiciones e identidades opresivas.

Para visualizar su enfoque artístico, él se traslada al ámbito astronómico y examina la sustitución del modelo geocéntrico por el sistema copernicano. Aunque en un principio se creía que los cuerpos celestiales se movían en un círculo alrededor del globo terráqueo, llegamos a reconocer que la Tierra se mueve, junto con otros cuerpos celestes, de una manera elíptica a través de la galaxia. Por lo tanto, en vez de pensar el orden universal como unicéntrico —en círculo—, la naturaleza nos dice que el movimiento celestial ocurre alrededor de dos puntos focales —en elipse—. Este nuevo sistema:

> *Descentra, o más bien, duplica su centro, lo desdobla; ahora, la figura maestra no es el círculo, de centro único, irradiante, luminoso y paternal, sino la elipse, que opone a ese foco visible otro igualmente operante, igualmente real, pero obturado, muerto, nocturno, el centro ciego, reverso del Yang germinador del Sol, el ausente (Sarduy, 1999:1223).*

Así, mientras que el poder se centraba originalmente alrededor de una misma entidad, ahora se comparte en partes iguales. En lugar de operar como sistemas de poder estáticos, monolíticos y unívocos, las interacciones diádicas son infinitas en un universo en constante ampliación, lo cual permite la interacción continua e impredecible entre cuerpos (celestes). La elipse ofrece: «Múltiples componentes dinámicos, proyectables en otras formas, generadores. La elipse supuesta definitiva podría a su vez descomponerse, convertirse en otras figuras canónicas, reducirse a una interacción de dos núcleos o a la escisión de uno central» (ibíd.:1224).

Al enfatizar el movimiento elíptico que define al orden universal, el autor nos recuerda que la autoridad y el poder centralizados son antinaturales. Dentro de límites definibles y previsibles, se nos ofrecen patrones de existencia predeterminados. En cambio, Sarduy nos pide que busquemos la originalidad en la heterogeneidad y la transformación, las cuales se encuentran muchas veces dentro de sistemas de poder descentrados.

Aunque Sarduy esté hablando sobre cuerpos celestes, el enfoque no está puesto en lo que las entidades *son* sino en lo que las entidades *hacen*. Son sus cambiantes relaciones intersubjetivas las que ofrecen nuevas oportunidades, las cuales llama «*retombée*: casualidad acrónica,/ isomorfía no contigua,/ o,/ consecuencia de algo que aún no se ha producido,/ parecido con algo que aún no existe» (ibíd.:1196). Aunque muchas veces intangibles y etéreas, estas interrumpen normas y cambian nuestro conocimiento. Nos volvemos más conscientes de la relación entre nosotros mismos, dándole nueva forma a nuestra identidad mientras aceptamos y celebramos la diversidad y complejidad del Otro.[3]

En *Pájaros…*, encontramos personajes que, dentro del espacio del sanatorio, hallan oportunidades para explorar su interrelación, descubrir sus semejanzas identitarias y expresar su solidaridad. En otros casos, cuando incómodas dinámicas de poder entran en juego, encontramos personajes que están en clara oposición. Es en estos momentos donde la tensión y la contradicción son más palpables, en los cuales la innovación y la transgresión ocurren. Por ejemplo, cuando los personajes necesitan combatir el sistema médico-político, estos reforman las dinámicas del farmacopoder con la reapropiación de dispositivos y herramientas médicas. Por consiguiente, son capaces de liberar el cuerpo y reconceptualizar el yo de forma creativa e inesperada (*retombée*). Al hacerlo, reorganizan el sistema de poder usando productivamente la contradicción y la tensión, concibiendo nuevas formas de existencia y resiliencia cuir.

Siguiendo con su elaboración de metáforas astronómicas, Sarduy explora el origen y la evolución de la vida. Su enfoque en la cosmología alude a su interés

---

[3] Dentro del contexto cosmológico, Sarduy utiliza el concepto de *retombée* para hablar sobre la continuidad transhistórica entre la ciencia del siglo XVII y la del siglo XX (1999:1197).

por la vida y la muerte o, más concretamente, por la vida después de la muerte. En sus ensayos, Sarduy se enfoca en dos fenómenos que intentan definir de forma diferente el origen, la evolución y la fe del universo: el *big bang* y el *steady state*. El primero propone que el universo proviene de un solo punto de energía infinita. El segundo sugiere que el universo siempre ha existido y siempre ha estado en expansión, presentando una creación continua de energía nueva. Sin interés en el origen del universo *per se*, a Sarduy le interesan diferentes aspectos de cada teoría. En cuanto al *big bang*, concuerda con la existencia residual de toda entidad viviente, la cual está siempre presente en el universo: «De su explosión inicial nos queda, detectable, un indicio: rayo fósil extremadamente débil pero constante y que, a diferencia de todos los otros rayos conocidos, no parece proceder de ninguna fuente localizable: es idéntico en todas direcciones, invariable, como si el espacio mismo lo difundiera» (ibíd.:1246).

En cuanto al *steady state*, el autor centra su atención en la constante expansión del universo, ya que su siempre presente evolución sugiere la renovación interminable de toda entidad viviente: «Creación de materia a partir de nada: Universo en equilibrio perpetuo, sin comienzo ni fin, ilimitado en el pasado y en el futuro, renovándose perpetuamente» (ibíd.:1247).

Al igual que el movimiento elíptico de cuerpos celestes, Sarduy no se compromete necesariamente a investigar temas cosmológicos. Él, en cambio, utiliza estos mismos temas para explicar su forma de entender la existencia humana. Sarduy ve la vida tan interminable como el universo mismo. Para el autor, con la muerte corporal viene la renovación espiritual. Esto es sobre todo relevante en *Pájaros...*, una novela cuyos personajes intentan con desespero preservar sus vidas al enfrentar muertes inminentes. Poco a poco, aunque sus cuerpos comiencen a deteriorarse poco a poco, algunos pacientes logran controlar el mismo paso del tiempo. Unos mejoran su belleza cosméticamente con el objetivo de ocultar sus envejecidos cuerpos. Otros toman medicinas alucinógenas a fin de diluir las distinciones entre el pasado, el presente y el futuro. Otros pacientes incluso, para escapar las restricciones del tiempo, imaginan una existencia inmortal más allá del plano de la realidad.

Liberación del necropoder

En *Pájaros...*, dentro de los muros del sanatorio, junto a los enfermos, encontramos representantes médico-políticos que intentan no solo administrar y supervisar los cuerpos enfermos, sino también describirlos y definirlos. Estos son conocidos, entre los pacientes como los *vampiros* por su obsesivo interés en la sangre de los enfermos —siendo este el medio de infección y enfermedad—. Son los profesionales médicos que, trabajando estrechamente con el Gobierno, controlan cómo *el mal* y sus afectados son descifrados, regulados y restringidos.

Sarduy identifica cómo el cuerpo contemporáneo depende de la medicina y cómo es, además, definido y controlado por esta. La existencia de los pacientes es administrada y controlada por medio de entidades y objetos farmacéuticos y tecnológicos: sistemas de salud y sanidad, sustancias psicoactivas y psicotrópicas, dispositivos auxiliares y ambulatorios, agentes antibacterianos y antibióticos, aparatos de transfusión e infusión, etc. En la novela encontramos doctores que proponen novedosas contramedidas, haciendo falsas promesas y beneficiándose de la enfermedad y la muerte de los pacientes. Al hacerlo —o para poder hacerlo—, ayudan al Estado a vigilar y eliminar del cuerpo nacional a los que padecen la enfermedad. Como cómplices del Estado, proveen munición discursiva para la eliminación de personas seropositivas. Aunque su credibilidad está respaldada por —lo que entendemos como— observaciones, estudios y experimentos científicos, Sarduy cuestiona sus motivos y cualificaciones.

En la novela aparecen dos figuras médicas: Caballo y Caimán. Son dos lados de la misma moneda. A Caballo lo asociamos con la medicina tradicional —conocida en la novela como *medicina clásica*— y a Caimán, con la medicina alternativa —conocida en la novela como *medicina verde*—. Ambos afirman conocer cómo tratar la enfermedad y aliviar el dolor, pero ninguno les ofrece resultados fiables y efectivos a sus pacientes. Mientras que Caballo tiene el respaldo de un equipo de enfermería, de drogas farmacéuticas y de aparatos ambulatorios, Caimán es dotado de conocimiento sobre minerales, hojas, raíces y hierbas. Ambos les prometen ayuda a sus pacientes con la pérdida de peso, los sudores nocturnos y el cansancio. Sin embargo, sus únicos logros son despertar falsas esperanzas y tomar control del sanatorio y de sus residentes. Primero, al presentar a Caballo (*medicina clásica*) y a Caimán (*medicina verde*) juntos, Sarduy les recuerda a sus lectores que la investigación biomédica moderna se basa en el temprano estudio de las propiedades medicinales de las plantas, la farmacología en parte se desarrolla a partir de la medicina herbal y la biotecnología encuentra sus raíces en la producción agrícola. Segundo, debido a la acción insuficiente al afrontar una epidemia de proporciones mundiales que arrasa comunidades enteras, Sarduy desacredita el poder y prestigio del campo médico.

Atemorizados, los pacientes realizan todos los esfuerzos recomendados e imaginados para mantenerse vivos. Algunos se pesan «temprano en la mañana, antes de excretar, para añadir ese lastre irrisorio y fétido —o el de los calzoncillos y las medias— al cómputo», otros «se paraban en la pesa apoyándose en la pierna derecha, para desequilibrar discretamente el veredicto de las cifras» (1993:75). Desesperados, los pacientes hacen todo lo posible por escapar de los sistemas y aparatos de medida y regulación utilizados por la comunidad científica para determinar su proximidad a la muerte. Esto es fundamental, ya que la oportunidad de ser vistos —por otros y por sí mismos— como humanos desaparece al debilitarse sus cuerpos. También, «los debilitados por el mal padecían las intransigentes modas médicas» (ibíd.:77): probaban diferentes tipos de medicamentos (elixires y pastillas, tinturas y polvos, decocciones e inyecciones), consumían diversas medicinas (antimaláricos, anticonvulsivos, antiparasitarios, antifúngicos, antivirales, antibióticos, antimetabolitos, antineoplásicos, antihistamínicos); además del peso, medían la capacidad respiratoria, la temperatura corporal, la producción de esputos, el sentido del equilibrio y la presión arterial. Llevaban sus ya debilitados cuerpos hasta el límite; aceptando de manera ansiosa toda oferta hecha por la comunidad médica; mezclando drogas peligrosamente sin saber su uso o dosis correcta. Al enfrentar tratamientos inhumanos y degradantes, son utilizados como sujetos experimentales en vez de ser considerados seres humanos; son puestos en lista negra y convertidos en detenidos administrativos; son transformados en gente sin Estado mientras viven dentro de muros hospitalarios-penitenciarios.

El sistema de salud, por lo general, se considera un bien común. Se entiende como una institución de innovación y tecnología que beneficia a todos los miembros de la comunidad. En adición, consideramos comúnmente que la intervención gubernamental en temas de salud pública tiene un efecto beneficioso en el conjunto de la población. Para Sarduy, sin embargo, el sistema se vuelve corrompible con facilidad, sin poder cumplir su propósito y mantener sus promesas fundamentales/fundacionales. En la novela, la *medicina clásica* se aplica activamente, pero sin resultado alguno, lo cual obliga a los pacientes a recurrir a la *medicina verde*. En ambos casos, su promesa medicinal «no distaba de ser una utopía» (ibíd.:78). Los esfuerzos metodológicos y tecnológicos asumidos por la *medicina clásica* son rápida y fácilmente remplazados por el uso no regulado e inviable de la *medicina verde*: «Convirtió a terapeutas, sobornó enfermeros, sedujo a asistentes de todo sexo, prodigó consejos y recetas, y multiplicó pruebas fehacientes de su ciencia hasta convertir en una descocada fábrica verde aquel hasta entonces rutinario hospital» (ibíd.:99).

Al basarse ambos en invenciones, inexactitudes, ineficiencias e interpretaciones erróneas, los métodos dudosos de la *medicina verde* entran fácilmente en el sistema idealista de la *medicina clásica*.

Como aquellos que mueren de SIDA, los pacientes de *el mal* confían en la comunidad médica, pero su salud nunca se recupera por completo. Aun así, confabulados, ni los sistemas médicos ni gubernamentales están dispuestos a ayudar lo necesario/suficiente para mejorar a sus pacientes. Es como si hubiesen dimitido de sus funciones, creando un sistema de poder necropolítico, contribuyendo a la aniquilación de comunidades minoritarias. Por consiguiente, Caballo y Caimán al final se van del hospital, sin señalar su partida, dejando atrás a todos los pacientes, los cuales esperan inútilmente una cura.

LIBERACIÓN DEL FARMACOPODER

A pesar del orden médico-político dominante, varios personajes de *Pájaros...* producen estrategias críticas y políticas para resistir y desmantelar la violencia y la represión dentro del sanatorio. Tenemos, por ejemplo, aquellos que tejen redes sociales en las cuales intercambian ideas y experiencias. Combatiendo los efectos devastadores de *el mal*, encuentran útil unirse, interactuar y compartir: «los reclusos se reunían bajo los tildos […] traían una bolsa de guano tejido, que de inmediato abrían, con panecillos de pasa y algún refresco» (ibíd.:195-196). Al hacerlo, en grupo, denuncian irregularidades médicas e impugnan maniobras políticas perniciosas. Los enfermos hablaban sobre Caballo y Caimán, conscientes de su conducta antiética y negligente: «algo inapelable los empujaba [a Caballo y Caimán]: el reverso de todo lo medicinal […] el deleite de la corrupción» (ibíd.:196). Imaginan que Caballo y Caimán regresarán enfermos «para ver sus propios cuerpos desde fuera, como objetos del experimento, mientras el mal realiza su trabajo paciente. Se aplicarán a ellos mismos lo que aprendieron de nosotros» (ibíd.:197); quieren que Caballo y Caimán sufran el mismo dolor que les causaron. Por lo tanto, al crear un sentido de comunidad dentro de un sistema represivo, los pacientes encuentran formas de comunicar sus frustraciones, desarrollar formas de resistencia, manejar su vulnerabilidad y considerar diferentes formas de supervivencia.

Dentro de estas estrategias de empoderamiento, encontramos personajes que reclaman tecnologías médicas, reutilizando las mismas herramientas de subjetivación usadas en contra de ellos para combatir instituciones de poder médico-político y sus mecánicas de control. Así, previendo la resistencia biotecnológica que reconoce Paul Preciado dentro del régimen farmacopornográfico, Sarduy presenta personajes a los que «desde y a través este dispositivo biotecnológico» les «es posible osar la revolución» (2008:242). Desde un principio, encontramos personajes cuyos cuerpos están conectados a dispositivos médico-tecnológicos, como la adolescente que aparece a lo largo de la novela, identificada fácilmente por su cabello rubio. En el comienzo, ella está tan deteriorada como sus compañeros: se está volviendo calva, está perdiendo su visión, está desaliñada. Arrastra junto a ella «el alambicado aparato de su propia transfusión» (XXXX:19). Hay ocasiones en que, en vez de llevar el polo intravenoso, se sostiene de él con miedo de perder su equilibrio y caerse. El dispositivo médico se vuelve tan indispensable que se le empieza a conocer como *la de la transfusión*. De repente, la muchacha abandona el polo intravenoso, demostrando de forma inesperada una notable mejoría de salud: «liberada de su aparato, la de la transfusión corría por los pasillos vestida de marinero» (ibíd.:39), como si adquiriera la misma movilidad del dispositivo de ruedas. Con su vestido marinero, al presentar evidentes mejoras de salud, empieza a ayudar a aquellos que se han vuelto dependientes de aparatos médicos —especialmente aquellos en sillas de ruedas—, convirtiéndose ella misma en un instrumento —médico— para el alivio de los enfermos.

Curiosamente, ella no solo actúa como un dispositivo/herramienta médica, sino también adquiere características de comportamiento que asociamos con máquinas (médicas): a veces su propia ecuanimidad e impasibilidad la hacen parecer robótica, como si con su salud recuperada también adquiriera cualidades biomecánicas. De hecho, hay momentos en los que se asemeja a una máquina, como en la escena en la que hace un anuncio «sin expresión alguna, convertida a su vez en un aparato reproductor de la voz» (ibíd.:39-40). Además de ayudar a los enfermos, les enseña a incorporar diferentes tipos de tecnología para lograr la ciborgización del cuerpo: después de haber ayudado a transportar a un paciente enfermo, este declara que «pronto podré expresarme gracias a un aparato que sintetiza los sonidos (de la voz) y que tuve yo mismo que inventar, timoratos que son los científicos» (ibíd.:110); adquiriendo la misma habilidad aumentada de manipular el sonido que posee la muchacha, al mejorar su propio estado fisiológico por medio de tecnologías autoinventadas. Es importante señalar que el personaje se reapropia de la tecnología de una forma autoexperimental, creando nuevas formas de disidencia médico-políticas a través de la transformación del propio cuerpo. Con respecto a la muchacha, gracias a su extraordinario

—aunque tácito— conocimiento y empleo de biotecnologías, no solo ayuda a otros a encontrar formas de reapropiarlas, sino que también logra liberarse de estas: con el tiempo «a la rubia prerrafaelita le habían dado de alta y solo aparecía de tiempo en tiempo, con dejes de andariega» (ibíd.:120). De todos los personajes de la novela, es ella el único paciente al que dan de alta en el hospital, quizás después de aprender cómo realmente revertir los síntomas, experimentado por sí misma hasta encontrar una solución —muchas víctimas del SIDA prolongaron su tiempo de supervivencia a través de la automedicación—. Además, después de alcanzar la libertad, se nos dice que ella regresa al hospital, recorriendo sus pasillos, quizás ayudando a otros a alcanzar su propia libertad por medio de la apropiación y la autoexperimentación biotecnológica. A través de esta joven mujer y sus alumnos, Sarduy alude a una visión poshumanista del mundo en la cual encontramos el uso libre y gratis de la tecnología médica, utilizada para reinventar y reafirmar una subjetividad autodiseñada e irrestricta.

Además de combatir el farmacopoder y reapropiarlo, encontramos a individuos que lo utilizan como un arma con la que atacar al régimen médico-político. Como no es de extrañar, Auxilio y Socorro hacen su aparición en *Pájaros…* Estos dos personajes, que se consideran hermanas gemelas, reaparecen en la mayoría de las novelas de Sarduy, siempre funcionando como catalizadores de la trama. Aquí, aparecen como seudoenfermeras que ayudan a Caballo y a Caimán en sus fechorías. Después de haber trabajado bajo su supervisión, no obstante, Auxilio y Socorro sin mucha vacilación se deshacen de Caballo y Caimán al final de la novela. Quizás, como testigos del abuso realizado por los doctores corruptos, Auxilio y Socorro albergan alguna animadversión contra ellos. Posiblemente, al haber utilizado medicina para modificar sus propias identidades, las dos mujeres de edad se alían con los pacientes. De cualquier manera, los lectores de Sarduy esperan que, además de sus picardías y travesuras, Auxilio y Socorro solo se sean fieles a sí mismas. Por ello, su repentina deslealtad hacia Caballo y Caimán no es de sorprender.

Después de que los seudodoctores luchan entre sí y se desmayan —señal del conflicto y unidad entre la *medicina clásica* y la *medicina verde*—, Auxilio y Socorro aprovechan la oportunidad para drogar a Caballo y Caimán con un brebaje preparado por ellas mismas que nombran *juguitos de naranja*: «Las salamandras frondosas, siempre al acecho del bien suplementario que podían hacer, habían sazonado a los zumos con un potente alucinógeno destinado […] a provocar en [Caballo y Caimán] visiones edénicas, con mil colorines y lucecitas» (ibíd.:187). Como estaba previsto, cuando los doctores recobran el conocimiento, se ven confrontados por extrañas alucinaciones. Atemorizados y confundidos por las imágenes, Caballo y Caimán rompen una ventana y salen corriendo del sanatorio para no ser vistos nunca más.

Liberación del cronopoder

La estigmatización de la comunidad LGBT+ y las personas seropositivas permitió su confinamiento forzado como entidades que arruinarían la sociedad idealizada y utópica imaginada por Castro, la cual deja morir a los ciudadanos más vulnerables e indefensos. A pesar de tentativas oficiales de eliminar a los enfermos, descubrimos momentos en los que los pacientes encuentran un nuevo sentido de libertad al escapar los límites del tiempo.

Entre los pacientes, encontramos a una anciana que, a pesar de no ser víctima de el mal, se siente en casa entre los cuerpos envejecidos del sanatorio. Junto con los pacientes, Siempreviva depende de una serie de dispositivos, entidades e instituciones médicas y no médicas para permanecer —y ser considerada— viva. Ella, a pesar de su fragilidad y vulnerabilidad, encuentra en el sanatorio un espacio en el cual recrear y recuperar su pasado de riqueza y juventud. Trae consigo misma una colección de maquillaje con el cual oculta sus arrugas y manchas de la edad. También, esconde su flácido cuerpo y cabeza calva con accesorios y trajes lujosos. Los otros pacientes ven en su opulento vestuario y recargado maquillaje desesperados intentos para permanecer —y ser considerada— viva. Después de todo, Siempreviva no logra ocultar el hecho de que, junto con su maquillaje, sus estanterías están repletas de tarros, envases y frascos de medicina que la ayudan a manejar su salud deteriorada. Aunque sea esto cierto, algunos de sus medicamentos producen anomalías perceptuales e inducen estados de conciencia profunda a través de los cuales logra escapar su realidad corporal. También, al vestir ropa tradicionalmente asociada con la juventud y la riqueza, ella modifica su atractivo físico y reposiciona su estatus social. Junto con su colección de maquillaje y reservas de medicina, carga consigo una serie de fotografías con las cuales revive el pasado. En conjunto, la colección farmacéutica-cosmética-fotográfica sirve para protegerla de la vejez y de la muerte.

Siempreviva se aferra desesperadamente a lo que la sociedad valora y respeta: la belleza, la salud, la riqueza. Al haberlas perdido con el pasar del tiempo, la apartan del mundo. Como los pacientes, la dejan de lado, declarada inútil, marginalizada a la fuerza. Sin embargo, al retener su pasado a pesar de la inevitable e inminente muerte, encuentra la felicidad. En efecto, como los que padecen *el mal*, ella se pierde en sus recuerdos, sueños y deseos a fin de escapar la monotonía del sanatorio y la idea de morir. Desea con desespero detener, revertir o cambiar el tiempo. Bajo la influencia de alucinógenos, pierde todo sentido del tiempo, lo que será se confunde con lo que fue: el pasado, el presente y el futuro se fusionan para crear una nueva realidad en la cual el yo se libera de los límites del tiempo; quizás siendo este un posible escape de la condición corporal que temen y sufren los enfermos. Al fin y al cabo, el tiempo ha sido considerado un concepto imaginado que se emplea principalmente para definir y controlar la vida (J. M. E. McTaggart y E. P. Thompson, entre otros). Por tanto, cabe decir que al liberarnos del tiempo abandonamos teorizaciones simplistas sobre la experiencia humana; escapamos instituciones de poder que pretenden definir nuestra vida; nos liberamos de un constructo que desconoce la totalidad de la realidad; entramos en el ámbito de lo no real en búsqueda de la vitalidad y el dinamismo, más allá del conocimiento sensorial/corporal.

LIBERACIÓN ABSOLUTA

Siempreviva logra lo inesperado: invierte el deterioro de su propio cuerpo. Aunque le hubieran prometido el rejuvenecimiento, su apariencia asombra a Caballo y a Caimán, quienes consideraban vano e inalcanzable revertir los signos del envejecimiento. Por medio de su reutilización de medicamentos, recobra su juventud, siendo quizás un ejemplo de reapropiación tanto del farmacopoder como del cronopoder. Sin embargo, la revitalización se limita al cuerpo; con relación a su mente, las habilidades de pensar y recordar se pierden progresivamente. La única entidad que se mantiene viva en su mente es el Arquitecto, su amor verdadero, a quien ella recuerda durante su estadía en el sanatorio.

Tres capítulos, en los que ella vuelve al pasado, exploran su relación con él. Aprendemos que, en su vida de juventud y opulencia, Siempreviva organiza una fiesta de bienvenida para el Arquitecto, presentándolo a la alta sociedad cubana. Al hablar con él, le interesa su deseo de construir una estructura subterránea en la cual vivir —meta común durante la Crisis de Octubre—. Esta residencia bajo tierra, según el Arquitecto, estaría situada en el litoral, interactuando con lo marino, lo terrestre, e incluso lo aéreo. Sería, como afirma el narrador, «la breve utopía de un arquitecto que consideraba toda la naturaleza como un solo ser vivo» (ibíd.:93). Más importante aún, desde su casa subterránea, espera escuchar «la vibración del estallido inicial, el nacimiento del universo […] El eco del Big Bang» (ibíd.:87). Por tanto, el arquitecto sueña con un lugar en el cual podríamos conectarnos con el mundo y sus orígenes. Al hacerlo, podríamos adquirir total comprensión de la experiencia humana. Para lograrlo, el Arquitecto imagina un espacio intermedio, desplazado entre los elementos de la naturaleza, capaz de entrar en lo desconocido e inasible, desconectado de la realidad tangible. Sin ser controlado por las medidas del tiempo y del espacio, de los modelos sociales y de la existencia física, nos permite acceder a nuestra mismidad verdadera.

Huir de la prisión-hospital y de su hostilidad médico-política, a cambio de un lugar en el cual recapturar y explorar el yo, ofrecería libertad absoluta para las víctimas de *el mal*. Es, después de todo, lo que los pacientes en *Pájaros…* buscan al reclamar control del farmacopoder y del cronopoder. Sus cuerpos ingobernables ponen en relieve sus propias muertes inminentes, haciéndolos perder su sentido de identidad. En la novela, esto lo notamos claramente en una figura importante que entra al sanatorio con el propósito de registrar en su diario la evolución de *el mal*; conocido como el Cosmólogo. En su profesión, se parece al Arquitecto al querer entender el origen, la evolución y la fe del universo. Sin embargo, al padecer *el mal*, el Cosmólogo se enfoca en el trauma físico que experimentan los enfermos. Su sensatez y su tono son impresionantes; su expresión y comprensión del dolor nos otorga algunos de los fragmentos más desgarradores y horripilantes de la novela. Presenta una voz que observa y experimenta la fuerza abrumadora de la enfermedad y el deterioro. El Cosmólogo reconoce a *el mal* como una entidad que se sujeta al cuerpo, viviendo de él, uniéndose a él: «Antes disfrutaba de una ilusión persistente: ser uno. Ahora somos dos, inseparables, idénticos: la enfermedad y yo» (ibíd.:160). *El mal* hace difícil evocar y reclamar al yo, nos define, sin poder salir de su dominio. El Cosmólogo se da cuenta de que: «Detrás de las apariencias —las de las personas y las cosas—, no hay nada. Ni detrás de las imágenes, materiales o mentales, sustancia alguna. No hay respuestas —ni antes ni después de la muerte— cuando las preguntas se han disuelto» (ibíd.:164). Desilusionado con la humanidad, descubre que «El origen del universo, la realidad del sujeto, el espacio y el tiempo y la reencarnación, aparecen entonces como "figuras" obligadas de la retórica mental» (ibíd.:164-165). Son estas las preocupaciones principales para nuestra compresión de la existencia humana.

Al familiarizarnos con la visión utópica del Arquitecto, Siempreviva se dirige al litoral —a lo largo de la novela manifiesta su deseo por ir al océano—. Como las víctimas de *el mal*, ella no está ni muerta ni viva, no es ni humana ni no humana, no es ni ciudadana ni no ciudadana, no es ni el yo ni el no yo. Es en el litoral, en el lugar intermedio, en donde se siente en casa. Es ahí en donde ella puede explorar su lugar único y cambiante en un mundo errático y depravado. Al final de la novela, aunque se dirige hacia el mar, no sabemos si llega a él. Quedamos simplemente con la posibilidad de una utopía —de pre-muerte y pos-vida— sarduyana.

Conclusiones

Incluso estando al borde de la muerte, Severo Sarduy se compromete con su comunidad. Les otorga a los disidentes sexuales y de género una visión de sí mismos, sin arriesgar su identidad cuir, enfrentando a las instituciones y prácticas de poder y de control social que reprimen sus cuerpos: medidas de vigilancia, regulación estatal, negligencia médica, etc. Se atreve a ser transgresivo para promulgar una exploración creativa de la existencia humana. Al hacerlo, presenta la reinvención por medio de la subversión y la apropiación. A través de su obra artística e intelectual, presenta cuerpos abyectos que rechazan la muerte, incluso al deteriorarse cruelmente. Sarduy reconoce que ser aceptado por el orden patriarcal no es lo suficientemente útil. En cambio, uno interactúa con el mundo y encuentra un lugar en él siendo ingenioso y creativo, y creando comunidades de empoderamiento y de sanación.

18

FÁBULA DE UNA FAMILIA CUIR.
REFLEXIONES SOBRE FEMINISMO Y POLIAMOR EN UNA NOVELA DE DAÍNA CHAVIANO

(Yasmín S. Portales-Machado)

(La Habana, 1980). Crítica teatral, periodista cultural, editora web, crítica literaria, activista LGBTIQ y narradora. Graduada del V Curso de Técnicas Narrativas del Centro de Formación Literaria Onelio Jorge Cardoso (2003). Licenciada en Arte Teatral, perfil Teatrología, por el Instituto Superior de Arte (2007); master en Español, Romance Languages Department, University of Oregon (2018). Desde 2018, estudiante de doctorado del Department of Spanish & Portuguese, Northwestern University. Trabaja los estudios de género, las humanidades digitales, el consumo cultural, la teoría cuir y la literatura de ciencia ficción. Su investigación actual se enfoca en cómo la literatura de ciencia ficción cubana refleja la política, las familias y las sexualidades. El presente ensayo es parte de la investigación para su disertación «Queer People in Strange Times: Families and Sexualities in Contemporary Cuban Science Fiction».

«Si la ciencia ficción tiene un regalo significativo que ofrecer a la
literatura, creo que es solo este: la capacidad de enfrentar un universo
abierto. Físicamente abierto, sicológicamente abierto. Sin puertas
cerradas. [...]
Todas las puertas permanecen abiertas, desde el pasado prehumano
a través del presente increíble hacia el terrible y esperanzador futuro.
Todas las conexiones son posibles. Todas las alternativas aceptables. No
es un lugar confortable, tranquilizador. Es una casa muy grande, llena de
corrientes de aire. Pero es la casa que vivimos» (Le Guin, 1989:180).

Este ensayo explora la descripción de las normas sexuales y organización familiar en la novela de ciencia ficción *Fábulas de una abuela extraterrestre* (Daína Chaviano, 1988) y cómo su autora propone una alternativa a las convenciones heteropatriarcales y a menudo explícitamente homófobicas, que articulan el discurso nacionalista de Cuba desde su fundación en el siglo XIX (Ferrer, 1999:107; Guerra, 2012:227; Pérez Jr., 2013:87; Sierra, 2006:24). Propongo que Chaviano construye un espacio ficcional donde cuerpos y familias cuir «ofrecen la posibilidad de una nueva perspectiva, que lleva a la resignificación de la nación cubana» (Bejel, 2001:XV), cuyo corolario es la relación poliamorosa entre tres adolescentes alienígenas: Ijje, Dira y Jao. Considero el desarrollo de esa unión el aporte más significativo de Daína Chaviano a la ciencia ficción cubana: el reto al patriarcado a través de la deconstrucción de la heteronormatividad y la monogamia.

Fábulas de una abuela extraterrestre es considerado un clásico de la narrativa de ciencia ficción cubana y latinoamericana. Habitualmente, la crítica literaria aborda el argumento desde estos puntos de vista: primero, como una denuncia de la opresión ideológica y falta de libertad de expresión en la Cuba de los años 80 (Mora Vélez, 1996; Toledano-Redondo, 2002), algo que la misma autora reconocería más tarde (Chaviano, 2004). Segundo, como una de las (pocas) novelas feministas en la literatura cubana del período (Molina-Gavilán, 2002). Tercero, como excelente construcción de universo que fusiona la cultura celta y el neogótico de modo hábil y renovador (McAllister, 2004, 2005). Pero nadie habla de la sexualidad de sus personajes.

Al revisar los textos de Antonio Mora Vélez, Yolanda Molina-Gavilán, Juan Carlos Toledano-Redondo y Robin McAllister, me sorprendió la falta de interés en las relaciones de género y modelos familiares representados. Ninguno de los ensayos presta atención a la singular sexualidad y estructuras familiares de los zhife (una de las tres especies racionales descritas en el libro). En «Mujeres protagónicas que llevan la voz cantante» (Molina-Gavilán, 2002) y «Ciencia-ficción cubana: El proyecto nacional del hombre nuevo socialista» (Toledano-Redondo, 2002) incluso se llega a borrar personajes para mantener la «coherencia» teórica. No deja de sorprenderme que, en treinta años, ninguna crítica señalase el origen de Ijje, su extraña familia y la falta de tabúes sexuales de su pueblo.

Lo que me interesa explorar en este ensayo es qué se puede inferir de las reglas de reproducción, parentesco y roles de género en la cultura zhife a partir de la información revelada por Daína Chaviano en la novela. Propongo que, además de las radicales diferencias físicas entre sapiens y zhifes (tres ojos y tres bocas, el cuerpo cubierto de plumas y alas totalmente funcionales), sus diferencias culturales son una crítica al discurso del Estado cubano sobre las relaciones de género. El corolario de esta crítica es la relación entre Ijje, Dira y Jao, donde la práctica poliamorosa se convierte en herramienta política.

Con la cultura zhife, Chaviano añade un rasgo potencialmente perturbador para el público cubano de 1988: un modo de vida alternativo con personajes cuyas sensibilidades contrastan con fuerza con las convenciones del período, que exponen ideas francamente opuestas a las tesis sobre sexualidad y familia promovidas por los aparatos ideológicos del Estado cubano.

El ideal de masculinidad del Estado en ese momento buscaba producir una variación del «hombre nuevo» guevariano capaz de llevar adelante las tareas orientadas sin cuestionamiento alguno. Estos proyectos de masculinidad y feminidad «socialista» descansaban en la presunción de que «una masculinidad adecuada aseguraba no solo una habilidad «biológica» para realizar labores con alto nivel productivo, sino también una disposición a hacerlo». De ahí surgió la justificación estatal para la persecución de cualquier tipo de expresión de género desviada de la norma a partir de 1959: «Quienes distorsionaban o divergían del sistema de género heterosexista obligatorio eran "diversionistas ideológicos" que ponían en peligro la prosperidad colectiva de la sociedad a través de sus actitudes y la influencia que ejercían sobre otras personas»[1] (Guerra, 2012:228).

De este modo, *Fábulas…* se inscribe entre los textos de la década de 1980 donde, de acuerdo con la tesis de Emilio Bejel en *Gay Cuban Nation*, la representación del homoerotismo es resignificada y reincorporada al proyecto social con la tácita aprobación de las autoridades. Lo que distingue a esta novela no es solo la cronología, pues *El lobo, el bosque y el hombre nuevo* de Senel Paz no llega hasta 1991, sino que evita la trampa —notada por Emilio Bejel en textos considerados «emblemáticos» del tema en el período— de reproducir el sistema opresivo que denuncia (2001:169-170).

Como referencias críticas para el análisis de las familias zhife sobre linaje y el ordenamiento familiar no monogámico, me apoyo en los ensayos «Lineal identities and lateral networks: the logic of polyandrous motherhood» (Jane Guyer, 1994), «Progressive polyamory: Considering issues of diversity» (Melita J. Noël, 2006) y «Theorizing multi-partner relationships and sexualities - Recent work on non-monogamy and polyamory» (Christian Klesse, 2018). Creo que sus respectivas discusiones acerca de modelos familiares fuera de la tradición cultural de Occidente, la agencia femenina y el privilegio de clase en las prácticas sexuales son fundamentales para analizar con mirada crítica los logros y límites de la novela de Chaviano.

Para discutir el significado de *Fábulas…* en el debate cubano sobre derechos de la mujer y prácticas sociales feministas, me apoyo en la reciente reflexión de Judith Sierra-Rivera «Afro-Cuban Cyberfeminism: Love/Sexual Revolution in Sandra Álvarez Ramírez's Blogging» (2018). Este ensayo analiza las políticas de género de la Revolución cubana y teoriza el valor del poliamor como herramienta política revolucionaria dentro del contexto cubano.

LA AUTORA

Daína Chaviano (La Habana, 1957) es la escritora cubana de fantástico más exitosa. Su producción va de la aventura espacial al realismo mágico, pasando por la novela histórica. Su carrera literaria comenzó en 1979, cuando recibió el premio David en la categoría de ciencia ficción por la noveleta *Los mundos*

---

[1] «*[A] proper masculinity ensured not only a "biological" ability to perform labor at a highly productive level but also a willingness to do so. […] Those who distorted or diverged from a mandatory heterosexist gender order were "ideological diversionists" who jeopardized the collective prosperity of society through their attitudes and the influence that they exercised over others*». (Todas las traducciones son de la autora, salvo que se indique lo contrario.)

que amo (Ediciones Unión, 1980). El libro fue adaptado al formato radial y de fotonovela (Letras Cubanas, 1982) e incluso fue inspiración para un corto de cine independiente. En 1982, Chaviano estableció el primer taller literario de ciencia ficción en Cuba, llamado «Oscar Hurtado» en homenaje a uno de los padres del género en el país, y publicó su segundo libro, *Amoroso planeta* (Letras Cubanas), la historia de amor entre una cosmonauta y un unicornio. En 1985 comenzó a escribir guiones para la televisión, trabajó como conductora de radio y TV, e incluso actuó en cortos de cine. Luego publica *Historias de hadas para adultos* (Letras Cubanas, 1986), *Fábulas de una abuela extraterrestre* (Letras Cubanas, 1988) y *El abrevadero de los dinosaurios* (Letras Cubanas, 1990). En 1991, el sello Volk und Welt publica *Fábulas...* en alemán.

En *Los mundos que amo, Amoroso planeta* e *Historias de hadas para adultos* se prefiguran varios elementos característicos de Daína Chaviano: una ciencia ficción donde la parasicología, lo sobrenatural y la «magia» interactúan constantemente, donde la complejidad de las relaciones humanas y el cuestionamiento del mismo concepto de humanidad invita a lecturas de connotaciones ontológicas y sociales. *Fábulas...* hace cuajar toda esa ambiciosa crítica sociopolítica y ontológica, por lo que el texto tiene una complejidad estructural y aliento filosófico inusuales en el campo literario cubano de aquel momento.

En 1991, Daína Chaviano decidió dejar Cuba y fijó su residencia en Miami, Florida. Desde entonces ha publicado el poemario *Confesiones eróticas y otros hechizos* (Betania, 1994), la colección de relatos *País de dragones* (Espasa-Calpe, 2001); la tetralogía *La Habana Oculta*, formada por «El hombre, la hembra y el hambre» (Planeta, 1998), «Casa de juegos» (Planeta, 1999), «Gata encerrada» (Planeta, 2001) y «La isla de los amores infinitos» (Grijalbo, 2006). Esta última ya tiene ediciones en veinticinco idiomas. En 2018 llegó una reedición de *Fábulas...* (Huso) por el treinta aniversario de la novela. Su más reciente título, *Los hijos de la diosa Huracán* (Grijalbo, 2019), ha tenido excelente recepción entre público y crítica.

Chaviano ha reconocido explícitamente que sus influencias temáticas más importantes vienen de tradiciones como el ciclo artúrico, las mitologías griega, romana, egipcia, celta, precolombina y afrocubana; también de obras épicas como la *Epopeya de Gilgamesh*, el *Mahabharata*, el *Popol Vuh*, y la *Odisea*. En términos estilísticos, se reconoce deudora de Margaret Atwood, Milan Kundera, Ursula K. Le Guin, Ray Bradbury, Anaïs Nin, J. R. R. Tolkien, y William Shakespeare. En las décadas de 1960 y 1970 muchos de estos textos no eran publicados por las editoriales cubanas —de hecho, Daína fue la responsable de la publicación de *El Hobbit* y *El Señor de los Anillos* en 1989—. El legado del que se considera deudora revela su condición privilegiada mientras crecía, primero con el acceso a una rica biblioteca familiar, luego con su dominio del inglés.

Cuatro décadas de trabajo han sido reconocidos con varios premios: Anna Seghers (Academia de Artes de Berlín) por *Fábulas de una abuela extraterrestre*; Azorín de Novela (1998) por *El hombre, la hembra y el hambre*; Premio Internacional de Fantasía Goliardos (México, 2003); Medalla de Oro al Mejor Libro en Lengua Española (Florida Book Awards 2006, USA) por *La isla de los amores infinitos*; y Premio Malinalli por la Promoción de las Artes, los Derechos Humanos y la Diversidad Cultural (México, 2014). En 2017 fue invitada de honor en la XII Convención de Ciencia Ficción de Norteamérica en San Juan de Puerto Rico y al XXXV Congreso Nacional de Fantasía y Ciencia Ficción (Navacerrada, España).

Un extraño *bestseller* socialista

Fábulas de una abuela extraterrestre fue la primera novela de Daína Chaviano, pero tiene un nivel de complejidad temática y estructural inusual en el paisaje literario cubano del momento —fantástico o realista—. Parte de su valor radica en la estructura «de carácter circular que desafía algunas de las concepciones impuestas por la Modernidad tanto en lo ideológico como en lo literario», por eso «*Fábulas…* ha de entenderse como un texto que se encuentra a caballo entre los discursos moderno y postmoderno» (Toledano-Redondo, 2002:159, 160). Considero relevante esta estructura circular porque pone en cuestionamiento la idea del progreso, tan cara al discurso oficial cubano. Al final del libro, la revelación de que los viajes en el tiempo son elemento básico de la historia cierra el argumento sobre sí mismo. Como todo ha ocurrido a una distancia física y/o temporal insalvable (Chaviano, 2002:318), *Fábulas…* no trae transformaciones a la Tierra en términos de conocimiento productivo. De este modo, Chaviano mantiene el progreso fuera del alcance humano.

El argumento conecta tres historias paralelas: en La Habana de 1980, Ana, adolescente con aspiraciones literarias, nota que cosas extrañas ocurren a su alrededor. Esto la hace sospechar que la novela que escribe puede no ser una fantasía después de todo, sino un relato verídico. La novela de Ana narra las aventuras del bardo Ijje y la cosmonauta Arlena.

Ijje es un adolescente huérfano, vive con su abuela Desza, son zhifes del planeta Faidir. La especie zhife posee capacidades telepáticas naturales, pero carece de desarrollo tecnológico significativo. Por siglos, se han enfrentado al pueblo jumene, misteriosos seres azules que llegaron en una nave espacial. Nadie sabe qué quieren, porque cada vez que se acercan al valle habitado por la tribu de Ijje y Desza, la comunidad entera entra en pánico y huye. La respuesta podría estar en las Fronteras Transdimensionales, que fueron selladas siglos atrás y que Ijje decide abrir.

Como única sobreviviente de un naufragio espacial, Arlena está atascada en Rybel, un mundo medieval gobernado por leyes «mágicas». Gracias a sus conocimientos y exótica piel azul, Arlena escaló en la estructura social hasta ser cortesana. Así descubre que podría escapar usando dos poderosos talismanes sagrados que pertenecen a bandos contendientes. El viejo mago Merlinus y dos niños inmortales serán sus aliados.

Las historias de Ana e Ijje pueden entenderse como relatos de formación y aprendizaje. Se trata de un par de adolescentes que descubren la importancia y variabilidad del amor mientras alcanzan la adultez: en Ana, el amor toma la forma de solidaridad femenina con su amiga Rita, en Ijje, sus sentimientos evolucionan de amistad infantil a amor sensual. Ninguno de los dos procesos encaja con los modelos de formación de un sujeto nacional-revolucionario comprometido con el colectivo que promovía el Estado cubano. Arlena es la única que hace explícita su visión materialista del universo y se dedica activamente a transformar el mundo a su alrededor. No importa si la lucha se traduce en explicar las relaciones de mercado a un príncipe feudal o ayudar a la cooperación interplanetaria (ibíd.:320), Arlena es una revolucionaria.

A Daína le gusta señalar que el libro se convirtió en el mayor éxito de ventas de 1988 en Cuba, «por encima de los libros oficiales, políticos, policiacos… La propia prensa oficial tuvo que reconocerlo». Cree que el éxito se debió a que «las relaciones entre los individuos y sus modos de comunicarse o interactuar eran por completo diferentes a los aceptados por los cánones gubernamentales… incluyendo el hecho de que sus principales protagonistas eran femeninas» (Gallardo, 2013:206).

Mientras revisaba la bibliografía crítica sobre *Fábulas…*, me asombró la falta de interés en las dinámicas colaborativas representadas en el libro y que diferentes análisis llegaran a borrar personajes para hacer funcionar sus tesis. Se estudia a Ana, Arlena, Desza e Ijje, pero apenas se presta atención a sus acompañantes. El apoyo emocional e intelectual que dan Rita y Néstor a Ana, los riesgos que enfrentan Ciso, Merlinus, Miruel y Tiruel por Arlena, y el valor de Dira y Jao cuando acompañan a Ijje, todo esto es ignorado incluso en la lectura de Molina-Gavilán, que se autodefine feminista. Uno de los elementos más inusuales, el origen incestuoso de Ijje y Desza, no se menciona ni siquiera como recurso de extrañamiento cognitivo. Supongo que quienes escribían decidieron no ver, porque la alternativa era reconocer que las leyes de la familia nuclear de Occidente son «antinaturales».

Estos son los abordajes habituales de la crítica literaria respecto a *Fábulas…*

Denuncia de la opresión ideológica y falta de libertad de expresión en Cuba

En un ensayo tan perspicaz que Chaviano le pidió al autor que lo censurase hasta que dejó la Isla (2004:8), el colombiano Antonio Mora Vélez llama la atención sobre la importancia del control de las Fronteras Transdimensionales en el argumento y sus implicaciones: «Abrir las fronteras, no en Rybel, sino en Cuba, es reconocer el fracaso del modelo y salir a la búsqueda de soluciones no dogmáticas» (1996:25). Más tarde, Juan Carlos Toledano-Redondo definió su uso de los códigos de la ciencia ficción como «forma claramente alegórica para destacar que la ignorancia está siendo usada para gobernar la isla» (2002:167).

Respecto a la interpretación de Mora Vélez, Chaviano dice que su lectura sobre las fronteras la tomó por sorpresa. Reconoce la interpretación del colombiano, pero afirma que fue un desliz «de la creatividad subconsciente» durante la escritura. Pero el libro sí tenía otro código:

> *[…] la imagen de esas supuestas criaturas monstruosas con las cuales los habitantes nativos de Rybel nunca pudieron establecer comunicación [los Silfos] […] porque quienes impedían el contacto eran los rybelianos mismos. La interpretación correcta era que el aislamiento al que esas personas estaban sometidas era autogenerado, no en respuesta a las acciones de un supuesto enemigo externo.*
>
> *[el planeta Faidir] representaba la mitología cubana del embargo, que el gobierno ha estado promoviendo y reforzando para impedir que la gente tuviera acceso al mundo exterior. No sé si el público cubano entendió ambas alusiones […] (2004:9).*

Como una novela feminista

El argumento del discurso feminista implícito es desarrollado por Yolanda Molina-Gavilán en su ensayo «Mujeres protagónicas que llevan la voz cantante». Señala que el peso de la progresión dramática y la solución de los conflictos del relato dependen de Desza, Ana y Arlena. Ellas son los personajes protagónicos de sus respectivos planetas; además, cuentan sus historias con formas narrativas «femeninas»: el relato de Desza es entendido como un cuento de hadas con advertencias morales por su nieto Ijje. Los ejercicios de escritura de Ana son inútiles y poco atractivos para su novio, pero compartidos en solidaridad femenina con su amiga Rita. Arlena repasa su aventura a través de un relato de toques épicos y góticos. Para Molina-Gavilán todas son «contadoras de historias» (2002:124).

Molina-Gavilán observa que las tres rompen con los roles de género convencionales (ibíd.:125). Arlena debe completar una misión: buscar los dos artefactos «mágicos» más poderosos de Rybel. Este es un rol habitualmente asignado a personajes masculinos. Ana es una adolescente atípica, se resiste a la presión heteronormativa y patriarcal de sus familiares y pares, demuestra confianza en sí misma y sus búsquedas intelectuales. Desza es una poeta que realizó un acto de travestismo en su ceremonia de adultez y una consumada estratega. Solo en este texto se menciona de pasada la ruptura de Chaviano con la heteronormatividad, pero la relación de Dira con Ijje y Jao se define «como un privilegio a las mujeres de alto rango» (ibíd.:128). Más adelante volveré al asunto.

El problema de Molina-Gavilán es que solo ve a las protagonistas femeninas de Chaviano como mujeres, pero no presta atención a las circunstancias de clase y raza implícitas en las relaciones que estudia. De suerte que tenemos una exégesis ejemplar de «feminismo blanco» en un texto que debería haber asimilado las enseñanzas poscoloniales y antirracistas de la década final del xx.

Robin McAllister coincide en que la progresión de la historia descansa en los personajes femeninos. Las describe como «mujeres complejas, aisladas y alienadas». Como Molina-Gavilán, McAllister ve un hilo común entre los métodos narrativos de cada personaje, que compara con el shamanismo. Opina que estas mujeres luchan contra la opresión en sus respectivos espacios, en La Habana que «amenaza como el monstruo de un romance gótico», en la tiranía patriarcal de Rybel, en el miedo irracional entre zhifes y jumenes (2004).

Por su excelente construcción de universo

Toda la crítica reconoce la habilidad de Chaviano para construir universos donde fusiona la cultura celta y la tradición neogótica de modo hábil y renovador. Uno de los elementos más obvios de apropiación de un mito celta es el

Valle de los Silfos. La belleza sobrenatural y sabiduría de esas criaturas tiene un eco de los elfos de Tolkien, pero su rol como guardianes de secretos sin interés real en los asuntos humanos es céltico. En el libro, dos culturas eligen un modelo de desarrollo opuesto al uso de las maquinarias: silfos y zhifes.

El elemento antiindustrialista es comentado por Toledano-Redondo y McAllister: Chaviano inserta cuestionamientos constantes a la lógica industrial de Occidente a través de las peripecias de Soio/Merlinus, el colectivo jumene y los Primeros Brujos. Cada caso presenta una variación de sujetos extraviados a causa de la tecnología. Merlinus por su incapacidad para controlarla, jumenes y brujos por su extrema dependencia de la misma. En esta novela, «donde la vida es mucho más que el desarrollo científico-técnico» (2002:175), la clave para el progreso y la mutua comunicación son la colaboración entre culturas, y la disposición a poner a un lado criterios de desarrollo que solo valoran la tecnología (McAllister, 2004).

En el caso de Soio/Merlinus, Chaviano deconstruye la lógica industrial apoyada en la mitología celta: afirma que Ana es la descendiente última del mago Merlín, heredera de sus memorias y —por supuesto— sus poderes mentales. Al analizar esta relación, McAllister descarta la biología —bastante descabellada por cierto— y destaca el lado místico del asunto: «Ana es Vivien [la amante traidora de Merlín], pero una anti-Vivien que usa los poderes mágicos de Soio/Merlinus no para encarcelarlo, sino para liberarlo a través de las fronteras del espacio y el tiempo del universo mágico que es Fábulas de una abuela extraterrestre» (2005:§ 27).

Creo que esta genealogía es una variación —con giro fantástico— de los discursos racistas de las poblaciones «blancas» caribeñas, siempre en busca de ancestros que «prueben» su blancura para conjurar el espectro del mestizaje asociado a estas poblaciones. Todo el entorno de Ana (familia, casa, amistades) describe la vida de la clase media blanca urbana cubana en la segunda mitad del siglo XX. Ana realiza experimentos de escritura automática porque quiere conocer más de sus ancestros, pero ya sabe que «todos mis bisabuelos son españoles» (Chaviano, 2002:38).

Aunque no es mi objetivo aquí discutir el racismo implícito en las novelas de Daína Chaviano, vale la pena pensar en la recurrencia de sus personajes y sesgos. Ana y la protagonista de Los mundos que amo viven en la misma casa, por lo que probablemente sean la misma persona. En esa noveleta, los hermosos extraterrestres responden a un modelo de belleza claramente eurocéntrico: blancos, altos y con ojos claros. En su novela más reciente, Los hijos de la diosa Huracán, Chaviano (re)imagina la nación con una clara voluntad de excluir el legado africano de su fundación, desarrollo e incierto futuro político.

Semur y sus descendientes o el incesto como deber cívico

Uno de los momentos más perturbadores de *Fábulas…* es cuando se revelan los detalles del plan de Semur para lograr la paz entre zhifes y jumenes y reabrir las Fronteras Transdimensionales. Primero nos enteramos de que la «descendencia de Semur solo tuvo un papel mítico» (ibíd.:268). Luego, se revela la identidad del padre de Ijje.

> *Antes de su encuentro con nosotros, Semur había tenido tres hijos. Sabiendo que estos no podrían tener recuerdo genético de algo ocurrido después de su nacimiento, Semur intentó procrear uno que heredaría la pre-visión y el coraje adquiridos al enfrentarse con los recién llegados. Como temía que tales facultades se debilitaran a lo largo de las generaciones, viajó al futuro para tener relaciones con la descendiente de uno de aquellos hijos: esa fue tu madre… Aquel amor estaba condenado al fracaso. Semur debía regresar a su época, luego de abandonar los objetos en algún sitio seguro del espacio-tiempo. Tu madre tendría que permanecer en la suya para gestar al hijo que recuperaría los dones más preciados de Faidir. Ella amaba a Semur y lo esperó hasta la tarde en que él la vio por última vez y le dijo que no podía volver. El deber era el deber y él regresó a su tiempo con el ánimo destrozado —bien lo saben los jumene que vivieron su agonía. Ella se suicidó, enloquecida ante una pérdida que no pudo soportar (ibíd.:269-270).*

Sí, Semur vivió unos cuatrocientos años antes del nacimiento de Ijje, pero es su padre. Los Talismanes Sagrados son los dispositivos tecnológicos que hacen factible que Semur selle las Fronteras y legue a su hijo menor el reto de reabrirlas, cuatro siglos después.

Quiero llamar la atención sobre un detalle de este episodio: nadie se extraña de las prácticas endogámicas entre zhifes. Ijje siempre creyó que su desconocido padre era, naturalmente, descendiente de Semur como su madre (ibíd.:268). La sorpresa viene de la identidad de su padre, no de su filiación familiar. Pero lo mejor está por saberse: cuando se abren las Fronteras Transdimensionales, se revela la identidad secreta de la abuela Desza.

> *Desza: ella es tu hermana mayor.*
> *¿Qué dices padre?*

Tuve que reforzar la herencia: era el único modo de encontrar dos llaves que abrieran las Fronteras. Fui al futuro para tener una criatura: resultó ser Desza. Y su hija fue luego mi amante: tu propia madre. Desza es mi hija y mi suegra. Desza es tu hermana y tu abuela (ibíd.:315).

Con actitud absolutamente antinatural para los estándares de Cuba, de Occidente, los zhife se conmueven, pero no por el incesto, sino por el secreto que Desza ha cargado toda su vida. La admiran tanto que es honrada tras su muerte con monumentos y crónicas laudatorias (ibíd.:320-321).

Dos textos críticos mencionan este giro argumental: la tesis de doctorado de Juan Carlos Toledano «Ciencia -ficción cubana: El proyecto nacional del hombre nuevo socialista» y el ensayo de Molina-Gavilán que ya comenté.

En un asombroso proceso de lectura selectiva, Toledano-Redondo afirma que el trágico romance entre Semur y la madre de Ijje es una representación de amor patriarcal. Argumenta que Chaviano suscribe modelos femeninos patriarcales, en tanto «Lo pasional es más importante que el deber en el caso de la hembra zhife, mientras que el deber es más importante que lo pasional para el macho» (2002:180). En sus conclusiones Toledano-Redondo «olvida» el enrevesado árbol familiar justo donde es clave, al analizar el uso del viaje en el tiempo y la memoria genética como recursos dramáticos:

De hecho, para imprimir mayor verosimilitud a esta teoría biológica en el argumento de la novela, la historia de Ijje y Semur se explica también a través de la memoria genética: Semur, padre de tres hijos, tuvo conocimiento de la verdad sobre las Fronteras y los jumene después de concebirlos, por ello viajó en el tiempo hacia el futuro para engendrar otro hijo que tuviese su memoria genética (ibíd.:183-184).

En «Mujeres protagónicas que llevan la voz cantante» solo se dedica un párrafo al asunto. Molina-Gavilán no critica el incesto, ni la idea de la memoria genética, ni la cuestionable agencia de las mujeres involucradas. Califica todo el asunto de «sorprendente» y sigue adelante (2002:127).

Para mí, el plan de Semur tiene dos niveles de lectura: primero la clara preferencia de las tribus zhife por la endogamia; segundo, la relación complementaria entre Desza e Ijje.

La praxis endogámica es fácil de explicar desde un punto de vista económico: la cultura zhife es seminómada, con un desarrollo tecnológico elemental. Como sus bienes materiales son escasos, el matrimonio dentro de la comunidad previene la pérdida de recursos en beneficio de otras tribus. Asumir que el padre y la madre de Ijje tenían ancestros comunes es lógico (Monger, 2013:530).

En esta historia de incestos sucesivos, Chaviano rinde honor a la mitología celta, pues la historia de Sémur, Desza e Ijje sigue muy de cerca la segunda y tercera parte de la leyenda irlandesa «Tochmarc Étaíne» (La seducción de Étain). Ese relato pertenece al «Ciclo mitológico irlandés», las primeras versiones escritas conocidas son de principios del siglo VIII y tiene su forma actual desde el siglo IX (Dillon, 1959:15; Gantz, 1982:21-22).[2]

Chaviano incorpora un segundo elemento poco convencional: la relación entre Desza e Ijje como dos partes de una sola entidad intelectual capaz de reabrir las Fronteras. En el proceso, «Desza se convirtió en el vehículo espiritual idóneo; Ijje, en cambio, llegó a ser el vehículo emotivo debido a su gran poder psíquico. Jamás habrían funcionado el uno sin el otro» (2002:319). Eso significa que el rol intelectual es asignado a la fémina y el emotivo al varón, en una inversión de las convenciones de roles de género de la literatura y la sociedad patriarcal. Este rasgo feminista de la trama también ha sido sistemáticamente ignorado por la crítica.

Ijje, Dira y Jao: una triada para la eternidad

Uno de los elementos más importantes en la novela es la relación entre Ijje, Dira y Jao. Las peripecias en que derivan sus juegos infantiles y sus respectivos rituales de entrada a la adultez son esenciales para la progresión del

---

[2] Este es el argumento: Un rey de Irlanda, llamado Eochaid o Echu, se casa con la mujer más bella de su tierra, Étain hija de Étar. Más tarde, el dios celta Midir de Brí Léith trata de seducirla. Al ser descubierto por Eochaid, Midir argumenta que fueron cónyuges en su vida anterior, cuando ella era Étain hija de Aillil. Midir propone a la reina que huyan, pero ella se niega a partir sin consentimiento del rey. Midir va donde Eochaid y le propone jugar fidchell —juego de mesa celta parecido al ajedrez—, consciente de que el rey gusta de las apuestas. Cuando Midir gana, pide un beso de Étain, la abraza, y ambos salen volando. Eochaid va con su ejército a Brí Léith a recuperar a su esposa. Tras un duro sitio, Midir le ofrece un trato: debe reconocer a su esposa entre cincuenta jóvenes similares. Eochaid elige una y la lleva a casa. Midir revela después que esta Étain es hija del mismo Eochaid, pues la reina estaba embarazada en el momento del secuestro. La nueva Étain tiene una bebé, pero Eochaid ordena que la dejen en el bosque, pues es resultado de un incesto. Dos sirvientes la dejan junto a la perra de un pastor. El pastor la encuentra y decide criarla, la nombra Mess Búachalla. Mess Búachalla es feliz hasta que su belleza llega a oídos del rey, Eterscél, quien la secuestra y la obliga a casarse. Mess Búachalla será la madre del rey Conaire Mór (Dillon, 1959:18-21; Gantz, 1982:49-59). El paralelismo es fácil: Eochaid es Semur; la segunda Étain es la madre de Desza, elegida entre muchas —acaso cincuenta— mujeres parecidas a su primera esposa; Mess Búachalla, es la madre de Ijje, Étain renacida por tercera vez; y Conaire Mór es Ijje, líder que guía a su pueblo a un largo período de paz y prosperidad. Con la significativa diferencia de que Semur no es víctima de ningún engaño, sino quien busca a la Étain de cada generación.

argumento. Al mismo tiempo, su relación es singular porque el trío no se deshace con la llegada del despertar sexual, sino que se transforma en unidad poliamorosa. Aquí Chaviano se distancia del otro gran referente de la ciencia ficción cubana del momento, Agustín de Rojas, pues en su *Espiral* (1982) una mujer se alista a cometer asesinato ante la mera posibilidad de que otra seduzca a su esposo.

Cada texto sobre *Fábulas…* evita el tema del poliamor: la historia de Ijje acaba cuando se abren las Fronteras Transdimensionales. Aunque Molina-Gavilán afirma que su objetivo es «describir el tipo de personaje femenino que [la novela] añade al género», las cuales aportan «un nuevo modo de entender las construcciones sociales, políticas o literarias de la mujer», Dira no califica. Se comenta la alternativa a la familia nuclear por «una triple alianza compuesta por una mujer y dos hombres», pero sin mencionar a qué personajes se refiere (2002:128). Toledano-Redondo simplemente borra a Jao y Dira en su recuento final de personajes y concluye que *Fábulas…* «no es una novela que pretenda romper con los esquemas patriarcales de forma radical» (2002:182).

Creo que estas lecturas selectivas expresan la típica incomprensión heteronormativa ante prácticas que difieran del modelo nuclear monogámico y heteropatriarcal. Muchas personas olvidan que mientras «la cultura de sexo para el matrimonio, matrimonio para la reproducción, reproducción para la legitimidad y legitimidad para la herencia» era «puntillosa, consistente e incluso brutalmente [reforzada] en Europa», el resto del mundo siguió caminos diferentes (Guyer, 1994:233). En el caso específico de la poliandria —el matrimonio de una mujer con varios hombres—, la mirada patriarcal occidentalizada siempre ha estado especialmente desconcertada. Como es una práctica con el potencial de empoderar a la mujer, «la existencia de los matrimonios poliándricos ha sido un largo problema para la antropología». Y «los misioneros —y primeros antropólogos— que encontraron la práctica» coincidieron en que lo mejor era exterminarla (Monger, 2013:530).

El silencio de la crítica frente a la unión de Ijje, Dira y Jao indica un desconcierto similar, solo que, carentes de herramientas para comentar esa subtrama sin degradarles, la ignoraron. Yo considero esta relación poliamorosa el aporte más significativo de Daína Chaviano a la ciencia ficción cubana: el reto al patriarcado a través de la deconstrucción de la heteronormatividad y la monogamia. Como notara Mora Vélez, aquí el amor «redime con sus esperanzas» (1996:26).

Cuando se menciona ese vínculo por primera vez en la novela, Ijje llama a Jao y Dira «sus mejores amigos», pero apenas una página después se refiere a Dira con clara sensualidad: «Piel fresca: risa de fruto joven». Más tarde, piensa que «Ya no son chiquillos, pero en sus juegos persiste la misma ternura» (Chaviano, 2002:25-28). Esta intimidad física y mental que cultivan es importante, porque entre zhifes la intimidad infantil se considera ruta convencional hacia la vida en común. Tan convencional es, que Ijje no se da cuenta hasta que su abuela lo señala:

Pensándolo bien, harían una bella pareja.
¿No te molestaría?
¿Qué cosa?, pregunta él, mientras roe un vegetal.
Pues que ellos decidieran vivir juntos.
¡Claro que no! Ijje la mira con enfado. Son mis mejores amigos y creo que Dira siempre me querrá. Me gustaría mucho seguir la vieja tradición [...] (ibíd.:168).

El diálogo se interrumpe y la «vieja tradición» no será explicada hasta el final del libro: Ijje, Dira y Jao se casan, tienen descendencia y son felices (ibíd.:320).

El breve intercambio entre Ijje y Desza revela al menos tres elementos significativos de las convenciones del matrimonio zhife: primero, se trata de una decisión que compete solo a las personas involucradas; segundo, los celos y el deseo de posesión de otras personas no son actitudes aceptables; tercero, las uniones pueden basarse en algo más que las relaciones sexuales heterosexuales. Esta definición casi excluye la posibilidad de que la unión zhife pueda ser utilizada como espacio propicio para «abusos de control y violencia doméstica por razones de género», al tiempo que se abre al poliamor y a uniones sin componente sexual, que incluyen a personas asexuales o arrománticas (Klesse, 2018:1112).

La normalización del poliamor no es casual, sino un elemento conscientemente incorporado por Chaviano. Ella explica que imaginó así a Faidir porque:

Pensé que una sociedad tan diferente —la zhife— también requería un tipo diferente de normas familiares. La cultura zhife tiene igualdad entre los géneros [...] No hay tabús sexuales o de género [...] Pensé que era lógico que en una sociedad igualitaria fuera completamente normal para las mujeres tener más de un cónyuge [comunicación personal] (2018).

Esto significa que la autora no reescribe aquí la práctica de resistencia cultural y empoderamiento femenino en las comunidades yorubás contemporáneas que Jane Guyer llama «maternidad poliándrica» y describe como la gestación intencional de hijos de diversos hombres. En esos casos el objetivo es que la progenie esté protegida siempre por una densa trama de vínculos familiares, por redes de apoyo sentimental y económico (1994:231, 246). Sería plausible, si consideramos la importancia del aporte yorubá a la cultura cubana, suponer que Daína observase estas prácticas y las extrapolase.

Me refiero al ejercicio autónomo de sexualidad y maternidad que ejemplifican dos de las más importantes figuras del panteón yorubá cubano: Yemayá y Oshún —la primera, Madre de Todo lo creado; la segunda, dueña de la Fertilidad—, protagonistas de numerosas leyendas en las que dominan a los hombres y a los animales, en las que las otras deidades las respetan y reconocen su poder (L. Cabrera, 1974:20-21, 70). Esa ignorancia, o borramiento, de las prácticas culturales afrocubanas es coherente con el perfil de Chaviano, como heredera de la clase media blanca cubana que siempre se ha esforzado por minimizar la importancia del legado afrodescendiente, controlar sus expresiones culturales y disciplinar sus cuerpos (Guerra, 2012:150).

En cambio, la autora afirma que concibió su sociedad poliamorosa como resultado lógico de la igualdad de clase y género. En una sociedad así, sería natural la eliminación de barreras en el criterio de selección de tu(s) cónyuge(s). Podemos asumir también que en la cultura zhife la monogamia, la poligamia y el celibato son opciones de vida igualmente respetables. Ello la convierte en una sociedad de «prácticas definitivamente feministas o *queer*-feministas» (Klesse, 2018:1112).

¿Imaginar el poliamor como resultado lógico de la igualdad de clase y género? Suena a implementación radical del socialismo. Puede leerse como una visión utópica de Chaviano alrededor de los cambios en las relaciones sentimentales de la Nueva Sociedad. Ijje entiende su deber como un ejercicio de amor de claros ecos guevarianos: como parte de la vanguardia zhife, debe probar su amor a la comunidad a través de la lucha (intelectual o armada) contra el peligro jumene. Del mismo modo, el amor que siente con Jao y Dira es sistemáticamente descrito como inclusivo y no jerárquico, como lo imaginara Engels en el segundo capítulo de *El origen de la familia, la propiedad privada y el estado* (2012).[3]

En un salto especulativo de carácter extremo, puedo imaginar al pueblo jumene —básicamente descrito como similar a la humanidad, pero tecnológicamente más avanzado— cambiar sus convenciones a partir de la interacción sistemática con la cultura zhife, igualitaria y poliamorosa. En ese caso, la

---

[3] Ese texto era tan popular en Cuba que Silvio Rodríguez lo convirtió en canción: «La familia, la propiedad privada y el amor» fue incluida en su disco *Al final de este viaje* (1978).

primera fase podría ser la praxis de la «maternidad poliándrica» para evitar las limitaciones legales y morales de la monogamia patriarcal. Ello empoderaría a las jumene en el proceso de desarrollar «lazos co-parentales con más de un padre para su descendencia» (Guyer, 1994:231).

Pero Dira y Jao no son simplemente los amantes de Ijje, sino personajes dotados de agencia. Dira es una poeta aclamada y fue entrenada por su padre en técnicas de vigilancia y rastreo. Jao parece tener una habilidad especial para la diplomacia y cuestiona los dogmas sociales sin el miedo que Ijje muestra en más de una ocasión. Jao y Dira deciden, a modo individual, que Ijje no irá solo a su combate con el pueblo jumene. La decisión de abandonar la seguridad del Bosque Rojo y unírsele cimenta su interacción como iguales.

Una lectura coherente de la igualdad al interior de este trío reta no solo las convenciones de roles de género de la literatura fantástica, sino de la presunción de heterosexualidad de los personajes. Chaviano es muy cuidadosa con las expresiones físicas de esta relación. Está claro que aquí pesó la censura editorial: cualquier duda acerca de la «normal» sexualidad de los personajes impediría la publicación de la novela. Para superar ese obstáculo, la autora aprovecha las posibilidades expresivas de la anatomía zhife. Las tres bocas son en extremo útiles en este juego de ambigüedades: cuando Ijje va al encuentro de Dira y Jao, «[h]ay brazos que suben a recibirlo, manos que lo conducen a la tierra, muchas bocas que lo besan» (Chaviano, 2002:59).

Poco después, el proceso de unión mental es descrito en términos de claras connotaciones sexuales: «Como el último abrazo de un amante, como un río penetrando con furia en el mar, ambas psiquis se funden en un solo organismo». Pero la heterosexualidad de los personajes está formalmente protegida: esta fue la fusión entre Ijje y Dira. Cuando buscan a la tercera parte de su entidad, hay otro tono: «Se besan, arrullan, acarician: son los mismos chiquillos de siempre, y ahora les resulta fácil la conexión […] *Jao-Dira-Ijje*. Tres entidades psíquicas logran la unión» (ibíd.:68-69).

Chaviano usa un sistema de notación específico para los eventos que transcurren en el espacio mental: expresa de modo gráfico las experiencias paralelas de los personajes, al tiempo que mantiene una oportuna vaguedad acerca de a quién se dirige cada frase. Por ejemplo, justo antes de comenzar el viaje hacia el Bosque Rojo la tríada piensa:

Te quiero   *Te amo*   *Yo también (ibíd.:45).*

Aunque sepamos que la primera columna corresponde a Ijje, la segunda a Jao y la tercera a Dira, es imposible saber a quién ama Jao. Esta incertidumbre permite a Chaviano tensar los límites de las interacciones aceptables en términos sexuales. Con esta misma lógica, no se refiere a Jao e Ijje como cónyuges en el «Epílogo I», sino que son amigos o hermanos (ibíd.:320-321). La autora solo deja este performance cuidadosamente heteronormativo cuando los dos jóvenes están solos en la pradera. «No te negaría nada, ni siquiera el dolor de acompañarme a la muerte», le dice Ijje a Jao, y luego: «Las alas juegan a rozar los labios, los labios que se abren en los hombros, los hombros que reciben el beso de las alas» (ibíd.:234).

Para completar el análisis de la estructura familiar zhife, es necesario definir cómo establecen la legitimidad de su prole y la ciudadanía. Del libro sabemos que aceptan la monogamia y la poligamia, y que no tienen nada contra el incesto. Por tanto, las reglas para asignar la paternidad deben ser flexibles. En cambio, la condición de persona adulta, con pleno acceso a los derechos ciudadanos, no se concede automáticamente. De acuerdo con la autora:

> El estatus de bardo/guerrero es imperativo en la sociedad zhife. Cualquier zhific —varón o hembra— debe alcanzar ambos títulos para tener derechos adicionales en esa cultura. Primero, un zhific (el equivalente de nuestros infantes o adolescentes) debe convertirse en bardo, y más tarde en guerrero, si quiere ser considerado como zhife, una persona adulta. En esa cultura, debes probar que tienes suficiente inteligencia y sensibilidad para alcanzar el estatus de bardo. Luego debes probar que tienes suficiente valor y coraje para convertirte en guerrero. Si no eres un zhife digno, no se te permite tener derechos de adulto [comunicación personal] (2018).

Esta es la razón por la que transcurren tres años entre la apertura de las Fronteras y el matrimonio de Ijje: alcanzó el estatus de adulto/bardo/guerrero a una edad demasiado temprana, mientras que Dira y Jao aún eran técnicamente menores de edad (Chaviano, 2002:320).

Las aclaraciones de Chaviano revelan otro problema: ¿cuál es el estatus legal de las personas con discapacidades físicas, enfermedades mentales o problemas de aprendizaje en la sociedad zhife? Aquí opera una lógica insidiosa del capacitismo (*ableism* en inglés): Chaviano asume que en un mundo justo y feliz, todas las personas encarnan el pico de la perfección física y mental. No es de extrañar que tales presunciones permeen incluso a una escritora dedicada a la crítica social. No solo el discurso oficial cubano está saturado de capacitismo con su foco en el uso del cuerpo para la producción y la defensa. Esta lógica trasciende a Cuba y apenas empezó a ser cuestionada en la década de 1970, aunque los estudios de discapacidad no llegaron a la academia hasta los años 90.

En conclusión: la familia zhife no se construye exclusivamente a través del linaje patrilineal o matrilineal, y los derechos de ciudadanía no se conceden de modo automático. El parentesco se define a partir de un nacimiento legítimo, la asignación del estatus de padre o madre es una decisión de quienes integran el matrimonio, a partir de lo cual se establecen las redes familiares a las que pertenece cada zhific. El uso de las reliquias ancestrales es una declaración pública de la legitimidad del linaje y la pertenencia del sujeto al clan (ibíd.:129). La ciudadanía se alcanza en una combinación de eventos públicos y privados: cada zhific debe completar tres exámenes que prueban el entrenamiento mental (privado), la sensibilidad poética (público), el coraje y las habilidades de combate (público). No hay diferencias sociales asociadas al género o la orientación sexual en esta sociedad imaginaria.

Fallos del socialismo del siglo xx y sensibilidad de las personas del futuro

La experiencia del socialismo cubano dejó logros y fallas. El debate acerca de qué tan lejos llegó la Revolución cubana en la construcción de un nuevo tipo de persona excede los objetivos de este ensayo. Aquí la intención es discutir el significado político de la propuesta social que hizo Chaviano a través de las familias zhife, en el contexto del discurso patriarcal cubano sobre roles de género y modelos familiares en la década de 1980.

Como muchos otros proyectos políticos, el amor fue invocado a menudo en la retórica de la Revolución cubana. Como cubana nacida en 1980, aprendí pronto que el Comandante en Jefe me amaba mucho y apreciaba los sacrificios que toda la gente hacía en la construcción del socialismo, con la generosa ayuda de nuestra querida amiga la Unión Soviética y los otros países socialistas. Al mirar atrás, no podría decir cuándo tomó forma la idea, pero yo estaba segura de ese amor.

No era un amor filial, claro, pero yo consideraba su amor parte de la recompensa por nuestros sacrificios. Un futuro luminoso estaba a la vuelta de la esquina, con mejores casas, mejor transporte público, mejores zapatos y mejor televisión. Nuestro presente carecía de importancia y el futuro pertenecía por completo al socialismo. Porque «como muchos otros discursos nacionales e identitarios (homogenizadores), la Revolución cubana dependía de una "promesa de felicidad"» (Sierra-Rivera, 2018:330).

Daína Chaviano tenía casi dos años cuando triunfó la Revolución cubana. Su adolescencia transcurrió en la década de 1970, momento de una terrible represión en Cuba. Luego se le llamaría Quinquenio Gris, enmarcado entre los años 1971 y 1976, pero sus efectos se extendieron bastante más allá de la década. En sus palabras: «La literatura, junto con otras formas de pensamiento creativo, sufrió los embates de la represión. Cualquier obra que pudiera ser considerada espiritual, fantástica, o que de cualquier modo alterase la realidad, sin importar cuán poco, fue prohibida». Su reacción a lo que describe como «falta de oxígeno imaginativo» fue escribir sus propias historias (Chaviano, 2004:4-5).

Daína Chaviano implementó de modo intuitivo prácticas de resistencia íntima frente a la retórica oficial de «formas bajas y elevadas de amor», donde «el afecto ordinario no es amor verdadero, conocimiento verdadero, o verdaderamente revolucionario» (Sierra-Rivera, 2018:333). La respuesta fue defender su derecho a soñar «como si fuera el aire que necesitaba para respirar» (Chaviano, 2004:5). Obligada a desplazarse al extremo del espectro, la literatura fantástica se convirtió en su género de elección porque «provee los medios para la exposición coherente de las nociones más heréticas» (ibíd.:10).

En *Fábulas…*, como antes en *Amoroso planeta* y en *Historias de hadas para adultos*, Chaviano presenta estructuras familiares, personajes y prácticas sentimentales muy distantes de la perfecta utopía socialista promovida por los aparatos ideológicos del Estado cubano, en especial la FMC; cuyo propósito era ayudar a crear la perfecta compañera sacrificada para el hombre nuevo (Sierra-Rivera, 2018:335). Chaviano se le opone con la creación de universos donde los personajes luchan por alcanzar sus sueños más íntimos, por usar sus vidas espirituales como materia prima para construir la nueva sociedad.

Al utilizar una estructura temporal circular, mover el proceso revolucionario del exterior al interior de los individuos y asignar a mujeres los roles principales en la transformación social, la autora contradijo el discurso oficial que prefiguraba el progreso social a través de espirales ascendentes y subordinaba la emancipación femenina a la agenda masculina (heteronormativa y blanca) gubernamental. Chaviano sabía que, cada vez que ponía una mujer independiente en sus libros, retaba a las instituciones encargadas de las políticas de género (comunicación personal), pero en *Fábulas…* fue —inconscientemente— mucho más allá.

Vistas de la perspectiva de construcción de universos, las Fronteras Transdimensionales son mucho más que el artefacto de turno para hacer funcionar el viaje en el tiempo. La estructura temporal de *Fábulas…* tiene dos implicaciones significativas: primero, la idea de un punto neutral en el espacio tiempo contradice frontalmente la visión de progreso en espiral ascendente extraída del materialismo marxista e incorporada al discurso nacionalista cubano revolucionario, hegemónico en 1988. Segundo, el argumento no opone simplemente una estructura narrativa circular a la posibilidad de progreso ascendente, porque Chaviano no niega la posibilidad de progreso, sino que lo deja fuera del alcance de la Tierra.

En efecto, el desenlace anuncia cambios radicales en Faidir, Rybel y el planeta de Arlena, en términos materiales y políticos. Con la recuperación de la Piedra y el Espejo se pueden normalizar las relaciones entre jumenes y zhifes, lo que abre una nueva etapa de viajes espaciales (Chaviano, 2002:320). En Rybel, la muerte de los miembros del Septenario Sacerdotal permite avizorar una apertura intelectual y tecnológica (ibíd.:259, 317). Todas estas posibilidades de progreso —ese sueño tan caro a la Modernidad y la Revolución cubana— son cuidadosamente puestas fuera del alcance humano, e incluso su relación con nuestra realidad es discutible, como señala Rita. Como todo ha ocurrido a una distancia física y/o temporal insalvable, no hay manera de que estas transformaciones afecten a la Tierra más allá de las experiencias individuales de Ana y Rita (ibíd.:318-319).

Chaviano afirma que el plan era narrar una parábola sobre el aislamiento de Cuba, el absurdo miedo a otras personas que pensaran diferente (2004:9). El resultado acabó siendo más radical y duradero. Aunque el gobierno de Cuba cambie, la lección de la cultura zhife sobre amor y familia será pertinente por largo tiempo. No hay en Faidir ese amor posesivo que usan las narrativas heteropatriarcales para explicar y justificar la subordinación femenina y la violencia doméstica. La autora revoluciona el mismo proceso de amar y las demandas prácticas de los amores son las que hacen avanzar la trama: el amor de Arlena y Ciso por el conocimiento revelará el camino a Faidir; el amor de Ana y Merlín por la Tierra desencadena sus capacidades intelectuales; el amor filial de Desza e Ijje abre las Fronteras Transdimensionales.

El libro va un paso más allá con Arlena y Ciso, amantes que se respetan, cuya relación descansa en el intercambio intelectual antes que la relación física, en la lucha por la igualdad antes que la subordinación. El último escalón de esa revolucionaria conceptualización del amor es la relación de Ijje, Dira y Jao, a través de la cual Chaviano revela a la monogamia heteropatriarcal como algo convencional, antinatural. Este argumento coincide con las propuestas de feministas de la primera ola, activistas del socialismo utópico y el anarquismo que «exploraron relaciones y comunidades intencionalmente no-monógamas al mismo tiempo que promovían métodos para el control de la natalidad, para permitir mayor control sobre la sexualidad y la reproducción» (Noël, 2006:602).

Es fácil deducir que cada vez que alguien toma conciencia de su capacidad y derecho individual para decidir su historia sentimental, productiva y reproductiva, el Estado pierde algo de poder. De la misma manera, una mayor conciencia del valor intrínseco de los sentimientos y las relaciones interpersonales —sexuales o no— implica mayor resistencia a ser solo fuerza de trabajo para la construcción de un futuro utópico, a aceptar que nuestro presente carece de sentido.

El poliamor es político porque nos hace pensar en cómo se trasladan las lógicas de jerarquías y explotación de la economía al hogar, del hogar a lo que imaginamos como humanidad. Además de Chaviano, otros autores cubanos han relacionado el cambio social con el abandono de la monogamia.

En *Transparencia*, de Ángel Arango, el equipo de astronautas de la expedición XCC-42 establece relaciones «variadas y variables» porque pasa muchos años en el espacio. Arango explica que «las experiencias transitorias estaban permitidas, y se consideraban saludables, inclusive», pero la monogamia y el sexo reproductivo regresarán en cuanto arriben a un planeta porque están inscritas «muy hondo en las angustias del hombre» (1982:22-23).

En cambio, para Chely Lima, aceptar el poliamor es lo que prueba la madurez sentimental de Margo, protagonista de su novela *Triángulos mágicos* (1992). Margo, Pablo y Arturo, comprenden que solo podrán superar la violencia si renuncian a la idea del amor exclusivo (2015:107) y del ser amado como algo que se posee (ibíd.:144-146). Lima normaliza el poliamor cuando inserta a Margo en un colectivo de mujeres que se respetan y apoyan entre sí, que —literalmente— le salva la vida y le dan cobijo (ibíd.:14, 18-19). Vale aclarar, *Triángulos mágicos* circuló primero por España (Planeta, 1994), y solo en 2015 la editorial santaclareña Capiro la hizo accesible en Cuba.

En *Súper Extra Grande*, Yoss narra el romance entre el cubano-nipón Jan Amos, la masai Enti Kmusa y la cetiana An-Mhaly, miembro de una especie monosexual (2012:13). Su universo rezuma diversidad sexual interplanetaria (ibíd.:17), pero hay xenofobia interespecies (ibíd.:13) y la humanidad es heteronormativa (ibíd.:43). Aquí el sentido político del poliamor es explícito, pues el narrador afirma que amar por encima de las divisiones evolutivas es lo único que permite superar el racismo (ibíd.:101).

En 2018, dos caribeñas llegamos a la misma conclusión sobre el poliamor como expresión de la resistencia al control del Estado cubano. La boricua Judith Sierra-Rivera lo vio en los textos de la ciberfeminista negra Sandra Álvarez-Ramírez. Explica que «la fluidez del poliamor […] se opone a la promesa de amor utópico de la Revolución oficial […] porque se niega a un solo compromiso, el poliamor quiebra la noción de la Revolución como promesa última» (2018:331). Para mí, se trató de cómo el poliamor exige un reajuste radical de las relaciones personales, de compartir el ultraje de Ijje ante la simple insinuación de que podría sentir celos por Jao o Dira.

¿QUÉ ES NATURAL EN UNA FAMILIA?

El impacto de *Fábulas de una abuela extraterrestre* en la ciencia ficción y sociedad cubanas es imposible de cuantificar. Sin dudas, las propuestas radicales del texto lo hicieron popular, pero también difícil de comprender para la crítica literaria. Su aporte a la sociedad va mucho más allá de la incorporación de personajes y tramas feministas, reta la lógica heteropatriarcal que sostiene al proyecto estatal cubano, pasado y presente.

Al mismo tiempo, Chaviano deja varios cabos sueltos en la novela. No sabemos por qué fueron abandonadas las monumentales fortalezas de los Días Heroicos y las tribus zhife son seminómadas ahora. No sabemos contra quiénes guerreaba Sémur antes de la llegada de la nave espacial jumene, ni que pasó con esas otras poblaciones. En Rybel las desigualdades se explican por el atraso tecnológico y social, pero en La Habana y Faidir nunca se consideran las diferencias de raza, clase o capacidad física entre las personas. El mundo de Ijje es un equivalente interplanetario al mundo blanco de clase media de Ana.

Sin embargo, esta propuesta de poliamor marca un sendero posible de emancipación feminista. Aunque la Revolución cubana no nos pudo enseñar cómo son el amor y la familia socialistas, estas fábulas de amores incestuosos, interespecies, solidarios, colectivos, feministas todos, proponen una ruta. Tal vez no sea el único destino posible defender un sistema social planetario que solo extrae ganancia de nuestros lapsos vitales de producción-consumo-reproducción en ciclo infinito, porque infinitos son la construcción del comunismo, la guerra contra el terrorismo y los modelos de *iPhone*.

El amor —en todas las variantes que cada ser racional del universo pueda imaginar— es político.

Evanston (IL), entre diciembre de 2018 y julio de 2020.

19

BRACEROS, *HOUNGANS* Y ZOMBIS: FIGURACIONES DE LO HAITIANO EN LA NARRATIVA CUBANA

(Alberto Sosa-Cabanas)

(Matanzas, 1988). Profesor, investigador y crítico literario. Licenciado en Filología Hispánica por la Universidad de La Habana y doctor en Literatura Hispanoamericana por la Universidad Internacional de la Florida, con especialización en la diáspora africana y el Caribe. Sus artículos y reseñas han sido publicados en *Revista Iberoamericana*, *Cuban Studies* y *Decimonónica*, entre otras publicaciones. Ha recibido becas de investigación de las fundaciones Mellon y Tinker, del Cuban Research Institute y del fondo bibliográfico del Cuban Heritage Collection. Es editor del volumen colectivo *Reading Cuba: Discurso literario y geografía transcultural* (2018). Actualmente trabaja en su libro titulado «Ficciones de la negritud: pinturas, libros e iconografía del crimen en Cuba».

En una de las novelas gráficas que forman parte del mundo ampliado de la serie *Heroes*,[1] uno de sus personajes principales, Mohinder Suresh, pregunta a otro, conocido como «el haitiano»: «¿Acaso no necesitas escribir nada de esto?». Ante semejante pregunta, el interpelado responde: «La memoria no es un problema para mí».[2] Aunque pueda parecer peregrino, este oscuro y breve diálogo patenta la enorme y casi universalmente reconocida carga simbólica, llena de misticismo, fatalidad y misterio del universo asociado a la memoria de Haití. Provenientes de una pequeña excolonia francesa, los haitianos, su cultura, sus dioses y sus monstruos han poblado por largo tiempo ya el imaginario occidental.[3]

Haití y su lugar en la representación del Caribe ha sido objeto de numerosas pesquisas en el ámbito de los estudios académicos contemporáneos.[4]

---

[1]   *Heroes* (2006-2010), de la cadena NBC.

[2]   Todas las traducciones son del autor, salvo que se indique lo contrario.

[3]   Si bien las razones para esta fascinación son diversas, definitivamente la trascendencia y particularidades de la Revolución haitiana, primera de la región, los hechos violentos asociados a ella, el carácter exótico-primitivo del vudú y la misma diáspora haitiana han contribuido a crear y potenciar la existencia de un imaginario complejo en torno a Haití. En el caso específico de Cuba, el influjo de su revolución —espejo ominoso en el que se proyectaban los miedos del colonizador— y los múltiples paralelismos históricos y económicos derivados de la esclavitud y de la economía de plantación han desempeñado un papel esencial en el influjo de Haití en el discurso cultural cubano. Para una comprensión cabal sobre el significado cultural y político de la Revolución haitiana, véase Sibylle Fischer (*Modernity Disavowed: Haiti and the Cultures of Slavery in the Age of Revolution*, 2004). Para estudios que se ocupen particularmente de las resonancias de Haití en Cuba, ver Elzbieta Sklodowska (*Espectros y espejismos: Haití en el imaginario cubano*, 2009) y Ada Ferrer, *Freedom's Mirror: Cuba And Haiti In The Age Of Revolution* (2014).

[4]   En esta misma línea, Elzbieta Sklodowska, pionera en el estudio de las relaciones entre los textos aquí tratados, apunta que, aun cuando los haitianos en Cuba han sido estudiados en gran medida desde enfoques antropológicos e históricos, urgen investigaciones del tema desde los estudios culturales y literarios (2009:13). Estas páginas, al mismo tiempo

411

Más allá de los aportes al debate intelectual del país, la diversidad de posturas que ocupa y ha ocupado la cultura haitiana en el interior de la cultura caribeña —y que a mi entender poseerá atributos que oscilan muchas veces entre la exaltación histórica, la negación cultural y el desconocimiento político—, va a ser objeto de análisis de, por solo poner un caso relevante, *La isla que se repite: el Caribe y la perspectiva postmoderna* (Antonio Benítez Rojo, 1992).

Atendiendo a dicha diversidad, este ensayo explora la representación de los inmigrantes haitianos en Cuba a través de tres piezas literarias, la novela *¡Écue-Yamba-Ó!* (Alejo Carpentier, 1933), el libro de cuentos *Marcos Antilla, relatos del cañaveral* (Luis Felipe Rodríguez, 1932)[5] y el cuento «Aquella noche salieron los muertos» (Lino Novás Calvo, 1932). Sostengo que un sector del imaginario literario sobre Haití en Cuba está hipotecado por ciertos tropos y representaciones coloniales que persisten incluso entre los relatos de emancipación y celebración cultural. De ahí, arguyo que dichos tropos —la presencia de los haitianos, sus cuerpos, su religión e incluso la mera intervención de estos en la diégesis narrativa— se inscriben en los relatos estudiados, no solo como una suerte de metaforización conceptual del peligro —en el sentido que Mary Douglas propuso en su estudio *Purity and Danger: An Analysis of Concepts of Pollution and Taboo* (1966)—, sino también como una dilatada «metonimización» en la que el haitiano como personaje se convierte en Haití y en el que la presencia de «lo haitiano» llega a condensar la idea de una peligrosa anomalía cultural externa que se torna poco menos que inadmisible.

Partiendo de una lectura atenta, así como del diálogo con los textos de Susan Buck-Morss y Elzbieta Sklodowska, estas páginas rastrean el desarrollo de varias narrativas de exclusión y degradación de lo haitiano en el campo literario cubano. Así, ensayo un análisis de lo que son las figuras de representación esbozadas arriba y que en mi opinión instrumentan esos «(des)encuentros cubano-haitianos» de los que habla la autora. Si bien Sklodowska explica que la percepción de Haití en Cuba está marcada por una «compleja dinámica de fascinación y rechazo» (2009:13), me interesa rescatar para estas páginas el aducir que, aunque esta mezcla persiste en el

---

que deudoras de su libro, constituyen una pequeña contribución a la exploración de la literatura vinculada a lo haitiano en Cuba.

5   La primera edición de este texto se titula *Marcos Antilla, relatos de cañaveral* (1932), con prólogo de Juan Marinello: «Americanismo y cubanismo literarios». Después se volvería a publicar con los títulos *Relatos de Marcos Antilla. La tragedia del cañaveral* (1939) y *Marcos Antilla. Relatos de cañaveral* (1971).

discurso crítico-literario cubano, se trata de formas disfrazadas de representación colonial que permanecen incluso en narrativas que tratan de ser reivindicativas del factor negro en la Cuba poscolonial. Dichas narrativas expresan la continuidad de la xenofobia y la ideología racial de períodos anteriores, presentes tanto en las producciones culturales de las élites intelectuales como en la conciencia popular.

RAZA, VANGUARDIA Y EL SIGLO XX CUBANO

Cuba entra en el siglo XX libre del dominio español, pero económica y políticamente dependiente de Estados Unidos, al cual queda sujeta por un fuerte sistema de regulaciones y enmiendas adosadas a la constitución de la nueva República inaugurada en 1902. Blancos y negros ahora son conciudadanos de un sistema democrático que garantiza el derecho al sufragio universal con independencia del color (De la Fuente, 1914:54). A pesar de los logros alcanzados en términos legislativos, la igualdad racial permanece en la República como una cuestión social sensible y de alta volatilidad política, como lo demuestra el Alzamiento de los Independientes de Color de 1912.[6] Episodios como este pusieron al descubierto los límites del sector negro dentro de la sociedad republicana y los extremos a los cuales estaban dispuestos a llegar los grupos gobernantes con tal de contenerlo. Como bien sugiere Emily Maquire, la República se limitó, en el mejor de los casos, a implementar «un mito de democracia racial» que en realidad reducía las posibilidades de los cubanos negros de acceder al poder político y adquirir una verdadera representación en la nueva República (2011:11). Así, a los traumáticos eventos de 1912 les sucede el silenciamiento de cualquier referencia al debate en torno al tema de la raza, presunto responsable de la discordia y la fragmentación nacional.[7]

El espacio de la producción cultural y literaria cubana trae, sin embargo, importantes variaciones en cuanto a los acercamientos al tema racial y al mundo de origen africano. Si bien durante el período colonial los sujetos negros en Cuba eran constantemente interpelados como parte del

---

[6] Para profundizar en los detalles de este conflicto, cfr. Alejandro de la Fuente (2011) y Aline Helg (1995).

[7] Para un estudio del silencio utilizado como herramienta o aliado en la perpetuación del racismo en el contexto caribeño, particularmente el puertorriqueño, cfr. Ileana Rodríguez-Silva (2012).

discurso de la esclavitud, el cambio en la situación política produce una transformación sustancial en lo que respecta a la aproximación al mundo afrocubano. Dicha permutación llega matizada por cierta ansiedad relativa a la definición y autorreconocimiento de la nueva sociedad cubana como república independiente. Así, las nuevas narrativas de identidad que comienzan a surgir vienen aparejadas al interés antropológico por la cultura y las religiones afrocubanas. En este marco, la incógnita que se alzaba aparecía con claridad: ¿cuál era el papel del negro y su cultura dentro de la nueva sociedad?

En términos artísticos y literarios, las décadas de 1920 y 1930 también representaron un período de importantes transformaciones avivadas por el influjo de las vanguardias europeas. No solo en Cuba, sino también en gran parte del Caribe, corrientes estéticas como el futurismo, el dadaísmo, el ultraísmo y otras tantas que se estudian bajo el término «vanguardia» estaban vinculadas por la reivindicación estética de «lo diferente». En este sentido, cierta zona del discurso cultural se volcó hacia el rechazo de los valores tradicionales de la sociedad y retomó la búsqueda romántica de la alteridad y del lado «primitivo» del hombre como estrategia regenerativa. Durante la vanguardia brasileña, César Osorio, un intelectual brasileño que se convirtió en un pilar del nuevo movimiento en Brasil, declaró: «Ahora es el momento de despertar al primitivo que vive dentro de nosotros, dejarnos guiar por los instintos» (Lopes de Barros, 2012:236). De este intento rousseauniano de rescatar al «primitivo», surgió el interés por «lo negro». Es el momento en que los textos de investigación etnográfica de Fernando Ortiz se hacen acompañar, en el plano literario y artístico, por la emergencia de una extensa lista de obras literarias y plásticas centradas en la temática afrocubana. Escritores jóvenes como Alejo Carpentier, Lydia Cabrera, Emilio Ballagas y Nicolás Guillén dan sus primeros pasos en la poesía y la narrativa alrededor de este tema. Al describir las influencias en los primeros textos de Carpentier, por solo citar uno de los casos más representativos, Roberto González Echevarría dice «Cuando Carpentier empezó a escribir, tres asuntos preocupaban a los intelectuales en Cuba: el problema político de la naciente República […] la vanguardia europea, y, a mediados ya de los veinte, el movimiento afrocubano» (1993:53). El primer texto novelístico de Carpentier, *¡Écue-Yamba-Ó!*, utiliza precisamente el trabajo etnológico e histórico de investigadores preocupados por el tema negro como Ortiz, Juan Luis Martín y Ramiro Guerra, como base para los detalles que el texto ofrece en torno al mundo de origen africano en Cuba. En esa misma línea se publican obras poco conocidas como *Mer-*

sé. Novela criolla (Félix Soloni, 1926), *Juan Criollo* (Carlos Loveira, 1927), *La raza triste* (Jesús Masdeu, 1927) y *Marcos Antilla. Relatos del cañaveral*, conjuntamente con otras ya clásicas como la misma *¡Écue-Yamba-Ó!* o *Cuentos negros de Cuba* (Lydia Cabrera, 1940).[8] Todos estos autores juegan al calor de las vanguardias con la experimentación en los textos narrativos, donde predomina una voz a medio camino entre la investigación etnográfica y las estrategias narrativas tradicionales.[9]

Aunque la mayor parte de estos escritores tienen éxito en su propósito de incorporar elementos de lo afrocubano a sus narraciones, en la mayor parte de los casos resultan acercamientos superficiales y esencialistas, productos concebidos desde afuera con los que continúan presentando al hombre negro y su cultura desde el prejuicio fetichista, como rareza y novedad exótica más que como el factor imprescindible que suponía dentro del entramado y las dinámicas del cuerpo nacional. No obstante, es importante notar que el movimiento afrocubanista de los años 20 y 30, que dio cabida a los textos literarios mencionados y a otras muchas expresiones artístico-literarias, aporta una reformulación del mito nacionalista de igualdad racial, matizando así considerablemente el concepto de «lo cubano» de José Martí[10] y formulando una síntesis que elevaba el mestizaje cultural a símbolo de la nación: «una raza cubana mulata» (De la Fuente, 2014:21). Consecuentemente, quizás el mayor logro de este período fue producir un fértil diálogo en torno al papel de la raza y la idea de Cuba como nación, logrando encontrar en estrategias literarias, etnográficas y artísticas un medio efectivo para incorporar la cultura afrocubana como «parte productiva de una nueva narrativa nacional» (Maguire, 2011:173). No obstante, nunca en la historia del discurso cultural en Cuba se volvió a tratar el elemento afrocubano con tanta intensidad y atención como en los años 20 y 30.

---

[8] Téngase en cuenta que aunque los *Cuentos negros de Cuba* vieron la luz por primera vez en francés en 1936, publicados por Gallimard en París, no es hasta 1940 que se publican en español, en La Habana, por ediciones La Verónica.

[9] Para un estudio de las relaciones entre literatura y etnología en la obra de Carpentier, cfr. Anke Birkenmaier (2006).

[10] El paso más significativo quizás, durante el siglo xix cubano, en cuanto a una verdadera concepción de igualdad, viene teorizado desde la misma concepción de nación en los ensayos del patriota cubano José Martí, quien en textos como «Nuestra América» (1891) y «Mi raza» (1893), temeroso del efecto disruptivo de los odios raciales, intenta allanar las divisiones de este tipo existentes entre los cubanos proclamando la idea de una nación sin color, una nación cubana por encima de todo: «cubano es más que blanco, más que mulato, más que negro», escribe Martí (1993:298).

BRACEROS HAITIANOS: DIÁSPORA ANTILLANA,
INMIGRACIÓN Y OPINIÓN PÚBLICA

La década de 1930 fue al mismo tiempo testigo de la llegada de inmigrantes de diferentes islas del Caribe, particularmente de Jamaica y Haití. La demanda de mano de obra barata para los campos cañeros y las circunstancias especiales de la nación haitiana en ese período propiciaron un enorme proceso migratorio a Cuba.[11] La mayor parte de estos inmigrantes llegaban como mano de obra barata para trabajar la caña y el café. Es conveniente notar, no obstante, que aunque los haitianos y los jamaiquinos tenían mucho en común, eran percibidos de una forma diferente por la sociedad cubana. En palabras de Andrea Queeley: «A pesar de tener una identidad racial compartida, los inmigrantes jamaicanos fueron percibidos como marcadamente distintos de los inmigrantes haitianos, quienes fueron concebidos como más proclives al analfabetismo, confinados al trabajo agrario y adeptos a la brujería» (2010:201).[12] Es decir, dentro de los considerados «otros», el prejuicio hacia los haitianos se hallaba más acentuado. La mayor parte de estos sujetos vivían en condiciones precarias, sin mezclarse apenas con el resto de los trabajadores debido a su otredad lingüística y su analfabetismo (Mcload, 1998:607, Sklodowska, 2009:63-64). Sus múltiples otredades, las limitaciones de las que no eran responsables —desconocimiento del español, automarginación—, así como el hecho que se les consideraba intrusos que privaban del trabajo a los nacionales, los convertían en figuras difícilmente asimilables dentro del panorama cubano de la época.

Aunque las actividades relacionadas con la cosecha de caña de azúcar se habían convertido en trabajo casi exclusivamente haitiano, la década de 1930 marcó el comienzo de la Gran Depresión; en consecuencia, se produjo una disminución de la demanda de azúcar y, por tanto, el desplome de los precios. La caída del mercado azucarero trajo consigo el desempleo de un gran número de trabajadores haitianos y la aprobación de la Ley Provisional de Nacionalización del Trabajo (8 de noviembre de 1933). Esta regulación supuso no solo la obligación por parte los empleadores de contratar como mínimo un 50% de

---

[11] La precaria situación que promovió la ocupación estadounidense en Haití (1915-1934), la implementación de una serie de medidas que reordenaron la sociedad y la sobrepoblación y la poca disposición de los cubanos e inmigrantes españoles en los cortes de caña, fueron algunas de las razones más visibles de la migración haitiana (Álvarez Estévez, 1988:56-57, Mcload, 1998:600, Sklodowska, 2009:65-66).

[12] Para un acercamiento a la inmigración antillana anglófona en Cuba y sus diferencias con las del resto del Caribe, véase Andrea Queeley (2017).

mano de obra nacional, sino también la expulsión de 25 000 haitianos de la Isla (Mcload, 1998:599; Sklodowska, 2009:67).

El exceso de mano de obra y la poca disponibilidad de trabajos generó la incomprensión más absoluta. La «presencia masiva de inmigrantes Haitianos […] no solamente avivó los viejos prejuicios en las zonas rurales del suroeste cubano, sino que resucitó también los fantasmas del miedo al negro» (ibíd.:70). Elementos de raíz económica como los señalados se mezclan con otros directamente afines a las tensiones raciales existentes en la época durante estas primeras décadas del xx. Son estos los años en los que se produce la ola de asesinatos de niños blancos a manos de presuntos «brujos» o practicantes de las llamadas religiones afrocubanas: más de seis niños son asesinados entre 1904 y 1923 (Palmié, 2010:210-217; Sklodowska, 2009:72). Las autoridades, la prensa y el público blanco culpan de estos crímenes a los religiosos de origen africano. Al respecto, escribe Palmié: «sucesos relativos a la muerte de niños asumidos como víctimas de brujería, y llevados a los tribunales en tales términos, ocurrieron en 1908, 1913 (dos veces), 1914 (dos veces) y 1919, y provocaron repetidamente, no solo estallidos vociferantes de indignación pública, sino también violencia y linchamientos intentados o consumados contra presuntos negros brujos» (2002:212). El negro y sus cultos fueron víctimas de las sospechas más amargas y sensacionalistas. Un breve recuento de los títulos de algunos de los artículos sobre este período revelará las asociaciones sesgadas de la prensa: «Beben sangre humana», «La brujería en acción», «Los caníbales de Minas» y «Decapitan los brujos a un niño» (Domínguez Mondeja, 2002:72). Entre los acusados figuran algunos inmigrantes antillanos. La mayoría de ellos, practicantes de vudú. Sobre los cultos de raíz africana, tan diversos, tan complejos, se vierte el fantasma del miedo y la duda. La histeria colectiva ve en el negro un brujo en potencia, un criminal nato sin escrúpulos, evolutivamente inferior a los blancos. Como bien señala Palmié:

> *el término brujería pronto floreció como una categoría altamente inclusiva, condensando metonímicamente una variedad de prácticas por medio de un esquema metafórico superpuesto en el cual la alteridad cultural afrocubana y el violento asesinato de niños interactuaron para formar un complejo nuevo que exhibía tendencias increíblemente expansivas (2002:212).*

La prensa, convirtiéndose en un eco y un agente de este clima nacional de hostilidad, apoyó estas percepciones al avivar posturas abiertamente xenófobas y condenatorias de las prácticas religiosas de origen africano. La literatura recoge parte de estos relatos a través de formas diversas.

ZOMBIS, BRUJOS Y *HOUNGANS*: UNA CARTOGRAFÍA DE LO OMINOSO

Como ya he dicho en otro lugar:

> *En las narrativas vinculadas a la representación del negro dentro del imaginario cubano aparecen estructuras de continuidad o relatos similares que emergen una y otra vez bajo sutiles disfraces. Estos relatos asociados al «miedo al negro» se valen de los diferentes lenguajes a su alcance para combatir la fuente de temor de los grupos de poder. Ya sea la ley, las ciencias, la literatura, la religión, o todas juntas, son instrumentos o vías para expresar el rechazo a esa diferencia que temen (Sosa-Cabanas, s. a.:3).*

El zombi[13] es quizás la figura o personaje más conocido que ha aportado Haití a la cultura popular mundial.[14] Devenido ícono, objeto de innumerables filmes, libros, cómics y videojuegos, el ascenso y establecimiento del zombi como figura narrativa fuera de Haití ocurrió en los años 60; sobre todo, con más fuerza, a partir del impacto mediático generado por la película *Night of the Living Dead* (George Romero, 1968). La reinvención del imaginario sobre el zombi, su transformación y globalización como narrativa popular asociada a una suerte de infecciosa alteridad frente a los valores considerados auténticamente humanos fue, desde entonces y hasta hoy, un fenómeno muy interesante. Sobre ello se ha escrito y escribirá aún

---

[13] Si bien para los practicantes del vudú los zombis son aquellos individuos a quienes se les ha privado del alma a través de prácticas mágicas (Métraux, 1958:357, James *et al.*, 2002:336), conviene para mayor claridad citar *in extenso* la descripción que de estas criaturas da el mismo Métraux: el «zombi permanece en esa zona brumosa que separa la vida de la muerte. Se mueve, come, oye, hasta habla, pero no tiene recuerdos ni conciencia de su estado. El zombi es una bestia de carga que su dueño explota sin piedad, forzándolo a trabajar en sus campos, abrumándolo con tareas, sin ahorrarle latigazos y dándole solo alimentos insípidos. La vida del zombi es equivalente, en el plano mítico, a la de los antiguos esclavos de Santo Domingo [...] Se reconocen los zombi por su aire ausente, sus ojos apagados, casi vidriosos y, sobre todo, por la entonación nasal de su voz, particularidad también propia de los Guédé, genios de la muerte» (1958:276-277).

[14] Para un análisis de la repercusión de la figura del zombi y su presencia en diferentes espacios de la producción cultural contemporánea, véase el volumen colectivo *The Zombie Renaissance in Popular Culture* (Hubner, Leaning y Manning, 2015).

mucho. Ahora bien, uno de los primeros textos verdaderamente conocidos y de impacto duradero, el que quizá introdujo a los zombis en el imaginario occidental fue, como es sabido, el libro de William B. Seabrook, *The Magic Island* (1929). Hasta ese momento, fuera de los etnólogos, el zombi haitiano no era materia de especulación, interés ni conocimiento más allá de la Isla. Pero, ¿en qué consistía en sus orígenes rurales un zombi? Asociado desde los siglos XVII y XVIII a la cultura de la plantación esclavista, devenido correlato de esos hombres y mujeres traídos por la fuerza desde países africanos como Guinea, el zombi condensa las ansiedades de la sumisión laboral y la demolición identitaria de esos grupos humanos en condiciones de explotación extrema; es el esclavo anónimo por excelencia. El zombi pre-romeriano es un producto de la magia o el maleficio de un hechicero, un instrumento deshumanizado a disposición de su amo o creador. Como bien señala Maguire, «el zombi haitiano encarna los efectos deshumanizantes del sistema esclavista. Los zombis fueron descritos como enviados para realizar tareas no deseadas, para trabajar a horas difíciles o hasta altas horas de la noche. En su docilidad controlada, el zombi representa a un trabajador que es literalmente incapaz de resistirse» (2015:174). Así, esta criatura, ya sea como tropo o metáfora del horror de la esclavitud o como representación de los nuevos tipos de esclavitud poscolonial, portará siempre un *fatum* trágico, una marca de servidumbre y opresión que le será consustancial.[15] De hecho, del carácter radical de la expropiación y explotación sin límites ejercidas sobre sus cuerpos, surge el imaginar una esclavitud tan omnicomprensiva, irremediable y devoradora que duraría incluso más allá de la muerte. La dialéctica hegeliana del amo y el esclavo tiene en las relaciones entre el houngan y el zombi una representación singular.

Así, Susan Buck-Morss, sobre las tensiones ideológicas, culturales y políticas entre la Revolución haitiana y el imaginario iluminista europeo, señala que la esclavitud, en todos sus avatares, era, en principio, vista en los salones y escritos de los enciclopedistas como la contraparte oscura de la humanidad y su progreso (2005:9-10). La realidad de la esclavitud humana, en sus distintas formas, fue uno de los ingredientes que fundamentaron el imaginario de las Revoluciones haitiana y francesa. Y no es casual que el mito del zombi gozara aparentemente justo después del fracaso de la Revolución haitiana de un ascenso singular. Transferidas y rehabilitadas las relaciones

---

[15] Para una explicación más exhaustiva del papel del zombi dentro de Haití —y cómo esta figura ha llegado a representar tanto la sumisión como el impulso rebelde / revolucionario—, véase Sarah Juliet Lauro, *The Transatlantic Zombie: Slavery, Rebellion, and Living Death* (2015).

de producción y sojuzgamiento colonial, proyectados sobre el desgarrado telón de fondo de la Revolución, los zombis aparecerán en el folclor rural como sujetos convertidos, después de una muerte aparente, en braceros y agricultores idiotizados, creados por el poder del brujo y utilizados como mano de obra esclava barata.

El *houngan*, por otro lado, junto al zombi, es parte de esas narrativas que condensan las relaciones de producción del régimen poscolonial en Haití. De acuerdo con Alfred Métraux, el *houngan* es el sacerdote dentro de la religión vodú, «el representante de Dios» para los practicantes. El *houngan*, junto a la *mambó* o sacerdotisa, funcionaban como las cabezas de «la gran familia vudú y tenían derecho ilimitado al respeto de aquellos que la componían» (1958:16-23).[16]

Los practicantes de las religiones de origen africano en Cuba —particularmente los sacerdotes de las distintas denominaciones— se convierten en víctimas de una hostilidad generalizada. Los devotos de estas prácticas son —alentados por el discurso legal y científico— considerados «brujos», practicantes de «brujería» y con una propensión natural al delito.[17] El sacerdote vudú o *houngan* no escapa a estos prejuicios y se integra en el imaginario cubano de la mano de la histeria colectiva, en aquel entonces fortalecida por los supuestos asesinatos rituales de niños a principios de siglo. Como asevera Reinaldo Román al describir la situación entre los años 1904 y 1940 en Cuba:

> *los brujos fueron acusados de secuestrar o intentar secuestrar a no menos de treinta y seis niños. La convención asignó el papel de víctima a los niños blancos pequeños e identificó a los negros, generalmente varones, como los perpetradores. A menos que las autoridades intervinieran, se esperaba que*

---

[16] James, Millet y Alarcón precisan que el *houngan* «es el encargado de la dirección del culto y jefe máximo del o de los altares consagrados a los santos vodú» (2002:101).

[17] Según Ortiz, lo que diferencia el hampa cubana de la de los demás países es «la raza negra», cuyos influjos han «conseguido marcar característicamente la mala vida cubana comunicándole sus supersticiones, sus organizaciones, sus lenguajes, sus danzas, etc., y son hijos legítimos suyos la brujería y el ñañiguismo, que tanto significan en el hampa de Cuba» (1995:16). El comportamiento de los negros, específicamente el de los practicantes de las religiones de origen africano a los que Ortiz llama «brujos», es interpretado acorde con la noción de atavismo. Este concepto, central en la obra del antropólogo cubano, implica «la reminiscencia o supervivencia de rasgos culturales, psicológicos o biológicos de estados evolutivos anteriores, cercanos al estado salvaje o primitivo» (Naranjo Orovio, 2006:47). Las conductas de los «negros brujos» eran consideradas cercanas a manifestaciones de atavismo que los ligaban a estados evolutivos inferiores.

las historias culminaran con un asesinato ritual seguido de canibalismo,
una nueva acusación de un estilo claramente republicano. Los motivos
aducidos generalmente tenían que ver con nefastos procedimientos de
curación (2007:19).[18]

En medio de este auge de crímenes y horrores, «se supuso que estos crímenes eran el resultado de una colusión y que los conspiradores incluían miembros de cabildos afrocubanos o personas vinculadas a los templos domésticos de la santería […] Aunque al principio, el prototipo de brujo nació en África, a fines de la década de 1910 y 1920, muchos fueron identificados como migrantes haitianos y jamaicanos» (íd.). La figura del *houngan* o ekó (hechicero) se vincula al macrosímbolo del negro brujo al que van a parar en la conciencia colectiva cubana los practicantes y sacerdotes de las religiones de origen africano. La cultura del miedo xenófobo, alentada por la cultura blanca, hará del haitiano una figura difícilmente asimilable desde la perspectiva del esquema burgués republicano de Cuba como nación blanca, moderna y rentable en lo social. La transfiguración del haitiano en el imaginario social cubano conocerá, pues, todos los rasgos de la exotización y criminalización.

UN IMAGINARIO DE LA OTREDAD:
LUIS FELIPE RODRÍGUEZ, CARPENTIER Y NOVÁS CALVO

Marcos Antilla. Memorias del cañaveral, de Luis Felipe Rodríguez (1884-1947)[19] propone un conjunto de historias aparentemente inconexas que tienen como denominador común la localidad de Hormiga Loca, un pueblo rural de Cuba donde la acción tiene lugar y convergen a un mismo tiempo perspectivas críticas y un retrato explícito del mundo del campesinado cubano. Campesinos, antiguos esclavos, obreros españoles e inmigrantes se perfilan como actores en el gran escenario del «cañaveral» cubano de principios del siglo XX.

Entre los inmigrantes, el haitiano, «traído en calidad de sudor», es dibujado por la pluma de Luis Felipe bajo la marca de una compasión burlesca:

---

[18] Para un estudio detallado de estos casos, así como su repercusión en la prensa y el imaginario cubano, cfr. Alejandra Bronfman (2004) y Stephan Palmié (2002).

[19] Luis Felipe Rodríguez, considerado uno de los autores cubanos más importantes entre los cultivadores del cuento como género, es conocido internacionalmente como un principiante del «criollismo» en la literatura hispana. Su obra literaria alcanzó notoriedad por el énfasis en reflejar las condiciones sociales y políticas de Cuba en términos muy realistas.

«¡El Musié! ¡Oh, el Musié! Este Musié primitivo, es el que casi nunca tenía razón en el cañaveral, en la oficina, en la tienda, inhábil en la vida» (1989:89). Llamándolos «torpes, inhábiles y sufridos» (ibíd.:90), Rodríguez construye una imagen grotesca y trágica de estos hombres. Para uno de ellos, que irónicamente el autor nombra Bobó, el narrador reserva varios párrafos que reflejan una distancia empática: «Bobó solo trajo una mentalidad […] de tres pulgadas de diámetro, dentro de un cráneo constelado de granos de pimienta y una boca de escualo» (ibíd.:83). Como se puede apreciar, la pintura ofrecida coloca a los haitianos en un nivel de animalización, de ineptitud completa, víctimas de un automatismo estéril semejante al de los zombis, privados de alma y de conciencia, condenados a trabajar sin otro destino en la vida.

¡Écue-Yamba-Ó!, la primera novela de Alejo Carpentier, se trata en realidad de un texto escrito en 1927 durante los meses que pasó en prisión en La Habana. No fue hasta seis años más tarde, ya fuera de Cuba, cuando el autor logra publicar este texto en España. Ahora imbuido con las estéticas de la Francia de los años 20 y 30 del siglo xx, Carpentier da a conocer una novela permeada de «la dialéctica francesa del civilizado observando al "otro"» (Birkenmaier, 2006:64).

Esta novela traza la historia de Emenegildo Cué, un joven negro nacido en la parte oriental del país y su relación con el medio rural negro. El haitiano aparece en la novela siempre rodeado de un aura malvada y oscura; una realidad paralela, marcada por la superstición y la muerte. En esta, los hijos de Haití se convierten en «[e]scuadrones de haitianos harapientos, que surgían del horizonte lejano trayendo sus hembras y gallos de pelea, por algún condotiero negro con sombrero de guano y machete al cinto» (1986:2). Aunque todos los hombres antillanos son tratados con sospecha en la novela, la marca del grotesco se mezcla siempre con lo haitiano. Al describir a uno de ellos, la voz narrativa dice: «Una larga levita azul sobre un vestido blanco de mujer. Su cara estaba desfigurada por anchos espejuelos ahumados. Un gorro tubular de terciopelo verde, le ceñía la frente» (ibíd.:19). La imagen resultante es una mezcla tragicómica que evoca el ridículo y el miedo en la mente de cualquier lector. El acercamiento al universo mítico-religioso afrocubano, por otra parte, es esencial en esta primera obra de Carpentier. La suerte de Menegildo y su familia se desarrolla alrededor de las creencias, la compleja liturgia y los mitos de ascendencia africana. En ellos encuentran la prole de los Cué su realización y su desenlace final. Como bien asevera Birkenmaier:

> El propósito fundamental de *¡Écue-Yamba-Ó!* es así hacer un estudio etnográfico de la cultura afrocubana en forma narrativa. La implicación

política es, por supuesto, la de abogar, en diálogo sobre todo con la etnografía francesa y con el surrealismo, para que se dé realce a la cultura negra en Cuba y se reconozca el componente negro y sincrético de la cultura cubana (2006:60).

No obstante, la inclusión de lo religioso en la diégesis narrativa no tiene en todos los casos las mismas connotaciones. El culto religioso haitiano o vudú,[20] en contraste con las religiones abakuá[21] y yoruba,[22] siempre proyecta una sombra maligna sobre sí mismo y su entorno. Si bien la religión abakuá se presenta al lector en términos de logia y sociedad iniciática a través de la cual el personaje principal cumple su destino, el conocimiento mágico yoruba aparece como «misterios de las cosas grandes» (Carpentier, 1986:21). El culto yoruba está vinculado a la tradición ancestral y su presencia se asocia con la curación, el deseo y un primitivismo esencial y positivo. En cambio, cuando la narración menciona las prácticas vudú, el tono asume matices distintos. La descripción de los altares de las tres religiones es el elemento que enfatiza más fielmente este contraste. El altar religioso —también conocido como «cuarto de santo»— del sacerdote yoruba Beruá y el cuarto fambá —altar sagrado de los abakuá— se describen con abierta reverencia. El altar vudú, por otra parte, es un lugar marcado por imágenes oscuras y retorcidas:

«En el fondo de barracón había una suerte de altar alumbrado con velas, que sostenía un cráneo en cuya boca relucían tres dientes de oro [...] Collares de

---

[20] De acuerdo con Alfred Métraux, uno de los etnólogos más influyentes en los estudios sobre el folclore haitiano, el vudú puede definirse como «un conjunto de creencias y de ritos de origen africano que, estrechamente mezclado con prácticas católicas, constituyen la religión de la mayor parte de los campesinos y del proletariado urbano de la República negra de Haití. Sus sectarios le piden lo que los hombres han esperado siempre de la religión: remedios a sus males, satisfacción para sus necesidades y la esperanza de sobrevivir» (1958:6). James, Millet y Alarcón, deudores del estudio de Métraux, al considerar el lugar del vudú dentro del panorama afrorreligioso cubano, añaden que «el vodú es un sistema mágico-religioso abierto, en contraposición a los sistemas mágico-religiosos cubanos que suelen ser cerrados o con un alto grado de rigidez, o con mucho más alto grado de rigidez que el vodú» (1992:76). Nótese que *El vodú en Cuba* (1992) a cargo del equipo de la Casa del Caribe de Santiago de Cuba, integrado por Joel James, José Millet y Alexis Alarcón, es considerado hasta la fecha el estudio más exhaustivo de este tema en la Isla.

[21] Sobre las representaciones de la mitología abakuá en Carpentier, véase mi ensayo «Mito, literatura y nación: el mito de Sikán y la construcción del mundo Abakuá en Alejo Carpentier y Lydia Cabrera».

[22] Para un estudio de la tradición yoruba en Cuba y la santería, cfr. Rómulo Lachatañeré (1993).

llaves oxidadas, un fémur y algunos huesos pequeños. Un rosario de muelas [...] y un grupo de haitianos que le miraban con ojos malos. ¡Lo' muelto! ¡Lo' muelto! ¡Han sacado a lo' muelto! —aulló Eusebio» (ibíd.:19).

Usando estas palabras, Eusebio huye de lo que pudiera considerarse un cosmos de oscuridad y malos augurios. Resulta evidente que el vudú está representado bajo una óptica sesgada que ignora la complejidad y múltiples tradiciones de sus ritos.

Como complemento de esta parcializada representación, el papel de Haití en la progresión dramática de la novela alberga una connotación negativa e, incluso, violenta. Menegildo, el personaje principal del texto, es justo golpeado por un *bracero* haitiano llamado Napolión. Estas rivalidades son la causa por la que Mengildo es encarcelado y eventualmente emigre hacia la ciudad. Resulta evidente que textos como este «funcionan como dispositivo de mediación, como caja, vasija y espacio de sutura que recoge y resguarda las voces afrocubanas no integradas a la narrativa de la nación [...] Forman parte de un paisaje más complejo de imaginarios culturales que pretenden definir una zona de fronteras compartidas entre lo propio y lo ajeno, entre el yo y el otro» (Sosa-Cabanas, 2009:107). Los haitianos en ¡Écue-Yamba-Ó! constituyen una adición fallida, una presencia extra —mas nunca diluida— dentro del modelo de representación literaria del proyecto integrador —y mestizo— de las élites intelectuales criollas. Si bien figuras propias de la religiosidad afrocubana como el Babalawo Beruá o el personaje —ñáñigo y cabildero— del negro Antonio se integran en el ciclo vital de los Cué y de la nación misma, el elemento haitiano, su religión y su misma agencia permanecen en los márgenes, gravitan en el borde, condenados a ser una figura más en la semántica de la alteridad.

El cuento «Aquella noche salieron los muertos» de Lino Novás Calvo (1903-1983),[23] a diferencia de los de *Marcos Antilla*, deja el área del realismo social y penetra de lleno en una atmósfera de ficción histórica y de cierto onirismo que recuerda algunos pasajes mágico-realistas de las novelas latinoamericanas. Amiana, un vil contrabandista de emigrantes, funda una colonia en una isla desconocida con los braceros que secuestraba en las islas caribeñas. Para poblar sus dominios, el marino gustaba de secuestrar haitianos y otros emigrantes en tierra firme. Tomando como fondo un

---

[23] Lino Novás Calvo nació en España y se mudó a Cuba cuando tenía 7 años. Fue un importante novelista, periodista y escritor que abandonó la Isla tras el triunfo de la Revolución cubana. Es especialmente conocido por su novela *Pedro Blanco, el negrero* (1933).

escenario que se mueve entre ficción y realidad, pone en evidencia el triste anonimato en que estos hombres vivían como inmigrantes en Cuba. Amiana secuestraba a los macheteros haitianos y «los llevaba a su isla a trabajar de esclavos [...] Nadie podía darse cuenta de aquello en Cuba. Los haitianos iban en cuadrillas nómadas y no estaban en ningún registro, no había quien los reclamara» (1990:47). Zombificados, privados de alma y voluntad propia, los haitianos pueblan la misteriosa isla, sirviéndole con su trabajo. Es precisamente un brujo negro llamado Moco, claramente inspirado en la figura del *houngan*, quien da el golpe final al bárbaro Amiana. En un desenlace en el que se entrecruzan realidad y magia —resurrección de muertos convertidos en zombis y explosiones—, es el brujo quien logra aniquilar al traficante Amiana y —con sus artes mágicas— revive a los muertos: «Los muertos salieron aquella noche en un espanto, y salieron hacia la luna con la ropa de los vivos libres del entierro» (ibíd.:67). Novás Calvo parece ensayar aquí una suerte de línea reivindicativa. El esclavo se torna contra su amo y se libra así de las cadenas que lo atan, mientras el zombi subvierte su condición subalterna para ser un actor activo en la caída del colonizador. En este sentido, el autor recupera el sema de la rebelión —presente en el desenlace y, sobre todo, en la muerte y resurrección de los braceros— haciendo quizás un guiño cómplice a aquel mito ancestral que suponía que los esclavos después de muertos «regresaban volando» a África, o renacían nuevamente en su tierra de origen. Édouard Glissant alude a la idea del *rétour* —asociada asimismo al suicidio para escapar de la esclavitud—[24] como una forma de rebelión ceremonial y de sublimación de la muerte como vía de acceso al país natal: «retornar es consagrar la permanencia, la no-relación» (2010:27). De acuerdo con esta lectura, esa «salida hacia la luna» bien podría haber sido concebida como una última victoria para esos braceros secuestrados. Dejar la tierra misma era la encarnación absoluta de esa fuga a un lugar donde nadie pudiera seguirlos.

Si bien Novás Calvo parece acercarse a los inmigrantes haitianos desde una perspectiva más onírica, alejada de la que usan los otros dos escritores, incluso dentro de la ficción con tintes fantásticos, los haitianos habitan un espacio liminal, inestable entre la vida y la muerte, el hombre y el monstruo.

---

[24] La popularidad del mito del regreso del alma a la tierra de origen entre los esclavos africanos es abordada por Ortiz en *Los negros brujos*. El etnólogo cubano alude al suicidio como una forma frecuente en la que se manifestaba la impotencia y al mismo tiempo la rebeldía del esclavo, quien, gracias a esta interpretación, «restaba aparentemente trascendencia subjetiva para el suicidio sin mengua del quebrantamiento sufrido por el amo» (1995:35).

Su hábitat parece ser el de la teratología y su destino condensa una lectura tautológica del discurso colonial y sus avatares.

CONCLUSIONES

La figura del inmigrante haitiano de los años 30, su presencia en ciudades, pero sobre todo en comunidades rurales, ofrece la oportunidad de mostrar, por un lado, los mecanismos de funcionamiento de la xenofobia de la burguesía cubana de la época frente al extranjero sin recursos, y, por otro, lo negro como elemento considerado indeseable. Durante estos primeros treinta años del siglo XX, esta posición hostil se manifestó de modo explícito en su expresión más pura. Para muchos cubanos, entonces y hoy, la figura del negro haitiano está indeleblemente marcada por una fatalidad de origen cuya sola cercanía podría ser contaminante. Haití es uno de los grandes tabúes dentro de la imaginación cultural de los cubanos, el lugar que parece condenado a padecer hambre, epidemias, terremotos y sangrientas dictaduras.

Permanentemente asociado a la calamidad, el haitiano fue objeto de un rechazo histórico. Su «otredad», expresada en términos raciales, lingüísticos y religiosos, y las marcas de su propio proceso revolucionario, lo convirtieron en una carga indeseable que la sociedad cubana se resistía a llevar. La literatura cubana de la época se convirtió en un eco de esta percepción. A pesar del espíritu de rescate y exploración cultural de la época, la producción literaria de la Isla no pudo superar el linaje racista forjado durante la era de la esclavitud. Con todo, la presencia de los haitianos es un hecho irrefutable dentro de la literatura insular. La literatura de la época demostró que podía ser un buen intérprete de la política del gobierno, así como de las prácticas históricas de exclusión contra los descendientes de africanos.

Los braceros, *houngans* y zombis entraron en el campo cultural cubano como figuras anómalas, como espectros de una alteridad inquietante. En los relatos de Carpentier, de Novás Calvo y de Luis Felipe Rodríguez a los que he aludido, pese a las obvias diferencias entre ellos, la dimensión de lo haitiano de estas figuras estaba constreñida a las dimensiones simbólicas de la decadencia y el atraso. Esta economía de la representación, al tiempo que revestía a los haitianos de un innegable hálito de peligrosa inferioridad social y cultural, trazaba, por contraste, un círculo de tiza blanco alrededor de lo cubano, y hasta de lo afrocubano. En *¡Écue-Yamba-Ó!*, *Marcos Antilla. Relatos del cañaveral* y el cuento de Novás, no era la memoria o voz del haitiano lo que se reivindicaba; más bien, todo lo contrario. Como en *Héroes*, a los personajes haitianos en estos relatos se les otorgó, con todo y la influencia y poderes de fascinación que pudieran detentar, el silencio en torno a su pasado como característica inequívoca. Contra ese silencio, que intentaba de algún modo desoír la historia de la Revolución haitiana, se alzará años después, en la novela *El reino de este mundo* (1949) —del propio Carpentier—, la aventura de Ti Noel, y la figura, subversiva y tremenda, del gran Mackandal.

Explorar la presencia haitiana en la literatura cubana puede contribuir a iluminar un capítulo complejo de la historia del racismo caribeño, la misma que no deja de ver en Haití, más que un país, un terreno baldío condenado a la calamidad. Al hacerlo podemos encontrar las causas y entender cómo funciona el racismo y, lo que es más importante, hacer ese trabajo de memoria sin el cual no hay posibilidad intelectual de entender el pasado ni de cuestionar el presente.

20

EL HOMBRE NEGRO Y EL «PALÓN DIVINO»: ANATOMÍA LITERARIA Y ESTEREOTIPOS RACISTAS EN *TRILOGÍA SUCIA DE LA HABANA*

(Maikel Colón Pichardo)

(Guantánamo, 1982). Historiador e investigador en la Red Iberoamericana y Africana de Masculinidades. Doctor en Teoría de la Literatura y Literatura Comparada por la Universidad Autónoma de Barcelona (2021). Por más de una década ha trabajado, bajo un enfoque interdisciplinario, sobre temas relacionados con las problemáticas de género y masculinidad, y los estudios teóricos sobre «raza» y racismo en Cuba. Su monográfico: *¿Es fácil ser hombre y difícil ser negro? Masculinidad y estereotipos raciales en Cuba 1898-1912* Premio Calendario de ensayo 2015 destaca entre sus publicaciones más relevantes.

Soy negro, soy feo,
pero soy tu asesino.
No es la cara, ni el cuerpo ma',
es mi «palón divino».
(CHOCOLATE MC, El «palón divino»)

En la sociedad cubana, la imagen del hombre negro ha sido uno de los dispositivos de mayor distorsión en la producción, difusión y representación de los estereotipos racistas. La eficacia de este presupuesto está relacionada con el legado de las relaciones coloniales en torno a la raza, las cuales de diferentes maneras han consagrado la interlocución de una definición de estereotipo como: «una forma de conocimiento e identificación que vacila entre lo que siempre está "en su lugar", ya conocido, y algo que debe ser referido ansiosamente» (Bhabha, 2003:91).

La autoridad de esta argumentación tiene una dimensión estructural importante. Y en ese sentido, el resultado histórico-cultural de las representaciones raciales impone diferentes ideales de la condición masculina que dinamizan con los significados de los estereotipos, teniendo presente que:

> *El estereotipo no es una simplificación por ser una falsa representación de una realidad dada. Es una simplificación porque es una forma detenida, fijada de representación, que, al negar el juego de la diferencia (que la negación a través del Otro permite) constituye un problema para la representación del sujeto en significaciones de relaciones psíquicas y sociales (ibíd.:100).*

Esta normalización no es anodina si consideramos que, también en el contexto cubano, lo empíricamente observable convertía las opiniones relacionadas con el «color de la piel» en valores sociales de representación (Morales Fundora, 2001) De tal forma, las imágenes de masculinidad y estereotipos racistas continúan operando a partir de representaciones y prácticas de género y raza en un orden jerárquico (Connell, 1997). Así, un hombre negro tendrá que continuar lidiando con los atributos que privilegian una perspectiva racista, haciendo visibles los repertorios culturales racializados que contribuyen a marcar ciertas mitologías que conforman las señas de su identidad masculina (Nodal, 1986).

A partir de entonces, la consustancialidad entre la masculinidad y los estereotipos racistas se define tanto en apariencia como discursivamente. En Cuba esa interacción ha operado bajo una lógica estética deformada que encarna físicamente los ideales asociados a una identidad nacional distorsionada en la que, desde la perspectiva historiográfica, se construye un relato político y social que deslegitima los paradigmas sobre los cuales se edificaba la nación cubana: «Hubo una época en que se pensaba […] que el negro era "una cosa". Se venció ese prejuicio y se admitió que era un hombre "inferior". Ya apenas hay quien abrigue de un modo absoluto esa noción. Pero subsiste un último linaje de prejuicios: el linaje estético con sus derivaciones sociales» (De la Fuente, 2001:109).

Recurrir a estos valores en ciertos períodos o momentos históricos de la sociedad cubana —visibles a partir del «color de la piel»— es un síntoma fundamental para la interacción del relato histórico desde una dimensión racial y de género (Colón Pichardo, 2015; Stolcke, 1992). Sin embargo, para analizar el efecto y la eficacia simbólica de la imagen de la masculinidad y los estereotipos racistas, también es posible incorporar nuevas cartografías que hacen visible una definición continua con la que se asocia a un hombre negro —física y socialmente— a valores que interactúan con categorías como la sexualidad, contribuyendo a mimetizar los valores atribuidos al «color de la piel» en un marco de relaciones que continúan apuntalando las matrices de la desigualdad social.

Este trabajo pretende mostrar la utilidad del campo literario para analizar el efecto social y la eficacia simbólica de la interacción entre la masculinidad y los estereotipos racistas. Como material empírico para construir esta reflexión, me concentro en *Trilogía sucia de La Habana* (Pedro Juan Gutiérrez, 1999), un espacio de interlocución que con cierta recurrencia ha tenido la tendencia de deshumanizar social y culturalmente la imagen del hombre negro en Cuba (Lisenby, 2014).

«MAMI, QUÉ SERÁ LO QUE TIENEN EL NEGRO»: CONFESIONES LITERARIAS DE AYER Y DE HOY

En la historiografía literaria cubana, pese a que hay pocos trabajos que aborden críticamente la representación del personaje negro, se puede decir, *grosso modo*, que las contribuciones han consolidado un campo de estudio muy importante

(A. Abreu, 2017; Castellanos y Castellanos, 1994; Luis, 2003; Uxó, 2010; Valero, 2014). Al mismo tiempo, los rasgos que han definido el análisis literario encarnan las contradicciones del contexto nacional cubano en el cual ser negro equivale a un estado de tensión social y cultural, elaborado dentro de un complejo proceso histórico, encargado de construir imágenes que pueden demonizar los significados de ser negro, o por otro lado, reivindicar su legado como parte de los procesos identitarios que caracterizaron a la sociedad cubana (Valero, 2016).

La elección de una imagen racial configurada históricamente a partir de una noción colonialista en términos económicos, políticos y sociales define de una forma singular los reductos nacionales de la identidad racial cubana con la que hay ambivalencias (Carbonell, 2005). Es entonces cuando desde ese espacio el relato literario oficial asume un papel crucial dando por sentado un espectro alegórico con el cual se pretende «subrayar el dolor, el sacrificio catártico de las seductoras impurezas sociales, que se hace necesario siempre que la nación quiere ser establecida en los términos más claros posibles» (Sommer, 2004, p. 90).

En este sentido, la ambigua representación del negro en las zonas más periféricas del relato nacional cubano ha sido enfatizada en expresiones y gestos que incluyen:

> *su condición de sujeto de la escritura más que como objeto; los emplazamientos eurocéntricos, racista e ideológico desde donde se ha producido buena parte de nuestra creación así como la crítica y la historiografía literarias; la influencia de las culturas de origen africano en nuestro acervo literario; la invisibilidad, marginación y otras deformaciones de un imaginario cultural aportado por los negros, y el lugar de dichos sujetos en el discurso y el campo de la literatura cubana en el siglo xx (Zurbano, 2006:111).*

La autoridad de estos mecanismos fue cimentada bajo la retórica de la narrativa antiesclavista del siglo xix, la cual asignó unos valores literarios en los que «el protagonista negro, es descrito como una víctima incapaz de liberarse del injusto y brutal tratamiento del amo y, por consiguiente, de amenazar a la sociedad blanca» (Luis, 2003:393). En esa dirección, este tipo de percepción contribuyó al establecimiento de una relación directa entre el valor ideológico de la raza y la atribución de funciones estéticas, socialmente aceptables, que marcaron los patrones de los estereotipos racistas. De ese modo, su naturaleza discursiva impactó colectivamente y construyó un conjunto de significados nocivos para las representaciones raciales de la literatura cubana (Martiatu Terri, 2008).

A partir de entonces, la primera mitad del siglo xx también se hizo cómplice de la sacralización del personaje negro como sujeto literario. Su verbalización fue articulada en correspondencia con los réditos del imaginario colonial, alimentando estéticamente su significación racial (Castellanos y Castellanos, 1994). En ese sentido, ni siquiera el afianzamiento de la poesía negrista de Guillén, en un momento donde el discurso del mestizaje ocupaba un espacio relevante dentro del contexto cubano, desarticuló el papel de la apariencia racial en los procesos identitarios, convirtiéndose más bien en una especie de catalizador que invocaba la unión de viejos antagonistas (el ancestro africano y el ancestro europeo) presuponiendo la creación de formas discursivas que entablaran otro tipo de diálogos con las prácticas racistas estructurales de la sociedad cubana (Duno Gottberg, 2003).

Teniendo en cuenta el desenvolvimiento del personaje negro como sujeto literario no es de extrañar que en las siguientes décadas se corroborara el imaginario racista como herencia colonial del espacio de producción literaria; y aunque detrás de cada imagen no haya necesariamente un carácter racista *per se*, está claro que subyace una conexión entre representación y dominación (Hooks, 1999). Semejante vínculo comienza a jugar un rol ambivalente, por el papel de la Revolución cubana a partir de 1959 en la diseminación de las desigualdades raciales. Consideremos que los criterios del campo literario no se apartaron de cierta tendencia que continuaba captando la plasmación social de la imagen del negro en una coyuntura histórica. A este respecto, Odette Casamayor-Cisneros ha simplificado esta imagen, destacando dos representaciones que se contraponen. El negro alineado de antes de 1959 y el «negro nuevo» producto de la Revolución. A partir de entonces, el vínculo que se establece entre ellos es de naturaleza contingente ya que existen condiciones históricas por las cuales se reproducen estereotipos racistas que pueden no ser una noción negativa. Ahora bien, siguiendo la dinámica de Casamayor-Cisneros, consideremos entonces que dentro de los dos nuevos estereotipos ofrecidos a los negros como posibilidad de existencia literaria:

> Son actores jugando roles que les son asignados. Y solo guardan algunas diferencias con los estereotipos que les precedieron en la historia literaria cubana: por ejemplo, el gesto burlón es trocado ahora por una visión paternalista y la Revolución reconoce —más o menos frecuentemente— la participación de los cubanos negros en la lucha y el apoyo al poder recién instaurado (2008:3).

En consonancia con este argumentario, el tratamiento temático del personaje negro va ubicándose siempre hacia el mismo lugar. Su vulnerabilidad social enfatiza en la promoción de un imaginario racial que ha calado de manera profunda en la cotidianidad de la sociedad cubana situándose en fases en las que:

> *sigue siendo frecuente la esencialización resultante de usar rasgos fenotípicos en lugar de nombres propios como término de referencia (algo casi inaudito para los blancos). Continúa sexualizándose tanto al negro (hipersexualizado hasta la atrofia con constantes referencias al tamaño de su pene) como a la mulata (percibida repetidamente como lujuriosa y provocadora por naturaleza). Se insiste en suponerle al afrocubano, como parte de su esencia, la habilidad para la música más tradicional (si bien es cierto que son cada vez más frecuentes los textos que tratan de romper con este estereotipo) (Uxó, 2013:579).*

A partir de esta cronología, enfocaremos determinados personajes y escenas dentro de *Trilogía sucia de La Habana* que corroboran esta preferencia. Son imágenes que poco difieren de las tendencias estilísticas literarias que hemos comentado y que proyectan un debate controvertido a la hora de problematizar los estereotipos racistas en torno a la sexualidad y su actuación social en la conformación de los modelos de masculinidad. Captar la plasmación social de la imagen del negro en un conjunto de cuentos que corresponden a determinadas coyunturas históricas dentro de una microespacio marginal, confirma de forma explícita el papel que juega dentro de la sociedad cubana el discurso sobre la raza.

EL SUPERMÁN NEGRO, EL BOBO Y OTRAS FACETAS SEXUALES DE DISTORSIÓN

En la literatura cubana, la corporización de la sexualidad opera dentro de varias dicotomías (Valladares-Ruiz, 2012). Como consecuencia, el legado colonial le ha destinado al personaje negro un papel social circunscrito al sexo. Dicho estereotipo ha calado tan profundo en el imaginario nacional cubano que, aunque el sexo *a priori* es una característica de la que los cubanos en general suelen alardear, la identidad racial está intrínsecamente relacionada con las percepciones sobre la sexualidad. Estas percepciones suelen estar condicionadas por experiencias físicas y subjetivas que tergiversan las imágenes raciales, las cuales quedan reducidas a conceptos monolíticos muy peculiares.

Tengamos presente que las representaciones en torno a la raza se localizan también en procesos y experiencias sociales que evalúa Stuart Hall a partir de prácticas que «son democratizadas y socializadas y que permiten a su vez conferir y retirar significados» (1994:27). En *Trilogía sucia de La Habana* la experiencia vital que nos muestra su narrador, Pedro Juan Gutiérrez, pone al descubierto las contradicciones políticas que afloraron en la sociedad cubana del Período Especial respecto a la identificación racial (De la Fuente, 2001) en escenas recurrentes y paradigmáticas en las que la sexualidad perpetua un espejismo de dominación racial a partir del cual la gente considerada «blanca» observa a los denominados «otros» (Wade, 2009).

Este libro, polémico en muchos sentidos, ha sido catalogado por la crítica literaria de diversa índole: como crónicas y como viñetas. Sin embargo, su característica central es poner en tela de juicio y simultáneamente reproducir las normas y estereotipos de la cultura y la sociedad cubana (Whitfield, 2002). Esta escenificación está plagada de obscenidades y morbosidades que indagan en las zonas más nauseabundas de la naturaleza cotidiana de la sociedad habanera dentro del denominado Período Especial (Sklodoswka, 2016). La mayoría de los textos, narrados a través de un *alter ego*, se convierten en hechos sociales que cumplen una función estética y entronizan un discurso no oficial, marginado, disidente, alternativo.[1]

Poner en el centro a la Cuba del Período Especial implica, en consecuencia, textualizar la pobreza material, los campos metafóricos de la marginalidad traducidos fundamentalmente en pasajes en los que la sexualidad y la violencia le imprimen un matiz poco común: el falo hiperboliza el mito del pene o «miembro ilustre» y pone de relieve una permanente decoración «escatológica» del imaginario racista en la medida en que se recurre a las prácticas colonialistas que lo moldearon.

Se nos presentan de esta manera unos personajes quebrantados que evocan la estructura de la representación racista de la sociedad cubana y que son narrados continuamente a través de la sexualidad, un aspecto que relaciona entre sí las identidades raciales y el sexo, considerando un tratamiento análogo hacia el personaje negro como sujeto y objeto (Viveros, 2009).

En casi cada relato de *Trilogía sucia* hay entre líneas un personaje negro (hombre o mujer), representado por el delincuente, el bisnero (negociante), la jinetera (prostituta), el masturbador; una concatenación de estereotipos que contribuyen a naturalizar los mitos y leyendas del imaginario colonial. Además, de un modo particular, se hace latente una dinámica narrativa,

---

[1] Tengamos presente que este tipo de relatos, aparentemente de ficción, viene a sustituir la ausencia de un periodismo investigativo que no tenía espacio en ninguno de los órganos oficiales de prensa. Cfr. Yánez Delgado (2009).

textual y explícita, que ilustra la figura del hombre negro con el mecanismo racista de la potencia sexual: «el negro tiene una pinga de negro» (P. J. Gutiérrez, 1999:24), lo cual presupone anclar cierto significado en el cuerpo negro que les atribuye estatus de objetos sexuales y los cosifica como objetos raciales.

En esta dimensión examinaremos de manera muy particular tres cuentos: «Abandonando las buenas costumbres», «Aplastado por la mierda» y «El bobo de la fábrica» de *Trilogía sucia,* y aunque el papel del binomio raza-sexualidad ocupa un protagonismo desmedido, queremos destacar también algunas de las articulaciones del lenguaje racial cubano que ponen de manifiesto los sistemas de opresión que distinguen la imagen de la raza a partir de los paradigmas colonialistas del *blanqueamiento.*[2]

En el primero de los cuentos, «Abandonando las buenas costumbres», la escritura avanza hacia complejas intersecciones constitutivas de estereotipos racistas, donde no resulta difícil distinguir a los personajes racializados. Las tropelías en el muro del malecón ponen en perspectiva a la mulata, Miriam, dispuesta a la sumisión y al sexo desenfrenado sin escrúpulos:

> *Miriam era una mulata no muy alta, desnutrida pero bonita y bien proporcionada. [...]. Tenía treinta y un años. Un hijo de dos años, y un marido, según ella «negro como un totí», preso con una condena de diez años. [...] El muchacho debía de ser de él, porque también era muy negro. Durante un tiempo jineteó con los turistas, en el Malecón y en los hoteles del centro. Un día me dijo: "Si me ves en esa época, papi, estaba gordita, con el culo lindo, pero me compliqué con el negro, porque yo soy loca a los negros. ¡Cómo me gustan! Y con este, preso y todo, le parí un niño. No te pongas bravo, pero ese negro es mi macho, aunque tú eres muy cariñoso, pero él tiene algo que yo no sé..., no sé cómo explicarte" (ibíd.:47).*

La dimensión racial en el relato de Miriam ocupa un espacio significativo cuando al continuar con su lógica deja entrever los atributos que escenifican la figura de su marido negro, los cuales reafirman los estereotipos

---

[2]   El denominado *blanqueamiento* correspondió a una práctica social y cultural desde el punto de vista ideológico que representó un ideal racial tanto en el orden simbólico como biológico. En el ámbito simbólico emergió de las estructuras coloniales de dominación, colocando la jerarquía de los blancos en lo alto de la pirámide. Su concepción biológica se patentó a partir de las uniones sexuales entre individuos de piel oscura y clara con la intención de producir una descendencia de piel clara que le permita un mejor estatus en las sociedades estratificadas racialmente (Cfr. Quijano, 2000).

racistas construidos históricamente. Sin embargo, esa lógica es aún más polémica cuando establece un patrón de dominación mucho más distendido:

> *Yo cada día era más indecente. A ella le gustaban los negros bien negros, para sentirse superior. Siempre me lo decía: "Son groseros, pero les digo ¡negro, échate pa' allá!, y yo estoy por arriba porque yo soy clarita como la canela". En realidad, era más clara que la canela y todo lo valoraba así: los más negros abajo, los más claros, arriba (ibíd.:47-48).*

Aquí impera la idea de un orden sociorracial jerárquico que interactúa con una realidad estridente de crisis y miseria que produce formas de clasificación social arbitrarias de la apariencia física. En este sentido, las diferencias conllevan marcas culturales construidas socialmente que, en apariencia, habían sido desterradas de la sociedad cubana a partir de 1959. Ahora bien, este tipo de lógicas consienten en legitimar la noción de que los hombres negros son desmasculinizados cuando se aportan elementos que limitan las representaciones de la imagen racial. De ese modo, se aceptan de manera pasiva las normas de la masculinidad establecidas por la cultura blanca y patriarcal (Brancato, 2000).

A partir de entonces, se adopta un modelo de masculinidad que queda supeditado a la apariencia física y a los estereotipos que se construyen en torno al «color de piel». Pero esa percepción va mucho más allá. Cuando se pone en contexto de manera recurrente formas de dominación y control sociosexuales a los que han estado sometidos los hombres negros históricamente, preocupados en su conjunto por los valores de la igualdad racial y no tanto por los roles de género, la aceptación pasiva de esta estructura contribuye a su perpetuación cultural y social (Hooks, 2004).

De ese modo, para ser hombre negro, existe un vínculo colonial que ha construido una mitología de potencia sexual que contribuye a representar la masculinidad negra a través de un falocentrismo patriarcal que entrelaza orgullo racial con orgullo viril. Desde esta perspectiva, el imaginario racista blanco patentiza una representación racial de la sexualidad que implica «ciertos modos en que los blancos miran a los negros y cómo, en esta forma de mirar, la sexualidad del hombre negro, se percibe como algo diferente, excesivo, lo otro» (Mercer, 1999:67).

En esta línea, hay un encasillamiento que establece ciertos límites morales, los cuales llevan a naturalizar los comportamientos sexuales racializados como inapropiados, contribuyendo a legitimar el carácter sexuado de la dominación racista. Uno de los relatos en *Trilogía sucia* que dialoga con estas interrogantes, «Aplastado por la mierda», enfatiza en la representación racial de la sexualidad a partir de un grafismo surrealista que entrecruza varios personajes y pone al protagonista en medio de una especie de radiografía autobiográfica, puesto que el personaje con el que interactúa cuenta de manera casi escenificada la historia de su «pinga». Y destaco la palabra, porque a eso se reduce:

> *me fui a ver al viejo. Era un tipo duro. Un negro muy viejo. Destrozado pero no destruido. Vivía en San Lázaro 558, y se pasaba el día sentado silenciosamente en su silla de ruedas, asomado a la puerta, mirando el tráfico [...].*
>
> *Yo tenía media botella de ron adentro, y eso me ponía conversador y jocoso. Después de una hora y unos cuantos tragos (al fin aceptó beber conmigo), el viejo me dio una pista: había trabajado en teatro.*
>
> *—¿En cuál? ¿En el Martí?*
>
> *—No. En el Shangai.*
>
> *—Ah, ¿y qué hacía allí? Dicen que era de mujeres encueras y eso. ¿Es verdad que lo cerraron enseguida, al principio de la Revolución?*
>
> *—Sí, pero yo no trabajaba allí hacía tiempo. Yo era Supermán. Siempre había una cartelera para mí solo: «Supermán, único en el mundo, exclusivo en este teatro». ¿Tú sabes cuánto media mi pinga bien parada? Treinta centímetros. Yo era un fenómeno. Así me anunciaban: «Un fenómeno de la naturaleza... Supermán... treinta centímetros, doce pulgadas, un pie de Superpinga... con ustedes... ¡Supermán!»*
>
> *—¿Usted solo en el escenario?*
>
> *—Sí, yo solo. Salía envuelto en una capa de seda roja y azul. En el medio del escenario me paraba frente al público, abría la capa de un golpe y me quedaba en cueros, con la pinga caída. Me sentaba en una silla y al parecer miraba al público. En realidad, estaba mirando una blanca, rubia, que me ponían entre bambalinas, sobre una cama. Esa mujer me tenía loco. Se hacía una paja y cuando ya estaba caliente se le unía un blanco y comenzaba a hacer de todo. De todo. Aquello era tremendo. Pero nadie los veía. Era solo para mí. Mirando eso se me paraba la pinga a reventar y, sin tocarla en ningún momento, me venía. Yo tenía veintipico de años y lanzaba unos chorros de leche tan potentes que llegaban al público de la primera fila y rociaba a todos los maricones.*
>
> *¿Y eso lo hacía todas las noches?*
>
> *—Todas las noches. Sin fallar una. Yo ganaba buena plata, y cuando me venía con esos chorros tan largos y abría la boca y empezaba a gemir con los*

ojos en blanco y me levantaba de la silla como si estuviera enmariguanado,
los maricones se disputaban para bañarse con mi leche como si fueran cintas
de serpentina en un carnaval, entonces me lanzaban dinero al escenario
y pataleaban y me gritaban: «¡Bravo, bravo, Supermán! (P. J. Gutiérrez,
1999:61-62).

La historia del «Supermán tropical» posiciona una idea en la que la raza no solo permite legitimar los estereotipos sino también explicar cómo los valores sexuales pueden ser distorsionados haciendo énfasis en imágenes muy específicas que han contribuido a sustentar el argumento de que «para el imaginario occidental, el sexo se ha convertido en uno de los rasgos que definen el ser negro. Y esta representación se ha seguido difundiendo y renovando en distintos escenarios sociales y a través de distintos discursos» (Viveros Vigoya, 2009:72)

El último de los cuentos a examinar, «El bobo de la fábrica», es una constatación del impacto del lenguaje racial y la sexualidad. No es necesario introducir matices, la pinga del negro sigue adquiriendo mayor protagonismo simbólico y de un modo alarmante ilustra formas de representación de la masculinidad en los hombres negros que los enfrenta cotidianamente al dilema racial que vive la sociedad cubana en toda su complejidad (Zurbano, 2012).

El personaje de este relato, Juan el bobo, confronta dos distorsiones: negro y bobo. Además, la escena cotidiana de su número circense también se reduce a su pinga. Dejaba de ser Juan el bobo para convertirse en una «pinga negra»:

En la fábrica había un bobo. Era un negro corpulento, fuerte y joven. La
gente decía era sobrino del administrador. Juan el bobo.
Siempre merodeaba a las mujeres en las oficinas y ellas lo provocaban. El
chiste era decirle que la tenía chiquita igual que un niño y que no se le paraba.
El bobo no hacía caso, pero ellas seguían jodiéndolo hasta que el tipo se
sacaba el animal y se lo mostraba. No era una pinga. Era un animal negro,
gordo, y salvaje, con unos treinta centímetros de largo. El tipo se sacaba
aquel monstruo ya medio erecto y lo mostraba muy orondo, complacido
de la admiración que causaba. Ellas empezaban a gritar y a tirarle
presilladoras y pisapapeles, pero en realidad era un juego. Les gustaba ver
aquel trozo de carne negra y palpitante (P. J. Gutiérrez, 1999:200).

Estamos frente a una representación textual que continúa generando tensiones. El narrador distorsiona las representaciones sexuales de la raza.

Tengamos en cuenta que estos personajes quedan reducidos a un pene, lo cual por un lado legitima los estereotipos racistas en torno a la masculinidad de los hombres negros y, por otro, mantiene latente los valores sexuales del imaginario colonial. Como consecuencia, el binomio raza-sexo genera un paradigma efectivo en los modelos de masculinidad. En el ámbito teórico cubano se ha destacado con bastante constancia la relación del hombre cubano con su sexualidad; especialmente la relación con el pene o «miembro ilustre»: «Poseer un pene grande le abre al futuro hombre los caminos de la sexualidad, pues mientras mayor sea el diámetro y la longitud más resaltará su virilidad» (González Pagés, 2010:65).

Naturalmente que aquí se hace alusión al hombre cubano en general. Sin embargo, algunas encuestas realizadas en La Habana para corroborar estos criterios sobre el mito de las dimensiones del pene situaron en primer lugar a la «raza negra» como la portadora de las más grandes (ibíd.:66). A partir de ahí, la forma explícita con la que Pedro Juan Gutiérrez dialoga con estos antagonismos pone de relieve cómo existen zonas dentro de la sociedad cubana que perpetúan los soportes coloniales de la imagen racial que se corresponden con un argumento de Étienne Balibar en el cual dictamina: «[…] cuan sobredimensionadas sexualmente están las categorías del imaginario racista. Y hasta qué punto las diferencias raciales han sido edificadas sobre la base de universales antropológicos que son metaforizaciones de la diferencia sexual» (Viveros Vigoya, 2009:66).

Desde esta perspectiva, el imaginario colonial que reproduce estereotipos racistas continúa haciendo énfasis en fenómenos contemporáneos que utilizan ciertas zonas del carácter racista de la sociedad cubana para multiplicar las ambivalencias de los valores sexuales. Si no, no se entiende la popularidad que alcanzó la estrofa de la canción el «palón divino» con la que encabezamos estas reflexiones. La exposición del pene del hombre negro resulta ya una especie de ritual en el que su imagen no logra liberarse del mito racista. Bajo esa suspicacia, que no surgió espontáneamente, tenemos un largo camino que recorrer para construir una masculinidad en torno a las representaciones raciales sobre la estela de nuevos paradigmas.

21

HEREJÍA DE LA OTREDAD EN LA ESTÉTICA DE LO ABYECTO DE UMBERTO PEÑA

(Hamlet Fernández)

(Sancti Spiritus). Doctor en Ciencias sobre Arte y licenciado en Historia del Arte por la Universidad de La Habana; y posdoctor en Educación por la Universidad de Uberaba, Brasil. Profesor, investigador y crítico de arte. Es autor de *Ensayos sobre arte y educación. Perspectivas posmodernas* (Eliva Press, 2021); *La acera del sol. Impactos de la política cultural socialista en el arte cubano* (Editorial Hypermedia, 2021); *Educación estética o la poesía de cada instante. Estudio crítico sobre concepciones de enseñanza de artes visuales en Brasil* (Appris Editora, 2021).

Uno de los artistas que representó en su arte la fuerte presión ideológica, el conservadurismo político y la violencia simbólica que se vivió en Cuba hacia finales de la década de 1960 fue Umberto Peña (La Habana, 1937). Las pinturas y grabados que produjo entre 1966 y 1971 son como alaridos, terribles alaridos, trágicos a la vez que obscenos. Una obscenidad aparentemente pornográfica, cuya estrategia estética de transgresión habría que reconocerla en el terreno de lo *abyecto*. Y un erotismo fálico apoteósico, pues expone con un desparpajo gozoso, explosivo y ambivalente, tanto la soberbia falocéntrica como el regodeo en la representación erógena.

Umberto Peña logra representar ese contenido de violencia social y política de manera muy peculiar, casi inédita en las artes visuales cubanas. Es uno de los precursores nacionales de la *estética de lo abyecto*. Por eso, su trabajo pictórico y gráfico nada tiene que ver con lo erótico en el sentido tradicional del término y mucho menos con lo pornográfico en su sentido más pedestre. Su imaginario visual tendió a recurrir a vísceras, músculos, venas, cartílagos, estómagos, penes, gases, semen, eructos y fluidos corporales, como una estrategia discursiva que intenta reivindicar el lugar de la otredad, de esas subjetividades que la sociedad en determinados momentos considera anomalías y se empeña en expulsar fuera del campo de lo visible, lo sano, lo políticamente correcto.

Este creador reduce al ser humano a su matriz metabólica más primaria y, desde ese umbral compartido por todos en tanto seres biológicos, defiende a dentelladas, gritos y telúricas eyaculaciones, el derecho de cada individuo a ser diferente, a defender su lugar en el mundo y a resistirse hasta el último aliento, hasta la última gota de energía acumulada en los músculos, a ser abyectado por el poder como un desecho político, moral, social.

Se trató, por supuesto, de un arte crítico, pero un tipo de crítica que para ser eficaz, en términos cognoscitivos, depende de que el *shock* sensorial que pudieran provocar las obras sea asimilado de manera positiva por el receptor; de lo contrario, se desencadena el rechazo, la aversión tanto sensorial como moral e ideológica, como de hecho sucedió en medio de la ofensiva revolucionaria y la radicalización del socialismo insular. Porque, como se argumentará más adelante, el *shock perceptivo* que genera rechazo de los sentidos también incide en el plano moral, pues la percepción sensorial es cultural, existen modelos sensoriales, y eso es precisamente lo que subvierte Peña con sus seres escatológicos.

En 1967, cuando le preguntaron en una entrevista por las obras que enviaba a la V Bienal de Jóvenes Artistas en París, Umberto Peña presentaba credenciales sin medias tintas:

> *Considero que toda obra artística debe ser enormemente crítica (y entiéndase bien la palabra crítica). Creo en un lenguaje directo, claro y hasta a veces obvio, aunque no siempre sea así, que provoque repulsa, amor, irritación o ira en el espectador; a este hay que meterlo en la obra y, si no quiere, a la fuerza hay que obligarlo al autoexamen y a la toma de conciencia. Hay que revelarlo en su comodidad. Ya basta de dulces, caramelos y telones, no estamos para eso. Dentro de ese espíritu son las obras que he enviado a la Bienal (Cata, 1967:15).*

Este testimonio del artista también habla de las posibilidades que todavía permitía el contexto en aquel año 1967. El joven diseñador, grabador y pintor aún se podía plantear la misión de hacer un arte «enormemente crítico», y de decirlo de manera clara y directa en una entrevista. Ese año sería el de la realización del Salón de Mayo de París en La Habana, uno de los grandes acontecimientos artísticos de la década, si no el más importante para las artes visuales. El mayor contacto directo, en número y en calidad, que tuvo el país con lo mejor de la neovanguardia internacional.[1] El otro elemento a destacar de la respuesta de Peña es cómo define el tipo de efecto que le interesaba generar con su arte: repulsa, irritación, ira, y también amor, aunque parezca contradictorio.

La irritación, la repulsa y la ira son todos estados consustanciales a una experiencia estética generada por la materia prima de lo abyecto, sobre todo

---

[1] El Salón de Mayo de París de 1967 fue inaugurado en La Habana el 29 de julio en el Pabellón Cuba. Se trató de la primera presencia del mítico Salón de Mayo en un país del continente americano. En el marco del evento viajaron a La Habana más de cien figuras reconocidas del mundo del arte, la teoría, la crítica, el periodismo, la política, sobre todo de la vanguardia artística y política radicada en Francia. Se trató por tanto de uno de los hitos culturales de la década de 1960, un evento en el que se dieron cita en la Revolución cubana lo más destacado de la intelectualidad de izquierda del momento, así como de la neovanguardia internacional.

si esta ha sido representada de manera intencional, y en mayor medida si se le ha presentado en su estado natural, sin mediación de representación artificial. La representación de lo feo, lo horrendo, lo inmundo, de los fluidos corporales y lo putrefacto, lo muerto, es el reverso de la estética de lo bello, pero de igual manera ha sido contenido del arte desde siempre. Y, a partir de la década de1960, con la radicalización posmoderna, el arte abyecto se hace cada vez más habitual, y tiene su apoteosis en la década de 1990.

En su libro *Poderes de la perversión*, Julia Kristeva comienza con un ensayo titulado «Sobre la abyección», que ha sido de gran influencia para la definición contemporánea de lo abyecto como categoría estética. La teórica búlgaro-francesa parte de un enfoque sicoanalítico en el que abyección significa expulsión de material abyecto, y esas expulsiones no solo corporales, sino también de contenido sicológico, son fundamentales, condición necesaria para la formación y el equilibrio síquico, sexual y social de la identidad del sujeto:

> *Esos humores, esta impureza, esta mierda, son aquello que la vida apenas soporta, y con esfuerzo. Me encuentro en los límites de mi condición de viviente. De esos límites se desprende mi cuerpo como viviente. Esos desechos caen para que yo viva, hasta que, de pérdida en pérdida, ya nada me quede, y mi cuerpo caiga entero más allá del límite, cadere-cadáver (Kristeva, 2006:10).*

Orificios del cuerpo como la boca, el ano y los genitales, considerados por el sicoanálisis como símbolos de las tres fases constitutivas del desarrollo sicosexual (oral, anal y genital), son los principales puertos por los que se expulsa lo abyecto. Residuos comestibles, vómito, heces fecales, orina, menstruación, semen y demás secreciones corporales adquieren su materialidad visible cuando son liberados al exterior. Se convierten así en objetos desprendidos del cuerpo, que al dejar de pertenecerle devienen cadáveres. Con esos desechos pestilentes, obscenos, establecemos una relación ambivalente. Al tiempo que se expulsan, rechazan y esconden, causan curiosidad, atracción, morbo. Pero el disfrute malicioso, u obsesivo, de lo abyecto, suele ocurrir en el ámbito de lo privado, donde las convenciones sociales de comportamiento quedan suspendidas temporalmente. Por el contrario, en el espacio público lo abyectado no debe existir; la sociedad es el horizonte de lo vivo, lo sano, lo moral, lo codificado y reglamentado. El drenaje inmediato, eficaz, total, de lo que cae y se desprende de la vida es lo que hace diferente, especial, culturalizada nuestra condición animal.

Cuando la obra de arte, y los espacios de exhibición, se vuelven dispositivos de abyección, no expulsan la otredad hacia el ámbito de lo no visible, sino que la sacan a la luz pública y convierten en objeto de contemplación a la materia prohibida, repugnante y excrementicia. Se transgrede así la normatividad tácita de las topologías del goce y la aversión, se hace regresar más allá del límite, del punto de no retorno, aquello que debiera descomponerse en la oscuridad de la tierra. Por eso, además del *shock sensorial*, el arte abyecto produce un *shock moral*, una subversión del orden simbólico. Y mientras más recio sea ese orden, mientras más estricto y prejuicioso, mientras más rígida y cerrada la identidad que intenta preservar, ya sea individual o social, mayor poder desestabilizador poseerán orificios y fluidos. «No es por lo tanto la ausencia de limpieza o de salud lo que vuelve abyecto, sino aquello que perturba una identidad, un sistema, un orden. Aquello que no respeta los límites, los lugares, las reglas. La complicidad, lo ambiguo, lo mixto» (ibíd.:11).

Desde que Umberto Peña debutara con su serie de grabados de reses desolladas en 1962, se inscribe en la tradición de la estética de lo abyecto. En una estancia en París a comienzos de la década, además de recorrer museos y tomar nota de lo mejor de la tradición pictórica europea, Peña descubrió y se interesó por algo más: la manera en que se exhibía la carne en las carnicerías francesas, adornadas con flores. Una visión que cambió su perspectiva, tanto estética como ética, de la escatología corporal-animal: «Descubrí dulzura dentro de esa crueldad que en el matadero es diaria y que nos alimenta», decía en una entrevista en 1964 (Serra, contraportada). Al regresar a Cuba consiguió un permiso para visitar mataderos y comenzó a documentar fotográficamente todo el proceso de matanza. En ese momento le interesaba el cuerpo que acababa de morir, la tragedia de la muerte, la carne con ausencia de vida.

En esta primera etapa los referentes artísticos son claros. Rembrandt, Delacroix, Daumier, Soutine, Fautrier, entre otros. Para ese entonces *El buey degollado* (1655) de Rembrandt ya era considerado una obra maestra; en el siglo XIX había generado sagas y había sido copiado por artistas como Delacroix y Daumier. Ha llegado a ser célebre la anécdota de Soutine, quien compró en París un buey muerto y lo trasladó a su estudio para pintarlo compulsivamente hasta que el hedor lo delató con los vecinos y la policía. Se trata de la tradición pictórica en la que el contenido abyecto no transgrede los marcos de la representación visual —como sí lo hacen los procedimientos posmodernos más radicales: performance, *body art*, etc.—. Además, la atención se centra en la muerte y la descomposición animal. Por otra parte, las calcografías y monotipias de Peña de aquellos años son prácticamente abstractas. En *Buey XXV*, obra con la que ganó un primer premio en un concurso de calcografía organizado por Casa de las Américas, el animal es indistinguible, más bien parece la representación del cuero de la res. El grabado es rico en texturas, rugosidades, cuarteaduras, el color carmelita verdoso da el tono de un proceso de curtido de la piel, más que de descomposición. De manera que la obra, por su rica materialidad plástica, es más dada a causar disfrute sensorial. No aparecen todavía efectos que puedan irritar o causar repulsión en el receptor.

El conflicto de recepción comienza a gestarse cuando el motivo de la res es cambiado por el del cuerpo humano. Primero en grabado a partir de 1965,[2] pero sobre todo hacia 1966, en el que Peña finalmente, después de muchos titubeos, emprende un trabajo pictórico a gran escala. Con algunas de esas obras participa en la Bienal de París de 1967, en la que resulta premiado. Otras vivencias más profundas, esas que marcan la vida de un ser humano para siempre, estarían en la base de ese vertiginoso desarrollo hacia el logro de una poética definitiva, de gran originalidad. De niño, Umberto Peña vivió al lado de una mondonguería, un matadero de cerdos. Contó en varias ocasiones que solía deambular por dentro de la carnicería, que esos eran sus paseos; y que sus principales pesadillas infantiles estuvieron relacionadas siempre con puercos y vacas que lo perseguían con vientres abiertos, de los que caían vísceras y órganos hasta quedar vacíos. En la imaginación del artista se produjo una fusión entre la carga emocional de los recuerdos y la carga sensitiva, y también emocional, de los colores.

> *De mi visita a los mataderos lo tomé todo, el carmín, el hígado; el escarlata, los pulmones; el malva y el verde ácido, los intestinos; el azufre, el páncreas; el amarillo pale, el estómago.*
>
> *Un día la res y los puercos se convirtieron en una extraña transformación humana, las patas pasaron a ser muñones de piernas, la carne desapareció y solo quedaron sus tintes rojos, los intestinos oscuros se convirtieron en conductos artificiales que funcionaban, deglutiendo, suspirando, quejándose, eructando globos de aire que se pierden a través de recipientes sanitarios para, más allá, después de la absorción seguir transformándose sin frenos (Peña, nota biográfica).*

---

[2] Se trata de obras en blanco y negro donde el artista comenzaba a trabajar la anatomía humana. Las más interesantes —y poco conocidas— son de 1966, como: ¡Lo dejé cerrado…!; *Dos señores*; ¡Claro!; *Esto es ridículo*; *Crash!* Por su pequeño formato (20 x 20 cm aprox.) son más bien ilustraciones. Las figuras humanas se encuentran dentro de espacios geométricos, doblemente enmarcados, y su anatomía interna es visible.

A partir de 1966 su pintura es arte de lo abyecto en toda su dimensión. Se hace más figurativa y colorida, a diferencia de los torsos y cuerpos desollados en blanco y negro. Pero nada tiene que ver con un naturalismo mimético que simule materia escatológica, procesos de descomposición, expresividad putrefacta, etc. A su vez, considerar su estilo como una vertiente de la estética pop por el uso de textos y globos me parece en extremo reductivo. Cierta planimetría en la composición o en los colores, dibujos bien delineados, entre otros procederes asociados al diseño gráfico, tampoco son motivo suficiente como para subordinar el trabajo pictórico de Peña a su oficio de diseñador. La suya fue una pintura de gran originalidad estética, por la manera en que logra cristalizar un estilo muy personal en diálogo con las tendencias neofigurativas de los años 60; y de una compleja elaboración conceptual, por la manera en que logra expresar sutiles problemáticas de contenido existencial generadas por el proceso revolucionario cubano.[3]

Como bien expresó el artista en su nota biográfica antes citada, el referente del cuerpo humano fue despojado de carnes y en su lugar solo quedó el rojo, un rojo abundante y variado que llena los fondos y se hace sanguíneo, coaguloso, en esas amalgamas de conductos, tripas, nervios, órganos, que conforman extrañas criaturas, casi anomalías de ciencia ficción. Porque el cuerpo humano también fue despojado de su forma anatómica. Esos seres de Peña son invenciones de su imaginación; el organismo fue reducido a lo más primario, no hay apariencia externa, no hay piel, no hay estructura ósea, no hay extremidades, solo conductos cartilaginosos, ciertos orificios y grandes bocas dentadas.

El otro elemento significativo son las tazas sanitarias, un artefacto diseñado por la sociedad para drenar la materia abyecta. Peña coloca sus anomalías somáticas, por lo general, al interior de grandes recipientes higiénicos, por tanto, pareciera que son como desechos que están a punto de ser descargados y expulsados de la realidad. Sin embargo, esas criaturas se resisten a la fuerza centrípeta del torbellino succionador, y permanecen; además de ser vísceras

---

[3] Hay puntos de contacto interesantes con obras de algunos artistas brasileños de la segunda mitad de los años 60 —contexto de la dictadura militar—, como Ana Bella Geiger, Antonio Dias y Ana Maria Maiolino (*Glu, Glu, Glu*, 1966). Estos artistas también trabajan la dimensión escatológica de cuerpos mutilados, sometidos, representan el interior del cuerpo, los procesos metabólicos, etc. En cuanto a la neofiguración cubana de los 60, Umberto Peña es un caso bien singular. No conozco a ningún otro pintor cubano que en aquel contexto haya producido una poética pictórica que se deje conceptualizar bajo la noción estética de lo abyecto. El primer continuador explícito de la vertiente abierta por Peña no aparece hasta la década de 1980: Tomás Esson.

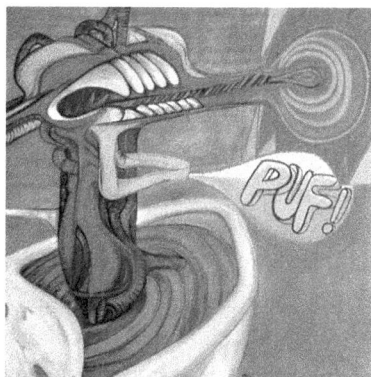

Fig. 1. *El puf de los caballeros*, 1966. Óleo sobre tela, 164 x 164 cm.

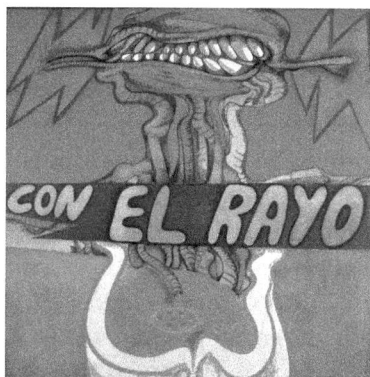

Fig. 2. *Con el rayo hay que insistir*, 1967. Óleo sobre tela, 165 x 165 cm.

y tripas, pura escatología, ellas también cumplen una función de abyección, expulsan fluidos, gases, y se expresan. En ese sentido es que cobra gran importancia el lenguaje verbal, las onomatopeyas: aayyyy, shass, ohhh, puf, brrrr; y la frase «con el rayo» (Figs. 1 y 2). Las construcciones onomatopéyicas denotan gritos y sonidos que irrumpen en el contexto visual con la misma efusividad de las flatulencias. La descarga del «rayo», tanto en su forma lingüística («con el rayo») como en su representación icónica, es una expresión que en su sentido popular connota violencia, condena, agresión, fatalidad; una connotación que se desplaza sobre la denotación del vocablo «rayo», cuyas propiedades del referente condensan la idea de la energía ciega y aniquiladora de la naturaleza.

Ahora bien, en la misma medida en que esos seres exhiben su obscenidad sin recato, parecen ser víctimas de furibundos ataques, o tal vez precisamente por eso la sociedad descarga intensa corriente sobre ellos, por ser pura naturaleza, puro metabolismo, pura expresividad de vida espontánea, amoral, apolítica, aideológica, asimbólica. Sin embargo, sus engendros tienen la capacidad de sufrir y de manifestarlo, aunque solo sea con chasquidos, gritos, suspiros, las grandes bocas proyectan intensas muecas de dolor. En *Tú haces brrrr con mi electricidad* (Fig. 3) un rayo

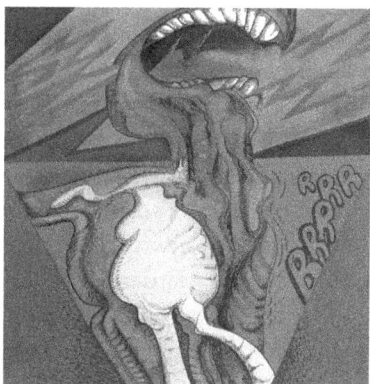

Fig. 3. *Tú haces brrrr con mi electricidad*, 1967. Óleo sobre tela, 170,5 x 170 cm.

451

atraviesa la boca de lado a lado, quedando esta fulminada, arqueada en un gesto de gran dramatismo. En *Aayyyy, shass, no aguanto más*, tres rayos descargan su potencia roja sobre la boca de grandes dientes blancos y desde su interior se expulsa un grito: «aayyyy». En *Nooo coño* las das palabras que forman el título van inscritos en los anchos rayos rojos que entran, o salen, de la boca, esparramándola, casi destrozándola; debajo, un miembro en tejido vivo acaba de disparar sus fluidos, creando espesas salpicaduras en lo que parece ser un canal. En esta obra de 1969 la iconicidad del rayo se ha fundido con la presencia del lenguaje verbal, por lo que adquiere la dimensión de metáfora visual que connota descarga lingüística. Igual sucede en *Con el rayo por todo*, en la que la frase está contenida dentro del relámpago que impacta la boca.

Con todas estas deducciones semióticas en la mano, podemos proponer la abducción interpretativa de que estos personajes de Umberto Peña funcionan como la encarnación desestabilizadora, escabrosa, de todo cuanto una sociedad rechaza como otredad, como material abyecto, como deformaciones, desviaciones, depravaciones y anomalías que hay que purgar, eliminar o corregir de manera urgente, para así mantener el equilibrio del orden simbólico, la sanidad identitaria, el imperio del ego por sobre latencias y pulsiones. Es por completo sintomático, muy bien marcado semánticamente por el artista, que el área de existencia de esos seres sea, por lo general, el retrete. Existen en el límite, no solo en «los límites de su condición de viviente», sino también en el borde de lo visible, en el instante previo a ser succionados y recluidos en el hueco negro del inconsciente colectivo. Pero en el arte no sucede lo que en la vida social; en el arte de Peña esa otredad vence, cristaliza como imagen histórica, se hace gesto, además de rebeldía y reafirmación de una identidad y de una naturaleza diferente. La sociedad ataca, lanza rayos hirientes, condena con descargas verbales que impactan en la siquis como choques eléctricos, pero ellos se yerguen, ocupan su espacio en el mundo, en palabras del propio artista, siguen deglutiendo, suspirando, quejándose, eructando globos de aire; y con solo ese empeño perturban, desestabilizan, causan ira, repulsión, avivan la intolerancia y la sitúan frente al espejo, de cada cual.

Si miramos el contexto, desde 1965 de manera explícita con políticas concretas[4] se libraba en Cuba una ofensiva contra otredades sexuales, metafísicas,

---

[4] De noviembre de 1965 a junio de 1968, el gobierno revolucionario implementó en Cuba lo que ha pasado a la historia por sus siglas como las UMAP. Se trató de una variante del SMO para jóvenes que eran considerados no «confiables» para acceder a la «técnica

sociales y estéticas que no encajaran en la tabla de valores de un nuevo *sujeto fuerte*, fundamento de la historia y de la nueva sociedad; a saber: heterosexual, comunista, marxista-leninista, proletario, ateo, ascético, desinteresado, nacionalista, internacionalista, anticolonialista, antimperialista, etc. Ahora bien, el problema no radica en los valores propiamente dichos que conforman ese modelo. No hay nada de malo en ser una persona heterosexual, comunista, proletaria, atea, ascética, sacrificada y con una visión materialista dialéctica de la historia. El problema está en la intolerancia, y de manera mucho menos visible, en el coágulo metafísico que está de fondo en todo proceso de institución de un modelo de sujeto que se erige y autoproclama como *valor fundamento*.

Sustituir un modelo axiomático por otro que se presume más justo y universal, desterrar al sujeto burgués clásico y coronar en su lugar al «hombre nuevo» del socialismo, significa teóricamente restituir la lógica metafísica en el ámbito de la axiología; pues el valor fundamento, cualquiera que este sea, al funcionar como esencia, centro, o *thelos*, genera una estructura axiológica que es vertical y excluyente de toda otredad. En la práctica, la construcción ideológica de un sujeto paradigmático que es situado como *thelos*, como sucedió en Cuba, terminó por restituir a la postre un nuevo lugar de poder, tan prepotente y autoritario como el que había ocupado el modelo derrocado. Vuelve a quedar así, marginada y desplazada hacia la periferia del sistema toda subjetividad que no entre en el marco de la identidad delineada por el ideal, como les ocurrió, de hecho, a los intelectuales considerados «inconformistas», liberales, excéntricos, o embotados aún en el idealismo, a los que no volcaron su arte sobre la realidad social, a los que sí lo volcaron pero con mirada crítica, y por supuesto a los homosexuales, los religiosos, los «pepillitos» de pelo largo, los esnobistas, los blandengues, los cobardes, los «enfermitos», los «gusanos», etcétera, etcétera, etcétera.

La idea tan repetida de que la Revolución, el país, la universidad, entre otros, son solo para los revolucionarios, encubre a la vez que devela este fenómeno. Solo debe preguntarse qué se entiende por revolucionario en cada momento, para saber quiénes son acogidos en los brazos de la Revolución: en un principio todos los cubanos, excepto los incorregiblemente contrarrevolucionarios. Pero como se sabe, el cerco había comenzado

---

militar», entre los que se encontraban homosexuales, religiosos, disidentes políticos y delincuentes comunes. Por esos campamentos militares concebidos para «reformar las conductas» mediante la disciplina militar y el trabajo agrícola, llegarían a pasar más de 25 000 reclutas. Semejante proyecto estuvo basado en una ideología homogeneizadora, que operó mediante la violenta exclusión y segregación de otredades consideradas no dignas del socialismo, y, por tanto, necesitadas de un severo correctivo.

a estrecharse de manera paulatina y radical. Para 1971, en la Declaración del I Congreso Nacional de Educación y Cultura, las normativas sobre la actividad cultural dejaban bien claras las cosas: «Los medios culturales no pueden servir de marco a la proliferación de falsos intelectuales que pretenden convertir el esnobismo, la extravagancia, el homosexualismo *y demás aberraciones sociales*, en expresiones del arte revolucionario, alejados de las masas y del espíritu de nuestra Revolución» (1971:8; énfasis del autor).[5] Es decir, no solo esas conductas son catalogadas como aberraciones sociales, también se alude a un «demás»: todo lo que desde el horizonte del modelo normativo se codifique como otredad, adquiere la cualidad de aberrante, un desvío hacia lo ilícito.

Precisamente a partir de 1968 las obras de Peña se hacen más ácidas en su operatoria crítica, más violentas en su carga gráfica y semántica; las bocas, lenguas, intestinos y vísceras comienzan a ser víctimas de ataques mayores; hay tortura, mutilación, la tragicidad de los alaridos representados por las bocas es más dramático. En el grabado, sobre todo en litografía, comienzan a aparecer nuevos signos. De manera explícita y con mucha fuerza expresiva el pene. Falos que se enroscan como serpientes, que eyaculan como fuentes, que se convierten en machetes y cuchillos filosos. Grandes cepillos con aspecto de maquinaria pesada, maquinaria de higienización, sobre todo de la boca. Gruesas barras, como de granito, que circulan como flechas, vectores que entran a las fauces y se alojan allí, con su prepotente volumen, inmovilizando las mandíbulas en el límite de su dilatación física.

Sin que desaparezca un elemento abyecto como el semen, este comienza a adquirir una dimensión bélica, de proyectil, mientras los penes parecen letales armas. Es una mezcla de potencia fálica, de prepotencia viril, al tiempo que de goce y regodeo estético en el miembro masculino. Es su hiperbolización, y su violenta operatoria, lo que constituye la singular erótica de combate desarrollada por Peña. Una estética desafiante, confrontacional. Metamorfosea la prepotencia del poder falocéntrico en un goce erótico y apoteósico de la virilidad (Figs. 4 y 5).

Al regresar de su estancia en París, después de haber disfrutado de la beca otorgada por el premio obtenido en la Bienal francesa, Umberto Peña

---

[5] A partir de este Congreso se institucionaliza en Cuba una política cultural extremadamente conservadora y dogmática, promovida por los comunistas cubanos de orientación prosoviética. Debido a dicha política, la década de 1970 es considerada como uno de los períodos más oscuros en la cultura cubana. No se llegó a imponer como estética oficial el «realismo socialista», pero era ese claramente el horizonte de aspiraciones de los comisarios culturales del momento (cfr. H. Fernández, 2021).

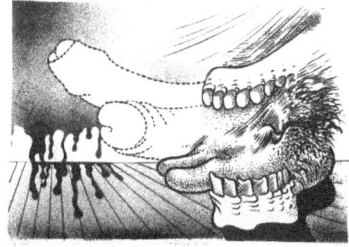

Figs. 4 y 5. Obras de la serie *Erótica*, 1970-1971. Litografía, 55 x 38 cm.

llegó a un contexto caldeado por la polémica despertada por los premios UNEAC 1968 y toda su saga de secuelas políticas.[6] Una litografía firmada ese mismo año parece hacer alusión al estado de rigidez ideológica y constreñimiento de la legitimidad de un arte crítico con el que se encontró. La obra se titula *No es el momento*. El artista prescinde de todo color, el dibujo es lineal, la expresividad reducida al contraste entre el blanco de los fondos y el negro de líneas y rayados que modelan la figuración y los efectos volumétricos. Tripas y conductos en primer plano. Puntas, hojas triangulares, que parecen tijeras, cuchillas, o un relámpago más difuso, menos reconocible que en obras anteriores, salen de la boca, o la impactan, la destrozan. No lo sabemos. Y esa ambivalencia que crea el plano visual estático, la acción congelada, hace que la representación connote dos referentes al unísono. El texto verbal va inscrito en esa serpentina de triángulos filosos. Un «no» casi dentro de la boca; y llegando, o alejándose: «no es el momento». Por tanto, puede tratarse lo mismo de la víctima, que del victimario. Puede ser el mandato prepotente del censor, del comisario ideológico, que impacta al raro espécimen (¿el artista?) con la violencia de una descarga eléctrica, o con cuchillas y tijeras que le cercenan la boca y la lengua. Pero al propio tiempo la anomalía corporal puede leerse como el espectro censorio mismo, cuyo aberrado metabolismo de ideas expulsa hacia el exterior rayos y centellas que son portadores de la castrante lógica satanizadora de toda expresión artística o postura intelectual que juzgue la realidad; porque, *no es el momento...*

---

[6] El Comité Director de la UNEAC, convocante del certamen, se pronunció en desacuerdo con la decisión de los jurados internacionales que otorgaron el premio de poesía y de teatro a Heberto Padilla y a Antón Arrufat, respectivamente, alegando razones políticas e ideológicas. Ese hecho generó una gran crisis en el medio intelectual cubano y llevó al Gobierno a extremar el control político sobre la esfera del arte y la cultural en general.

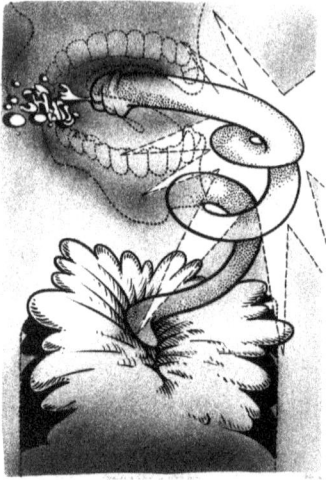

Fig. 6. «Cuando la besé ya estaba loca», de la serie *Erótica*, 1970-1971. Litografía, 55 x 38 cm.

Al compás de los acontecimientos políticos entre 1969 y 1971, el discurso plástico de Umberto Peña se radicaliza de modo progresivo, haciéndose «enormemente» más crítico cada vez, como él mismo creía que debía ser el arte verdadero. Obras como *No alcanza más* (1969), *Cuando la besé ya estaba loca* (1970), *De mi amado los brazos; mas ya gozo* (1970), *Todo espíritu vive enamorado* (1971) y *Tal como el hierro frío en las entrañas* (1971), ya exceden, por mucho, el nivel de tolerancia moral e ideológica del momento.

En una pieza como *Cuando la besé ya estaba loca* (Fig. 6), un largo falo, que se empina hacia arriba haciendo espirales, eyacula en las proximidades de una boca que es apenas una silueta, una máscara, pero que se abre, no sabemos si para recibir y deglutir los fluidos, o si para morder y estrangular al hipertrofiado miembro. En otro de los ejemplos citados, *De mi amado los brazos; mas ya gozo*, en el plano superior de la composición el artista dispone cuatro penes uno al lado del otro, formando una secuencia; están curvados, haciendo una arcada, y expulsan fluidos al unísono, como si de una fuente de aspecto fálico se tratara.

Tal como el hierro frío en las entrañas es la obra más dramática de todas. El propio título es ya evocador de un sufrimiento visceral. Es 1971. Hacia el lateral izquierdo han sido representados once cuchillos, en hilera ascendente o descendente, según se le mire. Cuando deslizamos la vista de arriba hacia abajo, dos detalles son importantes: los cuchillos van aumentando de tamaño y las empuñaduras comienzan a adoptar forma de testículos. El último es ya un cuchillo temible y de su mango pende una bolsa peluda, también prominente. Al centro de la composición una larga lengua ha sido sacada de su boca para ser picada en tres trozos por dos cuchillos. Al lado, otra boca y otra lengua también están siendo cortadas. Más arriba, entrando al plano desde la derecha, se desplaza un largo machete y de su cabo cuelgan los escrotos más grandes de la escena. Basta con la descripción. Es la apoteosis del poder falocéntrico en el clímax de la intolerancia.

Pero también, esa larga lengua mutilada, como última ofrenda, cuando ya no hay cuerpo, ni rostro, no deja de establecer ciertos paralelismos con el polémico poema de Heberto Padilla, «En tiempos difíciles»:

456

A aquel hombre le pidieron su tiempo
para que lo juntara al tiempo de la Historia.
Le pidieron las manos,
porque para una época difícil
nada hay mejor que un par de buenas manos.
Le pidieron los ojos
que alguna vez tuvieron lágrimas
para que contemplara el lado claro
(especialmente el lado claro de la vida)
porque para el horror basta un ojo de asombro.
Le pidieron sus labios
resecos y cuarteados, para afirmar,
para erigir, con cada afirmación, un sueño
(el —alto— sueño);
le pidieron las piernas,
duras y nudosas
(sus viejas piernas andariegas),
 porque en tiempos difíciles
¿algo hay mejor que un par de piernas
para la construcción o la trinchera?
Le pidieron el bosque que lo nutrió de niño,
con su árbol obediente.
Le pidieron el pecho, el corazón, los hombros.
Le dijeron que eso era estrictamente necesario.
Le explicaron después
que toda esta donación resultaría inútil
sin entregar la lengua,
porque en tiempos difíciles
nada es tan útil para atajar el odio o la mentira.
Y finalmente le rogaron
que, por favor, echase a andar
porque en tiempos difíciles
ésta es, sin duda, la prueba decisiva (1971:47-48).

Ambas obras nos permiten experimentar un fenómeno muy peculiar. Es la violencia de los procesos sociales que se vuelve contra el hombre, la inconmensurabilidad entre su mínimo tiempo y el tiempo de la historia, entre sus fuerzas limitadas y la energía infinita que demandan las ambiciosas transformaciones. Es el *ser* devorado por las exigencias del presente;

457

pero aun así, el *ser* debe devenir, expropiado de sí mismo, forzado a comportarse a la altura del momento histórico. Se trata de un existencialismo engendrado por la propia lógica de la Revolución, que solo el arte más penetrante logra captar y expresar.

En 1971, cuando la homosexualidad por fin fue definida, de manera explícita y enfática en un documento oficial, como «patología social», instituyéndose una política cultural abiertamente homofóbica, que consideró a los homosexuales como un problema para los organismos culturales, para la vida artística y cultural en general, y se les negó toda labor pedagógica, por cuanto quedaron excluidos de representar a la Revolución en el extranjero, muchos artistas debieron sentir *el hierro frío* del poder falocéntrico y autoritario *en sus entrañas*. A partir de ese año tristemente célebre, Umberto Peña dejó de pintar y de grabar, se dedicó en exclusivo a su trabajo como diseñador en Casa de las Américas hasta 1984. Quedó truncada, así, al igual que esa larga lengua, una de las obras pictóricas y gráficas más originales y representativas de la primera década de la Revolución.

En 1988, cuando el Museo Nacional de Bellas Artes organizó una gran exposición retrospectiva del artista (*Umberto Peña. Pintura/Grabado/ Dibujo/Textil/Diseño Gráfico,* junio-julio), las nuevas generaciones desconocían por completo la producción artística de la década de 1960 del diseñador de Casa de las Américas. Veintidós años habían transcurrido desde su última exposición personal de litografías, realizada en 1966 en la Escuela de Ciencias Políticas de la Universidad de La Habana, y ocho de su peculiar muestra *Trapices,* emplazada en el Salón de los Pasos Perdidos del Capitolio Nacional.

En una entrevista que le realizara Abilio Estévez como colofón de su retrospectiva en Bellas Artes, el entrevistador comenzaba resaltando que se había tratado de un «acontecimiento insólito», que había provocado una «conmoción» de las que siempre se asocian a «los grandes hechos artísticos».[7]

---

[7] También se publicó una reseña muy elogiosa en *Juventud Rebelde* (10 de julio), siendo el título en sí mismo revelador: «Desnudo de un tesoro escondido», firmada por René A. Piñero y Yanitzia Canetti. Roberto Fernández Retamar lo elogia con una sentida nota desde las páginas de *Granma,* en su edición del 2 de julio. Sin embargo, en *Bastión* aparece un breve texto, firmado por Raimundo Díaz, cuyo título ya lo dice todo: «Umberto Peña: de lo grotesco a lo vulgar». Y comenzaba diciendo: «La cercanía a lo pornográfico es tan degradante como floreciente en algunas de las obras que completan la exposición antológica en el Museo Nacional de Bellas Artes. ¿La obscenidad puede convertirse en expresión artística?» (1988:2). Recordemos, por increíble que parezca, que estamos citando un texto escrito en el año 1988. ¿De qué dimensiones habrá sido entonces la incomprensión de la obra de Umberto Peña hacia finales de la década de 1960?

Al final del diálogo aparece la pregunta casi ineludible. La gran incógnita alrededor de los porqués de su retiro tan prematuro de la creación artística y la posibilidad de un regreso a la pintura, al grabado, a su complejo universo estético. La respuesta del artista dista mucho del espíritu mostrado en 1967, cuando pensaba que toda obra de arte debía ser enormemente crítica, porque al espectador había que obligarlo al autoexamen y a la toma de conciencia, había que revelarlo en su comodidad. Pero a la altura de 1988 *tiempos difíciles* habían pasado, dejado marcas, y el hombre, despojado de muchas cosas esenciales, tuvo que seguir andando y recorrer un camino, ese que le fue posible:

> *En una época de mi vida quise ser un gran pintor. Con el tiempo esa aspiración pasó. Ahora pienso que hice lo que estuvo a mi alcance. Ignoro si es valioso o no. Antes me fascinaba pensar en la permanencia de mi obra, ahora digo que me gustaría que ella desapareciera, que no dejara rastro. No he dicho nada de lo que no se pueda prescindir. No es falsa humildad: mi actual ambición es vivir del modo más discreto posible (Estévez, 1988:24-25).*

Y del modo más humilde posible responde a la última pregunta: «¿No cree Umberto Peña que para quien lo ha experimentado[,] el arte es una tentación irremediable?». A lo que confiesa el artista: «Tienen razón en dudar. A veces me siento tentado frente al lienzo en blanco. Hay días en que la necesidad es demasiado poderosa» (íd.).

Es trágico, verdaderamente trágico. Aun así, sin que se extinguiera nunca la poderosa necesidad de crear, el artista hasta ese momento no había vuelto a tomar los pinceles. ¿Qué se lo impedía? ¿Qué lo hizo preferir la vida discreta, la ambición del anonimato, antes que el riesgo emancipador del arte? Umberto Peña ha respondido a estas preguntas en una entrevista recién publicada:

> *La declaración final del congreso [de Educación y Cultura] marcaba un antes y un después para la clase intelectual cubana y su participación en el proceso revolucionario, de cómo y qué hacer en el campo de la cultura. La atmósfera que se vivía era de opresión y recelo, y ante las castrantes declaraciones finales de Fidel vi que el camino a seguir tocaba a su fin. Lo que estaba haciendo ya no podría continuarlo y entonces opté por la protesta silenciosa y dejé de pintar y grabar por mucho tiempo (Aguilera, 2019:9).*[8]

---

[8] En esta entrevista Peña ofrece otro testimonio importante: «En los años sesenta no existía el censor oficial del Ministerio del Interior. Esta posición acerca de lo permisible o no la

La transgresión artística de Peña en ese singular período de la historia cubana nos permite verificar hoy que mientras más recio y conservador se vuelve el orden social, mientras más estricto y prejuicioso, mientras más rígida y cerrada la identidad totalitaria que intenta imponer y preservar, mayor poder desestabilizador poseerá todo aquello que perturba una identidad, un sistema, un orden. En ese sentido, el gesto estético de Umberto Peña no respetó límites y entró de lleno en el terreno de lo ambiguo, de lo no codificado, lo no culturizado aún. Su obra, además del shock sensorial, produjo un shock moral, una subversión del orden simbólico; y por ello sufrió duras consecuencias, como era de esperar.

La más terrible de todas, tener que renunciar a la creación artística; y aunque en 1975 comienza a elaborar los enormes «trapices», expuestos en 1980 en el Salón de los Pasos Perdidos del Capitolio Nacional, es innegable que de momento quedó truncada una de las obras pictóricas y gráficas más originales y representativas de la revolución cultural y artística que había desencadenado el proceso revolucionario cubano.

A comienzos de la década de 1990 Umberto Peña toma la decisión de vivir fuera de Cuba. Después de una breve estancia en México, reside por más de una década en Estados Unidos y, a mediados de 2000, se establece en Salamanca, España. Es ahí donde se produce, después de casi cuatro décadas, su reencuentro con la pintura. En 2008 vuelve a tomar los pinceles y abre un nuevo capítulo en su trabajo artístico.

Esa serie de obras de 2008 no posee puntos de contacto evidentes con el erotismo bélico y la estética de lo abyecto desarrollados en la segunda mitad de los años 60. Se trata de cuadros en apariencia abstractos. Los fondos son expresionistas, a veces divididos en dos secciones de colores contrastantes, como un gris manchado de pinceladas azules y un naranja estridente, o un plano azul y otro negro, uno verde y otro negro. Otros fondos son más parcos, predominando las gamas de negros y grises; pero el denominador común son las pinceladas gruesas que dejan rastros de un color aquí y de otro allá, que crean vibraciones y texturas, superficies irregulares, matéricas, así como sutiles modelaciones geométricas.

Sobre esos fondos hasta cierto punto perturbadores, de una materia pictórica pesadillezca, densa, Peña construye unas figuras que parecen flotar

---

ejercían los funcionarios de turno de las instituciones culturales de acuerdo con sus valoraciones políticas o criterios estéticos. En mi caso, la funcionaria Marta Arjona siempre vio mi obra con mirada suspicaz y en muchas oportunidades no permitió que esta se mostrara en sus predios culturales» (2019:8).

en el espacio. Se trata, también, de puras formas pictóricas, no hay rastros de iconicidad; pero son figuras volumétricas o más bien voluptuosas, carnosas, amorfas, irregulares, y casi siempre se trata de un conjunto de dos, de tres y hasta de cuatro en una obra. En ese sentido da la sensación de que interactúan entre ellas, que tienen vida, personalidad, que alguna sutil comunicación establecen entre sí. Mirando detenidamente esos cuerpos extraños, me los figuro como emisiones gaseosas que han ganado densidad y un volumen nítido mediante el color. Son rojos, amarillos, naranjas, verdes, azules, grises. Y como supuestos gases expulsados al espacio no dejan de ser un material abyecto y perturbador; por ser ambiguos, indeterminados, de identidad y procedencia insospechadas.

Es en ese sutil aspecto que reconozco un punto de conexión con su poética de los años 60. Solo que en estas aparentes abstracciones los escatológicos cuerpos con las vísceras a la intemperie han desaparecido. Pero se me antoja que algún remanente de ellos ha quedado, un subproducto, un residuo último de sus dramáticos metabolismos. Los títulos de las obras nos proporcionan la evidencia rotunda de que esas protuberancias pictóricas son portadoras de contenidos existenciales, profundos y difíciles de expresar: *El miedo a las palabras*, *Difícil entendimiento*, *Sin rumbo fijo*, *El peso del tiempo*, *El territorio enemigo*, *En busca de un nuevo aire*, *Esperando la decisión*, son algunos de ellos.

Esta serie de 2008 muestra el regreso de un artista al incierto proceso de invención estética, a la creación de formas pictóricas singulares que cobran vida para expresar la complejidad de la experiencia existencial de un hombre.

Una década después, Umberto Peña sigue creando y experimentando. En su serie más reciente ha incursionado en la pintura digital, utilizando la técnica de ilustración o imagen vectorial; una herramienta que como diseñador gráfico de larga experiencia maneja con maestría y que ahora pone en función de una nueva experimentación pictórica.

Con esta técnica digital Umberto ha dado rienda suelta a su reverberante imaginación visual, se ha explayado en el uso expresivo del color, en la invención de formas, en la estructuración de innúmeros planos visuales que se superponen en cascada; ha creado una intrincada fusión entre abstracción geométrica y lirismo expresionista. Los vectores le permiten crear planos geométricos con precisión matemática, componer mediante la superposición, distribuir el color con pulcra exactitud al tiempo que con gran dinamismo gracias a la independencia de las figuras.

De esta manera, Peña crea fondos abstractos con ese brillo característico de lo tecnológico, con la exactitud de la matemática; crea una abstracción geométrica de planos afacetados y cortantes, triangulares, puntiagudos, re-lampagueantes, electrizados. Pero a la vez, su irreprimible tendencia expre-sionista se proyecta desde el último de los planos del fondo hacia adelante, impulsada por la rica gama de colores a los que recurre este maestro de la composición visual.

Entonces, sobre esas vibraciones de formas geométricas yuxtapuesta y teñidas de potentes colores, Umberto Peña recurre al trazado de ondula-ciones, sinuosidades, líneas finas de colores que zigzaguean a sus anchas recorriendo las superficies, enroscándose, danzando, tejiendo mallas y bor-dando las figuras. En esos primeros, segundos y hasta terceros planos en los que priman las formas curvas, se concentra todo el lirismo de esos cuadros. Todo el ritmo, el movimiento, la música, las estridencias, la alegría, el dra-ma, el *suspense*, la violencia, la euforia, el misterio, la poesía…

Cuando miramos los títulos, no queda duda de que toda esa inventiva visual tiene un denso trasfondo emocional, perceptivo, intuitivo. Parecen codificaciones estéticas de acciones, situaciones, fenómenos de la naturale-za o estados físicos de la materia: *Torbellino, Equilibrio, Flotaciones, Ráfaga, Fulguraciones, Reverberación, Trueno, Ventisca, Oclusión, Ondulaciones, Energía, Iones, Kaotiko, Personaje*, etcétera.

Hay una obra en la que la irregular figura central me produce un *déjà vu* en relación con sus personajes de los años 60. Son formas rojas que crecen de manera ascendente, creando una estructura vertical que se ensancha so-bremanera en la cima, como si de una cabeza con su tronco se tratara. En el fondo se perciben nítidos rayos relampagueantes, azules, amarillos, naran-jas, violetas, negros y grises. La pieza se titula *Tensión*. La figura roja, que nombraré «el personaje», parece un espectro flotante, que se pasea por allí, mientras resuenan en el espacio truenos y centellas. Pero el rojo intenso le dota de vida; está vivo, y sigue desafiando a la tempestad.

Así como el artista…

SIGLAS Y ACRÓNIMOS

CCI	Club Cubano Interamericano
CENESEX	Centro de Educación Sexual
EICTV	Escuela Internacional de Cine y Televisión
FMC	Federación de Mujeres de Cuba
ICAIC	Instituto Cubano de Arte e Industria Cinematográficos
IPSJAE	Instituto Superior Politécnico José Antonio Echeverría
PIC	Partido Independiente de Color
PRC	Partido Revolucionario Cubano
PSP	Partido Socialista Popular
SMO	Servicio Militar Obligatorio
UMAP	Unidades Militares de Apoyo a la Producción
UNAICC	Unión de Arquitectos e Ingenieros de la Construcción de Cuba
UNEAC	Unión Nacional de Escritores y Artistas de Cuba

BIBLIOGRAFÍA

ABREU, A. (2013): «Subalternidad: debates teóricos y su representación en el campo cultural cubano postrevolucionario», en *Argus-a*, 3(10).

_____ (2017): *Por una Cuba negra: literatura, raza y modernidad en el siglo XIX*, Hypermedia Ediciones.

ABREU, C. (2015): *Rhythms of race: Cuban musicians and the making of Latino New York City and Miami, 1940-1960*, University of North Carolina Press.

ADORNO, T. (1984): «The Essay as Form», en *New German Critique: An Interdisciplinary Journal of German Studies*, 32.

AGAMBEN, G. (1998): Homo sacer. El poder soberano y la nuda vida. Pre-textos.

_____ (2005): Homo sacer. Adriana Hidalgo Editora.

AGUIAR, C. (2016): *O Cinema Latino-Americano do Chris Marker*, Alameda.

ÁGUILA, N. (2015): «Marquitos, ¿inocente o culpable», en https://diariode-cuba.com/cuba/1429767475_14161.html.

AGUILERA, C. A. (2019): *Umberto Peña*, Ediciones inCUBAdora.

AHMED, S. (2010): *The promise of happiness*, Duke University Press.

_____ (2014): *The cultural politics of emotion*, Edinburgh University Press.

AJA DÍAZ, A. (2000): «La emigración de Cuba en los años noventa», en *Cuban Studies*, no. 30.

AL2 EL ALDEANO (2008): «El himno del autista del realismo», en *Miseria Humana*, 26Musas/Real70.

_____ (2009): «Hermosa Habana», en *Mantenimiento al alma*.

_____ (2010a): «H1N1», en *Nos achicharraron*, 26Musas/Real70.

_____ (2010b): «Vereda tropical», en *Nos achicharraron*, 26Musas/Real70.

_____ (2017a): «La aldea», en https://open.spotify.com/album/7qxM-px0rv7gpzj5hOHPgs5.

_____ (2017b): «Tú no creciste», en https://open.spotify.com/album/7qxMpx0rv7gpzj5hOHPgs5.

_____ y Silvito «El libre» (2009): «Una hora de vida», en *Los Kbayros.*

Alemán, L. (2019): «Los movimientos poblacionales en las calles Habana y Compostela del Centro Histórico de La Habana», trabajo de diploma, Universidad de La Habana.

Alfonso, G. y J. Ramos (2019): «Regresar a La Habana con Guillén Landrián. Una entrevista», en J. Ramos y D. Robbins: *Guillén Landrián o el desconcierto fílmico,* Almenara.

Alim, H. S. (2006): *Roc the Mic Right: The Language of Hip Hop Culture,* Routledge.

_____ (2009): «Translocal style communities: Hip hop youth as cultural theorists of style, language, and globalization», en *Pragmatics,* 19(1).

Alonso, A. (2011): «La sociedad cubana tras medio siglo de cambios, logros y reveses», en http://www.cubadebate.cu/opinion/2011/09/07/la-sociedad-cubana-tras-medio-siglo-de-cambios-logros-y-reveses.

Alonso, M. (dir. y prod.) (1950): *Siete muertes a plazo fijo,* Producciones Alonso, 1950.

Alter, N. (1996): «The Political Im/perceptible in the Essay Film», en *New German Critique,* no. 68.

Álvarez, C. M. (2013): «Dazra por dentro», en http://www.ipscuba.net/espacios/cuba-20/yo-blogueo/dazra-por-dentro/.

Álvarez, M. (2016): *Otras lecturas del cuerpo,* Ediciones La Luz.

Álvarez, S. (dir.) (1967): *Golpeando en la selva,* ICAIC.

Álvarez Estévez, R. (1988): *Azúcar e inmigración 1900-1940,* Editorial de Ciencias Sociales.

Álvarez Pitaluga, A. (2010): «La cultura y la Revolución cubana: 50 años de una historia inmediata», en Revista de la Biblioteca Nacional José Martí, no. 1-2.

Álvarez-Tabío, E. (2001): *Invención de La Habana,* Casiopea.

Anders, V. (2020): «Etimología de bochorno», en http://etimologias.dechile.net/?bochorno>.

Anderson, B. (1993): *Comunidades imaginadas. Reflexiones sobre el origen y la difusión del nacionalismo,* Fondo de Cultura Económica.

Angenot, M. (2010): El discurso social: los límites históricos de lo pensable y lo decible, Siglo XXI.

Arango, Á. (1982): Transparencia, Ediciones Unión.

Araoz, R. (2017): *La religiosidad en el cine cubano de la República (1906-1958),* Ediciones ICAIC.

_____ (2019): «Baracoa: Una trilogía de montaña», en J. Ramos y D. Robbins: *Guillén Landrián o el desconcierto fíilmico,* Almenara.

... 470

ARAY, E. (1983): *Santiago Alvarez: Cronista del Tercer Mundo*, Cinemateca Venezolana.

ARENAS, R. (2010): *El color del verano*, Tusquets.

ARIÈS, PH. (2001): *El niño y la vida familiar en el Antiguo Régimen*, Taurus.

ARISTÓTELES (1998): *Ética nicomáquea. Ética eudemia*, Gredos.

ARROM, J. J. (1971): «El mundo mítico de los taínos: Notas sobre el Ser Supremo», en *Revista Dominicana de Arqueología y Antropología*, 1(1).

_____ (1989): *Mitología y artes prehispánicas de las Antillas*, Siglo XXI.

ARTARAZ, K. (2009): *Cuba and Western Intellectuals Since 1959*, Palgrave Macmillan.

ARUCA, L. (2018): «La ciudad de La Habana ¿es o no caribeña?», en http://www.cubarte.cult.cu/periodico-cubarte/la-ciudad-de-la-habana-es-o-no-caribena/.

ASOCIACIÓN MUNDIAL DE PSIQUIATRÍA (2008): http://www.sld.cu/galerias/pdf/sitios/desastres/anuncio_congreso_smij_cuba_2008.pdf.

AUGÉ, M. (2000): *Los «no-lugares» espacios del anonimato. Una antropología de la sobremodernidad*, Gedisa Editorial.

AUMONT, J. (2002): *La imagen*, Paidós Ibérica.

BACHILLER Y MORALES, A. (1888): *Cuba primitiva. Origen, lenguas, tradiciones e historia de los indios de las Antillas Mayores y las Lucayas*.

BAKER, G. (2010): «The Politics of Dancing», en R. Z. Rivera, W. Marshall, y D. Pacini Hernandez: *Reggaeton*, Duke University Press.

_____ (2011a): *Buena Vista in the Club: Rap, Reggaetón, and Revolution in Havana*, Duke Universiy Press.

_____ (2011b): «Cuba Rebelión: Underground Music in Havana», en *Latin American Music Review*, 32(1).

BALDWIN, J. (1998): *James Baldwin: Collected essays*, Library of America.

BARBOSA DOS SANTOS, F. L. (2013): «Fundamentos políticos de Nuestra América», en A. Santana (ed.): *José Martí y Nuestra América*, Universidad Nacional Autónoma de México.

BARREIRO, J. (2009): «El Penacho Indio y la Profecía Martiana», en http://elcaimanemplumado.blogspot.com/2009/12/entre-los-dias-28-y-30-de-enero-del.html.

_____ (2020): «Más allá del Mito de la Extinción: El Regimiento Hatuey», en http://letras-uruguay.espaciolatino.com/aaa/barreiro_jose/mas_alla_del_mito_de_la_extincion.html.

BAUDRY, J.-L. Y A. WILLIAMS (1974): «Ideological Effects of the Basic Cinematographic Apparatus», en *Film Quarterly*, 28(2).

_____; ANDREWS, J. Y A. BERTRAND (1976): «The Apparatus», en *Camera Obscura*(1).

BAUTISTA RUIZ, R. (2012): *Nuestra América: La innovación poética como estrategia política*, The University of British Columbia.

BEJEL, E. (2001): *Gay Cuban nation*, University of Chicago Press.

_____ (2012): *José Martí: Images of memory and mourning*, Palgrave MacMillan.

BELOT, C. (1828): *Observaciones sobre los males que se experimentan en esta Isla de Cuba desde la infancia y Consejos dados a las madres y al bello sexo*, Casa Lazuza Mendía.

BELTRÁN, F. (2018): «Chocolate arremete contra el "Paquete de la Semana" por censurar su música», en http://cibercuba.com/videos/noticias/2018-03-06-u146802-e146802-s27065-chocolate-arremete-contra-paquete-semana-censurar/.

BENÍTEZ ROJO, A. (2010): *La isla que se repite: el Caribe y la perspectiva postmoderna*, Editorial Plaza Mayor.

BENJAMIN, W. (1999): *The arcades project*, Harvard University Press.

BERLANT, L. G. (2011): *Cruel optimism*, Duke University Press.

BERMÚDEZ, J. R. (2006): *Chac Mol en Martí*, Pablo de la Torriente.

BERRY, M. J. (2015): «"Salvándose" in Contemporary Havana: Rumba's Paradox for Black Identity Politics», en *Black Diaspora Review*, 5(2).

_____ (2016): «Afro-Cuban movement(s): Performing autonomy in "updating" Havana», tesis de doctorado, University of Texas at Austin.

BETANCES, R. E. (2018): «Los dos indios: Episodio de la conquista de Borinquen», en https://es.scribd.com/document/321287006/Los-Dos-Indios-Betances.

BETEGÓN, J. (1996): «Sanción y coacción», en *Enciclopedia Iberoamericana de Filosofía*, vol. 11.

BHABHA, H. (2003): *El lugar de la cultura*, Ediciones Manantial SRL.

BIRKENMAIER, A. (2006): *Alejo Carpentier y la cultura del surrealismo en América Latina*, Iberoamericana.

_____ y E. WHITFIELD (2011a) «Introduction», en *Havana beyond the Ruins. Cultural Mappings after 1989*, Duke University Press.

_____ (eds.) (2011b): *Havana beyond the Ruins. Cultural Mappings after 1989*, Duke University Press.

BOKOVA, J. (1988): «Sept Questions Aux Cinéastes Étrangers Ayant Tourné En France», en *Positif*, marzo, no. 325.

BONITZER, P. (2007): *Desencuadres: cine y pintura*, Santiago Arcos.

BOOKER, M. K. (2001): *Monsters, mushroom clouds, and the Cold War: American science fiction and the roots of postmodernism, 1946-1964*, vol. 95, Greenwood Publishing Group.

BORDWELL, D. Y K. THOMPSON (2008): *Film Art. An Introduction*, McGraw-Hill.

BORGES-TRIANA, J. (2013): «Yo creo que Los Aldeanos….», en http://www.caimanbarbudo.cu/musica/2013/01/yo-creo-que-los-aldeanos/.

BORREGO MORENO, R. (2017): «Mataperros entre esclavos y libres "de color": delincuencia juvenil y correccionales en Cuba (1860-1940)», en *Revista de historia de las prisiones*, no. 4.

BOUDREAULT-FOURNIER, A. (2016): «Copia y comparte. Visiones sobre las prácticas de circulación y consumo de bienes culturales en entornos no institucionales en Cuba», en *Revista Cubana de Información y Comunicación*, 5(10).

BRANCATO, S. (2000): «Masculinidad y etnicidad: Las representaciones racistas y el mito del violador negro», en A. Carabí y M. Segarra (eds.); *Nuevas Masculinidades,* Icaria Editorial.

BRONFMAN, ALEJANDRA (2004): *Measures of Equality: Social Science, Citizenship, and Race in Cuba, 1902-1940*, University of North Carolina Press.

BRUNSON, T. (2017): «Eusebia Cosme and black womanhood on the transatlantic stage», en *Meridians*, 15(2).

BUCK-MORSS, S. (2005): *Hegel y Haití. La dialéctica amo-esclavo: una interpretación revolucionaria*, Grupo Editorial Norma.

BUENO, S. (1964): *Temas y personajes de la Literatura Cubana*, UNEAC.

_____ (1977): *De Merlin a Carpentier. Nuevos temas y personajes de la literatura cubana*, Ediciones Unión.

BULL, M. Y D. HOWES (2016): «The expanding field of Sensory Studies», en *The Senses & Society*, no. 11.

BURTON, J. A. (2017): *Posthuman Rap*, Oxford University Press.

BUTLER, J. (2002): *Cuerpos que importan. Sobre los límites materiales y discursivos del «sexo»*, Paidós.

_____ (2007): *El género en disputa: el feminismo y la subversión de la identidad*, Paidós.

BUZARD, J. (1993): *The Beaten Track: European tourism, literature, and the ways to «culture», 1800-1918*, [s. n.].

CABRERA, L. (1974): *Yemayá y Ochún. Kariocha, Iyalorichas y Olorichas*, Ediciones CR.

CABRERA, Y. (2017): «Poesía cubana de cambio de siglo: Anulación de todo meridiano», en *Revista de Estudios Hispánicos*, no. 51.

CABRERA INFANTE, G. (1994): *Tres tristes tigres*, Seix Barral
_____ (1999): *Mea Cuba*, Alfaguara.

CÁCERES, P. (2011): «Antropólogos del mundo se reúnen en La Habana», en http://www.juventudrebelde.cu/cuba/2011-03-16/antropologos-del-mundo-se-reunen-en-la-habana-1.

CACOPARDO, M. (dir.) (1967): *Jean-Paul Sartre and Simone de Beuavoir interviewed by Madeleine Gobeil and Claude Lanzmann.*

CAIRO, A. (1991): «Martí, Las Casas y los apóstoles de la justicia», en *Anuario del Centro de Estudios Martianos*, no, 22.

CAMACHO, J. (2013a): *Etnografía, política y poder a finales del siglo XIX: José Martí y la cuestión indígena*, University of North Carolina Press.

_____ (2013b): «La nodriza africana en la poesía colonial cubana», en *Islas Quarterly Journal of Afro-Cuban Issues*, 8(5).

_____ (2018): «La gran distorsión: la historia del indígena en Cuba», en https://www.cubaencuentro.com/cultura/articulos/la-gran-distorsion-la-historia-del-indigena-en-cuba-332638.

CAMEJO, A. (2012): «Cartografías cubanas en el nuevo milenio. Notas para una narrativa distanciada», *La Siempreviva*, no. 14.

_____ (2017): «Ciudad de palabras. Estrategias discursivas y modalidades textuales de la representación urbana en la novelística de Leonardo Padura, Pedro Juan Gutiérrez y Ena Lucía Portela», tesis de doctorado, Universidad de La Habana.

CAMPT, T. (2019): «The Visual Frequency of Black Life: Love, Labor, and the Practice of Refusal», en *Social Text*, 140(3).

CAMPUZANO, L. (2018): «Viajeras del siglo XIX: Americanas a Cuba / Cubanas a USA», en *Rivista di CRIAR-Università degli Studi di Milano*, 1.

CANEL, F. (2010): «Té y galleticas con il signore Pasolini», en http://archivo.diariodecuba.com/cultura/1291339989_1803.html.

CANO, R. L. (2014): «Music and post-communist subjectivities in Cuba», en P. Vila (ed.): *Music and youth culture in Latin America: Identity construction processes from New York to Buenos Aires*, Oxford University Press.

CARABALLOSA, E. (2019): «Los futuros hoteles de La Habana», en https://oncubanews.com/cuba/los-futuros-hoteles-de-la-habana/.

CARBONELL, W. (2005): *Crítica, como surgió la cultura nacional*, Biblioteca Nacional José Martí.

CARPENTIER, A. (1966): *¡Écue-Yamba-Ó!*, Seix Barral.

CARUCCI, A. R. (2017): «El mito de Amalivacá en las culturas venezolana y caribeña», en *Sueños originarios*, Fundación Editorial el perro y la rana.

Caruth, C. (1992): «Unclaimed experience: Trauma and the possibility of history», en *Yale French Studies*, no. 79.

_____ (2008): «Negros de papel: Algunas apariciones del negro en la narrativa cubana después de 1959», en https://www.academia.edu/15213059/Negros_de_papel_Algunas_apariciones_del_negro_en_la_narrativa_cubana_despu%C3%A9s_de_1959.

_____ (2013): *Utopía, distopía e ingravidez: reconfiguraciones cosmológicas en la narrativa postsoviética cubana*, Iberoamericana-Vervuert.

_____ (2015): «Imagining the "New Black Subject". Ethical transformations and raciality in the Post-Revolucionary Cuban nation», en J. Branche (ed.): *Black Writing and the State in Latin America*, Vanderbilt University Press.

_____ (2019): «Espejos: mirando el negro en el mirar de Nicolás Guillén Landrián», en J. Ramos y D. Robbins: *Guillén Landrián o el desconcierto fílmico,* Almenara.

Casas, B. de las (1909): *Apologética historia de las Indias*, Bailly-Bailliére é Hijos.

_____ (2011): *Brevísima relación de la destrucción de las Indias*, Editorial Universidad de Antioquia.

Castellanos, J. (2003): «Rómulo Lachatañeré», en *Pioneros de la etnografía afrocubana*, Ediciones Universal.

_____ e I. Castellanos (1994): «El negro en la novela cubana, 1900-1959», en *Cultura afrocubana*, vol. 4, Ediciones Universal.

_____ (1994): *Cultura Afrocubana*, vols. 1 y 4, Ediciones Universal.

Castells, M. (2008): «The New Public Sphere: Global Civil Society, Communication Networks, and Global Governance», en *The Annals of the American Academy of Political and Social Science*, 616(1).

Castoriadis, C. (1993): *La institución imaginaria de la sociedad 2*, Tusquets Editores.

_____ (2019): «El Campo de lo social histórico. Centro Teórico Cultural Criterio», en http://www.insumiso.com/lecturasinsumisas/cornelius%20castoriadis%20el%20campo%20de%20lo%20social%20histórico.

Castro Avelleyra, A. A. (2016): «Un acercamiento a los intercambios transnacionales en la cinematografía del Período Especial: la cubanidad revisitada», en *Question*, 1(52).

Castro Ruz, F. (1961a): «Conclusión de las reuniones con los intelectuales cubanos, efectuadas en la Biblioteca Nacional el 16, 23 y 30 de junio de 1961», en http://www.cuba.cu/gobierno/discursos/1961/esp/f300661e.html.

_____ (1961b): «Discurso pronunciado como conclusión de las reuniones con los intelectuales cubanos», en www.cuba.cu/gobierno/discursos/1961/esp/f300661e.html.

_____ (1963): «Discurso para conmemorar el cuarto aniversario de la Revolución cubana», en http://www.cuba.cu/gobierno/discursos/1963/esp/f020163e.html.

_____ (1968): «Resumen de la velada conmemorativa de los cien años de lucha», http://www.cuba.cu/gobierno/discursos/1968/esp/f101068e.html.

_____ (1974): «En conmemoración del XXI aniversario del ataque al cuartel Moncada, efectuado en la explanada frente al estado mayor del ejército central», en http://www.cuba.cu/gobierno/discursos/1974/esp/f260774e.html.

_____ (1990): «Clausura del XVI Congreso de la CTC, Teatro Carlos Marx», en, www.cuba.cu/gobierno/discursos/1990/esp/f280190e.html.

_____ (2017): «Todos somos uno en esta hora de peligro», en José Bell Lara, Delia Luisa López y Tania Caram: *Documentos de la Revolución 1962*, Editorial de Ciencias Sociales.

_____ y A. HART DÁVALOS (2009): «Ley Número 169 de creación del ICAIC», en http://epoca2.lajiribilla.cu/2009/n412_03/412_06.html.

CASTRO, V. A. DE (1840): «Mariano o la educación», en *La cartelera cubana*.

CATA, A. (1967): «Entrevista con los artistas Umberto Peña y Orfilio Urquiola», en *La Gaceta de Oficial de Cuba*.

14ymedio (2018): «Chocolate, El más oído y el más odiado», en https://www.14ymedio.com/destacamos/Chocolate-reguetonero_0_2568343156.html.

CEARNS, J. (2019): «The "Mula Ring": Material Networks of Circulation Through the Cuban World», en *The Journal of Latin American and Caribbean Anthropology*, 24(4).

_____ (2021): «Connecting (to) Cuba: Transnational Digital Flows between Havana and the Cuban Diaspora», en *Cuban Studies*, no. 50.

CENTENO NAVARRO, J. (2017): «El hacha taína de José Martí», en *Revista Honda*, no. 50.

CENTRO DE ESTUDIOS MARTIANOS (1991): «Dos comunicaciones», en *Anuario del Centro de Estudios Martianos*, vol. 14.

CHAMBERLAIN, DIANNE PFUNDSTEIN. (2016): *Cheap threats: Why the United States Struggles to Coerce Weak States*, Georgetown University Press, Washington D. C.

CHANAN, M. (1986): *The Cuban Image: Cinema and Cultural Politics in Cuba*, British Film Institute.

_____ (2004): *Cuban Cinema*, University of Minnesota Press.

_____ (2010): *Cuban Cinema*, University of Minnesota Press.

CHANG, J. (2005): *Can't stop won't stop: A history of the hip-hop generation*, Picador.

CHAVIANO, D. (2002): *Fábulas de una abuela extraterrestre*, Océano.

_____ (2004): «Science fiction and fantastic literature as realms of freedom», en *Journal of the Fantastic in the Arts*, 15(1).

_____ (s. a.): https://www.dainachaviano.com/author.php#.YFuzPO-YpDOQ.

CHEAH, P. (1998): «Introduction Part II: The Cosmopolitical—Today», en P. Cheah y B. Robbins: *Cosmopolitics: Thinking and Feeling beyond the Nation*, University of Minnesota Press.

CHICANGANA-BAYONA, Y. (2008): «El nacimiento del caníbal: Un debate conceptual», en *Historia Crítica*, no. 36.

CHIESA, L. (2010): «Superstudio Double-Take: Rescue Operations in the Realms of Architecture», en Paolo Chirumbolo *et al.*, (eds.): *Neovanguardia: Italian Experimental Literature and Arts in the 1960*, University of Toronto Press.

CHION, M. (2019): *Audio-Vision: Sound on Screen*, Columbia University Press.

CHOCOLATE MC. (2017): «El Palon Divino», en www.youtube.com/watch?-v=eq9QeQDw3ek.

_____ (2018): «Bajanda», en www.youtube.com/watch?v=evdt-MZhrsqU.

_____ (2019): *Pakumba*, Buya Music Group.

CHRISTENSEN, T. (1962): «Carta de Statens Filmcentral», colección Theodor Christensen, caja 9, 3 de agosto, Instituto de Cine Danés.

_____ (1964): «Situación Actual en el Departamento de Documentales 35mm. Memorandum 20-7-64», Samlingen Theodor Christensen, Instituto de cine Danés.

CHRISTIANSEN, S. Y Z. A. SCARLETT (2015): «Crossing Borders: The Idea of the Third World and the Global 1960s», en S. Christiansen (ed.): *The Third World in the Global 1960s*, Berghahn Books.

CLASSEN, C. (1997): «Fundamentos de una antropología de los sentidos», en *Revista Internacional de Ciencias Sociales*, no. 153.

CLIFFORD KENT, J. (2019): *Aesthetics and the Revolutionary City. Real and Imagined Havana*, Palgrave Macmillan.

Club Cubano Inter-Americano Collection, Schomburg Center for Research in Black Culture, New York Public Library.

COLÓN, C. (1964): *Los cuatro viajes del almirante y su testamento*, Espasa Calpe.

COLÓN PICHARDO, M. (2015) *¿Es fácil ser negro y difícil ser hombre? Masculinidad y estereotipos raciales en Cuba 1898-1912*, Editorial Abril.

COMOLLI, J.-L. Y J. NARBONI (1990): «Cinema/Ideology/Criticism», en Nick Browne (ed): *Cahiers du Cinéma, 1969–1972: The Politics of Representation*, Harvard University Press.

CONNELL, R. W. (1997): «La organización social de la masculinidad», en T. Valdés y J. Olavarría: *Masculinidad/es. Poder y crisis*, Internacional/ Flacso Chile.

COOPPAN, V. (2003): «Mourning becomes kitsch: The aesthetics of loss in Severo Sarduy's Cobra», en D. L. Eng y D. Kazanjian (eds.): *Loss: The Politics of Mourning*, University of California Press.

CORRIGAN, T. (2011): *The Essay Film: From Montaigne, After Marker*, Oxford University Press.

CORTÁZAR, O. (dir.) (1968): *Acerca de un personaje que unos llaman San Lázaro y otros Babalú*, ICAIC.

CORTÉS, H. (1866): *Cartas y relaciones de Hernán Cortés al Emperador Carlos V*, Imprenta Central de los Ferro-carriles.

CORYAT, D. (2015): «Historicizing Cine Jóven and Cuba's Audiovisual Landscape: New Paradigms in Digital Media Production and Circulation», en *International Journal of Communication*, no. 9.

Cosme Papers, Schomburg Center for Research in Black Culture, New York Public Library.

COYRA, R. E I. DOMÍNGUEZ (eds.) (2013): *La calle de Rimbaud. Nuevos poetas cubanos*, Ed. Aldabón.

COYULA, M. (2006): «La ciudad del futuro, o el futuro de la ciudad», en *Temas*, no. 48.

_____ (2007): «El trinquenio amargo y la ciudad distópica: autopsia de una utopía», en *Archipiélago. Revista Cultural de Nuestra América*, 14(56).

_____ (2008): «La Habana: retos para el siglo xxx», en *Arquitectura y Urbanismo*, no. 292.

CRAZY DUANY (2019): *El que esté que tumbe*, Cubasound.

CRUZ, O. (ed.) (2015): *The Cuban Team. Los once poetas cubanos*, Hypermedia ediciones.

Cuba Trendings (2018): «Manual del perfecto repartero según Chocolate MC.», en https://cubatrendings.com/2018/01/07/manual-del-perfecto-repartero/.

Cueto, E. (2010): *La Cuba pintoresca de Frédéric Mialhe*, Biblioteca Nacional de Cuba.

Curtis, C. P. (2010): *Postapocalyptic fiction and the social contract: We'll not go home again*, Lexington Books.

Cuvardic García, D. (2012): *El flâneur en las prácticas culturales, el costumbrismo y el modernismo*, Éditions Publibook.

Daniel, J. (1963): «Avec Castro a l'heure du crime», *L'Express*, 28 de noviembre.

«Declaración del Primer Congreso de Educación y Cultura» (1971), en *El Caimán Barbudo*, no. 46.

«Declaración del Primer Congreso Nacional de Educación y Cultura (La actividad cultural)» (1971), en *Revista de la Biblioteca Nacional de Cuba José Martí*, no. 2.

Dee Das, J. (2017): *Katherine Dunham: Dance and the African Diaspora*, Oxford University Press.

Deleuze, G. (1984): *La imagen-movimiento. Estudios sobre cine 1*, Paidós.

_____ (1996): *Negociaciones sobre Historia del cine*, Episteme.

_____ (2016): *La imagen-tiempo. Estudios sobre cine 2*, Paidós.

_____ (2018): *La imagen-movimiento. Estudios sobre cine 1*, Paidós.

_____ y F. Guattari (1985): *El Anti Edipo. Capitalismo y esquizofrenia*, Paidós.

_____ (2015): *Mil Mesetas. Capitalismo y esquizofrenia*, Pre-Textos.

Delgado, L. (2019): «Filmar con Guillén Landrián. Entrevista», en J. Ramos y D. Robbins: *Guillén Landrián o el desconcierto Fílmico*, Almenara.

DeRoo, R. J. (2018): *Agnès Varda between Film, Photography, and Art*, University of California Press.

Derrida, J. (1972): *La dissémination*, Seuil.

_____ (1986): *De la gramatología*, Siglo XXI.

_____ (1997): *Mal de archivo. Una impresión freudiana*, Trotta.

Deupi, V. (2018): «The Profession of Architecture in Cuba Since 1959», en D. White *et al.* (eds.): *Cuba Facing Forward: Balancing Development and Identity in the Twenty-First Century*, Affordable Housing Institute.

Díaz, B. (1995): «Cuba: Prevenir el fracaso escolar con solidaridad y amor», en A. Bar-Din (comp.): *Los niños marginados en América Latina: una antología de estudios psicosociales*, Universidad Nacional Autónoma de México.

Díaz, R. (1988): «Umberto Peña: de lo grotesco a lo vulgar», en *Bastión*, no. 2, 16 de julio.

Díaz, R. I. (1996): «Paratextual snow; or, the threshold of Mercedes Merlin», en *Colby Quarterly*, 32(4).

Díaz del Castillo, B. (2011): *Historia verdadera de la conquista de la Nueva España*, Real Academia Española.

Díaz Infante, D. (ed.): (2012): «Hasta sus últimas consecuencias», en "Dialécticas de la Revolución Cubana», disertación para el doctorado, Princeton University.

_____ (2014): *La revolución congelada: Dialécticas del castrismo*, Editorial Verbum.

_____ (2016): *Una literatura sin cualidades. Escritores cubanos de la Generación Cero*, Editorial Casa Vacía.

Didi-Huberman, G. (2014): *Pueblos expuestos, pueblos figurantes*, Manantial.

Dilla Alfonso, H. (2015): «Buenos y malos: los usos políticos de la migración cubana», en *Cuba: ¿Ajuste o transición? Impacto de la reforma en el contexto del restablecimiento de las relaciones con Estados Unidos*, Flacso México.

Dillon, M. (ed.) (1959): *Irish sagas*, Radio Éireann del Stationery Office.

Domínguez, D. (2017): «En los límites del discurso esclavista: Retórica abolicionista, afectos y sensibilidad en Los esclavos en las colonias españolas de la condesa de Merlin», en *Cuban Studies*, no. 45.

Domínguez Mondeja, M. (2002): «El archivo personal de Fernando Ortiz y su recortería de prensa sobre brujería: compilación bibliográfica», en *Catauro*, 4(6).

Dorta, W. (2017): «Narrativas de la Generación Cero: Escenas de traducción, cosmopolitismo y extrañamiento», en *Revista de Estudios Hispánicos*, no. 51.

_____ (coord.) (2019): «Dossier "Literatura cubana hoy"», en *Cuadernos Hispanoamericanos*, no. 829-830.

Douglas, M. (2002): *Purity and Danger: An Analysis of Concepts of Pollution and Taboo*, Routledge Classics.

_____ (2012): «The idea of home, a kind of space», en *The Domestic Space*, University of Toronto Press.

Dubinsky, K. (2010): *Babies without Borders: Adoption and Migration across the Americas*, University of Toronto Press.

Dumont, R. (1969): *Cuba, est-il socialiste?*, Éditions du Seuil.

Dundes, A. (ed.) (1988): *The flood myth*, University of California Press.

_____ (1997): *From Game to War and Other Psychoanalytic Essays on Folklore*, University Press of Kentucky.

Duno Gottbert, L. (2003): *Solventando las diferencias. Para una crítica de la ideología y del imaginario del mestizaje cubano*, Iberoamericana Vervuet.

Durkheim, É. (1993): *Las formas elementales de la vida religiosa*, Alianza.

Dye, M. *et al.* (2018): «El Paquete Semanal: The Week's Internet in Habana», en https://doi.org/10.1145/3173574.3174213.

Eagleton, T. (2006): *La estética como ideología*, Editorial Trotta.

Echevarría, A. (2013): *La noria*, Ediciones Unión.

Eco, U. (2017): *"El signo de la poesía y el signo de la prosa". De los espejos y otros ensayos*, Random House Mondadori (versión digital).

El B (2006): «El Periodista», en *Mi Filosofía*, Real 70.

_____ (2008): «América», en *Dr. Jekyll and Mr. Hyde*.

El Kamel (2015): «El Malecón», Broadcast Music Inc.

_____ (2019): «Date tu lugarcito» *ft.* Portusclan El Tigre. Broadcast Music Inc.

«Listado del Paquete Semanal – Resumen del Paquete Crazyboy» (2018a), en paquetedecuba.com/listado-del-paquete-semanal-resumen-del-paquete-crazyboy-18-06-2018/.

«Listado Del Paquete Semanal – Actualizacion Diaria Omega» (2018b), en paquetedecuba.com/listado-del-paquete-semanal-actualizacion-diaria-omega-viernes-22-06-18/.

El Yonki (2019): *Money Money*, Ingrooves.

Elfline, R. K. (2011): «Discotheques, Magazines and Plexiglas: Superstudio and the Architecture of Mass Culture», en *Footprint: Delft Architecture Theory Journal*, no. 8.

Engels, F. (2012): «El origen de la familia, la propiedad privada y el estado», en https://www.marxists.org/espanol/m-e/1880s/origen/index.html.

Eriksson, M. *et al.* (2019): *Spotify Teardown: Inside the Black Box of Streaming Music*, MIT Press.

Espina, M. (2008): «Viejas y nuevas desigualdades en Cuba. Ambivalencias y perspectivas de la reestratificación social», en *Nueva Sociedad*, no. 216.

Espinosa Dominguez, C. (2012): «The Mammoth That Wouldn't Die», en J. M. Prieto y J. Loss (eds.): *Caviar with Rum*, Palgrave Macmillan.

Esteban, L. R. (ed.) (2013): *Claves del pensamiento martiano. Ensayos políticos, sociales y literarios de José Martí*, Editorial Verbum.

Estévez, A. (1988): «Umberto Peña: Invitación a la *catharsis*», en *La Gaceta de Cuba*, no. 24-25.

Estrada Zenea, I. (1880): *El quitrín: Costumbres cubanas y escenas de otros tiempos*, Imprenta la industrial.

Estrade, P. (2020): «Louis Raymond, aquel Betances insospechado», http://redbetances.com/component/content/article/51-en-portada/691-paul-estrade.html.

ÉVORA, T. (1990): «Santiago Álvarez et le documentaire», en P. A. Parana-guá y R. Cobas (eds.): *Le cinéma cubain*, Centre Georges Pompidou.

FAIRLEY, J. (2009): «How to Make Love with Your Clothes On: Dancing Re-geton, Gender, and Sexuality in Cuba», en R. Z. Rivera, W. Marshall y D. Pacini Hernandez (eds.): *Reggaeton*, Duke University Press.

FARBER, S. (2011): *Cuba since the Revolution of 1959: A critical assessment*, Haymarket Books.

FEHIMOVIĆ, D. (2018): *National Identity in 21st-Century Cuban Cinema: Screening the Repeating Island*, Springer.

FÉREZ MORA, P. A. (2014): «"Espiral negra": una aproximación al asunto de la cubanidad en la poesía de Severo Sarduy», en *Bulletin of Hispanic Studies*, 91(1).

FERNANDES, S. (2006): *Cuba Represent! Cuban Arts, State Power and the Making of New Revolutionary Cultures*, Duke University Press.

FERNÁNDEZ DE OVIEDO, G. (1950): *Sumario de la natural historia de las Indias*, Fondo de Cultura Económica.

FERNÁNDEZ, E. (dir.) (1954): *La rosa blanca, momentos de la vida de Martí*, Películas Antillas.

FERNÁNDEZ, F. Y J. A. BERNIER (eds.) (2011): *Dejar atrás el agua. Nueve nuevos poetas cubanos*, La Bella Varsovia, Madrid.

FERNÁNEZ, H. (2021): *La acera del sol. Impactos de la política cultural socia-lista en el arte cubano (1961-1981)*, Editorial Hypermedia.

FERNÁNDEZ RETAMAR, R. (1988): «Un trabajador llamado Peña», en *Gran-ma*, 2 de julio.

_____ (1991): «En el credo independiente de Nuestra América», en *Anuario del Centro de Estudios Martianos*, no. 14.

_____ (2018): *Introducción a José Martí*, vol. 2, Centro de Investiga-ciones sobre América Latina y el Caribe, Universidad Nacional Au-tónoma de México.

FERRARI, G. DE (2007): *Vulnerable states: Bodies of memory in contempo-rary Caribbean fiction*, University of Virginia Press.

_____ (2014): *Community and Culture in Post-Soviet Cuba*, Rout-ledge, New York.

FERRER, A. (1999): *Cuba insurgente: raza, nación y revolución, 1868-1898*, University of North Carolina Press.

_____ (2014): *Freedom's Mirror: Cuba and Haiti in The Age Of Revo-lution*, Cambridge University Press.

FIELDS, B. (2011): «Contextualize Your Listening: The Playlist as Recommendation Engine», disertación para el doctorado, Goldsmiths University of London].

482

Figarola-Caneda, D. (1928): *La condesa de Merlin (María de las Mercedes Santa Cruz y Montalvo): Estudio bibliográfico e iconográfico, escrito en presencia de documentos inéditos y de todas las ediciones de sus obras. Su correspondencia íntima (1789-1852)*, Éditions Excelsior.

Fischer, Sibylle (2004): *Modernity Disavowed: Haiti and the Cultures of Slavery in the Age of Revolution*, Duke University Press.

Forman, M. (2002): *The 'Hood Comes First: Race, Space, and Place in Rap and Hip-Hop*, Wesleyan UP.

Fornet, A. (2001): «Apuntes para la historia del cine cubano de ficción. La producción del ICAIC (1959-1989)», en *Temas*, no. 27.

Fornet, J. (2006): «Los nuevos paradigmas. Prólogo narrativo al siglo XXI», Letras Cubanas.

Foucault, M. (1984): «De los espacios otros (traducción de Pablo Blitstein y Tadeo Lima): Architecture, Mouvement, Continuité, 5. ["Des espaces autres», Conferencia dictada en el Cercle des études architecturals [14 de marzo de 1967].

_____ (2014): *Historia de la sexualidad/Vol. 1. La voluntad de saber*, Siglo XXI.

Fowler, V. (2019): «De Cimafunk, reparterismo y temas aledaños», en https://www.magazineampm.com/de-cimafunk-reparterismo-y-temas-aledanos/.

Francastel, P. (1965a): «Espace genetique et espace plastique», en *La réalité figurative*, Denöel-Gonthier, Paris.

_____ (1965b): *Peinture et société*, Gallimard, Paris.

Franco, J. (2002): *The Decline and Fall of the Lettered City: Latin America in the Cold War*, Harvard University Press.

Franqui, C. (1984): *Family Portrait with Fidel: A Memoir*, Random House.

Freedom House (2017): «Cuba Country Profile», en freedomhouse.org/report/freedom-net/2017/cuba.

Frias, J. (2019): «Afro-Cuba Transnational: Recordings and the Mediation of Afro-Cuban Traditional Music», disertación para doctorado, City University of New York.

Fuente, A. de la (2001a): *A Nation for All: Race, Inequality, and Politics in Twentieth-Century Cuba*, University of North Carolina Press.

_____ (2001b): «La raza y los silencios de la cubanidad», en *Encuentro de la cultura cubana*, no. 20.

_____ (2001c): *Una nación para todos. Raza, desigualdad y política en Cuba, 1900-2000*, Editorial Colibrí.

_____ (2014): *Una nación para todos. Raza, desigualdad y política en Cuba 1900-2000*, Imagen Contemporánea.

_____ (2016): «Race and Income Inequality in Contemporary Cuba», en *NACLA Report on the Americas*, vol. 44, no. 4.

FUENTES, N. (2004): *La autobiografía de Fidel Castro: el paraíso de los otros*, Edición Destino.

FUKUYAMA, F. (2006): *The End of History and The Last Man*, Simon and Schuster.

GALDMAN, G. (2016): «Apuntes para una cartografía (parcial) de la literatura latinoamericana a lo largo de los últimos cincuenta años. Del Boom a la nueva narrativa», en *Revista Mexicana de Ciencias Políticas y Sociales*, 61(226).

GALLARDO, E. (2013): «Los dinosaurios nunca se extinguieron: Entrevista a Daína Chaviano», en *Confluencia*, 28(2).

GALVÁN, M. D. (1882): *Enriquillo, leyenda histórica dominicana (1503-1533)*, Imprenta de García Hermanos.

GÁMEZ TORRES, N. (2012): «Hearing the change: reggaeton and emergent values in contemporary Cuba». en *Latin American Music Review / Revista de Música Latinoamericana*, 33(2).

_____ (2013): «'Rap Is War': Los Aldeanos and the politics of music subversion in contemporary Cuba», en *TRANS*, 17.

GANTZ, J. (1982): *Early Irish myths and sagas*, Penguin Random House.

GARCÍA BARRIENTOS, J. L. (2015): *¿Cómo se comentar una obra de teatro?*, Ediciones Alarcos.

GARCÍA, J. A. (2011): «La formación de las identidades y los imaginarios nacionales en Cuba a inicios del siglo XIX», en *Procesos. Revista Ecuatoriana de Historia*, no. 34.

GARCÍA BORRERO, J. A. (2016): «Cuba : revolución, intelectual y cine : notas para una intrahistoria del 68 audiovisual», en M. Mestman (ed.): *Las Rupturas del 68 en el cine de América Latina: Contracultura, experimentación y política*, Akal.

_____ (2019): «Nicolás Guillén Landrián: el fantasma del café», en J. Ramos y D. Robbins: *Guillén Landrián o el desconcierto fílmico*, Almenara.

GARCÍA MARRUZ, F. (1987): «En torno al Ismaelillo», en *Anuario del Centro de Estudios Martianos*, no. 10.

GARCÍA PASCUAL, L. (1971): *Por la senda del Apóstol*, vol. 3, Biblioteca Nacional José Martí.

GEOFFRAY, M. L. (2007a): «Cuba, de la subversion des normes révolutionnaires à la (re)création d'un espace public», en https://halshs.archives-ouvertes.fr/halshs-00203053.

_____ (2007b): «Dynamiques de résistance aux normes révolution-naires à Cuba», en *Cahiers des Amériques latines*.

_____ (2014): «Between repression and cultural opportunities: The emergence of a contentious movement in Cuba after the fall of the Berlin Wall. From silence to protest», en https://halshs.archives-ou-vertes.fr/halshs-01726636.

GILMAN, C. (2012): *Entre la pluma y el fusil: debates y dilemas del escritor revolucionario en América Latina*, Siglo XXI.

GLISSANT, É. (2010): *El discurso antillano*, Fondo Editorial Casa de las Américas.

GODARD, J.-L.; MILNE, T. Y J. NARBONI (1986): *Godard on Godard*, Da Capo.

GOG (1994): *Brasília periferia. On Dia a dia da periferia*, Só Balanço.

GOLDBERG, R. (2019): «El extraño caso de Reportaje (1966): Historiografía y po-líticas de la duda en los filmes de Nicolás Guillén Landrián», en J. Ramos y D. Robbins: *Guillén Landrián o el desconcierto Fílmico*, Almenara.

GÓMEZ, M. O. (dir.) (1976): *La tierra y el cielo*, ICAIC.

_____ (dir.) (1964): *Guantánamo*, ICAIC.

GÓMEZ, S. (dir.) (1968): *En otra isla*, ICAIC.

GONZÁLEZ, A. (2018): «¿Quién Tiene la Corona?», en http://vistarmagazine.com/quien-la-corona/.

GONZÁLEZ, A. Y F. MARTIRENA (2019): *El espacio del texto*, Ediciones In-fraleves.

GONZÁLEZ, M. (2018): «Cubanos domesticando Internet», en https://www.revistaelestornudo.com/cubanos-domesticando-internet/,

GONZÁLEZ, M. P. (1969): «Prontuario de temas martianos que reclaman dilucidación», en *Anuario Martiano*, no. 1.

GONZÁLEZ, O. E. (2007): «Consuming interests. The response to abando-ned children in Colonial Havana», en O. E. González (ed.): *Raising an empire: Children in early modern Iberia and colonial Latin Ame-rica*, University of New Mexico Press Albuquerque.

GONZÁLEZ, R. (1988): *Lezama Lima: el ingenuo culpable*, Letras Cubanas.

GONZÁLEZ ECHEVARRÍA, R. (1993): *Alejo Carpentier: El peregrino en su pa-tria*, Coordinación de difusión cultural, UNAM.

GONZÁLEZ HERRERA, U. M. (2010): «Mark R. Harrington y el problema de las fuentes primarias en los estudios de reconstrucción etnohistórica en Cuba», en *Cuba arqueológica*, no. 1.

_____ (2015): «Las crónicas generales de Indias en la Arqueología de Cuba. Límites y perspectivas en la reconstrucción etnohistórica de las sociedades aborígenes», en *Cuba arqueológica*, no. 4.

GONZÁLEZ PAGÉS, J. C. (2010): *Macho, varón, masculino. Estudios de masculinidades en Cuba*, Editorial de la Mujer.

GORDON, LEWIS R. (1997): *Her majesty's other children: Sketches of racism from a neocolonial age*, Rowman & Littlefield.

GOSSE, V. (1993): *Where the Boys Are: Cuba, Cold War America and the Making of a New Left*, Verso.

GRANDINETTI, J. Y ESZENYI, M. E. (2018): «La revolución digital: Mobile media use in contemporary Cuba», *Information, Communication & Society*, 21(6).

GREENBAUM, S. (2010): «Afro-Cubans in Tampa», en M. Jiménez Román y J. Flores: *The Afro-Latin@ Reader: History and Culture in the United States*, Duke University Press.

GRENIER, Y. *et al.* (2019): «¿Cuándo terminó la Revolución cubana?: Una discusión», en *Cuban Studies*, no. 47.

GRIMSON, A. (2011): *Dialécticas del culturalismo. En Los límites de la cultura: crítica de las teorías de la identidad*, Siglo XXI.

GUADARRAMA GONZÁLEZ, P. (2013): «El pensamiento integracionista y latinoamericanista de José Martí», en A. Santana (ed.): *José Martí y Nuestra América*, Universidad Nacional Autónoma de México.

GUERRA, L. (2006): *The myth of José Martí: Conflicting nationalism in early twentieth-century Cuba*, University of North Carolina Press.

_____ (2012): *Visions of power in Cuba: Revolution, redemption, and resistance, 1959–1971*, University of North Carolina Press.

GUERRERO RODRÍGUEZ, N. Y F. PUPO GÓMEZ (2006): «José Martí, profeta de su propio destino», https://luz.uho.edu.cu/index.php/luz/article/view/221.

GUEVARA DE LA SERNA, E. (1965): «El socialismo y el hombre en Cuba», en https://www.marxists.org/espanol/guevara/65-socyh.html.

_____ (1978): «El hombre nuevo», en *Cuadernos de Literatura Latinoamericana*.

_____ (2011): *El socialismo y el hombre en Cuba*, Ocean Sur.

GUEVARA, A. (2009): *¿Y si fuera una Huella?: Epistolario*, Editorial Nuevo Cine Latinoamericano.

GUILLÉN, N. (1972): *Obra poética 1920-1972*, Instituto Cubano del Libro.

GUILLÉN LANDRIÁN, N. (dir.) (1963): *En un barrio viejo*, ICAIC.

GUILLERMOPRIETO, A. (2005): *La Habana en un espejo*, Mondadori.

GUTIÉRREZ, C. M. (1967): *En la Sierra Maestra y otros reportajes*, Ediciones Arca.

GUTIÉRREZ, P. J. (1999): *Trilogía sucia de La Habana*, Anagrama.

GUYER, J. (1994): «Lineal identities and lateral networks: The logic of polyandrous motherhood», en C. Bledsoe y G. Pison (eds.): *Nuptiality in sub-Saharan Africa: Contemporary anthropological and demographic perspectives*, Clarendon Press.

HADDU, M. Y J. PAGE (2009): *Visual Synergies in Fiction and Documentary Film from Latin America*, Palgrave Macmillan, New York.

HALL, S. (1994): «Estudios culturales: Dos paradigmas», en *Causas y Azares*, 1(1).

HAMBERG, J. (2011): «The "Slums" of Havana», en A. Birkenmaier y E. Whitfield (eds.): *Havana beyond the ruins*, Duke University Press.

HAMILTON, C. (2012): *Sexual Revolutions in Cuba: Passion, Politics, and Memory*, University of North Carolina Press.

HARPER, P. (2019): «Unmute This: Circulation, Sociality, and Sound in Viral Media», disertación para doctorado, Columbia University.

HAUG, S. (2018): «Nuevas negociaciones con la tradición y la nación en las literaturas cubanas del siglo XXI. Los paradigmas de la heterodoxia» (inédito).

HELG, ALINE (1995): *Our Rightful Share: The Afro-Cuban Struggle for Equality, 1886-1912*, University of North Carolina Press.

HELLER BEN, A. (1996): «Suturando espacios: comunidad, sexualidad y pedagogía en José Martí», en *La Torre. Revista de la Universidad de Puerto Rico*, tercera época, no. 1-2.

HENKEN, T. (2015): «One year later: Cuba's cuentapropistas», en https://worldpolicy.org/2015/12/17/one-year-later-cubas-cuentapropistas/.

_____ (2017): «Cuba's Digital Millennials: Independent Digital Media and Civil Society on the Island of the Disconnected», en *Social Research: An International Quarterly*, 84(2).

_____ (2021): «The Opium of the Paquete», en *Cuban Studies*, no. 50.

HENRÍQUEZ UREÑA, M. (1916): «Francisco Sellén», en *Cuba Contemporánea*, enero-abril.

HERAS LEÓN, E. Y D. NAVARRO (2008): *La política cultural del período revolucionario: memoria y reflexión*, Centro Teórico-Cultural Criterios.

HERNÁNDEZ, J. J. (1852): *El mataperros. En Los cubanos pintados por sí mismos: colección de tipos cubanos*, edición de lujo ilustrada por Víctor Landaluze, con grabados de José Robles, Barcina.

HERNÁNDEZ, M. L. (2018): *Días de hormigas*, Ediciones Unión.

HERNÁNDEZ-REGUANT, A. (2006): «Havana's Timba: A Macho Sound for Black Sex», en K. M. Clarke y D. A. Thomas (eds.): *Globalization and Race: Transformations in the Cultural Production of Blackness*, Duke University Press.

_____ (ed.) (2009): *Cuba in the special period: Culture and ideology in the 1990s*, Palgrave Macmillan.

HEWITT, N. (2007): «Images of Cuba in France in the 1960s: Sartre's 'Ouragan sur le sucre'», en *Sartre Studies International*, 13(1).

HOBERMAN, J. (2007): «Voyager: In Depth: I am Cuba», en *Yo soy Cuba* (DVD).

HOLLANDER, P. (1981): *Political Pilgrims. Travels of Western Intellectuals to the Soviet Union*, Oxford University Press.

HOOKS, B. (1999): *Black looks: Race and representation*, South End Press.

_____ (2004): *We real cool. Black men and masculinity*, Routledge Press.

HORN, M. (ed.): (1980): *The World Encyclopedia of Cartoons*, Chelsea House Publishers.

HOURMANT, F. (2000): *Au Pays De L'avenir Radieux: Voyages Des Intellectuels Français En Urss, À Cuba Et En Chine Populaire*, Aubiers.

_____ (2015): «Cuba 1963: Le paradis révolutionnaire», en C. Chéroux y K. Ziebinska-Lewandowska (eds.): *Varda/Cuba*, Éditions de Centre Pompidou-Éditions Xavier Barra.

HOWES, D. (2014): «El creciente campo de los Estudios Sensoriales», en *Revista Latinoamericana de Estudios sobre Cuerpos, Emociones y Sociedad*, no. 15.

http://www.centreforsensorystudies.org.

HUBNER, LAURA et al. (coord.) (2015): *The Zombie Renaissance in Popular Culture*, Palgrave Macmillan.

INSTITUTO DE ETNOLOGÍA Y FOLKLORE (1968/1969): *Revista Etnología y Folklore*, no. 6/8.

INSTITUTO DE LITERATURA Y LINGÜÍSTICA (1980): *Diccionario de la literatura cubana*, vol. 2, Letras Cubanas.

IURIÉVICH NEKLIÚDOV, S. (2011-2012): «Estructura y función del mito», en D. Navarro (ed.): Denken Pensée Thought Myśl…, *Criterios*.

JÄGER, L.; LINZ, E. E I. SCHNEIDER (eds.) (2014): *Media, culture, and mediality: new insights into the current state of research*, Verlag.

JAMES, J. (2006): *La brujería cubana. El palo monte*, Editorial Oriente.

_____ (2012): *Cuba la gran nganga. Algunas prácticas de la brujería*, Editorial José Martí.

_____ et al. (1992): *El Vodú en Cuba*, Ediciones CEDEE/Casa del Caribe.

JAMESON, F. (1984): *Periodizing the sixties. En The 60's Without Apology*, Social Text.

JIMÉNEZ ROMÁN, M. (2010): «Notes on Eusebia Cosme and Juano Hernández», en M. Jiménez Román y J. Flores (eds.): *The Afro-Latin@ Reader: History and Culture in the United States*, Duke University Press.

JUNCO DUFFAY, M. (2017): «Esencia y presencia del rap cubano», en G. Hernández Baguer y M. Junco Duffay (eds.): *Contar el rap*, Ediciones Cidmuc.

Juventud Rebelde (2007): «Las bodegas», en http://www.juventudrebelde. cu/index.php/columnas/lecturas/2007-02-25/las-bodegas.

KANE, B. (2014): *Sound Unseen: Acousmatic Sound in Theory and Practice*, Oxford University Press.

KARDEC, A. (1970): *Colección de oraciones escogidas*, Ed. Orio.

KARRAS, B. J. (1978): «Alexander Everett and Domingo del Monte: A literary friendship», en *Caribbean Studies*, 18(1/2).

KEENAGHAN, E. (2008): «A Baroque revolution: Severo Sarduy's Queer Cosmology», en *Queering Cold War poetry: Ethics of vulnerability in Cuba and the United States*, Ohio State University Press.

KELLEY, R. D. G. (1994): *Race rebels: Culture, politics, and the black working class*, The Free Press.

KELLY, J. (2007): *The crossroads*, NBC.

KILROY, R. (2018): *Marcel Duchamp's Fountain: One Hundred Years Later*, Palgrave Macmillan.

KIRK, E. (2017): *Cuba's Gay Revolution: Normalizing Sexual Diversity through a Health-based Approach*, Rowman & Littlefield.

KLESSE, C. (2018): «Theorizing multi-partner relationships and sexualities – Recent work on non-monogamy and polyamory», en *Sexualities*, 21(7).

KNAUER, L. M. (2008): *Caribbean Migration to Western Europe and the United States: Essays on Incorporation, Identity, and Citizenship*, Temple University Press.

KOCUR, Z. (2013): «Art collectives, Afro-Cuban culture, and alternative cultural production, 1975-2010: The performative interventions of OMNI Zona Franca and the struggle for space in the Cuban public sphere», en https://eprints.mdx.ac.uk/id/eprint/11051.

KRIMS, A. (2013): «The hip-hop sublime as a form of commodification», en R. Burckhardt Qureshi (ed.): *Music and Marx: Ideas, Practice, Politics*, Routledge.

KRISTEVA, J. (2006): *Poderes de la perversión*, Siglo XXI.

_____ (2006): «Sobre la abyección», en *Poderes de la perversión*, Siglo XXI.

KUMM, B. (1963): *Cuba Sí!*, Rabén & Sjögren.

LACHATAÑERÉ, R. (2011): *El sistema religioso de los afrocubanos*, Editorial de Ciencias Sociales.

LAGE, J. E. (2011): "Skyline", en *Vultureffect*, Ediciones Unión.

_____ (2012): *Carbono 14. Una novela de culto*, Letras Cubanas.

_____ (2014): *La autopista: the movie*, Editorial Cajachina.

_____ (2015): *Archivo*, Hypermedia Ediciones.

LAGMANOVICH, D. (1987): «Lectura de un ensayo: "Nuestra América", de José Martí», en *Nuevos asedios al modernismo*, Taurus.

LAMBE, JENNIFER L. (2016): *Madhouse: Psychiatry and Politics in Cuban History*, University of North Caroline Press.

LANDAU, S. (dir.) (1968): *Fidel*.

LANE, J. (2005): *Blackface Cuba, 1840-1895*, University of Pennsylvania Press.

LANUZA RODRÍGUEZ, F. Y R. M. CARRASCO (eds.) (2015): *Queer & Cuir. Políticas de lo irreal*, Universidad Autónoma de Querétaro.

LAURIEB, T. Y R. KHANA (2017): «The Concept of Minority for the Study of Culture», en *Continuum: Journal of Media and Cultural Studies*, 31(1).

LAURO, S. J. (2015): *The Transatlantic Zombie: Slavery, Rebellion, and Living Death*, Rutgers University Press.

LAVATER, J. (1847): *Physiognomy or the Correspondence Analogy between the Conformation of the Features and the Ruling Passions of the Mind*, Cowie, Low, and Co..

LE BRETON, D. (2007): *El sabor del mundo. Una antropología de los sentidos*, Nueva Visión.

LE CINÉMA SELON AGNÈS VARDA (1971): 25 de agosto, Images d'archive, Instituto Nacional del Audiovisual.

LE GUIN, U. K. (1989): *The Language of the Night. Essays on Fantasy and Science Fiction*, The Women's Press.

LEINER, M. (2019): *Sexual Politics in Cuba: Machismo, Homosexuality, and AIDS*, Routledge.

LENIN RIVAS, R. (2017): «Los niños nacen para ser felices! Rinden homenaje a Tomás con niñ@s en la Plaza de la Revolución», en https://www.el19digital.com/articulos/ver/titulo:55706-los-ninos-nacen-para-ser-felices.

LEYS, R. (2007): *From Guilt to Shame. Auschwitz and After*, Princeton University Press.

LIMA, C. (2015): *Triángulos mágicos*, Capiro.

LISENBY, D. (2014): «Dark ambivalence: Resurgent stereotypes of Afro-Cuban masculinity», en *Revista Canadiense de Estudios Hispánicos*, 38(2).

LOCANE, J. (2016): *Miradas locales en tiempos globales. Intervenciones literarias sobre la ciudad latinoamericana*, Iberoamericana-Vervuert.

Lombida Balmaseda, R. A. (2018): «Transmutaciones corpóreas y resonancias factuales en la pintura de Richard Brent Malone», en *Nierika. Revista de Arte*.

Loomis, J. A. (2011): *Revolution of Forms: Cuba's Forgotten Art Schools*,
Princeton Architectural Press.

Loperena, Ch. (2016): «Conservation by racialized dispossession: The making
of an eco-destination on Honduras's North Coast», en *Geoforum*, no. 69.

Lopes de Barros, R. (2012): «From Underworld to Avant-Garde: Art and
Criminology in Cuba and Brazil», en *Comparative Literature Studies*, vol. 49, no. 2.

López, A. (2012): *Unbecoming Blackness: The diaspora cultures of Afro-Cuban America*, New York University Press.

López, A. M. (2014): «Calling for Intermediality: Latin American Medias-
capes», en *Cinema Journal*, 54(1).

López Ávalos, M. (2016): «El nacionalismo radical. Narrativa histórica e
identidad nacional en Cuba», en *Revista Brasileira do Caribe*, 17(32).

López-Baralt, M. (2005): *Para decir al otro: literatura y antropología en
nuestra América*, Iberoamericana Vervuert. López de Gómara, F.
(2015): «Historia general de las Indias», en https://www.saavedrafa-
jardo.org/Archivos/gomarahis1.pdf.

López Oro, P. J. (2012): «"Ni de aquí ni de allá": Garifuna subjectivities and
the politics of diasporic belonging», en P. R. Rivera Rideau, J. A. Jones
y T. S. Paschel (eds.): *Afro-Latin@s in Movement: Critical Approaches to
Blackness and Transnationalism in the Americas*, Palgrave Macmillan.

Los Aldeanos (2003): «Protestando», en *Censurados*.

_____ (2010): «Intro», en *Nos Achicharraron*, 26Musas/Real70.

Loss, J. y J. M. Prieto (eds.): (2012): *Caviar with Rum: Cuba-USSR and the
post-Soviet Experience*, Palgrave MacMillan.

Lucci, M. (2018): «Introducción», en G. Rodríguez, G. M. Zapatero y M. Lucci:
*Sentir América. Registros sensoriales europeos del Atlántico y de América
del Sur (siglos xv y xvi)*, Universidad Nacional de Mar del Plata.

Luis, W. (2003): «En busca de la cubanidad: el negro en la literatura y la
cultura cubana», en C. A. Jáuregui y J. P. Dabove: *Heterotropías:
Narrativas de identidad y alteridad latinoamericana*, Instituto Internacional de Literatura Iberoamericana.

_____ (2012): *Literary bondage: Slavery in Cuban Narrative*, University of Texas Press.

Luiselli, V. (2010): *Papeles falsos*, Editorial Sexto Piso.

Luckas, G. (1978): *Soul and Form*, MIT Press.

LUMSDEN, I. (1996): *Machos, Maricones, and Gays: Cuba and Homosexuality*, Temple University Press.

LUZ Y CABALLERO, J. DE LA. (1950): *Elencos y discursos académicos*, Universidad de La Habana.

MAGUIRE, E. (2011): *Racial Experiments in Cuban Literature and Ethnography*, Florida University Press.

_____ (2015): «Walking Dead in Havana: Juan of the Dead and the Zombie Film Genre», en J. L. Feeley y S. A. Wells (coord.): *Simultaneous Worlds: Global Science Fiction Cinema*, University of Minnesota Press.

MAHAFFY, J. P. (1885): *Greek Antiquities*, D. Appleton and Company.

MANE, G. y N. MARTINEZ-BELKIN (2017): *The autobiography of Gucci Mane*, Simon & Schuster.

MANET, E. (1962): *Marker sí*, en *Cine Cubano*, no. 6:

MANZANO, R. y T. FORNARIS (eds.) (2015): *El árbol en la cumbre. Nuevos poetas cubanos en la puerta del milenio*, Letras Cubanas.

MAÑACH, J. (2015a): *El Apóstol*, Editorial de Ciencias Sociales.

_____ (2015b): *Martí, el Apóstol*, Verbum.

MARDONE, M. (1964): «¡Conga no!», en *Cahiers du Cinéma*, no. 152.

MARGUCH, F. (2016): «Territorios, cartografías y espacios: Presentación», en *Catedral Tomada: Revista de Crítica Literaria Latinoamericana*, 4(7).

MARINELLO, J. (1978): «Sobre la interpretación y el entendimiento de la obra de José Martí», en *Anuario del Centro de Estudios Martianos*, no. 1.

MARQUÉS DE ARMAS, P. (2014): *Ciencia y poder en Cuba. Racismo, homofobia, nación (1790-1970)*, Verbum.

MARSHALL, W. (2008): «Dem Bow, Dembow, Dembo: Translations and Transnation in Reggaeton», en *Lied und populäre Kultur/Song and Popular Culture*, no. 53.

MARTÍ, J. (1962): *Diario de campaña*, Editorial del Consejo Nacional de Cultura.

_____ (1963a): «Nuestras ideas», en *Obras completas. Política y revolución*, vol. 1, Editorial Nacional de Cuba.

_____ (1963b): «Patria», en *Obras completas. Política y revolución*, vol. 1, Editorial Nacional de Cuba.

_____ (1963c): «Mi raza», en *Obras completas*, vol. 2, Editorial Nacional de Cuba.

_____ (1975a): «La edad de oro», en *Obras completas*, vol. XVIII, Editorial de Ciencias Sociales.

_____ (1975b): «Cayetano Soria», en *Obras completas*, vol. IV, Editorial de Ciencias Sociales.

_____ (1992a): «A su madre», en *Obras completas*, vol. 1, Editorial de Ciencias Sociales.

_____ (1992b): «Fermín Valdés Domínguez», en *Obras completas*, vol. 4, Editorial de Ciencias Sociales.

_____ (1992c): «Discurso en conmemoración del 10 de Octubre de 1868, en Hardman Hall, Nueva York, 10 de Octubre 1889», en *Obras completas*, vol. 4, Editorial de Ciencias Sociales.

_____ (1992d): «Discurso en conmemoración del 10 de Octubre de 1868, en Hardman Hall, Nueva York, 10 de Octubre 1891», en *Obras completas*, vol. 4, Editorial de Ciencias Sociales.

_____ (1992e): «"Estudios críticos" por Rafael M. Merchan», en *Obras completas*, vol. 5, Editorial de Ciencias Sociales.

_____ (1992f): «Antonio Bachiller y Morales», en *Obras completas*, vol. 5, Editorial de Ciencias Sociales.

_____ (1992g): «Francisco Sellén», en *Obras completas*, vol. 5, Editorial de Ciencias Sociales.

_____ (1992h): «*En Casa*, 1892 April 10», en *Obras completas*, vol. 5, Editorial de Ciencias Sociales.

_____ (1992i): «Nuestra América», en *Obras completas*, vol. 6, Editorial de Ciencias Sociales.

_____ (1992j): «El *Poema del Niágara*», en *Obras completas*, vol. 7, Editorial de Ciencias Sociales.

_____ (1992k): «A Diego Jugo Ramírez», en *Obras completas*, vol. 7, Editorial de Ciencias Sociales.

_____ (1992l): «A Manuel de J. Galván», en *Obras completas*, vol. 7, Editorial de Ciencias Sociales.

_____ (1992m): «Celicio Acosta», en *Obras completas*, vol. 8, Editorial de Ciencias Sociales.

_____ (1992n): «Antigüedades mexicanas», en *Obras completas*, vol. 8, Editorial de Ciencias Sociales.

_____ (1992o): «Autores americanos aborígenes», en *Obras completas*, vol. 8, Editorial de Ciencias Sociales.

_____ (1992p): «Carta de Nueva York, El Mississippi desbordado.- Guerra social: La historia del mayor André y del traidor Arnold.- Corre sangre en Omaha. - Los Estados Unidos cierran sus puertas a los chinos: El caballo de Sheridan. La Opinión Nacional, 31 de marzo de 1882», en *Obras completas*, vol. 9, Editorial de Ciencias Sociales.

_____ (1992q): «La excomunión del padre McGlynn», en *Obras completas*, vol. 11, Editorial de Ciencias Sociales.

_____ (1992r): «Patria y Libertad (Drama Indio)», en *Obras completas*, vol. 18, Editorial de Ciencias Sociales.

_____ (1992s): «El Padre de Las Casas», en *Obras completas*, vol. 18, Editorial de Ciencias Sociales.

_____ (1992t): «Diario, de Cabo Haitiano a Dos Ríos», en *Obras completas*, vol. 19, Editorial de Ciencias Sociales.

_____ (1992u): «Apuntes varios, *Liceo de Guanabacoa*», en *Obras completas*, vol. 19, Editorial de Ciencias Sociales.

_____ (1992v): «A su hermana Amelia», en *Obras completas*, vol. 20, Editorial de Ciencias Sociales.

_____ (1992w): «Cuaderno de apuntes no. 13», en *Obras completas*, vol. 21, Editorial de Ciencias Sociales.

_____ (1992x): «Fragmento 379», en *Obras completas*, vol. 22, Editorial de Ciencias Sociales.

_____ (1992y): «Seción constante, *La opinión nacional*», en *Obras completas*, vol. 23, Editorial de Ciencias Sociales.

_____ (1992z): «A Néstor Ponce de León. New York 1888», en *Obras completas*, vol. 20, Editorial de Ciencias Sociales.

_____ (1992aa): «A Néstor Ponce de León. New York 1889», en *Obras completas*, vol. 20, Editorial de Ciencias Sociales.

_____ (1992ab): «Traducciones, *Mis hijos*», en *Obras completas*, vol. 24, Editorial de Ciencias Sociales.

_____ (1992ac): «Traducciones, *Antigüedades griegas*», en *Obras completas*, vol. 25, Editorial de Ciencias Sociales.

_____ (1992ad): «Traducciones, *Antigüedades romanas*», en *Obras completas*, vol. 25, Editorial de Ciencias Sociales.

_____ (1992ae): «Un Poeta. "Poesías" de Francisco Sellén», en *Obras completas*, vol. 5, Editorial de Ciencias Sociales

_____ (1992af): «Mis versos», en *Obras completas*, vol. 21, Editorial de Ciencias Sociales.

_____ (2002): *Edición crítica*, Centro de Estudios Martianos.

_____ (2005): *Nuestra América*, Fundación Biblioteca Ayacucho.

_____ (2006): *La edad de oro y otros relatos*, Cátedra.

MARTIATU, I. M. (2008): *Over the waves and other Stories/Sobre las olas y otros cuentos: A bilingual edition*, Swan Isle Press.

MARTÍN SEVILLANO, A. B. (2014): «Nuevas cartografías urbanas de la narrativa afrocubana», en *Afro-Hispanic Review*, 33(2).

MARTÍNEZ ESTRADA, E. (1962): «Prólogo», en J. Martí: *Diario de campaña de José Martí*, Editorial del Consejo Nacional de Cultura.

_____ (1965): *Mi experiencia cubana*, El Siglo Ilustrado.

Martínez González, L. E. (2010): «Más sobre Martí y Venezuela: los "recuerdos cubanos" y otros temas en la revista *Vargasia*», en *Anuario del Centro de Estudios Martianos*, no. 33.

Martínez Heredia, F. (2005): *En el horno de los 90*, Editorial de Ciencias Sociales.

Martin-Jones, D. y W. Brown (2012): *Deleuze and Film*, Edinburgh University Press.

Marwick, A. (2012): *The Sixties: Cultural revolution in Britain, France, Italy, and the United States, c.1958-c.1974*, Bloomsbury.

Marx, K. (2005): *Grundrisse: Foundations of the Critique of Political Economy*, Penguin.

_____ (2019): «Tesis sobre Feuerbach», en https://www.marxists.org/espanol/m-e/1840s/45-feuer.html.

Massey, D. (2015): *For space*, Sage.

Massip, J. (dir.) (1960): *Los tiempos del joven Martí*, ICAIC.

_____ (1971): *Páginas del diario de José Martí*, ICAIC.

Matuskova, M. (2017): «Cuban Cinema in a Global Context: The Impact of Eastern European Cinema on the Cuban Film Industry in the 1960s», disertación para doctorado, University of California.

McAllister, R. (2004): «Imaginación chamánica en *Fábulas de una abuela extraterrestre*», XXV International Conference for the Fantastic in the Arts.

_____ (2005): «Merlin and stonehenge in Daína Chaviano's *Fábulas de una abuela extraterrestre*», XXVI International Conference for the Fantastic in the Arts.

McCarthy, J. (2018): «Notes on trap», en https://nplusonemag.com/issue-32/essays/notes-on-trap/.

McKittrick, K. (2006): *Demonic Grounds: Black women and the cartographies of struggle*, The University of Minnesota Press.

McLeod, Marc C. (1998): «Undesirable Aliens: Race, Ethnicity, and Nationalism in the Comparison of Haitian and British West Indian Immigrant Workers in Cuba, 1912-1939», en *Journal of Social History*, vol. 31, no. 3.

McLuhan, M. (1965): *Understanding Media: The Extensions of Man*, McGraw-Hill.

_____ (1994): *Understanding Media: The Extensions of Man*, MIT Press.

Medina Ríos, J. (2011): «ABCDesmontajE. Los años cero y yo: este cadáver feliz», en *La Gaceta de Cuba*, no. 4.

_____ (2013): *Del corazón de la col y otras mentiras*, Colección Sur Editores.

_____ (ed.) (2015): *15 de un golpe*, Ed. Cartonera.

_____ (2017): «Una Cuba de Rubik: holograma de los Año(s) Cero. Hibridez, glocalidad, ¿des?posesión», en *Revista de Estudios Hispánicos*, no. 51.

_____ y Á. Pérez (eds.) (2018): *Pasaporte (Cuba, poesía de los Años Cero)*, Ed. Catafixia.

MEEHAN, K. (2009): *People Get Ready: African American and Caribbean Cultural Exchange*, University Press of Mississippi.

MEEKER, N. y A. SZABARI. (2012): «From the century of the pods to the century of the plants: Plant horror, politics, and vegetal ontology», en *Discourse*, vol. 34, no. 1.

MEISTER, J. C.; KINDT, T. y W. SCHERNUS (eds.) (2005): *Narratology Beyond Literary Criticism: Mediality, Disciplinarity*, vol. 6, Walter de Gruyter.

MÉNDEZ RODENAS, A. (1998): *Gender and Nationalism in Colonial Cuba. The Travels of Santa Cruz y Montalvo, Condesa de Merlin*, Vanderbilt University Press.

_____ (2008): «Sensibilidad romántica, ardor nacionalista: El viaje iniciático de Mercedes Merlin», prólogo a *Viaje a la Habana*, Stockcero.

MENDIETA, E. (s. a.): *Religión y Racismo en Latinoamérica*, Stony Brook.

MERCER, K. (1999): «Los mil falos de Mapplethorpe», en *Fractal*, 12(3).

MERCHÁN, R. M. (1894): «Las poesías de Francisco Sellén», en R. M. Merchán: *Variedades*, Imprenta de la Luz.

_____ (1886): *Estudios Críticos*, Imprenta de La Luz.

MERLIN, L. C. (1831): *Mes douze premières années*, Imprimerie de Gaultier.

_____ (1841): *Los esclavos en las colonias españolas*, Imprenta de Alegría y Charlain.

_____ (1844a): *La Havane*, Société Typographique Belge.

_____ (1844b): *Viaje a la Habana*, Imprenta de la Sociedad Literaria y Tipográfica.

_____ (1892): *Mis doce primeros años*, Imprenta de la Unión Constitucional.

Mesa Redonda Informativa (2018): «Decreto 349 y la aplicación de la política cultural de los espacios públicos», en www.youtube.com/watch?-v=Gv22ZJ0YhEQ.

Mestman, M. (2006): «La última imagen sacra de la revolución latinoamericana», en *Revista Ojos crueles*, no. 3.

MÉTRAUX, A. (1958): *Vodú*, Orhi.

MIGNOLO, W. (2007): «El pensamiento decolonial: desprendimiento y apertura. Un manifiesto», en S. Castro-Gómez y R. Grosfoguel (eds.): *El giro decolonial. Reflexiones para una diversidad epistémica más allá del capitalismo global*, Siglo del Hombre Editores.

_____ (2009a): *El lado más oscuro del Renacimiento*, Universitas Humanística, no. 67.

_____ (2009b): «La idea de América Latina (la derecha, la izquierda y la opción decolonial)», en *Crítica y Emancipación*, no. 2.

MILLS, C. (1961): *Listen, Yankee*, Ballantine Books.

MIRABAL, N. R. (2010): «Melba Alvarado, El Club Cubano Inter-Americano, and the Creation of Afro-Cubanidades in New York City», en M. Jiménez Román y J. Flores (eds.): *The Afro-Latin@ Reader: History and Culture in the United States*, Duke University Press.

_____ (2017): *Suspect Freedoms: The Racial and Sexual Politics of Cubanidad in New York, 1823-1957*, New York University Press.

MOGROVEJO, N. (2005): «Immigration, Self-Exile, and Sexual Dissidence», en B. Epps, K. Valens y B. G. Johnson: *Passing Lines: Sexuality and Immigration*, Harvard University Press.

MOINE, C. (2014): *Cinéma et Guerre Froide. Histoire du Festival de Films Documentaires de Leipzig (1955-1990)*, Publications Sorbonne, Paris.

MOLDERINGS, H. (2010): *Duchamp and the Aesthetics of Chance: Art as Experiment*, Columbia University Press.

MOLINA, L. (2017): «Jorge Enrique Lage: "Nunca me ha interesado el género 'realista'": Una conversación con Lourdes Molina», en http://www.latinamericanliteraturetoday.org/es/2018/mayo/jorge-enrique-lage-%E2%80%9C-nunca-me-ha-interesado-el-g%C3%A9nero-%E2%80%98realista%E2%80%99%E2%80%9D-una-conversaci%C3%B3n-con.

MOLINA-GAVILÁN, Y. (2002): «Mujeres protagónicas que llevan la voz cantante», en *Ciencia ficción en español: una mitología moderna ante el cambio*, Edwin Mellen Press.

MONGER, G. P. (2013): «Polyandry», en *Marriage Customs of the World: An Encyclopedia of Dating Customs and Wedding Traditions,* ABC-CLIO.

MONSIVÁIS, C. (2000): *La Revolución Cubana: Los años del consenso*, en *Encuentro de la Cultura Cubana*, no. 16-17, primavera-verano.

MONTES SÁNCHEZ, A. (2015): «Shame and the internalized Other», en *Ethics & Politics*, no. 17.

MONTOYA JUAREZ, J. (2011): «Del simulacro a lo real: hacia un realismo del simulacro», en *Revista Iberoamericana*, 77(23).

MONTE, D. DEL (1911): «Cartas de Domingo del Monte», en *Revista de la Biblioteca Nacional*, III(V).

_____ (1930): *Centón epistolario*, t. IV, Imprenta El Siglo XX.

_____ (2002): *Centón epistolario*, t. III, Imagen Contemporánea.

MOORE, C. (1988): *Castro, The Blacks and Africa*, Center for Afro-American Studies, University of California.

MOORE, R. (2006): *Music and Revolution: Cultural Change in Socialist Cuba*, University of California Press.

MORA, J. L. Y ÁNGEL PÉREZ (2017): *Long Playing Poetry. Cuba: Generación Años Cero*, Casa Vacía.

MORA VÉLEZ, A. (1996): «Daína Chaviano y el humanismo de la ciencia ficción latinoamericana», en *Ciencia ficción: el humanismo de hoy*, Corporación Universitaria del Caribe.

MORAD, M. (2016): *Fiesta de diez pesos: Music and gay identity in Special Period Cuba*, Routledge.

MORALES FUNDORA, S. (2001): *El negro y su representación social (aproximación a la estructura social cubana)*, Editorial de Ciencias Sociales.

MORÁN, F. (2014): *Martí, la justicia infinita. Notas sobre ética y otredad en la escritura martiana (1875-1894)*, Editorial Verbum.

MORAWSKI, S. (2006): *De la estética a la filosofía de la cultura*, Centro Teórico-Cultural Criterios.

_____ (s. a.): «Sobre el arte llamado religioso», en *Criterios*, no. 29.

MORIN, E. (1960): «Intellectuels: critique du mythe et mythe de la critique», *Arguments*, no. 20.

MOROZ, S. (2015): «Socialism and Cha-Cha-Cha: Agnès Varda's Photos of Cuba Forgotten for 50 Years», en *The Guardian*, 10 de diciembre.

MUELLNER, BETH (2002): «The deviance of respectability. Nineteenth-century transport from a woman's perspective», en *The Journal of Transport History*, vol. 23, no. 1.

MÜLLER, A. (2015): «El paisaje sensorial de la Embajada a Tamorlán. (1403-1406) Reconstrucción histórica y cultural de los sentidos», en http:// repositoriodigital.uns.edu.ar/bitstream/123456789/3027/1/M%-c3%bcller%2c%20Anabela.%20Tesina.pdf.

MUNTON, D. Y D. A. WELCH (2007): *The Cuban missile crisis: A concise history*, Oxford University Press.

MUÑOZ HERNÁNDEZ, R. (2018): «Vivienda», en M. Cuadra (ed.): *La arquitectura de la Revolución Cubana 1959-2018: Relatos históricos regionales - Tipologías - Sistemas*, Kassel University Press.

NANCY, J.-L. (2013): *La ciudad a lo lejos*, Bordes Manantial.

Naranjo Orovio, C. (2018): «De la esclavitud a la criminalización de un grupo», en https://journals.openedition.org/nuevomundo/2019.

National Archives and Records Administration (NARA) (2012): «Sixteenth Census of the United States, 19400187, NARA digital publication T627, Washington, D. C. Consultado el 30 de julio de 2020.

Navarro García, L. (2000): «La incógnita de Martí», en *XIII Coloquio de Historia Canario-Americana; VIII Congreso Internacional de Historia de América*, Ediciones del Cabildo de Gran Canaria.

Navarro, D. y E. Heras León (eds.): (2008): *La política cultural del período revolucionario: memoria y reflexión*, t. 1, Centro Teórico-Cultural Criterios.

Nazzari, M. (1983): «The "Woman Question" in Cuba: An Analysis of Material Constraints on Its Solution. Signs», en *Journal of Women in Culture and Society*, vol. 9, no. 2.

Neff, A. C. (2015): «Roots, routes and rhizomes: Sounding women's hip hop on the margins of Dakar, Senegal», en *Journal of Popular Music Studies*, 27(4).

Negrín, A. (2010): *The reader*, Capiro.

Nichols, B. (1997): *La representación de la realidad. Cuestiones y conceptos sobre el documental*, Paidós.

Nietzsche, F. (2012): *El nacimiento de la tragedia*, Alianza Editorial.

Nodal, R. (1986): «The Black man in Cuban society: From colonial time to the Revolution», en *Journal of Black Studies*, 16(3).

Nodelman, S. (2003): «Duchampiana I: Disguise and Display», en *Art in America*, 91(3).

Noël, M. J. (2006): «Progressive polyamory: Considering issues of diversity», en *Sexualities*, 9(5).

Nora, P. (1989): «Between Memory and History: Les Lieux de Mémoire», en *Representations*, no. 26.

Norambuena, J. y L. Yuseff (eds.) (2013): *Las ondulaciones permanentes: última poesía cubana*, Proyecto Literal.

Novak, D. (2007): *Cuerpo reservado*, Letras Cubanas.

_____ (2008): *Cuerpo público*, Ediciones Unión.

_____ y M. Sakakeeny (2015): *Keywords in Sound*, Duke University Press.

Novás Calvo, L. (1990): *Obra narrativa*, Letras Cubanas.

Nuez, I. de la (2001): *El mapa de sal. Un poscomunista en el paisaje global*, Mondadori.

_____ (2010): *Fantasía roja: Los intelectuales de izquierdas y la Revolución Cubana*, Debolsillo.

_____ (2020): *Cubantropía*, Editorial Periférica.

OCHOA GAUTIER, A. M. (2006): «Social Transculturation, Epistemologies of Purification and the Aural Public Sphere in Latin America», en J. Sterne (ed.): *The Sound Studies Reader*, Routledge.

_____ (2014): *Aurality: Listening and Knowledge in Nineteenth Century Colombia*, Duke University Press.

OLIVEIRA, J. S. (1985): «Repensando a Questão Das Favelas», en *Revista Brasileira de Estudos de População*, 2(1).

OLIVER, S. (2018): «Listen: Mobile Social Media For Music. Academic Excellence Showcase Schedule», en digitalcommons.wou.edu/acs_event/2018/all/102/.

ORTEGA, M. L. (2003): «El descubrimiento de América Latina por los documentalistas viajeros», en P. A. Paranaguá y N. P. Santos: *Cine documental en América Latina*, Cátedra.

ORTIZ, F. (1906): *Los negros brujos. Hampa afro-cubana*, Librería de Fernando.

_____ (1995): *Los negros brujos. Apuntes para un estudio de etnología criminal*, Editorial de Ciencias Sociales.

_____ (2005): *Los negros brujos*, Ediciones Universal.

ORTIZ, R. (1998): *Otro territorio. Ensayos sobre el mundo contemporáneo*, Convenio Andrés Bello.

OSSA, J. A. DE LA (1965): «"Trastos a la calle". El Regañón y el Nuevo Regañón». Comisión Nacional Cubana de la UNESCO.

PADILLA, CÁRDENAS, G. (2014): «El factor Cuba. Apuntes para una semiología clínica», en *Temas*, no. 80.

_____ (2015): «El factor Cuba. Apuntes para una semiología clínica», en *Anatomía de una isla*, Ediciones La Luz.

_____ (2020): «Con dos que se quieran... ya tenemos Generación Cero», en https://www.hypermediamagazine.com/columnistas/maquinaciones/generacion-cero-2/

PADILLA, H. (1971): «En tiempos difíciles», en L. Casal (ed.): *El caso Padilla: Literatura y Revolución en Cuba. Documentos*, Ediciones Universal-Ediciones Nueva Atlántida.

PALMIÉ, S. (2002): *Wizards and Scientists: Explorations in Afro-Cuban Modernity and Tradition*, Duke University Press.

PANÉ, F. R. (1990): *Relación acerca de las antigüedades de los indios*, Editorial de Ciencias Sociales.

Papel Periódico de la Habana (1802a): «Reglas que deben observar las nodrizas para la mejor crianza de la infancia», 13 de junio.

_____ (1802b): «Discurso sobre la infancia», 16 de septiembre.

PARANAGUÁ, P. A. (2003): «Orígenes, evolución y problemas», en P. A. Paranaguá y N. P. Santos (eds.): *Cine documental en América Latina*, Cátedra.

PARDO, O. L. (2014): «Prefacio», en *Cuba in splinters. Eleven stories from the new Cuba*, OR Books.

PARDUE, D. (2008): *Ideologies of Marginality in Brazilian Hip Hop*, Palgrave Macmillan.

PARREÑO, A. (1824): *Instrucciones morales y sociales para el uso de los niños, escritas de orden de la Sección de Educación de la Sociedad Patriótica de La Habana*, Oficina del Gobierno y Capitanía General.

PASCUAL FERRER, B. (1965): *El Regañón y el Nuevo Regañón*, Comisión Nacional Cubana de la UNESCO.

PASOLINI, P. P. (2005): «The end of the Avant-Garde (Notes on a sentence by Goldmann, Two Verses of an Avant-Garde Text, and an interview with Barthes)», en *Heretical Empiricism*, New Academia Publishing.

PEDRERO, M. (2010): «Revolution», en https://vimeo.com/17236980.

PEIRCE, CH. S. (1992): «On a new list of categories (1867)», en N. Houser y Ch. Kloesel (eds.): *The essential Peirce, volume 1: Selected philosophical writings (1867–1893)*, Indiana University Press.

PEÑA, S. (2013): *Oye loca: From the Mariel Boatlift to Gay Cuban Miami*, University of North Carolina Press.

PEÑA, U. (s. a.): «Nota biográfica», (manuscrito mecanografiado escrita para el libro Pintura Cubana-Canadá), Archivo del Departamento de Curaduría del Museo Nacional de Bellas Artes.

PÉREZ, Á. Y MORA, J. L. (2017): «La desmemoria: lenguaje y posnostalgia en un *selfie* hecho de prisa ante el *foyer* del salón de los Años Cero (prólogo para una antología definitiva)», en J. L. Mora y Á. Pérez: *Long Playing Poetry. Cuba: Generación Años Cero*, Editorial Casa Vacía.

PÉREZ, L. A. (Jr.) (2013): *The structure of Cuban history. Meanings and purpose of the past*, University of North Carolina Press.

PÉREZ, R. (2015): «La bodega cubana por dentro», en https://www.cibercuba.com/noticias/2015/07/25/73624/la-bodega-cubana-por-dentro.

PÉREZ MERIÑO, L. E. (2012): *Estados de guerra*, Enforis Producciones/ Omni-Zonafranca.

PÉREZ-STABLE, M. (1998): *La revolución cubana. Orígenes, desarrollo y legado*, Colibrí.

PERLOFF, M. (2002): *21st Century Modernism: The "New" Poetics*, Blackwell.

PERRY, M. P. (2015): *Negro Soy Yo: Hip Hop and Raced Citizenship in Neoliberal Cuba*, Duke University Press.

PERTIERRA, A. C. (2009): «Private pleasures: Watching videos in post-Soviet Cuba», en *International Journal of Cultural Studies*, 12(2).

_____ (2012): «If they show *Prison Break* in the United States on a Wednesday, by thursday it is here: Mobile media networks in twenty-first-century Cuba», en *Television & New Media*, 13(5).

Photographer Spotlight (2016): «Agnès Varda», en http//:lareviewofbooks.org/av/photographer-spotlight-agnes-varda.

Photographs and Prints Division, Schomburg Center for Research in Black Culture, The New York Public Library.

PICHARDO, E. (1854): *Geografía de la Isla de Cuba*, Establecimiento tipográfico de D. M. Soler.

PIERÓ, C. (2019): «En Cuba, el decreto 349 implica la censura y la total criminalización del arte», en infobae.com/america/cultura-america/2019/02/09/cuba-el-decreto-349-implica-la-total-criminalizacion-del-arte-y-la-censura/.

PINEDA BARNET, E. (dir.) (1967): *David*, ICAIC.

PIÑERA, V. (2000): «La isla en peso», en A. Arrufat (ed.): *La isla en peso*, Tusquets.

PIÑERO, R. Y CANETTI, Y. (1988): «Desnudo de un tesoro escondido», en. *Juventud Rebelde*, 10 de julio.

PISANI, F. (1992): «Cuba negra», en *Nexos*, no. 171, marzo.

PLANAS, J. (2014): «Tulio Raggi: la noche, las flores, la música», en *Cine Cubano*, no. 191.

_____ (2019): «Ella guachinea. Chocolate y los objetos abyectos del reggaetón cubano», en *LlJournal*, 14(2).

PLATÓN (2003): *Diálogos III. Fedón, Banquete, Fedro*, Gredos.

POGOLOTTI, G. (2006): «El consejo Nacional de Cultura contesta a Alfredo Guevara», en *Polémicas culturales de los 60. Ciudad de La Habana*, Letras Cubanas.

POLLOCK, G. (2014): «The City and the Event: Disturbing, Forgetting and Escaping Memory», en I. Borden *et al.*, (eds.): *Forty Ways to Think About Architecture: Architectural History and Theory Today*, Wiley.

PONTE, A. J. (2006): *Un arte de hacer ruinas y otros cuentos*. Fondo de Cultura Económica.

POOLE, L. Y B. CHU (dirs.) (2016): «Reggaeton Revolución: Cuba in the Digital Era», en https://vimeo.com/173759040.

PORBÉN, P. P. (2012): «Fotonovela, ciencia-ficción y revolución en *Los mundos que amo*, de Daína Chaviano», en *Revista Iberoamericana*, 78(238-239).

_____ (2014): *La revolución deseada: prácticas culturales del hombre nuevo en Cuba*, Verbum.

Preciado, B. (2008): *Testo yonqui*, Espasa Calpe.

Price, R. (2015): *Planet/Cuba. Art, Culture, and the Future of the Island*, Verso.

Pro, J. (2013): «Escribir una vida: La condesa de Merlin, 1789-1852», en M. Pérez Ledesma (ed.): *Trayectorias trasatlánticas (Siglo XIX): Personajes y redes entre España y América*, Ediciones Polifemo.

Provenzano, C. (2018): «Auto-Tune, Labor, and the Pop-Music Voice», en R. Fink, M. Latour y Z. Wallmark (eds.): *The Relentless Pursuit of Tone: Timbre in Popular Music*, Oxford University Press.

Puar, J. K. (2018): *Terrorist assemblages: Homonationalism in queer times*, Duke University Press.

Queeley, A. (2010): «Somos Negros Finos: Anglophone Caribbean Cultural Citizenship in Revolutionary Cuba», en J. Rahier, P. C. Hintzen y F. Smith (coords.): *Global Circuits of Blackness: Interrogating the African Diaspora*, Illinois University Press.

_____ (2015): *Rescuing our Roots: The African Anglo Caribbean Diaspora in Contemporary Cuba*, University Press of Florida.

_____ (2017): *Rescuing Our Roots: The African Anglo-Caribbean Diaspora in Contemporary Cuba*, University Press of Florida.

Quesada Gómez, C. (2016): «Arqueologías globales en la literatura cubana: de las ruinas al chicle», en *Cuadernos de Literatura*, 20(40).

Quijano, A. (2000): «Colonialidad del poder, eurocentrismo y América Latina», en E. Lander (ed.): *La colonialidad del saber: eurocentrismo y ciencias sociales. Perspectivas latinoamericanas*, CLACSO.

Quiroga, J. (2005): *Cuban palimpsests*, University of Minnesota Press.

Racionais MC's (1997): *Periferia é periferia (em qualquer lugar): On Sobrevivendo No Inferno*, Cosa Nostra.

Raggi, T. (1965): *Macrotí, un Noé cubano*. ICAIC.

_____ (1966): *El Capitán Tareco*. ICAIC.

_____ (1967): *El Capitán Tareco en el planeta misterioso*, ICAIC.

Rama, Á. (1953): «Luz y sombra en La poesía de Martí», en *Asir. Revista de literatura*, Uruguay.

_____ (1998): *La ciudad letrada*, Arca.

Ramírez, B. (2010): «De la ciudad global a la ciudad neoliberal. Una propuesta teórica y política», en M. Alfie *et al.* (coords.): *Sistema mundial y nuevas geografías*, Universidad Autónoma Metropolitana.

Ramón Sánchez, J. (2017): *Nocaute /seis poetas / Cuba / Hoje*, Edições Jabuticaba.

Ramos, J. (1989): *Desencuentros de la modernidad en América Latina: Literatura y política en el siglo XIX*, Fondo de Cultura Económica.

_____ (2013): «Los archivos de Guillén Landrián: cine, poesía y disonancia», en http://www.lafuga.cl/los-archivos-de-guillen-landrian/659.

_____ y D. Robbins (2019): «Prólogo a Guillén Landrián», en *Guillén Landrián o el desconcierto fílmico*, Almenara.

Ravelo García, M. y C. Benavente Morales (2018): «Entre la oficialidad y el desvío: el arte digital cubano y su tratamiento crítico de la realidad tecnológica nacional», en *Artnodes*, no. 22.

Real Academia Española (RAE) (1817): *Diccionario de la Real Academia de la Lengua Castellana*, Imprenta Real.

_____ (2014): *Diccionario de la lengua española*, en https://dle.rae.es.

Regazzoni, S. (2008): «La escritura encubierta de María de las Mercedes Santa Cruz y Montalvo», en *Oltreoceano: rivista sulle migrazioni*, vol. 2, Forum Editrice.

Reilly, M. J. (2009): *The nocturnal negotiations of youth spaces in Havana*, University of North Carolina Press.

Rey, G. (2021): «Todo el mundo sabe lo que es una casa», en G. Román (comp.): *Bad Walking*, Ensayo Cero Ediciones.

Reyes, D. L. (2013): «Exhumaciones de Nicolás Guillén Landrián», en http://www.lafuga.cl/exhumaciones-de-nicolas-guillen-landrian/660.

Reyes, R. (2009): «Entrevista a Aldo Rodríguez de Los Aldeanos», en https://trastiendamusical.es.tl/Entrevista-a-Aldo-Rodriguez-de-Los-Aldeanos.html.

Ríos, J. C. (2019): «Un decreto en Cuba pone en peligro al reggaetón (y el arte general)», en vice.com/es_latam/article/nexqjg/un-decreto-en-cuba-pone-en-peligro-al-reggaeton-y-el-arte-general.

Rivas, F. (2011): «Diga "queer" con la lengua afuera: Sobre las confusiones del debate latinoamericano», en *Por un feminismo sin mujeres*.

Rivero, Y. M. (2015): *Broadcasting Modernity: Cuban Commercial Television, 1950-1960*, Duke University Press.

Robbins, B. (1998a): «Comparative Cosmopolitanisms», en P. Cheah y B. Robbins (eds.): *Cosmopolitics: Thinking and Feeling beyond the Nation*, University of Minnesota Press.

_____ (1998b): «Introduction Part 1: Actually Existing Cosmopolitanism», en P. Cheah y B. Robbins: *Cosmopolitics: Thinking and Feeling beyond the Nation*, University of Minnesota Press, Minneapolis.

Robbins, D. (2016): «Deterioration as Documentation: Fashioning the Cinematic Artifact in the Documentary», en *Discourse*, 38(1).

_____ (2019): «Ruido», en J. Ramos y D. Robbins: *Guillén Landrián o el desconcierto fílmico*, Almenara.

Roberts, B. (2005): «Globalization and Latin American Cities», en *International Journal of Urban and Regional Research*, 29(1).

Rodríguez, G. (2018): «Cristóbal Colón y los comienzos de la conquista sensorial de América», en G. Rodríguez, G. M. Zapatero y M. Lucci: *Sentir América. Registros sensoriales europeos del Atlántico y de América del Sur (siglos XV y XVI)*, Universidad Nacional de Mar del Plata.

Rodríguez, J. E. (2017): «La aldea, Los Aldeanos, el aldeanosimo», en G. Hernández Baguer y M. Junco Duffay (eds.): *Contar el rap*, Ediciones Cidmuc.

Rodríguez, L. F. (1989): *Marcos Antilla. Relatos de cañaveral*, Ediciones Huracán.

Rodríguez Ferrer, M. (1873): *Naturaleza y civilización de la grandiosa Isla de Cuba*, Imprenta de Noguera.

Rodríguez Iglesias, L. (2015a): *Hilo + Hilo*, Bokeh.

_____ (2015b): *Las analfabetas*, Bokeh.

Rodríguez Nuñez, V. (ed.) (2017): *Once jóvenes poetas cubanos*, [s. n.].

Rodríguez Ruiz, P. (2011): *Los marginales de las Alturas del Mirador. Un estudio de caso*, Fundación Fernando Ortiz.

Rodríguez-Silva, I. (2012): *Silencing Race: Disentangling Blackness, Colonialism, and National Identities in Puerto Rico*, Palgrave Macmillan.

Rodríguez-Viamonte, O. (2006): «Las profecías de José Martí», en www.amigospais-guaracabuya.org.

Rojas, A. (1878): *Estudios Indígenas*, Imprenta Nacional.

Rojas, A. de (2014): *Espiral*, Letras Cubanas.

Rojas, R. (2003): «Cultura e ideología en el poscomunismo cubano», en *Cuba: sociedad, cultura y política en tiempos de globalización*:

_____ (2008): *Essays in Cuban Intellectual History*, Palgrave Macmillan.

_____ (2009): «Crónica y decadencia», en *El estante vacío: literatura y política en Cuba*, Editorial Anagrama.

_____ (2011): «The illegible city», en A. Birkenmaier y E. Whitfield (eds.): *Havana beyond the ruins*, Duke University Press.

_____ (2015): *Historia mínima de la Revolución cubana*, El Colegio de México AC.

_____ (2016): *Fighting over Fidel: The New York Intellectuals and the Cuban Revolution*, Princeton University Press.

_____ (2018): *La generación flotante. Apuntes sobre la nueva literatura cubana*, en *Cultura UNAM, Revista de la Universidad de México*, no. 1.

Rosen, Philip (ed.) (1986): *Narrative, Apparatus, Ideology: A Film Theory Reader*, Columbia University Press.

Rothberg, M. (2009): *Multidirectional memory: Remembering the Holocaust in the age of decolonization*, Stanford University Press.

Sabat González, A. M. (2015): «Los niños nacen para ser felices», en http://www.guerrillero.cu/derechos-humanos/1685-los-ninos-nacen-para-ser-felices.html.

Saco, J. A. (1853): *Paralelo entre la Isla de Cuba y algunas colonias inglesas. Obras de Don José Antonio Saco. Compiladas por primera vez y publicadas en dos tomos, por un paisano del autor*, Librería Americana y Estrangera.

_____ (1859): «Examen Analítico», en *Colección de papeles científicos, históricos, políticos y de otros ramos sobre la isla de Cuba ya publicados, ya inéditos por Don José Antonio Saco*, t. III, Imprenta de D'Aubusson y Kugelmann.

_____ (2001a): *Obras*, t. I, Imagen Contemporánea.

_____ (2001b): «Epistolario de Gonzalo Alfonso», en *Obras*, t. V, Imagen Contemporánea.

Sagra, R. de la (1831): *Historia económico-política y estadística de la isla de Cuba; ó sea de sus progresos en la población, la agricultura, el comercio y las rentas*, Imprenta de las viudas de Arazoza y Soler.

Salazkina, M. (2012): «Moscow-Rome-Havana: A Film-theory Road Map», en *October*, no. 139.

Sánchez, J. L. (2019): «Nicolás Guillén Landrián en la historia del documental cubano. Una entrevista», en J. Ramos y D. Robbins (eds.): *Guillén Landrián o el desconcierto fílmico*, Almenara.

Santana, A. (2019): «Imaginarios e identidad en el cine cubano», Conferencia del Curso de Maestría de Historia del Arte (2017-2019).

Sarduy Herrera, Y. B. (2016): «Territorio y desigualdad: acercamiento al caso de Jesús María desde la perspectiva de los elementos mediadores en la configuración de la identidad barrial juvenil», en http://biblioteca.clacso.edu.ar/clacso/becas/20160331103957/Informefinal-YeisaSarduyHerrera.pdf.

Sarduy, S. (1974): *Barroco*, Sudamericana.

_____ (1993): *Pájaros de la playa*, Tusquets.

_____ (1999): «*Barroco*», en G. Guerrero y F. Wahl (eds.): *Severo Sarduy: obra completa*, vol. 2), ALLCA XX.

Sarría, L. (2012): *La palabra y la llama. Poesía cubana de tema religioso en la Colonia*, Editorial UH.

SARTRE, J. P. (1961a): *Huracán sobre el azúcar*, Ediciones R.

_____ (1961b): «Nouveau millénaire, défis libertaires», en *Les damnés de la terre*, Maspero.

SASSEN, S. (1991): *The Global City*, Princeton University Press.

SAUNDERS, T. L. (2012): «Black Thoughts, Black Activism: Cuban Underground Hip-hop and Afro-Latino Countercultures of Modernity», en *Latin American Perspectives*, 39(2).

SCARPACI, J. L. (2000): «Reshaping Habana Vieja: Revitalization, Historic Preservation, and Restructuring in the Socialist City», en *Urban Geography*, 21(8).

SCHILLER, F. (1982): *Cartas sobre la educación estética del hombre*, Oxford.

SEGRE, R. (2006): «The Pearl of the Antilles: Havana's Tropical Shadows and Utopias», en J-F. Lejeune (ed.): *Cruelty and Utopia: Cities and Landscapes of Latin America*, Princeton Architectural Press.

_____ (2007): «Medio siglo de arquitectura cubana (1953-2003): Variaciones sobre el tema del comunismo», en *Revista de Historia y Teoría de la Arquitectura*, no. 9.

SELLÉN, F. (1891): *Hatuey. Poema dramático en cinco actos*, A. Da Costa.

SEQUEIRA Y CARO, M. DE (1852): *Poesía del Coronel Manuel de Zequeira y Arango*, Imprenta del Gobierno y Capitanía General por S.M.

SERRA, A. (1964): «Entrevista a Umberto Peña», en *La Gaceta de Cuba*, julio.

SIEGEL, D. (1956): *Invasions of the Body Snatchers*, Walter Wanger Productions.

SIERRA MADERO, A. (2006): *Del otro lado del espejo: la sexualidad en la construcción de la nación cubana*, Casa de las Américas.

SIERRA-RIVERA, J. (2018): «Afro-Cuban cyberfeminism: Love/sexual revolution in Sandra Álvarez Ramírez's blogging», en *Latin American Research Review*, 53(2).

SILVERIO SAINZ, N. (1967): *En la Cuba de Castro: Apuntes de un testigo*, Distribuidora Universal.

SIMAL, M. (2017): «La noria de Ahmel Echevarría Peré o la máquina contra el olvido», en *Revista Letral* no. 18.

_____ y W. DORTA (coords.) (2017): «Literatura cubana contemporánea: lecturas sobre la Generación Cero», en *Revista Letral*, no. 18.

SIMMEL, G. (2002): «The metropolis and mental life», en G. Bridge y S. Watson (eds.): *The Blackwell City Reader*, Blackwell.

SKLODOWSKA, E. (2009): *Espectros y espejismos: Haití en el imaginario cubano*, Editorial Iberoamericana.

_____ (2016): *Invento, luego resisto: El Período Especial en Cuba como experiencia y metáfora (1990-2015)*, Cuarto Propio.

SMALLMAN, S. (2007): *The AIDS pandemic in Latin America*, University of North Carolina Press.

SMETAK, JACQUELINE R. (1990): «So Long, Mom: The Politics of Nuclear Holocaust Fiction», en *Papers on Language and Literature*, vol. 26, no. 1.

SMITH, A. (1998): *Agnès Varda*, Manchester University Press.

SOBREVILLA, D. (1999): «El surgimiento de la idea de nuestra América en los ensayistas latinoamericanos decimonónicos», en *Revista de Crítica Literaria Latinoamericana*, 25(50).

SOMMER, D. (2004): *Ficciones fundacionales: Las novelas nacionales de América Latina*, Fondo de Cultura Económica.

SOSA-CABANAS, A. (s. a.): «El elemento del crimen: notas sobre racismo, fotografía criminalista y cine de ficción en Cuba», en *Revista Iberoamericana*.

_____ (2019): «Mito, literatura y nación: el mito de Sikán y la construcción del mundo Abakuá en Alejo Carpentier y Lydia Cabrera», en *Mitologías Hoy. Revista de Pensamiento, Crítica y Estudios literarios latinoamericanos*, vol. 19.

STEINGO, G. (2015): «Sound and Circulation: Immobility and Obduracy in South African Electronic Music», en *Ethnomusicology Forum*, 24(1).

STERNE, J. (2012): *MP3: The meaning of a format*, Duke Univrsity Press.

STOLCKE, V. (1992): *Racismo y sexualidad en la Cuba colonial*, Alianza Editorial.

SUÁREZ, L. M. (2014): «Ruin memory: Havana beyond the revolution», en *Canadian Journal of Latin American and Caribbean Studies*, 39(1).

SUJOV, A. (1972): *Las raíces de la religión*, Editorial de Ciencias Sociales.

TAMAYO, C. (2015): «Diseccionar un país. Literatura cubana en el siglo XXI», en *Cuadernos del CILHA*, 16(2).

TATARKIEWICZ, W. (2007): *Historia de la estética. La estética medieval*, Akal.

TAYLOR, D. (2003): *The archive and the repertoire: Performing cultural memory in the Americas*, Duke University Press.

_____ (2012): *Performance*, Asuntos Impresos.

TEJEDA, WILLEMA WONG. (2005): «Animación cubana: Con los dos lados de la historia», en *Miradas. Revista del Audiovisual*. Consultado por última vez el 9 de diciembre de 2008:

THOMASSEN, B. (2009): «The Uses and Meanings of Liminality», en *International Political Anthropology*, 2(1).

TIGNER, A. (2005): «Why Duchamp? The Influence of Marcel Duchamp on Contemporary Architectural Practice and Theory», en https://www.

toutfait.com/why-duchamp-the-influence-of-marcel-duchamp-on-contemporary-architectural-theory-and-practice/.

TODOROV, T. (1998): *La conquista de América. El problema del otro*, Siglo XXI.

TOLEDANO REDONDO, J. C. (2002): «Ciencia-ficción cubana: El proyecto nacional del hombre nuevo socialista», disertación para doctorado, University of Miami.

TORRE, J. M. DE LA (1854): *El libro de los niños de la Isla de Cuba*, Establecimiento tipográfico La Cubana.

_____ (1857): *Lo que fuimos y lo que somos o La Habana antigua y moderna*, Imprenta de Spencer y Compañía.

TORRES, N. G. (2012): «Hearing the Change: Reggaeton and Emergent Values in Contemporary Cuba», en *Latin American Music Review / Revista de Música Latinoamericana*, 33(2).

_____ (2013): *Technology Domestication, Cultural Public Sphere, and Popular Music in Contemporary Cuba. In Cuba in Transition*, Association for the Study of the Cuban Economy.

TORRES-POU, J. (2016): «Nuevas consideraciones sobre La Havane de la condesa de Merlin: El viaje a los Estados Unidos», en *Neophilologus*, no. 100.

TRIFF, A. (2019): «Fernando Ortiz y el refugio más elevado del racismo en Cuba», en https://rialta.org/fernando-ortiz-y-el-refugio-mas-elevado-del-racismo-en-cuba/.

TROUILLOT, M. R. (1995): *Silencing the past: The power and production of history*, Beacon Press.

TWINAM, A. (2007): «The church, the state, and the abandoned. Expósitos in Late Eighteenth-Century Havana», en O. E. González: *Raising an empire: Children in early modern Iberia and colonial Latin America*, University of New Mexico Press, Albuquerque.

UXÓ, C. (2010a): «Los Novísimos cubanos: primera generación de escritores nacidos en la Revolución», en *Letras hispanas: Revista de literatura y cultura*, no. 7.

_____ (2010b): *Representaciones del personaje del negro en la literatura cubana: Una perspectiva desde los estudios subalternos*, Verbum.

_____ (2013): «Personajes afrocubanos en la narrativa cubana del nuevo milenio: 2000-2009», en *Revista Iberoamericana*, no. 243.

VALDÉS, D. (2019): «La eterna autenticidad de Al2, "El Aldeano"», en https://www.rollingstone.com.co/musica/la-eterna-autenticidad-de-al2-el-aldeano/.

509

VALERO, S. (2014): *Mirar atrás. La importancia del pasado en los relatos de nación y negritud en la literatura afrocubana de entre siglos*, Alción Editora.

_____ (2016): «El Uno, el Mismo, el Otro: tensiones literarias del ser negro», en *Latinoamérica. Revista de Estudios Latinoamericanos*, no. 62.

VALLADARES, L. D. P. (2005): *A invenção da favela: Do mito de origem a Favela.Com*, Editora FGV.

VALLADARES-RUIZ, P. (2012): *Sexualidades disidentes en la narrativa cubana contemporánea*, Editorial Tamesis.

VALLE HERNÁNDEZ, A. DEL (1977): *Sucinta noticia de la situación presente de esta colonia, 1800*, Editorial de Ciencias Sociales.

VATICANO (2020): *Congregación para el Culto Divino y la Disciplina de los Sacramentos. Directorio sobre la propiedad popular y la liturgia. Principios y orientaciones.*

VAUGHAN, U. (2010): «Timba Brava: Maroon Music in Cuba», en D. Mamadou y I. K. Nwankwo (eds.): *Rhythms of the Afro-Atlantic World*, University of Michigan Press.

_____ (2012): *Rebel dance, renegade stance: Timba music and black identity in Cuba*, University of Michigan Press.

VENEGAS, C. (2010): *Digital Dilemmas: The State, the Individual, and Digital Media in Cuba*, New Brunswick.

VIERA, K. (2018): «La Habana: efecto buitre y escritura posnacional», en *Hispamérica: revista de literatura*, no. 141.

_____ (2019a): «La Habana ¿mundo congelado. Entrevista con Dazra Novak», en *Orbis Tertius*, 24(29).

_____ (2019b): «Yo también puse una ciudad en el mapa», en *La Gaceta de Cuba*, no. 3.

VIGNAUX, V. (2015): «Salut les cubains! d'Agnès Varda ou cinécriture et cinéma politique», en C. Chéroux, & K. Ziebinska-Lewandowska (eds.): *Varda/Cuba*, Éditions de Centre Pompidou-Éditions Xavier Barral.

VILLAÇA, M. M. (2010): *Cinema Cubano: Revolução E Política Cultural*, Alameda.

VILLARES, L. M. (s. a.): «Cuba siglo XXI: Literatura en Transición», en http://legacy.eldiletantedigital.com/documentos/pe/articulos/liz2.html.

_____ (ed.) (2012): *Distintos modos de evitar a un poeta: poesía cubana del siglo XXI*, El Quirófano Ediciones.

VITIER, C. (1981): «Martí Futuro», en *Temas martianos*, Ediciones Huracán.

_____ (1982): «Una fuente venezolana de José Martí», *Temas martianos, segunda serie*, Letras Cubanas.

_____ (1991): «Las imágenes en "Nuestra América"», en *Anuario del Centro de Estudios Martianos*, no. 14.

Viveros Vigoya, M. (2009): «La sexualización de la raza y la racialización de la sexualidad en el contexto latinoamericano actual», en *Revista Latinoamericana de Estudios de Familia*, no. 1.

_____ (2012): «Sexuality and desire in racialised contexts», en P. Aggleton *et al.* (eds.): *Understanding Global Sexualities: New Frontiers*, Routledge.

Wade, P. (2009): *Race and Sex in Latin America*, Pluto Press.

Weaver, M. (2014): «US agency infiltrated cuban hip-hop scene to spark youth unrest», en https://www.theguardian.com/world/2014/dec/11/cuban-hip-hop-scene-infiltrated-us-information-youth.

Westfahl, G. (2003): «Space Opera», en E. J. y F. Mendlesohn (eds.): *Cambridge Companion to Science Fiction*, University Press Cambridge.

Whitfield, E. (2002): «Autobiografía sucia: The body impolitic of *Trilogia sucia de La Habana*», en *Revista de Estudios Hispánicos*, 36(2).

_____ (2008): *Cuban Currency. The dollar and Special Period Fiction*, University of Minnesota Press.

Wildey (2019): «Normalmente», en *El Niño De Atocha*, Planet Records.

_____ y Harryson (2019): «Tribuna Piragua», en *Calientalo*, Calientalo Media.

Williams, D. M. y J. Armstrong (2007): «The Steamship as an agent of modernisation, 1812-1840», en *International Journal of Maritime History*, 19(1).

_____ (2014): «One of the noblest inventions of the age: British steamboat numbers, diffusion, services and public reception, 1812-c. 1823», en *The Journal of Transport History*, 35(1).

Williams, J. (1987): «Baldwin The Witness' Testament», en *The Washington Post,* 2 de diciembre.

Williamson, J. (1990): «What Washington Means by Policy Reform», en https://www.piie.com/commentary/speeches-papers/what-washington-means-policy-reform.

Wood, Y. (2012): *Islas del Caribe: naturaleza-arte-sociedad*, Editorial UH.

Woolf, V. (1966): *Orlando. Una biografía*, Editora del Consejo Nacional de Cultura.

_____ (1995): *Una habitación propia*, Seix Barral.

Yánez Delgado, Y. (2009): «El discurso de lo cotidiano: margen, supervivencia y subversión en *Trilogía sucia de La Habana* de Pedro Juan Gutiérrez», en *Contexto*, 13(5).

Yomil y El Dany (2018): *No Me Afecta*, Trapton Music.

Yoss (2012): *Súper extra grande*, Editorial Gente Nueva.

Yuseff, L. y Y. H. Palao (2013): *La Isla en versos. Cien poetas cubanos*, Ediciones La Luz.

Yviricu, J. (2003): «Los misterios de la condesa de Merlin», en http://www.habanaelegante.com/Spring2003/Ronda.html.

Zamora Montes, A. (2017): *Rapear una Cuba utópica: testimonios del movimiento hiphopero*, Guantanamera.

Zardoya Loureda, M. V (2018): «La Habana», en M. Cuadra (ed.): *La arquitectura de la Revolución cubana 1959-2018: Relatos históricos regionales - Tipologías – Sistemas*, Kassel University Press.

Zayas, M. (2019): «Cine, archivo y poder. Entrevista£, en J. Ramos y D. Robbins (eds.): *Guillén Landrián o el desconcierto fílmico*, Almenara.

Zolov, E. (s. a.): «Latin American in the Global Sixties», en *The Americas*, 70(3).

Zurbano, R. (2006): «El triángulo invisible del siglo xx cubano: raza, literatura y nación», en *Temas*, no. 46.

_____ (2012): «Cuba, doce dificultades para enfrentar al (neo) racismo o doce razones para abrir el (otro) debate», en *Revista Universidad de La Habana*, no. 273.

ÍNDICE